중국
주영신
교육문집
4

변천과 구조

嬗變與建構

중국 당대(當代) 교육사상사

주영신 지음 ● 최영준 옮김

어문학사

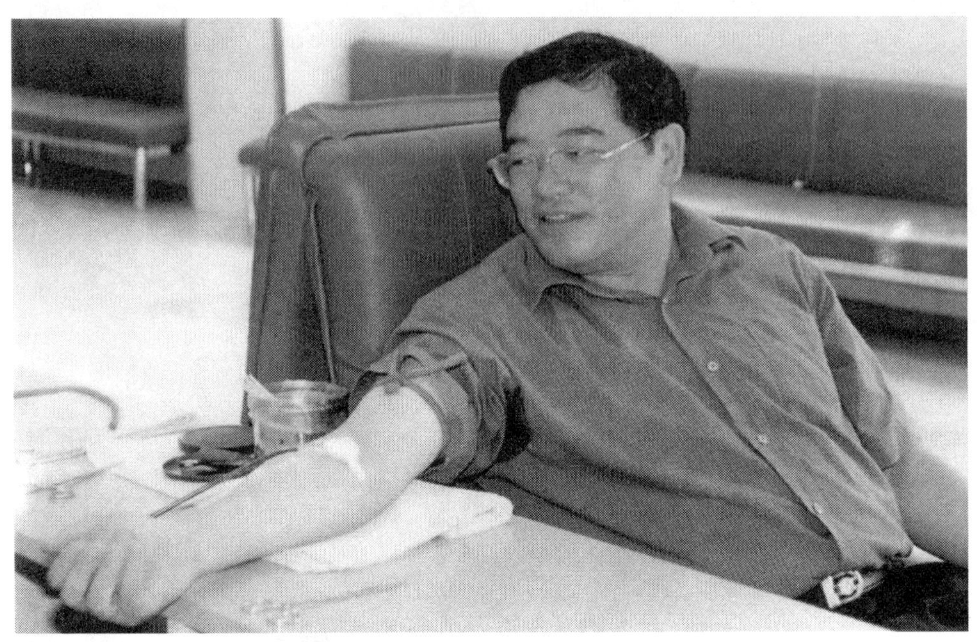

수저우(蘇州) 적십자센터에서 헌혈 중인 저자.

2002년 6월 1일 중국 '어린이날', 수저우(蘇州)시 자녀교육지도센터
창립 기념식에서.

전국노동모범인이자 전국38홍기수, 장수(江蘇)성 특급교사인 중국교육학회 부회장 리지린(李吉林) 선생과 함께.

2003년 8월, 베이징에서 열린 21세기 교육발전 연구원 전략발전 좌담회에 참석한 저자.

초·중등학교 대상 학술 브리핑에 참석한 저자.

2002년 11월, 수저우(蘇州)에서 열린 제2회 21세기교육칼럼 및 중국인민교육최고
회의에 참석한 저자(왼쪽에서 첫 번째). 당시 회의에는 전국 각지에 있는 500여
명의 관련 전문가들이 참석했다.

　우리 출판사는 '교육에 이바지하고 학술을 발전시키며 문화 인프라를 구축한다服務敎育, 繁榮學術, 積累文化.'는 목표 아래, 《차이위안페이 연보장편蔡元培年譜長篇》, 《예성타오 교육문집葉聖陶敎育文集》, 《우바이쑤 문집吳伯簫文集》, 《류정 문집劉征文集》, 《량헝 문집梁衡文集》 등 여러 권의 중점 도서를 기획 출판하여 사회에 커다란 영향을 미쳤다. 이 가운데서 많은 도서들이 국가도서상, 중국도서상, 국무원 각 부와 각 위원회급 우수상 등을 수상하였다. 이를 바탕으로 본 출판사는 다시 《十五》 출판 계획의 중점 프로젝트로서 중점도서를 기획하였는데, 《주영신교육문집朱永新敎育文集》이 바로 이중 하나이다.

　주영신朱永新 교수는 일찍이 쑤저우대학蘇州大學 교무처장, 교육과학부 주임, 중국심리학회 상임이사 겸 이론심리학 · 심리학사 전문위원회 부주임, 대만 잡지 《본토심리학 연구》의 학술고문, 일본 조치대학上智大學 연구원 등을 역임했다. 지금은 중국 인민정치협상회中國人民政治協商會議의 전국위원회 상무위원, 중국 민주건국회의 중앙위원회 상무위원, 쑤저우시蘇州市 인민정부 부시장, 쑤저우대학 교수, 박사학위 지도교수, 북경사범대학 등의 겸임교수, 교육부 교사교육 전문가위원회 위원, 고등교육기관 심리학 교수지도위원회 위원을 맡고 있다. 주영신 교수는 교육정책, 중국교육사, 중국심리학사, 일본교육 등의 영역에 관한 연구가 깊고, 그가 추진한 신교육 실험은 이미 중국의 수백 개 초 · 중고등학교에서 전개되고 있다. 이렇게 바쁜 업무 가운데서도 그는 집필 활동을 멈추지 않고,《중화교육사상 연구》,《곤경과 초월―당대 중국교육 논평》,《영혼의 자취―중국 본토심리학 초고》,《나의 교육이상》,《신교육의 꿈》등 영향력 있는 저서를 저술하였고,《당대 일본교육 총서》등 30여 권의 편집을 주관하였다. 이 밖에도《신세기 교육문고》《교육과학 우수교재 번역집》의 편집·출판을 주재하면서, 중국 및 외국 학술지에 300여 편의 논문을 발표했다. 또한 주영신 교수는 일찍이 여러 차례 유네스코에서 위탁한 연구 프로젝트, 국가 자연과학기금 프로젝트, 국가 사회과학기금 프로젝트, 성급省級, 부급部級 연구 프로젝트를 진행하였다. 이러한 저서들은 국가도서상의 노미네이트상, 중국도서상, 중국 우수 대중정치이론 도서 1등상, 장쑤성江蘇省과 산시성山西省의《오개일五個一》프로젝트상, 국가 자연과학기금 프로젝트 우수성과상 등을 수상했다.

《주영신 교육문집》은 전 10권으로 구성되어 있다.
1. 1권은 총론으로, 작가가 교육에 대한 거시적인 사고와 이상적인 교육에 대한 청사진을 그린 것이다.
2. 2권~4권은 작가의 중국 교육사상에 관한 연구로, 상고시대부터 당대까지의 중국교육과학의 성과와 공헌을 논술하였다.
3. 5권, 6권은 중외中外 교육문제에 관한 작가의 분석과 논평으로 이루어져 있으며, 교육 정책에 대한 연구와 건의가 포함되어 있다.
4. 7권, 8권은 중국 심리학과 교육심리학에 대한 작가의 연구 성과를

담은 저작물이다.

5. 9권, 10권은 작가의 교육수필과 중국 각지 교사들의 답변, 기자와
   네티즌의 다양한 물음에 대한 기록 등을 담고 있다.

인민교육출판사

2004년 1월

쉬자루許嘉璐

　주영신朱永新 교수 문집 출판을 앞두고, 주영신 교수는 제게 문집의 서문을 써달라고 부탁했습니다. 아마도 제가 교육에 관심이 많아 자주 교육에 대한 견해를 발표하는 것을 보았거나, 혹은 우리가 마쉬룬馬敍倫, 저우젠런周建人, 예성타오葉聖陶, 뢰이제충雷潔瓊 등과 함께 중국 민주촉진회의 후진들이기 때문일 것입니다. 우리는 중국 민주촉진회의 회원입니다. 주영신 교수가 어떻게 생각할는지 모르지만, 저는 그의 학술적 성취에 탄복하였고 또한 젊은 학자에 대한 사랑과 교육에 대한 관심으로 그 제안을 응낙하게 되었습니다. 하지만 제가 직접 서문을 써도 좋겠다는 생각을 한 것은 단지 이것 때문만은 아닙니다. 교육 분야에 줄곧 관심을 가진 비전문가의 안목으로써 이 문집과 작품에 대한 견해를 말하는 것이, 어쩌면 더욱 냉정하고 객관적일 수 있기 때문입니다.

　저는 누구나 중국교육에 대해 말할 수 있다고 이야기한 적이 있습니다. 왜냐하면 교육문제 자체가 너무 복잡하고, 특히 중국의 교육문제는 더욱 심각한 수준이기 때문입니다. 중국이 개발도상국가로서의 미약한 실력으로 세계에서 가장 규모가 큰 교육을 실시하고 있다는 사실은 차치하고라도 지금 중국이 시대적 전환기를 맞아 도시와 농촌, 동부와 서부 사이에 불균형이 심각하고, 몇 세대 간의 사상과 관념이 서로 부딪히고 요동치고 있는 것 자체만으로도, 오늘날 세계에서 찾아볼 수 없는 유일무이唯一無二한 현상이 벌어지고 있다고 말할 수 있습니다.

　교육 보급률이 향상됨에 따라 교육에 대한 평론을 발표하는 사람들도 당연히 증가하고, 거의 집집마다 항상 논의할 정도로 많아지고 있습니다. 이렇게 교육과 유관한 연구에 많은 것을 제기하는 것은 어쩌면 다른 나라에서는 별로 부각되지 않는 문제일 것입니다. 저는 이 가운데서 두 가지 문제가 가장 시급하다고 생각합니다. 하나는, 교육에 관한 일은 머리카락 한 올만 뽑아도 몸 전체가 움직이는 것처럼 교육만을 가지고 교육을 논할 수 없는 일이며, 교육의 일부분만을 논하고 다른 부분을 고려하지 않아 사람들의 일상적인 담론에서 벗어나서는 더욱 안 된다는 것입니다. 다른 하나는, 교육학이 어떻게 하면 협소한 교육이론의 틀을 벗어나 더욱 많은 사람들이 그것을 이해하고, 평론하고, 실천하게 하며, 더욱 큰 범위 내에서 일반 대중들에게 받아들일 수 있을지를 검증함으로써 전문가와 사회가 쉽게 공감대를 형성하도록 하는 것입니다. 주영신 교수의 이 문집은 바로 이 두 가지 문제에서 저에게 큰 기쁨과 위안을 주었습니다.

　주영신 교수는 이 문집에서 국내외 정치·경제·사회·문화, 고금古今의 넓은 시각으로 중국의 교육 문제에 대해 면밀히 고찰하고 생각하였습니다. 주영신의 논술은 교육을 받은 사람이면 누구나 경험한 전반적인 교육 과정에 두루 걸쳐 있습니다. 크게는 교육이념과 원칙, 그리고 작게는 수업시간의 개혁 및 방과 후 활동에 이르기까지, 그는 이 모든 것에 대해 진지하게 생각하고, 체계적으로 조사하고, 성실하게 실험함으로써 언제나 체계적인 이론적 과정까지 끌어올렸습니다. 심리학은 교육학과 밀접하게 관련되어, 중국교육을 연구할 때 동시에 전개되는 국제교육에 대한 인식과 분석을 필요로 하는데, 이러한 내용 또한 그가 언급한 범위 내에 있습니다.

　주영신 교수는 결코 '순수한' 학자는 아니지만, 교육이론연구만큼은 그가 진행하는 많은 업무 가운데서 언제나 머릿속을 맴도는 핵심 내용입니다. 주영신 교수는 교사, 고급공무원, 그리고 연구자로서 일인 삼역을 해오다, 아이가 태어남에 따라 학부형이라는 또 하나의 신분을 갖게 되었습니다. 이를 계기로, 그는 교육체계를 연구할 때 어느 한 단락혹은 어느 한 방면만을 관찰할 수 없게 되었으며, 반드시 전면적이고 다각적이며 과정적인 연구를 해야만 했습니다. 나는 그가 극도로 지쳤을 때의 모습을 보고서 '이것은 하늘이 장차 이 사람에게 큰 임무를 맡기려는 시험인가, 아니면 그의 '운명'이 이와 같아서 어쩔 수 없는 것일까?'라고 마음속으로 생각한 적이 있었습니다. 그러나 사실 이것은 바로, 다른 사람은 얻기 어려운 절호의 연구 환경과 조건을 그에게 제공해 준 셈입니다. 언제나 역할을 바꾸게 되면 생각의 각도와 방법을 바꾸고, 거시적 안목과 미시적 안목을 자연스럽게 결합하는 시간들이 켜켜이 쌓여야 하는데, 그만의 독특한 연구 방법과 스타일은 이렇게 만들어진 것입니다.

우리가 어떤 사물에 대해 연구할 때 이성적인 추진력은 있으나 그 사물에 대한 깊은 인식에 기초하여 나오는 지극한 애정이 없다면, 즉 연구 대상에 대한 폭넓은 애착이 없다면 사물을 창조적이고 특색 있게 만들어 낼 수 없습니다. 주영신 교수의 교육연구의 특징 중 하나는 바로 전심전력으로 몰두한다는 것입니다. 몸은 하나의 신분으로서 세 가지 역할을 맡아야 했기에, 그는 자연히 역할을 완수하기 위해 모든 시간과 정력을 쏟아야 했습니다. 마음은 볼 수 없는 것이지만 그의 모든 일에 꿰어져 있고, 그의 모든 논저에 표현되어 있는 선명한 사랑은 가장 좋은 증거라 할 수 있습니다.

그는 "교육은 한 편의 시다."라고 말하고, 그의 교육문집 제10권을 '시의와 이성詩意與理性'으로 명명하였습니다. 그는 시적인 언어로 교육을 노래하였으며, 그의 교육사상을 표현하였습니다.

교육은 한 편의 시
이 시의 이름은 열애.
모든 아이들의 눈동자 속에
어머니의 마음이 있듯이,
교육은 한 편의 시
이 시의 이름은 미래.
문명을 계승하는 긴 강 위에
파도 헤치는 한 척 배처럼.

만약 너무도 이성적이기만 하고 넘쳐흘러 억제할 수 없는 감정이 없다면, 어떻게 이러한 시적 정서를 뿜어낼 수 있겠습니까? 그러나 그는 낭만주의자는 아닙니다. 그는 원래 매우 바빴습니다. 하지만 오히려 솔선수범하여 자비를 들여서 교육 웹사이트를 개설하고, 여기저기 교육 개혁 일선에서 분투하는 많은 네티즌의 친구가 되었습니다. 그는 날마다 피곤한 발걸음을 이끌고서 집으로 돌아온 후에 인터넷 사이트 쪽지와 메일을 한 편씩 차례로 검색하고 일일이 리플을 달아주었습니다. 사실 이것은 사서하는 고생입니다. 그러나 그는 이것을 "시적 감성이 이성과 함께 하는 동행"이며 "즐거움이자 행복"이라고 여겼습니다.

그는 '인간 세상의 천당人間天堂'이라 불리는 쑤저우蘇州에서 일하고, 생활하며, 이곳에서 이미 12년 동안 교육을 널리 펼쳤습니다. 지금은 대학교육을 보급하는 목표를 추진하고 있는데, 전체 도시의 문교사업을 주관하는 부시장이면서도 마음은 오히려 서부 지역에 가 있습니다. 그는 어떻게 하면 동·서부 간의 교육 격차를 축소할 수 있을지 숙고하며 끊임없이 외치고 있습니다……. 그는 어떻게 이렇게 오랫동안 활동할 수 있었을까! 저는 그 가장 큰 원동력은 바로 '위대한 사랑'이라고 생각합니다.

감성과 이성을 빈틈없이 연결하려는 노력은 교육사업과 교육이론 연구를 오로지 돈벌이 사업으로 간주하는 태도와 구별되는 가장 큰 차이점이며 또한 성공의 요소입니다.

교육은 인류사회가 끊임없이 발전하게 할 수 있는 근본적인 보장입니다. 사람이 사람답고 다른 동물과 구별되는 까닭은 어떤 의미로 말하자면, 서로 다른 경로를 통해서 서로 다른 수준과 내용의 교육을 받은 결과입니다. 한 국가로 말하자면, 교육은 바로 국가가 발전하고 강대해지는 것을 보장하는 기초적인 프로젝트입니다. 이러한 견해는 이미 우리의 공통된 인식입니다. 그러나 교육은 지극히 복잡하고 방대한 시스템으로서 많은 교육이론 전문가와 관리 전문가를 필요로 합니다. 왜냐하면 교육에 몸담고 있는 사람은 그 안에서 즐거움을 찾겠지만, 제3자의 입장에서 볼 때 교육이론연구는 무미건조하고 어려운 것이기 때문입니다. 지나치게 많은 교육학 저서도 사람들의 이러한 느낌을 더욱 확실히 강화시켰습니다.

관리업무가 사람들에게 주는 인상은 번잡하고 자질구레합니다. 이러한 느낌과 인상은 종종 교육이론연구가, 관리자와 포괄적 교육 참여자(학부모와 학생, 그리고 방관자를 포함함)가 서로 거리감을 느끼도록 만드는 원인 중 하나였습니다. 우리 사회는 이론 연구와 관리를 한 몸에 집중시키고, 자신의 교육에 대한 애착심을 사회의 학자들에게 전달함으로써 사람들과 함께 교육이라는 바다에서 노니는 즐거움과 행복을 누리기를 바라고 있습니다. 그러나 오늘날 이러한 저서와 학자는 너무도 적습니다.

우리는 교육이론과 같은 인문사회과학의 이른바 '학문'에 대해 오해하였습니다. '오로지 특정한 전문 용어를 사용하고, 산더미 같은 술어와 독자들이 반복적으로 음미해야 알 수 있는 문장을 포함하고 있어야 학술인 것일까? 아니면 가장 명확한 언어로 복잡한 사물을 표현하는 데 뛰어난 사람이 그다지 많지 않아서일까? 그렇지 않으면, 교육이론은 확실히 오묘하고 깊어 예측하기 어려운 학문이기 때문에 반드시 사회관습을 '초월'하는 언어를 사용해야 분명하게 말할 수 있어서일까?' 라고 생각했던 것입니다. 하지만 나는 진리는 언제나 매우 소박하고 지극히 간단하다는 이치를 굳게 확신합니다. 진정한 '대가大家'는 분명 심오한 사상과 복잡한 법칙을 쉽고도 생동감 있는 언어로 표현할 수 있는 능력을 갖추고 있으며, 역사상으로도 그러한 예는 적지 않습니다.

주영신 교수는 젊은 교육이론가로서 이러한 목표를 향해 노력하고 있으며, 게다가 이미 자신의 스타일을 만들어냈습니다. 논술, 서정, 문답의 병용, 논리적이고 엄밀한 이성적 언어, 보통 사람들이 듣고 말하는 것에 습관화된 통속적 구어, 생각이 통통 튀며 열정이 넘치는 시구 등을 구비하여 생각이 이르는 곳, 감정이 머무는 곳, 글이 필요한 곳에 그것들을 펼쳐냈습니다. 어떤 문장은 읽을 때에는 엄숙하고 경건해지고, 어떤 것은 감탄을 금치 못하며, 어떤 것은 반복해서 음미해야 했습니다. 더욱 값진 것은, 이러한 글들이 결코 그가 고심하여 쓴 것이 아니라 천성이 이러하여 자연스럽게 드러난 것이라는 점입니다. 이러한 천성은 바로 그의 교육 사업에 대한 사랑이며 그 귀결점은 바로 국민에 대한 사랑인 것입니다.

어떤 스타일이 이미 사회에 만연하고 많은 사람들에게 익숙해져 그들의 잠재의식 속으로 스며들 때 또 다른 종류의 스타일이 출현하게 되는데, 초기에는 그런 스타일이 언제나 '다른 종류'(나는 잠시 '이단'이란 말을 쓰지 않겠다)'로 간주됩니다. 주 교수도 이러한 경험이 있었는지는 모릅니다. 저는 진정 설사 누군가 "이것은 논문이 아니다." 라고 하더라도 그가 흔들리지 않기를 간절히 바랍니다. 왜냐하면 학술적 생명력의 강하고 약함은 최후에 가서 사람들이 판단하는 것이지, 결코 작은 학술 그룹에 의해 단정 지어지는 것이 아니기 때문입니다. 저는 또한 그가 이 방면에서 끊임없이 단련하여 교육이론계에 신선한 바람을 계속 불어넣기를 바랍니다.

사람들의 생활과 밀접하게 관련되어 있는 다른 모든 사물과 마찬가지로 교육은 민감하게 시대의 흐름을 바짝 따르고 사람들의 수요에 찰싹 달라붙어 시대에 따라 달라지고 지역에 따라 맞춰집니다. 주영신 교수의 문집은 주로 그가 교육학 분야에 발을 들여놓은 때부터 2003년까지 발표한 논문과 저서들을 수록하고 있습니다. 이것은 중국 개혁개방 이래 교육영역의 이론연구와 실천과정을 반영한 것입니다.

"전투는 어려운 시기에는 일어나지 않는 법이다." 기본적으로 먹고 살만한 수준小康의 사회에서, 대체적으로 먹고 살만한 수준의 사회로 접어든 20여 년 동안 한도 끝도 없는 교육문제가 대량으로 나타났습니다. 이를 해결해야 했기 때문에 끊임없이 관찰하고 생각하고 연구해야 했습니다. 중국의 교육학은 이러한 과정에서 발전하고 성장하고 있습니다. 중국만의 특색을 지닌 교육학도 이러한 시기에 형성된 것입니다.

주영신 교수는 한창 나이인데다 이름인 '永新'처럼 영원히 새로울 것입니다. 백 년에 한 번 있을까 말까 한 이 기회를 절대 놓치지 말고 반드시 자신의 연구를 심화하고 넓혀 나감으로써 중국교육 사업을 위해서, 그리고 중국의 교육이론을 위해서 자신의 모든 재주와 지혜를 바쳐서 더욱 훌륭하고 많은 글을 써내길 바랍니다.

우리는 기대하고 있겠습니다.

이것으로 서序를 대신합니다.

2003년 12월 14일

日讀一卷(날마다 책 한 권을 읽는) 서재에서

　흔히 교육은 '백년지대계百年之大計'라고 한다. 인재 양성은 '백 년 앞을 내다보는 원대한 계획'으로서 국가와 사회 발전의 근본 초석이 되며, 그 영향 또한 지대하기 때문이다. 그래서 어느 나라, 어느 사회, 어느 가정에서든지 교육에 대한 관심과 열정은 그만큼 뜨겁다.

　중국은 유구한 역사만큼이나 교육의 역사도 깊고 그 내용도 매우 풍부하다. 특히 교육에 대한 문제의식과 문제의 해결 방법도 우리와 놀라우리만치 비슷한 점을 많이 갖고 있다. 이러한 중국의 교육제도, 교육철학, 교육이론, 교육현황 등을 살펴보는 것은 우리의 교육을 되돌아보고 가다듬는 데도 매우 유익한 일이 아닐까 여겨진다.

　역자는 대학에서 '중국어교수법연구' '중국어교과교재연구 및 지도법' '중국어교육론' 등을 강의하면서 우리 사회에 중국의 교육에 대한 전문서적이 매우 드물다는 것을 늘 안타깝게 생각해왔다. 이에 대해 고민하던 중 중국 교육학 대가인 주영신 교수의 《교육문집敎育文集》을 접하게 되었고, 중국교육 연구에 대한 서광을 발견한 기쁨을 느꼈다. 그의 저서는 교육 철학, 교육 사상, 교육 역사, 교육 심리, 교육 평론, 교육 수필, 교육 상담 등 중국교육 전반에 대해 체계적이고 일목요연하게 기술하여, 중국교육 연구에 대해 충분한 내재적 가치를 포함하고 있었기 때문이다.

　저자 주영신 교수는 중국 쑤저우대학苏州大学 교무처장, 쑤저우시 인민정부 부시장 등을 역임하였으며, 심리학자이자 교육학자 그리고 교육 실천가로서 중국에 널리 알려진 저명인사이다. 지금은 중국의 전국 정협상위全国政协常委 민진중앙상위民进中央常委의 부위원장으로서 정치 활동뿐만 아니라 교육 관련 활동으로 각계의 주목을 받고 있다. 그는 《주영신교육문집朱永新教育文集》 10권외에, 《당대일본교육총서當代日本教育叢書》, 《교육온라인문고教育在線文庫》 등 30여 종을 주편하였고, 《신세기교육문고新世紀教育文庫》 편집과 출판을 주관하였으며, 국내외 학술 간행물에 200여 편의 논문을 발표하기도 하였다. 이 가운데서 역자는 주영신 교수의 《주영신교육문집朱永新教育文集》 10권을 번역 텍스트로 삼았는데, 그 내용은 다음과 같다.

1권: 《신교육의 꿈—이상적인 도덕교육》은 도덕교육, 지식교육, 체육교육, 심미교육, 노동기술교육에 대한 이상理想과 해법을 제시하고 있으며, 이상적인 학교·교사·교장·학생·학부모 등 상호 유기적인 역할 관계를 분석하고 있다.

2권: 《근원과 찬란—중국고대교육사상사》는 중국고대교육사상의 기원과 주요 특징, 이론적 기초, 고대 덕육관, 고대 교학론, 고대 교사론, 과거제도, 고대의 독서법, 서원, 몽학 등을 다루고 있다.

3권: 《소통과 융합—중국근현대近現代교육사상사》는 중서中西교육사상의 교류와 융합, 양무교육사상, 유신교육사상과 중국 현대의 개성 교육, 직업 교육, 평민 교육, 농촌 교육, 생활 교육, 산 교육 사상, 그리고 혁명교육사상을 다루고 있다.

4권: 《변천과 구조—중국당대當代교육사상사》는 당대 교육사상의 변천

과정, 마오쩌둥, 덩샤오핑 등 지도자의 교육이상, 당대 도덕교육사상, 당대 교육심리사상, 당대 교육개혁이론, 당대 교육발전전략, 당대 교육과학 등을 다루고 있다.

5권: 《곤경과 초월－중국교육문제 분석》은 중국교육의 성과, 학업에 대한 심리적 분석, 가정교육 문제점, 의무교육, 독서, 시험, 인터넷 등 교육문제를 분석하고 있다.

6권: 《반성과 배움－중외中外교육 평론》은 중국교육 평론에서 거시교육 정책, 중국교육 주제 연구, 지역교육 발전 연구를 다루었고, 외국교육 평론에서는 비교교육 연구, 일본교육 연구, 교육사상 연구 등을 다루고 있다.

7권: 《마음의 궤적－중국심리학 연구》는 응용심리에서 중국 고대 교육심리, 인재심리, 범죄심리, 군사심리, 의학심리, 관리심리, 꿈에 관한 학설, 근대 교육심리 사상을 다루었으며, 인물학파에서는 이정二程, 주희朱熹, 육구연陸九淵, 왕정상王廷相, 왕부지王夫之, 안원顏元, 현학자玄學者의 심리 사상을 다루었다. 그리고 종합평론에서는 지의志意의 본질, 중국인의 사회 정치 심리분석, 중국인의 '파리스 콤플렉스', 중국 고대 학자의 대뇌 연구, 중국 사회개혁 심리 연구 및 중국심리학사 연구를 다루고 있다.

8권: 《교정의 파수꾼－중국교육심리학 논문》은 '학교 심리 상담'에서 학교 심리 상담의 정의·준비·실제, 학습 심리, 진로 선택, 정신 건강, 상담의 원칙, 심리 측정, 심리 치료 등을 다루었고, '학생들과의 서신 상담'에서는 올바른 자기 인식을 위한 조언, 강한 의지를 기르는 방법,

원만한 관계 형성법, 능률 학습법 등을 다루었다. 그리고 '주영신 교수의 연구 논문'에서는 현대 학습 이론, 학습동기 소고, 협동 학습과 집단 심리학, 대학 커리큘럼의 심리적 기초 등을 다루고 있다.

9권: 《누림과 행복―중국교육수필 선집》은 성장과 깨달음, 교단에 대한 평가, 과학적 연구에 관한 이야기, 명사들과의 대화, 인터넷에 대한 단상, 교육의 법칙 등에 관한 수필들을 다루고 있다.

10권: 《시와 이성―중국교육 문답록》은 교사와의 대화, 교사의 새로운 사고, 이슈 토론, 초점 토론, 교육 방침에 관한 토론 등 질문과 응답 방식을 통해 교육에 관한 문제를 알기 쉽게 다루고 있다.

이처럼 주영신 교수의 《교육문집敎育文集》 10권은 중국교육 전반에 대한 이론과 실제, 그리고 담론을 거시적인 안목으로 총체적으로 망라하고 있다. 이러한 이유만으로도 그의 저서는 중국교육 연구의 중요한 지침서가 되기에 충분하다고 생각한다. 따라서 중국교육에 관심 있는 사람이라면 누구나 일독해 볼만한 책으로 망설임 없이 추천하고자 한다.

역자로서는 중국교육에 대한 역사성, 이론성, 현실성 등을 분명하게 전달하고자 하는 원저자의 저작 의도를 최대한 존중하면서도, 이념적 배경과 사회적 환경에 의한 정서적 충돌을 줄이기 위해서 부득이하게 일부 선역과 우회적 번역이 불가피했음을 밝혀둔다. 또한 짧은 시간에 방대한 분량의 책을 번역하여 충분한 검토를 거치지 못한 상태에서 출판에 임하여, 번역의 오류와 역주의 미진한 부분들이 발견될 가능성이 높다는 점을 부인할 수 없다. 앞으로 발견되는 문제점들은 향후 철저한 수정 보완 작업을 통하여 보다 완벽한 역서로 재출간한다는 계획으로 위안을 삼고자 한다.

끝으로 이 책을 번역하여 세상에 내놓는 데는 많은 분들의 도움이 있었다. 우선 중국어 교육 등을 공부하면서 번역 수업에 함께 참여했던 교직이수 학부생, 교육대학원생, 그리고 직 간접적으로 참여했던 여러 번역자들에게 진심으로 감사드린다. 아울러 번역 교정에 수고를 아끼지 않은 성은기, 조아라, 서조원 석사생과 이경훈, 이은영, 이승매, 김영 선생에게 깊은 감사의 마음을 전한다. 또한 훌륭한 저서의 번역을 허락해주신 주영신 교수님, 중국 인민출판사 관계자에게 감사드리며, 특히 여러 가지 어려운 상황을 무릅쓰고 중국교육 관련 역서를 정성 들여 출판해주신 어문학사 윤석전 사장님과 편집부 직원 여러분께 심심한 감사를 드린다.

2009년 11월

최영준

차 례

교육에 새로운 빛을(서문을 대신하여)

교육에 새로운 빛을 더하자.
경험의 늪에서 벗어나 떠오르는 이성의 태양을 맞이하자.
과거의 교육과는 영원한 이별을 고하자.
지나간 방식은 과거일 뿐이다.

교육에 새로운 빛을 더하자.
다른 목소리에 귀를 기울이자.
합리적으로 판단하고 나아갈 방향을 모색하자.
그러면 지혜로운 결정을 내릴 수 있을지어다.

교육에 새로운 빛을 더하자.
선현의 발자취를 따라가 보고 거장의 작품도 만나보자.
교육으로 학생들이 슬기로워지면
스승의 얼굴에 행복과 기쁨의 빛이 어릴 것이다.

교육에 새로운 빛을 더하자.
민주적 이념을 받아들이고 합리적으로 사고하면
학교는 사제를 위한 학문의 전당이 될 것이며
학문의 찬가가 영원히 울려 퍼질 것이다.
교육에 새로운 빛을 더하자.

제멋대로 내버려두지도, 체벌로 가르치려 들지도 말라.
아이들이 책 향기와 더불어 즐거운 유년을 보내고
순조롭게 인생의 첫발을 내딛을 수 있도록 하라.

교육에 새로운 빛을 더하자.
자유의 공기를 만끽하며 생각의 나래를 마음껏 펼쳐라.
이론이 서가를 나오고 실천이 그 뒤를 따를 때
새 시대의 진정한 교육가가 비로소 화려하게 나타날 것이다.

01

중국 당대 교육의 발전 과정

1949년 10월 1일, 마오쩌둥毛澤東은 천안문에서 중화인민공화국의 탄생을 선언했다. 이로써 중화민족은 새로운 역사적 시기를 맞이했으며 중국의 교육사상도 새로운 발전 단계로 접어들었다.

1949년부터 2003년에 이르기까지 중국교육은 사회의 정치, 경제, 문화의 변화와 더불어 매우 커다란 변화를 겪었다. 하지만 이 50여 년 동안 놀랄 만한 성과를 거두었음에도 불구하고 몇몇 아쉬운 점들도 있었다. 중국 당대 교육의 발전 과정을 체계적으로 되돌아보고 반성하는 것은 당대 교육사상의 변화 과정을 이해하고, 각종 교육사조의 현실적 배경을 이해하며, 거시적 관점에서 당대 교육의 특징을 파악하는 데 있어 매우 의미 있는 일이다.

1. 당대 교육의 성과와 문제점

1949년 이후, 중국교육은 수많은 우여곡절 끝에 괄목할 만한 성과를 거두었다. 특히 중국 공산당의 11기 삼중전회三中全會 이후, 중앙정부와 국무원에서는 중국의 교육 사업을 발전시키기 위한 일련의 방침과 정책을 제정했다. 이로써 교육의 발전을 저해하던 여러 가지 중대한 사안들이나 실행상의 애로사항들이 해결되어 교육 사업이 빠른 속도로 발전하는 계기가 되었다. 50여 년 동안 중국의 교육은 다음과 같은 몇 가지 부분에서 커다란 성과를 보였다.

첫째, 새로운 사회주의 교육제도를 세움으로써 인구의 대다수를 차지하는 노동자와 그 자녀들이 교육을 받을 수 있게 되었다. 구舊 중국 시기, 교육은 착취계급을 위해 존재했고, 교육평등의 원칙은 논할 수조차 없었다. 그런데 신新 중국이 성립되면서 평등의 원칙이 대체로 실현되었다. 당과 정부의 지도 아래, 중국은 '가난한 나라지만 큰 교육을 시행하자'라는 정책을 시도하면서 세계 최대 규모의 기초교육 체계를 갖추었다. 2001년 전국 각 급 학교 현황에 대한 통계에 따르면, 중국의 재학생 수는 2억 4,263만 7,200명이다. 이 중 초등학생은 1만 2,543만 4,700명, 중학생은 8,901만 3,800명(중등 전문학교 학생 457만 9,800명 포함), 대학생은 719만 700명으로, 일본 전체 인구수보다 훨씬 많았다. 중국 취학연령 아동의 입학률은 1949년의 25%에서 2001년 99.1%로 증가하였다. 또한 1949년 총인구의 80%를 차지하던 문맹인구는 2000년에 이르러 성인 문맹률은 15%, 청장년 문맹률은 5% 이하로 낮아졌다. 이렇듯이 국민의 전체적인 교육수준이 크게 향상되면서, 2001년 한 통계에 따르면, 10만 명당 대학교육을 받은 인구수는 3,611명, 고등 또는 중등 전문학교 교육을 받은 인구수는 1만 1,146명, 초등학교 교육을 받은 인구수는 3만 3,961명으로 나타났다. 2001년에 이르러, '양기험수兩基驗收'를 실시한 현縣은 2,573개에 달했고, 해당 연령 중 85%의 인구가 이 제도의 혜택을 받았다. 이렇듯 거대한 기초교육 체계를 세우고 관리하는 과정에서, 중국은 다른 국가들이 택하지 않았던 특별한 길을 걸었다.

둘째, 국가 건설에 필요한 인재를 대거 양성하였다. 1949년 이래 다양한 수준의 교육을 받은 졸업생들이 끊임없이 노동자, 농민, 간부 대열에 합류하면서, 차츰 노동자의 기술 수준과 문화적 소양이 제고되고 있다. 1949년부터 1989년까지 각 분야에서 배출된 전문 인재는 2,200만 명 이상에 달한다. 이 중 대학원 졸업생은 약 15만 4,000명, 보통 고등전문대학 졸업생은 약 6,192만 명, 성인대학교 졸업생은 약 4,013만 명, 보통 중등전문학교 졸업생은 약 9,698만 명, 성인 중등전문학교 졸업생은 200여 만 명이었다. 40년 동안 각종 고등교육기관에서 배출된 졸업생은 해방 전 36년(1912~1949) 동안 배출된 졸업생의 49.1배나 된다. 1989년부터 2001년까지, 중국의 보통대학교와 성인대학교는 1,200만 명에 달하는 종합대학·전문대학 졸업생, 30여 만 명의 대학원생을 배출하였다. 그밖에 검정고시를 통해 학사 학력을 취득한 학생은 343만 명에 달한다. 이러한 인재들은 과거 중국 사회주의 건설의 각 분야에서 중대한 역할을 했거나 지금도 담당하고 있다. 2003년 2월 13일 교육부에서 공포한 중국 최초의 「중국교육과 인적자원 문제보고」에서는, 1950년 중국의 초·중고등교육의 총규모는 겨우 3,060만 명이고, 특히 대학생은 14만 명으로 가난한 국가들의 특징인 '교육 발전 낙후' 현상이 여실히 드러난다. 그러나 2000년에 이르러 중국은 이미 7,000여 만 명에 달하는 중·고급 전문 인재와 중고등학교 학력 수준을 갖춘 노동자 4억 명을 양성하였고, 2001년, 전국의 대학교 재학생은 이미 1,200 만 명을 넘어섰다. 50년간, 비록 중국의 공공교육 비용 지출은 전 세계 총지출의 2%에도 못 미치지만, 세계 인구의 21%에 달하는 인구가 9년 의무교육을 받도록 하는 데 성공했다. 이것은 역사적으로 유래가 없는 기적이었다.

셋째, 교사의 수가 급증하고 전문성도 크게 향상되었다. 중화인민공화국 수립 당시, 중국은 겨우 205개의 대학교, 1만 6,059명의 전임교수가 있을 뿐이었고, 그중 교수는 4,786명, 부교수는 2,168명, 강사는 3,742명, 조교는 5,364명이었다. 그러나 2001년 통계에 따르면, 중국의 대학 수는 1,225개(직업기술학교 386개 포함), 전임교수는 53만 1,910명으로 증가했다. 그중 교수는 5만 678명, 부교수는 16만 1,333명, 강사는 18만 7,199명으로 대학교육 전문 인력이 전체 교사의 39.9%를 차지하였다. 1949년에 비해 대학교는 5.4배, 대학 교사는 33배가 증가하였다.

초·중고교 교사도 큰 폭으로 늘어났다. 1990년의 보통 중·고등학교 전임교사가 418만 8,400명까지 늘었는데, 이는 1949년의 6만 6,600명보다 61배 증가한 것이다. 초등학교 전임교사는 579만 7,700명으로 1949년의 83만 6,000명보다 약 7배가 증가하였다. 초·중고교 교사들이 양적으로 증가, 조절되고 교육을 거치면서 교사의 사상적 소양과 업무 수준이 끊임없이 향상되었다. 1953년에는 중등사범학교 졸업 또는 고졸 이상의 학력을 갖춘 초등학교 교사가 겨우 13.5%에 그쳤으나 2001년에는 96.81%로 늘어났다. 2001년, 중학교 교사 중에서 전문대 이상의 학력을 갖춘 교사는 88.92%에 달하였고, 보통 고등학교 교사 가운데는 학사 이상의 학력을 갖춘 교사도 70.71%에 달하였다.

고도의 사명감과 책임감을 지닌 새로운 교사들이(교육 행정과 교육 과학연구 인력 포함) 자신의 분야에서 자리를 잡아가고 있다.

넷째, 교육의 구조와 조직이 경제 및 사회의 발전에 부응하여 끊임없이 조정되면서 나날이 합리적으로 변화하고 있다. 지난날 단일화된 중등교육의 구조에 큰 변화가 있었다. 1949년 중국에는 겨우 3개의 기술·공업학교, 561개의 중등기술학교가 있었고, 재학생은 각각 2,700명, 7만 7,100명에 불과했다. 2001년에 이르러 전국의 중등전문학교는 3,260개, 재학생 수는 457만 9,700명으로 증가했다. 그중 중등기술학교는 2,690개이며 재학생은 391만 7,400명이었다. 그밖에도 직업중학교가 7,802개로 증가하면서 재학생 역시 466만 4,300명으로 늘어났고 이 덕분에 '문화대혁명' 시기에 무분별하게 급증했던 보통고등학교의 학생 수를 조정할 수 있었다.

고등교육의 과정, 종류, 구조 등 조직에도 커다란 변화가 생겼다. 1949년 대학원생 대학생 전문대생의 비율은 0.7 : 100 : 24에서 1996년 종합대학 모집인원과 전문대 모집인원은 1 : 0.91의 비율로, 대학원 모집인원과 종합대학·전문대 모집인원은 1 : 16.26의 비율로 개선되었다. 보다시피 구조가 합리화되는 추세이다. 1988년부터 법학·정치학·재무금융학 등이 차지하는 비율이 점차 늘어났고 이공계에서는 건축학, 식품학, 의대에서는 법의학, 간호학 등 학생이 미달되었던 취약학과들도 그에 버금가는 발전을 이루었다. 예를 들면, 1988년 일반 대학교의 재경학과 모집인원 비율은 1978년의 2.99%에서 11.4%로, 정치·

법학은 0.25%에서 2.12%로 증가하였다. 수많은 새로운 학과와 더불어 사회가 매우 필요로 하는 전공, 예를 들면 컴퓨터, 에너지, 환경, 재료, 생명공학, 의료기술 등도 잇달아 생겨나 활발하게 발전하고 있다. 오늘날, 인문학·자연과학·공학·농학·의학·금융·법률·교육 등 주요 학과들은 온전한 구조를 갖춰 경제건설과 사회발전의 요구를 만족시킬 수 있는 고등교육 체계를 구축했다.

다섯째, 다양한 형식과 기준, 다양한 채널의 성인교육체계를 세웠다. 당대 중국 성인교육은 큰 성과를 거두었다. 2001년을 기준으로 하여 중국에는 이미 686개의 성인대학교(광파전시대학교廣播電視大學, 직공대학교職工大學校, 농민대학교農民大學校, 관리간부대학管理幹部學院, 교육대학教育學院 및 독자적으로 설립된 통신대학 등 포함)가 세워졌고, 재학생이 7,876만 3,900명에 이른다. 그중 일반 대학(보통 대학)이 우수하게 운영한 통신대학, 야간대학, 교사본과반, 간부연수반의 재학생이 333만 3,800명이다.

1990년에 이미 전국에 900여 개의 위성 TV 교육 수신국, 370여 개의 중계국, 1만여 개의 영상 재생 장치를 갖추었고, 51만 5,903개의 성인 중등학교(성인 중등전문학교, 성인 중학교, 성인 기술훈련학교를 포함), 13만 5,459개의 성인 초등학교가 있었다. 여기에서 말하는 성인 대상 초·중등교육은 각종 성인 중등전문학교, 보통 중등전문학교가 개설한 노동자·간부 중등전문반, 성인 중학교, 성인 기술훈련학교, 농민문화기술학교, 농민광파전시학교農民廣播電視學校, 문맹퇴치학교(문맹퇴치반), 교사연수학교 등을 포함한다. 2001년 당시, 성인기술훈련학교에서 배출한 졸업생만 하더라도 9,770만 명이었고, 6,757만여 명의 학생이 재학 중이었다.

또한 서부지역의 직업교육의 발전을 가속화하기 위하여 국채로 서부의 1급 빈곤 현縣에 186개의 직업교육센터를 신설했다. 1989년부터 2001년까지 중국의 중등직업교육(보통 중등전문학교, 직업고등학교, 기술·공업학교, 성인 중등전문학교 포함)을 통해 4,500여만 명의 졸업생이 배출되었다.

이밖에, 중국 특유의 중등·고등 전문교육 검정고시에도 인문, 공학, 농업, 의학, 재무금융, 정치·법률, 교육, 체육 등 11개 학과 및 280개의 전공시험이 개설되었다. 이중 학부전공은 23개로 전체의 8.2%, 독립적인 4년제 본과는 91개로 전체의 32.5%, 전문대학의 전공은 166개로 전체의 59.2%를 차지했다.

전국 30개의 성省, 자치구, 직할시에 검정고시기관을 설립함으로써 대학입시에 응시하는 학생이 2000년에만 689만 명에 육박하였다. 1981년부터 베이징에서 처음 실시되어 2002년 상반기에 이르기까지, 전국 검정고시에 응시한 총 학생 수는 3,700만 명에 달했다. 총 시험 접수 건수는 2억 9,000만 건, 재학 중이면서 시험에 응시한 학생은 1,704만 명, 총 졸업생은 370만 명이었다.

1949년 이래로, 성인교육을 통해 1억 6,300만 명이 문맹에서 벗어남으로써 절반 이상의 현縣에서 문맹이 퇴치되었다. 특히 1989년에는 전국에서 395만 명이 문맹교육에 참가하였고, 그중 200만 명이 문맹에서 벗어났으며, 청장년의 문맹률이 1978년의 18.5%에서 5% 이하로 떨어졌다.

1988년 27개 성, 자치구, 직할시에 대한 통계에 따르면, 50시간 이상 교육에 참가한 노동자는 2,954만 명으로, 전체 노동자의 29%를 차지하였고, 교육에 참가한 노동자의 30%는 직업 훈련을 받았다. 1980~1988년 성인 초·중등학교 졸업생은 이미 1억 명을 넘어섰다. 1998년 한 해 동안만 전국에 개설된 문맹학교(문맹반)는 13만 4,200개, 졸업생은 320만 8,900명에 달했다.

성인교육을 통해 배출된 인재들이 정부 간부나 전문기술인으로 활용되면서 사회 각계의 인재 부족 현상을 완화시켰다. 특히 중소기업 및 전일제 중고등전문학교 졸업생을 배정받기 어려운 지역의 인재난을 해결함으로써 사회로부터 긍정적인 평가를 받았다.

이밖에, 민족교육, 여성교육, 민영교육, 특수교육, 화교교육, 유학교육 등의 영역도 비교적 큰 발전을 이루었다. 갈수록 많은 사람들이 중국 국가경제와 사회발전에 있어서 교육사업이 차지하는 전략적 위치를 인식하게 되었고, 사회각계 역시 이에 많은 관심을 쏟고 있다. '교육의 현대화·세계화·미래 지향'이라는 요구에 따라 교육의 사상, 내용, 방법, 체제 면에서 광범위하고 본질적인 개혁이 진행되고 있다.

전체적으로 봤을 때, 1949년 이후 중국교육은 장족의 발전을 이루었고, 세계가 주목할 만한 거대한 성과를 거두었다. 10년 전 '40년간의 중국교육은 철저히 실패하였다.' '신新 중국의 교육은 이론에서 실천에 이르기까지 취할 것이 하나도 없다.'라는 누군가의 주장은 역사적 사실에 위배되는 것이다. 이는 당의 지도자와 사회주의제도에 대한 불신일 뿐만 아니라, 수십 년에 걸친 수천만 교육자들의 노력과 결실에 대한 부정이다.

솔직히 말해서, 당대 중국교육에도 몇몇 문제와 실수가 존재했다. 그러나 이러한 문제를 발견하고 실수를 인식해야만 비로소 중국교육은 실패를 되풀이하지 않고 올바른 궤도를 따라 건강하게 발전해나갈 수 있다.

중국 당대 교육의 문제점과 실수를 정리하자면 다음과 같다.

첫째, 교육사상이 갈피를 잡지 못하면서 교육의 기능이 한쪽으로 치우치는 현상이 발생했다. 이로 인해 교육의 여러 기능 간 모순이 발생하거나 심지어 상호 대립하는 상황까지 생겨났다. 예를 들어 교육의 정치적 기능이 강조될 때에는 '계급투쟁' 사상을 중심으로 학교교육을 진행하고 '공산주의 계승자' 양성에만 열중했다. 때로는 교육의 경제적 기능을 강조하면서 교육이 정치, 사회주의 정신문명 건설에 이바지한다는 점을 간과하고 단순한 노동자 등 경제적 인재 양성에만 주력했다. 이는 최근 십여 년 동안 특히 눈에 띄는 현상이다. 교육의 사회적 기능이 강조될 때에는 문화적 소양을 갖춘 현대 시민을 양성하는 것이 바로 교육이라고 여겨졌다. 이렇듯 교육사상의 변화에 따라 제도의 실행 또한 중심을 잃고 '하나를 얻으면 하나를 잃는' 불안정한 상황이 나타났다.

둘째, 교육비가 심각하게 부족하다. 중국 당대 교육비가 국민총생산(GNP)에서 차지하는 비율은 80년대부터 줄곧 3% 정도에 머물렀고 이는 세계 평균을 크게 밑도는 수준이다. 90년대에도 1995년 2.41%, 1999년 2.79%, 2000년 2.87%로 3%를 넘어서지 못했다. 2001년도에 이르러서야 3.19%에 도달했는데 이는 10년 만의 최고치였다. 그러나 '4%'라는 목표를 달성하려면 아직 더 큰 노력이 필요하다. 2000년 재정 예산 중 교육비는 2,562억 6,100만 위안으로, 1999년의 2,287억 1,800만 위안에 비해 12.04% 증가하였다. 이와 같이 80년대 중반부터 교육비가 다소 증가하기는 하였으나 재정지출에서 차지하는 비율은 오히려 14.49%에서 13.8%로 감소했다. 물가상승을 감안해 봐도 사실상 교육비는 점차 감소하고 있는 셈이다. 예를 들어 1987년 중학교와 초등학교에 투입된 경비는 각각 1980년의 33.1%, 22.1%에서 27.8%, 16.7%로 감소하였고, 1989년에는 다시 24.4%, 16.49%로 감소했다. 중국 학생 1인당 교육비가 1인당 GDP에서 차지하는 비율을 보면, 초등학교의 경우 국제 평균치보다 4%포인트, 중고등학교의 경우 6%포인트 뒤떨어진다. 교육비 부족으로 인해 시골지역의 수많은 초등학교에서는 최소한의 분필, 종이, 빗자루조차 사기 어려울 정도로 재정적 어려움을 겪고 있다. 또한 농촌의 중학교와 초등학교 기숙사는 매우 낡았고 무너질 위험이 있는 건물도 상당히 많으며, 중고등학교의 90%는 실험 설비도 제대로 갖추지 못하고 있다. 일부 빈곤지역에서는 매년 학교에서 요구하는 각종 비용을 내지 못해 100만여 명의 취학 연령 아동이 학교에 다닐 수 없었고, 1990년 중도에 자퇴한 중학생과 초등학생은 492만 명에 달했다. 현재까지 농촌의 초·중학교 학업 포기율은 여전히 매우 높은 수준이다. 2002년 구이양貴陽시 전체의 중학교 재학생의 학업 포기율은 3.4%, 일부 구와 현은 6.7%였고 10% 이상에 달하는 농촌지역도 일부 있었다. 수많은 청소년들이 의무교육도 받지 못하고 사회로 나가는 것이다.

셋째, 교사들에 대한 대우가 너무 형편없어 뒤를 이를 인재들이 부족하다. 80년대 말에 실시했던 한 조사 결과를 보면, 중국 교사의 평균 월 수입은 국민경제 12개 업종 중 끝에서 세 번째였다. 베이징北京·텐진天津·산시성陝西省·안후이성安徽省 등 11개 성省·시市의 조사에 따르면 1988년 교육계통의 평균 임금과 국유기업 근로자의 임금 차이는 대략 150위안 이상이었다. 국제 수준과 비교해보면 중국 교사의 임금 소득 지수(교사평균소득과 1인당 국민총생산의 비율)는 1982년에는 1.68, 1988년에는 1.41로 동수준 개발도상국의 4분의 1 수준으로 인도의 2분의 1에도 미치지 못했다.

이렇듯 교사들은 생활고와 과중한 업무로 인해 건강상의 위협을 받지 않을 수 없었다. 1987년 우한武漢시가 실시한 초·중등학교 교사들을 대상으로 한 조사에 의하면, 1만 8,909명 교사 중 68.5%가 병을 앓고 있었고, 그중 무려 61%가 직업병(폐병, 위장병, 인후염), 노환, 암에 시달리고 있었다.

중국체육운동위원회 과학기술연구소에서 진행한 중국 11개의 성 및 시에 설립된 20여 개의 대학교와 연구기관을 대상으로 진행한 조사에서 중·고급 지식인들의 평균 수명이 전체 국민의 평균 수명보다 10년 정도가 짧은 것으로 나타났다. 21세기의 길목에 들어서면서 교사들의 임금이 대폭 향상되긴 했으나, 여전히 서부와 내륙의 외진 지역에 있는 교사들의 실질적 대우는 매우 열악한 상황이다. 특히 의무교육 단계의 교사들은 고단한 업무에 시달리면서도 그에 걸맞은 대우를 받지 못하고 있다.

교사들에 대한 낮은 대우와 그들의 경제적 어려움은 교사 확충을 어렵게 만드는 요인 중 하나이다. 관련 부서의 통계에 따르면 1984년 9월부터 1987년 9월까지 전국 고등사범학교는 총 12만 명의 학사를 배출하였고, 중등학교에 재직하면서 직업 훈련을 통해 학사 학위를 취득한 교사는 7만여 명이었다. 이 두 수치를 더해보면 중등학교는 신임 교사를 20만 명 정도 증원해야 하는데 이 기간 동안 학교를 떠난 교사와 발령받지 못한 졸업생만 하더라도 13만 명에 달한다. 게다가 최근 해외출국, 자영업 등의 유행으로 교사들의 유출은 더더욱 줄어들 기미가 보이지 않는다. 다른 한편으로는, 우수한 중등학교 졸업생들이 사범대에 진학하지 않는 현상이 이미 걱정할 만한 수준에 이르면서 사범대생 모집도 어려움을 겪고 있다. 이 때문에 교사 단체의 인재 부족 현상은 더욱 문제가 된다. 현재 내륙의 교사는 경제가 발달한 연안지역으로 이동하고 있고, 발달한 지역의 교사들 중에는 전업을 하는 경우도 있어서 내륙 학교의 교사가 모자라게 되었다. 또한 유능한 교사의 유출로 지역 간 교육 불평등이 심화함에 따라 교육의 질적 평등 문제가 새롭게 대두되었다.

이밖에 문맹 문제, 중학생과 초등학생의 유실 문제, 전문 인력 부족 문제, 학생의 도덕성과 품행 지도 문제에 대한 사람들의 관심도 계속 높아지고 있다. 21세기로 향하는 과정에서 그동안 이뤄온 교육의 성과를 어떻게 확고히 하고 발전시킬 것인가, 현존하는 어려움을 어떻게 극복할 것인가 하는 것이 당대 교육이론의 중요한 과제이다.

2. 중국 당대 교육 모델의 전환

현대 교육은 크게 두 가지의 모델로 나눌 수 있다. 그중 하나는 학술 모델이다. 이 모델은 학술적 학습활동을 강조하며 학술지식 습득을 목적으로 한다. 그러므로 비학술적인 취미활동과 방과 후 활동을 소홀히 하고 학교중심, 지식 지향적 경향을 보인다. 다른 하나는 혁신 모델로 사회적 학습을 강조하고 봉사를 통한 혁신적 발전을 목적으로 한다. 따라서 이 모델에서는 사회생활과 괴리된 교육에 반대하며 사회중심, 행동 지향적 경향을 나타낸다.

모든 국가의 교육개혁은 이 두 가지 모델이 전환되고 혼란을 겪으며 교체되는 과정이다. 어떤 사람은 이 현상을 '시계추 현상'이라 하고, 어떤 사람은 '이중 변주'라고도 부른다.

예로 들면, 20세기 초에 미국은 주로 유럽의 전통인 학술 모델을 답습하여 지식의 총체성·논리성을 중시하고 학교의 규율성과 규범성을 강조했다. 이 모델을 통해 사회에서 필요로 하는 이상적인 인재를 육성하기를 희망했다. 그러나 20년대 이후 전통교육이 사회의 요구에 부응하지 못한다는 것이 드러났다. 권위만을 중시하던 전통교육의 틀을 벗어나 보다 진보적인 교육개혁을 주장하는 목소리가 높아졌다. 즉 교사중심·교실중심·교재중심에 반대하여 아동을 중심으로 사회가 학습의 장이 되는 활동 위주의 혁신을 주장했다.

혁신 모델은 사회에서 벗어나는 것을 반대하고, 실용적인 관점을 강조했다. 이 모델은 꽤 오랜 기간 동안 설득력을 얻었다.

제2차 세계대전 이후, 세계 과학과 기술은 급격히 발전했다. 구소련의 인공위성 발사는 미국에서 '과학 기술의 진주만 사건'으로 불린다. 이 사건은 미국 국회를 뒤흔들어 놓았고 사람들의 이목이 교육으로 집중되었다. 사람들은 진보주의 교육이 기초성, 체계성, 이론성을 경시한 결과라며 교육계를 지탄했다.

그 후 미국은 〈국방교육법〉을 발표하고 고급 과학기술인력 양성을 목표로 하는 새 교육체재를 확립했으며 수학·물리·외국어라는 새로운 세 가지 커리큘럼을 보강하는 데 주력했다. 이로써 교육의 시계추가 다시 학술 모델로 돌아오게 되었다.

그러나 60년대 이후, 미국의 사회적 모순이 가중되면서 인종운동·여성운동·청년운동·반전운동이 연이어 일어났다. 사람들은 이것이 학술적인 것만 강조하고 사회적인 책임감을 가르치는 데 소홀했던 학교의 책임이라며 비난했다. 이로 인해 혁신 모델이 새롭게 재조명받기 시작했다.

또 다시 학교의 자주권과 자발성이 강조되었고, 사회 현실과 괴리가 있었던 커리큘럼에 대해 개혁이 이루어졌다. 이른바 '열린교육'을 통해 사회 위기를 극복하길 바랐으며, 이를 위해 학년의 개념을 없애고 전통적 학습을 '독립학습' '학생이 설계하는 커리큘럼' 등으로 대체하였다.

70년대 이후, 미국학교의 교육의 질은 갈수록 나빠졌다. 교과과정 내용이 대부분 빈약했고, 학술적 기준이 낮아졌으며, 학생들의 점수가 하락하고, 학교 기강이 해이해졌다. 미국교육연구원 폴 헤르더는 전국 학생의 성적을 조사한 후 놀라움을 금치 못하며 이렇게 말했다.

"과학혁명 시대인 오늘날 우리는 오히려 '과학과 기술의 문맹인'을 양성하고 있다."

그리하여 미국교육협의회(ACE)는 「국가가 위험에 처해 있다.─교육개혁은 피할 수 없는 추세」란 보고서를 제출했고, 다시 학술 모델이 주목받기 시작했다. 80년대 이후, 기초교육이 강화되며 교육은 다시 규범화되는 경향을 보였다.

위의 내용에서도 알 수 있듯이 미국의 교육발전은 주로 학술 모델과 혁신 모델이 상호 전환하는 과정이었다. 사회적 갈등이 깊어지고 정치가 위기에 빠졌을 때 사람들은 교육을 통해 극복하고자 했으며 이때 시계추는 혁신 모델을 향해 움직였다. 하지만 과학 기술 경쟁이 치열해지고 사람들의 소양이 낮아졌을 때 사람들은 교육을 통해 고급 인재를 육성하고 첨단 과학을 발전시키며 국가 경쟁력을 높이고자 했으며 이때 시계추는 다시 학술 모델을 향해 움직였다.

'그러나 미국교육 발전의 역사에서도 볼 수 있듯이, 이 두 극단 간의 변동의 폭은 점점 더 좁혀지고 있으며 두 모델은 끊임없이 상대편의 장점을 서로 흡수하며 점차 융합하는 경향을 나타낸다.'

이 두 모델의 전환 과정을 통해 당대 중국의 교육발전 과정을 고찰해 보고자 한다. 최근 50여 년 동안의 중국교육은 초창기(1949~1956), 탐색 시기(1957~1963), 혼란 시기(1964~1976), 재건 시기(1977~1990)와 발전 시기(1991~) 등 총 다섯 가지 시기로 나눠볼 수 있다.

(1) 초창기(1949~1956)

이 시기 교육발전의 주요 과제는 옛 중국의 봉건적, 매국노적, 파시즘적 교육을 개혁하고 민족적, 과학적, 대중적 신민주주의 교육을 수립하는 것이었다. 당시 중국교육이 당면한 과제는 다음과 같이 5가지가 있었다.

① 옛 학교를 인수하여 개조, 관리한다.
② 옛 학교교육제도를 개혁하고, 새로운 학교교육제도를 공포한다.
③ 모든 교육기관을 노동자와 농민에게 개방한다.
④ 교사의 사상을 개혁한다.
⑤ 대학교의 단과대학과 학과를 조정한다. 이 과제는 1952년에 대부분 달성되었다.

1949~1956년의 교육은 대체로 혁신 모델의 양상을 띠었으며 중국의 교육 사업 발전에 큰 도움을 주었다. 또한 사회 개혁, 반미 친북의 사회적 분위기, 국민경제의 회복이라는 시대적 흐름에도 잘 부합했다. 하지만 지나치게 옛 교육 방식을 부정하고, 노동자와 농민에 대한 교육과 교사의 사상 개혁에 대해 너무 급진적인 경향을 띠었다.

1953년에 들어서면서부터, 혁신 모델은 학술 모델에 자리를 내주었다. '확실하게 정비하고 발전에 힘을 기울이며, 교육의 질을 높이고 차근차근 전진한다.'라는 문화·교육 방침이 제기되었으며 〈인민교육〉 등의 간행물에서는 교육에 관한 일련의 사설을 게재했다. 또한 구소련의 교육 모델을 도입함으로써 탄탄한 교학시스템과 학교 경영체계가 구축되었다. 이로써 교육이 지속적이고 안정적으로 발전할 수 있게 되었다.

(2) 탐색 시기(1957~1963)

초창기의 교육 모델 확립과 전환은 객관적인 사회적 환경에 근거한 것이었기에 교육의 객관적인 원칙에 부합했다. 하지만 탐색 시기에는 교육 정책자의 주관적이고 근거 없는 판단에 의해 모델이 전환되었고 이는 교육의 객관적 원칙에서 벗어나는 결과를 초래했다.

1957년 이후 중국 공산당의 일부 지도자들은 국내 정치에 대해 지나치게 엄격한 잣대를 들이댔다. 그들은 계급투쟁이 사회의 가장 중요한 이슈가 되어야 한다고 하며 대대적으로 반우파 투쟁을 시작했다.

1957~1960년 교육 모델이 초창기의 학술 모델을 전면 부정하는 것은 옳지 않았다. 왜냐하면 건국 후 중국은 사회주의 건설에 필요한 문화적 소양을 갖춘 전문 인재들을 양성하는 것이 무엇보다 시급했고 이것이 바로 학술 모델이 달성해야 할 사명이었다. 또한 학술 모델은 그때까지도 전성기를 눈앞에 두고 있었고 발전해 나갈 여지가 충분했다.

그러나 이때, 정치운동으로 인해 학술 모델이 갑자기 혁신 모델로 대체되었다. 계급투쟁이 중국 모든 학생들에게 가장 중요한 과목이 되었으며, 지도자들은 이른바 '대약진 운동'의 교육 개혁을 통해 무산계급 교육의 우월성을 과시하고자 했다. 이로 인해 교육 발전의 대약진 운

동, 학교 경영 형식의 대약진 운동, 사상 개조의 대약진 운동 등이 전개
되었다.

　교육 규모면에서도 현실적이지 못한 목표들이 등장했다. 예를 들면
일부 성省에서는 '1년 안에 문화 도시로 탈바꿈한다.' '올해 안에 문맹
을 완전히 퇴치하자.'라는 식의 구호가 등장했다.

　〈광명일보〉의 보도에 의하면 1958년 1월에서 8월까지 단 8개월 동
안 전국적으로 9천만 명이 문맹에서 벗어났는데 이것은 신중국이 성립
이후 8년이라는 시간을 걸쳐 이룬 것의 배 이상이 되는 수치로 중국의
67%에 이르는 현과 시에서 문맹을 퇴치한 것이다. 전국의 취학 연령
아동의 입학률이 무려 93.9%에 이르렀고, 87%의 현과 시에서 초등교
육이 보편화되었다.

　이 한 해 동안 전국에 2만 6천 개의 중고등학교가 신설되었고, 학생
은 924만 명에 이르러 1957년에 비해 47% 증가했다. 6천여 곳의 중등
전문학교가 신설되었고, 재학생 수는 전년보다 220% 증가했다. 신설
대학교는 8백여 곳으로 전년에 비해 재학생 수가 3분의 2 이상 증가했
고, 근로자가 근무 시간 외에 학습하는 학교가 5배 늘어나 학생이 5천
여만 명이 되었다.

　학교 운영이나 지식층에 대한 사상교육도 여러 면에서 무모하고 편
파적이었다. 많은 학교가 정상적인 교육 질서와 계획을 완전히 무너뜨
렸다. 공장, 농장을 세우고 이른바 '삼동三同'(빈농, 빈곤층과 함께 학습하
고, 함께 일하고, 함께 숙식한다)이 생겨나기도 했다. 1958년 9월에 이르
러서는 중학교 이상 학교, 초등학교의 고학년 이상 학생과 교사들은 수

업 대신 제철소나 '삼추三秋' 활동에 투입되었다. 당시 중국 전역의 2만 2,100개의 학교에 8만 6천 개의 소형 제철로가 세워졌다.

자연히 이 모델은 교육 사업에 재난에 가까운 타격을 가져왔다. 학생의 질이 저하되었고 지식인들의 적극성에 타격을 주었다. 이 시기 학술 모델이 대세로 자리 잡으면서 혁신 모델이 밀려나고 말았다.

1961년 1월 14~18일, 중국 공산당 8기 9중전회가 베이징에서 개최되었고 국민경제를 '조정하고, 확고히 하고, 풍요롭게 하고 향상시킨다.' 라는 방침이 제정되었다. 교육에 있어서도 학교의 규모와 수를 줄이고 학교 질서를 최적화하여 학교의 질을 높일 것을 강조했다.

1961년 중국은 「교육부 직속 대학교 임시 업무 조례(초안)」(약칭 「고교60조」)을 반포했고, 1963년 초에 또 「전일제 중고등학교 업무 조례(초안)」와 「전일제 초등학교 업무 조례(초안)」(약칭 「중학50조」·「소학40조」)를 반포하여 학교의 각종 업무를 거의 정상화했다.

1960년부터 전국 대학교의 1,289곳을 통합하여 1963년에 이르러 407곳으로 조정되었고, 재학생은 96만에서 75만 명으로 줄어들었다. 중등전문학교 6,225곳이 1,355곳으로 통폐합되었고, 재학생은 222만 6천에서 45만 2천 명으로 줄어들었으며, 초·중고등학교도 서서히 조정되기 시작했다.

1961~1963년까지 학술 모델은 모처럼 안정을 되찾았으나 머지않아 다시 타격을 받았다. 학술 모델은 마치 엄마와 떨어지지 못했던 아이가 이제 막 일어서는 법을 배운 것처럼 잠시 발전기를 누리다가 불행히도 곧 '요절'해 버리고 말았다.

(3) 혼란 시기(1964~1976)

1964년, 마오쩌둥은 학술 모델을 강하게 비판했다. 2월 13일 인민대회당에서 개최된 교육 업무 좌담회 상에서 그는 이렇게 말했다.

"낡은 교육제도는 인재를 학대하고 젊은이를 박해하므로 나는 결사코 반대한다." "과도한 교과과정으로 스트레스를 주는 것은 사람을 학대하는 것이다. 학교의 교육제도, 교과과정, 교수법, 시험 방법을 모두 개혁해야 한다."

"현재 과목이 너무 많고 책이 너무 많아 학생들이 스트레스를 많이 받는다. ……책을 많이 읽는다고 많이 습득하는 것은 아니다. 마르크스주의적인 책을 읽어야 하고 읽은 것을 소화해야 한다. 많이 읽어도 소화하지 못하면 부정적인 방향으로 가게 되어 책벌레가 되고, 교조주의자가 되고, 수정주의자가 될 수도 있다."

3월 10일, 그는 북경 철로 제2중학교의 웨이롄魏連교장이 보낸 편지의 답장에서 다음과 같이 의견을 밝혔다.

"현재 학교교육과정이 너무 많아 학생들의 부담이 너무 크다. 또한 강의가 그다지 적절하지 않다. 시험은 마치 학생들이 적군이나 되는 양 갑작스럽게 기습을 퍼붓는다.(Open book과 대비되는 폐쇄적 시험방식, 돌발적인 테스트를 묘사―역주) 이 3가지 모두 젊은이들이 지, 덕, 체를 함양하는 데 전혀 이로울 것이 없다."

7월 5일, 그는 마오위안신毛遠新과의 담화에서 말했다. "계급투쟁은 여러분들이 학습해야 할 주요 과목 중의 하나이다. 여러분의 대학에서는 마땅히 농촌으로 '사청四淸운동'을 하러 가고, 공장으로 '오반五反운동'을 하러 가야 한다. '사청운동'을 하지 않으면 농민을 이해하지 못하고, '오반운동'을 하지 않으면 노동자를 이해하지 못한다. 계급투쟁도 모르면서 어찌 대학을 졸업했다고 할 수 있겠는가?"

8월 29일, 네팔의 교육대표단과의 담화에서 마오쩌둥은 또 이렇게 말했다. "문과는 사회 전체를 스스로의 공장으로 삼아야 한다."

이처럼 1964년 이미 새로운 혁신 모델이 무르익어 가고 있었다. 이 모델은 학술 모델을 전면적으로 부정하고 신중국이 성립된 후 십수 년 동안의 교육 발전을 잘못 평가했다. 또한 계급투쟁이야말로 학생이 가장 중요하게 다루어야 할 과목이라는 점을 분명히 했다. 문화대혁명의 교육사조와 이론은 1964년에 이미 기본적인 토대를 완성했고, 문화대혁명 중 실시되었던 '문제 제기 방식'과 교육혁명은 이미 이때 기본적인 모양새를 갖추어가고 있었다.

1966년에 시작된 10년의 문화대혁명 기간 동안 혁신 모델은 최고조에 달했다. 학생들은 학교 수업을 중지하고 혁명을 일으켰고, 선생님에게 '반동적인 학술 권위자' '수정주의의 싹'이라는 누명을 씌워 비판했다. 선생님을 거리로 끌고 다니기도 하고 사상개조의 명목으로 강제 노동을 시키고, 감금하거나 구타하고 재산을 몰수했다. '비행기 타기'(누군가가 뒤에서 죄인의 팔을 뒤로 젖힌 후 위쪽으로 꺾는 형벌, 이때 죄인의 모양새가 마치 비행기와 같음)를 하기도 하고, 죄목을 쓴 팻말을 목에 걸게 하거나 공청회를 열어 죄를 추궁했다. 혹은 고문을 하여 강제자백을 받아내는 등의 불법적인 수단으로 교사와 학교 지도자들을 잔혹하게 박해했다.

대다수의 학교가 이른바 '소장상강대小將上講臺(꼬마 장군이 강단에 서다)' 혹은 노동자·농민·군인이 수업을 진행하는 방식을 사용했다. '황수일기黃帥日記' '조의경험朝衣經驗', 장톄성張鐵生의 '사람에게 깨달음을 주는 한 묶음의 답안' '마진부공사중학사건' '초등학교 교사의 노래'에 대한 비평, '우경 복권 풍조에 대한 반격' 등이 혁신 모델을 극단으로 치닫도록 부채질했으며 이로 인해 중국의 교육 사업은 붕괴의 위기에 처하게 되었다.

(4) 재건 시기(1977~1990)

1976년 10월, '4인방'이 타도되면서 재건 시기가 시작되었다. 그리고 대학 입시제도 부활은 혁신 모델이 학술 모델로 돌아오는 신호탄이 되었다. 이 시기 학술 모델은 학교의 정상적인 교육 질서를 회복시켰다. 교육이론에 관한 문제를 평정하고 '두 가지 기본', 즉 '기본지식과 기본기술'라는 교육의 목표를 재확인했다. '지적 수준 향상과 능력의 제고'를 제창하면서 비지능적 요소들을 길러주어야 한다는 점과 그러한 요소들이 인간의 성장에 미치는 영향을 중시하기 시작했다. 이 기간 동안 인덕과 재능을 겸비한 전문 인재들을 배출했고 이러한 조치는 경제 건설에도 긍정적으로 작용했다.

하지만 이 시기 교육발전에 관한 이론은 아직 확립되지 않았으며 외적인 시스템이 구축되지 못한 상황이었다. 게다가 내부적 대책도 마련되지 않았다. 이 때문에 교육의 '회복'과 '재건'이 가장 큰 과제였음에도 불구하고 도대체 어떤 교육을 회복하고 재건해야 할지 갈피가 잡히지 않았다. 결국 학술 모델은 바람직한 발전 방향을 찾아내지 못했고, 기초교육에서는 '진학률에 대한 편중' '점수만 중시하고 재능은 떨어지는' 현상이 심각해졌다.

80년대 중, 후반 자유화 사조가 유행하고 시장경제가 도입되면서 학교, 특히 대학교의 사상정치교육이 해이해졌다. 이것은 교육의 질을 향상시키는 데 걸림돌이 되었다.

대외개방이 이루어지면서 각종 사회사조(교육사조 포함)가 몰려들어 왔다. 교육자들은 갈피를 잡지 못해 우왕좌왕하면서도 교육의 실제적 문제들을 해결하고 중국교육을 발전시킬 수 있는 해법을 찾기 위해 노력했다.

(5) 발전 시기(1991~)

1992년 초 덩샤오핑鄧小平 주석의 남방순례 시의 연설과 공산당 14대 전국인민대표대회全國人民代表大會의 개최는 중국의 '2차 사상 대해방'이라 불릴 만한 사건이었다. 이로써 중국의 개혁개방과 사회주의 사업은 새로운 발전 단계로 접어들게 되었으며 교육도 가장 빠르고 안정적으로 바른 방향을 향해 발전해 나갔다.

1993년 공산당 중앙위원회와 국무원은 80년대 교육발전과 개혁의 경험을 총정리한 것에 토대를 두고 「중국교육 개혁과 발전 강요」 및

「'중국교육개혁과 발전개요'에 관한 국무원의 실질적 의견」을 공포했으며, 1990년대와 2000년대 초, 교육개혁과 발전의 임무 및 교육체제 개혁과 교수법 개혁 추진상의 총체적인 방향과 방법을 제기했다. 그 후, 중국은 여러 가지 교육개혁 계획들을 점진적으로 진행시켜 나갔다.

1997년 열린 공산당 15대 전인대에서 장쩌민江澤民 주석이 당과 국가의 운명이 달린 일련의 근본적인 문제들을 상세히 설명했고, 사회주의 경제, 정치, 문화 등 여러 분야의 중요한 사상이론이 다시 한 번 크게 발전했다. 이는 제11기 삼중전회 이후 세 번째의 사상해방이었다. 회의에서는 '과학교육으로 나라를 일으킨다.'는 전략방침이 확립되었고 세기 교체기에 중국의 교육이 나아가야 할 방향을 제시했다. 1998년 교육부는 조사와 연구를 대대적으로 진행하여 21세기 중국의 교육발전과 개혁을 위한 '1세기 교육 진흥을 위한 행동 계획'이라는 청사진을 제시했다.

이 시기 중국의 교육개혁은 모든 과정은 국가의 높은 관심과 거시적 방향 제시, 총괄적인 계획 아래 이루어졌다고 할 수 있다. 당시의 개혁은 상명하달의 방식이었지만 시대의 조류를 파악하고 그에 대응하며 민심의 소리에 귀를 기울이고 교육발전의 기본 원칙을 지키면서 이루어졌다.

비록 몇몇 지역 또는 몇몇 특정 개혁조치에서 일부분 실수가 있었지만, 전체적으로 1990년대 교육개혁은 건국 이래 가장 눈부신 발전을 이루었다. 그야말로 교육이론과 실행 모두에서 괄목할 만한 성과를 이룬 시기였다.

먼저 '양기兩基', 즉 '기본적으로 의무교육을 보편화하고, 기본적으로 청장년의 문맹을 퇴치한다.'라는 목표가 실현되었다. 2000년 전국 9년제 의무교육의 보급률은 85%, 2001년 9년제 의무교육을 받은 인구는 90% 이상에 이르렀다. 청장년의 문맹률이 5% 이하로 떨어졌고, 1990년에 비해 청장년 문맹인구가 4,100만 명 감소했다. 1990년에서 2000년 사이, 10만 명당 교육을 받은 인구의 비율이 눈에 띄게 증가했다.

그중 대학(전문대학 이상) 교육까지 받은 사람은 1,422명에서 3,611명으로, 고등학교(중등 전문학교 포함) 교육까지 받은 사람은 8,039명에서 1만 1,146명으로 늘어났다. 중학교 교육까지 받은 사람은 2만 3,344명에서 3만 3,961명으로 늘어났으며 초등학교 교육까지만 받은 사람은 3만 7,057명에서 3만 5,701명으로 줄어들었다. 같은 시기 15세 이상의 문맹률은 15.88%에서 6.72%로 하락하였다.

교육수준의 향상은 사회의 생산력이 지속적, 안정적으로 발전해 나가는 데 가장 근본적인 조건을 제공했으며, 사회가 발전하는 데 가장 든든한 원동력이 되었다.

대학 교육은 급속한 발전을 보였다. 1990년 12월 국가교육위원회는 21세기의 발전을 도모하기 위해 국무원에 '중앙정부와 지방정부가 힘을 모아 전국에 명문 대학 100여 개를 설립하고 주요 학과와 전공을 개설하자.'라는 내용의 '211공정(211프로젝트)'을 제시해 국무원의 지지를 얻는 데 성공했다. 그리고 1995년 10월, 국가계획위원회, 국가교육위원회, 재정부가 함께 〈'211'공정의 총체적 건설 기획〉을 공포했다.

그 후 국가교육위원회는 학교 선발에 착수하여 1996년 말까지 94개

대학을 '211공정'을 이끌어갈 명문대학으로 확정했다. 이렇게 해서 중국 명문대학의 규모와 투자 수준, 영향력이 90년대를 기점으로 크게 향상되었다. 1998년 5월 4일 장쩌민 주석은 베이징대학교 개교 100주년 기념식에서 다음과 같이 선포했다.

"현대화를 실현하기 위해서 우리는 세계 수준의 일류대학들을 가지고 있어야 합니다. 이러한 대학은 높은 수준의 창조적 인재를 양성하는 요람이 되어야 하며, 미지의 세계를 인식하고 객관적인 진리를 탐구하며 인류가 직면한 문제들을 해결할 수 있는 과학적인 해결책을 제시할 수 있어야 합니다. 지식의 혁신과 과학 기술이 현실적인 생산력으로 전환되는 데 중요한 역할을 담당하며, 민족의 우수한 문화가 세계의 선진 문명과 교류하는 과정에서 다리가 되어야 합니다."

이는 중국에서의 세계일류대학 건설의 필요성과 중요한 의의에 대해서는 물론, 일류대학 건설의 임무와 그것이 내포하는 의미를 매우 간단하게 요약하고 있다. 이러한 지도 사상 아래, 중국은 세계일류대학 건설프로젝트를 시작했다.('985' 공정) 최근 중국의 사회, 경제 발전, 나아가 국민 생활에 가장 큰 영향력을 지니는 일 중 하나가 바로 1998년부터 대학교에서 해마다 모집인원을 확충하여 중국 대학교육의 규모가 크게 증가했다는 것이다.

18~22세 인구의 대학진학률은 1990년에 3.45%, 1995년에는 7.2%, 2001년에는 13.3%에 이르렀고, 2003년에는 17%였다. 그중 상하이, 베이징 두 곳은 50%가 넘어 전국에서 제일 먼저 대학교육 보편화 단계에 진입했다. 현재 기준으로 대학진학률이 50%를 넘는 국가는 캐나다, 미

국, 핀란드, 한국과 뉴질랜드가 있다. 개발도상국의 경우 대학진학률은 평균 18%~20% 수준이다. 중국도 지금 이 정도 수준에 다가가고 있다.

2002년, 전국의 대학교 학부생·전문대가 모집한 학생 수는 총 542만 8,200명, 대학교 학부생·전문대의 재학생은 총 1,462만 5,200명이었다. 전국 대학원생 모집 수는 20만 2,600명이며, 그중 박사는 3만 8,300명, 석사는 16만 4,300명이었다. 재학 중인 대학원생은 50만 1,000명, 그중 박사는 10만 8,700명, 석사는 39만 2,300명이었다.

대학교 관리체제의 개혁도 매우 큰 진전을 보여 그동안 600여 곳의 대학교가 '공동건설, 조정, 합작, 합병' 등의 형식에 따라 관리체제를 개혁했다. 오랫동안 존재해왔던 구역 혹은 부서 간의 분할, 중복 개설, 폐쇄적 태도, 단일화된 서비스 등의 문제들을 크게 개선했다.

기초교육 수업의 질은 끊임없이 향상되었다. 1994년 6월 제2차 전국 교육공작회의에서 '기초교육은 반드시 입시교육에서 인성교육으로 나아가야 한다.'라는 방침을 확립했다. 국가교육위원회 류빈柳斌 부주임은 '인성교육의 첫 번째 목적은 전체 학생을 대상으로 하는 것이고, 두 번째는 지·덕·체·미·노勞의 전면적인 발전이며, 세 번째는 학생이 자발적으로 발전하게 하는 것이다.'라고 밝혔다.

후난湖南성 미뤄강汨羅江에서 실시했던 인성교육 경험을 바탕으로 1997년 9월 전국의 초·중고교 인성교육 체험 교류회가 산둥山東 엔타이煙臺에서 개최되었다. 회의에서는 「초·중고교의 인성교육을 적극적으로 추진하기 위한 몇 가지 의견」이 발표되었고, 인성교육의 의미와 특징, 인성교육을 실시하는 중요한 의의 등을 체계적으로 기술했다.

또한 빈약한 학교건물, 커리큘럼 시스템, 감독 평가 시스템, 시험평가 개혁, 진학시험제도 개혁, 도덕교육 개선, 교장·교사 양성에 대한 일련의 정책들이 제시되었다.

곧이어 1999년 제3차 전국교육공작회의에서는 「교육개혁 심화와 인성교육의 전면적 추진에 관한 결정」이 통과되어 인성교육을 전면적으로 추진해 나가는 데 있어서 지침이 되는 사상과 기본 전략을 확립했다. 그 후, 성공교육, 자주교육, 재미있는 교육(학생이 능동적으로 학습할 수 있도록 유도하는 교육 방법), 조화교육, 주체교육, (소수 민족 지구의)이중 언어교육, 인문교육, 창조교육, 신 기초교육, 신 실험교육, 통합교육 inclusive education 등과 같은 각종 인성교육 실천유형이 제시되었다.

인성교육은 기초교육에만 그치지 않고 대학교육으로까지 확대되었다. 대학생의 문화교양 교육은, 1995년 먼저 베이징, 칭화, 화중과학기술대학 등의 대학에서 시범 실시된 후 전국의 대학교로 확대되었다.

2000년, 장쩌민 주석은 「교육문제에 관한 담화」를 발표해 사회 각계로부터 교육에 관한 관심과 지지를 유도했다. 이밖에 초·중고교의 학교 선택으로 인해 유발된 교육 기회의 균등 문제가 주목을 끌었으며 기초교육의 균형발전 문제가 논의에 상정되었다. 사오싱紹興, 닝보寧波 등 경제가 발전한 일부 지역에서는 무료 의무교육이 실시되었다.

이 시기 민영교육이 급속히 발전해 어느 정도 규모를 갖추면서 50년대 이후 공립학교에 의해서만 이루어지던 단일한 교육구조에 변화가 생겼다. 2002년 통계에 따르면, 전국에 총 6만 1,300개의 민영학교(교육기관)가 운영 중이었고, 그중 민영유치원이 4만 8,400곳, 민영초등학교가 5,122곳, 중고등학교가 5,362곳, 실업계 중고등학교가 1,085곳, 교육부 승인을 받아 독자적으로 학력증서를 발급할 수 있는 민영대학이 133곳, 학력 증서 발급이 불가능한 민영대학 교육기관이 1,202곳이었다.

전국 교육사업 통계자료에 따르면, 2001년 중국의 민영학교(교육기관)는 이미 5만 6,274개였으며 이는 1996년의 2만 7,190개보다 2배 증가했다. 이로써 민영학교의 총수는 전체 학교 중 10%를 차지하게 되었다. 재학생 수는 923만 명으로 같은 시기 전국 재학생 총수의 5%를 차지했다.

2002년 12월 28일 제9회 전국인민대표대회 상무위원회는 「중화인민공화국 민영교육 촉진법」을 통과시켰고, 2003년 9월 1일부터 시행에 들어갔다. 민영교육은 다양한 교육에 대한 대중의 욕구를 만족시켰을 뿐 아니라, 교육개혁과 발전에도 상당히 중요한 역할을 했다. 또한 국가가 필요로 하는 다양한 인재들을 양성해 사회주의 교육사업의 중요한 일부분으로 자리 잡았다.

이렇듯 이 시기에 중국의 교육은 규범화·법제화의 발전 과정을 향해 한 걸음 한 걸음 나아갔다. 중화인민공화국 「교사법」·「교육법」·「직업교육법」·「고등교육법」이 1993년, 1995년, 1996년, 1998년에 잇따라 통과되었다. 또한 일련의 구체적인 교육 법규, 규정, 조례를 연이어 반포하였다.

1990년대 이후 중국은 사회 모든 분야에서 급격한 변화가 일어나는 과도기였다. 21세기에 접어든 오늘날, 중국의 교육은 앞으로도 지식경제, 글로벌화, 다원화와 같은 더욱 많은 도전에 직면하게 될 것이다. 이러한 도전을 극복하는 과정에서 중국교육은 계속해서 교육개혁을 추진하고, 발전 모델을 업그레이드하여 중국의 실정과 특색에 맞는 사회주의 현대화 교육을 실현할 것이다.

3. 당대 교육 발전의 경험과 교훈

50여 년 동안 중국의 교육은 먼 길을 돌아왔다. 하지만 소중한 경험과 교훈도 많이 얻었다. 이것은 앞으로 중국의 교육이 발전하는 데 든든한 토대가 되어줄 것이다. 우리의 사명은 앞서 간 세대가 남겨놓은 항해 자료를 바탕으로 새로운 항로를 개척해 더욱 밝은 내일을 여는 것이다.

그렇다면 당대 중국교육 발전의 주요한 경험과 교훈에는 어떠한 것들이 있을까?

(1) 교육의 발전은 이론과 실험을 토대로 이루어져야 한다

교육은 일반적으로 '과학적이고 합리적인 정책결정'—'일부 지역을 대상으로 한 시범운영'—'전국으로의 확대'라는 세 단계를 거쳐 발전해 나간다. 이렇게 해야만 교육이 안정적이고 효과적으로 발전할 수 있다. 따라서 방향 없는 맹목적인 접근이나 즉각적인 효과를 노리는 졸속 시행은 삼가야 한다. 1949년 이래 중국교육은 종종 이 점을 등한시하곤 했다. 학교제도 개혁을 예로 들면, 건국 이래 중국은 여러 차례 초·중고교 학교제도에 대한 개혁을 실행했다. 그때마다 겉으로는 '이론과 실험을 바탕으로 한다.'고 강조했지만 실제로는 체계적이고 장기적인 접근이 부족했다. 학교제도 개혁에 관한 시범운행은 단 한 번도 초·중고교의 교육주기를 완전히 채우지 못했다. 예를 들면 50년대 초에 초등학교에 5년 일관제—貫制라는 교육제도가 시범 운영되었다. 하지만 이 제도는 1950년 하반기부터 1951년 10월 1일 정무원에서 새로운 학제를 발표할 때까지만 시행되어 1년을 겨우 넘길 정도였다. 그리고 1953년 정무원이 「초등학교 교육 개편과 개혁에 관한 지시」를 공포하면서 5년 일관제는 폐지되고 초등학교 학제는 다시 예전처럼 '4, 2제四二制'로 돌아가 초급 초등학교 4년, 고급 초등학교 4년의 두 단계로 분리되었으나 이 또한 3년도 채 안 되어 폐지되었다.

교육의 대상은 인간이다. 인간의 성장 주기가 비교적 긴만큼 교육의 효과에 대한 평가도 장기간에 거쳐 이루어져야 한다. 초·중고교의 교육 기간은 10년 이상이다. 따라서 학제 개혁과 같은 중요한 정책은 초등학교 1학년 때부터 적용하여 주도면밀하게 시범 운행을 한 후에야 그 교육적 효과를 확인할 수 있다. 이렇게 해야만 전국으로 확대 실행할 가치가 있는지 판단이 서는 것이다. 실험을 토대로 진행된 개혁이라면 설사 학술 모델이 혁신 모델로, 혹은 혁신 모델이 학술 모델로 바뀐다고 하더라도 원래 출발점에서 한 단계 올라서게 된다. 또한 부성에 부정을 거듭하는 과정을 겪더라도 그것은 단순히 원점으로 돌아가거나 퇴보하는 것은 결코 아니다. 따라서 거시적, 미시적 개혁 모두 확고한 이론을 바탕으로, 주도면밀한 실험에 근거해 이루어져야 한다. 어느 특정 정부관료, 혹은 교육정책 책임자의 주관에 따라 교육정책이 좌지우지 되어서는 안 된다.

(2) 교육 발전은 정치운동의 부속물이 되어서는 안 된다

교육의 근본적인 목적은 보다 효과적으로, 보다 빨리 전인적 인재를 육성하는 것이다. 하지만 지난 50여 년 동안 중국의 교육은 종종 이러한 기본 원리가 무시되어 정치의 수단으로 이용되었다. 학술 모델이 여러 번 혁신 모델로 대체되었던 이유도 사실 정치투쟁을 위해 교육이 이용당했기 때문이다. 초·중고교의 학제개혁을 예로 들어보자. 50년대 말, 초·중고교의 교육개혁은 정치적인 색채가 짙었다. 한때는 '교육 대약진 운동'의 일환으로, '반反수정주의' '무산계급 혁명 후계자 양성'의 수단으로 이용되는가 하면, 때로는 '학제를 단축해야 하는가.'의 문제가 '혁명과 반反혁명'의 문제로 받아들여지기도 했다. 정치적인 상황이 급변하면서 교육 모델이 성급히 바뀌었고 안정적으로 발전해야 하는 교육제도마저 다변화되는 상황에 놓였다. 교육 내용, 교육 방법의 개혁(예를 들어, 시험) 및 교육과 노동력 창출을 결부시키는 등의 문제는 교육 내부의 필요에 의해서 이루어져야 마땅하다. 하지만 중국의 교육은 정치 세력의 압력으로 인해 정치투쟁의 '포로'가 되었다. 무엇보다 현실적이고 실제적이어야 하는 교육이 정치투쟁의 도구로 전락해버린 것이다.

(3) 교육 발전은 군중운동을 통해 이룰 수 없다

군중운동을 통한 교육개혁은 겉으로는 학교운영에 대한 대중의 관심과 호응을 이끌어내는 듯 보였다. 하지만 실상은 이 역시 정치투쟁의 일환에 불과했다. 정치투쟁이 활발한 사회적 배경 하에서 사람들은 이미 '운동'이라는 것에 익숙해져 있었다. 운동만이 혁명이며 사회를 근본적으로 바꿀 수 있는 힘이라고 믿었다. 수구세력을 타파하여 '낡은 세상을 뒤집어 새로운 세상을 건설하자.'라는 구호가 힘을 얻었다. 이와 같은 상황에서 점진적인 발전과 신중한 실험을 주장하다가는 자칫 개량주의改良主義(사회체제의 근본적인 변혁을 시도하지 않고 자본주의의 모순과 결함을 점진적으로 개선하려는 사회사상 · 운동)자나 타협파로 몰리기 십상이었다.

예를 들면, 교육부 부장을 역임했던 양슈펑楊秀峰은 「우리나라 교육사업의 대혁명과 대발전」이라는 글에서 다음과 같이 말했다.

"당의 교육 방침을 실현하기 위해서는 대대적인 군중운동을 통해 구세력을 타파하고 새로운 세계를 건설하지 않으면 안 된다. 어떤 이들은 군중의 혁명운동에 대해 오히려 비난한다. 그들은 '학교가 너무 혼란스러워지고 질서가 무너진다.'라고 말하는데, 이것은 자산계급이 군중운동을 왜곡할 때 사용하는 가장 흔한 말에 지나지 않는다."

이와 같은 지도자들의 사상적 조류에 힘입어 군중운동은 군중노선

(대중에게 다가가는 정책)의 대명사가 되었다. 이로 인해 교육도 자연스럽게 군중운동의 일환으로 변해갔다. 지도자의 명령이 떨어지자마자 수많은 사람들이 앞을 다투어 맹목적으로 '교육개혁'을 일으켰다. 학교의 실정을 고려하는 사람은 아무도 없었다. 더 급하게 진행할수록 더 열심히 '혁명'을 실행하는 것처럼 여겼다. 게다가 단일화 경향도 심각했다. 정치가 유일한 행동 기준이다 보니 다양성이나 독창성은 규범을 위배하는 것이나 다름없었다. 이에 대해 중국계 미국인인 차오룽칭喬龍慶은 이렇게 평가했다.

"통일된 학제, 통일된 시험, 통일된 교과서, 심지어 통일된 두발까지 이렇게 넓은 중국에서 모든 것이 통일 되어버리면 창의성은 사장될 것이며, 젊은이들에게 권위에 대한 도전이란 있을 수 없을 것이다."

(4) 교육 발전은 졸속하게 혹은 맹목적으로 이루어져서는 안 된다

교육의 발전은 정치나 경제처럼 단시간 내에 큰 변화가 생길 수도 없으며, 과학이나 기술처럼 짧은 기간 동안 비약적으로 발전할 수도 없다. 교육은 눈에 보이지 않게 점진적으로 변화하는 과정으로 발전이 더디고 완만한 특징을 보인다. 교육 발전에 있어서 하루아침에 성과를 보겠다는 생각은 비현실적인 백일몽에 불과하다. 위안전궈袁振國는 이렇게 말했다.

"지난 30년간의 교육개혁 역사를 돌아보면, 무모한 전진, 무모한 전진에 대한 반대, 또 그것에 대한 반대, 그리고 이전보다 더 무모한 전진

을 행하는 과정이었다.” 예를 들면 건국 초기 중국은 구식 교육을 개혁하는 데 어느 정도 성과를 거두었다. 하지만 이때부터 급진적인 모습이 보이기 시작했다. 1953년 맹목적인 급진 정책을 반대하는 운동이 일었고, 1956년에는 소만차비少慢差費(생산량은 적고, 일은 느리고, 품질은 떨어지고, 원료는 낭비하다)에 반대하는 움직임이 일었다. 1958년 중국 공산당 중앙위원회와 국무원에서 발표한 「교육 업무에 관한 지시」에서도 열광적으로 급진을 추구하는 모습이 그대로 드러났다. 이 지시문에는 ‘3년에서 5년 사이에 전국의 문맹을 기본적으로 모두 퇴치하고, 초등교육을 보급하며, 농업합작회사는 중고등학교를 설립하고 취학 연령의 아동들이 대부분 탁아소나 유치원에 다닐 수 있도록 책임진다.’ ‘15년 이내에 대학교육을 보편화한다.’ 등의 문구가 포함되어 있었다. 만약 오늘날 누군가가 이와 같은 이야기를 했다면 머리에 문제가 있는 것이 아니냐는 비웃음을 받았을 것이다. 하지만 이것은 40년 전에 정부를 통해 발표된 정식 문건이다. 중국은 교육발전의 점진적 변천과 질적 변화의 변증법을 간과하고 인위적으로 교육발전 기간을 단축하려고 하였다. 하지만 그 대가는 혹독했다.

(5) 교육 발전은 학교의 자율권을 보장해줘야 한다

오랫동안 중국의 교육 발전은 행정적 제한을 받았다. 학교는 학교 운영에 대한 독립성을 잃어버렸으며 교육의 자주권을 상실했다. ‘승지는 왕, 패자는 죄인’이라는 인식이 팽배했기 때문에 교사들은 섣불리 새로운 교육을 시도하지 못했다. 실패란 절대로 용납되지 않았기 때문이다. 교육계에서 개혁을 논하는 사람은 많지만 실제로 나서는 사람은 적었다. 누구도 용감히 앞장서려고 하지 않았고, 누구도 감히 현재의 제도에 반기를 들 수 없었다. 설령 변화가 실시된다고 해도 그것은 극히 단편적인 것에 불과했다. 폭넓게 적용되는 일은 거의 없었다. 또 심도 있는 개혁도 이루어지지 않았다. 1949년 이래 쓰샤斯霞, 훠마오정霍懋征과 같은 영향력 있는 교육 개혁가들이 등장하기도 했지만 타오싱즈陶行知, 수함진스끼B.A. Cyxomjnhcknn와 같은 위대한 교육가는 나오지 않았다.

(6) 외국의 교육 경험에서 장점을 배워야 한다

중국은 현대화에 뒤쳐져 있는 개발도상국가로 외부적 힘에 의해 발전이 주도되는 상황에 있었다. 즉 다른 나라의 현대화 과정을 학습하고, 그 이론을 참고하는 과정에 있었다. 교육도 마찬가지였다. 하지만 과거 중국은 종종 형이상학적 태도를 취하곤 했다. 다시 말해, 전부 긍정하거나, 아니면 전부 부정하거나 철저하게 타도하였다. 예를 들어, 카이로프의 『교육학』은 50년대 모든 교사들이 소장했던 필독서였다. 이는 거의 '숭배'에 가까웠다. 그러나 60년대 말에는 그것이 수정주의 교육의 '권위자'라며 비판을 가하며 배척했다. 또 50년대 초에는 전반적으로 구소련의 학교제도와 교육내용을 본받고 고등교육에 있어서도 구소련의 교육 모델에 따라 전국의 대학을 대폭 조정했다. 그러나 90년대 이후 대학교의 '통합 바람'이 일며 기존의 것을 부정하려는 듯한 모습을 보였다. 듀이의 교육이론과 방법, 미국의 교육 모델, 중국전통 교육사상을 대함에 있어서도 현재까지도 이러한 경향이 있어 결과적으로 중국의 교육은 불안정하고 일관성이 없는 양상을 띠고 있다. 그러나 다른 나라의 성공적 교육이론에 대해서도 버릴 것은 버리고 취할 것은 취하는 것이 중요하다. 맹목적으로 쫓거나 우러러보는 것은 옳지 않다.

결론적으로, 교육발전은 지극히 복잡한 시스템공학이다. 어떤 교육발전 모델을 채택하는가가 종종 교육의 성패를 좌우한다. 학술 모델, 혁신 모델을 막론하고, 모두 그것을 적용할 수 있는 환경과 운영 메커니즘을 가지고 있다. 만약 모델과 환경의 조화, 모델의 내부적 운영 메커니즘을 충분히 고려하지 않는다면 교육은 발전 방향을 상실할 수밖에 없다. 또한 학술 모델과 혁신 모델은 결코 양자택일해야 하는, 완전히 대립되는 개념이 아니다. 이 중 하나를 주요 모델로 삼되 다른 모델의 장점을 도입하고 활용해야만 건강한 발전을 이룰 수 있다.

02

중국 당대
교육사상의 변천

중국 당대 교육사상의 변천은 당대 교육사업의 발전과정과 맥락을 같이 하면서 당대중국사회변화의 추세와도 밀접한 관련을 지닌다.

중국교육의 발전과정과 교육사상의 변천은 대체로 아래와 같은 5개 시기로 나눌 수 있다.

① 초창기(1949~1956)

② 탐색기(1957~1963)

③ 혼란기(1964~1976)

④ 재건기(1977~1990)

⑤ 발전기(1991~)

각 시대마다 교육사상의 시대적 테마와 이론에 있어 약간의 차이점을 보이긴 하지만 대개는 다음과 같은 기본문제들을 다루었다.

교육은 무엇인가?

교육을 통해 어떤 인재를 양성해야 하는가? 교육은 누구를 위해 봉사해야 하는가?

누가 교육을 이끌 것인가?

이에 대해 각 시대마다 각기 다른 해석과 방법을 제시했다. 지난 50여 년 동안 중국교육사상의 변천을 체계적으로 이해하고 연구하는 것은 앞으로 교육이론을 발전시키고 체계를 잡는 데 큰 도움이 될 것이다.

1. 초창기(1949~1956)

1949년 중화인민공화국 성립부터 1956년까지는 신민주주의에서 사회주의로 향하는 과도기적 시기이며, 중국 당대 교육사상의 초창기이기도 하다.

1949년 9월 29일에 통과된 「중국인민 정치협상회의 공동강령」은 이 시기의 문화교육을 위한 전반적인 방침과 정책을 규정했다. 이 강령에서는 '중화인민공화국의 문화교육은 신민주주의적, 곧 민족적, 과학적, 대중적 문화교육이다. 인민정부의 문화교육은 마땅히 인민의 문화수준을 제고시켜 국가 건설에 필요한 인재 양성, 봉건적·매국노적·파시즘적 사상의 숙청, 인민을 위한 봉사정신의 고양을 주 임무로 해야 한다.'고 제시했다.

당시의 교육부 부장 겸 당서기 첸쥔루이錢俊瑞는 1950년 5월에 창간된 잡지 〈인민교육〉에 「오늘날 교육건설의 방침」이라는 장문을 발표하고 '공업과 농업을 위한, 생산적인 국가의 건설을 위한 봉사, 이것이 바로 오늘날 실시하는 신민주주의교육의 중심방침'이라는 점을 명확히 밝혔다. 이러한 방침 하에 비교적 순조롭게 구식학교를 인수하여 관할하고 지식인들을 단결시켜 개조했으며 커리큘럼 개혁, 학제개혁, 대학과 학과 조정 등의 업무를 진행했다.

구교육에서 신교육으로 나아가는 과도기에 교육이론은 어떠한 공헌을 해야 하는가? 어떠한 교육사상체계를 구축하여 실질적 교육을 이끌어 나가야 하는가? 새로운 교육이 이루어지기 위해서는 그에 앞서 새로운 교육사상이 필요하다.

그런데 무릇 교육사상이라는 것은 과거의 성과를 받아들여야 함은 물론이고, 처해있는 시대적 환경에 맞게 재창조되어야 한다.

당시 중국의 교육이론에는 두 가지 배경이 있었다. 그중 하나는 국민당 통치 하에 듀이의 실용주의 학설을 비롯한 서양의 여러 교육학설을 도입한 것인데, 중국 일부 지역에서는 이에 기초하여 교육이 실시되었다. 그러나 중국교육에 뿌리박혀 있던 문제의 해결책을 모색하지는 못했다.

두 번째는 인민정권이 들어선 해방지구에서 다양한 학교운영 형식과 시도가 이루어졌다는 점이다. 하지만 이러한 것들을 체계적으로 아우르고 이론화하지는 못했다.

따라서 〈인민교육〉창간호는 발간 서문에서 과도기의 교육사상건설을 위한 4대 과제를 다음과 같이 제시했다. ① 마오쩌둥의 문화교육사상을 철저히 수행하고 교육방침정책을 이해하고 널리 홍보한다. ② 구소련의 교육과학을 학습한다. ③ 해방지구의 교육경험을 정리한다. ④

낡은 교육, 낡은 학술사상에 대해 체계적인 비판을 가한다.

이 4대 과제는 초창기 중국교육이론연구의 주요한 특색으로 자리 잡았다.

(1) 마오쩌둥의 문화교육사상을 이해하고 수행하며 교육방침 정책을 이해하고 홍보한다

마오쩌둥은 세계에서 드물게 교육에 대해 극도로 관심과 열정을 쏟은 정치 지도자 중 하나이다.

청년 시절 마오쩌둥은 많은 교육 실전경험을 쌓았고, 교육이론에 관해 저술했다. 징강산井岡山 혁명의 근거지를 건설한 후 마오쩌둥은 해방지구의 교육에 대해 여러 차례 의견을 제시하고 체계적인 교육사상을 세웠다.

그러나 전쟁이라는 상황 속에서 그의 교육사상은 체계화 될 겨를이 없었고 이에 따라 연구 또한 이루어지지 못했다. 단지 해방지역에서 교육 사업을 실시하는데 여러 실천적 모델을 제시했을 뿐이었다.

마오쩌둥의 교육사상을 최초로 설명한 것은 루딩이陸定一의 「신중국의 교육과 문화」였다. 이 글에서 루딩이는 「신민주주의론」이 신중국의 교육과 문화에서 가지는 의의를 논술했다.

그는, 마오쩌둥이 이 책에서 계급과 국제문화 및 민족문화의 변증법적 관계의 관점에서 중국 신문화 운동의 성격과 내용, 전망을 제시하고, 중국 신민족주의 문화가 민족적이며 과학적이며, 대중적인 문화임을 역설했다고 보았다. 또한 그는 마오쩌둥의 이 글이 오늘날 중국 문화교육이 따라야 할 노선과 방침이라고 생각했다.

비교적 체계적으로 마오쩌둥의 교육사상을 논술하고 연구한 것은 첸쥔루이錢俊瑞의 장편논문「마오 주석의 교육사상의 학습과 실행」이었다. 첸쥔루이는「신민주주의론」,「후난湖南농민운동고찰보고서」,「인민민주독재정치를 논함」,「실천론」등 저서에서 교육문제와 관련한 서술들을 회고하면서 마오쩌둥의 교육사상이 혁명적 성격이 강하다는 결론을 내렸다.

첫째, 중국은 혁명을 반드시 해야 한다. 혁명을 하지 않으면 반동적인 통치계급을 무너뜨릴 수 없고, 신문화교육의 근거도 얻을 수 없다.

둘째, 혁명의 이론, 혁명의 문화교육은 반드시 혁명을 추진하고 지도하는 데 사용되어야 한다. 그렇지 않으면 그것은 어떠한 가치도 없다.

셋째, 노동자와 전체 인민은 반드시 혁명에서, 현실을 변혁시키는 투쟁에서 교육을 받고 지식을 습득해야 한다.

첸쥔루이는 "신중국의 문화교육은 반드시 노동자 계급이 주도하는 문화교육이어야 한다."고 밝히고 인민교육의 지도 사상 역시 오직 무산계급의 사상이어야 하며 '무산계급의 사상은 마르크스 레닌주의와 마오쩌둥 사상'이라고 말했다.

세 번째 부분에서 첸쥔루이는 마오쩌둥 교육의 민족성, 과학성, 내중성에 대한 자신의 의견을 밝혔다.

첸췬루이는 민족성의 핵심은 애국주의 교육이며 신민주주의 단계에 있든지 미래 사회주의 단계에 있든지 간에 애국주의는 항상 마오쩌둥 사상의 핵심이라고 말했다.

따라서 뜨거운 조국애와 마오쩌둥 주석에 대한 사랑은 따로 떨어뜨려 생각할 수 없고, 애국주의의 고양과 마오쩌둥 사상을 학습하고 실행하는 것이 근본적으로 같다고 생각했다.

인민교육의 과학성에 대해서는 먼저 변증유물주의와 역사유물주의를 열심히 배워야 하고, 마오쩌둥의 「실천론」을 학습하고 더 나아가 체계적이고 알기 쉽게 유물주의와 「실천론」을 선전해야 하며, 이러한 보편적 과학적 진리를 학교의 모든 과목, 수업에 포함시켜야 한다고 보았다.

또 그는 인민교육의 대중성에 대해서 '반드시 먼저 노동자, 농민, 군인에게 문화과학과 정치교육을 보편적으로 실시해야 한다.'고 보았으며, 내용과 형식면에서 노동자, 농민, 군인이 즐겁게 받아들일 수 있도록 해야 한다고 보았다.

그리고 그는 마오쩌둥 이론과 실제적 원칙의 결합이 교육현장에 지니는 의의를 분석하며 교조주의와 경험주의를 비판했다.

마지막 부분에서 첸췬루이는 다시 한 번 마오쩌둥 교육사상의 의의를 강조했다. 그는 '마오쩌둥 동지의 넓고도 깊은 교육학설은 위대한 마오쩌둥 사상의 일부이다. 마오쩌둥은 마르크스, 엥겔스, 레닌, 스탈린의 가장 훌륭한 학생으로서, 중국 노동자 계급과 중국 인민의 가장 우수한 대표 사례이다. 그는 우리 모든 혁명가들에게 가장 완벽한 모범

인 동시에 모든 교육인들에게 가장 좋은 모범이기도 하다.'라고 평가했
다.

이처럼 당시 마오쩌둥 기본 교육사상에 대한 첸쥔루이의 연구는 포
괄적이고 거시적이었지만 숭배하는 경향도 없지 않았다.

(2) 구소련의 교육과학을 배운다

구소련을 학습하는 것은 중국 건국 초기의 기본 국책의 하나였다.

중화인민공화국 탄생 5일째 되는 날 류사오치劉少奇는 "우리는 나라
를 세워야 하며 러시아를 스승으로 삼고 소련 인민의 건국 경험을 배워
야 한다."라고 명확히 밝혔다.

또한 "소련은 다른 나라에는 없는 전혀 새로운 과학지식이 있기 때문
에 우리는 오직 소련으로부터 경제학, 은행학, 재정학, 상업학, 교육학
등의 과학지식을 배울 수 있다."라고 했다.

1949년 12월 30일, 첸쥔루이는 제1차 전국교육공작회의의 총괄보고
에서 구소련의 교육경험을 신교육건설의 방향으로 삼을 것을 더욱 명
확히 했다.

1952년 11월 〈인민교육〉은 「소련의 선진 교육경험을 더욱 많이 배
우자—중·소 우호의 달을 맞이하여」라는 사설을 발표하여 구소련의
선진 교육경험에 대해 체계적으로 역설했다.

사설은 '신중국 3년의 교육 사업은 이미 소련의 경험을 배우는 과정
에서 적지 않은 성과를 거두었다. 이것은 신민주주의 교육을 건설하기

위해서는 반드시 소련의 선진 교육경험을 더욱 체계적으로 학습할 필요가 있다는 것을 증명해준다.'라고 밝혔다.

왜 소련의 교육경험을 학습해야 하는가에 대해서 사설은 '먼저 우리 사회는 자본주의를 향해 나아가고 있는 것이 아니라 신민주주의에서 사회주의를 향해 나아가고 있다. 따라서 자산계급의 교육이론, 제도, 내용, 방법은 모두 우리와 전혀 맞지 않는다. 오직 소련의 선진적인 경험만이 우리의 모범이 되어줄 수 있다.'고 했다.

또 '소련의 교재, 교육 방법, 교육이론 및 교육제도는 중국 사회와 가장 근접할 뿐 아니라 과학적으로도 가장 진보적이다.'고 밝혔다.

사설은 또한 소련의 교육경험을 학습하는 구제척인 내용과 태도, 방법 등에 대해 구체적으로 논술했다. 1953년 초, 마오쩌둥은 전국정치협상회의 제4차 회의석상에서 '소련을 배우자.' '반미친북 투쟁을 강화하자.' '각급 지도기관과 지도간부는 관료주의에 반대해야 한다.'라는 한 해의 3대 과제를 제시하여 '소련 배우기' 열풍이 최고조에 다다랐다. 특히 이 시기 대학교육은 '전면적으로 소련교육을 배우자.'라는 사상 지도 하에 구소련의 학교체제와 교육내용을 앞장서서 도입했다.

1953년 이후 초·중고교 역시 구소련의 경험을 참조하여 수업계획과 수업내용을 조정하고, 구소련의 교육사상 중 실천 가능한 선진 경험들을 정리했다. 특히 〈인민교육〉에서 푸시킨의 베이징시 제6여중 '소년선봉대'의 참관수업에 대한 의견과 베이징사범대학생의 교생실습의 정황을 발표한 후, 구소련 교수법에 대한 열기는 전국적으로 확산되면서 구소련의 교육이론 역시 중국교육계에 지대한 영향을 미쳤다. 그중 가장 큰 영향을 준 것은 카이로프의 『교육학』이었다. 심지어 어떤 평론에서는 '신중국 교육연구의 새로운 시대의 시작은 카이로프 교육학이 중국에 들어온 것을 지표로 삼는다.'라고 말하기도 했다. 카이로프의 『교육학』은 러시아연방교육부의 심의를 거쳐 출판한 사범대학 교육학 교재이다. 이 교재는 체계적으로 구소련에서 실시했던 교육의 경험을 정리하고 비판적인 자세로 교육사의 진보교육사상을 받아들여 편찬된 것이다.

이 교재는 교육학이 공산주의 신新인류를 육성하는 과학이라는 점을 천명하고, 전인적인 역군을 육성해야 함을 강조하며 기초지식, 기초기능을 중시하고, 강의실에서의 강의와 교사의 주도적 역할을 강조했다는 점에서 중국교육 이론계에 큰 영향을 끼쳤다.

카이로프의 『교육학』은 두 종류의 중국어 번역본이 있다. 가장 오래된 것은 1950년에 〈동북교육〉잡지사에서 1948년판 원작을 번역한 것으로, 1951년 인문교육출판사에서 291,516부를 출판하였다. 1957년 인문교육출판사는 1956년판 원작을 단시간 내에 번역하여 193,897부를 출판하였다.

신·구 두 판본 모두 합쳐서 50여만 부가 출간되었다. 카이로프의 『교육학』과 함께 1953년 차오푸의 『교육학통속강좌』도 출판되었고 총 인쇄부수 50여만 부를 넘어섰다. 이와 더불어 카이로프와 예시포푸, 강차뤄푸가 함께 편찬한 『교육학』과 기타 구소련학자들의 교육학 저서는 당시 중국의 약 200만 초·중고교 교사들이 거의 한 권씩 가지고 있는 기본교재였다.

카이로프가 1956년 중국에 왔을 때, 그는 이미 『교육학』 덕분에 중국교육학계에 명성이 자자했다.

이 밖에 중국교육학계에 상당한 영향을 끼친 구소련 교육학자로는 마카렌코를 들 수 있다. 그는 3,000여 명의 떠돌이와 청소년 범죄자들을 지식과 기술, 성숙한 사상을 가진 역군으로 육성함으로써 세계적으로 명성을 얻은 인물이다.

그의 저작은 대부분이 이 시기에 중국어로 번역되어 중국 국내에 소개되었다. 『마카렌코교육문선』(1~4권 중외출판사, 1951), 『소련아동교육강좌』(중외출판사, 1950), 『신교육5강』(작가서옥, 1951), 『가정과 학교의 아동교육』(중외출판사, 1951), 『탑 위의 깃발』(상·중·하권, 정풍출판사, 1952), 『아동교육강좌』(오십년대출판사, 1953), 『부모도서』(제1권, 오십년대출판사, 1953), 『교육시』(인민문학출판사, 1957) 등이 있었고, 마카렌코의 전집 또한 1956년부터 인민교육출판사에서 출판되기 시작했다.

이와 함께 중국교육 이론계에서는 『마카렌코의 교육이론과 방법』(옌궈차이燕國材, 호북인민출판사, 1956), 『마카렌코 교육학설 학습의 초보적 이해』(장팡쉬張方旭, 신지식출판사, 1956) 등 마카렌코를 소개하고 연구한 30여 편의 저서, 논문 및 번역본을 출간하였다.

구소련의 교육과학을 배우는 것은 당대 중국교육사상의 초창기에 있어 아주 중요한 의의를 지닌다. 중국 사회주의교육 시스템이 구축됨으로써 보다 교육의 본질에 부합하는 교수법과 인성교육이 실시되었고 교육의 질 향상에도 긍정적인 영향을 미쳤다.

특히 카이로프의 교육학과 마카렌코의 교육학설은 당시 중국교육사상에 이론적 근거를 제공했을 뿐 아니라 그 후 수십 년에 걸쳐 중국교육사상에 영향을 미쳤고 오늘날까지도 그러한 영향의 자취를 찾아볼 수 있다.

물론 구소련의 교육과학에는 서양의 교육에 대한 극단적인 관점이 존재하고 통일성, 정규화, 교사의 주도적 역할, 교실수업의 사상성 등을 지나치게 강조함으로 인하여 다소 부정적인 영향을 미치기도 했다. 이는 구소련의 교육과학을 받아들일 때 과학적이고 변증법적인 자세와 방법을 제대로 취하지 않았기 때문이다.

(3) 해방지구의 교육경험을 총괄한다

중화인민공화국 성립 초기의 교육 사업은 건국 이전의 해방지구와 비슷한 양상을 보였다. 어떤 측면에서 보면 이 시기 교육은 건국 이전 해방지구에서 실시했던 교육의 연장선상으로 볼 수 있다. 따라서 건국 초기 신민주주의 교육 성격의 민족성, 과학성 그리고 대중성에 대한 정의는 건국 이전 해방지구 문화교육 방침의 논조와 기본적으로 같았다. 제1차 전국교육공작회의에서 '건국 이전 해방지구의 교육경험을 기초로' 신중국의 교육을 발전시켜 나가겠다는 방침을 제시했으며 이는 당시 중국교육의 현실에 부합하였다.

1950년 〈인민교육〉은 '건국 이전 해방지구 교육경험을 총괄하는 논문'이라는 특별 원고모집 공고를 내걸었고, 같은 시기에 장링광張淩光이 「과녁을 보고 활을 쏘다」라는 단문을 게재하여 건국 이전 해방지구

교육경험의 기본정신을 논의하였다. 장링광은 일부 학교들이 '잘못된 목표를 세우고 적용할 수 없는 배움을 펼치는' 상황을 들어 다음과 같이 지적했다.

"건국 이전 해방지구는 수년 동안 교육의 방법을 바꾸어 왔다. 먼저 올바른 목표를 세웠고 배운 것을 현실에 적용시켰다. 교육은 언제나 혁명사업의 수요에 긴밀하게 대응하였고 현장에 검증을 통해 교육을 개선하여 나갔다. 특히 혁명 중에 혁명 간부들이 긴급히 필요했기에 되도록 빨리 양질의 간부를 육성하는 것이 과제였다. '빠르게', 하지만 '양질의' 간부를 육성해야 하는 갈등을 해결하기 위해서는 목표에 딱 알맞은 인재를 육성할 수밖에 없었고, 어느 곳에서 활동하게 될 것인지를 상세히 파악해야만 했다. 따라서 경제적이고 효과적인 다양한 교육방식을 모색하고 창출해 나갔다." 그는 사례를 들어 '올바른 목표'라는 원칙을 설명한 후, "우리의 교육은 올바른 목표를 세우고 배운 것을 현실에 적용할 수 있도록 해야 한다. 그러나 편협하고 근시안적 실용주의에는 반대해야 한다. 항전시기의 일부 지역의 초·중고교는 단지 '현재 진행되고 있는 핵심 업무에 부합되는가'만을 중시하고 문화교육은 소홀히 했다. 이로 인해 눈앞의 실용만을 추구하고 미래의 발전은 염두에 두지 않은 착오를 범하고 말았다. 우리는 이 시기의 역사를 큰 경험적 교훈으로 삼아야 한다."라는 경고도 덧붙였다.

이처럼 그는 해방지구의 교육 경험을 체계적으로 총괄할 것을 강조하는 동시에 새로운 역사적 환경에서 해방지구에서의 경험을 어떻게 응용할 것인가 하는 문제를 고려하기 시작했다. 건국 이전 해방지구의 교육은 마르크스·레닌주의와 중국교육 상황을 결합한 초기 단계의 결과물이었기에 혁명전쟁과 농촌이라는 배경에서 진행되었고, 대부분 단기적인 정치훈련을 위주로 한 간부교육이었다. 따라서 계속 이 모델을 그대로 답습하는 것은 불가능했다. 이로 인해 사람들은 현대적 색채를 띠는 구소련의 교육경험에 관심과 에너지를 쏟고 싶어 했고, 해방지구의 교육경험에 대해서는 상대적으로 관심이 줄어들게 되었다.

　해방지구의 경험이 활발하고 적극적으로 활용되지 못했던 또 다른 이유는, 해방지구의 경험과 교육사상이 마오쩌둥의 교육사상과 연계되어 있었기 때문이다. 해방지구의 교육은 상당 부분 마오쩌둥 사상의 연장선상에서 실시되었다. 이처럼 마오쩌둥의 교육사상에 대한 연구와 학습은 때로 해방지구의 교육경험을 총합하는 것과 하나로 묶여서 진행되었다. 이러한 이유 때문에 해방지구의 교육 경험에 대한 체계적인 연구가 약화되고 말았다. 당시 교육부를 주관하던 간부들 대부분은 해방지구의 교육 간부 출신들이었다. 당시 그들도 해방지구의 경험을 총괄해야 한다며 목소리를 높였지만 그런 그들조차 자신도 모르게 종종 구소련의 교육과학을 배워야 한다는 조류에 휩쓸리곤 했다. 그래서 이 시기에도 「연안학교」와 같은 소책자를 발간하고 해방지구 교육경험을 소개하고 총괄하는 글들이 발표되었음에도 불구하고 이론상으로 큰 영향을 끼치지 못하였다. 하지만 그럼에도 불구하고 신중국의 교육은 형식, 방법 및 내용면에서 해방지구를 계승한 측면이 있음을 부인할 수는 없다. 왜냐하면 정책결정자와 교육행정부 지도자들의 교육경험과 사유방식이 모두 어느 정도 해방지구의 경험을 계승했기 때문이다.

(4) 구舊교육과 구舊학술사상에 대한 체계적인 비판

　마오쩌둥 교육사상의 학습과 해방지구의 교육경험을 총괄하는 데 내재적인 연관성이 있다고 한다면, 구소련의 교육과학을 배우는 것과 구 교육, 구 학술사상을 비판하는 것에도 논리적적인 관련이 있다. 당시 중국교육계는 구소련의 교육과학이 가장 선진적이고 과학적이라는 데 의견을 같이 했다. 국민당 시기의 교육과 교육사상이라든지 자본주의 국가의 교육과 교육이론은 단지 비판을 하기 위해 존재할 뿐이었다. 당시 구 교육으로부터 유용한 경험을 받아들이자는 주장이 있기는 했지만 실제로는 구 교육 역시 비판의 대상일 뿐이었다.

　1951년 5월 16일 〈인민일보〉는 양얼楊耳의 「타오싱즈 선생의 '무훈武訓정신' 찬양이 긍정적으로 작용할 것인가?」와 장화江華의 「〈무훈전〉 토론을 교육학계에 건의한다」라는 두 글을 발표했고 이어서 「영화〈무훈전〉은 당연히 중시되어야 한다」라는 사설을 발표함으로써 공식적으로 구 교육 및 구 학술에 대한 체계적인 비판의 막이 올랐다. 교육부 역시 6월초 영화 '무훈전'과 '무훈정신'을 논의하고 비판할 것을 지시했고 '무훈전'과 '무훈정신'이 혁명의 입장과 관점을 모호하게 만들어 인민교육 사업에 큰 장애가 되었다고 평가했다. 〈인민일보〉는 1951년 6월 4일, 이곳저곳에서 의연금을 구걸하여 설립한 교육기관을 비판했고 스스로를 '신무훈新武訓'이라고 비유한 타오싱즈와 그의 생활교육사상도 비판의 대상이 되었다. 곧 이어, 천허친陳鶴琴의 '살아있는 교육', 량수밍梁漱溟의 '전원교육', 옌양추晏陽初의 '평민교육' 역시 비판대에 올랐다.

1954년에서 1955년까지 후스胡適의 자산계급 유심주의 교육사상과 그의 스승인 듀이의 실용주의 교육사상 역시 도마 위에 올랐다. 구소련의 교육과학을 숭배했던 것과는 완전히 상반되게 서양의 교육사상에 대해서는 철저한 비판과 부정이 잇달았다. 어떤 글은 듀이와 히틀러, 무솔리니, 도조 히데키를 함께 거론하며 '듀이 실용주의 교육학은 세계 자본계급 반동교육학설의 집대성이다.'라고 비판했다. 이처럼 학술문제와 정치문제가 혼재되면서 비판의 대상자들에 대해 공정하고 합리적인 평가가 이루어지지 못했다.

예를 들어, 류포녠劉佛年은 이 시기의 학술비판에 대해 이렇게 말했다.

"약 1952년부터 우리들은 당시 소련의 교육학을 총체적으로 학습하였다. 소련의 교육학에서도 계급분석의 방법으로 교육의 사회본질을 연구하였지만, 현대자본주의 교육에 대해서는 그것의 반동성만을 강조하여 총체적이고 깊이 있는 분석이 부족했다. 특히 생산력 발전과 교육의 관계는 아주 적게 언급되었다. 이는 마치 현대 자본주의국가 교육의 경험에서는 취할 것이 전혀 없는 것 같은 인상을 만들었고 그 결과 우리는 오랫동안 자본주의 교육에 대해서 연구하지 않았다. 소련의 교육학에서는 또한 직업의 구조, 인구의 증가, 도시와 농촌의 차이, 가정의 변화, 생활의 조건 및 기타 사회현상과 교육의 관계를 연구하지 않았다. 이러한 문제에 대한 연구를 모두 자산계급 사회학으로 간주하고 배척해버린 것이다."

중국 당대 교육사상 초창기, 카이로프『교육학』의 영향으로 교육이론 학계에는 전인교육과 재능에 따른 맞춤교육에 관한 논쟁이 펼쳐졌다. 1951년 6월, 〈인민교육〉이 '이슈'라는 칼럼에「전인교육의 부정」과「전인교육의 왜곡」을 비판하는 두 편의 글을 게재하였으나 논쟁을 이끌어내지는 못했다. 1955년 2월 장링광이 〈인민교육〉에 다시「전인교육을 실행함에 있어서 몇 가지 문제에 관한 검토」라는 글을 발표하고서야 논쟁이 가시화되었다. 이글은 교육정책에 있어 5가지 중대한 모순 즉, 수업의 질 향상과 학생의 부담이 가중되는 것, 중·고교 교육과 대학교육이 중고교 학생들에게 요구하는 바가 다르다는 점, 지식 위주의 과목과 정치사상 교육 간의 모순, 주입식 교육과 학생의 자주적 탐구정신, 독립적 사고력 배양간의 괴리, 모든 자질을 전면적으로 육성시키는 것과 특정 재능만 중점적으로 육성하는 것의 갈등을 제기했다. 이러한 모순을 해결하는 데 있어 물론 교재, 교사의 자질, 지도자의 수준을 무시할 수 없지만 전인교육을 제대로 이해하고 관철시켜 나가기 위해서 가장 중요한 것은 '먼저 필요한 여건과 기초를 마련하는 것'이었다. 장링광은 전인교육에 관한 고찰을 통하여 전인교육의 본질은 '재능과 덕을 겸비하고 심신이 건강한, 지식과 기술을 겸비하고 IQ뿐 아니라 EQ도 높은, 굳건한 의지를 지닌 신세대 공산주의 혁명가를 육성해야 한다.'고 여겼다. 그는 전인교육이란 평준화 교육이나 전 과목에서 백점을 맞도록 하는 교육이 아니라 기초지식을 제대로 갖추고 몇몇 과목은 더욱 잘하고 더 깊이 있게 연구할 수 있도록 하는, 중점이 있는 교육임을 명확히 했다.

장링광의 글에는 사실 카이로프 학설에 대한 완곡한 질의와 비평이 담겨있었다. 이로 인하여 그의 글이 발표된 이후 아주 큰 반향을 불러일으켰다. 6개월이라는 짧은 기간 동안 117편의 학술논쟁의 글을 받았으며 그중 다수는 장링광에게 반대의견을 내놓았다. 예를 들어 어떤 글에서는 초·중고교의 교육은 기초를 다지는 시기이므로 어느 한 부분도 소홀히 하지 않는 전인교육을 실시해야 한다며, 이른바 '중점학습'은 사실 낡아빠진 자본주의계급의 교육 분과分科 방식이고, '실용주의의 포로이다.'라고 했다. 때문에, '본질적으로 모두 자산계급교육사상을 반영한 것'이라고 주장했다.

1956년 6월, 공산당 중앙위원회 선전부장 루딩이는 '전인교육과 재능에 따른 맞춤교육을 결합시키는' 교육방침을 제기해야 하는지에 대한 논의가 필요하다고 밝혔다. 그 후 〈인민교육〉은 9월호에서 「논쟁의 핵심은 어디에 있는가?」라는 글을 발표하여 '재능에 따른 맞춤교육을 교육방침으로 삼을 것인가?'라는 문제를 논의의 쟁점으로 끌어올렸다. 10월호에서는 장링광, 왕환쉰王煥勛, 차오푸曹孚 등의 글을 동시에 게재하여 이 문제에 대해 토론을 벌였다. 장링광은 「현재 교육이론 중 '전인교육과 재능에 따른 맞춤교육' 방침의 필요성을 단편적으로 논하다」라는 글에서 두 가지 모두를 중시해야 한다는 입장을 거침없이 밝히고 당시 학교교육에 대해 '학생의 개성을 무시하고 학생들을 천편일률적으로 만들며, 모든 면에서 우수하고 모든 과목에서 백점을 받으라고 요구하는 평준화된 교육'이라고 비판했다. 그리고 이러한 것들이 통일성을 지나치게 강조한 카이로프 교육학의 영향 때문이라고 분석했다. 왕환쉰은 「'전인교육' 방침에 '재능에 따른 맞춤교육'을 추가할 필요가 없다」라는 글에서 반대의견을 제시하였다. 그는 '전인교육'과 '재능에 따른 맞춤교육'은 목적과 방법의 관계라고 생각했다. 즉 '재능에 따른 맞춤교육'을 실시함으로써 '전인교육'을 실현하는 것이라고 보았다.

차오푸는 「전인교육 문제에 대한 견해」에서 마르크스주의의 전인교육이론에 대해 체계적으로 설명하고, 이러한 토론이 이론적으로나 현실적으로 큰 의의가 있다고 호평했다. "'전인교육 문제에 관한 논쟁'이라는 글에서 나는 '재능에 따른 맞춤교육'의 원칙은 반드시 강조해야 하지만, 전인교육과 나란히 하여 '전인교육 및 재능에 따른 맞춤교육'이라는 방침을 내세우는 것은 타당하지 않다고 본다. 이러한 처사는 이론적 근거도 없을 뿐더러 실제 교육현장에서도 많은 어려움과 편차를 가져올 것이다. 하지만 '전인교육' 문제에 관한 토론은 학생 부담 과중, 단체와 개인의 관계에서 단체의 편파적 강조, 개인 의지와 개성, 취미와 특기의 묵살 등 중국교육에 현존하고 있는 중요한 문제들을 끄집어 냈다. 이번 논쟁은 이러한 문제들을 바로 잡는 데 도움이 될 것이다."

이 토론은 마오쩌둥이 1957년 2월 「인민 내부 갈등의 명확한 해결에 관하여」에서 교육방침을 제시함으로써 마침표를 찍었다. 초창기 교육사상 역시 다음 단계, 즉 탐색 시기로의 전환기에 접어들었다. 초창기 교육사상은 비록 여러 가지 우여곡절이 있었지만 전반적으로 정상적인 발전을 이루었으며 이 시기 교육사상이 해결해야 할 기본적인 과제는 대부분 완성했다. 특히 '전인교육과 재능에 따른 맞춤교육'에 대한 토론은 교육이론 학계와 현직 교사들의 폭넓은 참여를 유도하여 다양한 의견들이 발표되는 충분한 기회를 부여했다. 이에 따라 교육학계의 학술 분위기가 활기를 띠게 되었고 교육이론이 현장과 긴밀하게 연계되는 데 있어서도 큰 진전을 이루었다.

2. 탐색기(1957~1963)

1957년부터 중국은 생산수단소유제도라는 사회주의 개혁을 기본적으로 마무리하면서 교육도 새로운 발전 시기로 진입했다. 이 시기, 교육이론 학계는 자체적인 교육과학을 구축하기 위해 구소련의 경험만을 답습했던 한계에서 벗어나려는 시도를 시작했다. 탐색기는 크게 세 단계로 나눌 수 있다. 잠시 번영을 누렸던 전기(1957년 6월 이전), '혁명'과 '약진'의 중기(1957년 7월~1960년), 그리고 조정과 활발한 논쟁이 진행됐던 후기(1961~1963년)이다.

(1) 교육사상의 단기적 번영

1956년은 당대 중국교육사상에 있어 주목할 만한 한 해이다. 1월 14일, 저우언라이가 중국공산당 중앙위원회에서 개최한 지식인 문제에 관한 회의에서 보고를 통해 다음과 같이 밝혔다. "사회주의 시대에는 과거 어느 시대보다 더욱 생산기술을 향상시켜야 하며, 보다 더 과학을 발전시키고 과학지식을 이용해야 한다." 그리고 그는 "효과적인 대책을 마련하여 현재 중국이 보유하고 있는 지식인들의 역량을 충분히 동원하고 발휘해야 한다.”고 요청했다. 이 기초 위에 그는 당중앙위원회를 대표하여 ‘현대과학을 향해 진전하자.’라는 호소문을 발표했다. 5월 2일, 마오쩌둥은 최고국무회의에서 문학예술과 학술연구에 ‘백화제방, 백가쟁명’을 실행해야 한다는 방침을 제기했다. 7월 21일, 〈인민일보〉에서도 「백가쟁명에 대한 약술」이라는 글을 게재하며 ‘열심히 연구에 매진하고 말에 일리가 있으며 주장에 일정한 근거가 있기만 하면, 결혼한 사람도 의견을 낼 수 있고 결혼하지 못한 사람도 의견을 낼 수 있다. 큰 인물도 의견을 낼 수 있고 보잘것없는 사람도 의견을 낼 수 있다. 의견을 잘 말하면 물론 환영 받으며 잘 말하지 못하더라도 상관없다.’라고 언급했다. 이러한 조치들은 교육이론 연구자들을 비롯한 사회각계를 크게 고무시켰다. 초창기의 ‘전인교육과 재능에 따른 맞춤교육’에 관한 논의도 바로 이러한 배경에서 더욱 활발하게 전개되었다.

이처럼 자유로운 학술적, 사회적 분위기에서 교육이론에 관한 연구는 한동안 번영을 누렸다. 〈인민교육〉, 〈광명일보〉, 〈인민일보〉, 〈신건설〉 등 신문들은 앞 다투어 논설을 게재하면서 학생들의 독립적인 사고 능력 함양, 개성 존중, 구소련의 교육을 배우는 과정에서 발생한 교조주의와 형식주의의 극복 등에 대해서 토론을 전개해나갔다. 그중 차오푸曹孚의 『교육학 연구에 존재하는 몇몇의 문제』는 이 시기의 교육사상의 대표작이며, 매우 중요한 이론적 가치를 갖는다.

첫째는 교육의 계승성 문제였다. 사람들이 무산계급과 자산계급, 신중국교육과 구 중국교육의 근본적인 대립에 관심을 집중할 때, 차오푸는 교육의 '역사성'과 '영구성'을 냉정하게 고찰했다. 그는 교육의 '영구적' 혹은 비교적 '안정적'인 요소들이 중국의 교육학에서 중요한 위치를 차지하지 못하더라도 적어도 어느 정도의 일정한 위치에 있어야 한다고 주장했다. 그는 또한 교육의 내용, 제도, 방법, 형식 등 몇 가지 면에서 교육의 계승성을 논증하고 구 교육을 완전히 부정하는 태도를 취해서는 안 된다고 주장했다.

두 번째는 교육사 연구의 방법론 문제이다. 차오푸는 당시 성행했던, 역사적인 인물을 간단히 계급 속성이나 유물론 사상에 입각해 평가하고, 그들의 교육사상에 대해 비판하는 형이상학적 방법을 비판했다. 그는 교육사상사와 관련된 자료를 토대로 유물주의 사상가가 반드시 선진적 교육사상을 가지지 못한 것은 아니라는 점을 피력했다. 설령 정치적으로는 반동 사상가라 할지라도 그의 교육사상에서도 배울 게 있다는 것이 차오푸의 생각이었다. 그는 또한 듀이, 타오싱즈 등의 실수에 대한 당시 교육계의 평가를 분석하고 '자산계급의 교육학을 완전히 배척함으로써 중국이 진행하는 연구라는 것은 소련 저작물의 주석을 한데 모으는 것에 불과하며 이는 현명하지 못한 처사다.'라고 밝혔다.

세 번째는 교육의 속성에 관한 문제이다. 차오푸는 '교육은 상층구조에 속한다.'라는 구소련 교육계의 결론에 회의를 제기했다. 그는 '교육은 사회의 생산력 발전 수준을 상층구조보다 더 직접적으로 반영한다.'고 말했다. 교육은 상층에게만 속하는 것이 아니라 보다 넓고 영구적인 범위를 가지고 있다고 생각한 것이다. 그는 예를 들어 '오늘날 자본주의 국가들의 생산력 발전수준은 상당히 높다. 교육은 생산력을 반영함과 동시에 생산력을 높이는 역할을 한다. 따라서 이들 국가의 교육발전 수준도 일반적으로 높은 편이다.'라고 설명했다.

하지만 얼마 후, 그는 사회적 압박으로 인해 부득이하게「'교육학 연구에 존재하는 약간의 문제'에 대한 반성」이라는 글을 〈신건설〉 1958년 2월호에 발표했으나 앞서 발표한 글의 영향력이 너무나 컸다. 오늘날까지도 몇몇 문제에 대해서는 아직도 차오푸를 뛰어넘는 의견이 나오지 못하고 있고 그중 일부는 80년대 교육연구의 시발점이 되었다.

이 시기, 중국의 교육이론계는 이미 당시 교육과학의 낙후성을 인식하고 있었다. 교육의 발전을 바라는 목소리가 높아졌고, 여러 가지 구체적인 의견들이 제시되었다. 장원위張文鬱, 어우위안화이歐元懷, 쭤런샤左任俠 등은 〈인민교육〉과의 인터뷰에서 교육학의 중국화, 교육연구의 '관료적 분위기' '학풍' 등에 관해 몇 가지 건설적인 의견을 제시했다.

(2) 교육사상의 '대혁명'과 '대약진'

이른바 '교육계의 백가쟁명'이 불러온 번영은 이미 그것을 제시한 장 본인의 예상을 훨씬 뛰어넘고 있었다. 하지만 이 기회를 빌미로 트집을 잡아 사회를 선동하려는 사람들도 있었고, 마오쩌둥 등은 당시의 상황을 너무 심각하게 받아들였다. 그리하여 전국적으로 대규모의 반우파 투쟁이 시작되었다. 교육사상에 대한 자유로운 논쟁은 순식간에 침체되었다. 마오쩌둥은「학생들이 지, 덕, 체를 겸비하여 문화적 소양을 갖춘 사회주의 역군이 되어야 한다」라는 사회주의 교육방침을 제기한 후 교육문제에 관한 다수의 글을 발표했다. 이 글들의 주요 논점은 교육은 무산계급의 정치를 위해 존재해야 하며, 생산노동과 결합하고 당의 지도사상을 견지해야 한다는 세 가지였다. 1958년 9월 19일 중국 공산당 중앙 위원회와 국무원이 「교육 업무에 대한 지시」를 발표했는데, 사실 이것은 위에서 언급한 마오쩌둥의 교육사상을 교육 업무의 방침과 강령으로 정한 것에 지나지 않았다.

이 시기 교육사상의 발전은 주로 아래와 같은 3가지 문제를 중심으로 전개되었다.

① 교육은 반드시 무산계급의 정치를 위해 존재해야 한다

이것은 원래 마르크스주의 저서를 쓴 작가의 교육에 대한 기본관점이면서 해방지구 교육경험의 토대이기도 하다. 이 시기 마오쩌둥은 정치를 무엇보다 중요하게 생각했다. 그는 먼저 「인민 내부 갈등의 명확한 해결에 관하여」라는 글을 통해 '명확한 정치적 관점이 없는 것은 영혼이 없는 것과 마찬가지이다. 사상정치 사업은 모든 부서가 책임져야 할 문제이다. 공산당이 관리해야 하고 공산주의 청년단이 관리해야 하며 정부 주요부처와 학교 교장, 교사들이 더욱 책임지고 관리해야 한다.'라고 강조했다. 뒤이어 「업무방안 육십조(초안)」에서 '공산주의 이념과 전문지식과의 관계, 정치와 업무와의 관계는 대립하는 두 사물을 하나로 통합하는 것과 같다. 정치를 따지지 않는 경향에 대해서는 반드시 비판을 가해야 한다.'라고 밝혔다.

이처럼 교육이 반드시 무산계급의 정치를 위해 존재해야 한다는 문제로 인해 '공산주의 이념과 전문 지식 및 기술'에 관한 논쟁이 벌어졌다. 비록 교육이론계는 이에 대해 대체로 침묵을 지켰지만 대학생 및 교사들은 모두 논쟁에 참여했다. 예를 들어 당시 칭화대학교의 학생들은 '먼저 전문지식, 기술을 쌓은 후 공산주의 이념을 습득한다.' '공산주의 이념 보다는 전문지식, 기술 득에 주력한다.' '전문지식, 기술 쌓는 것이 바로 공산주의 이념을 습득하는 것이다.' 등의 관점을 제시했다. 하지만 최종적으로는 '공산주의 이념과 전문지식, 기술을 겸비한 노동자 계급 지식인을 기르자.'라는 일관된 결론을 내렸다. 이로부터 학술계에서는 '전문 분야에서는 우수하나 부르주와 사상을 지니는 것'과 '자산계급 개인주의'에 대한 또 한 차례의 비판이 전개됐다. 당시에 한 학교에서는 다소 우파 성향을 가진 직원 79명을 해고했는데, 그중 당시 그 학교의 교수, 부교수의 50%에 해당하는 26명의 교수, 부교수가 포함되었다.

② 교육은 반드시 생산노동과 연계되어 이루어져야 한다

이 관점 또한 원래 마르크스주의 저서를 쓴 작가의 기본적인 교육관점과 해방지구 교육의 토대이다. 그런데 여기에 다음과 같은 두 가지 구체적인 문제가 더해졌다.

첫 번째는 교육 사업이 발전하면서 초·중고교의 학생 수는 갈수록 많아지는데, 국가적으로는 이들 졸업생들이 모두 상급학교로 진학할 만한 경제적 여건이 마련되어있지 않다는 점이었다. 그럼에도 불구하고 고향으로 돌아가 농업에 종사하거나 공장 근로자, 육체노동자가 되기를 원하는 학생이 거의 없어 교육이 농업이나 공업과 밀접하게 연계되지 못했다.

두 번째 문제는 학교에 지식 위주의 교육과 진학률 만능주의가 팽배했다는 점이다. 학업에 대한 학생들의 부담이 너무 큰 결과, 균형 잡힌 심신의 발전이 저해되었다. 이러한 상황에서 교육을 생산노동이라는 측면과 연계시켜 한다는 관점은 그 자체로는 비난의 여지가 없었다. 류사오치가 '두 종류의 교육 제도, 두 종류의 노동제도, 즉 학교 안, 공장 안, 기관 안, 농촌 안을 불문하고 모두 일하면서 공부하는 '반공반독半工半讀' 방법을 채택한다.'는 구상을 제시한 것도 바로 이러한 이유에서였다. 농업 중고교, 반공반독 학교, 공산주의 노동대학은 바로 이 사상에 영향을 받아 시행된 사례이다.

문제는 교육이 생산노동과 연계되어야 한다는 방침을 시행하는 가운데 지도사상의 편향으로 인한 실수가 있었다는 점이다. 첫째는 이 방침이 정치원리로 격상되면서 사회 발전과 인간의 전면적인 발전이라는 내재적 요구에 부응한다는 본래의 취지가 사라지고 혁명과 정치의 적극성을 가늠하는 잣대가 되어버린 것이다. 중앙 선전부 부장이었던 루딩이는 "교육은 정치를 위해 존재하며 생산노동이라는 측면과 결합해야 한다. 교육은 반드시 당의 지도를 받으며 제3자와 서로 연계되어야 한다. 교육이 생산노동성에서 벗어나면 정치와 당에 소홀해질 수밖에 없다. 이렇게 되면 교육은 중국의 실정을 벗어나게 되어 우右에 치우치고 교조주의로 흐를 수 있다."라고 말했다. 당시 교육부 부장이었던 양슈펑楊秀峰도 교육과 생산노동의 결합을 '교육 대혁명의 핵심 문제'이며 '무산계급 교육사상과 자산계급 교육사상 투쟁의 핵심'이라고 보았다. 이로 인해 '교육이 생산노동성을 벗어남 = 중국교육 실정에서 벗어남 = 정치를 소홀히 함 = 당의 지도를 소홀히 함 = 우경주의 = 교조주의'라는 공식이 성립되게 되었다. 정치에 상당히 민감했던 당시, 누가 감히 교육과 생산노동의 결합이라는 논리에 대해 형식, 내용, 방법 면에서 다른 이론이나 실천적 모델을 택할 수 있었겠는가?

둘째는 이 방침이 '노동 위주'로 왜곡되었다는 점이었다. 모든 학교에서 노동으로 수업을 대체하는 경우가 빈번해지면서 정상적인 교육질서가 무너지기 시작했다. 양슈펑은 당시 교육과 노동의 결합의 성과에 대해 이렇게 말했다.

"1958년 봄, 당의 지도 아래 많은 학생들이 노동과 학습을 결합하여 생산노동 활동에 대대적으로 참여했다. 이 활동은 순식간에 공장과 농촌으로 가서 노동에 참여하는 대규모 운동으로 발전되었다. 중학교 이상 학교의 교사와 학생들은 조를 이루어 공장, 광산, 건설현장, 농촌으로 가서 노동자, 농민들과 함께 먹고 자고 일하면서 농민과 노동자에게 많은 것을 배웠으며 노동을 통해 스스로를 단련할 수 있었다. 초등학생과 교사들도 힘껏 사회공익 노동활동에 참여했다. 여름 방학 전에는 '미신타파, 사상해방'이라는 정부의 호소에 호응하여, 노동자와 농민의 하늘을 찌를 듯한 기세에 힘입어, 수많은 학생과 교사가 담대하게 사고하고, 말하며, 행동한다는 공산주의 기풍을 부르짖었고 학교에서는 공장과 농장을 세우는 열풍이 불었다. 학생과 교사들은 직접 일을 하고,

어려움을 극복하며, 공장과 긴밀히 연계하여 서로 지원해 주었다. 설비가 부족했기 때문에 있는 것을 최대한 활용해야 했으며, 기술이 없었기 때문에 배워가며 일을 했다. 하지만 냉담하게 옆에서 수수방관하거나 비웃는 사람들에게는 실제 성과물로 대답해 주었다. 이렇게 하니 때로는 며칠 만에 한 학교 내에 몇 개, 심지어 몇 십 개의 크고 작은 공장, 작업장, 수공업장들이 세워졌다.”

1959년이 되어서도 상황은 전혀 좋아지지 않았다. 초등학교의 경우 개학 후 2달 내에 52시간 수업을 해야 하는데, 실제로는 모든 학생들이 41일 정도 일을 했고, 어떤 학교는 37일 동안 휴강을 하는 경우도 있었다. 교육사상에 있어서 어떤 사람은 심지어 ‘학습’의 개념을 없애고 ‘노동’으로 대체할 것을 제기했다. ‘노동’이라는 글자가 생산과 학습의 개념을 모두 포함하고 있기 때문이라는 것이 이유였다. 심지어 학교 폐지론도 제기되었다. 그들은 ‘학교’를 ‘새로운 세대의 성장의 집’ 혹은 ‘새로운 세대의 노농생산지’라고 바꿔 불러야 한다고 주장했다. 또한 초·중·고·대학으로 학제를 구분할 것이 아니라, 노동의 정도로 단계를 나누어야 한다고 주장하기도 했다. 하지만 만약 학습과 학교가 사라지면 교육 자체가 사라지는 것이므로 ‘결합’이라는 말 자체가 성립될 수 없다.

셋째는 이 방침이 지식인의 노동개조에 이용되었다는 점이다. 지식인들에게 육체노동에 참여할 것을 지나치게 강조하여 그들은 단순하고 원시적인 육체노동에 종사해야 했고, 건강에 해가 되는 것도 문제였지만, 복잡한 지적 노동에 써야 할 소중한 시간이 낭비된다는 점이 더 큰

문제였다. 이처럼 노동은 이미 지식인들에 대한 사상개조를 위한 수단
이 되었으며 '문화대혁명' 시기에는 지식인들을 처참하게 탄압하는 데
이용되기도 했다.

네 번째 문제는 이 방침이 학교설립과 관련한 군중운동으로 확대되
었다는 점이다. 교육과 노동의 결합이라는 방침은 원래 지식인과 노동
자들을 연결하는 통로였다. 하지만 당시에는 대중의 학교설립을 독려
하는 방식으로 이용되었다. 당시 '대약진'의 분위기와 맞물려 학교 설
립과 운영에 관한 군중운동에도 이른바 '교육의 대약진' 물결이 일었
다.

③ 교육은 반드시 당의 지도 사상을 견지해야 한다

루딩이는 「교육은 반드시 생산노동과 서로 결합해야 한다」라는 글을
통해 이 문제에 대해 다음과 같이 말했다.

"사회주의제도 하에서 자산계급은 교육이 자산계급의 정치적 지도
를 받아야 한다거나 무산계급의 독제를 반대하는 수단이 되어야 한다
고 직접적, 공개적으로 말할 수 없다. 그들은 단지 '교육은 전문 지도자
에 의해 운영되어야 한다.' 혹은 '교육을 위한 교육을 해야 한다.' 식의
현혹적인 주장만 펼쳐 무산계급의 정치를 위해 존재하는 교육에 반대
하는 그들의 목적을 달성할 수 있을 뿐이다. 그렇기 때문에 중국과 같
은 사회주의 국가에서 자산계급의 교육방침은 '교육을 위한 교육, 정신
노동과 육체노동의 분리, 전문가에 의한 교육' 등으로 나타난다."

교육에 대한 당의 지침을 견지하는 것은 해방지구 교육의 중요한 방

침 중 하나로 사회주의 제도 사회에서 절대적으로 필요한 사항이다. 하지만 당시에는 너무 인위적로 '전문가'를 '정신노동 종사자', 심지어 '자산계급 정치가'와 동일시하였고 '전문가'를 '당'과 대립시키는 양상까지 낳고 말았다. 이론상의 오류는 필연적으로 실행에 영향을 미치기 마련이다. '교수의 학교 운영' '전문가의 학교 운영'이 비판의 대상이 되면서 학교 관리에 전문적인 지식과 경험이 있는 전문가들이 오히려 배척을 당했다.

이 단계에서 교육개혁은 '교육의 대약진'과 맞물려 어느 정도 성과를 거두었다. 예를 들면 유치원에서는 놀이를 통해 글자를 배우거나 산수를 익히는 실험이 진행되었고, 랴오닝遼寧성 헤이산黑山현의 베이관北關 초등학교에서는 중국 과학원 심리연구소의 지도 아래 '집중적인 글자 익히기'나 새로운 산수 교육법에 대한 실험이 이루어졌다. 초등학교 '5년 일관제'도 당시 실행했던 실험 중 하나였다. 이러한 실험은 대부분 정치적인 배경에 의해 진행되었지만 그 '부산물'로 교육과학에 분야에서 중요한 성과를 내기도 했던 것이다. 이로서 당대 중국교육의 실험의 막이 열리게 되었다.

1960년 4월 9일, 전국인민대표회의 제2차회의상에서 루딩이는 「교육은 반드시 개혁해야 한다」는 발표에서 이 시기 학교개혁의 성과를 인정했다. 그리고 결론 부분에서 '우리는 실험과 새로운 학제, 새로운 교수법과 교과서를 통해 그동안의 노력이 성과를 얻고, 성과들이 서로 결합하여 새로운 교육학과 심리학 이론을 만들어 낼 것임을 믿는다.'라고 말했다.

(3) 교육사상에 대한 조정과 자유논쟁

전 단계에서 교육의 '대혁명'과 '대약진'으로 인해 수많은 모순과 어려움이 나타났고 60년대 초에 이르러서는 더 이상 자체적인 해결이 불가능한 지경에 이르렀다. 1960년 11월 중앙위원회 문화·교육팀은 전국 문화교육공작회의를 열어 교육에 있어 '조정, 견고, 충실, 제고'라는 방침을 연구하고, 초·중·고·대학 교육 사업을 조정하기 위해 「공작조례」라는 새로운 정책을 제정했다. 교육 사업은 위의 방침에 따라 다시 안정적으로 발전해 나갔다.

이 단계에서는 교육사상이 조정을 겪은 후 변화되는 모습을 보였다. 교육이론계에서는 교육이 반드시 당의 지도 사상과 사회주의적 학교운영 노선을 지덕체를 고루 갖춘 인재를 육성하며, 지식인과 노동자, 농민이 서로 결합하고, 정신노동과 육체노동이 결합하며, 학교는 반드시 수업을 위주로 하고, 선생님을 존경하고 학생을 사랑하는 풍토가 자리 잡아야 하며, 지나치게 천편일률적인 사상정치교육을 강요하지 말아야 한다는 것에 인식을 같이 하게 되었다. 이러한 상황에서 저우양周揚은 1961년 4월 12일 대학 인문계열 교재 선택·편집 계획회의에서 연설을 하였다. 연설에서 그는 교재의 선택, 편집에 관한 이론 문제뿐 아니라 중요한 교육사상에 대해서도 자신의 의견을 피력했다. 그중 가장 중점이 되는 것은 아래와 같은 두 가지 문제였다.

첫째는 투철한 공산주의 이념과 전문 지식·기술, 그리고 정치와 업무의 관계에 대한 문제였다. 저우양周揚은 '전문 기술이나 지식은 뛰어나지만 이념적으로는 투철하지 못한 것'과 '이념적으로 투철할 뿐, 전문 지식이나 기술이 없는 것' 모두 잘못이라고 지적했다. 하지만 누가 더 정치적인 신념이 강한지, 누가 더 전문적 지식이 있는지에 관해서는 주관적, 임의적으로 결정해서는 안 되며, 반드시 일정한 기준이 있어야 한다고 밝혔다. 왜냐하면 이러한 것들이 정치적인 개념이기 때문에 경계선을 분명히 구분해야 한다고 생각했던 것이다. 그는 "당과 인민, 사회주의에 반대하는 것만을 우익이라고 말할 수 있다."고 말했다. 하지만 그는 개인이 단체 활동을 좋아하지 않는 것에 대해서는 "군중과 어울리지 않고, 홀로 있는 것을 좋아하는 것은 어느 정도 개인주의적이기는 하지만 완전히 우익이라고는 할 수 없다."라고 말했다. 심지어 일부 유심주의적 세계관도 우익으로 치부할 수는 없다는 것이 그의 의견이었다. 그는 '우익과 공산주의 개념을 무분별하게 사회 전체에 적용해서는 안 되며 생활의 여기저기로 확대하는 것은 잘못'이라고 말했다. 저우양은 정치가 학교에서 차지하는 정신적, 지도적 위치는 절대 변함이 없겠지만 이것이 반드시 학교 내에서 정치과목이나 정치활동을 늘려야 한다는 뜻은 아니라고 주장했다. 만약 내뱉는 말이 모두 정치 혹은 세계관이라면 이것은 실제로 정치와 세계관을 '저속'하게 만드는 것이다. 이는 바로 송대 유학자들이 오직 유학의 계승만을 강조해 절대주의와 몽매주의를 낳은 것과 같다. 그래서 그는 "정치와 업무의 관계는 지도의 관계이지 대체의 관계가 아니다."라고 주장했다. 이것은 사실상 전 단계에서의 '공산주의 이념과 전문지식, 기술'에 관한 토론의 오류를 바로잡는 것이었다. 간접적으로는 교육과 정치의 관계에 대한 이론에도 영향을 끼쳤다.

둘째는, 책 속의 지식과 살아 있는 지식의 관계 문제이다. 이것은 교육의 이론과 실제의 결합, 교육과 생산노동의 결합 등 기본적인 이론 문제와 관련이 있다. 저우양은 "오직 책 속의 지식만 있고 실제적인 지식을 익히지 못하면 불완전하다."라고 지적하면서 "살아 있는 지식은 매우 중요하다. 우리는 학생이 '살아있는 책'을 읽고 독서를 '살아 있는 지식'으로 만들 수 있도록 해야 한다. 특히 학교에서 책을 읽는 시간이 많아야 하는데, 그 이유는 졸업 후에는 일을 하느라 독서 시간이 줄어드는 대신 살아 있는 지식을 접할 수 있는 기회가 늘어나기 때문이다."라고 말했다. 간단히 말해, '학교는 지식을 전해주는 곳으로 인류가 오랫동안 쌓아온 지식의 정수를 학생들에게 전수해 주어야 한다.'라고 생각했다. 저우양의 논설은 사실 과거 교육과 생산노동과의 관계를 지나치게 강조함으로써 교육의 질이 하락하는 것을 바로잡으려는 시도였다. 그의 이러한 시도는 이론, 실천에 있어서도 큰 의의를 지닌다. 교재 편집에 괄목할만한 성과를 보았을 뿐 아니라 교육사상에 존재하는 우매함과 혼란을 깨끗이 정리했다. 류포녠이 주필한 『교육학』은 그 당시 중국교육학계가 자체적으로 집필한 교과서이다.

교육사상의 탐색기 중 특히 조정과 자유논쟁이 진행되었던 시기 전후로 교육계에서 세 차례의 논쟁이 있었는데, 이에 대하여 한 번 기술하고 평가해 볼만한 가치가 있다.

첫째는 '양력성量力性 원칙(학생이 소화할 수 있는 만큼만 교육함―역주)'에 관한 토론이다. 이 토론의 사회적 배경이 된 것은 '대약진'과 '더 많이, 더 빨리, 더 좋게, 더 절약하자'는 '다쾌호성多快好省' 운동이었으며, 루딩이의 「교육은 반드시 개혁되어야 한다」에서 이 원칙이 이미 '개혁을 반대하는 이론적 무기'가 되었다고 언급한 것이 계기가 되었다. 루딩이는 연설 3일 후인 4월 12일 상해 사범대학에서 '양력성 원칙'에 대한 토론회를 열었다. 회의에서 그는 3가지 의견을 제시했다. 첫 번째 의견은 코메니우스Johann Amos Comenius가 제시한 이 원칙이 역사상 중요한 추진 작용을 했다는 것이었고, 두 번째 의견은 이 원칙에는 계승할 점이나 취할 점이 전혀 없다는 것이었다. 세 번째 의견은 이 의견은 자산계급의 것이지만 '재능에 따른 맞춤교육' 등 배울 점도 있다는 것이었다. 회의 후 〈광명일보〉, 〈중국청년보〉, 〈강해학간〉, 〈호북인민교육〉, 〈안휘교육〉, 〈문회보〉, 〈인민교육〉, 〈섬서교육〉 등에서도 관련 글을 발표하여 토론을 전개했다. 토론의 대부분은 루딩이의 관점을 지지하는 것이었지만 역리성 원칙을 공개적으로 옹호하는 의견도 있었다. 사실 이 원칙을 토론할 당시 중국의 교육은 이미 학생의 능력을 헤아리지 못한 대가를 치르고 있었다. 다만 아직도 많은 사람들이 이 사실을 인정하고 싶어 하지 않았을 뿐이었다.

다음은 예술교육에 관한 토론이었다. 이 토론은 1961년 5월 30일에 천커메이陳科美가 〈문회보〉에서 발표한 「예술교육은 전인교육의 한 부분으로 보아야 한다」라는 한 편의 글에서 야기된 것이다. 천커메이가 이 글을 쓰게 된 이유는 교육방침에는 예술교육에 관한 내용이 없었기 때문이다. 당시 예술교육은 지덕체 교육에 포함되었으며, 지덕체가 완성되면 예술교육도 자연스럽게 이루어진다고 보았다. 이 때문에 천커메이는 예술교육이 다른 무엇으로도 대신할 수 없는 특수성을 가지고 있다고 역설했다. 그는 "예술의 가치는 다른 가치(진眞 혹은 선善)와 같지 않다. 차이점을 살펴보면 먼저 미적 대상이 다르다. 즉 미美라는 것은 감상의 대상이지 인지의 대상(진)이나 도덕실천의 대상(선)과는 다르다."라고 주장했다. 그리고 심미적 가치의 형상성과 감수성에 대해 분석하고 다른 대상과의 본질적 차이에 대해 역설했으며, 지덕체 교육은 예술교육을 대신할 수 없음을 주장했다. 이 글이 발표된 후 〈문회보〉는 1962년 9월까지 6편의 토론 글을 발표했고, 그중 어떤 사람은 천커메이의 관점을 반박하면서 예술교육은 다만 지덕체 교육을 완성하는 도구나 수단이며 미와 예술교육 자체는 가치가 없다고 주장했다. 상하이, 광저우의 교육이론계에서도 이와 관련된 토론을 진행했다. 그러나 의견의 일치를 보지 못한 채 아무 긍정적 성과 없이 막을 내렸다.

다음은 '모성애교육' 토론에 관한 것이다. '모성애교육'의 토론은 난징南京사범학원 부속초등학교 교사 쓰샤斯霞가 두 편의 글을 소개하면서 시작되었다. 1963년 5월 「강소교육」은 「육묘인」이라는 글을 발표했다. 이 글은 개정을 거친 후 5월 30일의 〈인민일보〉에 「쓰샤斯霞와 아이」라는 제목으로 발표되었다. 이 글은 쓰샤 선생에 대해 '아이들의 마음속에 그녀는 존경하는 선생님이자 가장 믿을 수 있는 친구이며, 자신을 가장 세심히 돌봐주는 어머니이다.'라고 묘사했다. 매우 감동적인 이 글은 60년대 교육이론계에 큰 파문을 일으켰다. 4개월 후, 〈인민교육〉 1963년 10월호는 쉬쭝스許宗實, 왕타이란王泰然, 간펑敢峰의 글 3편을 발표했다. 글의 제목은 「우리들은 반드시 재산계급교육사상과 명백

히 선을 그어야 한다」, 「'동심'을 이용하고 '동심'을 사랑하는 것에서
부터 이야기하다」와 「누가 교육 전선에 전쟁이 없다고 말하는가」였다.
이 세 글은 모두 기본적으로 '모성애'와 '사랑의 교육'을 자산계급의 인
성론으로 간주했다. '모성애 교육'은 아동을 사랑한다는 명목으로 청소
년의 교육을 앗아가는 행위로 여겨졌다. 1964년 이후 〈인민교육〉은 편
집인 사설을 통해 '모성애 교육'에 대한 비판을 '교육사상 논쟁의 발단'
으로 삼고 '사랑의 교육은 완전히 체계화된 자산계급의 사상체제'라고
선언했다. 이어 이탈리아 에드몬도 데 아미치스edmondo de amicis의 『사
랑의 교육』, 카이로프의 『교육학』, 심지어 마카렌코의 교육학설도 비
슷한 비판을 받으며 교육사상의 발전이 혼란기에 접어들었다.

3. 혼란기(1964~1976)

　1966년 5~10월, 중국에서 '대대적 문화개혁'인 '문화대혁명'이 터지
면서 10년 동안 중국의 교육은 커다란 타격을 입었다.

　'문화대혁명'을 위한 사상적 준비는 사실 1964년 초에 이미 무르익
고 있었다. 교육사상의 혼란기도 역시 이때부터 시작되었다.

　마오쩌둥은 일찍이 '문화대혁명'과 신중국 수립을 이끈 것을 일생의
가장 큰 업적으로 여겼다. 그가 일으킨 '문화대혁명'은 어느 정도 시간
을 거쳐 준비한 것이다. 1962년 9월, 마오쩌둥은 공산당 8기 10중전회
에서 다음과 같이 강조하여 말하였다.

"사회주의 사회는 상당히 긴 역사의 단계이다. 사회주의 역사단계 안에 계급과 계급간의 모순과 투쟁이 존재하며, 사회주의와 자본주의 두 노선의 투쟁이 존재하고, 자본주의의가 부활할 위험성이 존재한다. 이러한 투쟁의 장기성과 복잡성을 인식해야 하고 경계심을 높여 사회주의 교육을 실시해야 한다. 우리는 지금부터 매년, 매월, 매일 이 문제를 거론해 분명하게 인식하도록 마르크스 레닌주의 사상을 가르쳐야 한다."

1963년 2월, 공산당 중앙위원회 공작회의에서 마오쩌둥은 허베이河北의 '소사청小四淸보고'와 후난湖南의 농촌사회주의 교육 경험을 토대로 '계급투쟁을 모든 사업의 우위에 놓아야 한다.'는 결론을 도출했다.

1964년 2월 13일, 마오쩌둥은 인민대회당에서 교육공작회의를 소집했는데 그때가 마침 춘제春節기간이어서 '춘제좌담회'라고도 부른다. 좌담회에는 류사오치劉少奇, 덩샤오핑鄧小平, 펑전彭眞, 루딩이, 장스자오章士釗, 천수통陣叔通, 궈모뤄郭沫若, 쉬더헝許德珩, 황옌페이黃炎培, 양슈펑楊秀峰, 장난샹蔣南翔 등 16명이 참가했다. 마오쩌둥은 연설에서 당시 교육의 교과과정, 학제, 교수법과 평가방법 등에 대해 다음과 같이 비판했다. "현재 교과과정이 너무 많아 초·중고교 학생들이 만성 피로에 시달리고 대학생들은 매일 긴장 상태에서 산다. 현재의 시험방식은 학생이 마치 적군이라도 되는 양, 기습적인 공격을 퍼붓는 형식이다." 그는 청년을 학대하고 인재를 박해하는 이러한 방식을 철저히 개혁해야 한다고 주장했다. 마오쩌둥은 학문과 문화에 대한 특별한 가치관을 나타냈다. "역대 장원들 중에 진정으로 학문을 좋아하는 이는 드물었다. 당조唐朝의 일류 시인 이백李白, 두보杜甫는 진사進士도 한림翰林도 아니었다. 한유韓愈, 두목杜牧은 진사 출신이지만 제2인자에 그칠 수밖에 없었다. 왕실보王實甫, 관한경關漢卿, 나관중羅貫中도 모두 진사가 아니었다. 조설근曹雪芹, 포송령蒲松齡은 발공拔貢일 뿐이었다. 명조明朝의 황제로는 명 태조太祖 주원장朱元璋, 명 성조成祖 주체朱棣, 이 두 황제만이 비교적 통치를 잘했는데, 하나는 문맹이고, 또 하나는 아는 글자가 많지 않았다. 한漢 고조高祖 유방劉邦은 바보인데다가 학식도 없었다. 책을 많이 읽으면 오히려 황제 노릇을 잘 못했다." 마오쩌둥의 '문화대혁명'시기에 이미 교육 정세에 관한 기본평가, 교육영역에 관한 계급투쟁, 학교의 교과과정, 시험 등에 관한 평가, 문화지식에 관한 가치, 지식계층의 지위에 관한 인식 등이 형성되어 있었다. 이에 따라 1964년부터 교육계에서의 모성애 교육에 관한 토론 및 학교의 사회주의 교육운동 대부분이 마오쩌둥 교육사상의 영향 아래 전개되었다.

교육사상의 혼란기에는 당연히 무슨 이론상의 업적이나 공헌이 있을 리 없다. 학술계에서 일전에 활약했던 교육가들은 이때 대부분 발언권을 박탈당했거나 심리적 공포감으로 인해 자폐증을 앓았다. 따라서 이 시기의 교육사상은 교육이론계의 참여가 없는 상황 속에서 발전했다. 자산계급, 수정주의 교육사상을 비판할 때 마오쩌둥의 교육사상을 무기로 삼았으며, 교육혁명 중에 생겨나고 만들어진 각종 경험도 마오쩌둥의 직접 총괄을 통해 표본이 되었다. 이 역시 혼란기 교육사상의 기본적 특징이다.

(1) 자산계급과 수정주의 교육사상에 대한 비판

문화대혁명이 시작되자, 우선 휴강을 한 후 혁명을 일으켰으며 뒤이어 노동선전대가 학교에 들어와 수정주의 교육 노선을 대대적으로 비판했다. 주로 천편일률적으로 문화대혁명 전의 교육을 봉건·자본·수정주의의 '짬뽕'이라며 이를 배척했고, 교육의 질을 높이려는 노력은 '지식교육 제일주의'로, 열심히 공부하는 것은 '자본주의 우익노선을 걷는 것'으로 여겼다. 또한 공산주의 사상과 전문 기술, 지식을 겸비한 역군을 길러내는 것을 '정신적 귀족'과 '자산계급의 후계자'로, 학교장 책임제를 시행하고 전문가가 운영하는 학교는 '자산계급 통치학교'라고 칭했다.

교육사상에 있어서는 먼저 '공산당 내의 흐루시초프Khrushchev'와 '자선주의파의 우두머리'인 류사오치가 비판의 표적이 되었다. 당시 류사오치가 교육과 교육사상에서 공격받은 죄목은 세 가지였다. 첫 번째 죄목은 그가 '구교육의 수호자'라는 것이었다. 예를 들면 스옌홍師延紅은 「수정주의 교육노선의 배후세력을 타도하라」에서 다음과 같이 말했다. "류사오치는 건국 이전 해방지역의 신교육의 가치를 깎아 내리고 중국인민항일군사정치대학과 같은 학교에 대해 '훈련반 성격을 띤다.' '정규대학이라고 할 수 없다.'며 모욕했다. 심지어 마오쩌둥 주석이 직접 제정한 중국인민항일군사정치대학의 운영방침을 '시대에 뒤떨어졌다.' '반드시 버려야 한다.'고 비난했다. 또한 제국주의가 문화침략을 위해 중국에 설립한 학교들을 지나치게 치켜세우면서 '서구, 미국, 프랑스,

일본과 같은 국가들의 경험에 따라 대학을 운영하면 중국인민의 문화수준과 과학, 지식수준을 높이는 데 큰 성과가 있을 것이다.'라고 주장했다." 이밖에 그는 교육부의 학위, 교수의 직함, 명예 칭호는 명예를 미끼로 하여 청년들을 자산계급의 추종자로 만들려는 속셈에 불과하다고 지적했다.

류사오치의 두 번째 죄목은 '반공도산反攻倒算(무산無産계급에 밀려난 지주地主 등이 유산有産 계급의 세력을 업고 무산계급에게 반격을 가하여 재산을 되찾는 행위−역주)의 사령'이었다. 스옌홍師延紅은 글에서 다음과 같이 밝혔다.

"여전히 교육대혁명이 힘차게 전개되는 가운데 그는 음산한 바람을 일으키고 찬바람을 불어넣으며 교육대혁명에 학습의 질을 떨어뜨렸다는 죄명을 씌웠다. 1960년에서 1962년까지 중국의 흐루시초프는 국내·외 계급에 대적하는 이들이 반중반공의 반역물살을 일으키는 틈을 타, 당과 사회주의, 마오쩌둥 사상을 향해 공격을 개시했다. 그는 교육전선에서 반혁명 수정주의자 루딩이 등과 결탁하여 교육대혁명의 오류를 바로잡고 강의의 질을 제고한다는 명목 아래, 대대적으로 자본주의 부활운동을 벌였다. 그들은 심혈을 기울여 북양군벌시대와 국민당시대 명문학교의 경험을 '종합'하고 미국, 영국 등 제국주의, 구소련의 수정주의 교육경험을 마구잡이로 차용했으며 그것을 마르크스 레닌주의라고 포장하여 신新 중국 10여년 교육이론의 총정리라고 사칭했다. 그들은 학제, 교과과정, 교재 및 규칙과 제도 등을 하나의 체계로 완성하고 보급을 강행했다. 이러한 활동은 「대학 60조」, 「중학中學 50조」와 「소

학小學 40조」에서 집중적으로 나타난다." 이밖에 스옌훙은 류사오치가
자산계급 지식인들의 오명을 벗겨주고, '사회주의를 위해 힘쓰는 노동
지식인'이라는 감투를 씌웠다고 지적했다.

류사오치의 세 번째 죄목은 '가짜 공산주의 교육의 창시자'이다. 위의
글에서 스옌훙은 류사오치의 '두 가지 노동제도, 두 가지 교육제도'는
공산주의를 가장한 수정주의 상품이며, 겉은 그대로 두고 내용과 본질
을 몰래 바꿔 넣는 수법으로 마오쩌둥 주석의 '일하면서 공부한다.'는
위대한 지시를 왜곡한 것이라고 비판했다. 그는 "한마디로 중국 흐루시
초프가 말하는 일하면서 공부한다는 개념은 바로 자산계급의 직업학교
이고 '두 가지 교육제도'는 인재교육과 노동자교육을 병행하는 자본주
의국가 교육체제의 복제품이다."라고 결론지었다.

류사오치의 죄목에 대한 비판들이 인용했던 내용을 보면 대부분 당
시 비판했던 억지, 강압, 착각, 단장취의斷章取義의 형이상학적이고 폭
력적인 풍조를 반영하기도 한다.

류사오치 교육사상의 이론상의 연원을 찾기 위하여 사람들은 수정주
의에서 발단하여 중국교육 이론계에 큰 영향을 끼친 카이로프 교육학
을 생각해냈다. 1969년 9월 〈요녕일보〉는 사설을 발표하여 카이로프
의 『교육학』은 소위 말하는 '국민교육' '전문가가 운영하는 학교' '지
식교육 제일주의'를 추구한다고 비판했다. 1970년 1월, 잡지 〈홍기紅
旗〉는 '상하이혁명 대大비판 작문그룹'의 글 '누가 누구를 개조하는가
ㅡ카이로프의 『교육학』에 대한 논평'을 발표하여 '전문가가 운영하는
학교'와 '지식교육 제일주의' 사이의 혈연관계를 명확하게 지적하며 다

음과 같이 말했다. "류사오치의 반혁명 수정주의 교육노선에는 그 나름의 이론적 근거가 있다. 바로 소련의 수정주의 교육 권위자 카이로프의 『교육학』이다. 카이로프가 말한 '두 가지 중요 과제(학생들이 대학에 진학하는 것과 노동생산에 참여하는 것)'가 바로 류사오치의 '두 가지 교육제도'이다. 두 이론 모두 본질적으로는 자산계급을 무산계급의 모습으로 탈바꿈시키고 자본주의의 반혁명적 목적을 부활시키려는 것이다. 카이로프가 말한 '화공위사론化公爲私論(정당한 공공이익을 얻는 것이 바로 나의 개인 이익이다)'은 류사오치의 '공사융화론公私融化論'이기도 하다. 두 이론의 목적은 모두 '공공公'을 '사유私'로 변화시키고 사회주의를 자본주의로 변화시키는 데 있다."

이 시기의 교육사상 비판은 일방적으로 몰아붙이는 형식이었다. 비판을 받는 사람은 답변이나 반론을 할 수 없었다. 어쩌다 우연히 한 마디해도 그것이 그의 일관된 사상이라고 생각했으며, 특정 장소에서 한 말을 그 사람의 일반적인 관점이라고 몰아붙였다. 그리고 단편적인 몇 마디(심지어 이것들을 짜깁기까지 했음)를 체계적인 사상의 일환으로 치부했다. 재미있는 것은 비판을 받는 자가 예전에 다른 사람을 비판했던 관점조차 그의 의견으로 치부해버렸다는 점이다. 이러한 방식은 '문화대혁명' 시기 교육사상 비판의 전형적인 모델이 되었다.

(2) 교육경험의 총정리와 전형적인 선전에 대하여

'부수기'와 '세우기'는 문화대혁명 때 가장 많이 거론되던 '변증법辨證法'이다. 자산계급과 수정주의 교육에 대한 청산만으로는 부족하기 때문에 '세우기'의 형식으로 교육 경험을 소개하였고, 이는 이 시기 교육사상의 주요 특징이 되었다. 당시 교육경험에 대한 총정리와 전형적인 선전은 기본적으로 마오쩌둥이 지시한 '깨달음'이나 '모범'에 근거하거나, 혹은 마오쩌둥이 조사 보고서나 경험을 정리하는 중 내놓은 소견에 근거해 널리 보급되었다.

① 「5·7 지시」와 「5·7 노선」

1966년 5월 7일, 마오쩌둥은 공산당 중앙군사위원회 총 병참부의 「부대 농업부의 생산 제고에 관한 보고서」에 대해 린뱌오林彪에게 편지 한 통을 썼다. 편지에 그는 군대, 공장, 농촌, 학교, 정부기관 등의 개조에 대해 전면적이고 체계적인 구상을 제시했다. 그중 학교에 관해 언급한 단락을 보자.

'학생 역시 그렇다. 학업을 주로 하고 아울러 다른 것들을 배운다. 즉 학문뿐 아니라 공업, 농업, 군사도 배워야 하며 자산계급에 대해 비판도 해야 한다. 학제는 단축시키고 교육은 개혁되어야 한다. 자산계급 지식인이 우리의 학교를 관리하는 현상이 계속되어서는 안 된다.'

8월 1일, 〈인민일보〉는 건군절建軍節을 경축하는 사설「전국은 모두 마오쩌둥 사상의 대학교가 되어야 한다」에서 위와 같은 마오쩌둥의 지시들을 공포했다. 사실「5·7 지시」가 발표될 당시에는 '학업을 주로 한다.'는 것을 어떻게 이해해야 할지, '학습과 함께 다른 것도 배운다.'는 것을 어떻게 실천할지, 어떠한 방식으로 자산계급을 비판해야 하는지에 관한 구체적인 설명이 없었다. 또 이에 대한 제대로 된 이론이나 경험도 없어 갖가지 모델이 제시되었고 수많은 조사 보고서가 발표되고 각양각색의 경험이 소개되었다.

중등 교육 부분에 있어서 5·7 노선을 따라 학교를 운영한 첫 번째 사례는 간수甘肅성 란저우蘭州시 제5중학의 '공장에서 학교를 운영하고, 일터와 학습공간을 하나로 묶는' 모델이었다. 이 학교에는 1,600여 명의 학생이 있었다. 1968년 10월, '노동자 마오쩌둥의 사상 선전단'이 학교로 출동하여 '5·7 지시'의 정신에 따라 선생과 학생을 란저우 주조공장에서 일하도록 하고, 이후 이들이 주조공장의 지도자나 관리자로 성장하도록 했다. 또한 '공장에서 학교를 운영하고, 일터와 학습공간을 하나로 묶는' 운영 모델을 만들었다.

이 모델의 구체적인 내용은 다음과 같다. 학교는 공장을 학습기지로 삼는다. 부근의 가오란皐蘭산 인민공사人民公社와 연계하여 농업 학습기지를 세운다. 아울러 현지 주둔군 연대와 연계하여 연대에서 파견한 군인의 지원 하에 마오쩌둥 사상 학습반을 운영하고 군사훈련을 실시하도록 한다. 공장에서 공부하는 교사와 학생은 두 반으로 나누어, 한 반은 오전에는 노동을 하고 아침 1시간, 오후 3시간 수업을 진행한다.

다른 한 반에서는 오전 3시간 수업, 오후 노동, 저녁 1시간 수업을 진행한다. 각 반은 매주 3일 노동, 3일 수업으로 하고 매주 교대로 실시한다. 그리고 이후에 다시 4일 수업, 2일 노동으로 번갈아 시행하는 것으로 조정한다. 매주 24시간 수업인데 그중 마오쩌둥 사상 수업은 12시간, 공업기초수업은 4시간, 혁명문예수업 4시간, 군사체육수업 2시간, 자유시간은 2시간이다. 농촌에서는 공업기초수업을 농업기초수업으로 대신한다. 마오쩌둥 사상 수업의 내용은 마오쩌둥 주석의 저서와 일련의 최신 지시들을 익히고, 당내 두 노선 투쟁사와 중국혁명근대사를 공부하는 것이며, 실제 계급투쟁과 결부하여 계급교육을 실시한다.

공업기초수업의 내용은 다음과 같다. '사회주의 공업화라는 찬란한 사상과 공업학의 경사慶事인 마오쩌둥 주석의 위대한 지시를 배우고' 안산鞍山철강회사의 헌법을 학습한다. '이 공장의 생산과 밀접하게 연계하고, 기계, 전기공학, 화학공학 등과 연계하여 수학, 물리, 화학의 기초지식과 공법을 강의한다.' 농업기초수업의 내용은 다음과 같다. '농업을 기초로 한 마오쩌둥 주석의 찬란한 사상과 농업학에 관한 위대한 지시를 배운다. 마오쩌둥 주석이 제정한 농업' '8자 헌법을 강령으로 삼고 철의 변화와 연계하여 경제지리, 기상, 생물지식을 강의한다. 화학비료, 농약, 토지측량, 수리시설 건설, 농업기계 등을 결합해 수학, 물리, 화학의 기초지식을 강의한다. 농업회계도 강의한다.' 혁명문예수업의 내용은 다음과 같다. '마오쩌둥 주석의 문예사상을 학습한다. 「옌안延安문예좌담회 연설」와 문예와 관련된 다섯 가지 문서를 기본교재로 삼아 「린뱌오林彪 동지의 부탁을 받아 장칭江青 동지가 개최한 부대문예공작 좌담회 요록要錄」을 학습한다. 어법과 작문도 배운다. 마오쩌둥 사상을 선전하고 노勞·농農·병兵 찬미하는 각종 창작활동을 전개한다.' 군사·체육수업의 내용은 다음과 같다. '마오쩌둥 주석의 군대 강화 노선과 인민전쟁사상을 학습하고, 4대 제일第一, 3·8 사조'를 배운다. 약간의 기본 군사 상식을 배우고 기본적인 군사 훈련을 시행하며 체육활동을 전개한다. 교사에 관해서는 노동자를 주체로 하는 교사 팀을 구축한다. 숙련된 노동자 4명을 전담 교원으로 하고, 노동자 23명, 빈농·중농·하층민 19명, 해방군 2명, 노동자들과 잘 맞는 기술자 1명을 겸임교사로 초청한다. 기존의 교사들은 학생들과 함께 공장, 농촌에 가서 3대 혁명투쟁에 참가하거나 해방노동을 하며 재교육을 받도록 한다.

이 조사보고서에 소개된 경험은 다음과 같다.

① 교육의 중심적 위상을 허물고 정치를 중심에 놓는다.

② 학교, 교실을 활동기반으로 삼던 상례를 깨고, 공장, 농촌, 병영兵營을 주요 활동 장소로 한다.

③ 학과의 자체적 논리 체계를 타파하고 정치 제일의 원칙을 근거로 교과과정을 설계한다.

④ 문화수업의 비율을 줄이고 육체노동시간을 크게 증가시킨다.

⑤ 지식인 위주의 교사구조를 타파하고 노동자, 농민, 해방군을 교사로 초빙한다.

이 조사보고서의 영향력은 상당히 컸다. 많은 지역의 초·중고교는 바로 이 보고서를 모델로 학교 개혁을 추진했다. 지린吉林성 리수梨樹현의 혁명위원회가 제정한 「농촌 초·중고교 교육 대강」 및 상하이시 혁명위원회가 1969년 6월 18일 회의에서 통과시킨 「상하이시 초·중고교 교육개혁 강요」에 위에서 언급한 정신들이 기본적으로 잘 드러나 있다.

대학교육 부분에 있어서는 상하이의 푸단復旦대학과 통지同濟대학이 문·이과를 대표하여 5·7 노선의 대표적인 사례가 되었다.

푸단대학은 5·7 문과 시범반을 운영하기 시작했다. 그들이 터득한 기본 경험은 다음과 같다. "문과는 전체 사회를 자신의 공장으로 여겨야 한다는 마오 주석의 지시를 결연하고, 철저하게 시행했다. 혁명 대大비판에 대해서는 교실수업을 3대 혁명운동에 포함시켜 유기적으로 결합시켰으며, 교재에 대해서는 마르크스주의, 레닌주의, 마오쩌둥 사상을 기본으로 모든 과목을 진행하고, 그중 마오 주석의 저서를 기본 교재로 삼았다. 이를 통해 구舊교재를 그대로 답습하는 것을 방지하면서도 교과서 없이 수업을 하는 상황도 피할 수 있었다. '스승을 하늘처럼 섬겨야 한다.'는 옛 관념을 타파하여 스승과 학생의 관계를 재정립했다. 수업에서는 '관리가 군인을, 군인을 관리를, 군인이 군인을 가르치는' 새로운 양상이 나타났다."

통지대학의 5·7 공사公社는 통지대학, 상하이 건축공정국, 상하이 공업건축설계원이 공동으로 설립한 교육혁명 시범기관이다. 그들이 터득한 경험은 다음과 같다. '무산계급 정치를 부각시키고, 학생들에 대한 사상 개조를 가장 중점적으로 실행했다.' '공정과 학습을 결합하여 이론과 실천이 일치하도록 했다.’ ‘노동자 계급을 모태로 ‘3결합 교사단’을 결성하고 학교, 시공, 설계의 3개 부서가 연계하여 학교를 설립, 운영하도록 했다.’ 이를 통해 대학교육이 교재, 교사, 과목, 학습에 있어서 모두 중대학교육과 동일했다는 사실을 알 수 있다.

② 「7·30 지시」와 노동자·농민의 학교 관리 및 지식인 개조

1968년 잡지 「홍기紅旗」 제2기는 「노동자계급이 모든 것을 지도해야 한다」라는 야오원위안姚文元의 글과 마오쩌둥의 저서 「7·30 지시」를 발표했다. 그 내용은 다음과 같다. ‘무산계급 교육혁명을 실현하려면 반드시 노동자계급의 지도와 노동자 군중의 참여가 있어야 하며, 해방군 전사와 협력하고, 학교의 학생, 교사, 노동자 중 무산계급 교육혁명을 끝까지 해내겠다고 결심한 적극적인 참가자들과 함께 ‘혁명의 3결합’을 실행해야 한다. 노동자 선전대는 학교에 오랫동안 남아 학교에서의 투쟁, 비판, 개혁에 참여해야 하고, 더 나아가 영원히 학교를 이끌어야 한다. 농촌에서는 노동자계급의 가장 확실한 동맹자인 빈농, 중농, 하층민이 학교를 관리해야 한다.’ 이 지시는 다음과 같은 두 가지 기본 판단을 전제로 하고 있다.

① 자산계급의 지식인이 중국의 학교를 통치한다. ② 학교의 교사와 학생에만 의지해서는 교육혁명을 이룰 수가 없고, 반드시 외부의 힘에 의지해야 한다. 이는 또한 ‘지식인은 반드시 개조를 받아야 한다.’는 잠재적 결론을 초래했다. 당시 한 사설은 이렇게 말했다. “노동자 계급은 문화의 장으로 들어오라. 이제 혁명의 대상은 주로 지식인들이다.”

1974년 「교육혁명통신」 제2기는 '4인방'의 야심작 「감당하기, 단단히 딛고 일어서기, 올바로 관리하기」—허베이성河北省 웨이현威縣 신점辛店대대 '빈농·중농·하층민 관리위원회'의 천린파陳林發 동지가 「국무원 과학 교육팀 초·중고교 교육혁명 경험 보고회의에서 한 발언」을 발표했다. 이 「발언」은 노동자와 농민이 관리하는 학교의 기본 유형을 소개했다. 그 주요 특징은 다음과 같다. 첫째, '무식쟁이'가 교육 대권을 장악했다. 빈농 협회 관리위원회 7인 중 6명이 문맹이고, 5명이 구舊사회에서 기근으로 인해 살던 곳을 버리고 나와 동냥을 하거나, 지주의 소작인이 되었던 사람들이었다. 글을 조금 아는 청년이라고는 단 한 명뿐이었다. 바로 이들이 전교생과 교사들을 데리고 교육혁명에 관한 마오 주석의 지시에 따라 교육의 장에서 계급투쟁과 노선투쟁에 전력투구하여 교육혁명을 펼침으로써 학교를 크게 변화시켰다. 둘째, '계급교육'이 학교의 주요과목이었다. 모든 학생들이 린뱌오의 글 중 '극우익의 실제'라는 단락을 줄줄 외었다. 계급투쟁을 이끌 차세대야말로 빈농·중농·하층민이 원하는 인재이다. 이것이 바로 계급교육의 육성목표이다. 셋째, 마오 주석의 지시를 꿋꿋하게 그대로 실행했다.

「5·7 지시」와 「7·30 지시」는 사실상 이미 지식인들을 개조해야 한다는 필연적 결론을 내포하고 있었다. '노동자와 농민이 학교에 들어가 관리를 한다.'라고 했는데, 결국 그들이 들어가는 학교는 지식인들의 '구역'이다. 더욱 철저한 방법은 지식인들을 공장이나 농촌으로 보내 3대 혁명의 용광로 속에서 온몸이 진흙투성이 되도록, 손 전체에 굳은살이 배도록, 수정주의의 독소를 말끔히 제거하고 자신의 몸에 있는 더러

움을 씻어내도록 하는 것이었다. 「지식인 개조를 위해 반드시 거쳐야 하는 길」이라는 글은 전형적인 사례를 들어가며 지식인 개조의 의의와 방법을 생생하게 기술했다.

사례1 : '빈농·중농·하층민을 스승으로 모시고, 처음부터 차근차근 배운다.' 작년 겨울, 이 두 학교(칭화대학, 베이징대학)의 많은 혁명 지식인들과 현지의 빈농·중농·하층민들이 함께 리위저우鯉魚洲 제방 보수공사에 참가했다. 베이징대학의 어느 한 여교수는 지금까지 한 번도 짐을 짊어져 본 적이 없었다. 그녀는 어떤 빈농이 자기보다 나이가 더 들었음에도 불구하고 원기 왕성한 젊은이처럼 흙을 짊어 메는 것을 보았다. 그녀는 "나이 든 빈농도 혁명을 위해 무거운 짐을 드는데, 내가 왜 못하나?"라고 생각하고는 용감하게 멜대를 들어 흙을 메고 큰 제방에 올랐다. 그러자, 빈농·중농·하층민들이 칭찬을 아끼지 않았다. 그녀는 감동하여 "내 평생 육체노동을 해본 적 없어 이제 막 처음부터 배웠는데, 빈농·중농·하층민들께서 저를 격려해주시네요. 저는 혁명의 무거운 짐을 반드시 끝까지 짊어지겠습니다."라고 말했다.

사례2 : '세계관을 철저하게 고치고, 혁명에 대한 충성심으로 인민을 위한다.' 칭화대학의 부교수 장리張禮는 3개 국가에서 유학을 했었다. 예전에 그는 농민과 노동자 속에서 사상을 개조하는 것은 '나의 장점을 버리고 단점만 취하는 것'이라고 잘못 알고 있었다. 그는 리위저우鯉魚洲에 오고 나서 노동자들의 도움으로 자기가 지난 몇 년 동안 걸어온 길이 자본주의 노선이었음을 인식하기 시작했다. 그는 자신의 지식이 근본적으로 결코 수십 년 동안 고생스러운 학업 조건 속에서 어렵게 공부해서 얻은 것이 아니라, 노동자들의 피와 땀으로 바꾼 것, 즉 노동자들이 준 것이라는 것을 알게 되었다. 그는 '지식사유'의 반동적인 오류이론을 단호히 비판했고, 반드시 노동자에게 지식을 돌려주고 노동자를 위해 이익을 도모하며 성심성의껏 인민을 위해 봉사하는 길을 걸어야 한다는 뜻을 확고하게 표명했다. 그때부터 장리는 고달픈 노동을 통해 환골탈태의 개조를 이루어내겠다고 결심했다. 그는 야맹증이 있었지만 철야 작업에 적극적으로 참여했다. 예전에 그는 더럽고 냄새나는 것을 싫어했지만 지금은 대변통만 짊어진다. 음력 섣달 그믐날 밤, 비바람이 휘몰아치는 와중에 그는 배수·관개 펌프장을 긴급 수리하는 공사 현장에 참여했고 "이것은 내 평생 45년 중 제일 뜻 깊은 설이었다."라고 말했다.

사례3 : '역사의 경험을 잊지 말고, 영원히 혁명의 불꽃을 밝히자.', 원래 공산당 위원회 부서기였던 칭화대학의 후젠胡健은 그 해 해방지구에서 두 차례 '중국인민항일군사정치대학'의 간부학교에 들어간 적이 있다. 그는 리위저우鯉魚洲에서 거친 현미밥을 먹으면서 비로소 굴을 파고 검은 콩을 먹는 어려운 삶을 알게 되었다. 그는 곡괭이와 멜대를 들었을 때 마오쩌둥 주석의 '자신의 힘으로 일하여 양식을 얻어라.'라는 위대한 구호를 떠올렸고 군중과 함께 노동하고 함께 지주와 투쟁하는 세월을 떠올렸다. 혁명서書를 들었을 때 그는 과거 탄광에서 흐릿한 등불을 피우고 공부를 했을 마오 주석의 모습을 그려보았다. 과거 마오 주석은 그를 혁명의 길로 인도했었다. 도시로 간 후 자신에게 일어난 변화를 생각하니 마음이 절로 아프고 마오 주석에게 미안한 마음이 들었다. 그는 이렇게 말했다. "나는 마오 주석의 책을 읽지 않고 마오 주석의 가르침을 지키지 못했다. 이것은 내 인생에서 가장 큰 실수이다." 후젠은 공산당원은 일생 동안 마오 주석을 공부하고 그의 가르침을 실행해야 한다는 것을 깨달았다. 즉 '어려움을 두려워하지 않고 죽음을 두려워하지 않으며 이기심을 버리고 수정주의를 거부하는 자세'로 일생 동안 마오 주석을 바짝 쫓아 투쟁해야 한다는 것을 절실히 마음으로 느꼈다.

사례4 : '광활한 천지, 찬란한 미래', 한번은 베이징대학의 교육혁명팀이 가축을 기르기 위해서는 테라마이신Terramycin이 필요하다는 점을 알게 되었다. 그들은 학교의 실험농장 공산당 조직의 지원을 받아 현지 농장 노동자 함께 테라마이신 제작 시범 팀을 구성했다. 그들은 맨 손으로 시작했고 현지에 맞는 방법을 적용하며 긴장된 전투에 몰입했다. 접종에 필요한 바늘이 없어 스스로 만들었고 살균 솥이 없어 찜통으로 대신했다. 항온실이 없어 쓰다 남은 석탄으로 난로를 피워 온도를 유지했으며 집중장치도 없어 노동자들과 함께 만들었다. 27일 동안 그들은 수많은 역경을 딛고 꿋꿋하고 열심히 일했다. 결국 그들은 효소를 재배하는 데 성공했으며 테라마이신 생산 작업장을 세웠다. 농민들은 기뻐서 이렇게 말했다. "당신들은 마오주식의 말씀에 따라 5·7 지시를 향해 나아갈 때 비로소 우리와 함께 걸을 수 있다. 우리와 함께하고 싶은 지식인은 언제든지 오라. 언제든지 두 팔 벌려 환영한다."

위에서 말한 4개의 전형적인 사례는 지식인들을 개조하는 기본적인 관념이 되었다. 즉 지적 노동은 어렵지 않고 의미가 없으며 오직 육체 노동만이 영광스럽다는 것이었다. 또한 지식인들은 육체노동을 통해서만 자신을 개조할 수 있으며, 그때서야 비로소 농민과 노동자를 위해 진정으로 봉사할 수 있다고 생각했다. 오직 마오 주석만의 책을 읽을 때 활력과 청춘을 얻게 되고, 영원을 구할 수 있다고 여겼으며, 생산의 최전방에 가서 긴급한 현실적 문제를 해결하는 지식인만이 노동자와 농민에게 환영받을 수 있다고 보았다. 주목할만한 점은 이러한 관점이 외부의 압력에 의해 형성된 것이 아니라 지식인들 스스로의 의식 내부에 싹텄다는 사실이다. 구사상을 개혁하는 것은 지식인들의 자발적인 요구가 되었다.

③ 「7·21 지시」와 새로운 인재를 육성하는 길

1963년 7월, 마오쩌둥은 「상하이 공작기계 공장에서 기술인원을 육성하는 길을 보다」라는 조사보고서를 읽었다. (〈인민일보〉 1968년 7월 22일) 보고서의 경험과 사상을 보고 감동을 받은 마오쩌둥은 다음과 같은 글을 썼다. "그래도 대학은 필요하다. 특히 이공계 대학이 필요하다. 하지만 학제는 단축하고 교육에는 혁명이 이루어져야 한다. 무산계급 정치가 지도적 역할을 하려면 상하이 공작기계 공장처럼 노동자 중에서 기술 인력을 육성해야 한다. 경험이 있는 농민과 노동자 중 학생을 뽑아 학교에서 몇 년 동안 배우게 한 후 다시 생산현장으로 돌려보내야 한다." 이것이 바로 유명한 「7·21 지시」이다. 또한 대학생 모집

제도 개혁 및 새로운 인재 육성에 관한 마오쩌둥의 구상이기도 하다.

이 보고서는 상하이 공작기계 공장의 두 부류의 청년 기술인력 현황을 비교 했다. 전문대 졸업생은 사상이 낙후되고 업무능력이 부족한 반면, 노동자 중에서 선발한 학생은 사상이 선진적이고 실제 업무능력이 뛰어나다는 것이었다. 둘의 극명한 대조를 보여주는 사례가 있다.

"상하이의 모 대학 졸업생은 졸업 후 1년 동안 외국어를 배우고 다시 4년 동안 외국에서 유학을 하여 '부박사'의 학위를 취득했다. 1962년부터 연마기grinder 연구소의 실험실에서 기술원을 담당했다. 이처럼 20년 동안 학교에서 공부한 사람은 실제에서 벗어난 이론을 익히고 노동자들과 잘 어울리지도 못해 오랫동안 과학연구 분야에서 그렇다 할 성과가 없었다."

"다른 한 명은 14세에 수습공이 되었고 18세에는 상하이 기계제조 학교에서 4년 동안 공부했으며 1957년부터 연마기 연구소에서 기술원을 담당했다. 올해 4월 그는 주임 설계사가 되었으며 시험 제작을 통해 세계선진 수준의 기술을 성공적으로 개발했다. 이것은 중국의 기술발전에 꼭 필요한 대형 평면 연마 기술이었다. 이로써 정교한 연마기술의 공백을 채우게 되었다."

"그렇다면 왜 노동자 출신의 기술원들이 빠르게 성장하고 크게 공헌하는 것일까? 가장 큰 이유는 그들이 무산계급으로서 마오 주석과 당에 깊은 애정을 가지고 있기 때문이다. 그들은 과학기술의 진보에 힘씀에 있어 자신의 이익과 명예를 따지지 않는다. 그리고 어려움을 두려워하거나 노력을 게을리 하지도 않는다. 그들은 마오 주석의 가르침을 마음속 깊이 새기고 항상 제국주의·수정주의에 대한 반대투쟁에 속력을 내야겠다고 생각하며, 품질 제고에 힘쓰고 국가를 위해 절약하고 노동자들이 다루기 쉬운 기술 개발을 위해 세심히 고려한다.”

이 추론에 따라 보고서는 '교육 혁명의 방향'에 대해 다음과 같은 몇 가지 의견을 제시했다. 첫째, 대학졸업생은 반드시 먼저 공장과 농촌에서 노동하여 평범한 노동자가 되며 농민과 노동자에게 '합격증'을 받는다. 그런 후 실제 투쟁의 수요에 따라 그중 일부는 기술 작업에 참여할 수 있다. 하지만 여전히 일정 시간을 할애해 노동에 참여하여 계속 노동자와 농민 신분을 유지한다. 둘째, 학교교육은 반드시 생산노동과 결합한다. 셋째, 노동자 집단에서 기술 인력을 선발하는 것 외에도 다른 하급 계층에서도 사상이 투철한 이를 뽑고, 2, 3년 혹은 4, 5년 실제 노동 경험이 있는 고등학교 졸업생들을 뽑아 전문대에서 교육을 받도록 한다. 넷째, 공장의 현재 기술자의 수준을 높이고 조를 나누어 작업장 노동에 참가하도록 한다.

하지만 1984년 4월 14일 〈광명일보〉는 위의 사례가 억지로 꾸며낸 거짓이라고 폭로했다. 설령 사실이라고 해도 전혀 설득력이 없다는 것이 광명일보의 주장이었다. 왜냐하면 개별적인 모범사례에 지나지 않기 때문에 통계적 의의가 없어 그 필연성을 증명할 수 없기 때문이라는 것이었다. 하지만 '문화대혁명' 시기, 위의 사례는 교육에 있어 가장 대표적인 혁명 사조가 되었고 표어, 구호 등 외부 권력의 힘으로 그 무력함을 덮어버렸다.

④ '4인방'의 시대흐름 역행과 '차오양朝陽 농과대학'의 경험

1971년 '9·13' 린뱌오林彪 사건 이후, 저우언라이周恩來는 당의 '좌'에 치우침을 바로잡기 위해 노력했다. 비록 '두 가지 추측'을 공개적으로 비판하지는 않았지만 일련의 연설을 통해 교육문제에 대한 견해를 밝혔다. 예를 들면 광저우廣州의 부대에서 문예 공연을 감상할 때, 독창이나 독주를 한 사람의 이름을 밝히지 않는 것에 대하여 아직도 지나친 '극좌'적 경향이 사라지지 않았다고 비판했다. 1972년 7~9월까지 그는 '기초과학과 이론연구를 중시하자.' '이론연구와 과학실험을 결합시키자.'와 같은 의견을 제시했다. 또 리정다오李政道 박사를 접견하는 자리에서는 "사회과학이론과 자연과학이론을 공부하는 청소년 중 전망이 밝은 학생은 고등학교 졸업 후 2년의 노동을 면제하고 바로 대학에 들어가 일하며 공부할 수 있도록 해야 한다."고 주장했으며 외국의 장점을 배워야 한다고 말하기도 했다.

정치, 경제, 외교 등에서 상황이 호전되자 교육에도 '회복'의 기미가 보이기 시작했다. 1972년 제1기 「교육혁명통신」은 베이징대학 교육혁명 팀의 「문과는 사회를 공장으로 삼아 실천을 바탕으로 이론을 공부해야 한다」와 다롄大連 공과대학 기계 시범반의 「기초이론 과목을 강화해야 한다」라는 글을 발표하여 대학 문과, 이과 기초이론 교육에 대해

적극적인 의견을 제시했다. 〈광명일보〉와 〈인민일보〉도 역시 지린吉林 창춘長春시에서 교사가 교육혁명에 역할을 충분히 발휘한 사례와 허베이河北성 화이라이현懷來縣 사성沙城 중고등학교의 '강의실에서 강의하고, 책을 통해 지식을 습득하는 것을 위주로 한' 사례를 발표했다.

1972년 10월 6일, 〈광명일보〉는 저우페이위안周培源이 저우언라이의 이론 강화 지시를 받들기 위해 「종합대학 이과교육 혁명에 대한 의견」이라는 글을 발표했다. 이 글에서는 '이과의 내용과 이理와 공工의 관계' '이과의 육성 목표' 및 '이론과 실제의 결합 문제' 등을 다루었다. 글은 '이과는 국가건설의 요구에 부응하여야 한다. 하지만 이론과 실제의 결합을 단순히 현재 필요를 만족시키는 차원으로 이해해서는 안 된다.' '이과의 전문설비는 확과에 따라 분배되어야지 상품의 구분에 따라 분배되어서는 안 된다. 또한 목표가 없어서도 안 되지만 목표의 범위가 너무 좁아서도 안 된다. 다시 말해, 뚜렷한 목표를 가지고 있으면서도 적용이 가능한 것이어야 한다.'라고 주장했다. 이 밖에 종합대학의 이과에 대해서는 '이론적 연구 실시'와 '국민경제를 발전시켜 세계 선진 수준을 뛰어넘자.'라는 의견을 제시했다. 그의 글은 이처럼 주로 이과교육에 치중해 있었지만 영향력은 비단 이과뿐 아니라 교육 전반에 광범위하게 미쳤다. 그리고 그는 대학에 대해서만 언급했음에도 불구하고 그의 글은 교육계 전반에 영향을 가져왔다.

이러한 교육사상의 커다란 발전은 필연적으로 교육실천의 변혁을 가져왔고 사회전반으로까지 효과가 파급되었다. '4인방'은 이에 격분했고 장춘차오張春橋, 야오원위안姚文元은 바로 주배원의 글을 비판하고 나섰다. 〈문회보〉는「이렇게 문제를 제기하는 것이 타당한가?」(1972년 11월 8일),「마르크스주의 철학이 가장 기본이다」(1972년 11월 22일)「무엇이 기초이론인지 말하라」(1972년 11월 25일)와 같은 글을 연속으로 게재하여 기초이론을 제창하는 것은 '복위(폐위된 군주의 복위)적 사조'라며 비판했다. 이와 함께 일부 사례를 들어 선전 효과를 보려고 했다. 예를 들면 랴오닝遼寧성의 싱청興城현에서는 장테성張鐵生이라는 지식 청년이 대학교 입시 '문화 시험'에서 백지를 내고 뒷면에 '문화 시험'에 찬성하지 않는 편지를 썼다는 등의 사례가 있었다.

이러한 편지가 발표된 후 그들은 '반反조류의 영웅'으로 추앙받았다.(1973년 6월) '담화기록'은 상하이 사범대학 중문과의 한 학생이 '지식 제일주의 교육'으로 인한 스트레스를 기록한 글이다.(1973년 10월)

여기에는 한 초등학생과 담임교사의 마찰이 적혀 있었다. 이 기록이 발표된 후 싱줘邢卓, 왕원야오王文堯, 언야리恩壓力 3인은 비판의 글을 개제했다.(1973년 11월) 허난河南성 탕허唐河현의 마전푸馬振撫공사 중학교의 한 학생은 영어 시험지에 '나는 중국인이다. 따라서 외국 언어를 배울 필요가 없다. ABC를 하지 못해도 정부 후계자가 될 수 있으며 혁명을 이어받을 수 있다. 그리고 수정주의를 무찌를 수도 있다.'라고 적었다. 담임교사와 교장이 꾸지람을 한 후 학생은 강물에 뛰어들어 자살했다.(1974년 1월)

이와 같은 전형적인 예들이 교육, 더 나아가 사회 전반에 악영향을 미친다는 것이 이들의 생각이었다. 하지만 여전히 '차오양朝陽 농과대학의 경험'은 '문화대혁명'의 교육적 경험으로 활용되어 교육혁명의

'모범사례'처럼 받아들여졌다.

1973년 11월 28일 〈광명일보〉는 「빈농의 사랑을 한 몸에 받는 대학 ―랴오닝 농과대학 차오양朝陽 분원 교육혁명 조사」라는 글을 발표하여 '차오양 농대의 경험'을 소개하며 '사회주의 신 농민'을 육성할 것과 '농업생산의 필요에 맞게 학교 커리큘럼을 설계한다.' '며칠은 일하고 며칠은 공부하자.' 등의 학습방법을 제시했다. 1974년 차오양 농대는 교육혁명 경험 현장회를 개최하여 '17년과의 맞대결'이라는 구호를 제시했다.

1975년 초, 저우언라이의 병이 심해지자 덩샤오핑鄧小平이 중앙정부의 업무를 총괄하기 시작했다. 그는 문화교육의 정비에 대해 다음과 같은 일련의 의견을 발표했다. "지금처럼 교육에 있어 지식을 마치 쓸모없는 것으로 여겨서는 되겠는가?" "무조건 지식인을 욕하는 것이 마오 주석의 교육방침에 부합하는가?" "마오 주석은 단 한 번도 문화를 원하지 않는다고 말한 적이 없다." "노동자는 노동으로 혁명을 하는데 어째서 학교는 공부로 혁명을 할 수 없는가?" 당시 교육부 주장이었던 저우룽신周榮鑫 또한 저우언라이와 덩샤오핑의 정신에 입각하여 철도부 인사국 교육 간담회에서 「교육은 4개 현대화 요구에 적응해야 한다」라는 연설을 했는데 이때가 1975년 10월 20일이었다. 그리고 훗날 이 날의 연설은 〈교육연구〉 1979년 제1기에 게재되었다. 이 연설은 문화대혁명 시기 지나치게 '좌'에 치중한 것과 형형색색의 '전형적 사례'들에 대해 비판하면서 지식인의 적극성을 유도하고 과학과 문화지식을 배울 것을 요구했다.

이러한 상황에서 4인방이 '우파에 대한 반격'을 시작했다. 그들은 저 우언라이 총리 서거를 전후하여 '교육혁명 대변론'을 진행했으며, 모든 인민이 슬픔에 잠겨있을 때, 〈인민일보〉에 칭화대학의 교육혁명 사례를 소개하는 「대변론이 큰 변화를 가져오다」(1976년 1월 14일), 량샤오梁效의 「교육혁명과 무산계급 독재정치」(1976년 1월 15일), 중국 공산당 차오양 농대위원회의 「구舊세계를 비판하는 가운데 신세계를 건설한다」(1976년 2월 14일) 등의 글을 발표하여 교육 전선에 존재하고 있는 '우경'을 강력히 비판했다. 특히 차오양 농대 당위원회의 장편의 글은 문화대혁명 시기의 가장 기본적인 교육사상을 총결한 것이라고 볼 수 있다. 이 글의 주요 관점은 아래와 같다.

첫째, 구농대舊農大는 자산계급, 지식인의 전유무이었지만, 신농대新農大에서는 반드시 노동자계급의 지도자를 늘려야 한다.

둘째, 구농대는 도시에서 집중적으로 운영되었지만, 신농대는 농촌으로 분산되어 운영한다.

셋째, 구농대는 '지식과 재주를 모두 익혔으면 지도자의 위치로 나아가야 한다.'고 외쳤지만, 신농대는 '인민공사로부터 와서 인민공사로 돌아간다.'를 실행하며, 사회주의 의식을 갖고 있는 지식 있는 신농민을 길러낸다.

넷째, 구농대는 '지식 제일주의 교육'을 주장했지만, 신농대는 먼저 무산계급정치대학을 세운다.

다섯째, 구농대는 있는 힘을 다해 '정규화'를 표방하지만, 신농대는 일하면서 공부하는 교육 방식을 견지한다.

여섯째, 구농대는 교사, 책, 교실을 중심으로 하는 '3대 중심', 기초이론, 전문기초이론, 전문과목의 '구식 3단계'를 주장하고, 신농대는 과학과 생산으로 교육을 이끌어가는 교육, 과학, 생산이 결합한 '3대 결합'이라는 새로운 체제를 세운다.

일곱 번째, 구농대는 높은 상아탑으로 세상과 단절되었지만, 신농대는 3대 혁명운동과 매우 밀접한 관계를 맺어야 한다.

여덟 번째, 구농대는 소수가 교육의 특권을 향유하는 '작은 보석탑'이지만, 신농대는 운영할수록 커지고 운영할수록 아래를 향하여 많은 군중이 교육을 받을 수 있도록 한다.

아홉 번째, 구농대는 그저 학생들로 하여금 노예화 교육을 받게 하는 반면, 신농대는 노동자, 농민, 군사 학생들이 수업하고, 관리하고, 개혁하도록 하는 역할을 한다.

열 번째, 구농대 교사는 노동자, 농민과 동떨어지지만, 신농대는 교사가 노동자 및 농민과 하나가 되어 무산계급 교사단체을 세우기 위해 노력한다.

1976년 10월 '4인방'이 실각되면서 교육 사업은 새로운 발전단계에 들어섰고, 교육사상 역시 새로운 역사의 시대로 접어들게 되었다.

4. 재건기(1977~1990)

4인방 실각 후, 특히 중국 공산당 11기 삼중전회 이후, 중국교육 과학은 장족의 발전을 이루었다. 〈인민교육〉이 다시 출간되고 〈교육연구〉가 창간된 이후, 연이어 「중국 대학교육」, 「중국교육학간」, 「교육평론」, 「비교교육 연구」, 「외국교육 연구」 등 영향력 있는 간행물들이 쏟아져 나왔다. 저명한 외국 교육이론이 번역되어 소개되고, 교육이론 연구 및 실험을 진행하는 전문, 아마추어 그룹이 형성되었으며, 중국의 실제 상황과 교육이론을 접목하려는 시도가 진행되면서 교육사상이 크게 발전하는 계기를 맞았다. 이 시기는 크게 '어지러운 세상을 바로 잡은 회복기(1977~1978), 재건기(1979~1985), 새로운 발전기(1985~1990)'라는 세 단계로 나뉜다.

(1) 교육사상의 발란반정撥亂反正

'4인방'이 타도된 후 교육사상이 직면한 가장 큰 문제는 발란반정撥亂反正(어지러운 세상을 바로잡고 정도正道로 돌아가다)이었다. 무엇이 '正'일까? 마오쩌둥의 교육사상이 바로 '正'이었다. 그렇다면 무엇이 '亂'일까? 4인방의 마오쩌둥 교육사상에 대한 '곡해'가 바로 '亂'이다. 따라서 발란반정撥亂反正은 4인방이 마오쩌둥 몰래 꾸몄던 음모를 파헤치고 마오쩌둥의 사상에 대한 곡해를 제대로 밝히는 일이었다.

따라서 발란반정撥亂反正은 당시 교육사상의 '정상 궤도 회복'의 의미를 가지고 있었다. 이에 대해 처음 언급한 것은 1976년 11월 25일 〈인민일보〉에 게재된 「마오 주석의 교육 방침을 어찌 마음대로 고치고 곡해하는가—장춘차오張春橋를 비판하며」라는 글이었다. 이 글은 교육부 비판팀이 장춘차오의 '문화수준이 없는 노동자를 원할지언정 문화 수준이 높은 착취자 혹은 지식계층은 원하지 않는다.'는 관점을 비판한 것이었다. 이 글에서는 '마오 주석의 교육방침에 따르면 무산계급을 육성하는 목표는 투철한 사회주의 의식과 문화 소양을 갖춘 노동자를 육성하는 것이다. '사회주의적 깨달음이 있는' '문화 소양을 갖춘' 노동자는 따로 떨어져 있는 것이 아니라 함께 연결되어 있는 불가분의 관계이다. 그런데 장춘차오는 마치 두 부류의 인간이 있는 것처럼 말해 교육방침의 진의를 왜곡했다. 이것은 형의상학적 망언의 전형이다.'라고 주장했다. 교육부 비판팀은 1977년 5월 7일 다시 〈광명일보〉에 「마오 주석의 방침을 따라 계속 교육혁명을 진행하자.—4인방이 '5·7 지시'를 어긴 죄를 비판하며」라는 글을 게재했다. 이 글은 마오 주석의 '5·7 지시'의 중점사항에 대해 다른 해석을 내놓으며 '문화지식 학습에 대한 의미'를 더욱 강조했다.

마오 주석의 이 지시는 이론과 실천을 변증관계를 이용해 과학적으로 기술되었다. 이것은 교육의 3대 혁명과 밀접한 관계가 있다. 즉 투철한 사회주의 의식과 문화 소양을 갖춘 노동자를 육성하는 것이 바로 교육이 나아가야 할 유일한 길인 것이다. 마오쩌둥의 '학문을 위주로 하고 노동을 겸한다.'에서 '학문'은 마르크스주의, 마오쩌둥 사상과 더불어 시사와 문화, 과학 등의 지식을 배우는 것을 뜻한다.

발란반정撥亂反正과 관련된 글 중에는 〈광명일보〉 편집부가 베이징시 초·중고교 교육회의 토론에서 거론된 '6대 관계'에 대해 기록한 글도 있다. 이 글은 비교적 문제를 총체적으로 균형감 있게 잘 다루고 있어 발란반정撥亂反正을 한 단계 끌어올리는 역할을 했다. 이 '6대 관계'는 문화대혁명을 겪으면서 뒤죽박죽되었고 이는 교육계뿐만 아니라 사회 전반에 만연한 보편적인 문제이기도 했다.

첫째, 정치와 업무의 관계

둘째, 공산주의와 전문지식, 기술의 관계

셋째, 학문 위주와 학문·노동 병행의 관계

넷째, 교사와 학생의 관계

다섯째, 사상교육과 규율제도와의 관계

여섯째, 지식인의 단결과 교육, 개조의 관계

(2) 교육사상의 재건

1978년 5월 11일 〈광명일보〉는 특별사서를 통해 「실천은 진리를 검증하는 유일한 기준이다」라는 글을 발표하여 전국적으로 진리의 기준에 대한 토론을 불러일으켰다. 같은 해 12월 18일, 중국 공산당 제11차 삼중전회에서는 사상해방, 발란반정撥亂反正, 실사구시, 단결에 관한 방침들이 확정되었으며 앞으로의 정부 업무의 중점을 경제건설에 둘 것을 결정하였다. 이러한 배경 하에, 교육이론의 연구 역시 진정한 회복기를 맞았으며 자유롭게 사상을 개진할 수 있게 되어 교육사상 재건을 위한 조건이 마련되었다. 이 시기 중국교육사상의 주요 진전과 성과는 아래의 몇 가지로 나누어 볼 수 있다.

첫째, 실천은 교육사상을 검증하는 유일한 기준임을 확정하면서 교육이론연구가 정상적인 궤도에 올랐다. 〈교육연구〉는 1079년 창간호 제4기의 특별사설에서 「진리의 기준에 대한 문제로 교육이 또 한 번 큰 토론을 시작했다」라는 글을 발표했다. 이 글은 지난 30년 동안의 교육이론, 방침, 정책, 방법에 대해 반성하고 '문화대혁명 시기 이전으로 돌아가는 것'은 어떨지 견해를 제기했다. '모든 것을 부정하는 것은 졸렬한 형이상학적 사고이다. 하지만 모든 것을 부정하지 않는 대신 모든 것을 긍정하는 것 또한 아직 형이상학적 사고를 벗어나지 못한 것이다. 그들은 지난 17년을 가장 이상적인 시기였다고 보고 문화대혁명 시기 이전으로 돌아가자고 주장한다. 그렇다면 문화대혁명 이전으로 돌아가면 출구가 있는가?'

반년 후, 저우양周揚은 〈교육연구〉에 글을 게재하여 '자산계급을 멸하고 무산계급을 흥하게 하자.' '교육은 무산계급을 위해 존재한다.' 등 과거 정부 방침과 같던 교육 구호들에 대해 이의를 제기했다. 그는 글을 통해 이와 같은 구호 즉, 어록이 과학을 대신할 수 없다고 주장했다. 얼마 후, 〈문회보〉는 주샤오諸曉의 「개혁 지도교사의 말은 과학연구를 대신할 수 있는가?」와 허스리賀師禮의 「17년은 결코 완전하지 않았다. —실천이라는 기준으로 문화혁명 전의 교육을 살펴보다」라는 글을 발표하여 당시 교육에 존재하고 있던 이론적 오류를 더욱 직접적으로 지적했다.

주샤오는 자신의 글에서 모든 학과는 자신만의 독립적인 연구대상과 범위가 있으며, 모두 독특한 체계와 구조를 가지고 있다고 주장했다. 따라서 그는 혁명 지도교사의 말로 모든 학과의 문제를 일괄적으로 다루는 것은 불가능하다고 생각했다. 비록 혁명 지도교사의 논술이 당시 어느 정도 합리성을 가지고 있기는 했지만 시대가 변한만큼 그에 대한 보충, 수정, 변화와 발전이 불가피하다는 것이었다. 따라서 혁명 지도교사의 말을 기계적으로 무조건 따라서는 안 되며, 지도교사의 말이 과학연구를 대신할 수도 없다고 주장했다. 실사구시적인 태도와 발전된 과학적 태도로 혁명 지도교사의 논술을 바라봐야 한다는 것이 그의 생각이었다. 허스리는 문화혁명 전 교육사상이 무조건 구소련의 것을 모방하고 모성애 교육이나 카이로프의 교육사상을 투쟁화하며, 학생 개개인에 대한 맞춤식 교육이 부족했던 것에 대해 비판했다. 이처럼 이전에는 '금기'로 여겨졌던 문제들에 대한 비판이 나오면서 교육사상은 새로운 해방기를 맞았으며, 실사구시에 입각한 연구 분위기가 싹텄다. 이는 의심할 여지없이 교육의 진보를 가져왔다.

둘째, 교육의 사회적 속성과 기능에 대한 토론이 이루어져 '교육은 사회상층구조에 속한다.'라는 생각을 전환시켰다. 1978년 3월, 위광위안於光遠은 「학술연구」에 「인재육성 연구를 중시한다」라는 글을 발표하여 교육이 상층구조에 속한다는 관념에 도전장을 내밀었다. 이것은 1978년 이후 꽤 오랜 시간 동안 중국 사회에 광범위하게 토론된 주제이기도 하다. 토론을 통해 다섯 가지의 관점이 제기되었다.

첫 번째는 상층구조설로 그 주요 이유는 다음과 같다.

① 교육의 방침, 목적 등은 정치계급이 교육에서 얻을 수 있는 이익을 반영한다.

② 교육은 인재를 육성하고 정치를 위해 이용하는 사회이데올로기의 일종이다.

두 번째는 생산력生産力설이다. 그 이유는 다음과 같다.

① 교육의 발전수준은 생산력의 발전 수준에 의해 좌우된다.

② 교육은 사회 생산력을 형성하는 2대 요소(인간과 물질)로서 노동력을 제공한다.

③ 교육은 지식형태의 생산력이 직접적인 생산력으로 전환되는 루트이다.

세 번째 관점은 다중속성多重屬性설이다. 이유는 다음과 같다.

① 교육은 생산력 속성과 상층구조 속성을 모두 가지고 있다.

② 교육은 사회성, 계급성, 생산성, 예술성 및 과학성을 하나로 통일한 것이다.

네 번째는 실천實踐설로 주요 관점은 다음과 같다.

① 교육은 개체의 사회화를 촉진하는 과정이다.

② 사회가 인간과 함께 발전해야 함은 교육이 가지고 있는 기본적인 모순이다.

③ 교육은 인간 자신의 생산과정이기도 하다.

다섯 번째 관점은 특수범위설이다. 이 설은 제목 그대로 교육이 언어처럼 특수한 범위에 속한다고 생각하는 관점이다.

위의 토론은 10년 가까이 이어졌다. 비록 토론에서 여러 가지 관점이 나오기는 했지만 일치된 의견을 도출하지는 못했다. 하지만 이러한 토론의 이론적 의의는 교육이론계의 차원을 훨씬 뛰어넘었다. 왜냐하면 이것은 교육과 사회 생산력의 관계, 교육의 투자와 교육 노동의 생산 속성 등의 문제까지 다루어 교육이 사회경제 발전에서 차지하는 위치를 규명했기 때문이다. 이로 인해 '교육이 앞장서야 한다.'는 관점이 형성되었다.

셋째, 많은 외국 교육이론과 교육사상이 번역되어 소개되었으며 과거 외국의 교육학설을 무조건 부정하던 것에 대해 재검토하게 되었다. 이 시기 교육사상의 중요한 특징 중 하나는 오랫동안의 폐쇄 상태에서 탈피하여 다양한 시각을 가지게 되었다는 점이다.

이 시기 중국교육계가 외국교육 서적을 소개하는 수준이 최고조에 달해 출판물의 수량이 중국학자의 서적 출판물을 넘어설 정도였다. 이들 서적은 '바깥세계'를 소개하는 것에 그치지 않고, 더 나아가 중국의 교육사상에 커다란 영향을 미쳤다.

예를 들어, 초등학교 수학 교육자 추쉐화邱學華는 시범 교육사상을 제시하였는데, 이것은 브루너Jerome S·Bruner의 교육사상에 영향을 받은 것이었다. 이처럼 외국 교육가의 학설을 소개하는 동시에 외국 교육이론의 현황과 추세를 분석하는 연구도 활발하게 이루어졌다. 이러한 연구들을 통해 비교적 체계적으로 행동주의, 구성주의, 실용주의, 경험주의, 영원주의, 요소주의, 존재주의, 인본주의 및 서양 마르크스주의 교육이론에 대한 평가가 이루어졌다. 듀이의 실용주의 교육학과 카이로프의 교육학에 대해서도 재평가가 이루어졌다. 특히 듀이에 대한 연구는 계급사상의 차원에서 맹렬하게 비판하던 것에서 벗어나 처음으로 실사구시적인 학술연구가 이루어졌다.

이와 함께 교육학에서 파생된 여러 분야와 연구가 중국에 소개되었다. 교육사회학, 교육철학, 교육경제학, 교육공학, 교육법학, 교육통계학, 교육평가학, 비교교육학 등이 이 시기에 중국에 도입되었고 중국학자들은 일부 새로운 학과들을 받아들였다. 이로서 중국 특색의 학과체계가 마련되었다.

넷째, 전면적 발전과 전인교육에 대하여 더욱 총제척인 인식이 싹트며 과거 '3육'의 틀이 깨졌다. 류포녠劉佛年은 1980년 발표한 글에서 전인교육은 덕德, 지智, 체體, 미美, 노勞의 모든 요소를 포함하고 있으며 또한 각 분야에는 전면적 발전이라는 문제가 존재한다고 말했다. 그는 또한 전면적 발전과 교육개혁의 관계에 대해서는 교재개혁, 교수법의 개혁 및 교육 행정관리 수준의 제고가 전면적 발전을 추진하는 데 있어 무엇보다 근본적으로 보장해야 할 부분이라고 밝혔다.

1981년 초, 전국교육학 연구회는 제2회 연회를 개최하여 인간의 전면적 발전을 중요한 연구과제로 삼을 것을 천명했다. 어떤 이는 인간의 전면적 발전은 마르크스주의 중 인간에 관한 학설의 중요한 내용이며 마르크스주의의 인성론, 인도주의를 토대로 해야 한다는 새로운 의견을 제시했다. 또한 어떤 이는 인간의 전면적 발전은 이화異化(서로 비슷하거나 같은 사물이 점차적으로 달라지는 것)와 양기揚棄(사물이 신진대사를 하는 과정 중, 옛 사물 중의 긍정적인 요소를 발양하고 부정적인 요소를 버리는 것)이며 덕德, 지智, 체體, 미美가 자유롭게 발전하는 것이라고 여겼고 어떤 이는 이러한 관점을 반박하기도 했다. 그는 이화이론은 마르크스 초기 저서의 이론이지 인간의 전면적 발전설의 근거는 아니라고 주장했다. 그 후 전면적 발전 교육 문제에 대한 토론은 마르크스주의 저서 작가의 원작에 대한 변론과 설명이 주를 이루었다.

다섯째, 새로운 과학기술혁명이 교육에 가져오는 도전에 대해 심도 있는 토론이 진행되었으며 중국교육의 '3대 방향'이론이 제시되었다. 11기 삼중전회 이후 실시된 개혁 개방으로 인해 세계의 과학기술 혁명의 물결이 중국교육에 충격을 주었다. 덩샤오핑은 1983년 베이징 징산景山 학교 개관식에서 시대의 흐름을 적시에 파악하여 '교육은 현대화로 나아가야 하고, 세계로 나아가야 하며, 미래를 향해 나아가야 한다.'는 이른바 '3대 방향'을 제시했다. 이 일이 있기 전에 이미 위청저우虞承洲, 펑즈쥔馮之俊, 장녠춘張念椿의 「현대과학기술의 발전과 대학교육의 개혁」이라는 글이 이미 사회에 영향을 미치고 있는 상황이었다.

이 글은 다음과 같은 여섯 가지 기본 관점을 제시했다.

① '지식 폭발'의 시대에서 대학교육은 기본적인 지식을 전수하는 동시에 그 중점은 반드시 지능을 제고하는 방향이어야 한다.

② '지식의 구식화 주기'가 빨라지면서 대학교육은 기초교육을 강화하

는 동시에 커리큘럼을 부단히 향상시키고 '평생교육'을 중시해야 한다.

③ 학교는 고도로 분화되면서도 고도로 종합적인 방향으로 발전해야 한다. 이를 통해 '학과를 뛰어 넘는' 새로운 교육연구 팀을 형성하고 '팔방미인 교육'을 진행해야 한다.

④ 과학연구와 기업의 운영규모가 나날이 확대되는 상황에서 대학교육은 경영지식의 교육을 강화하는 동시에 경영 인재를 중점 육성해야 한다.

⑤ 과학연구시스템이 형성되고 완비되는 상황에서 대학교육은 과학연구를 더욱 중시하여 대학 교육의 질을 높이고 국가의 과학기술 제고에 이바지한다.

⑥ 과학발전이 예측하기 어려운 만큼 대학교육의 개혁은 더욱 예민한 자세로 새로운 과학 추세에 적응해야 한다.

톈푸田夫가 중앙정부와 국가기관 고급 간부들에게 보고한 「신기술혁명과 현대 교육의 문제」에서는 새로운 도전에 직면하여 현직자 교육과 평생교육 문제를 서술하고, 특히 지도 간부들을 대상으로 한 평생교육의 의의를 강조했다. 〈교육연구〉 등의 간행물들은 신기술혁명에서 신교육에 관한 토론, 능력 발전과 지식전수의 관계, 교육내용의 업그레이드, 인재 육성, 지식 외적 요소의 탐구 등에 대해 활발한 연구를 전개했다.

이 시기에 상당한 영향력을 미친 글로는 판이다潘益大의 「교육방침에 대한 탐구」, 후차오무胡喬木의「몇 가지 교육이론에 대한 허둥창何東昌과의 담화」, 왕퉁쉰王通訊과 레이전샤오雷禎孝의「인재 성공의 내재적요소」, 첸자쥐千家駒의「교육경비 증강을 현대 '4화'의 중요 전략으로삼자」, 두뎬쿤杜殿坤의「학생의 능력 제고에 대한 몇 가지 의견」, 옌궈차이燕國材의「지식 외적 요소의 육성을 중시해야 한다」, 리옌제李燕傑「당신은 조국의 미래에 관심을 가지고 있는가? 그렇다면 먼저 청소년에게 관심을 가져라」 등이 있다. 이들 글은 다각도에서 교육의 주요 문제를 토론한 것으로 당대 교육사항의 발전에 중요한 영향을 미쳤다.

이 외에도 〈교육연구〉가 여러 번에 걸쳐 게재한「교육사상을 더욱해방시켜 교육 연구가 제대로 이루어지도록 하자」라는 좌담회 요약문및 〈교육연구〉가 다른 신문들과 함께 발표한 교육 번영에 대한 논문은중국교육의 과학적 연구 방법 형성과 교육사상 구축에 중요한 역할을하였다. 중국교육사상의 과학과, 현지화 경향은 바로 이러한 시대적 배경에서 싹트게 된 것이다.

(3) 교육사상의 발전

1985년 5월 27일,「중국 공산당 중앙위원회의 교육개혁에 관한 결정」이 정식으로 발표되었다. 이「결정」은 중국교육 사업이 낙후되고 교육체제의 폐단으로 인해 사회주의 현대화 건설의 요구에 충분히 부응하지 못하고 있다고 판단했으며, 그러한 문제점은 주로 다음과 같은 세가지 부분에서 나타난다고 밝혔다. 첫째는 교육사업의 관리 권한의 구분에 있어 정부 관련 부서가 학교 특히, 대학을 지나치게 제약하고 있어 학교의 활력을 떨어뜨리고 있다. 둘째, 교육구조상 기초교육이 빈약하고 학교 수가 부족하며, 교육의 질이 높지 못하다. 자격을 갖춘 교사와 필요한 설비가 심각하게 부족하고 경제건설에 필요한 기술교육이 제대로 이루어지지 못하고 있으며 대학 내부적으로 학과의 비율이 불균형적이다. 셋째, 교육사상, 교육내용, 교육방법에 문제가 있다. 또한 '이러한 상황을 근본적으로 해결하려면 먼저 교육제도부터 시작하여 체계적으로 개혁을 진행해야 한다.'고 밝혔다. 이후 교육개혁이 교육사상의 주제가 되었다.

이 시기 교육사상의 발전은 주로 다음과 같은 몇 가지 부분에서 나타났다. 첫째, 교육개혁의 이론과 실제에 대해 전방위적인 연구가 진행되어 교육개혁이 심도 있게 진행되었다. 「결정」이 발표된 이후 〈교육연구〉 편집부는 당시 회의에 참여했던 대표들을 초대하여 교육개혁에 관한 다양한 의견을 제시했다. 그리고 장젠張健, 상즈尙志, 위안전궈의 글을 발표하여 교육제도의 개혁, 국민 소양의 향상, 중국 대학교육 개혁의 문제 및 가치관의 변화, 도덕 교육 개혁 등의 문제에 관해 토론의 글을 게재했다.

〈교육연구〉 1986년 제1기에 발표된 쑨시팅孫喜亭의 「교육에 대한 재인식」과 위안전궈, 주영신朱永新의 「교육 관념의 현대화를 논하다」는 교육혁명의 사상적 기초에 대해 토론하였으며, 특히 「교육 관념의 현대화를 논하다」는 교육개혁의 관건은 교육 관념의 변혁이라고 주장하며 '끊임없이 발전하고 변화하는 관념' '새로운 교육 가치관념' '다원화된 교육 관념' '민주화의 교육관념' '평생교육의 관념' 및 '현대화의 교육과학연구 관념'을 교육관념 현대화의 주요 내용으로 제시했다.

1987년 〈교육연구〉는 '교육개혁의 심화'라는 칼럼을 개설하고 구밍위안顧明遠, 장산예江山野, 우푸성吳福生, 왕펑셴王逢賢 등 십여 명의 글을 발표했다. 같은 해 「교육평론」도 팡잔화方展畫, 리젠강李建剛 등의 글을 게재하여 교육개혁의 이론 문제를 설명했다. 교육개혁의 이론연구는 개혁의 실천에 사상적 기초와 이론적 근거를 제공했다. 실천문제의 연구는 학교와 당의 분리, 교장 책임제, 교육·강의·커리큘럼의 개혁 등의 문제가 포함되었으며 특히 개별적 개혁, 전체로의 개혁, 실험적 개혁이라는 경향이 나타났다. 궁치좡鞏其莊의 「중국 교육개혁의 전체화 주체를 논하다」라는 글은 이러한 경향을 시기적절하게 평가하고 전망을 제시했다. 1986년 12월 중국교육학회가 상하이에서 개최한 보통교육(초·중고교육)전체 개혁 세미나에서는 전체개혁에 대한 각종 이론과 실천문제가 다루어졌다.

둘째, 전통교육과 현대교육의 관계에 대한 토론이 이루어져 교육의 현대화를 위한 이론적 기초가 마련되었다. 교육개혁과 관련된 문제들은 서로 연관되어 있다. 따라서 전통교육에 대한 평가 및 전통교육과 현대교육의 관계에 대한 연구가 선행되어야 한다. 1985년 7월 전국 교육학 연구회의 교육 기본이론 위원회에서 개최한 학술 토론회에서는 이 문제에 대해 중점적인 토론이 이루어졌다. 이 문제에 있어서 가장 골치 아픈 부분은 개념적 언어학에 대한 의견의 불일치이다. 주로 다음 세 가지 관점으로 나눠진다.

① 전통교육은 종종 외부적 목적을 코메니우스Johann Amos Comenius에서 헤르바르트Herbart에 이르기까지 형성된 교육사상·제도로 듀이의 '진보교육'과 대응된다.

② 전통교육은 오랜 시간 동안 역대 교육자들의 교육사상과 주장에 의해 형성된 교육 관념과 교육 경험이다.

③ 전통교육은 살아있는 교육이다. 이것은 현대뿐 아니라 미래의 교육에도 영향을 미치며 미래의 현대화 교육과 상대적인 개념의 교육이다.

이와 같은 관념에 대한 토론 외에도, 전통교육의 평가에 대해서도 활발한 토론이 이루어졌다. 대부분의 경우 전통교육에 대해 실사구시 적으로 연구를 진행해야 하며 무조건 부정할 수 없다고 생각했다. 전통교육에도 우수한 것들이 있으며 현대교육에도 접목할 것들이 충분하지만 어떤 것은 낙후되어 있어 오히려 현대 교육에 장애가 된다고 생각했다. 교육개혁은 전통교육을 완전히 버리는 것이 아니라 좋은 것은 취하고 나쁜 것은 버리는 과정이다. 하지만 구체적인 연구 과정에는 이러한 관념에 추상적으로 동조하는 모습이나 구체적으로 부정하는 의견들도 많았다.

예를 들면 구밍위안은 「교육의 전통과 개혁을 논하다」라는 글에서 전통교육과 그 교육사상의 실질은 '봉건사회 자연경제의 영향 하에 형성된 봉건성'을 내포하고 있으며 비교적 협소한 교육 가치관, 구태의연한 인재관, 실질과 기술에 대한 경시 등으로 나타난다고 보았다. 진나

이정靳乃錚, 푸웨이리傅維利도 글을 통해 전통교육의 부정적인 영향을 분석했다. 혁명을 강조하던 시기에 이러한 글들은 실천에 있어 긍정적인 의의가 있었으나 어느 정도는 전통교육의 우수한 유산을 지나치게 간과한 면도 없지 않다.

셋째, '교육사상을 바로잡고 인재육성의 목표를 명확히 하자.'는 문제에 대한 토론을 진행하여 단순히 진학률만 추구하는 현상의 근원을 밝히고 중등교육의 구조 조정을 위한 이론적 기초를 마련했다. 1986년 4월 〈교육연구〉는 1년에 거쳐 대토론회를 개최했다. 이 토론회의 주제는 '교육사상을 바로잡고 인재육성의 목표를 명확히 하자'였다. 하지만 토론의 실질 문제는 현실 교육이 단편적으로 진학률만을 중시하는 현상이었다. 1978년 대학 신입생 모집 제도가 개혁되면서 전국적으로 입시를 통일하고 모집생의 질을 보장하게 되었다. '보다 일찍, 더 빨리 좋은 인재를 배출한다.'라는 목표를 위해서는 좋은 일이었다. 하지만 이와 함께 지나치게 진학률만을 추구하는 폐단이 생겨 사회적인 문제가 되었다. 이러한 폐단을 바로잡기 위해 사람들은 여러 가지 방법을 생각했으며 토론회에서는 주로 다음과 같은 것들에 대한 논의가 이루어졌다.

① 이번 토론회의 의의는 무엇인가?

② 교육사상 중 바로 잡히지 않은 부분은 무엇인가?

③ 바로 잡히지 않은 문제들의 발생 원인은 무엇인가?

④ 더 심도 있게 토론해야 할 문제들은 무엇인가?

⑤ 어떻게 심도 있는 토론을 진행할 것인가?

50여 편의 논문을 통한 토론을 통해 여러 사람의 의견이 모아지면서 다음과 같은 공감대가 형성되었다.

교육사상을 바로 잡지 못한 것은 바로 단편적으로 진학률만 추구하는 근본적인 원인이 되었다. 이 원인은 교육 종사자들뿐 아니라 사회 전반에 존재한다. 또한 교육제도, 정책에서도 원인을 찾아볼 수 있다. 예를 들어, 중등 직업기술 교육이 발달하지 못하고 일반 중등교육을 마친 수많은 졸업생들이 마치 '천만 군의 병사가 좁을 외나무다리를 건너는' 것처럼 경쟁을 해야 하는 것, 교육평가 시스템이 아직 형성되어 있지 않으며 아직 이에 상응하는 조치나 정책이 없다는 점 등의 문제로 인해 진학률이 교육의 질을 평가하는 유일한 기준이 되었다. 따라서 단편적으로 진학률만을 강조하는 상황을 개선하기 위해서는 중등 직업기술 교육을 강화하여 진학에 대한 부담을 줄이고 노동 제도를 개혁해 중등 직업기술교육을 받은 졸업생들에게 취업의 기회를 제공해야 한다. 또한 보다 완비된 교육평가 시스템과 제도를 마련하고 이에 상응하는 교육정책을 수립해야 한다.

이 토론회는 또한 이론문제에 대해서도 심도 있는 논의를 하였다. 교육이론계의 유명한 학자와 특급 교사들이 토론에 참여하여 자신의 의견을 제시했다. 하지만 실제 정책과 조치에 대한 연구에 대해서는 그다지 심도 있는 토의가 이루어지지 않아 실제 운영에 많은 문제점을 낳았다.

넷째, 사회주의 교육과 사회주의 상품생산의 관계에 대한 토론이 이루어졌다. 이로 인해 교육과 경제의 관계에 대한 인식과 교육 투자를 통해 경제적 이익을 높이고자 하는 움직임이 생겼다. 80년대 후반, 상업화의 물결이 학교에도 영향을 미치기 시작했다. 학교 벽이 허물어지면서 학교에 상점이 들어섰고, 지식과 기술은 유상으로 전수되었으며, 교사들은 제2의 직업을 가지게 되었고, 학생들은 학업을 포기하고 장사를 했다. 사상과 도덕에 있어 공리와 이상, 개인과 집단, 물질과 정신, 현실 존중과 이상 추구 등이 첨예하게 대립했다. 이처럼 상품경제의 발전은 교육에 큰 충격을 안겨주었다. 〈교육연구〉와 「화동 사범대학 학보」(교육과학판)는 이러한 현상에 대해 칼럼을 게재했는데, 논쟁의 중점은 '상업화를 이루어야 하는가? 상업화를 이룰 수 있는가?'의 문제였다. 어떤 이들은 교육의 상업화는 불가피하다고 주장했다. 그들의 주요 관점은 다음과 같다.

① 마르크스는 「자본론」 등 저서에서 일찍이 교사의 노동은 서비스 소비품이며, 이것은 특수한 효과, 즉 '훈련'이라는 노동능력을 포함하고 있다고 말했다. 노동자가 교사의 서비스를 구매하는 비용은 기타 생활비용과 완전히 같다.

② 교사의 노동은 사용가치가 있다. 이러한 사용가치는 사회의 부를 구성하는 물질 중 하나이다.

③ 교사 노동의 상품화는 경제구조를 조정하고 국민경제의 균형발전에 유익하다.

④ 교사의 노동 가치는 교사가 소모하는 노동을 서비스 소비품으로 농축한 것이다. 따라서 '교육은 사회 생산력과 상품경제의 발전을 위해 공헌하며 그에 따른 상품화가 이루어져야 한다. 교육 관념, 임무,

내용, 루트, 방법에서 모두 개혁이 필요하다.'라고 말했다.

하지만 다른 의견을 가진 이들은 교육은 상품화가 되어서는 안 된다고 역설했다. 그들의 주요 관점은 다음과 같다.

① 마르크스의 생산노동에 관한 이론에 따르면, 물리적 제품을 생산하고 잉여 가치를 창조하는 노동만이 비로소 생산노동이라고 할 수 있다. 하지만 교사의 노동은 물리적 제품을 생산하지 않으며 직접적으로 잉여 가치를 창출하지도 않는다. 따라서 교사의 노동은 생산노동이 아니며 그 결과 또한 상품이 될 수 없다.
② 사회주의 사회의 노동력은 상품이 아니다. 따라서 교사의 노동으로 생겨난 노동력은 상품이 될 수 없다.
③ 교사의 노동을 국민경제의 구성 요소로 보게 되면 경제 통계에 혼란을 야기할 수 있다.
④ 교육은 물질문명의 건설을 위해서 뿐만 아니라 정신문명의 건설을 위해 존재하기도 한다. 따라서 상품화될 수 없다.

상품생산과 관련된 문제는 교육을 상품경제의 경쟁 메커니즘에 끌어들이는가의 문제이기도 하다. 경쟁 메커니즘을 학교에 도입해야 한다는 의견의 주요 관점은 다음과 같다.
① 교육 경쟁은 생산의 사회화, 전문화 발전을 위해 필요하며 사회주의의 교육은 본질적으로 경쟁적 요소를 가지고 있다.

② 교육 자체만의 특수성 중 이미 경쟁이 내포되어 있다. 예를 들면 우
수 인재의 선발, 성적의 서열화 등은 동서고금을 막론하고 널리 사
용되어 왔다.

③ 경쟁 메커니즘을 교육에 도입하는 것은 실제적으로는 교육개혁에
박차를 가하는 조치가 될 것이다.

이에 비해 경쟁 메커니즘의 도입을 반대하는 의견의 주요 관점은 다
음과 같다.

① 상품경제와 사회주의 교육 간에는 질적 차이가 존재한다. 교육은 피
교육자에게 '적자생존'의 법칙을 적용해서는 안 되며, 반드시 모든
청소년이 발전할 수 있도록 도와야 한다.

② 상품생산은 일반적으로 한 번으로 끝난다. 경쟁의 효과는 단기적으
로는 효과를 볼 수 있다. 하지만 교육의 질이 높아지기 위해서는 무
엇보다 교사와 학생의 장기적인 노력이 필요하다. 교육은 경쟁을 도
입했다고 해서 질적인 제고를 이룰 수는 없다.

③ 경쟁은 일종의 메커니즘으로써 상품경제에서 다른 요소들과 융합되
어 효력을 발휘한다. 하지만 교육은 자체만의 성질과 특징이 존재한
다. 자신만의 구조를 형성하고 있는 것이다. 만약 이 점을 간과한다
면 교육의 성질을 변화시킬 수 있다.

또 어떤 이는 경쟁을 일정한 범위로 제한해야 한다고 주장한다. 예를
들어 학생 간 혹은 교사 간의 경쟁은 제한하되 교육행정 관리부서, 대

학교육 기관 간의 경쟁만을 허락해야 한다는 것 등이다.

이 시기 교육사상의 발전은 전 방위적으로 전개되었으며 상술한 것 외에도 많은 문제들이 교육계의 관심을 받았다. 그중 하나는 교육위기에 대한 이론적 토론이었다. 1988년 초부터 시작된 '학교 안에 상점 개업' '새로운 학습의 무용론'과 교육경비의 부족, 교사에 대한 열악한 대우 등의 문제들이 언론매체를 통해 보도되어 사회의 광범위한 관심을 받았으며 교육계도 이때부터 교육위기에 대해 토론을 통해 해결책을 찾고자 노력했다. 이와 관련한 대표적인 글로는 루제魯潔의「모든 중국인이 걱정해야 할 교육위기」, 판이다의「신성한 학교로부터의 호소」, 양궈순楊國順의「위기는 진행되고 있다.—초·중고교 일선에서 작성된 보고서」, 진스보金世柏의「교육위기설에 관한 생각」, 양즈위楊識愚의「교육위기와 위기의식」, 첸자쥐의「교육위기에 대해 위기감과 절박감을 느껴야 한다」, 푸쏭타오傅松濤의「오늘날 교육위기의 근원에 대한 나의 생각」 등이 있다. 광서인민출판사는 1990년 6월 주영신의『어려움과 초월—당대 중국교육 평가』를 출판하여 '인간'이라는 심층적 시각에서 당대 중국교육 위기의 원인과 특징을 분석하며 위기 극복의 여부를 결정하는 것들에 대해 다음과 같이 나누었다.

① 여론—교육을 이해하고 관심을 가지며 지지하는 사회적 분위기를 형성한다.

② 경비—교육투자의 증가와 교육비용의 합리적 사용을 가능하게 한다.

③ 입법—완전한 교육법 체제를 구축하고 교육을 위한 바람직한 법치

환경을 조성한다.

④ 과학연구—교육연구의 정책결정, 해석, 비판기능을 발휘하고 다른 분야에까지 긍정적 영향력을 끼쳐 교육의 과학화를 앞당긴다.

두 번째는 교육과 인간의 관계에 대한 관심, 교육사상의 주체의식이 높아졌다는 점이다. 〈중국 사회과학〉편집부와 〈교육연구〉편집부, 전국 교육자 연구회의 교육기본이론 전문 위원회, 화중華中사범대학은 '교육과 인간'이라는 세미나를 공동개최하여 다음 문제들에 대해 토론했다.

① '교육과 인간'의 의의에 관한 문제이다. 이 문제는 오랫동안 교육연구에서 간과되었다. 하지만 사람을 육성하는 것이 교육의 본질인 만큼 반드시 중시되어야 한다.

② 교육의 출발점 문제이다. 어떤 이는 교육의 출발점은 사람이어야 한다고 주장한다. 근본적으로 교육은 사람이 사회의 주체가 되도록 해야지 수동적 객체가 되도록 해서는 안 된다는 것이다. 하지만 어떤 이는 교육의 출발점을 무조건 사람으로 보아서는 안 된다고 주장했다. 왜냐하면 교육이 사회적 체계에 의해 이루어지는 만큼 사회만이 교육의 출발점이라는 것이다.

③ 교육 가치의 방향성에 관한 문제다. 어떤 이는 사람의 가치가 교육의 근본적인 가치라고 주장했으며, 어떤 이는 교육의 가치는 도구적 가치여야 한다고 말했다. 또 어떤 이는 두 개가 통일된 가치라고 말했다.

④ 학생의 주체성 문제이다. 학생의 개성과 주체성을 중시해야 하며, 교육의 민주화, 인도주의를 실행하고, 교육에 있어 학생의 주체적 지위를 확립해야 한다고 보았다.

⑤ 사회화와 개성화에 관한 문제이다. 어떤 이는 사회화와 개성화는 동일한 과정의 두 가지 측면이라고 생각했으며, 어떤 이는 교육은 반드시 개성화를 중시하여 학생이 자신의 흥미와 특기, 자주성과 창조력을 발휘하도록 해야 한다고 주장했다.

같은 시기 〈해방일보〉는 상하이 사범대학 옌궈차이燕國材 교수의 글을 게재했다. 이 글은 '교육은 반드시 인간의 가치를 발견하고, 인간의 잠재력을 발휘하도록 하며, 인간의 개성을 발전시켜야 한다.'라고 주장했다. '6·4'사건으로 인해 이와 같은 토론은 잠시 소강상태에 접어들었으나 1990년 다시 열띤 토론이 시작되어 〈교육연구〉에만 십여 편의 논문이 게재되어 서양의 인본주의, 현대 인본주의, 마르크스의 인간 학설, 토론교육, 사회와 인간의 관계, 인간의 주객 통일 등에 관한 논의가 이루어졌다.

이 외에도 사회주의 초급단계 교육에 관한 연구, 중국특생의 사회주의 교육 과학 체계에 관한 연구, 교육 발전전략에 관한 연구 등이 진행되어 이론적으로 큰 성과를 거두었다. 이러한 성과들로 인해 이 시기 교육사상은 더욱 풍부하고 다양해졌으며, 보다 과학화, 현지화되어 중화교육사상이 발전하는 데 중요한 노선으로 자리 잡았다.

5. 발전기(1991~)

　사회가 전환하는 과정에서 교육과 문화에도 많은 변화가 생겼다. 세계 정치가 다변화되고 경제의 통합과 글로벌화가 진행되는 과정에서 중국의 사회주의 시장경제체제 역시 끊임없이 발전해갔다. 냉정한 자세로 중국의 교육이론과 실천을 돌아보게 되면서 교육사상의 관념 중 이론적 전제, 개념의 용어, 명제의 범위와 합리성에 대한 회의와 반성이 제기되었다. 이러한 사회적 상황 속에서 각종 교육사상과 이론이 실천 문제에 직면하게 되었고, 비판과 검증을 피해갈 수 없게 되었다. 1990년대 이래, 중국의 교육개혁과 발전은 괄목할만한 성과를 거두었으며 풍부한 경험을 축적했다. 이와 더불어 시대적 흐름에도 부합하고 중국 특색을 지닌 사회주의 교육사조가 형성되었다. 이러한 발전은 주로 다음과 같은 다섯 가지 부분에서 나타났다.

① 인성교육사상의 형성과 발전

② 주체성 교육사상의 다양화와 발전

③ 창의교육사상의 제시와 발전

④ 교육평등사상의 성숙과 발전

⑤ 평생교육사상의 실천과 발전

(1) 인성교육사상의 형성과 발전

　1980년대, 세계 정치경제의 발전에 적응하고 중국의 개혁개방 요구에 부흥하기 위해 '입시 위주 교육'과 상반된 개념, 전통적 교육과 다른 개혁실천 활동의 일환으로 80년대 중·후반부터 인성교육이 부상하기 시작했다. 1998년 「상하이교육」(중, 고교 판)은 제11기에서 「인성교육은 중학교 교육의 새로운 목표」라는 제목으로 평론을 발표하였다. 이후 교육계는 인성교육을 중심으로 토론이 펼쳐졌으며, 이것은 현실의 교육개혁에 상당한 영향을 끼쳤다. 1990년대 중반에 이르자 인성교육은 교육계 특히, 기초교육 분야에서 크게 유행했다.

  1993년 2월 중국 공산당 중앙위원회, 국무원에서 발표한 「중국교육개혁과 발전개요」는 '기초교육은 국민의 소양을 향상시키는 기초공정이다.'라며 '초·중고교는 입시 위주의 교육에서 벗어나 국민의 소양을 높이는 교육을 실시해야 한다. 모든 학생들을 대상으로 해야 하며 학생들의 도덕관념, 문화적 소양, 기술력과 심신 소양을 높이고, 학생 활동이 활발하게 이루어지도록 하여 각자 개성과 특성을 살릴 수 있도록 해야 한다.'라고 밝혔다. 비록 개요에는 '인성교육'이라는 개념이 명확히 언급되지는 않았지만 학생들의 소양과 자질을 높이는 것이 교육의 핵심 내용이자 목표임을 분명히 했다. 얼마 후, 1994년 6월 중국 공산당 중앙 위원회에서 개최한 제2차 전국 교육공작회의에서 리란칭李嵐淸 부총리는 연설에서 "기초교육은 반드시 입시위주의 교육에서 인성교육으로 바뀌어야 한다. 교육방침을 전면적으로 시행하고 교육의 질을 전면적으로 제고해야 한다."라고 지적했다. 이때부터 인성교육이 중국교육개혁과 발전의 주제가 되었다. 전국의 인성교육 경험과 성과를 소개하고 정리하기 위해 1996년 2월 국가교육위원회는 후난湖南성 포뤄泊羅

에서 전국 인성교육현장회의를 실시하였다. 회의 후, 전국에 일차적으로 인성교육 실험구역 10개가 설치되었고, 각 성과 시 또한 성급 인성교육실험구역을 잇달아 설치했다. 1996년 창사長沙에서 열린 중국교육학회 제10차 전국학술토론회에서 전국 150여 명의 교육이론 관계자와 실무 관계자들은 인성교육의 이론과 실천 문제를 주제로 세미나를 진행했다. 회의참가자들은 실제로 포뤄시의 인성교육을 현장 시찰했다. 그들은 인성교육의 실질은 교육방침을 전면적으로 실천하고, 교육의 질을 전면적으로 높이는 것이라고 생각했다. 구체적으로 말하면, 모든 종류의 교육이 고루 이루어지며, 모든 학교가 고루 발전하고, 모든 학생이 대상이 되며, 학생의 모든 소질을 발전시킬 수 있는 교육을 의미했다. 일부 참가자들은 '성공교육' '재미있는 교육' '자주교육' '조화교육' 등 인성교육의 실천 모델에 대해 토론했다. 참가자들은 교육실천 모델을 다듬으면 더욱 다양하고 발전된 인성교육을 실현할 수 있을 것이라고 생각했다. 1997년 9월 국가교육위원회는 산둥山東성 옌타이煙台 시에서 전국 초·중고교 인성교육 경험교류회의를 열었고, 10월 29일 「초·중고교 인성교육의 적극적 추진에 관한 몇 가지 의견」를 공포했다. 이 문서는 인성교육의 의미와 특징 및 인성교육을 실시하는 의의를 체계적으로 서술했으며, 열악한 학교환경, 커리큘럼 시스템, 감독 시스템, 시험 및 평가 시스템, 진학고사 제도의 개혁, 도덕교육의 개혁, 교장 및 교사 확보와 관련해서도 인성교육의 정책을 실시해야 한다고 주장했다.

공산당 15차 전국대표대회에서 확정된 목표와 임무를 실천하고, '과학교육으로 나라를 일으킨다.'는 전략을 실현하며, 교육개혁을 전면적으로 추진하고, 중국 전민족의 소양과 창의력을 제고하기 위해서 교육부는 1998년 12월 「21세기 교육 진흥 행동 계획」을 제정했고 1999년 1월 13일 국무원의 정식적인 비준을 얻어 실시하게 되었다. 이 「계획」은 '세기를 뛰어 넘은 인성교육'을 실시할 것과, 처음에는 시범 지역 위주에서 점차 전국으로 확대되는 인성교육 모델을 제기했다. 또한 커리큘럼, 교재 개혁, 새로운 평가제도 추진, 가독관리 제도 개선 및 수준 높은 교사 양성을 통해 인성교육 개혁을 전면적으로 추진해야 한다고 밝혔다. 1999년 6월, 중국 공산당 중앙위원회와 국무원은 베이징에서 제3차 전국교육회의를 열어 「교육개혁을 심화하고 인성교육을 전면적으로 추진하기 위한 결정」을 통과시킴으로써 인성교육의 지도사상과 기본정책을 명확히 규정했다.

기초교육의 커리큘럼 개혁과 교사의 전문화가 인성교육을 추진하는 데 있어 가장 관건이 되는 요소임은 두말할 필요도 없을 것이다. 그중 교사 교육시스템 보강, 인사제도 개혁, 초·중고교 교사 확보는 인성교육을 추진하는 데 특히 중요한 요소이다. 커리큘럼 개혁과 교사 전문화가 이루어지면서 '과학교육으로 나라를 일으킨다.' '과학연구로 학교를 일으킨다.'라는 의식이 실천에 옮겨지기 시작했다. 교육연구가 초·중고교로 확대되면서 교사는 '연구가'의 입장에서 여러 가지 교육을 실험해 볼 수 있었다. 이로써 전국 각지에서 다양한 교육 실험이 전개되었다. 2001년 6월 「국무원의 기초교육개혁과 발전에 관한 결정」을 이행하기 위하여 교육부는 「기초교육과정 개혁 개요(시범)」를 공포하였고, 7월 전국 기초교육과정 개혁실험 공작회의가 열린 후에는 커리큘럼에 관한 실험이 전국 각지에서 전개되었다.

(2) 주체성 교육사상의 다양화와 발전

인성교육은 주체성 교육사상의 발전도 함께 가져왔다. 아동의 흥미와 생활에 대한 관심에서 시작해 아동의 주체의식을 확립하는 것은 주체성 교육사상의 논리이자 교육의 실천과 발전의 필연적 결과이다. 주체성 교육사상의 기원은 고대 중국의 사상가 공자의 '계발술啟發術'과 고대 그리스의 철학자인 소크라테스의 '산파술'에서 찾을 수 있다. 공자는 「논어·술어편術語」에서 '분발하지 않으면 계발할 수 있는 시기를 열어주지 아니하며, 말로 표현하고는 싶으나 그러지 못하는 수준에 이른 것이 아니면 깨우쳐 주지 않는다. 한 모퉁이를 들어 가르치는데 나머지 세 모퉁이를 스스로 깨닫지 아니하면 다시 일러 주지 아니한다.' 라고 했다. 그는 학생의 적극성과 자발적으로 탐색하고 사고하는 것을 매우 강조했다. 「학기學記」 중에는 '군자의 가르침은 바른 길로 인도하되, 무리하게 끌려 하지 않고, 그 뜻을 진작시켜 이것을 억제하지 않으며, 그 깨닫는 길을 열어 주되 통달하기를 구하지 않는다.'라고 했는데 이 또한 같은 이치이다. 송나라의 주희는 더 명확하게 이 주장을 견지하였다. 「주자어류朱子語類」에서 "공부는 스스로 하는 것이고, 공부를 위한 것은 스스로를 위한 것이니 다른 사람과는 조금도 상관이 없다. 그러므로 다른 사람이 도움을 주더라도 자신에게는 도움이 되지 않는다.”라고 말했다. 그가 이 글을 통해, 학습은 자발적인 과정이고 학습의 성공은 학생 본인의 주체적인 노력에 달려 있다고 생각했음을 알 수 있다. 이처럼 고대의 저술에서도 간간이 주체성 교육사상을 엿볼 수 있다.

‘비주체성 교육(주로 전통적인 전제적 교육으로 나타남)’ 현상에 대해 중국교육 이론계는 1980년대부터 대대적인 토론을 전개했다. 1981년 구밍위안은 「학생은 교육의 객체일 뿐만이 아니라 교육의 주체이기도 하다」라는 글을 발표했으며, 1982년 투옌궈塗艶國와 황지黃濟가 공동으로 편집한 중등사범교재『교육학』중 학생의 주체성에 관한 특별 토론이 학계의 관심을 받았다. 그리고 곧 이어 사제관계가 주체성 교육의 발전에 미치는 영향에 대한 토론이 전개되었다. ‘학생은 교육의 주체’라는 의식이 보편화되면서 교육이 인간의 발전에 미치는 영향에 대한 연구가 더욱 심도 있게 진행되어 90년대 초에는 교육의 주체성, 주체성 교육사상, 주체교육철학 확립 등의 관점이 제시되었다.

주체성 교육사상은 피교육자가 교육에서 주체적인 지위를 가지며, 능동적이고 독립적인 개체라는 점을 강조한다. 하지만 주목해야 할 것은 최근 몇 년 동안 주체성 교육과 관련된 개혁이 전국 각지에서 실행되었는데 대부분은 단편적으로 피교육자의 주체성만 강조하고 교사의 가르침, 학생의 학습, 교육 관리부서의 관리 등 다른 요소에 대해서는 소홀히 한 측면이 있었다는 것이다. 사실 교육에 참여하는 사람들은 모두 자신의 분야에서 각자의 주체성을 발휘하고 있다. 따라서 그들의 주체성도 안건에 포함되어야 한다. 이 밖에, 학생이 처한 가정환경, 가정

환경, 발전단계가 모두 다르기 때문에 주체성의 성숙도와 표현방식에도 차이가 있을 수밖에 없다. 따라서 주체성 함양의 방법과 접근 방식에도 차이가 있어야 한다. 이러한 의미에서 이 사상을 다시 한 번 돌아보고 분석하는 것은 마르크스주의 주체교육 철학이론체제를 구축하고 교육개혁을 실천하는 데 중요한 의의가 있다.

마르크스주의 철학에서는, '주체'는 세계를 인식하고 세계를 개조하는 능력이 있는 사람으로, '객체'는 주체에 의하여 인식되고 지배되는 객관적인 물질 대상으로 보고 있다. 인간의 주체성은 사람이 객체와 상호작용하는 과정에서 발전되는 본질적 속성이다. 또한 인간의 주체성은 인간과 자연, 사회, 자아와의 관계에서 가지는 주체적인 지위와 역할을 의미하는 철학적 개념이기도 하다. 따라서 추체성은 속성의 개념이기도 하지만 더 정확하게는 관계의 개념이라고 할 수 있다. 오직 관계 속에서만 의미가 있으며 속성의 관념도 존재할 수 있다. 간단히 말하면, 교육의 주체성은 교육자의 주체성, 교육 관리자의 주체성, 피교육자의 주체성으로 나타난다. 주체성 교육이란 피교육자의 주체성 제고를 목표로, 피교육자를 적합한 사회 실천 주체로 육성하는 교육을 일컫는다.

학생은 교육의 대상이며 교육활동에서 능동적인 주체이기도 하다. 인성교육을 심화하는 과정에서 '학생이 전체 교육과 학습 과정에서 가지는 역할과 지위를 어떻게 인식하는가.'의 문제, 주체성 교육사상을 이용해 사제관계를 적절히 해결하는 것과 전체 인성교육에서 주체성 사상을 실현해 가는 것은 교육 관계자들이 반드시 관심을 가지고 다루어야 할 핵심 문제이다. 이 중 교사의 주체성은 의식을 가지고 교육을 계획하고 진행하는 것으로 나타난다. 교사는 학생을 잘 이해해야 하며, 세심하게 교수법을 계획하여 철저히 준비된 교육환경을 제공해야 한다. 교육과정에서 학생의 주체성은 교사의 지도 하에서 의식과 목적을 가지고 지식을 획득하고 각종 능력을 기르며, 인격을 수양하는 것으로 나타난다. 이러한 것은 자발적 학습, 자발적 발전, 자아완성의 과정이며 계속해서 스스로를 개선하고 심신을 단련하는 과정이기도 하다. '명령-복종'의 전통적 사제관계와 달리 주체성 교육의 첫 번째 핵심은 '민주-평등'의 사제관계이다. 스승과 제자의 상호작용을 강조하고 학생의 능동성과 자발성, 창의성을 중시하며 끊임없이 학생의 내재적 요구를 자극한다. 이를 통해 학생이 스스로 의견을 말하고 함께 토론할 수 있는 분위기를 조성한다. 주체성 교육은 학생들의 질의토론을 독려하고 선생님에게 자유롭게 의견을 제시하는 습관을 기르도록 장려한다. 평등하고 자유로운 교류를 통해 학생이 자발적으로 참여하고, 교사와 사상과 감정에서 공감대를 형성한다. 또한 관대하고 조화로운 분위기에서 교사와 학생이 함께 성장한다. 주체성 교육사상의 영향을 받아 최근 그룹 스터디, 협력 스터디, 연구 스터디 등이 확산되고 있음을 볼 수 있다.

주체성 교육은 심오한 철학이론에 바탕을 두고 있으면서도 현대적인 색채가 짙다. 산업문명, 포스트 산업문명이 발전하면서 주체와 주체성 문제가 철학과 사회과학 이론의 관심사가 되었다. 실질적으로 보면 이것은 한 인간의 문제인 동시에 사회적으로 부각된 교육문제이기도 하다. 인류 사회가 발전하면서 주체성 교육사상도 점차 빛을 발하고 있

다. 주체성 교육이론도 주체성 교육이 실천되는 과정에서 더욱 심화될
것이다.

(3) 창의교육사상의 제기와 발전

새로운 세기에 진입하면서 사람들은 미래 사회의 발전방향에 대해
생각해보게 된다. 1998년 초, 중국과학원은 「지식 경제를 맞이하고 국
가 혁신 체계를 구축함」이라는 보고서를 발표해 국가 지도자와 사회
각계의 지대한 관심을 불러일으켰으며 '혁신'과 '창의'는 사용빈도가
가장 많은 단어 중 하나가 되었다.

1998년 11월 24일, 장쩌민江澤民 주석은 노보시비르스크 과학아카데
미에서 과학기술계 인사들과 회견 연설에서, "과학기술과 지식경제가
빠르게 발전하는 새 시대를 맞이하기 위해 가장 중요한 것은 창의성이
다. 창의성은 민족의 영혼이며, 국가 발전의 영원한 원동력이다. 창의
성의 핵심은 인재이며, 인재는 교육을 통해 육성할 수 있다. 교육 수준
이 제고되어야만 과학기술의 진보와 경제발전을 뒷받침할 수 있다."라
고 말했다. 그 후, 그는 1999년 6월 제3차 전국 교육 공작회의에서 "교
육은 지식의 창조와 전파, 응용이 이루어지는 기지이고, 창의적 인재를
육성하는 요람이다. 수준 높은 전문 인재를 육성하는 면에서나 창의력
과 기술 수준을 높이는 면에 있어 교육은 모두 아주 중요한 의의를 갖
는다."라고 말했다. 또 그는 새로운 중국 국내 상황과 날로 치열해지는
국제사회의 경쟁에 대응하기 위한 방법으로 다음과 같이 말했다. "중

국의 교육사상, 교육체제와 구조, 교육 내용과 방식은 사회주의 현대화 건설이 요구에 부합되지 않는 모순을 보인다. 따라서 창의적인 방법으로 교육방침을 계속 관철해 나가며, 국민의 소양과 학생들의 창의력 향상을 인성교육의 근본취지로 삼아야 한다." 뒤이어 그는 다시 "오늘날 세계의 과학기술은 하루가 다르게 발전하고 있다. 따라서 우리는 민족의 창의력 제고를 국가의 흥망을 좌우하는 중요한 과제로 삼아야 한다. 교육은 창의적 정신을 함양하고 창의적 인재를 육성하는 데 중대한 사명을 지고 있다. 모든 학교는 학생들의 지적 호기심을 소중하게 생각하고 장려해야 하며, 학생들이 적극적으로 학습하고 독립적으로 사고하도록 독려해야 한다. 학생들의 탐구정신과 창의적인 사고를 장려하며 참된 지식을 받들고 진리를 추구하는 분위기를 조성해야 한다. 학생들이 타고난 재능과 잠재력을 충분히 발휘할 수 있는 자유로운 환경을 만들어 주어야 한다."라고 말했다. 그는 "학생의 창의력 발전을 저해하는 관념과 교육 모델은 철저히 바꿔야 한다. 특히 교사에 의해 일방적으로 진행되는 주입식 교육, 시험성적을 교육성과의 유일한 잣대로 생각하는 분위기, 지나치게 경직된 교육제도 등을 바꿔야 한다."라고 주장했다.

교육의 근본적인 목표는 창조정신과 실천능력이 모두 발달한 인재를 육성하는 것이다. 세계 과학의 발전이라는 도전에 직면하여 민족부흥을 이루기 위한 핵심은 인재이며, 인재 경쟁의 관건은 교육에 있다. 따라서 시대에 부합하지 못하는 교육에 대한 개혁, 창조, 조정은 필수적이다. 이것이 바로 장쩌민 주석의 교육 창조 이론의 핵심이며, 또 인성교육사상의 기본이라고 할 수 있다. 장쩌민 주석은 베이징사범대학 100주년 개교기념일 강연에서 이렇게 말했다. "학생들의 인성교육에 맞는 규율, 창의성을 장려할 수 있는 새로운 교육 모델, 서로 자극하고 도움을 주는 사제관계를 구축하고 창의적인 인재 육성에 적합한 교육 환경과 사회 환경을 조성해야 한다. 이를 통해 모든 학생이 자신의 잠 재력을 발휘하고 보다 적극적이고 전면적으로 발전할 수 있도록 해야 한다."

장쩌민 주석이 '창조'와 '창의교육'을 반복해서 강조하면서 교육계, 이론계 및 사회 각계에서 창의교육에 대한 연구와 실험 붐이 일기 시작 했다.

필자는 중국교육 정기 간행물 사이트 교육과 사회과학 칼럼에서 '창 의교육'이라는 글자를 포함한 논문을 찾아보았다. 그 결과 1997년에는 단 2편(그 전에는 0편)이었던 것이 1998년 10편, 1999년 167편, 2000년 693편, 2001년 857편으로 증가했다. 창의교육은 21세기 중국교육의 가 장 중요한 화두가 되었다. 창의교육의 사상에 대한 탐구는 다음과 같은 몇 가지 면에서 나타난다.

① 창의성과 창의교육의 개념

'창의성'이라는 것은 원래 경제학의 한 개념이다. 창의성 이론이 해 결해야 할 핵심 문제는 기술, 제도의 변혁과 기업의 경제발전이다. 최 초로 오스트리아 경제학자 슘페터Joseph Alois Schumpeter는 창의성을 '새로운 생산함수의 건립'이라고 정의하였다. 즉 '기업에 생산요소에 진행하는 새로운 조합'이라는 것이다. 그러나 창의성은 발명, 연구개발, 모방과는 다르다. 좁은 의미의 창의성은 경제학 중의 기술 혁신이고, 넓은 의미의 창의성은 인류가 모든 분야에서 전통을 타파하고 만들어 낸 새로운 사상, 행동 및 그 성과를 가리킨다. 창의성은 일종의 정신이다. 어떤 사람은 창조를 사람의 본성이라고 여겨 창조가 없으면 인류 사회의 발전과 진보도 없다고 생각한다. 그래서 창조는 매우 중요한 의의를 가진다.

창의교육이란 무엇인가? 필자와 양수빙楊樹兵은 〈교육연구〉 1999년 제9기 「창의교육론강」이란 글에서 창의교육은 창의성원리에 근거하여 학생의 창의적 의식, 창의적 사유, 창의적 능력 및 창의적 개성을 육성하는 것을 주요 목표로 하는 교육이론과 방법으로, 창의교육을 통해 학생들은 체계적으로 교과 지식을 이해하는 동시에 창의적 능력을 발전시킬 수 있다고 설명했다. 장화張華는 '창의성'의 교육학적 의의에 대한 고찰을 통하여 창의교육의 함의를 이렇게 지적했다. "창의교육은 모든 사람을 주체로서 존중하고, 모든 사람이 주체성을 충분히 발휘하도록 하는 교육이다. 개개인의 차이를 존중하여 모두의 개성이 건전하게 발전하도록 교육이며, 사회의 경제생활과 융합하면서도 새로운 관계를 형성할 수 있도록 한다. 앞에서 말한 정의는 이미 교육계의 공인을 받았고 뒤에 말한 내용은 가치적 성향을 지닌 지도원칙적인 정의로 시대적인 의미를 부여했다."

처음에 어떤 이들은 '창조'와 '창의성'이 본질상 같은 것이라고 여겼고, 창의교육과 창조교육의 내용이 실질상 일치한다고 생각했다. 다만 시대적 특징을 나타내기 위하여 한 글자를 바꾸었을 뿐이며 양자를 동의어로 볼 수 있다는 것이 그들의 생각이었다. 그러나 연구가 깊어짐에 따라 사람들은 시대배경, 연구목적, 내용과 중점 면에서 창의교육과 창조 교육이 같지 않음을 인식했다.

창조교육은 학생들이 발명, 창작 혹은 과외활동을 통해 사고의 폭을 넓히는 것을 장려한다. 반면 창의교육은 창의적인 학습활동을 통해 학생들의 창의능력을 제고함으로써 새로운 발명과 사유, 새로운 학설 혹은 기술, 방법 등 새로운 산물을 창조해내는 교육이다. 창조교육은 단순한 훈련으로 조작 정도의 실험과 연구를 진행할 뿐 인성교육의 성격을 가지지는 못한다. 하지만 창의교육은 교육철학적 차원에서 커다란 변혁이었다. 즉 양육성 교육, 지속성 교육에서 창의교육으로, 문화의 전승만을 중시하던 교육에서 문화 혁신에 초점을 둔 교육으로 변화되었다. 창의교육은 교육 방법과 내용에만 변화가 생긴 것이 아니라, 교육기능의 위상 자체가 재정립되었음을 의미하는 것이다. 또한 전면적이고 구조적인 교육혁신과 교육발전의 가치를 담고 있다.

일반적으로 창의교육은 지식경제 시대의 필연적인 요구라고 인식한다. 21세기는 완전히 새로운 시대―지식경제의 시대이다. 이 경제는 끊임없이 혁신하는 지식을 기반으로 하며 새로운 발견, 발명, 연구와 창의성에 의지해야 한다. 그리고 지식의 전파와 응용을 기초로 한, 고도로 지능화된 경제로서 창의성에 핵심이 있다. 또한 이 모든 것은 교육이라는 토대에 깊이 뿌리 내리고 있다. 따라서 창의교육의 실시는 시대적 요구이다. 어떤 이들은 인성교육을 심도 있게 진행하기 위해서 창의

교육이 필수라고 말한다. 계승성, 지속성 위주의 전통적 학습은 수준 높은 창의적 인재를 육성하는 데 한계가 있다. 입시위주 교육에 대한 비판과 창의적 인재에 대한 기대심리도 창의교육을 요구하는 목소리가 높아지는 이유 중 하나이다. 필자는 창의교육과 인성교육 모두 새로운 시대적 배경에서 더욱 부각되고 있다고 생각한다. 창의적 소양을 함양하는 것은 인성교육의 핵심 내용이기도 하다. 창의교육과 인성교육은 본질적으로 일치하며 상충되지 않는다.

② 창의교육의 내용

창의교육은 주로 다음과 같은 네 가지 면에서 나타난다. 첫째, 창의적 의식의 함양 즉, 창의성을 존중하고 추구하며 그것을 영예로 삼는 관점과 의식을 기르는 것이다. 둘째, 창의적 사유의 함양이다. 이것은 일종의 새로운 방식을 발명 혹은 발견하여 어떠한 사물을 처리하는 사유과정을 가리키는 것으로, 관념을 재구성하여 새로운 제품을 생산해 낼 것을 요구한다. 셋째, 창의적 기능의 함양이다. 이것은 창의적, 주체적으로 행동하는 능력을 반영한 것으로 창의적 지능의 억제와 제약으로 인해 형성된 것이다. 이는 창의적 활동의 업무 메커니즘에 속한다. 넷째, 창의적 감성과 창의적 인격의 함양이다. 창의성을 발휘하기 위해서는 단순히 지적 능력 뿐 아니라 창의적인 감성이라는 동력이 뒷받침되어 주어야 한다. 원대한 이상, 굳센 신념, 창조에 대한 강한 열정 등이 이에 속한다.

③ 창의교육의 장애 요소와 창의교육 실시의 기본 원칙

이후 사람들은 창의교육을 실시하는 데 있어 부딪칠 수 있는 걸림돌을 분석했는데, 교육 내부에서 비롯된 것이 대부분이었다. 예를 들어, 위안아이링袁愛玲은 전통교육은 교육자의 감정적 요소와 우뇌 개발, 창의력을 키울 수 있는 환경 조성에 소홀했다고 생각했다. 장화는 전통교육의 신중함을 중시하는 특징, 공업화된 업무 모델, 간접경험의 전달, 단일화된 커리큘럼, 부적절한 사제관계 및 틀에 박힌 평가방식이 창의교육의 장애요인이 된다고 분석했다. 창의교육을 실시하기 위해서는 반드시 전통교육의 속박과 구속을 벗어나야 하며 기본적인 실천 원칙을 따라야 한다. 협력하고 지원하는 원칙, 단계적으로 추진해 나가는 원칙, 전면적으로 촉진하는 원칙, 주도적으로 모범을 보이는 원칙, 주체적으로 참여한다는 원칙, 개성을 발양하는 원칙, 평가 다원화의 원칙 등이 이에 해당한다.

④ 창의교육은 교육의 혁신과 창의적 교사를 필요로 한다

창의교육의 목표는 궁극적으로 교육의 혁신에 의해 달성할 수 있다. '교육 혁신 시스템'을 구축하는 것은 창의교육의 기본 내용이며, 창의교육을 실현하기 위한 기본 조건이다. 교육 혁신의 기본 구에 대해 사람들의 인식은 대체로 일치한다. 즉 교육 관념(혹은 이념)의 혁신, 교육과정 내용의 혁신, 교학기술과 방법의 혁신, 교육제도의 혁신 및 교육평가체계와 방법의 혁신 등을 포함한다. 장우성張武升은 혁신의 대상에 따라 교육혁신의 아홉 가지 유형을 구분했다. 즉 교육목표 혁신, 교육

관념 혁신, 교육체제 혁신, 교육체계구조 혁신, 전인교육의 혁신, 커리큘럼의 혁신, 교육조직 관리의 혁신, 교육형식과 방법의 혁신, 교육평가의 혁신이다. 창의적 교사는 창의교육의 기본 전제이며, 창의적 교사만이 창의적인 학생을 길러낼 수 있다. 따라서 창의교육은 교사의 소질에 대해 더 높은 요구를 제시한다. 예를 들면, 창조에 대한 열정, 평생 배운다는 의식, 관용적인 태도, 창의적인 교육가치관과 관리능력 등이다. 어떤 이는 인지, 인격과 행동 세 가지 면에서 창의적 교사의 특징을 분석했다. 예를 들면, 인격 면에서 교사로서 독립성, 호기심, 개방성, 상상력, 풍부한 열정, 굳은 의지력을 갖춰야 한다는 것이다.

⑤ 창의교육의 환경과 분위기

사회적으로 창의성의 분위기가 무르익고, 창의적 활동에 유리한 환경이 조성되어야만 창의적 인재를 육성할 수 있다. 어떤 이는 '문화적 자극에 대한 개방성, 독창성과 다양성의 강화, 실패의 가치를 인정하는 태도, 학생의 호기심과 자존심, 자신감을 보호해주는 등의 특징을 갖춘 환경을 조성해야 한다.'고 밝혔다. 또한 학생의 창조적 가치관과 동태적 지식과, 적극적인 문화관을 효과적으로 길러주어야 한다고 주장했다. 필자는 창의교육의 환경은 가정환경, 학교환경, 사회 환경으로 나눌 수 있으며, 이 세 가지가 상호보완하며 유기적으로 결합하여 혁신에 도움이 되는 거시적인 환경을 조성할 수 있다고 본다. 특히 사회 환경의 측면에선 혁신을 장려하고 지지하는 분위기와 시스템이 필요하다. 교육의 거시적 방향성이나 과학혁신에 대한 투자, 시대의 특성에 맞는 인재관, 교육 과학연구를 기초로 하며 과학 혁신을 핵심으로 하는 국가 혁신 시스템 구축 등이 이에 해당한다.

창의교육은 비록 제기된 지 얼마 되지 않았고 아직도 논의 중에 있지만 영향력은 광범위하다. 현 시대정신에 적합하기 때문이다. 2001년 교육부 '신 교과과정' 개혁과 실험은 '학생의 창조정신과 실천능력을 중점 육성한다.'는 창의교육의 기본 이념을 잘 나타냈다. 앞으로 창의교육은 반드시 21세기교육 개혁과 발전을 주도하는 교육이론이 될 것을 확신한다.

(4) 교육평등사상의 성숙과 발전

최근 몇 년 사이 세계적으로 끊임없이 발전하고 있는 의무교육, 전 국민교육, 평생교육, 보상교육, 특수교육 및 1990년대부터 붐을 일으키기 시작한 통합교육inclusive education(아무도 배척하거나 차별하지 않고 모두를 받아들이는 교육—역주)이념은 교육평등에 대한 인류의 끊임없는 추구를 반영하고 있다. 교육평등은 사회의 이상이지만 더 나아가 사회실천 운동이 되어야 한다. 비록 나라마다 발전 수준에 따라 직면한 문제는 다를지라도 '더욱 많은 사람들이 더 이상적인 교육을 받을 수 있게 한다.'는 교육평등은 끊임없이 추구해야 할 목표이다.

신중국의 교육발전사에서 교육평등의 이론은 교육정책의 발전 변화에 줄곧 영향을 주었고, 인민정부의 행동지침이 되었다. 위대한 무산계급 정당으로서 공산당이 제시한 노동자와 농민, 인민 대중을 위하여 존재하는 교육이라는 교육방침은 시종일관 국민의 근본 이익에 초점을 두어 왔으며 이것은 의심할 여지가 없는 사실이다. 2001년 5월 「기본 교육개혁과 발전적인 결정에 대한 국무원의 결정」에서 다시 한 번 명확하게 '교육은 인민을 위해 존재한다.'라는 지도방침을 제기했다. 이것은 평등교육이 더 이상 단순한 이념이나 이론에만 머무는 것이 아니라 실제 실천에 옮겨짐을 의미한다. 90년대 이래 중국교육 개혁 발전의 과정을 돌이켜보면 중국은 교육평등사상에 있어 진일보했으며, 이러한 사실은 아래와 같은 몇 가지 부분에서 찾아볼 수 있다.

우선 '두 가지 기초'임무를 완수함으로 인민대중들의 교육을 받을 권리가 보장되었다. 중국은 비교적 낙후된 국가임에도 불구하고 기본적으로 9년 의무교육 보편화에 성공했고 청·장년층의 문맹을 퇴치하여 세계가 놀랄만한 업적을 이루었다. 이러한 기초 위에서 정부는 '소외계층의 교육권에 관심을 가지자.'라는 구호를 제시했고, 이는 교육평등사상이 새로운 시기로 접어들었음을 의미한다.

다음으로, 대학교육의 대중화가 진행되고 있다. 이것은 교육평등 사상이 구체적으로 실현되고 있음을 의미한다. '더 많은 사람이 더 좋은 교육을 받을 수 있게 한다.'는 것은 줄곧 교육평등의 핵심이론이었다. 특히 주목할 만한 것은 대학교육의 대중화와 보급이 단순히 사회적 요구 때문에 일어나는 현상이 아니라, 그 배경에는 교육평등의 이념이 자리하고 있다는 점이다. 물론 대학교육의 대중화는 대학교육 이론계에 몇 가지 논쟁을 불러일으켰다. 대학교육은 권리인가 특권인가? 대학교육은 소수를 위한 것인가 다수를 위한 것인가? 어떻게 하면 시장조정과

정부 간섭의 기능을 적절히 이용할 수 있을까? 어떻게 하면 공평과 효율 사이에서 균형을 이루어 대학교육에 대한 투자 이익을 최대화 할 수 있을까? 이러한 문제들을 풀기 위해서는 선진적인 이념을 바탕을 두어야 하고 교육제도 자체의 성숙과 발전도 필요하다.

세 번째는 교육 균형발전에 관한 이론화의 탐색이다. 교육자원이 상대적으로 부족한 상황에서 어떻게 교육자원의 유한성과 교육에 대해 사람들이 지니는 요구의 무한성·다양성간의 모순을 해결하여 기초교육의 균형발전을 실현하는가 하는 점은 이미 모든 사람들의 이익과 직결되는 관심의 초점이 되었다. 갈수록 심각해지는 교육의 불균형은 정부 및 사회 각계인사의 광범위한 관심을 불러 일으켰다. 왜냐하면 기초교육의 균형발전은 의무교육의 본질적인 속성이고, 또 인권평등은 교육이익분배의 실현이며, 사회의 안정적 발전을 보장하기 때문이다. 기초교육의 균형발전을 실현하려면 주요 교육 자원의 균등 배치 및 관련 정책의 조정을 통해 교육여건과 기회 균등을 실현해야 한다. 바꾸어 말하면 교육의 평등발전은 주로 정부가 주도가 되어 역사적 각도에서 교육정책 제정을 반성, 비판하고, 공평과 효율 간의 관계를 명확히 해결하고, 교육이익을 합리적으로 분배하는 과정에서 교육정책이 제대로 역할을 발휘하도록 해야 한다.

마지막으로, 민영교육의 활로에 대한 문제이다. 당과 정부는 적극적으로 대책을 세워 인민의 교육권을 보장하고 더욱더 많은 사람이 양질의 교육을 받을 수 있도록 해야 한다. 뿐만 아니라 더 많은 사람이 교육의 관리 사업에 참여하도록 하고 적극적으로 민영교육을 북돋아 주어야 한다. 2002년 12월 제9회 전국인민대표대회 상무위원회 제31차 회의에서 「중화인민 공화국 민영교육 촉진법」이 통과되었다. 「촉진법」은 민영교육의 공익성과 사회주의 교육사업의 한 주체임을 확인한 동시에 다음과 같이 제시했다. '국가는 민영교육 실행에 대해 적극적으로 격려하고, 힘껏 지지하며, 올바른 방향으로 인도하고, 법에 의거한 관리방식을 채택한다.' '국가는 민영대학의 학교운영 자주권을 보장한다.' '국가는 민영학교 개설자, 교장, 교직원 및 피교육자의 합법적 권익을 보장한다.' '더 나아가 '각급 정부는 반드시 민영교육 사업을 국민경제와 사회발전 계획에 편입시켜야 한다.'로 밝혔다. 이렇게 「촉진법」을 통해 민영교육의 성격과 지위가 인정을 받게 되었다. 이 밖에 「촉진법」은 민영대학의 재산권 귀속, 합리적인 투자수익 회수 및 보장, 실행과 추진에 대해 설명했다. 이러한 것들은 민영교육사상의 중요한 내용이고, 필연적으로 중국의 민영교육의 발전과 번영 및 교육 평등사상의 실현을 촉진했다.

(5) 평생교육사상의 실천과 발전

평생교육은 일종의 교육사상, 교육이념이며 과거에도 있었다. 중국의 '배움의 길은 끝이 없다.'라는 말은 바로 이러한 사상을 잘 표현하고 있다. 그러나 평생교육이 국제 사회의 보편적인 교육사조가 된 것은 20세기부터이다. 1965년 유네스코는 파리에서 국제 성인교육 촉진회의를 열었고, 프랑스 교육이론가 폴 랑그랑Paul Lengrand(1910~)은 회의에서「평생교육을 논하다」라는 제목으로 회의의 성과를 정리했다. 그 후 이 보고서는 평생교육사조의 형성을 촉진하는 발화점이 되었다. 1972년 에드가 포레Edgar Faure가 유네스코에 제출한「학회생존」이라는 보고서는 '세계적 규모의 평생교육의 집대성'이라는 평가를 받았으며 더 나아가 학습화 사회의 이론을 제기했다. 1990년 EFA회의(World Conference on Education for All)에서는 2000년까지 '전민교육', 즉 모든 사람이 교육을 받는 것이 목표로 제기됐다. 이후 국제사회에서는 다시 한 번 전 국민의 평생교육 목표를 제시했다. 1995년 사회발전문제 세계 지도자회의 기간에 중국을 포함한 9개의 인구대국의 지도자는 성명을 발표하여 전 세계 국민을 향해 "기초교육과 평생교육학습의 기회를 제공하는 것은 사회 발전과 국가 진보의 주춧돌이다."라고 말했다. 즉 지식을 추구하는 사람은 누구나 언제라도 평생 교육을 받을 수 있으며, 스스로에게 가장 적합한 방식으로 교육과정과 학습과정에 참여할 수 있다는 것이다. 1996년 유네스코 21세기 교육 위원회는「교육—부富가 그 속에 포함되어 있다」라는 보고를 발표하고 세계의 교육 연구 성과를 어떻게 평생교육에 적용하는지에 관해 설명했다. 평생교육은 끊임없이 지식과 기능을 쌓아가는 과정이며, 판단능력과 행위능력을 부단히 제고하는 방법이다. 보고서는 학습자가 평생교육의 목표를 실현하도록 하기 위해 반드시 네 가지 기본 학습 능력을 키워야 한다고 주장했다. 지식탐구에 관한 학습능력, 일처리에 관한 학습능력, 인간성 함양에 대한 학습능력, 공동생활에 대한 학습능력이 그것이다. 평생교육은 이상이요, 목표요, 미래 학습화 사회의 필연적인 요소이다.

　　1960년대 이래 평생교육은 가장 영향력 있는 교육사조로 세계 각국의 관심을 받았으며, 이미 관념의 차원을 벗어나 실제로 시행되고 있다. 중국은 1993년 「중국교육개혁과 발전 개요」에서 '성인교육은 전통적인 학교교육에서 평생교육으로 발전해나가는 새로운 형태의 교육제도이다.'라고 말했다. 중국에서는 처음으로 성인교육의 관점에서 평생교육에 대해 언급한 것이었다. 1995년 공포한 「중화인민공화국 교육법」에서는 '평생교육 체제의 구축과 정비' '국민이 평생교육을 받을 수 있는 환경 조성' '다양한 형식의 성인교육 장려를 통해 국민이 다양한 정치, 경제, 문화, 과학기술 직업교육 및 평생교육을 받도록 한다.' 등이 제시되었는데 이는 처음으로 중국교육에 있어서 평생교육이 차지하고 있는 위치와 역할을 법으로 정의한 것이었다.

　　1999년 통과된 「21세기 교육 진흥 행동 계획」에서는 '평생교육은 교육발전과 사회발전을 위해 필요하다.'라고 밝히며 2010년까지 평생교육 시스템을 기본적으로 구축하겠다고 밝혔다. 2002년, 공산당 16차 전국대표대회에서도 향후 20년 동안 전면적인 소강사회小康社會(일종의 중산층 사회-역주)를 건설함에 있어 교육이 나아가야할 방향을 제시했다. 예를 들면, '완벽한 현대 국민교육시스템의 구축' '평생교육 시스템 구축' '전 국민 학습, 평생학습의 학습형 사회 형성' '전면적인 소강사회 건설을 위한 고급 인재자원 확충' 등이 제시되었다. 이것은 새로운 시대 중국의 교육개혁과 발전의 거시적 목표이며 향후 20년 동안 중국이 교육시스템을 혁신하는 과정에서 따라야 할 기본적인 방향이다.

　　교육은 인력자원 개발의 기초이고, 학습은 사람의 능력을 제고하는 기본 루트이다. 지식경제 시대에서 배움을 멈추는 자는 낙오하게 될 것이고, 여차하면 눈먼 자가 될 것이다. 우매와 무지가 비웃음을 받는 시대가 올 것이며 공부하지 않는 민족은 뒤처지고, 공부하지 않는 국가는 필연적으로 낙오될 것이다. 따라서 학습형 사회를 제창하는 것은 지식경제 발전과 선진 생산력 발전을 위해 반드시 필요하며, 인간의 전면적이고 자유로운 발전과 소강사회의 건설을 위해서도 필요하다. 학습형 사회는 지속가능한 발전을 위해 지식과 인재를 제공해주므로 지속가능한 발전을 위해서라도 반드시 이뤄야 하는 과제이다. 과학기술, 경제, 문화, 사회가 고도로 발전하면서 학습형 사회 건설의 필요성이 더욱 부각되고 있다. 학습형 사회는 학생과 학교교육 특히, 기초교육 대한 요구가 비교적 높다. 특히 자발적인 학습태도와 학습능력을 갖춘 차세대를 육성하는 것은 학습형 사회 건설의 성패를 좌우하는 핵심이다. 학습형 사회를 건설하기 위해서는 학교교육 특히 기초교육에 대한 양적 질적 향상이 뒤따라야 하며, 교육관념, 내용, 모델, 방식, 제도 등에 대한 개혁이 필요하다. 이것은 필연적으로 교육사상의 혁명을 야기할 것이며, 평생교육을 한 단계 더 성숙시켜줄 것이다.

인류는 또 한 번 경제와 사회의 급격한 변화에 직면하고 있다. 컴퓨터, 멀티미디어, 네트워크 기술 등으로 상징되는 정보기술이 빠르게 발전하고 있으며, 생산방식, 생활방식, 인간관계 및 사고방식에도 커다란 변화가 나타나고 있다. 21세기 세계발전은 다음과 같은 흐름을 보일 것이다. 먼저 세계는 정보화 사회, 네트워크화, 경제단일화에 진입하고, 지식경제가 끊임없이 발전하며 과학기술은 장차 국가경쟁력의 핵심이 될 것이다. 이로 인해 교육의 개혁과 발전도 전에 없던 새로운 기회와 도전에 직면하게 될 것이다. 경쟁이 날로 치열해지는 시대에 어떻게 하면 더욱 효과적으로 교육 정보화를 추진할 수 있을까? 어떻게 정보기술의 성과를 이용하여 중국과 선진국, 빈곤지역과 경제대국의 지역 간 차이를 줄일 수 있을까? 어떻게 하면 교육 개혁을 심화하고, 교육의 기능과 작용을 충분히 발휘할 수 있을까? 이것은 중국교육이 직면하고 있는 중대한 역사적 난제이며, 이로 인해 교육모델, 교육사상, 교육의 구조와 시스템, 교육내용, 교육방식 및 인재육성 모델에 변화를 가져올 것이 틀림없다. 가장 중요한 것은 교육에 대해 새로운 사고를 형성해야만 중국의 국정에 맞는 최선의 선택을 할 수 있다는 점이다.

03

공화국 지도자의
교육이상

　중화인민공화국의 성립은 중국 역사의 신기원을 열었다. 공화국의 지도자들은 시작부터 교육에 지대한 열정을 보였으며, 그중에서도 마오쩌둥은 세계에서 보기 드물게 교육에 크나큰 열정을 보인 걸출한 정치가였다. 그는 현실감을 갖고 있는 이상주의자였으며, 정신 즉, 도덕의 역량을 중시하였다. 물론 그는 교육을 통하여 이러한 역량을 기르도록 힘썼고 결국 자신의 정치 이상을 실현하였다. 이런 점에서 마오쩌둥의 정치이상과 교육이상은 하나로 융합되었다고 볼 수 있다.

　마오쩌둥의 전우들은 공화국의 지도자 그룹으로서 마오쩌둥의 교육사상을 지키는 동시에 교육문제에 대해 몇 가지 독특한 해석을 내놓았다. 그중에서도 저우언라이와 류사오치가 대표적인 예이다. 마오쩌둥이 사망한 후, 덩샤오핑은 새로운 공화국의 정신적 지도자로서 교육 사업을 직접 주관하고 교육을 현대화의 이상을 실현하는 길이라고 정의하여 마오쩌둥의 교육사상을 풍부하게 발전시켰다. 제3대 공화국의 지도자인 장쩌민도 교육에 대해 일련의 견해를 밝혔다. 당대 중국의 교육은 상당부분 공화국 지도자들의 지도를 기반으로 발전했으며, 이것은 이들 지도자들의 교육이상을 구체화하는 과정이기도 하였다.

1. 혁명화 : 마오쩌둥 교육이상의 주요 테마

마오쩌둥의 교육이상은 혁명적 색채만 짙을 뿐 전혀 정형화되지 못했다. 공화국 성립 전날 밤 마오쩌둥은 중국인민정치협상회의 제1회 전체 회의에서 신중국의 문화교육에 대한 높은 기대를 드러내며 이렇게 말했다. "경제건설이 절정에 이르면 문화건설도 반드시 절정에 이르게 된다. 중국이 문화수준이 낮은 국가로 치부되는 시대는 지났다. 고도로 발달된 중화 민족의 문명이 세계에 그 모습을 드러낼 것이다."

그는 현대화의 문화교육과 현대화의 정치경제 간에 상부상조하는 변증관계를 제시하였다. 공화국 성립 초기에는 교육에 대한 많은 일들을 처리해야 했으므로 마오쩌둥은 교육의 변혁에 대해서 매우 많은 관심을 가졌다. 교육문제를 '국가의 재정과 경제가 호전되기 위해 반드시 투쟁해야 할' 8가지 중요한 과제 중 하나로 보고 다음과 같이 말했다. "구 학교 교육사업과 구 사회문화 사업에 대한 개혁은 절차에 따라 신중하게 추진되어야 하며 애국심이 있는 모든 지식인들은 인민을 위해 봉사해야 한다. 이 문제에 대해 시간을 끌며 개혁을 하지 않으려는 태도는 옳지 않으며, 너무 급하게 추진하려는 것도 옳지 않다." 그는 구 교육을 개혁하기 위해서는 적극적이면서도 적절한 태도를 취해야 한다고 주장했다. 여기에서 우리는 비록 건국 초기 교육 모델이 혁명에 가까운 성격을 띠긴 했지만 사회의 변화 추세에 대체적으로 부합했다는 것을 알 수 있다.

물론, 혁명에 대한 마오쩌둥의 기상은 전혀 수그러들지 않았다. 그는 정치협상회의 제1회 전국위원회 제2차 회의에서 「완벽한 혁명파가 되라」는 폐막연설을 했고, 1951년 5월 20일 인민일보에 쓴 「영화 무훈전武訓傳에 대한 토론을 중시해야 한다」라는 사설에서 '무훈전'이 제기한 문제는 근본적인 성격을 띠고 있다고 언급했다.

'무훈은 청말 사람으로 당시는 외국의 침략자들과 국내 반동봉건통치자를 반대하는 투쟁이 격렬하던 시기였다. 그러나 무훈은 봉건경제의 기초와 그 상부구조는 털끝 하나 건드리지 않았고 대부분의 사람들도 봉건문화를 선전하고 봉건통치자에게 아첨하는 데 전력을 기울였다. 이렇게 추악한 행위를 우리가 칭송해야 한다는 것인가? 마오쩌둥은 무훈을 찬양하는 것은 사실 농민혁명투쟁을 비방하는 것이며, 중국 역사를 비방하는 것이고, 중화민족의 명예를 손상하는 것이며, 중국 문화계가 사상적으로 심각한 혼란에 빠졌음을 말해주는 것이다.' 마오쩌둥의 이 사설을 통해 사상적 측면의 구 교육 청산 운동이 그 서막을 열었다.

이것은 비굴하게 아첨하는 것을 싫어하는 마오쩌둥의 개인적인 성격과 그가 가지고 있던 분명한 혁명의식 때문이었다. 마오쩌둥은 노동자와 농민의 문화교육 문제에 매우 관심이 많았고 이것은 그의 혁명화 교육이상의 중요한 부분이었다. 후에 그는 다음과 같이 주장했다.

'교육은 반드시 무산계급의 정치를 위해 존재하고, 반드시 생산과 결합해야 하며, 노동 인민을 지식화하고, 지식인을 노동화해야 한다.'

이 말은 마오쩌둥의 교육이상의 요지를 잘 말해주고 있다. 마오쩌둥의 교육문제에 대한 설명과 「5·7지시」, 「7·3지시」와 「7·21지시」에는 모두 이러한 요지가 구체적으로 설명되어 있다. 그는 1921년에 창립한 후난湖南자수대학에서부터 '두뇌와 신체의 균형 발전' 및 '지식인 계급과 노동자 계급 간의 격차 해소'에 관심을 기울였다.

혁명 근거지의 교육 현장에서도 그는 노동자와 농민의 문화교육을 매우 중시했다. 건국 전날 그는 '문맹 퇴치율 80%는 신중국의 중요한 임무'라고 말했다. 그리고 건국 초기 이러한 사상을 실천에 옮겼다. 1952년 9월의 통계에 의하면 전국적으로 이미 302만여 명의 노동자가 여가문화학습에 참가하여 1949년 22만 명에 비해 280여만 명이 증가하였다. 농민들 중에는 1950년에 2,000여만 명, 1951년에 4,000여만 명이 농한기에 학습에 참가하였고, 사립학교 학생 수는 1950년에 340여만, 1952년에 2,600여만 명이 되었다.

1956년 마오쩌둥은 산둥성山東省, 잉난현莒南縣, 류거우촌柳溝村 공산주의 청년단 지부에 개설한 기공記工학습반의 경험을 총정리할 때 이렇게 말했다. "레닌은 이렇게 문맹이 가득한 국가에서는 공산주의사회를 건설할 수 없다고 말했다. 지금 중국은 문맹률이 너무 높다. 그렇다고 문맹이 완전히 없어질 때까지 마냥 기다릴 수도 없다. 이것이 바로 우리가 안고 있는 커다란 과제이다. 지금 중국은 수많은 취학연령 아동들이 학교 교육을 받지 못하고 있고, 때를 넘긴 청소년들 역시 교육의 혜택을 받지 못하고 있으며 성인은 더욱 말할 것도 없다. 이 문제는 반드시 '농민 합작 회사'를 통해 해결해야 한다. 농민이 회사를 설립하게 되면 경제적인 필요에 의해서라도 배움을 갈구하게 될 것이다. 산둥성 잉난현 류거우촌 공산주의청년단 지부는 창조적인 사업을 이루어냈고 이러한 생황을 보니 매우 기쁘다. 그곳의 교사는 초등학교만 졸업한 사람들이었다. 하지만 학생들의 진도는 무척 빨랐다. 두 달 반 만에 백여 명의 청소년과 장년이 2백여 자를 공부했으며 자신의 작업일지를 기록할 수 있었고, 어떤 사람은 협동조합의 기장원이 되었다. '기공(작업량과 시간을 기록함)학습반'이라는 명칭도 매우 좋아했다. 이러한 학습반은 각지에 보편적으로 퍼졌다. 각급 청년단 지부는 이러한 일을 할 지도자를 구성하여 당과 정부기관의 지지를 받았다." 마오쩌둥은 또 청장년을 위한 문맹 퇴치 시스템 구상을 제안하였다. '1956년을 시작으로 하여 각지의 상황에 맞게 12년 내에 기본적으로 청년과 장년의 문맹을 퇴치하고, 초등학교 교육을 보급한다. 일반 회사에는 초등학교와 여가문화학교를 세우고, 농촌에는 농업중학교를 세워 농촌간부를 육성하며 농민의 문화수준을 향상시킨다. 농촌에서 학교를 운영하는 데는 다양한 형식이 필요하다. 국가에서 운영하는 것 외에도 군중의 힘으로 학교를 운영하거나 일과 학습을 병행한다.'

1957년 이전 마오쩌둥의 주요 관심사가 노동자의 지식화였다면, 1957년 이후 그의 주요 관심 분야는 바로 지식인의 노동화에 있었다. 건국 무렵 마오쩌둥은 1951년 10월 열린 정치협상회의 3차 회의 개막식에서 지식인 사상개조의 중요성을 역설했다. 그는 '사상개조를 해야 하며 우선 지식인의 사상개조부터 진행해야 한다.'라고 말했다. 건국 초기의 정치 형세에서 보자면 마오쩌둥의 이러한 사상은 정확한 것이었으며, 매우 필요한 것이었다. 왜냐하면, 구 사회에서 넘어온 지식인은 대부분 오래된 사상과 관념을 가지고 있었기 때문에 재빠르게 사회주의와 중국공산당을 지지할 수 없었다. 그러나 사회주의의 개조가 이미 완성된 후에도 마오쩌둥은 여전히 지식인의 개조를 강조하였고, '노동화'는 이러한 개조의 구체적인 방법 중 하나였다.

1957년 3월 12일 마오쩌둥은 중국공산당 전국선전공작회의에서 지식인의 상황에 대한 상세한 분석을 내놓으며 이렇게 말했다. "중국의 지식인은 대략 5백만인데, 그중에 절대 다수는 애국자여서 인민을 위해 봉사하기를 원하나 또 어떤 무리의 지식인들은 '사회주의제도에 대해 환영하지도 좋아하지도 않는다.' 이들은 사회주의에 대해서 아직 회의를 가지고 있지만 제국주의 앞에서는 여전히 애국자이다. 그리고 극소수의 지식인들은 무산계급의 독재정치 국가를 좋아하지 않으며 구사회에 미련을 가지고 있기 때문에 기회만 있으면 그들은 반란을 일으켜서 공산당을 뒤집어 구중국으로 돌아갈 것이다." 마오쩌둥은 5백만 명중 10% 정도의 지식인만이 비교적 마르크스주의에 익숙하고 무산계급의 입자를 옹호하는 핵심역량이라고 생각했으며, 절대다수의 지식인들은 중간상태에 처해 있다고 생각했다. 그리고 마르크스 사상을 단호하게 반대하고 마르크스주의를 적대하는 마음을 가진 사람은 극소수에 불과하다고 생각했다.

마오쩌둥은 우선 지식인에 대해 긍정적인 평가를 내리며 이렇게 말했다. "중국은 인구가 많은 대국임에도 불구하고 지식인의 수가 5백만 명에 지나지 않는다. 이것은 비율적으로 아주 적은 수치이다. 지식인이 없으면 일을 처리할 수 없기 때문에 우리는 그들을 잘 단결시켜야 한다." 그는 사회주의의 중요한 구성원으로 노동자, 농민 그리고 지식인을 꼽았다. 지식인은 정신적인 노동을 하는 자들로, 그들의 일은 인민을 위해 봉사하는 것, 노동자와 농민을 위해 봉사하는 것이라고 생각했다. 이처럼 마오쩌둥의 지식인에 대한 기본 평가 및 인식은 기본적으로 정확한 것이다. 그러나 그는 긍정을 표하는 동시에 일련의 불만도 함께 나타냈다. "어떤 이들은 마르크스주의에 관한 책을 잃으면 자신의 학식이 높아진 줄 착각하고 더 이상 깊게 파고들려고 하지 않으며 실제에 응용도 하지 못한다. 또 어떤 이들은 책을 몇 줄 읽었다는 이유로 자만에 빠져 자신이 대단하다고 생각한다. 하지만 시련 앞에서 그들은 노동자나 농민보다 강인하지도 않고 명쾌하지도 않다."

마오쩌둥의 눈에는 지식인이 노동자나 농민만 못했다. 그래서 그는 지식인을 개조하기 위한 가장 근본적인 방법은 노동자나 농민에게 배우는 것, 즉 '노동화'라고 생각했다. 마오쩌둥은 다음과 같이 말했다. "만약 교사가 자신은 더 이상 배우지 않아도 된다고 생각한다면 그것은 잘못된 것이다. 만약 사회주의 개조가 지주나 자본가만을 대상으로 하고 지식인은 포함되지 않는다고 생각하면 이것 또한 잘못이다. 모든 지식인은 배워야 하고 개조해야 한다. 만약 지식인이 자신의 뇌 속에서 쓸데없는 것들을 버리지 못한다면 다른 사람을 가르치는 임무를 제대로 수행할 수 없다. 좋은 교사가 되기 위해서는 먼저 좋은 학생이 되어야 한다. 그러나 책에서 배우는 것만으로는 부족하다. 생산자에게 배우고, 노동자에게 배우고, 농민에게 배우고, 학교에서는 학생에게 배워야 한다.”

마오쩌둥은 특히 지식인과 노동자, 농민의 결합 문제에 대해 이렇게 말했다. “지식인의 본분은 노동자와 농민을 위해 봉사하는 것이다. 그러므로 먼저 노동자와 농민을 이해하고, 그들의 생활과 업무, 생각에 익숙해져야 한다. 그리고 노동자, 농민과 함께 어우러지기 위해 기회가 있을 때마다 그들에게 다가가야 한다. 하지만 공장이나 농촌에 들러 ‘수박 겉핥기’ 식으로 돌아본다면 차라리 안 가는 것이 낫다. 공장이나 농촌에서 몇 달씩 머무르며 직접 체험을 하거나 심지어 몇 년 동안 머무르며 한 가족처럼 지내는 이들이야말로 진정으로 그들에게 다가가고 있는 것이다.”

1964년 봄, 좌담회에서 마오쩌둥은 “예로부터 장원 중에는 진정으로 배움을 즐기는 자가 없었다. 시를 쓰고자 하는 이들은 모두 하나같이 시골로 내려가야 한다. 분기를 나누어 농촌과 공장을 가야 한다. 그저 사무실에만 머물러 있다면 월급을 주지 말아야 한다. 도시에 편안히 있으면서 어떻게 좋은 시를 쓸 수 있겠는가?”라고 말했다. 이처럼 지식인에 대한 ‘노동화’는 점차 권유에서 강압으로 바뀌어갔다. 그는 “자산계급 지식인이 학교를 통치하는 것을 더 이상 묵과할 수 없다.”라고 말하며 지식인이 농촌과 공장에 가기를 주장했으며, 노동자, 농민이 학교에 머물고 주동적으로 지식인의 ‘노동화’에 관여해야 한다고 지적했다. 또한 “무산계급의 교육 혁명을 실현하기 위해서는 노동자계급의 지도자가 반드시 있어야 하고, 노동자 무리의 참가가 반드시 있어야 하며, 해방군 전사와 협력해야 한다. 학교에서는 학생, 교사, 노동자 중 무산계급 교육혁명을 끝까지 추진하고자 하는 적극적인 인사들과 함께 '혁명의 3결합'을 실행해야 한다. 노동자 선전대는 학교에 중장기 동안 머무르며 학교의 투쟁, 비판, 개조 임무를 책임지고 학교를 이끌어야 한다. 농촌에서는 노동자 계급의 가장 든든한 동반자인 빈농이 주체가 되어 학교를 관리해야 한다."라고 주장했다.

물론 그도 겉으로는 학생의 본분은 학습이라고 주장하는 듯 보였다. 노동자, 농민으로부터 배우고 군사를 공부하는 것, 자산계급을 비판한 '5·7 지시'를 실천하는 것 등이 모두 교육의 일환처럼 보였다. 하지만 그것은 사실상 1958년 마오쩌둥이 제안한 무산계급 정치 복무의 필수 교육이었다. 생산노동자와의 결합, 노동자의 지식화, 지식인의 노동화는 바로 이러한 정치적 목적을 위한 실천 과정이었다. 즉 마오쩌둥은 노동자, 농민, 군인을 배우는 것과 교육을 결합하고 자산계급 비판을 통하여 차별을 없애고 모든 사람이 노동에 참여하며 교육을 받는 공산주의의 이상을 실현하기를 희망했다. 전 사회가 농한기에는 공장에서 노동을 하고, 농번기에는 농사를 지어, 학식과 군사적 지식을 겸비한 인재를 육성해내는 것이 마오쩌둥이 수십 년 동안 일관되게 견지해온 교육사상이었다.

물론 마오쩌둥의 이러한 교육이상의 본질은 매우 합리적이었다. 그러나 방법상에서는 허점이 너무 많았다. 너무 성급했고 포퓰리즘의 색채도 너무 강했다. 너무 서두른 탓에 결과적으로 목적을 이루지 못하게 되었을 뿐만 아니라 중국사회의 지식에 대한 인식에 영향을 미쳐 지식인들의 지위가 상당 기간 회복되지 못하는 결과를 낳았다.

일찍이 1921년, 마오쩌둥은 「후난자수대학 창립 선언」에서 구교육의 몇 가지 폐단을 비판했다. 첫째, 교육을 상품 매매와 같이 생각한다는 점이었다. '선생님들은 금전주의에 빠지고, 학생은 학위를 취득하는 데만 혈안이 되어 이들 사이에는 모종의 거래가 이루어진다.'라고 보았다. 둘째, 구 학교에는 민주교육이 결핍되어 있다. '획일화, 기계화된 교수법과 관리법으로 인성을 파괴하고 있다.'라고 보았다. 셋째, 주입식으로 이루어지는 교육방법에 대한 문제이다. 그는 '과목이 너무 많고 복잡하다. 하루 종일 책상에 머리를 파묻고 공부를 한다. 교실 밖에도 세상이 있다는 사실을 아무도 깨닫지 못한다. 학생들은 지칠 대로 지쳐 그 누구도 자발적으로 연구하려고 들지 않는다.'라고 표현했다. 구 교육에 대한 마오쩌둥의 미움은 시간이 흘러도 쉽사리 수그러지지 않았다. 또 본인의 개인적인 경험도 교육이념을 반드시 실현시켜야 한다는 결심을 굳히게 만들었다. 혁명화, 민주화의 교육 형식을 통해 학생들의 인성을 억압하는 구 교육을 대체하고자 했다.

건국 이후 마오쩌둥은 먼저 거시적인 교육 문제에 많은 에너지를 쏟았으며 60년대 초가 되어서야 구체적인 미시적 계획들을 내놓았다. 1964년 춘제春節 좌담회에서 마오쩌둥은 당시의 교육을 형식과 내용면에서 비판하며 이렇게 말했다.

'과목이 너무 많아서 중고등학생과 대학생들이 매일 긴장 속에서 살아가고 있으며 근시 환자도 점점 늘어가고 있다. 이렇게 해서는 안 된다. 과목은 반으로 줄여야 한다. 공자는 학생들을 가르칠 때 단 6개의 과목만 가르쳤지만 안회, 증삼 등 걸출한 인물들을 배출해 내었다.

매일 공부만 하고 마음껏 뛰어놀거나 공놀이나 수영을 하거나 영화를 보지 못하는 지금의 상황이 지속되어서는 안 된다. 오직 시험을 위해서 죽어라 공부만 하는 지금의 상황은 반드시 바뀌어야 한다. 지금의 방법은 인재를 망치고 청년을 망치는 길이다. 너무 많은 과목을 강의하는 것은 스콜라 철학이다. 스콜라 철학에는 멸망이 있을 뿐이다. 13, 14, 15세기 스콜라철학의 시대에서 16, 17세기 계몽시기의 유물주의로 나아가야한다. 중국, 소련, 미국을 막론하고 복잡하고 너저분한 철학을 가지고 학생을 가르치는 나라는 모두 망하고 말 것이다. 오경, 십삼 경 주석이 그렇게 많았지만 모두 멸망했다. 불경은 그렇게 많은데 도대체 누가 그것을 다 읽을 수 있겠는가?

마르크스주의에 관한 책도 너무 많이 읽어서는 안 된다. 몇 십 권이면 충분하다. 너무 많이 읽으면 오히려 부작용이 일어나 교조주의나 수정주의로 빠질 수도 있다.

따라서 우리는 철저하게 개혁을 진행해야 한다. 수업을 간소화하고 교육의 각 부분을 개혁해야 한다. 먼저, 강의를 개혁해야 한다. 강의가 좋지 않으면 학생들이 조는 것을 허락해야 한다. 재미없는 수업을 듣고 있는 것보다 눈을 감고 휴식을 취하는 편이 낫기 때문이다. 둘째, 다양한 여가생활을 즐길 수 있도록 해야 한다. 학생들이 매일 책상에만 파묻혀 있어서는 안 된다. 뛰어놀거나, 공놀이, 수영, 영화 감상을 해야 한다. 셋째는 시험방식을 개혁하는 것이다. 돌발적으로 시험을 내거나 문제를 이상하게 꼬아서는 안 된다.'

　그는 시험문제를 공개하고 학생들이 스스로 연구하도록 해야 한다고 주장했다. 예를 들어 『홍루몽』에서 20개의 문제가 출제된다고 한다면 학생들이 스스로 연구하여 해답을 얻도록 하고, 만약 어떤 학생이 비록 반 정도만 답을 했더라도 대답이 상당히 창의적이라면 100점을 주어야 한다고 생각했다. 하지만 20개 문제에 모두 답을 했더라도 단순히 책을 그대로 외운 것이고 조금의 창의성도 없다면 50점이나 60점을 주어야 한다고 보았다. 또한 시험을 볼 때는 토론이 허용되어야 한다고 생각했다. 결론적으로 시험제도는 개혁되어야 하며 구체적인 방법은 시범운행을 통해 시험해 볼 수 있다고 설명했다. 또한 그는 "모든 과목이 모두 시험을 볼 필요는 없다. 중고등학교 학생들은 논리, 어법을 공부하되 시험을 볼 필요는 없다. 실제적인 것은 훗날 일을 하는 과정에서 점차 깨달으면 된다."라고 말했다. 베이징의 한 중학교에서 학생들의 부담을 덜어주어야 한다는 연설을 할 때 마오쩌둥은 교육개혁의 내용과 목표를 더욱 명확히 밝히며 이렇게 말했다. "지금의 교과목은 너무 많아서 학생들이 큰 부담을 느끼고 있다. 강의도 심도 있게 이루어지지 못하고 있으며, 시험은 마치 학생들이 적이라도 되는 양 기습적인 공격을 퍼붓는다. 이 세 가지 모두 청소년 시기 지덕체의 고른 발전을 저해하고 있다."

　마오쩌둥의 교육개혁문제에 관한 설명은 혁명화의 특징을 강하게 보이고 있다. 그는 '교육 혁명화'라는 독특한 사고방식도 드러내었는데, 즉 비제도화, 비정형화, 비전문화의 주장이 그것이다. 앞서 말한 생각들은 듀이의 아동중심주의와 중학교의 교육 관념과 상당 부분 일치했다. 20년대 유행한 중국의 실용주의 교육학은 당시의 교육사상가와 타오싱즈, 천허친 등을 배출했을 뿐만 아니라 그 영향은 마오쩌둥 등 미래의 교육사상가에까지 영향을 미쳤다.

필자가 1장에서 분석했던 것처럼 혁명화와 학술화는 본래 교육발전에서는 극과 극의 모델로 그 자체적으로는 선진과 낙후, 전진과 반동, 좋고 나쁨의 구분은 존재하지 않는다. 하지만 한 모델이 다른 모델의 장점을 받아들이지 못하고 무조건 배척한다면 편파적이 되어 교육 실천 과정에서 여러 가지 우를 범할 수밖에 없다. 마오쩌둥의 혁명화 교육사상은 비록 합리적인 면과 창의적인 발상을 가지고 있었지만 '학술화'의 요소가 상대적으로 너무 부족해 실제 실행과정에서 여러 가지 문제를 낳았다. 특히 대대적인 계급투쟁의 끝난 후에는 교육 사업의 중점을 화합에 두었는데, 마오쩌둥은 이 중요한 시기에 '계급투쟁을 중심'으로 한다는 방침을 재천명하여 그의 혁명화 교육이상이 더욱 강력하게 영향을 미치게 되었고 미시적인 개혁에서 갖가지 문제들이 발생했다. '문화대혁명' 중 수업을 중단하고 혁명에 참여하는 등 여러 가지 사건과 비극이 이어졌다. 물론 린뱌오나 4인방 등 다른 꿍꿍이가 있는 인물들의 '눈 가리고 아웅'식의 조치가 문제가 되기도 했지만 마오쩌둥의 혁명화 교육이상 자체에 내재되어 있던 문제들도 무시할 수는 없다.

말년의 마오쩌둥, 청년 마오쩌둥, 중년 마오쩌둥이 가졌던 교육이상이 모두 마오쩌둥의 혁명화 교육사상을 이루는 중요한 부분이지만 시대적, 사회적 요인으로 인해 실천과정에 미친 영향은 각기 달랐다. 혁명화 교육이상 주체의 지위 변화, 마오쩌둥에 대한 중국사회의 인식과 감정의 변화 또한 '혁명화 교육이상'이 실현되는 과정에 새로운 특징을 부여했다. 비록 말년에 과실이 있기는 했지만, 작은 흠이 옥의 아름다움을 더럽힐 수 없듯 마오쩌둥의 교육사상은 여전히 중화교육사상의 소중한 유산이다.

2. 류사오치와 저우언라이의 교육사상

류사오치와 저우언라이 역시 공화국의 1대 지도자이다. 그들은 공화국의 최대 지도자인 마오쩌둥을 보좌하며 공화국의 건립과 성장을 위해 온 힘을 다한 인물로, 전체를 고려하고 큰일을 위해 치욕을 참는 넓은 마음을 가지고 있었다. 교육사상에 있어 그들은 마오쩌둥의 교육이상을 강력히 옹호하고 그 위에 그들만의 독특한 의견을 더했다. 이로써 공화국의 교육은 보다 조화롭고 완전한 모습으로 발전할 수 있었다. 이처럼 이들의 교육사상은 당대 중국교육사상의 힘의 균형을 지탱해주는 중심이며, 마오쩌둥 교육이상을 잘 보완해 주었다.

류사오치의 교육이상은 그의 '두 가지 교육제도, 두 가지 노동제도'의 관점에서 집중적으로 나타난다. 1958년 5월 30일, 류사오치는 공산당 중앙위원회 정치국 확대회의에서 정식으로 이 의견을 내놓았다. 그는 다음과 같이 지적했다. "중국에는 두 가지의 학교교육제도와 공장·농촌의 노동제도가 있어야 한다. 그중 한 가지는 현재 실시하고 있는 전일제 학교교육제도와 공장 및 기관의 8시간 노동제도인데 이것이 주가 된다. 이 밖에, 또 다른 제도를 채용할 수 있는데 앞의 제도와 병행하여 이 또한 주요한 제도가 될 수 있다. 바로 일하면서 공부하는 '반공반독半工半讀'의 학교교육제도와 '반공반독'의 노동제도이다. 학교, 공장, 기관, 농촌 어디를 막론하고 광범위하게 이 방법을 채택할 수 있다." 이를 통해 류사오치가 제의한 두 가지 교육제도와 두 가지 노동제도는 마오쩌둥의 '노동자의 지식화, 지식인의 노동화'의 교육이상과 매우 비슷한 내용이 있음을 알 수 있고, 전자는 후자에서 더 확대되어 발전된 것이라고 볼 수 있다.

류사오치의 두 가지 교육제도와 두 가지 노동제도에는 특수한 역사적 배경이 있다. 모두 알고 있듯이 1945년부터 1947년까지는 중국 국민경제가 신속히 회복되고 발전의 시기로, 교육사업에도 큰 발전이 있었다. 하지만 그러한 발전 과정 중 여러 새로운 모순도 생겨났다. 첫째는 학생의 진학희망과 교육규모 사이의 모순이다. 이것은 류사오치가 깊은 관심을 가졌던 현실적인 문제였다. 그는 이렇게 지적했다. "학생, 청년들은 강력히 진학을 원하고, 더 공부하기를 원한다. 이런 요구는 정당한 것이다. 국가는 방법을 생각하고 여건을 조성해 그들의 진학요구를 최대한 만족시켜 줘야 한다. 중국은 지식인이 증가하는 것, 학교가 증가하는 것이 두려운 것이 아니라 학교가 너무 적은 것이 두렵다." 그러나 학교를 세우려면 경비가 필요했고, 국가는 당시 재정적 어려움을 겪고 있어 교육에 더 많은 돈을 투자할 수 없었고 학생들의 가정 역시 많은 돈을 들여 자녀에게 대학교육을 시킬 여력이 되지 않았다. 그래서 류사오치는 '도시와 농촌이 연합해 집단으로 학교를 설립하는 방법을 채택해 초·중고교를 설립하는', 즉 민영교육의 발전을 제시했다. 이와 함께 그는 과외 노동, 일하면서 배우는 것'이 학교 경비 문제를 해결할 수 있는 좋은 방법이라고 생각했다. 그는 "일하면서 배우는 것은 학생과 청소년이 국가나 가정에 기대지 않고 자신의 힘으로 공부와 진학하는 방법이다."라고 말했다.

둘째는 취업과 공부의 모순이다. 당시, 초·중고교를 졸업하고 진학하지 못한 많은 학생들이 취업문제에 직면해 있었다. 류사오치는 국가기관과 기업이 부서를 간소화하고 있기 때문에 졸업생 중에서 받아들일 수 있는 인원이 많지 않을 것이라고 생각했다. 그러므로 가장 많이 사람을 수용할 수 있는 곳은 역시 농촌이었다. 그는 "농업은 국민경제의 기초이므로, 농업의 경영과 관리, 기술개혁에 지식청년이 투입되어야 하며 청년 학생이 농촌으로 가야만 우리나라 농업 생산이 공전의 대발전'을 이룰 수 있다."고 말했다.

셋째는 교육의 대중화와 교육경비 부족의 모순이다. 류사오치는 중국의 교육대중화 문제를 매우 중시하였다. 1956년 개최한 중국공산당 제8차 전국대표대회에서 류사오치는 다음과 같이 제안했다. "반드시 최대의 노력으로 문맹을 퇴치하고 재정적 역량이 허락하는 범위 내에서 초등교육을 점점 확대시켜 12년 내 지역, 기간별로 점차적으로 초등 의무교육을 실시해야 한다." 그러나 한 가지 학교제도만 운영해서는 교육의 대중화와 경비부족의 모순을 해결할 수 없다고 생각했다. 그는 이렇게 말했다. "현재의 전일제 학교이외에 농사지으며 공부하는 '반농반독半農半讀' 학교나 일하면서 공부하는 '반공반독半工半讀' 학교를 세우면 아이들이 자신의 식사 정도는 해결할 수 있으니 국가와 가정에서 조금씩 보조하면 된다. 따라서 현재와 같은 제도의 학교는 더 이상 늘어나지 않고 그에 필요한 교육경비도 절감될 것이다. 정부는 앞으로 매년 교육경비를 조금씩 늘려나갈 것이고 이 경비를 이용해 반농반독, 반공반독 학교를 세울 수 있다." 당시 경제가 빠르게 발전하는 상황에서 적극적인 노력을 기울인다면 초등학교를 의무교육으로 하여 교육을 대중화할 수 있었다. 하지만 곧이어 불어 닥친 대약진과 문화대혁명은 초등학교뿐 아니라 모든 교육계를 완전히 무너뜨렸다. 류사오치의 두 가지 교육제도, 두 가지 노동제도도 자연히 꽃도 피워보지 못하고 사장되고 말았다.

류사오치의 이 교육이상은 마르크스주의 교육과 생산노동의 결합이라는 기본원리에 뿌리를 내리고 있으며 그 자신의 교육체험과도 깊은 관계가 있다. 그는 청년 시절 바오딩위더保定育德중학교에서 1년 동안 일하며 공부하는 학교생활을 했다. 오전에는 4시간 공부하고 오후에는 4시간 일했으며 문화 학습 외에 강철주조, 주형, 기계조립, 선반공, 모형 등을 배웠고 불어도 배워서 프랑스에서 고학할 준비를 하였다. 결과적으로 공부도 하고, 신체도 단련하고, 돈도 벌 수 있었다.

류사오치는 자신의 두 가지 교육이상의 전망에 대해 자신감에 가득차 이 제도를 통해 육성된 사람은 새로운 인간일 것이라고 생각했다. 그들은 문, 무에 능하고 육체노동뿐 아니라 정신노동도 할 수 있다. 이러한 사람들은 노동자, 농민과 다르고 현재의 지식인과도 다른 '새로운 인간'이라고 보았다. 그는 다음과 같이 생각했다. "50년에서 100년이 지나면 중국의 노동자의 70~80%는 반공반독 중등기술교육학교를 졸업한 사람일 것이고, 농민의 반은 반공반독 중등농업기술학교를 졸업한 사람일 것이다. 이런 사람들이 중등 기술학교의 과정을 이수하면 한 걸음 나아가 대학과정을 배우는 것은 쉬워질 것이다. 그중 어떤 사람은 정치를, 어떤 사람은 경제를, 어떤 사람은 문학예술을 쉽게 배울 수 있을 것이다. 이들은 정신적 노동뿐만 아니라 육체적 노동도 할 수 있다. 그들에게는 정신노동과 육체노동이 크게 다르지 않으며 갈수록 그 차이점은 없어진다. 그들에게 공장주임, 공장장, 당서기, 시장, 현장을 맡게 할 수 있다. 그들이 공장주임, 공장장, 당서기, 시장, 현장을 맡은 이후에도 완전히 생산을 떠나지 말고 역시 반나절은 공장 일을 하거나 밭일을 하고 반나절은 사무실에 앉아 업무를 보아야 한다. 만약 50년에서 100년 사이에 이 목표를 달성하게 되면, 그때 중국의 상황은 현재와 굉장히 다를 것이다. 전체적인 노동 생산율이 매우 높아질 것이고 3대 차이(공업과 농업, 도시와 농촌, 정신노동과 육체노동의 차이)라는 걸림돌도 사라질 것이다.” 이 아름답고 감동적인 장면은, 지금 보기에는 공상에 가깝지만 류사오치가 두 가지의 교육제도, 두 가지의 노동제도를 제시한 동기를 잘 보여준다. 즉 그는 앞에서 서술한 교육의 현실적 문제를 해결하면서도 더욱 근본적으로는 정신노동과 육체노동의 차이를 없애고, 도시와 농촌의 격차 및 공업과 농업의 격차를 좁히려고 했던 것이다. 그는 이렇게 말했다. “노동자, 농민은 높은 문화적 수준을 갖춰야 한다. 그래야 우리나라의 전체적 면모가 바뀔 수 있고 3대 차이를 줄일 수 있으며, 미래에 공산주의로 나아갈 수 있다는 희망을 가질 수 있다.”

류사오치의 교육이상과 마오쩌둥의 교육이상의 적지 않은 부분이 유사하고 상통하는 부분이 있기 때문에, 그의 제안은 마오쩌둥 및 중앙위원회의 지지를 받았다. 1958년 9월 공산당 중앙위원회와 국무원이 「교육업무에 대한 지시」에서 '모든 학교는 반드시 생산노동을 정식 교과과정으로 해야 한다.', '전일제 학교와 반공반독 여가 학교의 병행'을 요구하였다. 이에 따라, 전국적으로 많은 지역, 공장과 광산, 기업과 농촌에 반공반독, 반농반독 학교를 세워 당시 사회 생산 발전의 수요에 적응하였을 뿐만 아니라, 노동인민의 문화·기술 학습의 요구에도 부응하여 비교적 좋은 성과를 거뒀다. 1964년 5월, 중앙위원회는 반공반독 학교의 경험을 전국에 보급하기로 결정하였다. 8월 1일, 류사오치는 공산당 중앙위원회에서 소집한 당내 보고회 상에서 또 '반공반독, 반농반독 교육'의 문제를 거론했다. 〈인민교육〉 9월호는 다시 한 번 「교육혁명의 근본 조치―반공반독 학교와 반농반독 학교의 설립을 다시 논함」이라는 사설을 발표했다. 사설은 '반공반독 학교와 반농반독 학교를 설립하고, 학생이 노동하면서 공부하는 것은 당의 교육방침의 이상적 교육제도를 관철, 실행하는 것이다.'라고 밝혀, 두 가지 제도의 시행과 선전이 최절정에 이르게 되었다.

1958년부터 1965년의 기간에 중국교육은 대대적으로 마오쩌둥의 '노동자의 지식화, 지식인의 노동화'와 류사오치의 '두 가지 교육제도, 두 가지 노동제도'의 교육이상을 실행하였다. 교육부 1965년 하반기의 불완전 통계에 따르면, 당시 전국의 반공(반농)반공 학교는 400여 개, 학생은 80여 만 명에 달했고, 농업중학교와 기타 직업중학교가 6만

1,600개로 증가했으며, 재학생 수는 443만 6,000명에 달했다. 전국의 66개 농업단과대학 중 이미 반농반독 교육을 실시한 곳이 37개였고, 농사지으며 공부하는 학생은 전체 재학생의 15%를 차지했다. 또한 각지에서 밭을 갈며 공부하는 초등학교 40만 개를 설립하였고 전국의 초등학교 총수의 31.4%를 차지했다. 비록 위에 서술한 통계는 실행과정 중에 '대약진'의 영향으로 적지 않은 편차 내지는 왜곡이 있다 하더라도, 또 다른 측면에서 두 가지 교육제도가 당시에 초등교육의 보급과 중등교육의 발전에 커다란 역할을 했다는 것을 설명해 준다.

저우언라이의 교육이상은 한 단어로 요약하기가 매우 어렵다. 그는 때때로 정치 형세 사회조건과 교육실천에 근거하여 융통성 있고 시기적절하게 교육주제를 제시했고 상황의 발전 추이에 따라 자신의 주제를 조정하였기 때문이다. 그는 완곡하게 자신의 교육이상을 설명하는 데에 뛰어났고 끝까지 견지하면서도 밖으로 드러내지 않았고, 완강하고 인내심 있게 자신의 교육이상을 추구했는데, 이는 그의 성격과 정치적 위치와 관계가 있다. 그의 교육에 대한 생각의 발자취를 따라가면, 그의 교육이상에 대한 몇 가지 원칙과 특징을 발견할 수 있다.

'상호보완'은 저우언라이 교육이상의 중요한 특색이다. 때로는 마오쩌둥의 교육이상을 보충해서 더욱 발전시키기도 했고 때로는 실제 교육을 진행함에 있어 너무 과격하거나 잘못된 모습을 바로잡으려 힘썼다. 저우언라이는 항상 '절충'의 원칙을 신봉했고 최대한 각계각층의 긍정적 요소들을 동원하였다. 건국 전날, 그는 베이징대학 교수친목회에서 개최한 좌담에서 「신민주주의 교육에 관하여」라는 연설을 하며 구교육의 비판과 계승의 변증법적 관계에 대해 지적했다. 그의 5·4 시기에는 모든 것을 부정하는 편파성이 존재했다며 다음과 같이 말했다. "기본을 부정하지 않으면서 비판적으로 그것의 좋은 면을 받아들이고, 전체를 부정하지 않으면서 이용할 수 있는 부분은 비판적으로 수용한다." 그래서 저우언라이는 교육의 민족성을 천명할 때도 '세계 각국의 좋은 점은 모두 받아들여야 한다. 그러나 그것들이 종자처럼 중국의 토양 속에 깊이 뿌리를 내리고 크게 성장하여 중국화 되어야만 그 역량을 발휘할 수 있다.'고 말했다. '배척하지 않는다.'는 전제 하에서만 '민족의 교육으로 민족의 무한한 활력과 창조력을 불러일으킬 수' 있다는 것이 그의 생각이었다. 그는 또 "우리의 교육은 과학적이다. 과학은 국경이 없는 것으로, 무릇 중국에 유용한 것은 모두 환영한다."라고 말했다. 그의 말은 공화국 탄생 후 구교육을 어떻게 대할지에 대해 미리 지도사상을 제시한 것이라고 할 수 있다. 초기에는 이 사상이 대체로 철저히 실행되었다. 하지만 나중에는 허무주의로 흘렀다.

인재와 지식인의 문제는 저우언라이 교육이상의 중요한 내용이다. 건국 초기, 그는 인재 결핍의 문제를 절실하게 느꼈다. 그는 이렇게 말했다. "현재 중국의 경제는 회복단계에 있어 인재가 급히 필요하고 전문가 육성이 시급하다." "인재의 결핍은 이미 각 사업을 진행함에 있어 가장 곤란한 문제가 되었다. 경제건설뿐 아니라, 국방건설, 또한 정권을 견고하게 하는 데 우리는 모두 인재가 필요하다. 최근 2년 동안 우리가 말했던 것처럼 중국에는 지식인이 적어도 너무 적다. 어느 분야든지 새로운 사업을 진행할 때마다 전문인재, 기술인재 부족이 문제로 지적되고 있다." 1956년, 저우언라이는 또 이렇게 말했다. "2차 5개년 계획 시기에 사회주의 공업화의 튼튼한 기초를 다지기 위해, 국가건설과 국민경제의 기술개혁을 추진하려면 대대적으로 각 분야의 인재를 육성해야 한다, 국가의 사업을 위해서는 먼저 공업기술인재와 과학연구인재를 육성하는 것이 교육의 가장 중요한 임무이다." 저우언라이는 교육의 인재 육성 기능을 중시하는 한편, 현재 있는 인재를 충분히 활용하는 것도 중요하다고 생각했다. 특히 중시한 것은 지식인들이 사회주의 건설에 적극적으로 참여하도록 하는 것이었다.

1951년 9월 29일, 저우언라이는 베이징, 톈진 대학교 교사 학습회에서 『지식인의 개조 문제에 대하여』라는 장편의 보고서를 발표했다. 이 보고서는 입장문제, 태도문제, 누구를 위해 일하는 가의 문제, 사상문제, 지식문제, 민주문제, 비판 및 자아비판 등 일곱 개 부분에서 지식인 개조의 필요성, 가능성과 기본 절차 문제를 서술하였다. 같은 해 10월, 마오쩌둥은 사상개조를 지식인의 사상개조로 간주했다. 출발점은 좋았다. 하지만 실제 진행하는 과정에서 지나친 '좌파적' 경향이 나타나기 시작했다. 그리하여 1954년 9월 저우언라이는 1기 전인대 1차 회의에서 발표한 「정부업무보고」 중에서 지식인 사상개조의 '효과'를 인정하면서 일부 좌파적인 경향과 과격한 행동을 완곡하게 교정했다. 1956년 1월 14일, 그는 또 공산당 중앙위원회가 개최한 지식인 문제에 대한 회의에서 「지식인 문제에 관한 보고」를 발표했다. 보고서에서 그가 지적한 것은 중국이 사회주의 경제를 건설하려고 하는 근본 이유는 최대한 전체사회의 물질·문화 수요를 만족시키기 위함이라는 것이었다. 또한 이 목표에 도달하기 위해서 반드시 사회의 생산력을 끊임없이 발전시키고, 끊임없이 노동 생산율을 높여야 한다고 지적했다. 즉 반드시 고도 기술의 기초 위에서 사회주의 생산을 끊임없이 발전시키고 개선해야 한다고 주장했다. 따라서 사회주의 시대에는 이전의 어떤 시대보다 더욱 생산기술 수준을 높여야 하며 더욱 적극적으로 과학을 발전시키고 과학지식을 응용해야 한다고 생각했다. 여기에는 노동자 계급과 농민의 적극적 노동 외에, 지식인의 적극인 노동이 필요하다고 여겼다. 다시 말하면, 육체노동과 정신노동이 긴밀하게 연결되어야 하며 노동자와 농민 그리고 지식인 사이에 '형제연맹'을 맺어야 한다는 것이 그의 생각이었다. 저우언라이는 지식인의 역량은 양적 측면, 업무수준 측면, 정치의식 측면 모두 서둘러 실현해야 할 사회주의 건설의 요구에 부합하지 않으며 또한 당시 지식인을 이용하고 대우함에 있어 합리적이지 못한 면들이 있어 '지식인들이 가지고 있는 역량을 충분히 발휘할 수 없도록 방해하고 있다.'고 생각했다. 따라서 그는 지식인들이 능력을 최대한 발휘할 수 있도록 적절한 조치를 취해야 한다고 호소했다. 그리고 끊임없이 그들의 정치적 의식을 일깨우고 차세대 역량을 발굴하여야 하며 하루 빨리 그들의 업무능력을 제고해야 한다고 주장했다. 이를 통해 날로 증가하고 있는 지식인에 대한 수요를 만족시킬 수 있다는 것이 그의 생각이었다.

지식인들이 최대한 역량을 발휘할 수 있도록 하기 위해 저우언라이는 다음과 같은 몇 가지 의견을 제시했다.

첫째, '효율적으로 지식인을 활용하여 그들이 국가에 이로운 전문 지식과 기술을 발휘하도록 해야 한다.' 저우언라이는 지식인의 업무 분배의 불합리나 일부 지식인들이 '일할 곳이 없다.' '쓸데없는 것을 배웠다.'라고 느끼는 상황에 대해 '국가의 소중한 자원을 낭비하고 있다.'라고 비판했다. 그는 인재를 불합리하게 다루는 관료주의, 종파주의, 본위주의를 바로잡아 전문 인재를 적재적소에 사용해야 한다고 주장했다.

두 번째, '지식인에 대해 충분히 이해하여야 하고 그들에게 당연히 얻어야 할 신뢰와 지지를 보내어 그들이 적극적으로 업무를 할 수 있도록 해야 한다.' 저우언라이는 지식인들이 당연히 받아야 할 신임을 받지 못한다고 생각했다. 지식인들은 공장에 가지 못하게 하고 봐도 되는 자료를 보지 못하게 하는 것이 그 예이다. 소수의 당원은 그들보다 상급인 공산당 외부의 지식인 지도자를 존중하지 않고 심지어 공산당 외부 지식인들을 멀리하는 사람들도 있다. 이로 인해 필연적으로 이해의 부족과 감정의 괴리가 생겼다. 이에 대해 저우언라이는 지식인의 업무를 신뢰, 이해, 지지해야 한다고 주장하며, "그들에게 직위와 권리를 주어야 하며, 그들의 의견을 존중해야 하고, 그들의 업무 연구와 성과를 중시해야 하며, 사회주의 건설 중의 학술토론을 격려해 주어야 하고 그들의 창조와 발명이 실험되고 보급되는 기회를 주어야 한다. 당의 지도학회는 동지의 자세로 그들에게 다가가고 그들을 올바로 이해해서 역할을 수행할 수 있도록 그들을 이끌어 주고 도와주어야 한다."라고 말했다.

셋째, '지식인에게 필요한 업무환경을 제공하고 적절한 대우를 해 주어야 한다.' 지식인의 업무환경에는 두 가지 문제가 있었다. 하나는 많은 사람들이 업무와 무관한 회의와 행정 업무에 할애하는 시간이 너무 많아 자신의 시간을 효과적으로 분배하지 못하는 것이었다. 두 번째는 필요한 도서자료나 업무시설이 부족하거나 혹은 적당한 조수가 부족해 업무능률이 저하되는 것이었다. 이 점을 고려하여 저우언라이는 지식인이 최소 출근일 중의 6분의 5(즉 매주 40시간)를 자신의 업무에 사용하며, 남은 시간을 정치학습이나 필요한 회의와 사회 활동에 써야 한다고 주장했다. 이외에, 빠른 시간 내에 전문가들이 '겸직이 너무 많은 상황'을 조정하고 자료정리 업무를 진행해야 한다고 말했다.

당시, 지식인의 생활 대우에는 얼마간의 문제가 있었다. 예를 들면 일부 고급 지식인은 낙후된 환경에서 생활하면서 제대로 된 휴식이나 여가생활을 영위하지 못하고 있었다. 저우언라이는 세 가지 부분에서 이러한 문제를 해결할 것을 제안했다.

첫째는 관련 기관의 행정관리원들이 지식인의 생활여건에 신경을 쓰도록 교육하는 것이다. 특히 행정책임자의 생활에만 관심을 기울이고 지식인을 보며 '과연 당신을 돌볼만한 가치가 있느냐, 왜 내가 당신 시중을 들어야 하는가.' 등의 잘못된 관념을 깨뜨려야 한다며 이렇게만 하면 문제가 절반은 해결된다고 지적했다. 둘째는 관련 기관의 노동조합과 소비협력사에서 지식인들을 위한 서비스를 확대해야 한다. 세 번째는 노동에 따라 보수를 주는 원칙에 근거해 지식인의 월급을 합리적으로 조정하여 국가에 이바지한 만큼 월급을 책정하여 인센티브 없는 일괄적인 월급제도 및 기타 불합리한 현상을 없애야 한다. 그 외에, 저우언라이는 또 승진제도, 학위, 연구원, 지식계의 명예호칭, 발명창조와 우수저작상 등 제도에 대해 설명하였다. 또한 이러한 조치들도 지식인들이 앞으로 나아가도록 장려하고 과학문화의 진보를 진작시키는 중요한 방법이라고 말했다.

1962년, 마오쩌둥이 춘제 좌담회에서 연설하기 1년 전 쯤, 저우언라이는 다시 두 차례에 걸쳐 지식인 문제를 언급하였다. 1962년 3월 2일에 광저우에서 개최한 전국과학공작, 희극 창조 등 회의에서 대표로 「지식인 문제를 논함」을 연설하였다. 오래지 않아, 그는 2기 전인대 제3번차 회의에서 발표한 「정부업무보고」 중, 사회주의 시기에서 지식인의 위상과 역할을 명백히 밝히고 중국의 지식인의 절대 다수는 '노동인민에 속한 지식인'임을 명확히 했다. 또한 "지식인은 사회주의 건설 사업을 승리로 이끌기 위해 없어서는 안 될 중요한 역량이다. 중국의 지식 분자는 사회주의 건설의 전선에서 위대한 공헌을 하고 국가와 인민의 존중을 받아야만 한다."고 말했다. 저우언라이가 연설하고 있을 때 천이陣毅 역시 '지식인은 인민의 노동자이며, 무산 계급을 위해 봉사하는 정신노동자.'라고 생각했다. 또한 "자본가 계급의 지식인이라는 딱지를 떼어야 한다. 오늘, 나는 당신들에게 딱지를 떼는 의식을 해주겠다."라고 말했다. 그의 말은 전국의 지식인들에게 강한 반향을 일으켰다.

저우언라이는 공화국의 교육체계를 세우는 데 있어서도 이론상의 공헌을 했다. 그는 기초교육의 건설에 매우 관심이 많았다. 건국 전날, 그는 "인민대중의 교육과 초·중고등교육의 발전은 중요하면서도 어려운 임무이다. 부실한 초·중학교 교육의 위에서 대학교육이 잘 이루어질 수는 없다. 교육은 대중화되어야 하고 먼저 초·중등교육을 잘 해야 한다."라고 말했다. 1963년, 그는 국가계획위원회, 교육부, 노동부, 중국공산주의청년단 중앙위원회, 전국 부녀연합회 등의 부처의 책임자들을 대상으로 한 연설에서 여러 차례 다음과 같이 말했다. "초·중고교육이 매우 중요하므로, 교육부의 업무는 '들쭉날쭉'할 수 없다. 물론 대학교육 역시 간과해서는 안 될 중요한 교육으로 교육의 질을 향상시켜야 하나 수적으로 따져봤을 때, 상대적으로 적은 편이다. 초·중등교육은 수가 많고, 중요성도 높아서 절대 소홀히 할 수 없다." 50년대 초 신 학제 學制를 발표할 때, 저우언라이는 공농속성학교와 여가보습학교의 위치를 여타 다른 학교와 동등하게 올려놓자고 주장했다. 이렇게 하면 농촌과 도시의 글을 모르거나 지식수준이 낮은 성인 노동인민에게 학습의 기회를 줄 수 있다는 것이었다. 그는 다음과 같이 제안했다. "우리는 반드시 교육 관념을 바꿔야 한다. 과거의 전통은 청소년들만 위해서 학교를 짓고, 정규화만 중시하여 6~7세에 학교에 들어가서 20대에 대학을 졸업하게 된다. 20~30세의 사람이 초등학교에 들어가거나 40대에 대학에 가는 것은 꿈조차 꿀 수 없다. 이런 관념은 바뀌어야 한다. 성인들의 배움의 욕구에 부합하는 학제를 마련하여 그들에게 교육의 기회를 제공해야 한다." 비록 저우언라이의 성인교육사상과 현대적 의미의 '평생교육' 개념은 많은 차이가 있으나 중국의 국정에서 출발한 정통학교 이외 교육체계에 관한 구상은 평생교육의 관념과 통하는 점이 없지는 않다. 또한 그는 중등직업기술교육, 사범교육, 대학교육 등의 문제에 관해서도 언급했다. 예로 1953년에 그는 「대학사범교육의 개선과 발전에 대한 지시」를 발표하여 수요와 가능성을 기초로 계획성 있게 대대적으로 사범교육을 발전시켜야 한다고 밝혔다. 1972년 그는 리정다오李正道 박사를 회견할 때도 "중고등학교 졸업생이 대학에 바로 진학할 수 있도록 하자."는 주장 등을 하였고, 이는 중국 당대 교육에 두말할 것 없이 긍정적인 영향을 끼쳤다.

3. 현대화 : 덩샤오핑 교육이상의 주요 색채

공화국의 지도자, 중국공산당 제2대 지도자 그룹의 핵심인물인 덩샤오핑은 인민에게 중국 특색의 사회주의 건설을 지도하는 과정 중, 시종 전략가의 안목으로 교육에 대해 높은 관심을 보였다. 문화대혁명 이후 그는 가장 먼저 '지식을 존중하고, 인재를 존중한다.'라는 구호를 발표했고 친히 나서서 교육을 통해 과학기술을 발전시키고 현대화를 실현시키려고 했다. 1983년 그는 징산景山학교를 위한 격려사에서 '교육은 현대화, 세계화, 미래화를 지향해야 한다.'라고 말함으로써 현대화에 대한 자신의 교육이상을 총괄하고 중국인에게 현대화를 향한 희망과 열정을 불어넣었다.

덩샤오핑은 1957년부터 시작해 교육문제에 대해 수많은 논술을 발표했고 교육과 현대화를 연결하기 시작한 것은 1975년부터였다. 그 해 9월 26일, 덩샤오핑은 과학원 보고를 들을 때, 교육 현대화의 의의에 대해 다음과 같이 강조했다. "우리나라의 위기는 교육 부문에서 발생할 수 있다. 교육이 현대화의 진행을 막고 있다." "철강대학은 중등기술학교 수준인데 대학으로 운영할 필요가 있는가? 상하이 기계공장 '7·21' 대학은 대학 형식을 빌렸을 뿐, 대학을 대신할 수는 없다." "수학, 물리, 화학, 외국어를 알지 못하는데 어찌 정상까지 올라가겠는가?"라고 말했다.

1977년 다시 업무에 복귀한 후, 그는 탁월한 식견으로 교육이 중국사회경제발전에서 장차 중요한 역할을 감당할 것을 예견하며 다음과 같이 말했다. "나는 과학과 교육이 어렵다는 것을 안다. 하지만 이 두 가지를 발전시키지 않으면 4개 현대화(공업, 농업, 국방, 과학)는 희망이 없는 빈말이 된다."

분명히 덩샤오핑의 현대화의 꿈은 교육으로서 현실이 되었다.

현대화의 핵심은 과학기술과 과학인재이다. 그런데 과학기술의 발전과 과학인재 육성에 있어 교육이 매우 중요한 역할을 한다. 덩샤오핑은 교육 → 과학기술 → 현대화에 내재된 논리에 대해 정확한 인식을 가지고 있었다. 그는 여러 번 다음과 같이 말했다. "우리는 현대화를 실현해야 하는데, 중요한 것은 과학기술이 진보해야 한다는 점이다. 과학기술의 발전은 교육을 발전시키지 않고는 이룰 수 없다."

현대사회에서 과학기술이 생산력과 경제 발전에서 차지하는 비중은 점점 커지고 있다. 통계에 따르면, 1770년 과학기술의 생산율과 수공업 생산율의 비율은 4 : 1이었는데 1840년에는 108 : 1로 26배나 증가하였다. 20세기 초, 공업생산율의 증가치 중 5~20%는 새로운 과학기술에 의해서 얻은 것이고, 70년대 이 비율은 60~80%로 올랐으며, 어떤 부문에서는 100%에 다다랐다. 과학기술은 이미 생산력에 있어 필수불가결한 부분이 되었다. 그래서 덩샤오핑은 다음과 같이 말했다. "현대과학기술의 발전으로 과학과 생산의 관계가 점점 긴밀해지고 있다. 과학기술은 생산력으로서 갈수록 큰 역할을 발휘하고 있다."

1983년 10월 1일, 그는 베이징 징산학교를 위한 격려사에서 '교육은 현대화, 세계화, 미래화를 지향해야 한다.'고 강조하며 간단명료하게 핵심을 정리했고, 장기적인 안목으로 교육에 대한 요구와 미래의 개혁 방향을 다음과 같이 제시했다. "현대화라는 웅대한 목표를 실현하고, 글로벌 경제와 기술이 가져올 도전에 맞서기 위해, 또한 국가와 민족의 미래를 위해 교육은 사회주의 물질문명과 정신문명 창조라는 막대한 사명을 짊어져야 한다. 이것이 바로 '3대 지향'의 핵심이다."

이러한 '3대 지향'은 이후 중국 사회주의 교육 사업 개혁과 발전의 지도방침이 되었다.

현대화의 건설을 위해서는 높은 수준의 기술인재와 과학엘리트를 육성해야 할 뿐만 아니라 전민족의 과학문화 수준도 높여야 한다. 덩샤오핑은 일찌감치 현대화와 노동자 수준 사이의 내재적 관계를 인식했다. 1977년, 그는 다음과 같이 말했다.

"과학기술을 발전시키려면 반드시 교육을 함께 발전시켜야 한다. 초등학교에서부터 중고등학교, 대학까지 고루 발전시켜야 한다. 나는 지금부터 시작해 5년 후에는 자그마한 성과를 내고, 10년 후에는 어느 정도 성과를 거두며, 15년 20년 후에는 큰 성과를 얻기를 희망한다."

1985년 전국교육공작회의에서 그는 한걸음 더 나아가 이렇게 제의했다.

"우리나라의 국력, 경제 발전은 점점 노동자의 수준, 지식인의 양과 질에 의해 좌우될 것이다. 10억 인구의 대국이 교육을 발전시킨다면 어떤 국가도 비교할 수 없는 인재풀을 갖추게 될 것이다. 인재에서 우위를 점하고 선진적인 사회주의 제도가 있으면 우리의 목표는 곧 이루어질 것이다." "중앙정부는 막대한 노력을 기울여 교육을 실행하고, 특히 초·중고교에서부터 확실히 시행할 것을 제기한다. 이것은 전략적 의미가 있다. 만약 지금 공산당 전체에 이러한 임무를 제시하지 않는다면 큰일을 그르칠 것이고 역사의 책임을 지게 될 것이다."

교육 문제에 대한 덩샤오핑의 언급에 근거하여 공산당 12대, 13대 전체 회의에서는 교육을 경제건실 및 현대화 전략의 중점 사업으로 세우고 다음과 같은 공감대를 형성했다.

"근본적으로 말해 과학기술의 발전, 경제의 발전, 더 나아가 전 사회의 진보는 노동자의 수준 제고와 고급 인력의 대거 양성에 달려있다. 백년대계는 교육을 근본으로 삼는다."

현대화의 건설은 고도의 물질문명을 갖추고 선진과학기술 수준을 구비한 것을 의미할 뿐만 아니라 고도의 정신문명까지 포함한다. 덩샤오핑은 정신문명의 건설을 현대화의 주요 내용으로 여기고 이렇게 말했다. "우리나라는 이미 사회주의 현대화 건설의 새로운 시기에 진입했다. 우리는 사회 생산력을 큰 폭으로 높이는 동시에 사회주의 경제와 정치제도를 개혁, 정비해야 하며 사회주의 민주를 발전시키고 사회주의 법제를 구비해야 한다.” “우리는 사회주의 국가를 건설하기 위해 고도의 물질문명뿐 아니라 고도의 정신문명도 갖추어야 한다.”

정신문명의 건설이란 매우 다양한 의미를 내포하고 있다. 덩샤오핑은 그것이 교육, 과학 문화를 포함할 뿐만 아니라 공산주의 사상, 이념, 신념, 규율, 혁명의 입장과 원칙, 사람과 사람의 관계 등을 가리킨다고 보았으며, 교육을 정신문명 건설의 중요한 구성요소로 보았다.

정신문명 건설의 두 가지 임무 즉, 교육, 과학, 문화 건설과 사상, 도덕 건설은 불가분의 관계이다. 덩샤오핑은 양자의 관계를 논술할 때 이렇게 말했다. “학교는 항상 정확하고 확고한 정치적 사상을 최우선에 놓아야 한다. 하지만 이것은 많은 수업시간을 할애하여 정치사상 교육을 하라는 뜻이 아니다. 학생도 항상 정확하고 확고한 정치적 사상을 최우선에 놓아야 한다. 하지만 이것은 과학과 문화를 배척하라는 뜻이 아니다. 정치적 깨달음이 깊을수록 혁명을 위해 오히려 더 적극적으로 과학과 문화를 학습해야 한다. ‘4인방’은 확고한 정치적 사상이라는 전제 아래 교육의 질을 크게 높이고 학생의 과학문화 수준을 크게 높이는 것을 ‘지식 제일주의 교육’이라며 반대했는데 이는 황당한 발상일 뿐 아니라 무산계급 정치에 대한 배반이다.” 다시 말하면, 확고한 정치적 사상이라는 전제에서 교육은 반드시 문화건설을 위해 존재해야 하고 문화과학지식의 교육을 학교교육의 중심에 놓아야 한다는 것이었다.

교육이 현대화 건설에 있어서 중요한 위치에 있기 때문에 덩샤오핑은 본인 스스로 교육을 중시했을 뿐만 아니라, 각계 지도자에게도 교육을 중시하고 교육을 전략적 위치에 놓을 것을 역설했다. 그는 지식과 인재의 중요성을 이해하고, 교육의 중요성을 이해하는 것은 중국공산당의 큰 진보라고 생각했다. 그러나 교육 문제를 소홀히 하고 특히, 몇몇 지도자 간부가 교육문제를 소홀히 하는 문제가 아직 해결되지 않았다고 생각했다. 그는 "여전히 몇몇의 고급간부를 포함한 상당수의 동지는 교육의 발전과 개혁의 필요성에 대해 인식이 부족하고 긴박감이 부족하고 혹은 입으로는 교육의 중요성을 인정하면서도 실제로 문제를 해결할 때에는 그렇게 중요하지 않다고 여긴다."라고 말했다.

그는 더 나아가 이렇게 지적했다. "한 지역과 부서가 만약 경제만을 신경 쓰고 교육을 소홀히 한다면 그곳의 상황은 좋아지지 않거나, 설령 좋아지더라도 약간의 변화만 생길 뿐일 것이다." 그는 또 이렇게 지적했다. "교육을 소홀히 하는 지도자는 멀리 보는 눈이 부족하고, 성숙하지 않은 지도자이니 현대화 건설을 이끌 수 없다. 교육의 전략적 위상은 어떻게 구현되는가? 지도자가 현대화 과정에서 교육의 역할을 중시할 때 어떤 효과가 일어나는가? "아무리 완벽한 것이라도 실천하여 현실로 만들지 않으면 헛소리에 불과하다. 이렇게 되지 않으려면 사상을 중요하게 생각하는 것 외에도 인력, 물력, 재력이 보장이 되어야 한다. 그중 가장 중요한 것은 교사의 확보와 교육의 경비를 늘리는 것이다."

덩샤오핑은 교사 확보를 아주 중요하게 생각했다. "학교가 사회주의 현대화 건설에 부합하는 인재를 육성할 수 있는지 없는지, 지덕체를 고루 갖추고 사회주의 의식이 있는 수준 높은 노동자를 육성할 수 있는지 없는지는 교사에게 달려 있다." 그는 교사의 노동을 아주 높게 평가하며 교사들은 근면성실한 태도로 사회주의를 위해 교육 사업에 매진하고 민족과 국가, 무산계급을 위해 큰 공로를 세웠다.”고 말했다.

교사가 마주한 모든 학생은 특수한 세계이고, 교사는 학생의 진보를 위해 심혈을 기울이며, 교사는 문화의 전수와 사회진보를 위해 커다란 공헌을 한다. 이러한 의미에서 덩샤오핑은 교사를 ‘숭고한 혁명의 노동자’라고 칭찬하며 ‘민족을 위해, 국가를 위해, 무산계급을 위해 커다란 공로를 세웠다.’라고 평가했다. 또 그는 교사의 정치 지위와 사회 지위를 제고해야 한다고 호소하며 “학생뿐 아니라 모든 사회가 교사를 존중해야 한다.”라고 말했다. 동시에 ‘우수한 교육자는 대대적으로 표창하고 칭찬해야 한다.’고 생각했다.

교사에 대한 물질적 대우와 교사의 업무환경을 개선하는 것은 교사의 확보에 있어서 빼놓을 수 없는 부분이다. 이렇게 해야만 안정적으로 교사를 확보할 수 있으며 우수한 인재를 이끌어 낼 수 있다. 이 때문에 덩샤오핑은 교사를 위해 실질적인 여건을 조성해 주고 구체적인 문제들을 해결해 주어야 한다고 주장하며 이렇게 말했다. ‘먼저 초·중고교 교사의 임금제도부터 논의해야 한다. 그들의 턱없이 낮은 임금과 불합리한 처우 문제를 개선하여 그들이 평생토록 교육 사업에 헌신할 수 있도록 격려해야 한다.’고 주장했다.

교사에 대한 물질적 대우와 교사의 업무환경을 개선하는 것은 동시에 이루어져야 하는 과정이다. 수준 높은 교사를 확보하지 못한다면 고급 인력 양성과 높은 수준의 현대화는 공론에 그치게 된다. 따라서 교사의 사회, 정치적 지위와 경제, 물질적 처우를 제고하고 전 사회가 교사를 존중하는 분위기를 형성하면서 양질의 교사를 대량 확보해야 한다, 덩샤오핑은 이에 대해서도 많은 언급을 했다. 그는 다음과 같이 지적했다. "교육전선의 임무는 갈수록 무거워지고, 각계 교육부처는 현재의 교사의 강의 능력과 수준을 제고해야 한다."

그는 또한 교사 자질 훈련을 정부 계획에 넣고 중요한 과제로 삼아 교사의 수준을 끊임없이 제고해야 한다고 주장했다. 그는 또 교사 자질 훈련에 대해 몇 가지 의견을 내었다, "교육부와 각계 교육행정부처는 현실적이고 적절한 조치를 채택해야 한다. 예를 들면 라디오, 텔레비전을 충분히 이용하고, 각종 훈련반, 연수반을 개설하고, 교육 참고자료를 편찬해야 한다. 실력 있는 교사를 초빙해 교사들을 훈련시키고 대학 교사는 중고등학교 교사가 수준을 높일 수 있도록 도와야 한다. 과학연구 종사자 중에도 선발하여 교육을 하거나 교육을 지원하도록 할 수 있다."

교육경비의 증가는 교육발전의 기본조건이다. 제2차 세계대전 이후에 슐츠의 인력자본이론은 큰 영향을 끼쳤고 '현재의 교육은 10년 후의 공업'이라는 인식이 많은 사람들에게 공감을 얻었다. 유엔의 관련 보고서에도 다음과 같이 밝혔다. '수세기 동안, 특히 산업혁명을 일으킨 유럽 국가는 경제성장 후 교육의 발전이 이루어졌다. 현재는 전 세계에서 교육의 발전이 경제 발전보다 앞서는 경향이 나타나고 있는데 이것은 인류역사상 처음 있는 일이다. 이런 경향은 일본, 소련, 미국 등 국가에서 먼저 성공적으로 나타났다. 몇몇 특별한 국가, 특히 개발도상국은 지난 몇 년 동안 막대한 희생과 고통을 감내하면서 이 길을 선택했다.'

덩샤오핑은 예민한 통찰력으로 시대의 특징과 변화를 추측하고 판단하여 1977년 8월 '두 가지 추측'을 언급하는 동시에 교육투자의 의미를 인식했고 '교육경비는 어떻게 해서든지 늘려야 한다.'고 건의했다.

1980년, 그는 또 경제발전과 교육사업 발전 간에 적당한 비율을 유지해야 한다는 견해를 제시하며 이렇게 말했다.

"현대화 국가를 건설하려면 각 경제 영역의 비율을 조절해야 할 뿐 아니라 경제발전과 교육, 과학, 문화, 보건 발전 간의 불균형도 조절해야 한다. 교육, 과학, 문화, 보건에 투자하는 비용이 너무 낮아 비율이 맞지 않는다. 심지어 일부 제3세계 국가들도 우리보다 이 부분을 훨씬 중시한다. 인도가 교육 분야에 쓰는 돈은 우리보다 많다. 이집트 같은 국가는 인구가 겨우 4천만 명인데 인구 평균으로 계산해 보면 그들이 교육에 쓰는 돈은 우리보다 몇 배나 많다. 결론적으로 우리는 교과 문화, 교육 문화의 비용을 크게 늘려야 한다." 그는 또 이렇게 강조했다. "어떻게 해서든지 해마다 이 부분에 대한 지출을 늘려야 한다. 그렇지 않으면 현대화를 이룰 수 없다."

상술한 덩샤오핑의 호소는 사회 각계에 강렬한 반향을 불러일으켰고 많은 사람들의 동감을 얻었다. 1985년 「교육체제 개혁에 대한 공산당 중앙위원회의 결정」에 그의 정신이 잘 드러나 있다. 문서는 '교육사업의 발전은 투자를 늘리지 않고는 안 된다.'라고 명시하고 있다. 그 후 중앙정부와 지방정부의 교육지출 증가폭은 재정 경상수입의 증가폭을 상회했다. 1977년 76억 2,300만 위안에서 1998년 321억 위안으로 3.2배 증가했고 연평균성장률도 15.6%로 재정수입 증가폭을 앞섰다. 그러나 원래 교육경비 기본 액수가 너무 낮았고 재정수입이 국민총생산에서 차지하는 비중이 계속 내려가 교육경비가 국민총생산에서 차지하는 비율은 오히려 1987년의 2.6%에서 1988년에는 2.47%로 하락했다. 동시에 물가상승과 교직원의 임금 조정 등으로 인해 교육경비 중의 인건비의 비중은 갈수록 증가했으나, 공용 교육경비는 오히려 계속 하락했다. 이처럼 교육경비의 문제는 여전히 근본적으로 해결되지 않았다. 이것은 현대화가 어렵고도 방대하며 장기적인 과정임을 설명해준다.

공화국의 지도자이자 총 설계자였던 덩샤오핑은 중국의 미래 현대화 청사진을 제시하며 중국교육계가 최선을 다해 현대화, 세계화, 미래화를 향해 나아갈 것을 독려했다. 또한 중국의 교육이 세계교육 개혁의 물결 속으로 나아갈 것을 주문했다. 이것은 중국교육의 새로운 기원이며 중화교육사상의 새로운 기원임에 의심할 여지가 없다. 당대 중국 인민이 한마음 한뜻으로 교육을 실행한다면 사회주의 현대화 이상은 머지않아 현실로 다가올 것이다.

4. 창의성 : 장쩌민 교육이상의 추구

1990년대 이래로 국내외 정치, 경제, 문화 과학기술이 신속한 발전을 이루었고, 국제 경쟁은 날로 치열해지는 양상을 띠었다. 세계 각국이 교육을 종합 국력의 중요한 근간으로 생각하면서, 국력 경쟁이 결국 교육 경쟁으로 귀결되었다. 이로써 교육의 개혁과 발전이 큰 관심을 받았다. 당의 3대 지도자 그룹의 핵심 인물로서, 장쩌민은 교육문제를 매우 중시했다. 교육문제에 대해 중요한 언급을 했고 이로부터 체계적이고 독자적인 교육사상체계를 만들어 냈다.

첫째, 그는 '과학교육으로 나라를 일으키자.'는 발전 전략을 제정하고 실행에 옮겼으며 사회주의 현대화 건설 과정에서 교육의 중요한 위치와 역할을 명확히 했다. 그는 교육이 우선적으로 발전해야 한다는 관념과 교육을 경제, 과학과 긴밀한 결합해야 한다는 관점을 제기했다. 1999년 6월 장쩌민은 전국교육공작회의 연설에서 다음과 같이 강조했다. "교육은 모든 것의 기본이며, 민족의 진흥, 경제발전, 사회의 전면적 발전과 관계가 있다. 각급 당위원회와 정부는 교육을 전략발전의 중점 및 현대화건설의 전체적 구도 안으로 편입시키고 교육을 선도적, 전체적, 기초적 업무로 여겨 무엇보다 우선적으로 발전시켜야 할 전략적 위치에 놓아야 한다."

둘째, 21세기 중국교육개혁과 발전을 이끌어나갈 '3개 대표' 강령을 제시했다. 그는 생산력의 가장 기본이 되는 요소는 인재이며, 인재를 육성하기 위해서는 반드시 교육이 필요하다고 생각했다. 또한 중국의 선진문화가 나아가야 할 방향은 교육과 밀접한 관계를 가지고 있으며, 문화를 전승하는 가장 효과적인 루트 또한 교육이라고 보았다. 날로 증가하는 배움에 대한 국민의 욕구를 만족시켜줄 수 있는가가 그 교육이 국민에게 근본이익에 부합되는지를 판단하는 기준이 된다는 것이 그의 생각이었다.

셋째, 인간의 전면적인 발전을 촉진하는 것이 '사회주의 신사회의 본질적인 요구'라고 보고 사람의 전면적 발전이론에 관한 마르크스주의를 발전시켰다. 어떻게 사람의 전면적 발전을 실현할지에 대해 장쩌민은 다양한 측면에서 구체적으로 설명한 적이 있다. 그중 교육의 각도에서 한 설명이 가장 슬기로웠다. '7·1'의 연설에서 그는 다음과 같이 지적했다. "사람은 생산력에 가장 결정적인 역할을 한다. 끊임없이 그들의 기술과 창조능력을 제고하고 그들의 적극성과 능동성, 창의성을 충분히 발휘하도록 하는 것은 우리 당의 대표들이 중국의 생산력 발전을 위해 반드시 시행해야 하는 첫 번째 임무이다. 교육 사업을 발전시켜 모든 사람에게 교육의 기회가 주어지도록 하며, 모든 사람에게 문화를 향유할 권리를 주어야 한다. 전민족의 사상도덕 소양과 과학기술 수준 제고에 힘써야 한다. 사람의 사상과 정신생활의 전면적 발전을 실현해야 한다." 이와 같은 글을 통해 그는 인간을 전면적으로 발전시킬 수 있는 가장 기본적인 방법은 교육이라는 점을 명확히 제시했다.

넷째, 국제경쟁에 대응하고 현대화 건설을 이루기 위해 세계일류의 대학을 설립하고 세대를 이어 지속적으로 창의적 인재를 육성할 것을 제시했다. 1999년 베이징대학교 개교 100주년 기념 축하 대회 연설에서는 간절한 바람을 담아 이렇게 말했다. "현대화를 실현하기 위해서 우리는 몇 개의 세계 선진 수준의 일류대학이 필요하다. 이러한 대학은 마땅히 수준 높은 창의적 인재를 양성하는 요람이 되어야 한다." 이를 통해 중국 대학교육의 미래의 개혁과 발전이 나아가야 할 방향을 제시했다.

다섯째, 창의성, 창의적 인재의 육성, 교육사상과 제도 및 방법의 혁신에 대한 의견을 제시했다. 장쩌민 동지는 다음과 같이 지적했다. "오늘날 세계는 과학기술이 급격히 발전하면서 지식경제 시대로 접어들고 있으며 국력 경쟁도 날로 치열해지고 있다. 모든 당과 사회는 지식 혁신과 인재 육성이 경제발전과 사회진보에 얼마나 중대한 역할을 하는지 알아야 한다. 창의력이 풍부한 고급 인재를 육성해야 할 것이다." 그는 '미래사회의 국력 경쟁은 결국 지식 혁신의 경쟁, 창의적 인재의 경쟁이며 교육이 얼마나 효과적으로 창의적 인재를 육성하느냐의 경쟁이기도 하다.'라고 생각했다. 따라서 그는 여러 번 "창의성은 한 민족의 영혼이요, 한 국가가 흥하기 위한 동력이다. 창의성의 관건은 인재에 있고 인재의 성장은 교육에 달려 있다."라고 강조했다. 오늘날 이러한 말들은 창조적 교육과 교육 창조의 경전으로 받아들여지고 있다.

여섯째, 교육이 일종의 체계적인 사업이라는 점을 강조했다. 그는 전 사회가 교육 특히, 학생의 사상, 인격 교육에 관심과 지지를 보내야하며 교육을 당과 민족의 가장 중요한 과제로 삼기를 호소했다. 장쩌민은 전 당원을 대상으로 이렇게 말했다. "교육을 체계적인 사업이라고 말한 이유는, 교육이란 전 사회가 관심과 지지를 보내주어야 가능하기 때문이다. 교육은 교육 부서뿐 아니라 사상 부서, 법률 부서 및 다른 모든 부서와 당, 전 사회가 함께 이루어야 한다."

일곱째, 청소년 학생에게 '4개통일'을 학습하고 지지할 것을 촉구하고 청소년 학생들에게 올바른 인생 성장의 길을 제시했다. '4개통일'은 '과학, 문화를 학습하는 것과 사상 수양의 통일' '책의 지식을 학습하는

것과 사회현장에서 헌신하는 것의 통일' '자신의 가치를 높이는 것과
국가를 위해 봉사하는 것의 통일' '원대한 이상을 품는 것과 열심히 노
력하는 것의 통일'을 일컫는다. 그는 또한 '교육과 생산노동의 결합'을
'교육과 사회 실천의 결합' 혹은 '창업 실천과의 결합'으로 확대했다.
그는 다음과 같이 말했다. "학생들이 노동자와의 관계를 정확히 인식
하도록 교육하고 노동자와 함께 감정을 나누고 노동자와 결합해 함께
나아가도록 해야 한다." "학생은 적극적으로 사회현장에 헌신해야 한
다. 노동자, 농민들에게 배우고 자신이 학교와 교과서에서 배운 것들을
생산노동에 응용하여 사회의 검증을 받아야 한다. 단지 학생이 문을 닫
아걸고 책만 읽고 노동에 참여하지 않고 사회현장을 접하지 않으며 노
동자, 농민이 얼마나 힘겹게 사회의 부를 창조해냈는가를 이해하지 못
하고 노동자들과 마음으로 교류하지 않는다면 그들의 건강한 성장과
전면적 발전에 도움이 되지 못한다."

1992년 5월, 장쩌민은 베이징의 대학 예비졸업생들과의 좌담회에서
특별히 어떻게 교육을 생산노동과 결합시켜 나갈지 와 노동자와 결합
해 함께 나아가는 것에 대해서 세 가지 요구를 제기했다. '첫째, 실제에
근거하고 군중에게 다가서며, 이론과 실제를 결합시킨다. 개인의 앞날
과 조국의 앞날을 긴밀히 연계하여 생각한다. 둘째, 부지런히 자신의
사업에 힘을 쏟는다. 셋째, 일을 하면서도 열심히 공부하고 자발적으로
스스로의 취약점을 개선하여 보다 빨리 스스로를 성숙시킨다.'

여덟 번째, 평생교육의 중요한 사상·관점을 강조하여 이것이 전 당
과 전 사회가 교육발전을 가속화하는 데 있어 새로운 행동 목표가 되었

다. 그는 이렇게 말했다. "평생 학습은 오늘날 사회발전의 필연적 추세다. 학습에 필요한 교육제도를 구축하고 정비해 나가야 한다. 학교는 사회를 향해 더 크게 문을 열고, 학력 교육, 비非학력 교육, 지속적인 교육, 직업기술 훈련 등 다양한 기능을 수행해야 한다. 교육자원의 이용효율을 높이고 교육 구조를 최적화하며 교육자원을 확대해야 한다. 교육에 대한 정부 관리의 기능과 모델을 혁신하고 학교의 합법적 자주운영 능력을 제고해야 한다. 교육체계를 혁신하고, 평생교육에 필요한 학습형 사회를 구축하며, 인민의 다양한 학습 수요를 충족시키고, 학교교육, 사회교육, 가정교육이 긴밀히 결합하여 서로 보완하도록 해야 한다." 장쩌민의 교육사상의 지도 아래, 전국각지에서 학습공동체를 창설하는 붐이 일고 있다.

아홉째, 교사의 확보를 매우 중시했으며 덩샤오핑의 '지식존중, 인재존중'의 사상을 전면계승하고 발전시켰다. 베이징사범대 개교 100주년 경축사에서 장쩌민은 교육과 교사문제에 대한 중요한 연설을 했다. 그는 "백년대계는 교육을 근본으로 삼고 교육대계는 교사를 근본으로 삼는다."고 말했다. 장쩌민은 새로운 세기에 부합하는 유동적, 개방적, 고효율의 교사들을 양성하고 다양한 분야의 우수한 인재들을 교사 대열에 합류시켜 학교 간, 학생과 사회 간, 여러 지역 간에 합리적으로 교사를 배치해야 할 것을 강조했다. 또한 교사에게도 더 높은 요구와 기대를 이야기했다. "많은 교사들이 솔선수범하고 앞서나가 선진생산력과 선진문화 발전을 널리 전파하고 추진하는 사람이 되어야 하고 청소년학생이 건강히 성장할 수 있도록 하는 지도자와 인도자, 당과 인민에 부끄럽지 않은 인류영혼의 기관사가 되기 위해 노력하라. 학생의 좋은 스승, 좋은 벗이 되어야 하고, 스스로의 좋은 사고와 도덕, 기품을 발휘해 학생들의 학습의 모범이 되어야 한다."고 요구했다.

　장쩌민의 교육사상은 마르크스 교육설과 마오쩌둥의 교육사상, 덩샤오핑의 교육이론에 기초했다. 여기에 중국교육의 개혁과 발전 상황을 고려하고 창의적이고 새로운 이론을 가미하여 시대 상황에 맞는 교육이론을 창시했다. 그의 교육이론은 내용이 풍부할 뿐 아니라 교육 전반에 대한 것을 다루고 있다. 예를 들면 간부교육이나 군사교육, 평생교육, 다양한 형식의 학교 운영 모델 등에 관해 날카롭게 지적하여 깊이 연구하고 배울 가치가 충분하다. 그의 교육사상은 중국교육개혁 발전사와 방향에 큰 영향을 끼쳤으며 21세기 중국의 미래 교육의 개혁과 발전에 중요한 지침이 되었다.

04

중국 당대 교육사상의 기본이론

중국 당대 교육의 기본이론 연구는 당대 교육사상 발전의 근간이 된다. 50여 년간의 굴곡의 역사 속에 교육이론의 종사자와 교육 분야의 교사와 관리자들이 교육의 각종 영역을 탐색하고 연구한 결과 교육 기본이론 연구분야에서 장족의 발전을 이루었다.

특히 중국 공산당 11기 삼중전회 이후에 교육이론의 새로운 상황이 전개되었고 오랫동안 해결하지 못했던 일부 교육기본이론 문제의 탐구가 대부분 전에 없던 진전을 이루었다.

그중 교육의 사회적 특성과 기능 문제에 대한 연구, 사회주의 초기 단계의 각종 전략 방침과 관련된 교육 문제, 사회주의 초기 단계의 교육 특색과 특징 문제에 관한 연구, 교육과 개인의 심신 발전 관계 문제에 관한 연구, 인간의 전면적 발전문제에 관한 연구, 교육 규율, 교육 기능, 교육 가치, 교육 목적 연구, 교육과 생산노동의 상호결합 문제 연구, 시장 경제와 교육의 연구, 전통 교육과 현대 교육의 문제 연구 및 메타 교육학meta-pedagogy연구 등이 특히 중요한 성과이다.

교육기본이론의 연구 성과는, 중국교육제도의 개혁에 이미 긍정적 영향을 끼쳤으며 교육기본이론의 연구가 더욱 넓은 영역, 더욱 심층적인 발전으로 나아가도록 기초를 다졌다. 본 장에서는 중국의 당대 교육 발전에 중대한 영향을 끼친 몇 가지 교육기본이론 문제에 대해 서술하도록 하겠다.

1. 각종 교육사상에 대한 정리 연구

중국 당대의 교육사상은 동서고금의 교육사상을 흡수하고, 참고하는 기초 위에 점진적으로 이루어졌다. 그리고 각종 교육사상에 대한 분석 연구는 그 자체가 당대 중국교육 기본이론을 구성하는 주요 부분이 되었다.

중국 당대 교육사상의 주요한 이론은 세 가지 중요한 분야를 근원으로 한다.

첫 번째는 마르크스주의 경전 작가들의 교육에 대한 논술로, 마르크스, 엥겔스, 레닌, 스탈린, 마오쩌둥 등의 교육사상이다.

두 번째는 국외의 교육이론과 실천으로, 헤르바르트, 카이로프, 듀이 등의 교육사상이다, 세 번째는 중국 전통 교육사상으로 공자로부터 타오싱즈에 이르기까지의 교육사상이다. 필자는 당대 교육이론 중에, 마르크스, 엥겔스, 듀이와 타오싱즈의 교육사상의 연구를 중점적으로 분석했고 이것으로써 당대 교육이론의 전체적 면모를 살펴보았다.

(1) 마르크스와 엥겔스의 교육사상에 대한 연구

　마르크스주의의 교육사상은 해방지구의 교육 실천으로부터 시작하여 중국교육의 기본이론의 근간과 지도 사상이 되었다. 신중국의 성립 이후 구소련의 교육이론과 교육 경험의 학습을 통해 더욱 체계적이고 전면적으로 마르크스주의 교육 원리를 소개하였다. 중국의 교육이론 연구가들은 종종 숭배와 존경의 태도로 마르크스와 엥겔스 등의 경전 작가의 교육 학설을 정리하고 분석했다. 또한 그들을 기타 교육사상가와 완전히 다르고 비교할 수 없는 위치에 두었다.

　마르크스와 엥겔스의 교육사상에 대한 분석연구 중 먼저 직면하는 문제는 바로 마르크스와 엥겔스의 교육사상과 체계의 교육이론이 완전하지 못하다는 것이다. 대부분의 연구자들은 비록 마르크스와 엥겔스는 교육 전문 저서를 남겨 놓지는 않았지만 이 때문에 그들에게 체계적인 교육이론이 없다고 단언할 수는 없다고 여긴다.

　쩌우광웨이鄒光威의 논문은 무산계급 혁명의 지도자들이 비록 교육 전문 저서는 남기지 않았지만 그들의 많은 저서에서 부단히 그들의 교육사상을 제기했음을 지적했다. 이러한 것들은 중국의 교육 사업에 중요한 지도사상이 되었다고 할 수 있다.

　그는 마르크스와 레닌주의의 교육사상은 역사상의 교육, 사상가의 교육사상과 근본적으로 다르며, 교육사상 측면에서 아래의 일곱 가지 방면에 특별한 공헌을 했다고 여긴다.

　첫 번째는, 인민 군중은 역사의 주인이라는 유물사관에 근거하여 피

착취 계급과 농공工農 대중을 위해 교육의 권리를 쟁취했다는 것이다.

두 번째는, 물질의 생산은 사회 발전의 기초이며 교육은 사회 생산력을 발전시키는 데 중요한 역할을 한다는 이론을 제기한 것이다.

세 번째는, 인류의 완전한 해방에 착안하여 인간의 '전면적 발전학설'을 만들었고 인간의 전면적인 발전에서 교육의 위상과 당위적인 역할을 해결했다.

네 번째는, 교육사에서 처음으로 기술교육이 교육의 중요한 구성 성분 중 하나로 속하게 된 것이다.

다섯 번째는, 청년 세대의 공산주의 교육사상을 제기한 것이다.

여섯 번째는, 착취 계급의 교육 및 그 교육사상에 대한 깊이 있는 분석과 비판을 진행했다는 것이다.

일곱 번째는, 교육 유산에 대한 비판과 계승의 문제를 정확하게 해결한 것이다.

쑨시팅孫喜亭은 마르크스의 교육과학에 대한 중요한 공헌은 두 가지 부분으로 구성되는데, 하나는 유물주의 역사관으로 교육사상 중 많은 일반성 원리를 해결한 것이고, 또 다른 하나는 교육과학 연구에 과학적 방법론을 제공했다는 것이라고 말했다.

그는 마르크스 교육사상의 공헌을 다음과 같이 귀납했다.

첫 번째는, 유물주의가 인류의 역사 인식에 응용된다는 것을 변증하여 교육의 사회적 특징을 명시했다.

두 번째는, 교육의 사회 기능 혹은 역할을 아주 중시했다.

세 번째는, 기계의 대량 생산이라는 객관적 특성에서 출발하여 인간의 전면적 발전 학설을 명시했다.

네 번째는, 교육을 세 가지, 즉 지식교육, 신체단련교육, 기술교육으로 이해했다.(이 교육을 통해 아동과 청소년들에게 생산의 각종 진행 과정의 기본 원리를 이해시키고 동시에 각종 생산 기구를 다룰 수 있는 기술을 습득하게 해야 한다)

다섯 번째는, 교육과 생산노동의 상호 결합은 마르크스주의 학설의 기본 원리라는 것이다.

이러한 두 가지의 비교적 전형적인 개괄을 통해(또한 기타 비슷한 유형의 개괄도 있다), 마르크스와 엥겔스의 교육사상의 요점과 특징에 대한 분석이 완전히 일치하지는 않는다는 것을 알 수 있다. 예를 들면 쩌우광웨이의 글에서 제기한 첫 번째의 조항을, 쑨시팅의 글에서는 언급하지 않았는데, 이것은 노동자와 농민의 교육주권의 쟁취 문제와 관련이 있으며 정치 문제인지 교육이론학설인지에 대해서는 이견이 있다.

또한 쩌우광웨이는, 마르크스와 엥겔스는 이전의 교육가, 사상가의 교학사상과 근본적으로 다르고 상대적이라고 강조했으나 쑨시팅은 마르크스의 교육학설은 무에서 나온 것이 아니며, 선구자들의 교육관점에 대한 것이고, 특히 공상 사회주의자들의 교육학설을 계승한 것이라고 강조했다.

그밖에 쑨시팅은 마르크스주의 교육학설의 실천 과정에서 직면한 새로운 과제들, 예를 들면 마르크스의 교육에 대한 몇몇 판단의 불가피한 역사적 한계성에 대한 견해를 제시했다.

취바오쿠이瞿葆奎, 진이밍金—鳴은 마르크스와 엥겔스의 철학, 정치경제학과 과학적 사회주의 학설의 창조적인 공헌에 출발하여, 그들의 교육학이론의 공헌을 묘사했다.

이것은 마르크스와 엥겔스의 교육사상을 몇몇의 교육 어록으로 모은 것뿐만 아니라 마르크스와 엥겔스의 전체적인 사상 체계를 구성하는 한 요소가 되었다.

그들의 교육사상은, 실제로 관련 철학, 정치경제학, 과학적 사회주의 이론이 교육문제 방면에 보급되고 확대된 것이다.

마르크스 교육학설의 연구 중에 소개할 가치가 있는 3권의 저서가 있다. 첫 번째 저서는 상하이사범대학 교육학과에서 편찬한 『마르크스, 엥겔스의 교육을 논하다』(인민출판사, 1979년 판)이다. 이 저서는 원래 저서의 선집으로 마르크스, 엥겔스가 1844년부터 1894년까지 쓴 교육에 대한 논술 40여 편을 수록했고, 독자들이 마르크스와 엥겔스의 사상 발전의 맥락을 쉽게 알 수 있도록 역사적으로 다른 시기의 교육 관련 논술들을 완벽하게 선별하려고 힘썼다.

출판 설명에서 편집자는 마르크스와 엥겔스의 교육사상과 기타 과학 진리는 같다고 생각했으며, 모두 실천과정에서 검증되고 발전되어야 하며 사람들이 그들의 입장, 관점 및 방법을 이해하도록 할 것과 '현실과 결합하고, 새로운 상황을 분석하고, 새로운 문제를 연구하고, 새로운 경험을 총결하며, 교육과학을 발전시키고, 중국의 교육사업을 촉진' 할 것을 요구했다. 이 선집은 여러 번 인쇄되었고, 사람들이 마르크스와 엥겔스의 교육사상을 배우고 연구하는 데 중요한 역할을 하였다.

두 번째 저서는 중국교육학회 교육학 연구회가 마르크스의 서거 100

주년을 기념하기 위해 편집한 문집 『마르크스 교육사상을 배우자』(인민출판사, 1983년 판)이다. 문집은 모두 27편의 논문을 수록했으며 다섯 가지 유형으로 분류할 수 있다.

첫 번째 유형은 마르크스의 인간의 발전 학설, 특히 인간의 전면적 발전설에 관한 논술로, 4편의 글이 있다. 편집자는 '교육은 인간을 양성하는 것이며 인간의 발전을 촉진시키는 것이다. 인간의 발전 규율을 이해하지 못하고 사회주의 사회의 신인류가 갖춰야 할 조건을 분명히 알지 못하고, 사람의 전면적 발전의 함축된 의미를 이해하지 못하고, 전인교육과 인간의 전면적 발전의 이상이라는 이 두 가지 개념간의 연관성을 분명히 구별하지 못하면 교육 사업이 마르크스주의의 궤도를 따라 전진할 수 없을 것'이라고 생각했다.

두 번째 유형은 마르크스의 교육사상의 보급에 관한 논술이다. 초등 의무교육의 보급은 이미 중국의 헌법에도 명시되어 있는 중대하고 긴박한 사명이며, '질적 양을 보장하면서 이 업무를 완성하기 위해 우리는 마르크스의 관련 논술에서 필요한 영양분과 역량을 취해야 한다.'고 보았다.

세 번째 유형은 마르크스의 전면적 발전 교육의 각종 구성 부분의 사상을 연구하는 것으로, 도덕교육, 지식교육, 체육교육, 미술교육과 종합 기술교육을 포함하며, 이러한 구성 부분은 모두 마땅히 중시되어야 하고, 적절히 조화될 수 있게 해야 하고, 절대로 한쪽으로 치우쳐서는 안 된다고 생각했다.

네 번째 유형은 마르크스의 단편 저서 중의 교육사상을 논술한 것이다.

다섯 번째 유형은 마르크스주의의 교육철학 문제를 종합적으로 서술, 확립하고 마르크스와 엥겔스의 기회주의 교육사상에 대한 비판을 소개했다.

세 번째 저서는 왕환쉰王煥勛의 『마르크스 교육사상 연구』(중경출판사 1988년 판)인데 이것은 '6·5' 교육과학계획 중 국가의 중점 사업이다. 작자는 서문에서 마르크스의 교육 영역은 다른 많은 영역과 마찬가지로 그의 독특한 발견이 있음을 분명하게 거론했다. 그는 마르크스가 비록 교육전문 저서를 쓰지는 않았지만, 매우 심도 있고 중요한 교육 관련 논술이 많다고 여겼다.

이러한 논술은 마르크스의 전체 이론의 유산 가운데 중요한 위치를 차지하며, 그의 전체 무산계급혁명 학설 중 하나의 유기적 구성 부분이다.

이 책에서 저자는 마르크스 본인의 교육 관점에 주력하여 서술한 것 외에, 엥겔스, 레닌, 마오쩌둥의 관련 교육사상을 겸해서 언급했다. 저자는 마르크스의 교육사상 내용은 매우 광범위하다고 여기고 다음과 같이 주로 3가지 방면으로 개괄해서 말했다.

① 교육 본질과 기능 문제
② 인간의 전면적 발전과 전인교육의 문제
③ 교육과 생산노동의 상호 결합의 문제(종합 기술교육을 포함)

『마르크스 교육사상 연구』는 모두 세 부분으로 나눌 수 있다. 첫 번째 부분은 마르크스 교육사상의 형식과 발전 과정을 연구, 논의했으며, 두 번째 부분은 책의 전체적인 주제이다. 교육의 사회적 성격, 인간의 전면적 발전이론, 교육과 생산노동의 상호결합사상, 경제사상과 교육, 자연과학과 과정, 도덕과 도덕교육사상 및 교육 노동의 속성 문제로 나뉘며, 마르크스 및 다른 경전 작가의 관련 논술과 사상을 연구 토론했다.

세 번째 부분은 마르크스 교육사상이 구소련과 중국에서 실행되면서 직면한 새로운 도전을 소개했다.

이 저서는 양셴장楊賢江의 『신교육대강』부터 마르크스주의의 교육사상에 대한 연구와 토론이 시작된 이래, 특별히 건국 이래의 마르크스, 엥겔스 교육사상 연구를 집대성 했으며, 깊이와 범위 뿐만 아니라 사상 본래의 논리적 연관성 등의 연구를 한 층 더 향상시켰다고 말할 수 있다. 이로 인하여 이 저서는 전국 제1회 교육과학우수성과 부분에서 1등상의 특별한 영애를 얻었다.

90년대 초, 마르크스와 엥겔스의 교육사상 연구가 다시 활기를 띠기 시작했고 1995년을 전후해서 최고조에 이르게 되었다. 이 시기에 출판된 주요 저서로는 『마르크스 교육론 저작물 연구』(천구이성陳桂生, 1993), 『현대중국의 교육 혼』(천구이성陳桂生, 1993), 『마르크스와 엥겔스의 교육원리 약술』(진시빈靳希斌, 1992), 『마르크스주의 교육사상 요강』(등뱌오董標, 1994년 제1판, 1999년 제2판), 『마르크스주의 교육사상』(리이셴歷以賢 편집, 1992) 등이 있다.

그중 청년학자 둥뱌오에게는 하나의 큰 특색이 있다. 작자는 서론에서 마르크스주의 교육사상의 본질과 가치에 대해 직접적으로 묻고 ① 마르크스주의 교육사상이 존재하는가, 존재하지 않는가, ② 마르크스 교육사상이란 무엇인가, ③ 마르크스주의 교육사상 연구가 필요한 이유에 대한 대답을 제시했다.

작자는 또 교육사상의 연구는 교육을 초월하기도 하면서 또한 교육으로 회귀해야 한다고 생각했다. 독립된 교육사상은 결코 존재하지 않고 교육사상은 교육밖에 있다는 것이다. 종전의 마르크스주의 교육사상의 연구는 마르크스주의의 기본 관점에 주력하지 않고 마르크스주의자의 교육 관련 지도, 논술에 집중되어 이미 병폐가 드러난 듯했다. 이 저서의 새로운 연구 맥락은 1. 초월 교육 2. 교육사실 3. 교육논리 4. 현대교육 5. 교육 민주 6. 교육개방에서 잘 나타난다.

마르크스는 천 년의 가장 위대한 사상가로서 20세기 세계에 가장 영향력 있는 인물로 인정받는다. 마르크스주의는 중국의 사회주의 현대화 건설을 위한 지도사상이 되었으며, 그 교육사상에 대한 학습과 연구는 인류문명이 창조한 교육정신의 요구를 계승, 발전시킨다.

(2) 듀이의 교육사상에 대한 연구

듀이의 교육사상은 중국의 교육에 매우 큰 영향을 미쳤으며 건국 이전 그에 대한 많은 연구가 이루어졌다. 신중국을 성립한 이스伊始와 차오푸의 『듀이를 평론한 머리글』은 듀이의 교육사상에 대한 연구 논문

중, 비교적 전면적이고 체계적이면서 타당한 글이다.

이 긴 글에서는 생장론, 진보론, 무결정론, 지혜론, 지식론, 경험론 등 여섯 가지 방면에 대한 듀이의 철학과 교육사상을 체계적으로 평가했다. 각 방면에서 작자는 먼저 듀이의 사상의 본래의 뜻과 내력을 설명하기에 힘썼고 그 후 다시 그의 허점과 문제점을 지적했으며 동시에 그 가치를 긍정하는데 주의를 기울였다.

듀이의 지식론과 경험론에 대한 평가를 예로 들어 보겠다. 저자는 구소련 교육가들의 듀이에 대한 비판이 주로 그의 지식론과 경험론에 집중되었으며, 그의 사회철학에 대해서는 별다른 논의가 이뤄지지 않았다고 보았다. 그 원인은 구소련의 교육은 여태껏 그 방면에서 듀이주의의 부정적 영향을 받지 않았기 때문이라고 지적했다. 듀이는 지식은 감각에 근원을 두지 않으며 이성에도 근원을 두지 않고, 오직 행동 혹은 활동에 근원을 둔다고 생각했다. 왜냐하면 생명의 기본 사실은 활동이 일차적인 것이며 지식은 부차적인 것이므로, 학교교육의 내용은 마땅히 행위가 주가 되고 학습은 부가적인 것이 되어야 한다는 것이었다.

저자는 활동은 단순한 행동이 아니며 행동은 수동과 능동이 있으며 듀이가 말하는 행동은 자발적, 능동적인 행동이라고 생각했다. 저자는 듀이의 지식론이 인식과정을 중시하고 지식의 결과를 소홀히 했다며 비판했다. 듀이는 경험은 능동과 수동의 두 성격을 모두 가지고 있다고 강조했는데 경험의 구성은 활동과 결과간의 연관된 인식을 포함하고 있기 때문에 경험은 곧 교육이라고 했다. 경험의 구성에서 활동이 일차적 의의를 지니며, 느낌과 의미의 인식은 2차적 의의를 지니므로 교육

방법에서 활동이 당연히 학습보다 우선시되어야 한다고 했다. 저자는 사회 철학에 있어서 듀이의 관점은 반동적인 것이나, 그의 인식론의 관점에서는 형식주의와 투쟁할 수 있는 긍정적인 요소가 있다고 최종적인 결론을 도출해냈다.

듀이의 교육사상에 대한 연구는 1955년을 전후해서 최고조에 이르렀으나 이 시기의 연구는 이미 정치적인 비판이 학술적인 비판을 대신했으며 글의 일부만 취하여 의미를 분석하는 경향이 다분했다. 예를 들어 어떤 사람은 '실용주의 교육이론은, 비과학, 비이성주의적인 교육이론'이며 '미 제국주의가 인민의 의식을 마비시키고 세계를 침략하기 위한 도구'로 간주했다.

또한 어떤 사람은 당시 중국교육계의 많은 문제점, 예를 들면 학생의 과중한 부담, 건강 상태의 악화, 교육 요강과 교과서의 경솔한 선정 등에 대해 이러한 문제점은 일부 교육 종사자들의 사고에서 마르크스와 레닌주의 교육사상이 아니라 '아동 중심' '개성 중시' '흥미주의' '자유주의' '환경적응' '학생의 자발적인 활동 존중' 등 실용주의 교육사상이 중요한 위치를 차지하고 있다는 사실을 나타내는 것이라고 말했다.

어떤 간행물의 글에서는 '듀이는 월 스트리트 사장이 최고의 대가를 지불하여 매수한 자'이고 그의 실용주의 교육은 '세계 자산 계급의 각종 반동 교육학설을 집대성한 대성과'라고 평했다.

하지만 1958년부터 교육이론계에서는 한동안 듀이에 대한 비판이 중단되었으나 80년대 이후 다시 듀이의 교육사상에 관한 평가와 연구 논문이 날로 증가하게 되었다. 연구와 평가의 기본적인 경향에서, 기본적으로는 부정하되 부분적으로 긍정하는 부류와, 기본적으로는 긍정하되 부분적으로 부정하는 부류가 있었다. 전자는 우선 듀이는 정치적으로는 반동적인 인물이고 철학적으로 주관적 관념주의이며 저속한 진화론의 기초는 사이비 과학이며, 그의 인성론은 자산계급의 것이며, 그 교육 실천은 실패한 것이고 유해有害한 것이라고 강조했다. 상술한 내용을 전제로 하면 그의 교육사상에서 일부 합리적인 요소를 인정할 수 있는데, 특히 전통교육의 형식주의를 반대한 것은 긍정적이다. 후자는 과거 듀이의 교육이론에 관한 연구가 정치적, 철학적 비판에 치중되고 교육이론에 대한 구체적 분석이 결핍되어, 성급한 일반화를 초래했다고 주장했다. 또한 그들은 듀이가 현대 교육이론에 논쟁의 여지가 없는 공헌을 했으며 그의 교육이론은 미국 교육의 발전, 현대 각종 교육 유파의 발전, 현재 세계 교육 개혁에 매우 큰 영향을 주었다고 생각했다.

1981년 화동사범대학 출판사에서 출판한 『듀이 교육논저 선집』은 바로 이러한 인식에 바탕을 두고 편찬한 것이다. 작자는 듀이 교육사상의 발생 배경에 대해 다음과 같이 설명했다. '미국이 남북전쟁을 겪은 후(1861~1865) 19세기 말과 20세기 초 확장과 대발전의 시기에 생산과 자본의 고도 집중, 실험 과학과 공업 기술의 새로운 성과 및 해외 시장의 개척 등으로 미국 경제는 신속하게 자유경쟁을 거쳐 독점 자본주의 단계에 이르게 되었다. 그러나 미국의 노동자가 받은 착취는 더욱 심해졌고 도시와 농촌의 극렬한 변화와 심각한 불균형, 주기적 경제 위기의 부단한 출현으로 인해 계층 간의 대립이 더욱 심해졌다.'

'교육 분야에서는 19세기 상반기부터 미국의 공교육이 신속히 발전했으나 학교제도, 수업 과정의 설계와 교수방법 등은 여전히 유럽 대륙과 영국의 옛 학교의 전통을 계승했고, 형식주의적이고 단조로운 교육이 여전히 지배적 위치를 차지하고 있었다.

듀이의 실용주의 교육사상은 바로 이러한 역사적 배경 아래 탄생했으며 옛 학교를 개조하고 새로운 세대에게 자산계급에 필요한 품성을 갖추게 하고, 현대화의 생산 과정 중에 순조롭게 투입될 수 있고, 또 급변하는 현실 생활에 적응하게 함으로써 자본주의 제도를 공고히 하는 데 목적이 있다.' 작가는 듀이의 교육사상은 이러한 하나의 확대된 배경 아래서 고찰했을 때 비로소 역사적 평가를 얻을 수 있다고 주장했다.

이밖에 자오샹린趙祥麟은 실사구시의 정신에 입각해 확실한 자료를 가지고 듀이의 교육사상 중 몇몇 기본 논점을 서술하여 이전의 많은 오해와 곡해를 바로잡았다.

예를 들어 과거에 어떤 사람이 듀이와 평가운동을 함께 논한 것에 대해 그는 글에서 이렇게 지적했다. '듀이는 평가 및 테스트를 맹렬히 비판했다. 그는 평가와 테스트는 단지 점수와 등수, 분반과 진급을 중시하는 학교관리 방식을 반영한다고 보았다. 만약 존재하는 모든 것을 측정가능하다는 것이 맞는다면 존재하지 않는 모든 것은 여전히 측정할 수 없다고 여겼다.' 그리고 듀이가 체계적인 과학지식 학습을 반대한다는 주장에 대해서는 '실제적으로 시카고 실험학교에서는 학년이 높아짐에 따라 자연과학, 수학, 문학, 역사, 사회연구에서 더욱 체계적인 과제를 채택했고, 중간 학년에 이르러서는 교재의 체계성이 더욱 명확해졌으며, 고학년(13~14세)에 이르러서는 각종 전문화된 활동을 전개했고 그들의 수업과정도 더욱 복잡해졌다.'라고 설명하고 있다.

저우훙즈周鴻志의 글은 듀이의 교육사상이 중국에 미친 영향에 대해 체계적으로 연구했고 듀이에 대한 연구를 '찬양과 전면적 긍정' '전면적 부정과 비판' '실사구시의 정신으로 두 측면에서 관찰하고 생각하는 과학 방법을 이용한 분석연구' 등의 세 가지 시기로 나누어 듀이의 '진보교육'상의 몇몇 합리적 핵심을 인정했다.

예를 들면 ① 과거의 지식과 도덕규범이 학생의 실제 생활과 사회에서 벗어난 것에 착안하여 전통교육을 비판한 것 ② 자연적으로 발전하고 자발적으로 습관을 형성하는 아동의 천부적 능력을 중시한 것 ③ 아동의 흥미를 높이 평가하고 올바른 방향으로 지도하는 것 ④ 창의적 사고, 행동하는 훈련으로 아동의 호기심과 새로운 생각을 추구하도록 지도하고 육성하는 것 등이다. 이러한 관점은 중국의 당대 교육이론이 외국의 교육학설을 맹목적으로 믿고 따르거나 덮어 놓고 배척하는 태도에서 벗어나 자각적으로 선택하고 냉정하게 분석하기 시작했다는 것을 분명하게 드러내고 있다.

(3) 타오싱즈 교육사상에 대한 연구

중국 당대 교육사상에 영향력이 제일 큰 중국의 교육가로는 당연히 타오싱즈를 으뜸으로 친다. 타오싱즈는 듀이의 학생이었기 때문에 중국에서 듀이의 운명은 상당 부분 그의 학생인 타오싱즈에 달려 있었다. 타오싱즈의 교육사상에 관한 토론은 두 번의 전성기를 맞이했는데 한

번은 1952년 전후이고, 그 다음은 1980년대 전후이다. '타오싱즈가 정치적으로 자산 계급인가 아니면 소자산 계급인가, 사상적으로 듀이와 한 혈통으로 이어지는가, 아니면 같으면서도 다른 점이 있는가, 교육의 목적이 객관적으로 통치계급을 위해 존재하는가, 아니면 인민대중을 위해 존재하는가, 생활교육의 내용, 형식, 방법의 주도적 경향이 긍정적으로 받아들일 수 있는 것인가, 아니면 부정적이고 유해한 것인가' 등이 토론의 쟁점이었다. 타오싱즈의 교육사상은 무훈정신 및 듀이의 교육사상과 긴밀한 연관성이 있었으므로 비판을 받았다. 그러나 타오싱즈는 일찍이 마오쩌둥과 저우언라이로 대표되는 공산당 중앙위원회의 높은 평가와 찬양을 받았고, 그의 많은 제자들이 신중국의 지도간부, 특히 교육계의 지도간부가 되었다. 이렇게 타오싱즈에 대한 평가는 인식상의 모순이 있고 감정상의 모순도 있다. 무훈정신과 듀이 교육사상을 철저히 부정하면서도 타오싱즈의 진보사상과 교육 실적을 부정할 수는 없었다.

건국 초기에 타오싱즈 및 그의 교육사상에 대한 평가는 다분히 긍정적이었다. 1950년 타오싱즈 서거 4주년을 기념하기 위하여 베이징출판사에서는 『타오싱즈 선생 4주년 제』라는 신간 도서를 출판했으며 리웨이한李維漢, 쉬터리徐特立 등이 기념 글을 수록했다. 〈인민교육〉에서도 「혁명의 교육가 타오싱즈 선생」이라는 사설을 발표하고 그의 교육사상과 교육실천에 대해 아래와 같이 개괄했다.

타오싱즈의 교육사상은 비록 완벽하지 않고 듀이의 영향을 받아 중대한 약점을 포함하고 있지만 그는 다른 나라를 표절하는 것, 독단적 주장, 미신을 반대했고 민주와 과학을 주장했으며 또 몇몇 무리의 교육을 반대하고 인민이 주인이 되는 대중교육을 제창했다. 또한 교육방법에서도 이론과 실제의 분리, 학습과 실용의 분리를 반대하고, 정신노동과 육체노동의 병행을 주장했다. 교육방법에서는 가르치고 배우는 것이 하나가 되고 가르치는 사람은 스스로를 가르쳐야 한다고 주장했으며, 교육의 보급 방면에서는 '아는 즉시 전하기' '어린선생제도' 등을 주장했다. 이 모든 것에 혁명, 민주 정신이 충만하며 그중 많은 부분이 오늘날에도 계속 적용되고 있다.

루딩이도 타오싱즈의 교육이론과 실천은 제국주의 반동파에서 사람을 노예나, 운명에 순응하는 존재로 만드는 것을 교육의 목적으로 삼는 것과 근본적으로 다르며, 그의 목적은 인민 스스로가 자신을 해방시키는 것이다. 그는 인민을 사람으로 보았고, 노예나 운명에 순응하는 존재로 보지 않았다. 그는 인민의 해방을 주장했으며 인민의 역량과 지혜를 믿었다. 그러므로 그의 교육사상은 '신민주주의의 교육사상'이라고 할 수 있다.

1951년 6월, 영화 「무훈전」이 비판을 받았고 곧이어 듀이의 실용주의 교육에 대한 비판이 전개되었는데, 타오싱즈가 공개적으로 무훈정신을 주장했을 뿐 아니라 듀이의 학생이었던 연고로 악운을 피할 수 없었고 그에 대한 평가는 급격하게 나빠지기 시작했다.

1951년 8월, 〈인민교육〉에서는 장러런葺樂仁의 글 「어린선생제도(교육 받은 어린이가 문맹의 성인을 가르치는 제도)에 대한 평가」를 발표하였는데 타오싱즈의 '어린선생제도'가 비록 역사적으로는 어느 정도 진보적인 역할을 했지만 어린 선생 스스로의 체계적 학습에는 이롭지 않았으므로 교사가 만족스러운 역량을 펼치는 지금에 이르러서 재창하기에는 적당하지 않다고 여겼다. 한 달 후 혹자는 이러한 학술상의 비판에 불만을 느껴 〈인민교육〉 3권, 5기에 '어린 선생 제도를 평가하다.'라는 글에 대한 논의의 글을 발표하여 타오싱즈가 저지른 잘못은 어린선생이 과연 사람을 가르칠 수 있는가에 있는 것이 아니라 국민당의 반동파 정권하에 혁명을 거치지 않은 반봉건적, 반식민지적인 옛 중국의 교육을 보급하겠다는 환상을 심어준 것이라 여겨 정치적 비판을 시작했다. 다이보타오戴伯韜, 둥춘차이董純才를 비롯한 그의 많은 학생들은 저마다 스스로를 비판하면서 타오싱즈 교육사상의 잘못을 인정한다는 전제에서 약간의 변명을 통해 타오싱즈의 이미지를 보호했다. 동시에 〈인민교육〉 또한 많은 토론 글, 예를 들면 판카이페이潘開沛의 「타오싱즈 교육사상의 몇 가지 문제점 논의」, 류지핑劉季平의 「타오싱즈 선생의 철학관을 간략하게 논함」 등을 발표했는데 타오싱즈의 교육이론은 소자산계급 및 자산계급의 개량주의이며 실용주의의 교육이론이라는 의견이 주를 이루었다.

1952년 이후에 타오싱즈에 대한 비판이 잠잠해졌다가 1957년 7월 〈인민교육〉은 덩추민鄧初民의 「우리들은 반드시 타오싱즈 선생을 재평가해야 한다」와 장쭝린張宗麟의 「타오싱즈 선생에 관해서」라는 두 편의 글을 발표했으며 이로 인해 또 다시 타오싱즈 선생의 교육사상에 대한 재인식이 시작되었다.

장쭝린은 글에서 다음과 같이 지적했다. ① 타오싱즈는 위대한 인민교육가이다. ② 타오싱즈의 사상은 점점 마르크스주의적으로 변했다. ③ 타오싱즈는 미국 듀이의 중국판 복제가 아니다. ④ 타오싱즈는 무훈이 아니니, 두 사람을 동일시해서 논할 수 없다. ⑤ '가르치고 배우는 것이 하나가 되어야 한다.'와 '실행하면서 배운다.'는 동일시할 수 없다. ⑥ 어린 선생 제도와 공학단工學團의 방법은 옛날에도 유용했지만 지금도 여전히 사용될 수 있다. ⑦ 타오싱즈가 반대하는 것은 통용되지 않고, 문제를 해결할 수 없는 책을 읽는 것, 생명력 없는 학습방법으로 글을 배우는 것, 책을 읽기는 했으나 이해하지 못하고 실제 생활에 활용하지 못하는 것 등이며 오늘날까지도 반대하고 있다. ⑧ 타오싱즈의 이론은 맬서스Thomas R. Malthus(1766~1834)의 인구론이 아니다. ⑨ 타오싱즈는 일생 동안 구국과 교육의 대중화를 선전했다.

1957년 하반기부터 정치적인 운동이 시작되었기 때문에 이러한 쟁론이 사람들의 주의를 크게 끌지는 못했지만, 토론 중에서 타오싱즈는 무훈, 듀이와 다르다는 것을 강조한 점, 종종 무훈과 듀이의 지위가 지나치게 낮아진 점 등은 주목할 만한 가치가 있다. 이러한 현상은 현재까지도 나타나고 있다. 전체적인 교육이론의 회복과 함께 타오싱즈에 대한 연구도 1979년 이후에 점점 많아졌으며, 타오싱즈의 교육 문집, 전집 및 타오싱즈 학생의 기념문집이 연이어 출판되어 타오싱즈 연구자들을 위한 충분한 자료를 제공했다.

마오리루이毛禮銳는 '인민교육가'라는 점에서 타오싱즈 교육사상의 진보성을 인정했다. 첫 번째는 인민이 제일이며, 교육은 공공을 위해야 한다는 사상이라는 점이다. 두 번째는 민족, 자유, 평등의 교육사상을 실현하기 위해 힘쓴 점이다. 세 번째는 민주교육을 실시하고 민주적인 신중국의 사상을 창조했다는 점이다. 네 번째는 과학을 학습하고 과학의 사상을 창조한 것이다. 다섯 번째는 교육과 생산노동을 서로 결합하는 사상이었다는 점이다. 여섯 번째는 교육과 인민의 실제 생활을 서로 결합하는 사상이었다는 점이다.

많은 신문과 잡지와 연구 토론회에서 계속해서 타오싱즈를 기념하는 글을 발표했고, 또한 과거 타오싱즈 비판에 대한, 반대 비판을 진행할 때 쉬양번須養本, 왕쓰칭王思淸의 '전면적이고 정확하게 타오싱즈 선생의 교육사상을 평가하다.'라는 글을 통해 타오싱즈는 일생 동안 끊임없이 혁신을 추구했고 인민해방 사업에 큰 공헌을 했으나, 그가 오랫동안 견지한 교육관점과 모든 교육 실천에서 주도적 위치를 차지한 것은 시종일관 '교육 구국론'과 실용주의 '생활교육' 사상이라고 주장했다.

이 글은 발표된 후 반대 여론에 부딪치게 되었고 〈교육연구〉에서 앞다투어 토론하는 글을 발표했다. 예를 들어 후시페이胡錫培는 글에서 '쉬양번須養本과 왕쓰칭王思淸 두 분은 타오싱즈의 역사적 배경을 생각하지 않고 역사 유물주의의 관점으로 그를 비판했으며, 그의 실천 활동과 최후의 주도적인 면을 보지 않았다. 또한 부분을 가지고 왜곡을 했고 추측으로 전체를 논단했다.'라고 비판했다.

이외에도 리닝서우李能壽, 쑨잔화孫傳華, 황구이샹黃貴祥 등이 타오싱즈 교육사상의 인민성 및 과학성을 개별적으로 서술했고, 타오싱즈와 듀이의 차이점을 체계적으로 논술했다.

궈성郭笙은 타오싱즈의 기본 교육관에 대해서 다음과 같이 서술했다.

'그는 전통교육이 실제 생활에서 벗어나 문자와 서적이 중심이 되는 것에 반대했다. 실제 생활이 교육의 중심이라는 것과 더 나은 생활을 추구하기 위해 실제 생활과 밀접하게 결합하는 생활교육을 주장했다.' 또한 타오싱즈의 교육사상은 듀이가 말한, 일상생활에서 필요로 하고 자본주의 사회에서 요구한 것이 아니라, 단지 어려움을 개선하는 실용주의 교육이었으며, '인민대중이 해방을 쟁취하고 행복을 창조하는 사회의 교육으로, 사회역사가 앞으로 진보, 개혁하도록 촉진하는 교육'이었다. 이후 교육이론계에서 타오싱즈의 교육사상을 전면적으로 연구했고 전국 주요 도시에서 타오싱즈 연구회가 조직되어 이 분야의 연구를 추진하는 데 중요한 역할을 했다.

타오싱즈의 생활교육이론과 듀이의 사상은 차이가 있으면서도 맥락을 같이 했다. 이러한 철학적 기초 위에서 '앎과 행동의 관계'에서는 행동이 중시되고, '선험이성과 후천적 경험의 관계'에서는 경험과 직접적인 체험이 중시되었다. 90년대에 중국은 시험 위주의 교육이 인성교육으로 궤도를 바꾸고 있었고, 인성교육의 실천과 이론을 세우는 가운데 이들의 사상은 중요한 사상의 소재와 이론의 발원지로 간주되었다. 또한 교육의 현황을 비판하는 데 있어 시험 위주 교육의 폐단을 바로 잡는 부분에서 중요한 역할을 했다.

그러나 무엇이든지 간에 극단적인 방법으로 행해진다면 잘못되기 마련이다. 예를 들면 어떤 학교는 인성교육을 하기 위해서 수업시간에 가르치는 것을 취소해야 한다고 여겼고, 혹은 '시험 위주의 교육'이라는 악명을 벗기 위해 수업시간에 지식을 가르치는 것을 포기하거나 느슨

하게 했다. 타오싱즈 선생은 그 스승의 뜻을 이어 받아 전통교육에 반
대하기 위해 현대교육을 보급하여 잘못된 점을 바로잡으려고 했다. 그
러나 만약 누군가가 인성교육 혹은 어떤 다른 교육의 기치 아래 '교실
에서 설치된 활동실과 조작실 없애기'를 다시 한다면 듀이의 전철을 밟
을 것이다.

우리들은 마땅히 그들의 이론 가운데 생명력 있는 내용을 정확하게
흡수해야 하고, 이미 역사에서 생명력을 잃은 부분으로 간주된 것은 버
려야 하며, 또한 오늘의 생활과 우리 교육의 실제 상황과 결합해서, 우
리의 교육을 더욱 좋게 만들고, 진정한 인성교육이상을 실현해야 한다.

2. 사회주의 교육이론에 대한 탐구

무엇이 사회주의 교육인가? 사회주의 국가와 자본주의 국가의 교육
은 어떤 차이가 있는가?

1949년 이후, 이것은 교육이론계에서 줄곧 매우 중요한 문제가 되었
다. 처음 이 문제가 전개된 것은 건국 초 신민주주의 교육과 사회주의
교육의 관계에 대한 토론에서 시작하였다. 1957년 이후 '교육은 무산
계급의 정치를 위해 존재하며 교육과 생산노동은 서로 결합되어야 한
다.'라는 말이 사회주의 교육의 성격을 가장 간결하게 표현하는 말이
되었다. 그리고 80년대 이후 사회주의 교육 성격에 관한 새로운 인식이
형성되었다.

1949년 9월 29일 통과된 「중국인민 정치협상회의 공통강령」 41조는 다음과 같이 서술하였다. '중화인민공화국의 문화교육은 신민주주의를 위한 것으로, 즉 민족의, 과학적인, 대중의 문화교육이다. 인민정부의 문화교육 업무는 마땅히 인민의 문화 수준을 높이고 국가 건설에 필요한 인재를 배양하고 봉건제도, 매국노, 파시즘주의의 사상을 숙청하며 인민을 위해 존재한다는 사상을 주요 임무로 삼아 발전시켜야 한다.' 신민주주의의 교육성격에 근거하여 당시 교육부 부장관 첸쥔루이錢俊瑞는 『인민교육』 창간호 2기에 '오늘날 교육건설의 방침'이라는 장편의 글을 연속적으로 발표하여 교육업무의 지도사상을 다음과 같이 분명하게 제기하였다. '노동자, 농민, 군인을 위한 봉사, 생산건설을 위한 봉사, 이것이 신민주주의 교육의 중심 임무이다.'

첸쥔루이가 신민주주의 교육에 대해 정책적인 설명을 했는데 이때 교육이론계에는 신민주주의 교육의 특징을 탐구하려는 시도를 한 사람도 있었다. 예를 들면 창춘위안常春元은 『신민주주의 교육 강좌』라는 책(상하이잡지사, 1950년 판)을 썼다. 그러나 이 책은 주로 해방지구의 교육에 '동북지구 보통 중학교에서 잠시 실시된 방법의 초안'의 내용을 첨가하여 소개한 것으로 신민주주의 교육의 특징에 대한 깊이 있는 연구가 이루어지지는 않았다.

1953년 중국 공산당 중앙위원회는 신민주주의에서 사회주의로 전환하는 과도기의 총 노선과 임무를 제시했다. 즉 비교적 긴 시간에 걸쳐 국가의 산업화를 이루고 농업, 수공업, 자본주의 사업에 대해 사회주의 개조를 실시하는 것이었다. 그렇다면 이 과도기 교육의 성격은 신민주

주의인가 아니면 사회주의인가?『인민교육』1953년 6월호에서 왕톄王

鐵는 독자의 물음에 답하는 형식으로 이 문제에 답하는 글을 발표하여

다음과 같이 분명하게 밝혔다. '중국에서 사회주의 요소들이(주로 무산

계급의 정치 지도자와 공유제도 경제) 이미 주도적 위치를 점유하고 있기

때문에 사회생활에서 결정적인 역할을 하고 있다. 따라서 신민주주의

의 교육은 이미 결정적 역할을 하는 사회주의적 요소를 지닌다고 봐야

한다.' 예로, 교육은 공업과 노동을 위해 존재한다는 방침과 조국을 사

랑하고, 인민을 사랑하고, 과학을 사랑하며 공공재산을 애호하는 5가

지 국민 공중도덕을 확립하고 교사의 노동조합 참가 등을 확정하였다.

그러나 필자는 '전국민교육의 내용을 말하자면 그것은 여전히 신민주

주의이지 사회주의가 아니다.'라고 생각한다. 왜냐하면 국민경제 중 아

직도 사유자본주의와 자작농, 자영업자, 자유수공업자 등 소규모의 사

유 개체경제가 다수 존재했고, 정치에서는 무산계급이 이끌고 노동자,

농민 연맹이 기초를 이루는 4개 계급의 연합독제가 이루어지고 있었기

때문이다. 사회성격과 사회주의 국가는 다르기 때문에 국민교육 또한

사회주의 교육과 다르다.

　작가는 과도기의 교육성격을 분석하면서 중요한 이론적 전제를 두었

다. 즉 교육의 성격은 사회의 정치, 경제성격의 제약을 받으며 교육이

정치, 경제 수준을 초월하여 발전할 수 없다는 것이었다. 작가는 사회

의 물질 생산 수준과 교육 성격의 관계를 연구하였고 공업화가 실현되

기 전에는 선진, 과학적인 인생관, 세계관, 인간의 전면적인 발전을 실

현하는 것은 불가능하다고 여겼다.

반년 이후 왕테는 자신의 관점을 수정하였다. 과도기 교육의 사회주의 요소의 증가와 역할을 강조하며 신민주주의 교육과 사회주의 교육은 다른 성격을 가지고 있다고 밝혔다. 이러한 관점에 대해 먼저 의견을 제시한 류웨이광柳維光은 신민주주의 단계는 1949년에 이미 종결되었고, 과도기 교육은 성격상 의심할 바 없이 사회주의라고 여겼다.

혹자는 과도기 교육의 신민주주의 성격을 전과 다름없이 고수하기도 했는데, 그 예로 뉴쯔루牛子儒는 다음과 같이 지적했다. "혹자는 현재 교육의 성격을 사회주의라고 여기는데 이것은 잘못된 것이다. 그 이유는 다음과 같다. 사회주의 교육체계에 속하는 신민주주의 교육을 사회주의 교육 자체로 본다. 신민주주의 교육에서 중요한 위치를 차지하고 있는 사회주의 요소를 지배적 지위를 차지하는 유일한 요소로 본다. 사회주의 내용으로 학생을 교육하고 사회주의를 지도사상으로 교육하는 것을 사회주의 성격의 교육과 동일시한다. 다시 말해, 내일을 오늘로 생각하고 목표를 향해 분투하는 것을 현실생활로 보는 것이다." 그는 또 특별히 다음과 같이 강조했다. "교육 업무에서 맹목적으로 무모하게 돌진하는 현상은 교육성격 인식의 편차와 관계가 있다."

1957년 이후 교육성격에 대한 토론은 점점 '교육은 반드시 무산계급정치를 위해 존재해야 하고 생산노동과 서로 결합해야 한다. 노동자는 지식 화되어야 하고 지식인은 노동화되어야 한다.'는 마오쩌둥의 견해로 일치되어 갔다. 이렇게 사회주의 교육 성격은 정부 문서의 형식으로 규정지어졌다.

왜 교육은 '무산계급정치를 위해 존재'해야 하는가? 당시의 이론 논리는 이렇다. '교육은 상부구조에 속하고 계급사회에서 교육은 계급투쟁의 도구이다. 교육은 한 계급을 위해 존재하지 않으면 다른 계급을 위해 존재하며 정치를 넘어서는 교육은 없다. 역사상으로 보면 교육이라는 도구가 반동 정치계급의 손아귀에 장악되었을 때 그것은 많은 노동자를 마비시키고 억압하는 데 사용되었으며 반동통치를 옹호하는 도구였다. 또 그것이 억압되었던 혁명계급의 손아귀에 들어가면 군중을 모으고 교육하여 억압에 대항해 혁명투쟁을 일으키는 도구가 되었다. 역사적으로 모든 반동계급은 교육이 정치를 위해 존재한다는 객관적인 사실을 감히 공개적으로 인정할 수 없었다. 그들은 자주 갖가지 추상적인 또는 아름다운 글로 교육이 반동정치를 위해 존재한다는 실상을 덮어 노동 군중을 마비시키고 속여서 반동통치를 옹호했다.'

교육은 어떻게 무산계급 정치를 위해 존재하는가? 당시 이론계는 두 가지 측면에서 이에 대해 설명했다. 첫째, 교육은 무산계급의 독재정치를 위한 도구가 되어야 한다. 교육 전선에서는 '무산계급을 일으키고 자산계급을 없앤다.'는 투쟁이 진행되었다. 모든 착취계급과 착취제도의 잔재를 철저하게 소멸시키기 위해 사회주의와 점진적인 공산주의로의 이행이라는 원대한 목표를 세우고 분투한다. 둘째, 당의 학교에 대한 지도를 강화해야 한다. '문화대혁명'이 시작된 이후 정치의 범위가 계급투쟁으로 국한되었다. 독재정치는 투쟁, 비판, 개조를 도구로 삼는 교육의 임무로 변화했다. 우선은 계급투쟁을 위해 존재하고 계급투쟁의 개척자를 양성하는 것이었는데 당의 지도자, 세부적으로는 노동자, 해방군, 빈농과 하층, 중농이 학교에 상주했다.

왜 '교육과 생산노동의 결합'을 실행해야 하는가?

당시 다음과 같은 몇 가지 근거가 있었다. 첫째, 이것은 중국 공산당이 예로부터 제창하던 방침이었다. 마오쩌둥은 소비에트 교육의 전반적인 방침을 설명하면서 다음과 같이 밝혔다. '교육과 노동을 연결하여 중국 민중들이 모두 문명의 혜택을 누리도록 해야 한다. 건국 후 교육업무의 중대한 실수와 단점은 교육이 생산노동으로부터 이탈한 것이다.'

둘째는 마르크스주의의 권위 있는 작가들이 예로부터 강조했던 점인데, 예를 들면 마르크스는 『고타Gotha강령비판』과 『자본론』 1권에서 교육과 생산노동의 결합은 '현대사회 개조의 가장 강력한 수단' '인간을 전면적으로 발전시키는 유일한 방법'이라고 강조했다. 레닌은 『나로드니키 공상계획의 전형』에서 '만약 젊은 세대의 교육이 생산노동과 결합되지 않는다면 미래 사회의 이상은 상상할 수 없다.'고 했다. 당시 교육이론계가 상술한 마르크스 레닌 경전 작가들의 사상에 대해 이해한 바에 따르면, 마치 교육과 노동의 결합이 공산주의 교육제도의 가장 근본이 되는 특징인 듯하다. 셋째, 이것은 역사상 '정신노동을 하는 자는 남을 다스리고, 육체노동을 하는 자는 남에게 다스림을 받는다.'라는 사회 제도의 지표와 구별된다. 바로 루딩이가 말한 '우리의 교육은 무산계급 독재정치를 위해 존재하므로 과거 수천 년의 오랜 전통과는 달리 교육이 생산노동과 결합하는 방침을 취하여, 정신노동과 육체노동 사이의 차별을 없애야 한다. 이것은 또한 역사상 모든 착취제도의 잔재를 소멸하여 인류로 하여금 공산주의 사회에 진입하도록 하는 것

이다.'

교육은 어떻게 하면 생산노동과 결합할 수 있을까? 당시 교육계의 이론과 실천에는 대체로 다음과 같은 것들이 있었다. 첫 번째는 공장에서 학교를 운영하고 학교에서 공장을 운영하며, 농장에서 학교를 운영하고 학교에서 농장을 운영하는 것이다. 두 번째로, '누구나 공부하고 누구나 노동한다.'라는 운동을 대대적으로 진행하여 일하면서 배우고 농사지으면서 배우는 것이다. 세 번째는 스승과 제자가 사회를 교실로 삼아 생산임무를 결합하여 수업을 구성하는 것이다. 네 번째는 스승과 제자가 공장, 시골에 가서 노동하는 것이다.

이러한 '결합'에 대해 당시 다양한 견해와 의문이 존재했다. 예를 들면, 어떤 사람들은 대학생들이 그렇게 많은 책을 읽고 그렇게 많은 전공을 배우고서는 결국에는 노동자, 농민이 되어 단지 간단한 노동에 종사하는 것은 일종의 낭비라고 제기하였다. 그러나 '보통 노동자, 농민은 하나의 숭고한 칭호이다. 이것은 그들이 사회 물질적 부를 창조할 뿐만 아니라, 노동자, 농민의 노동 그 자체가 바로 가장 풍부한 창의성이기 때문이다.'라는 것이 그에 대한 대답이었다.

어떤 사람은 '교육과 노동의 결합은 학생의 수준을 저하시키고 중국의 과학 발전을 방해하여 세계 선진 수준을 따라잡을 수 없게 될 것'을 염려하였다. 그러나 이에 대해서는 '학생 수준은 그들이 얼마나 많은 책을 읽었는지 얼마나 많은 문헌을 읽었는지에 있지 않고, 이러한 이론들이 실제와 결합되어 있는지 아닌지를 보아야 한다. 밀은 1묘에서는 7,320근이 생산되는데 이것은 국제 수준이 아닌가?'라고 대답했다. 여기에서 알 수 있는 것은 '문화대혁명' 시기의 '개방된 학교 경영' 등이 이 시기부터 이미 싹을 틔우고 있었다는 점이다.

'4인방'이 타도된 후 교육이론계는 점차 '독재정치 수단론'과 '교육과 노동 결합론'에 의문을 제기하였다. 1980년 판이다潘益大는 '교육방침에 관한 연구'라는 글에서 이렇게 말했다. '위에서 말한 방침들은 계급상황에 대한 잘못된 판단이 계급투쟁의 확대를 불러와 좌경사상이 당 내에서 자라고 있는 상황에서 제시된 것이다. 따라서 선명한 시대적인 낙인이 찍히는 것은 피할 수 없는 일이었다.' 글은 당시 제시되었던 대표적인 견해, 즉 현행 방침은 정확하며 집행의 착오라는 관점에 이의를 제기했다. 그는 '비교적 긴 시간 동안의 실행되면서 전 국면을 통솔한 교육방침이 수많은 교육계 종사자들을 잘못된 길로 인도했는데도 여기에 대해 방침 자체의 정확성에 대한 의심을 제시할 권리조차 없단 말인가? 원칙은 전면적인 것이고 실행은 국부적인 것이라는 관점은 과거의 사실에도 맞지 않고 이론적으로도 설득력이 없다.'고 말했다.

교육이 정치를 위해 존재한다는 문제에 대해 작가는 '정치'에 내포된 뜻을 명확하게 하는 것이 중요한 관건이라고 생각하며 이렇게 주장했다. '교육이 정치를 위해 존재하기 때문에 혁명 후계자를 육성해야 한다는 광의적 이론, 그리고 당시 계급투쟁, 노선투쟁을 위했던 협의적 해석 모두 허점과 문제가 있다. 교육이 혁명 후계자를 육성해야 한다는 것은 전체적으로 봤을 때 의심할 여지가 없는 사실이다. 하지만 우리나라에서 도대체 어떤 일이 후계자 양성을 위해 힘쓰지 않는가? 구체적인 업무방침은 그 분야 자체가 가지는 명확한 특징을 반영하지는 않는다.

단지 다른 분야와 상관되는 공통성을 반영할 뿐이다. 이는 명백히 교육 방침의 중심 내용이 되기에는 부족하다. 물론 교육으로 계급투쟁을 돕거나 교육이 정치운동의 대명사가 되어서는 더더욱 안 된다.'

교육이 생산노동과 서로 결합하는 문제에 관해서 작가는 중국이 이해하는 교육과 생산노동의 결합은 결코 마르크스—레닌 본래 의미의 교육과 노동의 결합이 아니라고 생각했다. 마르크스의 교육노동 결합 사상의 요지는 다음과 같다. 첫째, 노동자계급의 후대를 위해 교육 권리를 쟁취하기 위한 호소이다. 둘째, 전 사회의 현대 과학문화 수준을 높이는 중요한 루트로 삼는다. 셋째, 공상의 사회주의 이론에 대한 과학적인 분석 중 미래의 교육에 대한 설계이다. 중국의 교육과 노동의 결합은 처음부터 사상정치교육의 내용 및 요구로서 제시되었다. 소위 교육과 생산의 결합은 실제적으로 간단한 교육에 노동을 더한 것이거나 각 과목의 수업시간에서 약간의 시간을 내어 학생들의 노농교육을 강화한 것이었다.

이 글이 발표된 후 교육이 정치를 위해 존재한다는 것과 교육과 생산노동의 상호 결합에 대한 열띤 토론이 진행되었고 정치를 위해 존재하는 것과 노동과 결합하는 것이 필요한지 필요하지 않은지, 어떻게 존재하고 결합하는지 등에 논의가 집중되었다. 이에 대해 〈교육연구〉는 연이어 처수스車樹實의 '학교는 당연히 무산 계급의 독재정치를 위한 도구여야 한다.'에 관한 평가, 유신成有信의 '학교는 무산계급의 독재 정치 도구인가?', 쑨시팅孫喜亭의 '교육과 생산노동의 상호 결합의 원리는 곡해되었다.' 등의 글을 발표했다.

1987년 중국 공산당의 13대 보고서는 중국이 사회주의 초급 단계의 이론에 처해 있다고 확정했다. 이후 교육이론 중 사회주의 교육 성격에 관한 토론이 중국 사회주의 초급단계 교육 특징의 토론으로 변화하였다. 과거로 거슬러 올라가 보면 이 전에 이미 '중국특색의 사회주의 교육'에 관한 토론이 있었다. 토론의 기본 출발점은 일치한다. 첫 번째, 중국의 사회 성격은 사회주의이다. 두 번째, 중국은 사회주의의 초급 단계에 처해 있다. 그러나 사회주의의 성격과 초급 단계의 특징에 대한 인식에 있어서는 결코 같지 않았다. 그래서 사회주의 초급 단계 교육 특징의 견해도 자연히 상반된다.

먼저, 중국은 사회주의 초급 단계의 교육 특징을 파악하고 있는가? 어떤 사람들은 이것이 이미 기본적으로 해결된 문제라고 생각했다. 예로 누군가 이렇게 지적했다. '민주혁명시기에 교육을 혁명의 요구와 건국이전 해방지구의 구체적 방면에 적응시켜, 이미 풍부한 경험이 누적되었다. 사회주의 시기에 또한 많은 새로운 경험을 쌓았다. 이것은 중국 특유의 사회주의 교육 사업을 건설하기 위해 기초를 다진 것이다.' 그리고 어떤 이는 '마르크스, 엥겔스의 교육의 본질, 교육과 현대화 생산의 관계, 인간의 전면적인 발전 학설은 최초로 제기된 현대교육이론이며 중국 사회주의의 현대 교육을 건설하는 데 가장 근본적인 이론 기초이다.' 또한 「교육체계 개혁에 대한 공산당 중앙위원회의 결정」에서는 '중국교육이 발전해 온 새로운 역사시기의 이정표로 중국 특색의 사회주의 교육 사업을 발전시키기 위해 청사진을 제시했다.'고 했다.

어떤 이들은 과거에는 이러한 문제에 대해 설사 유익한 탐색을 하였더라도 신뢰할 만한 결론을 얻어낸 적이 없다고 생각했다. 한 예로, 진이밍金一鳴, 위안전궈袁振國는 다음과 같이 지적했다. 과거에는 교육성격을 인식하는데 주로 4개의 비교나 참고 대상이 있었는데, 중국 신민주주의 교육, 기타 사회주의 국가인 주로 구소련의 교육, 자본주의 국가의 교육, 그리고 마르크스·레닌의 교육에 관한 설명이었다. 신민주주의 시기의 교육과 비교할 때 종종 신민주주의 시기의 건국 이전 해방지구 및 사회주의 시기의 교육의 일치성, 연관성을 강조하였으나 둘의 차이점을 제때 구분하지는 않았다.

구소련의 교육과 비교해 보면 60년대 초 구소련 교육을 사회주의 국가의 학교경영 모범으로 삼아 무조건 모방만 하는 실수를 범하였다. 60년대 이후 구소련 '수정주의'를 잘못 평가하고 구소련의 교육개혁 변천 상황에 대해 제때에 관심을 가지지 못해 단순히 배척해 버렸다. 자본주의 국가의 교육과 비교할 때는 사회주의 국가와 자본주의 국가 교육의 다른 점과 본질적 구별을 강조하면서 그들의 현대화 대량 생산의 공통기반을 간과했으며 또한 교육이 생산력 발전을 위해 존재한다는 공통의 특징도 간과했다.

마르크스의 교육사상을 교육 발전의 지도 사상으로 삼았을 때에는, 미래 사회인의 전면적인 발전에 대한 언급, 레닌의 러시아 시기 지식인에 대한 평가, 그로부터 제시된 지식인 정책 관련 서술의 인용 등 몇몇 구체적 설명과 판단에 대해 중국의 발전 수준이나 국정과 결합한 진지한 분석이 부족하여 기계적으로 모방하는 데 그치는 문제점이 존재하였다. 참고, 비교한 기본 사상과 근거에는 편차가 있으므로 당연히 중국교육의 성격에 대해 정확한 판단이 불가능하다.

바로 위에서 말한 인식에 근거하여 작가는 사회주의 국가와 자본주의 국가 교육에 어느 정도 공통점이 있다고 분석하였다. 교육은 사회 전문 인재를 기르는 기능, 과학 지식을 전달하고 문화전통을 전파하는 기능, 선발하고 도태시킬 것을 선별 기능 등을 지니고 있으며 현대 교육 특히 대학교육은 과학연구 생산기능도 있다. 교육은 과학문화 지식을 전수하고 학생의 학습능력과 적응능력을 길러주는 것을 중심과제로 삼아야 하고, 청소년의 심신 발전이라는 원칙과 학생의 지식이해, 능력발전이라는 원칙을 따라 교육의 과학성을 끊임없이 향상시켜야 한다.

교육형식에서는 모두 반별로 수업을 받는 것을 기초로 하고 교실수업을 주 형식으로 했다. 따라서 관리, 방법, 조직에 있어 필연적으로 여러 가지 공통점이 있으며 다수를 대상으로 학생 개개인의 수준에 맞춰 차등적으로 진행하는 맞춤형 교육을 실시할 것을 요구했다.

교육내용에서 현대화 대량 생산 이론에 기초한 자연과학지식이 공통적으로 이루어졌을 뿐 아니라 현대사회의 요구에 맞는 철학사상도 있었다. 재경, 관리, 법률이론 등도 모두 공통적인 부분이다. 즉 윤리도덕, 사회규범에서 공통점이 있는 것이다.

교육방법과 수단에 있어 현대화 기계와 설비는 효과적으로 학생들의 학습 동기와 흥미, 적극성을 유발했고, 학생들이 직관, 이해, 기억, 조작을 더 잘할 수 있도록 했다.

이것은 사회주의교육의 성격이 자본주의 교육풍조와 완전히 무관한 것이 아님을 보여준다. 둘 사이에는 많은 공통점이 존재하고 있다. 선진국은 생산 현대화의 시간이 길었고 수준이 높기 때문에 교육이 현대화 생산 요구에 적응했던 경험이 비교적 풍부하다. 그래서 외국의 교육 사상과 실천 경험을 과감하게 받아들일 수 있었다.

어떤 이는 상품경제의 특징을 전제로 현대 사회가 현대 교육에 미친 영향을 분석하며 이렇게 말했다. "현대 사회는 우선 상품화 사회이고 상품경제를 기초로 하는 사회이다. 자본주의는 자유 상품경제이고 사회주의는 계획성 있는 상품경제이다. 상품경제는 현대사회의 공통 특징으로, 현대 사회의 다른 특징은 모두 이러한 기초에서 생산된 것이거나 또는 그것의 결과이다." 상품화에서 파생된 사회의 특징은 생산과학화, 생산현대화, 사회민주화, 사회법제화, 사회혁명화 등이 있다. 따라서 교육이 상품성, 생산성, 과학성, 민주성, 발전성, 다양성과 혁명성의 특징을 갖지 않을 수 없게 되었다.

하지만 사회 형태가 제각각 다르기 때문에 사람들은 사회주의 교육에도 각자 특수성이 있음을 부인하지는 않는다. 중국의 사회주의교육은 반드시 마르크스주의를 지도사상으로 삼고 당과 정부에서 제정한 교육방침과 정책을 실천해야 한다. 그리고 차세대 마르크스주의 사상 교육을 강화하고, 교육사업에 있어 당과 정부의 지도적 역할을 강화하고 보장해야 한다.

3. 인간의 전면적 발전에 대한 교육적 통찰

인간의 전면적 발전을 중국교육의 근본원칙과 교육방침의 이론 근거로 삼자는 제안이 가장 처음 제기된 것은 1951년 초, 전국고등교육회의와 중등교육회의를 총정리하던 과정에서였다. 정부에서 반포했던 서류 중에서는 1952년 3월 18일에 반포된 「중학잠정규정(초안)」과 「소학잠정규정(초안)」에서 처음 나타났다. 이 두 개 규정의 3번째 조항에는 '학생에게 지능개발교육, 도덕교육, 체육교육, 정서교육의 전인교육을 실시할 것'이 명시되어 있다. 교육 종사자들의 '전면적 발전'의 내용과 의미에 대한 이해를 돕고 전면적 발전이라는 원칙을 실행하기 위한 준비를 위해『인민교육』3권 2기는 '문제토론'의 형식으로 판쯔녠潘梓年의 「전면적 발전을 논하다」와 장링광張凌光의 「전면적 발전에 대한 나의 견해」 두 편의 글을 발표했지만 1955~1975에 이르러 비로소 토론이 전개되었다.

1980년대 초, 인간의 전면적 발전 문제에 대한 연구가 두 번째 절정을 맞았다. 그 시작은 전국 마르크스주의교육사상연구회가 1980년 연차 총회 상에서 '지덕체의 전면 발전'이 마르크스의 '인간의 전면적인 발전' 개념에 부합하는지에 관한 토론이 진행되면서 부터였다. 천구이성陳桂生은 회의에서 「지덕체 전면적 발전의 표현방식문제의 관하여」라는 글을 통해 경전작가의 설명 중 많은 부분을 인용하여 마르크스, 엥겔스의 본래 의미상의 '인간의 전면적인 발전'이 인간의 '능력' 방면의 전면적 발전을 가리키는 것임을 증명했다.

다른 의견을 가지고 있는 사람은 '인간의 전면적 발전'이 개인의 체력과 지능의 균형적 발전, 육체노동과 정신노동이 서로 결합된 결과를 뜻하기도 하고, 개인이 체력과 지능상에서의 각각 자유롭게 발전하여 개인의 재능이 다방면에서 최대한 발전하도록 하는 것을 뜻하기도 한다고 했다. 사회관계의 담당자, 온전한 '사회적 인간'의 각도에서 이 문제를 고찰했을 때 '전면적인 발전이란' 한 개체가 사상과 정신 상태 측면에서 정상적으로 발전해 나가는 것을 의미한다.

루제魯潔는 마르크스주의 전면적 발전의학설이 경제학 범주의 이론이라고 생각했다. 하지만 우리는 학설을 교육목표를 뚜렷이 드러낸 유일한 이론으로 삼아 교육방침을 제정하고 제한적으로 이해하는 과오를 범했다. 루제는 전면적 발전학설이 사회주의 육성목표를 확정하는 이론적 기초일 뿐, 결코 유일한 이론적 근거는 아니라고 생각했다. 그녀는 '자본론'이라는 글을 통해 다음과 같이 지적했다.

전면적 발전의 이론 중에서 마르크스, 엥겔스는 인간의 발전법칙을 일종의 경제발전법칙으로 간주하여 분석했다. 인간을 일종의 생산력 요소로 삼고 생산과정 중에 있는 사람에 대한 고찰로 간주하였다. 또한 이러한 과정 속에서 인간이 지니는 속성과 특징 및 그 발전의 역사, 즉 인간의 노동생산능력(체력과 지능의 종합) 및 그 발전의 문제를 밝히는 데 주력했다. 마르크스, 엥겔스의 전면적 발전이론은 사회인의 전면적 특징과 속성으로서 분석해서는 안 된다는 점은 매우 분명하다.

작가는 교육의 대상은 사회유기체 속의 인간으로, 이 유기체의 각종 복잡한 요소, 다층적인 구조가 인간의 발전에 제약과 영향을 가한다고 생각했다. 예를 들면, 생산관계도 있고, 경제기초도 있고, 또 상부구조도 있다. 이외에 가정, 민족 등 사회가 인간의 발전에 영향을 미치고 요구를 제기한다. 그래서 그녀는 '사회주의의 교육의 인재 육성 목표는 완벽한 이론기초 위에 세워져야 한다.'고 제기했다.

'경제범주설'과 직접 논쟁을 일으키진 않았지만 비교적 큰 영향을 끼친 또 하나의 관점은 인간의 전면적 발전의 '철학범주설'이다. 이 관점의 대표적 저서는 딩쉐량丁學良의『마르크스의 '인간전면적 발전관' 요람』이다. 이 글에서 마르크스주의적 인간의 전면적 발전학설은 하나의 교육학원리일 뿐만 아니라 내재적으로 응집된 마르크스 철학사상의 정수이며 사회활동 각개 방면의 철학원리를 이끌고 있다.

저자는 마르크스가 인간에게 부여하는 '전면' 발전의 함축적 의미는 두 가지 단계로 되어 있다고 말했다. 첫 번째 단계는 자연역사의 발전과정이 사람에게 부여하는 각종 잠재능력본질을 일깨움으로써 그것으로 하여금 가장 충만한 발전을 얻게 하는 것이다. 두 번째 단계는 인간이 대상과의 관계를 전면적으로 생성하고 개인의 사회관계가 풍성해지는 단계이다. 다시 말해, 인간 활동이 전반적으로 전개되고 그로 인해 생성된 사회관계가 풍부해지는 것이다. 저자는 중국교육 이론계에 유행하는 '육체노동과 지적노동의 결합은 사람의 전면 발전의 본질적인 특징'이라는 견해는 철학 사상의 견지에서 마르크스주의의 전면적 발전학설을 이해하지 못해 초래된 것이며, 인위적으로 마르크스가 부여한 전면적 발전의 심오한 의미를 축소하고 통속화한 것이라고 생각했다. 감정, 의지영역, 심리영역, 사회관계영역 내에서 조화로운 발전을 전부 '전면' 발전 속으로 한데 묶어버렸고, 인간을 생산수단, 노동력으로 간주하였으며 그리하여 '전면' 발전에 있어 마르크스주의의 기준을 저하했다.

80년대 마르크스 초기 저작이 새롭게 발견됨에 따라 노동 이화異化의 이론이 학술계의 큰 흥미를 불러 일으켰다. 교육이론계의 일부 예민한 사람들은 이것에 대하여 즉시 반응을 나타냈다. 그들은 마르크스의 이화이론과 노동이화의 사상을 고찰하는 방법이 정확하게 인간의 전면적 발전학설을 이해하는 최상의 열쇠라고 생각했다. 그중 가장 영향이 큰 것은 왕펑셴王逢賢의 '마르크스 이화이론과 인간의 전면적 발전'이라는 글이다. 이 글은 다음과 같이 분석한다. 마르크스의 이화 개념의 기본적 의미는 인간 자신에게서 분리되어 나온 여러 가지 힘이 점점 자신과 멀어졌다가 되돌아와서 오히려 자신을 통제하고 지배하는 반대 역량이 되는 과정이다. 그런데 인간의 단편적 발전도 역시 '인간의 이화'이며 '인간의 자아상실'이다. 인간의 전면적 발전은 인간이 각종 이화를 철저히 포기하는 것이다. 즉 '인간이 자신의 본질을 점유하고 있는 상태' '인간으로의 복귀'이다.

저자는 또한 마르크스가 「1844년 경제학−철학원고」에서 인간의 노동 중에서의 이화와 이화의 포기과정을 분석한 것에 근거하여 인간의 전면적 발전은 반드시 다음의 네 가지를 포함한다고 주장했다. 첫째, 인간의 체력과 지능이 동시에 자유롭게 발전하는 것이다. 둘째, 인간의 재능과 흥미는 충분히 다방면으로 발전하는 것이다. 셋째, 인간의 도덕정신과 심미정취의 발전이다. 넷째, 객관적 규율로 자연과 사회의 자각도를 개조하여 고도로 자유로운 경지에 이르고 인간이 자신의 주인이 된다.

또한 어떤 사람은 마르크스의 이화이론을 사람의 전면적 발전학설의 이론기초로 간주하는 것에 동의하지 않았다. 예를 들어, 천신타이陳信泰, 장우성張武升 등은 이화이론은 마르크스의 초기이론으로, 성숙되지 않은 마르크스주의의 이론으로 간주하였고, 때문에 인간의 전면적 발전학설의 이론적 기초를 구성할 수 없었다고 지적했다. 작자는 마르크스주의 형성과 발전의 과정에는 세 가지 단계가 있다고 생각하였다. 첫번째 단계는 마르크스의 박사논문에서 「헤겔 범 철학비판」까지의 시기로, 이 기간 마르크스 세계관은 헤겔 유심주의에 속해 있었다. 두 번째 단계는 「1844년 경제학—철학원고」에 이르는 기간으로, 이 기간 마르크스는 헤겔에서 포이어바흐의 유물주의로 전향하였다. 세 번째 단계는 1845년 「포이어바흐의 요강」, 엥겔스 공저의 「덕의지 의식 형태」에서 마지막까지로, 마르크스가 철저하게 「두 가지 전변」을 완성하고 마르크스주의가 형성되고 성숙한 시기이다. 마르크스의 인간의 전면적 발전학설은 이처럼 생산, 형성, 발전과정을 거쳤다.

80년대 말 교육이론계는 전면적 발전과 개성발전의 내재관계를 연구, 토론하기 시작하였다.

진중밍金忠明은 「개성교육과 인간의 전면적 발전」이라는 글에서 '개성교육문제는 마르크스주의의 인간의 전면적 발전이론에 관한 핵심문제'라고 밝혔고 덕, 지, 체, 미, 노동 전면적 발전의 이론과 마르크스주의 인간의 전면적 발전학설에 관한 관계를 토론할 때, 그는 후자는 더욱 풍부하고 깊고 넓은 의의를 가지고 있다고 지적했다. 또한 전자는 단지 인간 발전의 몇 가지 기본요소라고 주장했다. '인간의 전면적이고 자유로운 발전은 결코 덕, 지, 체, 미 모든 방면의 균형발전이 아니고, 구체적인 개성들은 이 몇 가지 방면에서 균형 발전하기도 하고, 어떤 한 방면에서 두드러지게 발전할 수도 있다. 개체는 과학 기술형 인간이 될 수도 있고, 도덕형 인간이 될 수도 있고, 심미형 인간이 될 수 있고, 이론형 인간이 될 수도 있고, 관리형 인간일 수도 있고, 이론, 관리복합형 인간일 수도 있다.' 이 때문에 전면적 발전은 결코 하나의 균형 발전된 인재범례로써 개체를 틀에 가두는 것이 아니고 개성이 그 본연의 특징에 따라 맘껏 드러나도록 하는 것이다.

저우즈이周志毅의 논문은 마르크스주의의 전면적 발전이론과 루소, 아담 스미스 및 공상 사회주의의 사람의 발전학설의 구별을 고찰한 후 개성발전의 의미를 명확히 받아들였다. 교육은 개성교육이 되어야 하며 피교육자의 자주적 활동, 인간을 유쾌하게 하는 활동, 내재적 풍부성과 다양성을 지니는 활동 및 피교육자의 자유 활동이 되어야 한다. 이를 통해 인간이 자유비상의 능력을 가질 수 있도록 하고 인간이 어떻게 자유 시간을 분배하는지를 이해하도록 가르쳐야 한다고 생각했다. 또한 인간의 정신적 경지를 채워주고 인간의 성정을 다스려 인간이 정확하고 확실한 의견을 드러내도록 하고 이로써 마음껏, 자유롭게 개성을 발전시킬 수 있도록 해야 한다.

천구이성이 1988년에 출판한 『인간의 전면적 발전이론과 현시대』(상하이교육출판사)라는 책은 비교적 체계적으로 전면적 발전학설을 연구한 전문서적이다. 이 책은 마르크스, 엥겔스, 레닌, 스탈린의 이 개념에 대한 설명의 핵심을 간추려 그들이 이 개념을 사용한 원래의 뜻이 무엇이었는지를 분명히 하였다. 인간의 전면적 발전이론의 형성과 발전과정을 분석하고, 르네상스 이후 공상에서 과학으로 바뀐 인간의 전면 발전문제 및 마르크스주의 창시자의 이 문제에 대한 고찰의 인식심화 과정까지 포함하고 있다. 인간의 전면적 발전을 실현하기 위한 역사적 전제와 인간의 전면적 발전의 사회적 의의를 논의하고, 교육이 인간의 전면적 발전을 실현하는 중에 미치는 역할을 연구하여 전면적으로 발전하는 인간을 양성하는 유일한 방법으로서의 교육과 생산노동의 결합 및 이와 직접적 관계가 있는 종합기술교육문제를 집중적으로 서술했다. 또한 레닌이 처한 시대와 마르크스가 처한 시대의 차이와, 레닌이 마르크스주의 이론을 응용하여 실제 문제를 해결한 입장과 방법을 논했다. 그리고 마르크스주의의 인간의 전면적 발전에 관한 이론이 현대에서 어떤 도전들을 받았는지 연구했으며, 마르크스주의의 인간의 전면적 발전이론이 중국에서 응용된 역사경험과 교훈을 회고하였고, 동시에 그것이 중국에서 어떻게 응용될 것인지를 전망하였다. 이 책은 마지막에 다음과 같이 언급했다.

"중국에서 효과적으로 마르크스주의의 인간의 전면적 발전에 관한 이론을 응용하여 전도유망한 사회주의 신세대를 양성해야 한다. 마르크스와 레닌과 비교해 볼 때 우리는 인간의 전면적 발전문제를 연구하고, 또한 점차 그것을 현실화해야 할 이유가 더 많다고 할 수 있다."

90년대 이후 일부 연구자들은 중국교육목적의 전통관념 및 사고와 서양의 교육사상 중 '인간의 모든 능력의 조화로운 발전'의 전통과 사고의 연계 및 유사성 및 마르크스주의의 '인간의 전면 발전' 관념과 사고의 차이점을 고찰하기 시작했다. 일반적으로 두 가지의 연구 방향이 있다. 첫째는 계속해서 마르크스주의의 인간의 전면적 발전학설의 사고를 따르고, 사회주의 초기 단계의 인간의 전면적 발전의 현실문제와 현실적인 발생 시점을 연구하고, 사회주의 기치 아래서 인간의 전면적 발전의 이론상의 절대성, 무한성과 시장경제 상황 아래 전면적 발전의 인간 조건의 유한성, 상대성의 관계, 마르크스주의의 인간의 전면적 발전이론과 현 단계 교육목적의 중개를 추구하는 것이다. 또 하나의 새로운 논제가 출현했는데, 예를 들면, 여가시간과 인간의 전면적 발전의 관계 및 이것의 교육에 대한 지침적 의의, 인성교육의 이론기초와 마르크스의 인간의 전면적 발전이론 등이다. 둘째는 중국의 교육목적을 '인간의 조화로운 발전'에 두고 교육목적 연구의 전통적 사고에 따라 인간의 전면적 발전문제를 연구하는 것이다. 중요 연구 토론의 논제는 '인간의 전면적 발전과 개성발전의 관계' '전면적 발전교육과 개성교육의 관계' 등이다.

'3개 대표' 사상의 확립과 2001년 장쩌민 주석이 〈공산당 창당 80주년 강연회〉 중에서 이와 같이 논했다. "우리에게는 중국 특색사회주의 건설을 위한 각종 사업이 있다. 인민의 현실적 물질문화의 수요를 고려하고 동시에 인민의 수준을 제고해야 하며 또한 인간의 전면적 발전을 최선을 다해 추진해야 한다." 또한 한층 더 나아가 '인간의 전면적 발전을 추진하는 것은 사회주의 교육의 궁극적인 목적이기도 하다.'라고 명확히 밝혔다. 교육이론계는 인간의 전면적 발전개념의 내용, 이론기초 및 현실성 등의 문제에 대해서도 지속적으로 심도 있는 연구를 진행해야 할 것이다.

4. 교육의 기원과 본질에 관한 학술논쟁

교육기원과 교육본질문제 모두 교육이론의 중대 과제이다. 교육기원은 교육의 발생학을 연구하고 역사적 자료를 고찰하는 가운데 인류학과 고고학에서 발굴한 문물 자료의 고찰과 연구를 통해 현대 원시 부락의 생활 사실의 연구 속에서 얻어진 결론이다. 교육의 본질이란 교육이란 무엇인가에 대한 문제를 연구하고, 기타 사회 활동의 특징 속에서 교육에 차이를 중점적으로 분석한 것이다. 교육의 기원도 교육본질과 밀접하게 관련된 문제이다.

(1) 교육기원에 관한 학술적 논쟁

교육 역사상, 교육기원 문제에 대해 세 가지 주장이 있는데, 첫째는 생물기원설이며 둘째는 심리기원설, 셋째는 노동기원설이다. 생물기원설의 대표 인물로는 영국의 교육학자 퍼시Nunn(1870~1944) 등이 있으며, 그들에게 교육이란 생물학의 과정이며 동물 역시 모종의 교육과정을 지닌다고 보았다. 심리기원설의 대표 인물로는 미국의 교육사학자 폴Paul

Monroe(1869~1947) 등이 있으며, 원시사회에서 아동이 성인에 대해 갖는 본능적 무의식의 모방을 교육의 기원이라고 생각하였다. 노동기원설은 인간 스스로가 노동을 창조해냈다고 연역하여 논평한 엥겔스Friedrich Engels(1820.11.28~1895.8.5) 등이 대표적이다. 이는 중국교육 이론계 기본적인 관점이며 이 기초위에 다른 학술적 관점도 형성되었다.

① 수요설

수요설은 교육 기원을 인류가 꾀하는 사회생활의 수요와 인류 자신의 심신 발전적 수요에 있다고 여긴다. 수요설은 생물기원설이 동물세계만을 보기 때문에 인류사회의 질적 구분을 분별하지 못했으며 교육의 양적 변화만을 볼 뿐, 질적 변화를 보지 못한다고 반대하였다. 교육활동 중에 인간의 심리모방적 요소에 미혹된 심리기원설도 비판하였는데, 교육이 일종의 의식과 목적을 가진 활동이라는 인식이 부족하고, 교육의 사회성, 실천성을 경시한 채 교육의 심리적 요소만을 주목한다면, 이는 교육기원문제에 대한 정확한 해석이 될 수 없다고 보았다.

노동기원설에 대해서는 수요설은 그것이 결코 교육의 진정한 기원을 해결치 못한다고 여겼다. 수요설은 노동과 교육 모두가 인류에 가장 기본적 사회실천 활동이며, 모두가 인류사회의 공통된 시작과 끝이며, 무엇이 먼저이고 나중인지 하는 문제는 상관없다고 보았다. 재화의 생산은 인류사회의 존재와 발전의 토대라고 믿어지지만, 인류사회의 모든 실천 활동, 또한 인간 자체의 존재발전 전제 하에 모두 진행된 것이다. 인류 스스로의 생산이 없다면, 생산 활동의 주체가 없어져 사회의 모든 부분을 논할 수 없게 된다. 인류 스스로의 생산은 재화를 토대로 삼을 뿐 아니라, 반드시 교육이 전제가 되어야 한다. 만약 실천 활동의 본질적 의의를 설명함에 있어 노동생산물, 교육생산자, 노동은 노동, 교육은 교육으로 본다면, 논리관계상 생산자의 교육을 생산물 노동에 기원한다고 여길 수 없고, 그것들의 관계에는 어떤 것이 일차적인 본질이며, 어떤 것이 이차적으로 파생된 것인지의 종속관계가 존재하지 않으므로, 모두가 인류에게 필요하다고 볼 수 있다. 노동과 교육이 인간과 환경의 상호작용적 수요에서 같은 기원이며, 다만 노동의 주요한 것은 물질적 변화의 수요를 야기한다는 것이며, 교육의 주요한 것은 인간의 심신 변화발전의 수요를 야기한다는 것에 불과하다. 바로 이러한 의미에서, 인류가 꾀하는 사회생활의 수요와 인류 자신의 발전적 수요에 교육의 기원이 있다고 말한다.

수요설이 제기한 문제에 대해, 그것이 표면상 노동기원설을 부정한다고 생각하는 사람도 있지만, 사실 노동기원설의 규정에서 아직 자유로울 수 없다. 즉 교육과 노동을 완전히 분리해서 논하거나, 인간과 환경의 상호작용적 수요를 모든 근원으로 본다면, 마치 노동이 인류생활의 모든 기본 조건이라는 스스로 인정한 생각을 재부정하는 것 뿐 아니라, 동시에, 수요설적 논술이, 종종 교육기원문제 그 자체를 떠나, 인류교육 발전과 그 기능상에서 교육의 근원적 해설을 찾기도 함으로써 얻어진 결론은 설득력이 없는 듯하다.

② 고대유인원 교육설

　고대유인원 교육설은 인류교육의 모체, 즉 고대유인원의 교육을 교육 기원으로 여긴다. 그 이유에는 두 가지가 있다. 첫째는 인류교육이 인류사회생산에 따라 발생되면서, 그 모체가 인류사회 형성 이후에 있을 수 없고, 인류사회 형성 이전에라야 존재할 수 있기 때문이다. 인류사회는 고대 유인원으로부터 출발하였으므로, 인류 교육 역시 고대 유인원교육이 진화, 발전해온 것이다. 두 번째는 인류 교육은 그 목적으로 말하자면 인류본능작용의 결과라고 볼 수밖에 없다. 궁극적인 의미에서 교육의 목적은 다른 무엇을 위한 것이 아니라 기득권의 생활과 생살아 있는, 경험을 다음 세대에게 가르치기 위한 것일 수 있다. 이 동기의 형성배경에는 인류가 자기 종족의 존재와 발전을 보호하려는 심리가 있을 수 있다. 이는 사람의 자연적인 본성이다. 이런 유형의 본능심리는 다른 동물들 역시 가지고 있는 것이다. 이런 의미에서 볼 때, 인류의 이러한 본능은 고대 유인원의 본능—전세대의 고대유인원이 자기종족의 존재를 보호하고 자기 고유의 생존기능을 새로운 세대에게 전수하길 바라는 고대유인원의 행위에서 기인한 것이라 할 수 있다. '고대유인원 교육설'의 기본공식은 고대유인원 교육이 노동의 작용 아래 발생하는 질적 변화로 인해 인류교육이 되었다는 것이다. 고대유인원 교육의 기원은 노동의 개발과 추진을 거쳐야만, 인류교육의 흐름이 될 수 있다.

　'고대유인원 교육설'에 대하여 의문을 제기하는 사람들은 '고대유인원 교육' 개념을 제기하는 것은 비과학적이며 인류의 의식 활동을 동물식의 본능으로 인하하고 동물의 본능활동을 인류의 의식에 가깝게 승격시킨 데 근본적 오류가 있다고 생각한다. 비평가들은 동물 행위의 대부분은 본능적 표현이지 학습의 결과가 아니므로, 절대 '유인원교육설'이 성립할 수 없다고 보았다. 비평가들이 지적한 노동은 인간의 주요한 활동이며, 교육이 독립적 사회활동 양식이 되기 이전에, 노동과정 속에서 융합되어, 노동 자체는 교육의 '외적요소'가 아니며 독립적 형태로서의 교육의 기원이자, 바로 노동활동의 '내적요인(모순)'의 결과, 즉 노동을 기초 원시사회 생활을 분화시킨 토대로 보았다. 노동의 발전사를 벗어나, 교육의 발전을 설명하기란 어려우며, 더욱이 교육기원의 비밀을 밝히기를 기대하기란 어렵다.

③ 노동 심화설

노동 심화설은 인류기원에 대한 심화연구로부터 출발하여 교육기원이 노동에서 비롯되었다는 결론은 의심할 여지없이 정확하다고 여겼지만, 교육기원에 대한 설명은 이렇게 단순한 결론에 머물러 있을 수 없으며 '인류의 교육활동과 동물들 간에 정보의 전달, 생물경험의 전수는 과연 어떠한 본질적 차이가 있는가? 이러한 차이는 또 어떻게 형성된 것일까? 형성과정 중 어떤 형태의 질적 변화를 경험했을까?' 등에 대해 밝혀야 한다. 또한 '교육과 인류의 기타 인식과 실천 활동에는 어떤 차이와 관계가 있을까? 상대적으로 현대사회 속에서 서로 독립적 형태로 존재하는 교육활동은 또한 어떻게 단계적으로 형성되고 발전해 왔을까?' 등의 문제도 설명해야 한다.

　　노동심화설은 '교육기원을 인류가 노동과정 중에 형성한 초생물 경험의 전달과 교류'라고 여겼다. 유인원에서 인류에 이르기까지 끊임없는 진화 속에서 형성된 인류 특유의 생리 구조는 생물 유전전이를 통해서 다음 세대에게 전달될 수 있으며, 인류와 나누어질 수 없는 초생물 지체(도구 등의 생산수단) 및 인간화된 자연환경은 다음 세대에게 직접적인 전달이 가능하다. 역사의 발전과정이 끊임없이 지속되는 상황에서 인류사회의 복잡한 구조와 관계를 온전하게 다음 세대에게 남겨줄 수 있지만, 초생물 지체(도구)를 사용하여 자연의 경험과 기능을 바꾼 것, 사회인으로서의 생활방식과 행위규범과 같은 초생물 경험은 생물유전을 통해 전달할 수 없고(가령 생물유전 이 발음기관의 구조와 기능은 전달할 수 있지만, 언어는 전달할 수 없고 대뇌의 생리조직은 전달할 수 있어도 사유를 전달할 수 없다), 물질 형태로도 다음 세대에게 전해줄 수 없다(현대사회에서 후대 사람들에게 남겨준 문자, 서적은 단지 문물의 부호 정보일 뿐이다). 분명한 것은, 사회 속에서 사람의 생리조직을 갖춘 갓 태어난 객체인 유아가, 비록 이전 사람들의 자연과 사회 환경을 갖게 된다 할지라도, 완전한 의미의 인간이라 할 수 없다. 따라서 인류사회가 연속되고 발전해 나가려면 반드시 생물 유전과 물질 전수 이외에, 일종에 초생물의 유전방식을 찾아 후대들이 비교적 짧은 시간 내에 조상들의 유구한 진화와 발전 과정 속에서 쌓인 초생물적 경험(사회 속에서 생존하고 공구를 제조, 사용하는 등의 경험을 포함한)을 얻고 장악할 수 있도록 해야 한다. 이 초생물 유전 과정 속에서, 유아는 생물개체에서 참된 인간으로 변화하는 과정을 되풀이해야 한다. 이러한 과정은 자각의 과정이며, 이러한 인류 특유의 초생물 유전 방식은 곧 교육이다.

따라서 교육을 인류 특유의 활동 방식으로 삼고 교육의 내용은 초생물 경험(사회 속에서의 생존경험과 도구를 제작하여 세계를 바꾼 경험 포함)을 전달하는 것이다. 교육의 목적은 개체인의 형성을 촉진하고, 모든 인류의 발전과 완벽함을 촉진하는 것이며 인류가 일찍이 획득한 각종 지식, 기능, 규범(동물이나 생물의 경험적 본능 전수와 다르며, 과학연구와도 다른)을 지도하여 자각적으로 전수하는 것이 그 특징이다. 교육의 방식은 추상적 사고와 언어(문자를 포함한)의 힘을 빌어야 한다. 교육의 역할은 인류의 생리, 심리와 초생물 지체의 형성과 발전을 촉진하는 것 뿐 아니라, 사회관계의 형성과 발전을 촉진하는 것이다.

교육기원에 대한 학술논쟁은 여전히 진행 중에 있으며, 교육기원이 인류 및 인류사회 기원에 밀접하게 관련된 문제이기 때문에, 인간과 인류사회기원에 대한 연구가 교육기원에 대한 인식이 도달할 수 있는 수준을 좌우하고 있다. 이러한 의미상에서 보면, 교육기원은 여전히 이론계가 한 걸음 더 나아가 논의해 볼 필요가 있는 문제이다.

(2) 교육본질에 관한 학술논쟁

1930년 양셴장楊賢江의 『신교육대강』에서부터 건국 후 20여 년간의 시간 동안, 교육을 일종의 특수한 상층구조현상으로 본 것은 의심의 여지가 없는 듯하다. 그러나 11기 삼중전회가 현대화 건설을 중심 임무로 전략을 조정한 후 교육이론계 역시 교육의 성질과 기능 문제를 재인식하기 시작하였다. 위광위안侁光遠은 우선『학술연구』1978년 3기에 발표한 '인간의 연구를 중점육성'이라는 글에서 교육의 상층구조설에 대해 의문을 제기했으나 실제로는 교육의 생산속성을 강조하여 중국 이론계에서 교육본질에 관한 기나긴 논의를 이끌어냈다.

위광위안은 먼저 '교육에 일부분은 상층 구조에 속하고, 일부분은 상층구조에 속하지 않지만, 전체적으로 보면 교육이 곧 상층구조라고 말할 수 없다.'라고 제기하였다. 그는 사례를 들어, 윗세대의 사람들이 다음 세대의 사람들에게 생산경험, 문화, 과학, 기술, 지식 등의 교육기능을 전수하기도 하지만, 수학수업, 물리수업과 화학수업 등의 교과과정의 교육방법은 상층구조에 속하지 않는다고 설명하고 있다. 1980년 그는 또 교육은 생산력의 명제라고 명백히 밝혔고 교육이론계도 논쟁에 적극적으로 참여하면서 교육의 본질에 대한 토론이 한 단계 더 심화되었다.

① 상층 구조설

상층구조설이란 일종에 전통적 교육본질론이다. 기본적 이론의 근거가 되는 마르크스의「정치경제학비판·요강」에서 제시된 원리는 다음과 같다. '생산관계의 합은 사회의 경제 구조를 형성한다. 즉 법률적, 정치적 상층구조가 위쪽에 수립되고 특정한 사회 이데올로기와 그에 상응하는 현실적 기초가 있다. 물질생활의 생산 방식이 전체 사회생활, 정치생활, 정신생활의 과정을 제약하고 있다. 인간의 의식이 인간의 존재를 결정하는 것이 아니라 반대로 인간의 사회존재가 인간의 의식을 결정한다.' 교육은 경제의 기본적 제약을 받으며 경제관계의 성질이 교육의 성질을 결정하였고, 경제관계의 발전변화가 교육의 발전 변화를 결정하였다. 바꿔 말하면, 생산력과 교육의 관계는 생산관계에 의해 중개되는 것이다.

위광위안 등이 제기한 교육 가운데 존재하는 수많은 상층구조에 속하지 않는 부분에 대해, 판마오위안潘懋元이 답변을 전개하였다. 그는 일부 교육 내용과 방법, 조직 형태는 옛 기초가 소멸됨에 따라 함께 소멸되지 않으며, 그렇다고 옛 기초의 잔여물로 여길 수도 없다고 보았다. 그것은 역사적 계승성을 지니고 있으나 교육의 전체적 체계에서 따로 분리해낼 수 없으며 교육의 목적, 방침, 정책과 구별되어 비상층 구조의 요소가 된다. 판마오위안은 상층구조의 변혁을 통해 구 상층구조의 긍정적인 요인들이 신 기초에 의해 이용되고 보존되며, 개조된 형태로 새로운 상층구조의 유기적 부분을 구성한다고 보았다. 이러한 과정은 역사적 변증법과도 완전히 일치한다. 게다가 예술, 정치, 법률, 도덕 등 사회현상 중에도 이른바 '비상층 구조의 성분'이 존재한다. 만약 이러한 성분을 예술체계 및 정치, 법률, 도덕, 철학체계 등의 이른바 '비상층 구조 성분'의 외적인 것으로 본다면 상층구조의 속성에 문제가 생기게 된다.

② 생산력설

생산력설은 '대파의 교육본질론'으로 여겨진다. 위광위안이 1980년대 정식으로 제기한 생산력설에서는 마르크스의 생산노동과 비생산노동이론에 대한 자신의 이해에 근거해 교육노동이 '사회생산노동에 속함'은 의심할 여지가 없으며, 따라서 '직접생산력의 과정으로 변한 교육이 곧 교육 그 자체이자, 생산력의 요소인 인간을 육성하는 것'이라고 보았다. 교육은 사람에게 작용하는 것이기 때문에 "교육의 생산품은 교육자의 노동이 지혜, 재능, 인품, 성격으로 전환된 것이며 이러한 과정을 통해 인간은 생산력의 한 요소가 되고 교육 역시 직접적인 생산력이 된다."라고 보는 관점이다.

　생산력설이 내세운 이론의 또 다른 근거는 다음과 같다. 첫째, 교육은 노동력의 생산과정이며, 교육의 영원한 사회적 책임은 다양한 단계와 유형의 노동력을 생산하는 것이다. 현대 생산의 조건에서 노동력에는 지적요소, 과학 지식, 생산기술 등이 포함되며 이는 교육을 통해서만 획득할 수 있다. 둘째, 교육의 발전은 직접적으로 생산력 발전에 의해 결정하고, 교육목적, 교육내용, 교육방법과 수단 및 교육규모와 속도는 생산력과 직접적 관계가 있다. 셋째, 교육은 지식형태의 생산력이 직접 생산력으로 전환되는 루트이며 과학은 기술과 생산 자료에서 일어나는 '물리화'와 노동력의 주체에서 일어나는 '지식화'를 통해 생산력으로 전환된다. 두 전환 과정 모두 교육의 직·간접적인 역할에 의존한다. 한 마디로 말하자면, 교육은 노동력 재생산의 필요조건이며 과학기술과 같은 잠재 생산력을 직접 생산력으로 전환하는 중요한 과정이다. 교육은 직간접적으로, 또한 갈수록 더 많이 물질 생산 과정에 참여하고 있다. 이런 의미에서 교육은 생산력이다.

③ 사회 실천설

중국은 과거 마오쩌둥이 「신민주주의」에서 서술한 문화와 정치, 경제 관계에 대한 기본 관점을 '교육은 상층구조에 속한다.'는 학설의 이론적 근거로 삼았다. 또한 마오쩌둥이 말한 문화계란 '관념 형태로서의 문화'였다. 이에 비추어 어떤 사람은 '교육은 문화와 다르며, 문화 역시 교육과 다르다. 문화의 기본 관점을 억지로 교육의 기본 관점이라고 하는 것은 정확하지 않다.'고 제기했으며 '교육이란 교육 대상과 교육의 내용으로 구성된 일종의 사회실천 활동'이라고 제기한 사람도 있었다. 이러한 토대 위에 '교육은 인간의 사회실천 활동을 가르치는 것이다.' '인류 스스로의 생산실천 활동이다.' '인류가 빠른 속도로 자신을 구축하고 개조하는 사회실천 활동이다.'라고 제기하는 사람도 있다.

④ 다질설多質說

다질설은 교육이란 복잡한 사회현상이며, 교육의 본질 역시 매우 다양하고 다양한 측면을 지닌다고 여긴다. 다질설은 교육의 본질은 그것의 사회성, 계급성, 생산성, 과학성, 예술성 등 각종 속성을 통일한 것이라고 보았다. 교육의 발전에서 보면, 최초의 교육생산은 사회생산에서 생겨났으며 사회성과 생산성을 지녔다. 계급사회에 이른 후에는 계급성을 지니게 되었고, 근대 이후에는 자연과학의 발달, 문학예술의 번성 등이 교육에 반영되면서 과학성과 예술성도 나타내게 되었다. 그러므로 교육의 본질은 이상의 다양한 속성들이 하나로 통일된 것이다. 어떠한 사회구조 속에서 생산력과 생산관계, 경제기초와 상층구조는 모두 인간을 주체로 하며 교육은 인간을 길러내는 활동으로서 인간의 발전이과 직접적으로 연계된다. 동시에 생산력, 생산관계, 상층구조와도 역시 직접적으로 연결된다. 그러므로 교육은 이상의 다양한 속성을 가지고 있으며 생산력 혹은 상층구조의 어느 한 속성을 교육의 본질이라고 간주할 수 없다. 뿐만 아니라 교육의 임무는 덕, 지, 체, 미 모든 방면에서 발전해 나가는 사람을 양성하는 것이며 교육의 내용 역시 광범위하고 다양하여 교육의 다양성을 잘 보여주고 있다.

통계에 의하면, 1978년부터 1995년간 발표된 교육본질을 연구한 논문은 304편이며, 전문저서 3부, 28종류의 교육본질설이 나왔다. '상층구조설' '생산력설' '이중속성설' '다중속성설' '특수유형설' '사회실천설' '인간 양성설' '산업설' '비산업설' '상대설' 등을 예로 들 수 있다. 각각의 본질설 아래에는 거기에서 파생된 학설들도 있으며 이로써 학자들이 이 문제를 둘러싸고 열띤 토론을 전개하는 '백가쟁명'의 국면에 접어들었다. 교육본질연구는 이 시기 교육이론연구 중 최대의 관심사로 대두되었고, 이후 교육연구와 교육발전 이론을 위해 기초를 다졌으며 과거 금기시 되었던 부분을 타파하였다. 90년대 중기 이후부터는 이에 대한 열기가 식기 시작했지만 본질 문제에 대한 연구와 토론이 중단된 적은 없었으며 때때로 '새로운' 학설이 제기되기도 했다. 뿐만 아니라, 사람들은 교육본질연구 그 자체를 되돌아보며 반성적인 시각으로 무엇이 본질이고, 무엇이 교육본질인지, 본질과 귀속, 본질과 기능, 본질과 속성, 본질과 규율의 관계 등을 분석하고 사고의 방향을 정리하였다.

교육본질의 학술논쟁에 대해서는 아직 정론이 형성되지 못했다. 논쟁에서 제기된 관점들은 대부분이 탐색적 성격을 지니며 편파적인 면도 없지 않아 교육본질에 대한 학술 논쟁이 '주제에서 벗어난 것'이라고 생각하는 사람도 있다. 그래도 이 논쟁은 크고 깊은 의의를 지니고 있으며 과거 교육에 대한 편협한 인식의 극복, 교육이 능동적으로 현대화 건설에 부응해야 한다는 점, 교육은 사람의 사회적 직책과 기능을 양성하는 것이라는 명확한 인식의 측면에서 이론적, 실제적으로 긍정적인 의미를 지닌다.

1978년 이래로 교육계는 이외에도 교육규범, 교육기능, 교육목적, 교육가치, 교육과 생산노동의 결합, 시장경제와 교육의 관계, 메타 교육학 등 중요한 교육의 기본이론을 깊이 있게 연구하기 시작했다. 이 문제들에 대해서는 이미 전문적인 저술들이 있으므로 여기서는 서술하지 않겠다.

5. 교육산업화의 사상적 교전交戰에 대하여

교육산업 및 산업화 문제를 살펴보면 1970년대 말로 거슬러 올라갈 필요가 있다. 교육계가 '진리의 기준'에 대한 논의에 적극적으로 참여하면서 교육의 본질과 경제발전에서 교육의 역할에 대해 새롭게 인식하기 시작했다. '교육사업과 현대화 건설의 관계를 어떻게 다룰 것인가'가 주된 화제였으나 교육산업문제까지는 논의에 포함되지 않았다.

80년대 중반, '계획화된 상품경제가 발전하면서 사회주의 상품경제 수요에 교육이 어떻게 적응할 것인지'가 집중적으로 논의되었다. 교육의 상품화, 시장화를 주장하는 사람들도 있었으나 교육산업 문제를 명확히 언급한 의견은 그리 많지 않았다.

교육 산업화에 대한 논의는 1990년대부터 열기를 띠기 시작했으며 현재까지 두 차례 최고조에 달한 바 있다. 첫 번째는 1992~1996년으로 '교육산업' 및 '산업화'를 촉구하는 중대 사건들이 불거져 이 문제가 교육계, 경제계 등의 중대 관심사로 떠올랐다. 관련 사건은 ① 덩샤오핑鄧小平의 남방담화 ② 1992년 공산당 중앙위원화와 국무원이 반포한 「3차 산업 발전 촉진에 관한 결정」에서 '교육 사업은 전면적, 선도적으로 국민경제 발전을 견인하는 업종으로 3차 산업에 속한다.'라고 명시 ③ (공산)당의 14대 전국대표대회에서 사회주의 시장경제 건설 방침 확립 ④ 1993년 공산당 중앙위원화와 국무원이 「중국교육개혁과 발전강요」 제정하고 1994년 개최된 제2차 전국 교육업무회의에서 20세기 말 중국 교육개혁과 발전의 기본 목표와 임무를 확정하여 사회주의 시장경제체제, 정치체제, 과학기술체제에 부합하는 새로운 교육체제의 1차적 구축을 요청하고 교육관리 체제 학교설립 체제와 투자체제의 전면적 개혁을 추진한 것 등이다. 그 후 교육계는 교육과 사회주의 시장경제의 관계, 학교설립 모델, 운영시스템과 체제개혁을 둘러싸고 광범위한 토론을 벌였다. 토론은 교육산업, 교육 산업화와 시장화 등의 문제를 중점으로 진행됐고 이와 함께 민영교육과 다양한 채널을 통한 교육경비 조달에 관한 논의도 활기를 띠기 시작했다.

두 번째는 1997년 이후이다. 중국 국내 거시 경제활동이 위축되면서, 총수요가 부족해지고 재정·통화 정책이 소비시장을 이끌지 못하면서 대부분의 상품이 공급과잉 혹은 수요가 공급을 웃돌지 못하는 상태에 놓이게 되었다. 따라서 '어떻게 내수 진작을 통해 경제 성장을 촉진하고 개혁 이후 마지막으로 공급이 수요를 따라가지 못하는 셀러스 마켓(=판매자시장)으로서의 교육시장을 열어갈 것인가' 하는 점이 사람들, 특히 경제학자들의 주목을 끌게 되었다. 경제학자들은 교육시장의 공급능력을 확대하여 교육 관련 소비를 늘리고 이로써 국내 총수요를 견인하고자 했다. 이러한 배경에서 경제학계, 교육학계는 교육 산업화에 대해 대대적으로 토론을 전개했다. 이밖에 교육경비의 부족, 교육의 공급부족, 비의무교육, 특히 대학교육의 수급 불균형 문제 등이 갈수록 심각해졌으며 이외에도 세계적으로 강화되고 있는 시장주도형 신자유주의 경제정책의 영향으로 교육산업의 문제들이 자연스럽게 전사회의 관심사로 떠올랐다. 물론 이 문제들은 또한 국가의 중요한 정책결정과도 긴밀히 연관되어 있었다.

① 당의 제15차 전국대표대회에서 21세기 중국 특색의 사회주의 건설과 현대화 건설 사업에 대해 전면적으로 원대한 목표를 세우고 '과학교육으로 나라를 일으키자'는 전략을 재천명했다. 1999년 국무원에서 이를 위한 지도그룹을 세우고 교육부가 「21세기 교육진흥 행동계획」을 제정하도록 했다. ② 1999년 제3차 전국교육업무회의를 열어 「교육개혁을 심화를 통한 전인교육 추진에 관한 공산당 중앙위원회·국무원의 결정(이하 '결정')」을 발표했다. 장쩌민江澤民 당시 주석은 회의에서 '교육

을 선도적, 전면적, 기초적인 지식산업과 핵심 인프라로 확실히 하여 우선적으로 발전시키는 전략발전 산업의 위상에 놓아야 한다.'고 밝혔다. 「결정」은 정부문서 중 최초로 '사회역량을 북돋아 학교 지원서비스를 제공하여 교육의 위상을 제고할 것'을 명확히 밝혔다. 이전과 다르게 이때 진행된 논의는 교육계만 국한되지 않고 경제학계 및 경제정책연구 부처 또한 적극적으로 참여하며 토론을 주도하는 모습까지 보여주었다. 또한 이론계에서는 여러 문제에 대해 심각한 의견 대립이 있었음에도 실무에서는 이미 산업화된 운연방식으로 교육을 진행하는 대담한 시도들이 나타났다. 민영학교의 다양한 채널을 통한 경비 조달 메커니즘 연구, 교육그룹의 출현과 산업단지 설립, 국공립대학 산하 2급 민영학부 설립, 상업은행 교육대출 실시 및 자본 시장 개입 등을 예로 들 수 있다. 이러한 시도들은 이론 계와 교육정책을 제정자에게 새로운 문제들을 제기하여 교육산업 문제 연구가 더욱 시급하다는 점을 인식하도록 했다.

필자가 중국 정기간행물사이트의 검색통계를 내보니 1998~2002년 5년간 제목에 '교육산업'이란 단어를 포함한 논문이 417편이 있고 장톄밍張鐵明의『교육산업론—교육과 경제성장 관계의 새로운 시각』(광동대학교육출판사, 1998년 1판, 2002년 2판), 우이싱吳怡興이 주필한『교육산업론』(인민교육출판사, 2000), 아이평艾豐이 주필한『동쪽의 태양을 지탱하라—중국의 교육산업 이론과 실천』(중국경제출판사, 2000), 류마오쑹劉茂松, 청쿤성曾坤生이 주필한「교육산업발전과 인적자원관리 연구」(중국재정경제출판사, 2002) 왕리야王麗婭 저서「교육산업화의 이론과 실천」(중국경제출판사, 2002) 등 출판계에서도 전문서적들이 쏟아져 나왔다.

중국정부는 한 번도 교육 산업화를 정책으로 삼은 적이 없었고, 사회 공익사업이라는 속성을 견지하여 교육을 다른 산업, 다른 기업과 동등하게 둘 수 없다는 입장이었다. 만약 정부가 교육산업화를 제창한다면 교육투자 이윤의 최대화 현상을 초래할 수 있고, 교육의 사회적 기능에 대하여 부정적인 영향을 야기할 수 있으며, 또한 거시조정과 공평한 사회 보장이라는 정부의 역할을 약화시킬 수 있다. 이로 인해 '교육산업'과 '교육산업화'를 둘러싸고 새로운 이론 대결이 펼쳐질 것도 불 보듯 뻔하다. 실제로 전국 각지 웹사이트에는 이미 많은 평론과 관점이 난무하고 있다.

십여 년 동안 사회 각계의 광범위하고 격렬한 토론과 탐색을 종합해 보면 이와 관련한 문제는 주로 다음과 같은 세 방면에 집중되어 귀결되며, 이에 대해 다양한 견해가 존재한다.

(1) 교육은 산업인가, 아닌가?

이것은 교육의 속성이라는 문제에 대한 연구이자 또한 교육산업화의 전제(조건)이다. 만약 교육이 다만 사업이고 산업이 아니라면 (그러면) 교육의 '산업화'는 절대 이룰 수 없다. 먼저 교육이 산업이라고 여기는 관점을 살펴보자. 교육의 산업성은 다음과 같이 나타난다.

① 교육은 가장 중요하고 결정적인 산업요소인 지식과 기술을 지닌 인재와 노동인력을 생산하는 산업이다. '과학교육으로 나라를 일으키자'라는 전략을 실시하는 가운데 지주 산업을 육성할 수 있다.

② 교육은 투자하고 부가가치를 산출해내는 생산적 활동이며 자기개발 비용이나 자녀양육 비용보다 훨씬 높은 가치를 창조해낼 수 있다. 시장 수요의 잠재력이 거대할 뿐 아니라 투자자들에게 투자수익을 제공한다.

③ 교육은 지식을 혁신하며, 전파하고 응용하는 3차 산업이며 방대한 취업인구를 제공하는 '떠오르는 산업'이다.

④ 교육 부문과 교육을 받는 사람 사이의 공급과 수요 관계는 일종의 교환 관계이다. 정부보조금을 제외하고 부족한 부분은 마땅히 사회, 교육을 받는 사람의 가정, 개인이 부담해야 한다. 어떤 사람은 21세기 최대의 산업이 교육이 될 것이라고 예측한다.

두 번째는 교육은 산업이 아니라고 하는 관점으로 혹자는 교육이 산업성을 지니고 있지 않다고 말한다.

그 이유는 다음과 같다.

① 교육을 받는 것은 국민의 기본 권리이다. 또한 교육은 사회복지사업의 일환으로 공공성 내지는 준공공성을 지닌다. 주로 정부가 제공하며 학교는 비영리 기관이지 경제활동에 종사하는 산업부문이 아니므로 산업으로 여겨 시장화할 수 없다.

② 교육은 결코 물질생산 부문이 아니며, 교육투자는 생산성 투자가 아니다. 교육의 성과는 물질적인 것이 아니므로 산업이라고 할 수 없다.

③ 교육을 3차 산업으로 나누는 것은 단지 사회 통계적 구분이지, 결코

각 산업이 경제적으로 결합되는 방식에 포함된다고 볼 수 없다. 교
육은 시장에서의 교환을 통해 다른 산업 및 부문들과 경제적으로 결
합되는 것은 아니다.

④ 교육산업은 교육을 상품화하는 것이며 인재와 노동력이 상품이라는
잘못된 인식을 심어준다.

세 번째는 위의 두 가지를 절충하는 관점으로, 교육은 산업이나 특수
한 산업이라고 여긴다. 교육은 산업성을 갖추고 있으면서 또 비산업성
도 갖추고 있다. 또한 사업이기도 하며 산업이기도 하다. 사회 생산성
을 갖추고 있는 동시에 사회생활 복지의 성격도 갖고 있다. 교육은 행
정관리부처와 다르고 공상업, 건축업, 농업 등과도 다르다. 교육이 제
공하는 것은 무형의 제품이며 사람들의 물리적 제품 외적인 욕구를 직
접적으로 만족시켜 준다. 다른 3차 산업과 비교했을 때도 교육산업은
자신만의 특수성이 뚜렷이 드러난다. 저명한 학자 멍자오우孟昭武는 생
산투입, 원가산정, 생산과정, 시장경쟁, 제품 생산, 수익 평가 등 여섯
개에 이르는 산업의 동적라인의 관점에서 교육산업의 특징을 구체적으
로 설명했다.

① 교육산업에 대한 투자는 전 사회, 전 방위적인 투자로 정책상의 방
향제시와 인적, 재정적, 물리적 측면에서 정부의 지원이 요구된다.
또한 방대한 교육자들이 시간, 에너지, 지식, 감성을 투자해야 하며
더 나아가 사회 각 분야의 관심이 요구된다. 교육경비를 투자하는
목적은 직접적인 경제효과보다는 장기적인 사회적 수익을 얻는 데

있으며 사회주의 국가가 필요로 하는 덕德, 지智, 체體, 미美, 노勞를
고루 갖춘 인재를 양성해내는 데 있다.

② 교육산업에서도 원가산정이 필요하다. 비용을 따지지 않고 교육을
위한 교육을 할 수도 없고 그렇다고 해서 교육산업의 비용을 무턱대
고 줄여서도 안 된다. 필요할 때에는 비용을 높여 교육 시설과 학교
운영 여건을 개선시켜야 하며 이로써 교육의 질을 보장해야 한다.

③ 교육산업은 정신노동을 위주로 한다. 정신노동자라는 특별한 제품
을 '생산'하는 과정으로 생산 주기가 길고 비용이 많이 들며 효과가
천천히 나타난다. 교육의 가치는 학생이 졸업한 후 사회에서 물질적
부를 창조하고 사회생산 규모를 증가시켜 전체 사회의 경제 수익을
높이는 것으로 구현된다.

④ 교육산업의 시장경쟁은 궁극적으로 교육산업이 생산하는 '제품'의
우열에 달려 있다. '제품'은, 즉 인재의 양이 아니라 질에 의해 결정
된다. 또한 교육산업에서의 경쟁은 서로 교류하고 협력하는 경쟁이
다.

⑤ 교육산업에서 생산하는 제품은 직접적인 경제지표로 측정할 수 없
으며 '제품'이 사회에 진입한 후 장기간 동안 실무경험을 거친 후 사
회의 검증을 통해 그 품질을 평가받는다.

⑥ 교육산업의 수익 평가는 단순히 경제지표로 계산하거나 졸업생의
많고 적음으로 판가름할 수 없다. 또한 배출해 낸 유명인의 수로 교
육의 효과를 증명할 수도 없다. 전체 학생의 종합적인 수준이 제고
되었는지, 사회와 시장에서 얼마만큼 인정을 받는지를 척도로 삼아

야 하며 사회와 시장이 판단해야 한다.

여러 관점이 대립하는 데 있어 중점은 '산업'과 '교육산업'을 어떻게 이해하는가 하는 것이다. 교육학으로는 산업 속성의 문제를 설명할 수 없다. 경제학에서 산업은 원래 물질적 생산을 담당하는 업종을 뜻하며 생산적 기업, 업종, 부문들의 집합이다. 종종 '사업'과 상대적으로 언급된다. 사업이란 일정의 규모를 갖추고 사회경제, 복지, 구제 등 비영리 조직에 종사하는 것을 뜻한다. 마르크스는 크게 산업을 둘로 나누는 분류법을 창시하여 물질 생산 부문을 생산재 부문(부류1)과 소비재 부문(부류2)으로 분류했다. 두 분류의 산업 모두 물질생산에 관계된다. 후에 경제가 발전함에 따라 비물질적 생산 부문도 갈수록 확대되기 시작했고 '3차 산업'이라는 개념이 생겨났다. 세계적으로도 교육을 3차 산업의 구성요소로 보는 시각이 대두되었다. 80년대 중반부터 중국은 국제 관례에 따라 생산과 소비를 위해 각종 서비스를 제공하는 부문을 3차 산업이라고 칭하기 시작했고 교육을 그중 하나의 영역으로 포함시켰다. 교육이 비물질적 생산 산업의 속성을 지니고 있다는 것에 대해 이미 국내외에 공감대가 형성되었다. 하지만 최근 들어 중국에서는 교육의 산업 속성에 대한 논의가 위에서 말한 일반적인 의미를 넘어서고 있으며 교육산업에 더욱 많은 의미를 부여하고 있다. 따라서 교육이 산업인가 아닌가 하는 논쟁은 산업에 대한 상이한 이해에서 비롯되었다고 볼 수 있다. 교육이 산업이라고 생각하는 사람들도 교육산업이라는 개념의 내포와 외연을 이해하는 데 있어서는 저마다 다른 의견을 지니고 있다.

사람들은 거시경제학 중에서 공공제품과 개인제품의 분류법에 관한 공공부문경제학을 자주 인용한다. 경제학자 리이닝歷以寧은 교육산업이 교육 부문과 교육 단위가 제공하는 제품을 가리킨다고 여기는데 이런 제품을 또 교육서비스라 칭한다. 교육제품을 성격에 따라 나누면 공공제품, 준공공제품, 개인제품으로 구분할 수 있다. 공공제품은 배타성이 없어서 누구든지 필요하면 누릴 수 있으며 준공공제품은 일정의 배타성을 갖고 있어 일정한 범위에서만 누릴 수 있다. 준공공제품은 더 많은 배타성을 갖고 있어 일정한 범위에서 누릴 수 있다. 개인제품은 더 많은 배타성을 갖고 있어 돈을 내는 사람만이 누릴 수 있다. 사회주의 사회에서 모든 교육서비스가 공공제품이 될 수는 없다. 교육의 다른 부분들도 그 제품의 속성이나 특징이 완전히 일치하는 것은 아니다. 의무교육과 비의무교육의 경우, 중등과 고등교육 중 보통교육과 직업기술교육이 있으며 그중 어떤 것은 공공제품에 더 근접하며 어떤 것은 개인제품에 더 가깝다. 의무교육은 어떤 의미에서는 공공제품에 속하고 이론, 제도적 측면에서는 강제성을 띤 무료교육이다. 소비의 측면에서는 완벽한 경쟁성과 배타성을 가지고 있지 않은, 동일한 연령의 사람들이 모두 받을 수 있는 교육이다. 예즈훙葉之紅은 교육제품의 공공성은 선천적으로 부여된 고유한 것이 아니고 고정불변한 것도 아니라고 생각한다. 어떤 제품의 속성은 선천적으로 부여된 고유한 것이 아니며 환경조건의 변화에 영향을 받는다. 어떤 조건에서는 공공제품이 개인제품으로 전환될 수도 있다. 예를 들어 제품의 공급·수요 관계와 사회의 기본 소비능력이 제품과 노동의 공공적 요소에 직접 영향을 줄 수 있다. 현재 중국교육은 공급부족, 질적 불균등, 소비능력 불균형 등의 문제를 안고 있어 국민의 교 육 수준과 품질에 현저한 격차를 야기하고 있다. 이로 인해 중국교육의 공공성이 크게 저해되고 있다. 교육이 산업인가 아닌가 하는 문제는 교육의 소비성, 공익성을 더욱 강조하는 측과 생산성, 경제적 기능을 보다 강조하는 측면의 이견 차이로 드러난다.

(2) 교육을 산업화할 수 있는가?

교육 산업화란 교육 자체가 산업적 특징을 가지도록 하는 것을 말한다. 즉 시장 시스템에 의해 운영하고 산업 운영 방식으로 교육 서비스를 제공하며, 교육 영역에 투자와 수익의 선순환 메커니즘을 구축하는 것이다. 현재 교육 산업화 분야에서 이미 굵직한 시도들이 진행되었다. 그러나 '교육산업'을 각자 다르게 이해함으로 인해 '교육 산업화'에 대한 이론계의 인식도 확연히 다르다. 찬성하는 사람도 있고 반대하는 사람도 많이 있는데, 두 종류의 관점이 첨예하게 맞서고 있다.

어떤 사람들은 '교육 산업화'를 전면적으로 추진할 것을 주장한다. 그들은 산업화는 교육개혁의 중요한 일환이며 오랫동안 중국교육이 안고 있던 경비부족 문제를 해결함으로써 보다 효과적으로 교육을 공급할 수 있도록 해줄 것이라고 주장한다. 또한 사회 소비를 증가시켜 경제성장을 촉진하고 보다 많은 사람이 교육을 받도록 하여 취업 문제를 완화할 것이라고 주장한다. 그래서 불과 물처럼 '학문'과 '경상'을 나누던 낡은 관념을 버리고 시장규율에 따라 다시 교육제도를 검토하고 교육산업을 발전시켜야 한다는 것이다. 그들은 교육 산업화를 촉진하는 것이 바로 지식경제에 대응할 수 있는 방법이라고 주장한다. 이러한 관점을 가진 사람들은 대부분 경제학자인데, 예를 들면, 베이징대학교 경제대학의 류웨이劉偉 교수는 중국 국내 경제 상황으로 봤을 때 교육만큼 수요가 크고 투자 잠재력이 큰 영역이 없다고 지적한다. 특히 도시의 재적인, 효과적인 교육 수요가 매우 크므로 교육산업을 발전시키고 산업화한다면 내수가 확대되고 경제성장의 견인차 역할을 할 것이라고 밝힌다. 또한 그는 교육산업화가 교육 발전 개혁에 필수적인 요소라고 강조한다.

샤오쥐지蕭灼基는 현재 소비품 시장은 수요가 부족한 반면 교육은 오히려 공급부족이라고 지적했다. 공급 부족의 주요 요인은 정부의 교육자원에 한계가 있기 때문이다. 어떤 면에서 중국의 교육 수요의 잠재력은 아주 크다. 교육을 받고자 하는 마음은 갈수록 간절해지고 있으며 특히 대학교육에 대한 욕구는 더욱 커지고 있다. 또 다른 방면은 중국 교육 공급의 잠재능력이 아주 크다는 점이다. 따라서 교육의 산업화를 진행하면 교육의 수요 잠재력과 공급 잠재력을 유기적으로 결합할 수 있어 교육 산업화가 더 신속하게 진행될 수 있다. 경제학자 웨이제魏傑는 '중국의 물질적 내수는 이미 일정한 수준에 도달하여 그 규모를 더이상 확대하는데 한계가 있으나, 정신적 내수는 아직 개발할 여지가 무궁무진하다.'며 교육, 문화, 오락, 여행 등의 정신적 내수 중 특히 교육,

그중 대학교육에 대한 수요와 여행의 개발 여지가 가장 크다고 밝혔다.

그는 이렇게 주장했다. "중국의 대학교육이 발전하기 위해서는 반드시 교육에 대한 다원화된 투자가 선행되어야 한다. 교육 산업화는 오늘날 우리가 직면하고 있는 현실적인 문제이다."

경제학자 중평룽鐘朋榮은 교육 산업화 후에 교육의 규모는 확대될 수 있고, 적어도 세 가지 면에서 취업 문제를 완화시킬 수 있다고 보았다. 첫째는 대규모의 교육 활동이 더 많은 교육 업무 종사자를 필요로 하게 될 것이라는 점이다. 이로써 직접적인 취업기회가 창출될 것이다. 둘째는 청소년의 취업 연령을 미룰 수 있으며 중년층도 오랜 기간 동안 학문과 연구에 매진하고 전문적 훈련을 받으므로 사회의 취업부담을 줄일 수 있다. 셋째는 저수준의 인력이 교육을 통해 보다 높은 수준의 기술을 갖추거나 전문지식을 가지게 되면 새로운 산업이나 직무에 투입될 수 있다.

하지만 교육 산업화를 반대하는 목소리도 만만치 않다. 그들은 교육이 법률로 규정한 비영리 공공 부문에 속하므로 공익성을 추구해야 한다고 생각한다. 또한 교육은 개인의 제품이 아니라는 것이 그들의 주장이다. 그들은 교육 산업화는 자칫 교육의 원리와 물질생산의 경제 원리를 뒤섞어 놓을 수 있으며 실제로는 경제경비 부족을 해결하려는 본래의 취지와 달리 역효과가 날 수 있다고 생각한다. 인재 양성의 원리를 물질적 생산에 활용하거나 물질적 원리를 인재 육성에 활용하는 것은 불가능하다는 것이다. 왕산마이王善邁 교수는 만약 시장 메커니즘을 교육에 도입하여 교육의 산업화, 시장화를 진행한다면 다음과 같은 네 가지 결과를 초래할 수 있다고 주장했다. 첫째, 교육기회의 불균등을 야기할 수 있다. 둘째, 입학률 저하를 야기할 수 있다. 셋째, 정부의 교육투자가 감소할 수 있다. 넷째, 소외 현상을 불러올 수 있다. 중국을 포함한 대부분 국가의 「교육법」의 요지는 인재 양성이다. 만약 학교가 기업화된다면 인재를 양성하는 것은 수단이 되며, 이윤이 교육의 목적이 될 것이며, 학교 또한 공장, 상점, 은행과 같이 영리기관이 될 것이고 손해를 입는 사람은 청소년 세대와 사회라는 것이다.

어떤 사람은 비록 교육이 산업이라고 생각하면서도 교육 산업화를 반대한다. 교육은 사회의 제품으로서 중요한 공익성을 가지고 있으며 전통 공업, 농업과는 큰 차이가 크다. 교육은 사람들의 인생관, 세계관, 가치관 등을 형성하고 좌우하는 중대한 역할을 한다. 또한 인류 문명을 쌓고 전승하는데 그 무엇도 대체할 수 없는 역할을 한다. 교육은 개인 제품처럼 산업화, 시장화할 수 없다. 교육을 산업화 하고 교육 사업이 영리사업으로 전환된다면 당의 교육 방침을 수행하는 데 있어 여러 가지 면에서 장애를 겪게 될 것이고, 전면적으로 인성교육을 추진하겠다는 방침에도 위배된다.

또 어떤 이들은 부분적으로 교육의 산업화를 추진할 수 있다고 주장한다. 사람을 육성하는 과정에서 형성된 소비 또한 사업의 일종이기 때문이라는 것이다. 따라서 교육을 여러 단계와 산업구조로 구분하고 어느 정도는 시장 시스템을 도입해도 무방하다고 생각한다. 예를 들면 의무교육 이외 교육의 경우 산업화를 실행할 수 있다는 것이다. 특히 대학교육의 경우 인재 육성, 과학기술로 전환하는 데 있어 낭비 현상이 보편적으로 존재하므로 산업화가 더욱 필요하다.

어떤 이들은 교육 중에서도 개인 제품적인 성질이 뚜렷한 부분(대학 교육, 기술훈련 등)은 시장에 의해 제공될 수 있으며 시장을 통해 자원을 분배할 수 있다고 주장한다. 실제로 교육 산업화는 교육 자본에 대한 경영을 뜻하는 것으로 교육자본의 경영은 교육 관리자의 중요한 책임이다. 지식을 전달하고 사람을 기르는 것은 교육의 관리층과 상대되는 개념으로 교육에 직접 종사하는 교사들의 책임이다. 이 두 가지는 서로 뒤섞여서는 안 되기 때문에 '교육 산업화'는 한마디로 단정할 수 없다는 것이 그들의 생각이다.

(3) 어떻게 교육을 산업화할 것인가?

만약 교육이 산업이고 또 산업화를 할 수 있다면 그 다음 문제는 산업화를 어떻게 하느냐이다.

교육 산업화가 교육의 모든 과정, 모든 분야의 산업화를 의미하는가? 많은 연구가들이 이에 대해 범위를 정하고 의무교육을 예외로 두었다. 샤오쥐지蕭灼基는 교육이 산업화될 수 있다는 점을 인정하면서도 그중 산업화 할 수 있는 것은 일부분이라는 점을 명확히 했다. 그는, 교육은 전체적으로 봤을 때 일종의 공익사업이며 사회적 이익을 추구하는 것이 목적이라고 생각했다.

직업기술 교육과 같은 부분은 산업의 투자로 간주할 수 있으나 의무교육은 완전히 공익적인 성격을 지니며, 노동자의 문화 수준을 향상하고 사회의 이익을 추구하는 것 이외에는 영리적인 목적이 없다고 보았다.

류웨이劉偉 또한 9년 의무교육 서비스의 주체는 산업화할 수 없으며 의무교육은 국가가 법을 통해 강제로 규정한 것으로, 중요한 것은 시장 개발의 문제가 아니라 어떻게 질서를 세우고 수준을 높일까 하는 문제라고 보았다.

하지만 비의무교육의 경우에는 산업화를 진행할 수 있다. 단, 두 가지 문제에 주의해야 한다. 첫째, 정부는 직접 경영할 수 없으며, 감독과 관리만 할 수 있다. 둘째, 독점과 불합리한 경쟁을 금지할 수 있는 법적 근거를 마련하여 악덕 경영자를 근절해야 한다. 대학교육 산업을 개발하는 데 가장 급선무는, 첫째, 학교의 자주권을 보장하여 권리와 책임을 명확히 하고, 둘째, 정부가 법률, 제도, 기준을 제정하여 학교 경영에 유리한 외부환경을 조성해야 한다. 또한 교육 산업화의 역사적 의의는 교육의 구조조정, 수익의 제고, 제도의 혁신을 실현하고 교육의 내부의 자발적 발전을 통해 경제, 사회 변화와 수요에 적응할 수 있는 메커니즘을 세우는데 있다고 밝혔다.

교육 산업화는 새로운 개혁으로, 백 퍼센트 완벽을 기할 수 없으며 실제 적용하는데 있어서도 다음과 같이 본질이 왜곡되는 경향이 있다.

① 교육산업화로 인해 학교에서 공공연하게 이런저런 비용을 거둬들이고 학비를 대폭 인상하는 현상이 나타났다. 이로 인해 혹자는 오늘날 교육을 '10대 폭리 사업'의 하나로 보기도 한다.

② 교육산업화는 교육의 전면적인 시장화이다.

③ 교육 산업화는 정부가 교육에서 완전히 손을 떼는 것이다.

몇몇 학자는 이에 대해 비판을 제기했다. 리페이린李培林은, 대학교육이 하나의 '산업'이긴 하나 물품 및 시설 관리의 사회화 측면이나 다양한 형식의 운영방식을 장려하는 등 산업화를 진행할 수 있는 부분의 경계를 명확히 해야 한다고 생각한다. 전체 대학교육이 영리를 목적으로 해서는 안 되며, 교육 본연의 질서를 위반해서도 안 된다고 주장한다. 그렇지 않으면 '졸업증서를 팔아 돈을 버는' 현상이 만연할 수 있다. 따라서 대학교육의 '산업화'도 신중히 진행해야 한다.

그래서 교육산업화의 건강한 발전을 위해 학자들은 다음과 같은 의견을 제시했다.

첫째, 교육 산업화의 문제에 대한 사회적 인식을 제고해야 한다. 교육 산업화의 성격을 이해하고 적절히 응용할 줄 알아야 한다. 교육을 다른 산업과 동등하게, 학교를 기업과 동등하게 생각할 수는 없다.

둘째, 교육을 산업화함에 있어서 거시적 방향을 제시해 주는 정부의 역할을 강화하여 누구나 아무생각 없이 뛰어들지 않도록 해야 한다. 정부는 법에 의거하여 교육에 대한 투자를 늘리고, 지역 간의 격차를 줄이고, 교육의 기회를 공평히 제공하는 등 기본적인 환경을 보장해야 한다.

셋째, 교육산업 관련 정책을 한층 완비하고 교육산업을 발전시키는 데 있어 재산권과 이익관계를 법으로 규정해야 한다. 교육산업의 유형과 단계를 고려하여 그에 맞게 다양한 정책을 채택하고 보조금 지급이나 세금부과 방법도 다양화해야 한다. 민영교육을 통해 얻어지는 영리에 대해서는 반드시 범주를 명확히 해야 한다. 조세정책에 있어서는 영리산업으로 분류하여 비영리 교육사업과 구분함으로써 투명한 세수가 이루어지도록 해야 한다.

넷째, 교육비용을 합리적으로 분담하여 더 다양한 루트로 교육경비를 조달할 수 있도록 관련 정책을 개선해 나가야 한다.

다섯째, 교육 부자재(교육기기, 도서 및 교육 소프트웨어, 문구 등)를 향상시켜 국제 경쟁력을 높이고, 해외 인력의 유입과 투자를 유도한다.

여섯째, 내부적 잠재력을 발굴하여 효율을 높이고 학교 물품 및 시설 관리의 사회화 개혁을 통해 고등학교 및 고등학교 이상의 교육 규모를 확대한다.

일곱째, 자본시장을 이용하여 교육산업발전을 촉진하는 새로운 수단을 적극적으로 탐색한다. 예를 들어, 교육 그룹을 세워 교육산업의 직접 상장 비중을 확대하고 민영교육을 통해 자산의 주식화와 자본화를 추진하며 과학기술단지를 세우고 학교자산의 증권화를 통해 교육 투자자금을 마련하고 교육채권을 발행하며 교육저축금을 자본시장에 투입하는 것 등이 이에 해당한다.

시장 경제가 사회 전반으로 스며드는 오늘날, 교육은 시장경제에서 '사면초가'의 상황에 놓여있다. 교육의 '산업' '산업화' 문제는 여전히 전 사회 특히 교육계의 가장 큰 화두이며 깊이 연구할 가치가 있는 과제임에 틀림없다.

6. 교사전문화의 이론 해석

"백년대계는 교육을 근본으로 삼고 교육대계는 교사를 근본으로 삼는다."라는 말에서 나타나는 것처럼, 경제사회 발전에 있어서 교육의 위치와 역할이 갈수록 중요해지고 있다. 특히 최근 들어 인성교육, 새로운 커리큘럼, 창의교육 등 새로운 시도들과 개혁이 진행됨에 따라 교사 또한 교육개혁의 핵심 요소 중 하나로 관심이 모아지고 있다.

21세기로 접어들면서 교육계는 교사라는 직업을 새롭게 고찰하기 시작했다. 교육 산업화에 대한 논의처럼 다양한 의견이 쏟아지지는 않았지만 교사의 전문성, 교사의 전문화, 교사 교육 등 문제에 대해 심도 있는 토론이 전개되었다. 토론의 주요 내용은 다음과 같다.

(1) 교사는 전문직종인가 일반직종인가?

직업은 사람들이 사회노동에 참가하는 성격과 형식으로 구분한 그룹이다. 사회학자는 일반적으로 직업을 전문직업과 보통직업으로 나눈다. 전문사회학에서는 전문직업이라는 개념 대해 두 가지의 정의가 있다. 한 가지는 특정 전문지식과 전문 분야에 대한 비전을 지닌 직업군이고, 다른 하나는 자신의 직업을 스스로 컨트롤할 수 있는 권리를 지니는 직업이다.

하나의 직업이 전문직인지 아닌지는 그것이 '전문'의 기준에 부합한지 아닌지, 또는 '전문화'의 수준이 어느 정도인지에 따라 결정된다. 교사의 업무는 전문 활동인가? 사람들이 이 문제에 대답하는 방식은 대체로 먼저 이론상으로 '전문'의 정의가 무엇인지 살펴보고 '전문'의 기준을 따져본 후 교사라는 직업이 갖추고 있는 조건을 이론적, 실증적으로 규명하는 것이다.

현재 국제교육계에 광범위하게 활용되는 것은 리에벌멘M Lieberman의 정의이다. 그는 '전문'이라함은 다음의 기본 요건을 충족해야 한다고 밝혔다.

① 범위가 명확하고 사회에서 없어서는 안 되는 일에 독점적으로 종사해야 한다.

② 고도의 지능적 기술력을 활용해야 한다.

③ 장기적인 전문교육을 필요로 하다.

④ 종사자는 개인과 단체를 막론하고 폭넓은 자율성을 지녀야 한다.

⑤ 자율성의 범위 내에서 스스로 책임감 있게 판단하고 행동을 취해야 한다.

⑥ 비영리적이고 서비스를 동기로 삼는다.

⑦ 종합적인 자치조직을 형성한다.

⑧ 응용방식을 구체화한 윤리강령을 지닌다.

일부 연구자는 더 자세한 조건과 요구를 열거하기도 하는데 이러한 것들은 모두 '전문'에 대한 이상형이다.

일반적으로 어느 정도 수준의 전문직이라면 다음 여섯 가지 특징과 기준을 갖춰야 한다.

첫째, 전문지식과 능력, 즉 전문지식과 기술은 전문직에 종사하게 되는 기본조건이다. 이것은 전문직의 요소 중 가장 중요한 기준이다.

둘째, 전문가로서의 도덕성이다. 즉 직업적으로 더욱 책임의식을 갖고 사회 수요를 만족시키며 직업적 명예와 스스로 정한 행위규범 혹은 윤리적 기준을 지키는 것이다.

셋째, 전문 직업 훈련이다. 장기간에 걸친 훈련을 거쳐야 한다(보통 4~5년).

넷째, 끊임없이 공부하고 연수에 참가해야 한다.

다섯째, 전문가로서 필요한 자치권을 누릴 수 있어야 한다.

여섯째, 탄탄한 전문가 조직을 구축해야 한다.

만약 전문가의 기준을 엄격히 적용해 각 직업을 고찰하면 상술한 요건에 완전히 부합하는 직업은 하나도 없을 것이다. 변호사나 의사도 마찬가지다. 그래도 전문화 수준에는 높고 낮음이 존재한다. 위에서 말한 전문직의 기준과 특징에 비추어 보면 현재 중국 초·중고교 교사는 직업적으로 어느 정도 전문 수준을 갖췄다고 말할 수 있다. 그러나 부분적으로는 완벽히 전문화하지 못한 부분도 있다. 따라서 교사는 현재 완벽한 전문화를 위해 나아가고 있는 '전문화가 진행 중'인 직업이다. 그 이유는 다음과 같다.

① 교사가 제공하는 교육서비스는 현대사회에서 갈수록 중요해지고 있다. 지식사회가 도래하면서 이러한 역할의 중요성이 더욱 강조되고

있다.

② 교직은 전문직으로서 높은 윤리 도덕적 규범이 요구된다.

③ 교사가 어떤 지식을 점유하는 것에 대해선 아직 논쟁이 여지가 있지만 청소년 교육이 필요로 하는 전문화된 교사는 이미 전문적인 교육기관에서 교사 교육을 받았고 교사 전문 훈련의 기간, 수준이 갈수록 제고되고 있다.

④ 교사임용자격과 직업연수가 날로 제도화, 법률화되고 있다.

⑤ 교사가 전문가로서 지녀야 할 자주권이 적절히 보장되고 있다.

⑥ 교사의 경제적 대우와 직업적 명망이 점점 높아지고 있다. 예전에는 그다지 좋은 직업으로 여겨지지 않았던 교사가 몇 년 사이 '인기 직종'으로 변해 한 자리를 놓고 수십 명이 경쟁하는 양상이 펼쳐졌다. 따라서 초·중고교 교사의 전문성은 실질적으로 '있고, 없고'의 문제가 아니라 전문화 수준의 높고 낮음의 문제라 할 수 있다.

교사라는 직업은 전문화가 '진행되고'있는 직업이다. 따라서 의학, 법률, 공학 등 다른 전문직과 비교해 볼 때 조금 뒤떨어지는 감이 없지 않다. 하지만 그 위상은 준 전문직을 넘어 완벽한 전문직에 가까워 전문직과 준 전문직의 중간 정도로 생각할 수 있다. 이는 교사의 전문성 현황으로부터 고찰해 낸 실제 상황에 근거한 결론이다. 하지만 사회적 기능면에서 볼 때 교사는 다른 사람이 대신할 수 없는 전문직이기 때문에, 그 업무는 철저히 전문적이어야 하고 교사는 전문가가 되어야 한다. 이는 사실과 가치의 문제이다.

1996년 국제노동기구(ILO)와 유네스코가 발표한 「교원의 지위에 관한 건의」에서는 교사를 전문직으로 봐야한다고 밝히고 있다. 이는 교사의 업무가 엄격한 훈련과 끊임없는 연구를 거쳐야만 전문지식, 기술을 유지할 수 있는 공공업무가 되어야 한다는 일종의 요구이다. 국제노동기구가 제정한 '국제표준직업분류'에 교사는 '전문가, 기술자 및 관련 업무 종사자'로 분류되어 있다. 1986년 중국 국가 통계국과 국가 표준국이 발표한 '중화인민공화국 국가표준 직업분류와 코드'에서는 각급 교사가 '전문직, 기술자'로 분류되어 있다. 1993년 8기 전인대 4차 회의에서 통과된 '중화인민공화국 교사법'은 교사를 '교육 업무를 수행하는 전문인력'으로 정의했으며 '국가교사자격제도'를 처음으로 언급했고 '교사직무제도'와 '교사초빙제'를 점진적으로 시행하고 있다. 이에 따라 '교사의 전문화'라는 또 다른 문제가 제기되었다.

(2) 교사전문화

교사전문화의 기본 의미는 다음과 같다. 첫째, 전문직으로서 교사는 과학 전문성과 교육 전문성을 모두 포함하는 말이다. 둘째, 국가적으로 교사교육 전문기관과 교육에 관련한 전문적인 내용과 정책이 있다. 셋째, 국가적으로 교사자격과 교사 교육기관에 대한 인가제도 및 관리제도가 있다. 넷째, 전문직으로서 교사는 지속적으로 발전해나가는 과정이다.

교사전문화는 일종의 상태이며 지속적으로 심화되는 과정이다. 동적 의미의 교사 전문화는 전문직으로서의 기준을 세워 교사를 일반 직업에서 점차 전문직 기준에 부합하는 직업으로 전환하여 전문직으로 자리 잡도록 하고 그에 맞는 전문직의 위상을 세우는 과정이다. 교사 전문화란 교사 개체의 전문화와 교사 직업의 전문화를 포괄하는데 전자는 교사가 전체 직업 생애에서 전문 조직의 지원을 받고 평생 전문 훈련을 통해 교육 전문 지식과 기술을 익히고 자주적으로 업무를 수행하는 것을 말한다. 전문가로서의 도덕윤리 의식을 지니고 교육자로서 수준을 높여 바람직한 교육 전문가가 되는 것이다. 다시 말해 한 사람의 '보통 사람'에서 전문인인 '교육자'로 거듭나는 과정이다. 후자는 교사 집단이 전문화해가고 사회에서 인정을 받는 것을 뜻한다. 교사 개체의 전문화란 교사 전문화의 토대이며 근본이다. 정적 의미의 교사 전문화란 교사 집단의 전체적 수준을 향상하고 개선해 나가는 것이다.

누군가가 다음과 같이 교사 전문화의 지표를 제시했다. ① 전문적 지능 ② 전문훈련 ③ 전문조직 ④ 전문가 윤리 ⑤ 전문가로서 자주성 ⑥ 전문서비스 ⑦ 전문가로서 성장

왜 교사전문화를 제기하는가? 세 가지 이유가 있다.

① 사회가 변천하고 교사의 역할이 달라지면서 교사전문화가 요구된다. 과거 전통사회에서는 물질, 권력, 정치가 강조되었지만 현대사회에서는 경제, 문화, 지식이 강조되고 있으며 이미 '지식사회'가 등장했다. 교육은 문화를 전파하는 기본 모델로서 이미 고도로 전문화된 활동이 되었다. 교사도 지식층으로서 사회 문화자본의 생산자, 즉 문화지식을 생산하는 주체와 연구자가 되었다. 그들은 문화

지식을 전달, 보존, 교류, 혁신, 창조하는 가운데 전문가로 거듭났다. 또한 지식사회에서 생산, 조직, 인간의 일, 지식의 형태 그리고 교육의 특징에 변화가 일어났다. 이에 따라 사회가 학교에 가지고 있는 기대, 학교의 기능, 학교의 의의, 학생과 교사의 역할 또한 바뀌었다. 지식사회는 교사의 전문화를 요구한다.

② 세계 교사교육 발전 추세가 교사의 전문화를 요구한다. 1970년대 이후 세계 다수의 국가들이 교사를 특수한 전문직으로 바꿔야 한다고 주장하고 있다. 미국에서는 1970년대 중반에 교사의 전문화가 제기되었으며 이로써 공공교육의 질을 제고하고 교육을 진정한 전문직으로 발전시켰다. 1986년 미국의 카네기 팀과 홈스Homs팀은 잇따라 '21세기 교사 육성을 위해 국가가 준비해야 한다.' '내일의 교사'라는 중요한 보고서를 발표했고 교사의 전문성을 교사 교육 개혁과 교사 직업 발전의 목표로 삼아야 할 것을 제기했다. 1989~1992년 OECD는 '교사 훈련' '학교 품질' '오늘의 교사' '교사의 질' 등 교육 및 교사 전문화 개혁과 관련한 연구 보고서들을 연달아 발표했다. 1996년 유네스코가 개최한 45회 국제교육회의에서는 '교사의 위상 제고를 위한 전체 정책 중 전문화가 가장 전망이 밝은 중장기 전략이다.'라는 의견이 제시됐다. 중국은 1994년에 실시하기 시작한 '교육법'에서 '교사는 교육의 직책을 이행하는 전문 인력'이라고 규정했으며 처음으로 법의 시각에서 교사의 전문적 위상을 확정지었다. 1995년 국무원은 '교사자격조례'를, 2000년 교육부는 '교사자격조례실시방법'을 각각 공포했고 교사자격제도가 전국적으로 실시되기

시작했다. 2001년 4월 1일부터 중국은 전면적으로 교사자격 인가 업무를 실시했고 실제 운영에 들어갔다.

③ 국가 교사 수준의 현황으로 볼 때에도 교사의 전문화가 요구된다. 현재 초·중고 교사의 교육 관념, 교사로서의 도덕관, 지식구조, 교육·강의 기법 등에 여전히 문제가 많은 상황이다. 따라서 교사의 전문화는 자녀가 훌륭한 인물로 성장하길 바라는 학부모들의 절실한 바람이며 장기적으로 볼 때 교육의 질 제고와 강의 효율 향상을 실현하기 위해 꼭 필요한 과정이다.

화둥華東사범대학 중치취안鍾啟泉 교수는 서양 국가의 교사 전문화 과정을 고찰하고 다음과 같이 밝혔다.

① 역사 발전으로 볼 때 교사교육은 '전문화'에서 '반 전문화'로 갔다가 다시 '전문화'로 향하는 추세를 보였다. 국제 교육계는 교사의 '전문화'를 모색하는 과정에서 모더니즘과 포스트모더니즘 사조가 서로 충돌하고 '전문화'에 대한 언어적 해석에서도 서로 엇갈리는 양상을 보였다.

② 제도 측면에서 교사의 '전문화'는 끊임없이 노력해야 하는 기나긴 과정이다. 미국은 교사의 '전문화' 관념과 제도를 확립하는데 한 세기가 꼬박 걸렸다. 일본도 마찬가지고 2차 대전 전 천황에게 절대적으로 충성했던 '성직론聖職論'부터 전쟁 후 교사의 권익을 보호해야 한다는 '노동자론', 그리고 1970년대 이후 교육계의 공인을 받은 '전문직책론'으로 가기까지 한 세기를 넘는 시간이 필요했다. 일본

이 '전문화' 관념을 확립하고 제도적으로 실행하기까지는 또 20년
이라는 세월을 겪어야 했다. 따라서 중국의 교사 전문화도 길고 힘
든 과정이 될 것이다.

중치취안 교수는 교사 전문화 과정에서 몇 가지 잘못된 경향을 지적
하고 비판했다.

① '프로젝트화'로 '전문화'를 추진하고 있다. '프로젝트화' 관리의 실
질적 사고방식은 행정 관리 강도를 높여 교사의 자주권을 제한하고
심지어 연구와 연수에 있어서의 자주권까지 박탈한다. 이는 교사 전
문화의 핵심 개념인 '전문가로서의 자율성 및 자주성'과 배치되는
것이다.

② '여가화'로 '전문화'를 추진하고 있다. 여가용 교육 잡지는 교사를
'전문직'이 아닌 하나의 '직업'으로, 교장을 '학교의 영혼'이라고 떠
벌리는 등 '여가문화'로 '교육문화'를 희석하고 있는데 이는 문화적
후퇴이다. '여가화'는 핵심은 '비전문화' '반전문화'를 조장하여 '전
문화'에 맞서는 것이다.

③ '행정화'로 '전문화'를 추진하고 있다. 바람직한 학교 문화는 상명
하달식의 '명령—통제'에서 비롯되는 것이 아니라 교사가 전문가로
서의 주체적인 지위를 확보하고 '촉진—지원'하는 것에서 비롯된
다. '행정화'를 근절하기 위한 대책은 두 가지이다. 우선 교육 문제
연구실의 기능, 연구원의 역할을 바꿔 모든 연구실이 교과과정 개혁
의 중심이 되도록 하고 모든 연구원이 '반성적 교육'을 연구하도록

해야 한다. 또 하나는 대학과 초·중고교 사이에 파트너십을 구축하여 연구자와 실무자가 서로의 전문 지식과 노하우를 교류하는 것이다.

④ '기술화'로 '전문화'를 추진한다. 중국의 '교사 전문화'는 '기술의 패러다임'으로 좌지우지해서는 안 된다. 기술 패러다임은 통제와 효율만 중시한 것이기 때문이다. 교사가 '전문가로 성장'하려면 다음과 같은 특징을 갖춰야 한다. 첫째, 전문가로 성장한다는 것은 다양한 의미를 내포하고 있다. 전문가로 성장하는 과정은 교사의 경험과 환경이 지속적으로 상호작용하는 과정이다. 둘째, 전문가로 성장하는 방식이 다원화 되어야 한다. 다양한 학습 방식, 과정이 있어야 한다. 셋째, 전문가로 성장한다는 것은 기술적 인지 및 감정의 변화 모두를 포함한다. 넷째, 전문가로서의 성장은 인적 네트워크와 감정교류를 통해 이루어지며 이 모든 것은 학교에 대한 애정에서 비롯된다. 이것은 교사가 '인격화' '개성화' '문화화'를 모색하는 과정이다. 반면 '기술화'의 핵심은 이러한 과정을 부정하는 데 있다.

(3) 교사전문화의 경로와 유형

　교육 전문화를 추진하기 위해서는 다음과 같은 거시 정책이 필요하다.

① 교사 전문화를 기필코 실현하겠다는 신념을 가져야 한다. 중국교육학회 회장인 구밍위안顧明遠 교수는 다음과 같이 밝혔다. '전문화와

개방성은 중국 교사교육이 당면한 양대 문제이다. 교사는 전문직이며 전문적인 교육과 훈련을 거쳐야만 한다.……사회의 직업에는 확고부동한 원칙이 있다. 즉 전문화만이 사회적 지위를 획득할 수 있고 존중을 얻을 수 있다는 것이다. 어떤 직업을 모든 사람이 모두 감당할 수 있다면 사회에는 지위라는 것이 없어진다. 교사에게 사회적 지위가 없다면 교사는 사회에서 존중 받지 못하고 교육은 무너질 것이다. 이러한 사회는 진보하지 못한다.'

② 교사 전문화 조직·기관과 제도를 세워야 한다. 국가, 성, 시 및 학교에 교사 전문화 기준위원회, 교사 직업 허가제도, 교사 기본관리 제도 등을 구축해야 한다.

③ 교사의 사회적 지위를 향상시키고 특히 전문화 수준이 높은 교사에 대해서는 경제적인 대우를 대폭 향상시킨다.

④ 교사전문화의 선순환을 위해서 연수와 훈련 등 환경을 제공한다.

미시적 관점에서 필자는 학교가 마땅히 '학습화, 전문화'의 분위기를 조성하여 교사가 성장하는 학교를 세워야 한다고 생각한다. 이상적인 학교교육은 학생과 교사가 가르치고 배우는 과정에서 함께 발전해 나가는 것이다. 또한 컴퓨터와 인터넷을 충분히 활용하여 교사 성장의 새로운 플랫폼을 구축해야 한다. 무엇보다 전문화 수준 향상의 관건은 교사 자신에게 있다. 교사는 더욱 사명감을 가지고 자신을 부단히 갈고닦고 교육에 삶의 의미를 두어야 한다. 교육관을 끊임없이 새롭게 정립하며 각종 연수와 연구에 참여하고 항상 자아에 대해 반성하는 사고를 가져야 한다. 또한 스스로 '선생쟁이'가 아닌 교육 전문가가 되기 위해 전력투구해야 한다.

중치취안 교수는 교사 전문화의 두 가지 모델을 분석했다. 그중 한 가지는 기술숙련모델이다. 교사도 다른 전문직과 마찬가지로 전문분야의 과학지식과 기술의 성숙도에 전문성을 두어야 한다는 주장이다. 중 교수는 교사의 전문 능력이 학과 내용에 대한 전문지식, 교육학, 심리학의 과학 원리 및 기술의 제약을 받는다고 생각한다. 다른 하나는 반성적 실천모델이다. 여기에서는 교육의 실천은 정치, 경제, 윤리, 문화, 사회적 실천 활동을 모두 포함한다고 보고 있다. 이 모델에서는 교사의 전문화 정도가 '실천적 지식'에 힘입어 향상된다고 본다. '실천적 지식'은 이론적 지식보다 보편적이거나 치밀하지는 않지만 신선하고 유연한 지식이다. 이러한 지식은 사례를 통해 축적되고 전승된다.

비록 두 유형에서 보이는 교사의 이미지는 상대적이지만 각각 합리성을 가지고 있다. 교사교육과 훈련에 있어서는 두 가지가 적절히 조화를 이루는 것이 바람직하다.

중푸쿤鍾富坤은 교사교육의 제자 모델, 기술숙련모델 및 반성적 실천모델을 분석했다. 이들과 대응되는 것으로는 장인匠人형 교사관, 기술형 교사관, 교사는 전문가이자 연구자이며 성장하는 개체라는 교사관이 있다. 중푸쿤은 이 중 후자의 것들이 오늘날 교육 전문화의 핵심 이념이라고 밝혔다.

혹자는 세계의 6대 교사육성 패러다임을 정리했다. 지식 패러다임, 능력 패러다임, 감정 패러다임, '구축론' 패러다임, '비판론'패러다임,

'반성론' 패러다임이 그것이다.

패러다임마다 교사의 소질에 대해 강조하는 바가 달라 우리에게 시사 하는 바가 크다.

현실에서는 전문화가 제대로 이루어지지 못하고 있다. 이유는 어디에 있는가? 그것은 교사라는 직업의 특수성을 무시한 채 학과지식만을 강조하기 때문이다.

교사의 지식구조는 본질적 지식, 실천적 지식, 조건적 지식의 세 가지로 나눌 수 있다. 연구결과에 따르면 교사의 본질적 지식은 학생의 성적과 별로 큰 상관관계가 없는 것으로 나타났다. 이에 비해 실천적 지식수준은 교사를 전문형 교사와 새로운 교사로 구분하는 중요한 근거가 되었다. 따라서 교사가 '어떻게 가르칠 것인가'에 대한 지식과 능력을 바로 교사 전문화의 토대로 삼는 것이 바람직하다.

(4) 교사가 전문가로 성장하는 단계

교사가 전문가로 성장하기 위해서는 일정한 단계를 거쳐야 한다. 어떤 이는 '3단계이론'을 제시한 바 있다. 즉 생계모색 단계, 조정단계, 성숙단계이다. 또 어떤 이는 '4단계론'을 제시했다. 즉 생계모색, 공고히 다짐, 변화모색, 성숙의 단계이다. 신참, 입문자, 능력자, 숙련자, 전문가의 '5단계론'을 제시한 사람도 있다.

천친陳琴, 팡리쥐안龐麗娟 등은 구체적으로 교사가 전문가로 성장하기 위한 다섯 단계 및 그 중점을 분석했다.

① 준비단계(사범교육) : 가장 기본적인 교육전문이론과 실천지식 교육
   을 받으며 교사의 교육실천능력수준을 높인다.
② 생계모색 단계 : 재직 1~2년 동안에 일상수업 방면의 테크닉과 아동
   의 행동에 대한 지도 능력을 얻게 된다.
③ 확립단계 : 재직 3~4년째 교사는 아동행동문제를 해결하고 처리하
   는 능력을 더욱 강화하고 교사의 교육전략을 향상시킨다.
④ 갱신단계 : 재직 4~5년째 아동교육의 새로운 방향, 새로운 관념과
   방법을 탐색, 조정, 갱신, 보강하며 자신의 능력을 향상시키려 힘쓴
   다.
⑤ 성숙단계 : 재직 4~5년 후 세미나, 대학교 연수 참여 등 다양한 방법
   을 통해 한 걸음 더 자신을 살찌우고 내실을 키운다.

교사마다 특징이 다르므로 각 단계에 필요한 재직 연수는 조금씩 달
라지며 단계별로 성장의 내용과 주안점도 각각 다르다.
또 어떤 학자는 교사가 전문가로 성장하는 단계의 대략적 연수 및 주
요 특징을 분석했다.
① 진입기 : 1~3년. 이상주의적이다. 즉 활력 있고 새로운 관념을 받아
   들이며 적극적, 진취적이다. 학생과 교류가 많고, 모방과 시행착오
   를 거듭하며 노하우를 쌓지만 때때로 '좌절감'에 빠지기도 한다.
② 탐색기 : 4~9년. 어느 정도 교수법을 파악하고 끊임없이 강의 기술
   을 개선해 나간다. 자신감과 보람이 드러나며 학생에게 관심을 기울
   이고 효과적인 강의 운영 능력을 기른다.

③ 혁신기 : 10~15년. 강의능력과 관리능력이 상당한 수준에 오른다. 새로운 교수법과 전략, 강의기술을 시도하며 반성적, 비판적으로 사고한다. 자신만의 강의 스타일을 구축하고 성취감을 맛본다.

④ 조정기 : 16~21년. 교육현장에서 여러 가지 새로운 시도들을 거친 후 성숙하고 안정을 찾아간다. 자신의 교육방식을 재평가하거나 스스로에게 질문을 던지고 반성한다. 매년 단조로운 교실생활 및 개정 후의 실망, 혹은 승진의 희망이 보이지 않음으로 겪는 실망감으로 강의 수준이 가시적으로 향상되지 않는 '정체기'를 겪는다.

⑤ 미조정기 : 22~30년. 자신의 자질을 의심하고 정체되는 위기에 처했던 심리상태가 안정을 찾아가며 강의 전략을 조정해 보는 시도를 한다. 편안하게 수업을 진행할 수 있으며 '전문가'적 태도를 지니게 된다. 전공 공부에 들이는 시간이 감소하기 시작하고 학생들과 소원해지기 시작한다.

⑥ 유지기 : 30년 후, 대략 55세후. 미세조정을 거친 후 현 상태를 유지하고 퇴직을 준비한다. 위축되는 느낌과 권태감을 느끼고 때로는 교육에 대한 대중의 태도나 학생, 학교를 원망한다.

교사는 결코 여건이 허락된다고 해서 자연스럽게 전문가로 성장할 수 있는 것은 아니다. 관념, 혹은 사고하는 방식에 있어 다음과 같은 장애에 부딪칠 수도 있다.

① 자신의 전공에만 집중하는 국한된 사고

② 관념과 경험상의 착각

③ 질과 양의 문제를 학생과 동료 및 외부환경 탓으로 돌림.

④ 문제 처리 시 개별사건에만 집중하며, 전체적, 유동적으로 사고하지 못함.

⑤ 문화수준이 높고 비교적 주관적이며 현 상황에 만족함.

⑥ 교사에 대한 학교의 배려가 부족하여 노력해서 좋은 결과를 얻어도 그때그때 인정을 얻지 못함.

(5) 교사의 교육문제

교사전문화는 전통적인 교사교육제도, 형식, 체계 등에 도전을 제기했다. 「기초교육개혁과 발전에 관한 국무원의 결정」중 처음으로 '사범교육'을 대신하여 '교사교육'의 개념이 등장했다. 또한 교사 양성과 훈련의 두 부분을 통합하는 방안이 제기되었다. 과거의 '사범교육'도 교사 양성과 훈련 두 부분을 모두 포함했지만 오랫동안 양성과 훈련은 상대적으로 분리되어 있었다.(사범대학교, 사범대학, 사범학교는 교사가 되기 전의 교육위주, 교육대학은 교사의 재직 중, 교사가 된 후의 훈련 위주) '교사교육'은 평생교육이라는 사상에 입각하여 교사가 전문가로 성장하는 단계에 따라 진행되며, 교사에 대한 교육과 훈련을 총체적으로 고려하고 설계함으로 교사교육을 연속적, 성장 지향적, 통합적으로 진행한다.

앞으로 중국의 교사교육은 다음의 측면에서 개혁과 발전을 진행해야 한다. 첫 번째는 교사교육체계의 구조를 최적화 하는 것이다. 여기에는 다음 사항들이 포함된다.

① 사전교육의 단계를 상향조정한다. 3급에서 2급으로(전문과, 학부) 혹
　은 새로운 2급(학부, 대학원생)의 교사양성체계로 넘어간다.
② 교사의 평생교육을 중시하고 강화하여 교사교육의 통합화를 추진한
　다.

　두 번째는 교사교육체계의 개방성을 확대하여 수준 높고 탄력적인
교사교육체계를 구축한다. 사범대학교(단과대학) 이외에 종합대학도 교
사 양성과 훈련에 참여하게 하고 교사자격증명서 제도를 실행하고 사
회에서 우수한 인재들을 선발한다. 세 번째는 대학사범교육의 규모를
확대하고 기능을 확장하며 교육과 훈련을 강화하여 질적 향상을 꾀한
다. 네 번째는 교사교육 정보화를 크게 강화하고 웹사이트 창설, 교육
데이터베이스 구축, 온라인 강의 개설 등 교사 양성, 훈련에 컴퓨터를
적극적으로 활용한다. 다섯째는 교사교육의 정형화, 법제화를 추진하
는 것이다. 이를테면 「교수법」을 수정하고 「교사교육조례」를 제정하
며 교사허가제도, 교사자격재인정제도, 교사평생교육제도, 교사교육기
관자격인증제도, 교과과정검증제도, 품질평가제도 및 교사교육비용투
입보장제도등을 세우고 정비하는 것이다. 여섯 번째 교사교육의 커리
큘럼을 개혁하고 교사의 실제 강의능력 강화 훈련에 주력한다. 사전교
육에서 전통적인 교육학, 심리학, 교재교수법에 단기 교생실습을 추가
하고 커리큘럼에서 교육학과 심리학의 비중을 더욱 늘려야 한다. 교육
에서든 훈련에서든 실습, 실천, 반성을 중시해야 하며 사례수업, 행동
연구, 표본훈련, 반성적 교육 등의 수업모델을 도입해 단순히 교실에서

강의하는 수업을 탈피해야 한다.

중국은 교사 전문화를 비교적 늦게 시작했고 이론적 접근이 시작된 것도 이제 3년 정도에 불과하지만 아직은 참신한 연구 과제를 발굴할 여지가 충분하다. 필자는 중국간행물사이트에서 통계를 검색했다. '교사전문화'를 키워드로 한 논문이 1996~1999년에 5편, 2000년에 6편, 2001년에 30편, 2002년에는 136편, 2003년은 149편이었다. 현재 진행되고 있는 연구들을 통해 교사교육 분야에서 이미 보편적으로 받아지고 있는 '전문' '전문화' '교사전문화' '전문직으로서 교사의 자주성' 등은 교사교육 연구의 핵심 개념이 되었다. 또한 이러한 개념은 교사교육 발전의 기본 방향이 되었으며 교사가 자신의 직업특성을 더욱 잘 인식할 수 있도록 해주었다. 또한 반성적 교육, 행동연구, 사례수업 등 교사 전문가 양성의 새로운 방식이 모색되고 있다. 앞으로 교사 전문가 양성에 대한 구체적 방법과 이론에서 실천으로의 메커니즘 전환에 대해 한층 더 깊이 있는 논의와 연구가 이루어져야 할 것이다.

05

중국 당대 교육사상

새로운 중국이 들어선 이후에, 중국교육이론 학계는 중국 고대 사상 중 전수받을 만한 유산과 해방시기 사상을 계승하여 발전시켜 나갔다. 또 구구소련의 교육체계의 연구와 함께, 다른 선진국가의 교육이론을 토대로 하여 중국특색의 교육이론 체계를 만들기 위해 각고의 노력을 기울였다. 특히 11기 삼중전회 이후에, 교육사상은 단일양식에서 다양화된 체계로 변모해 나갔으며 이론 탐구와 실험 연구가 나란히 진행되어 점차 과학화, 현대화, 중국화로 나아갔다.

1. 커리큘럼과 교수법 이론에 관한 탐색

교육의 기본이론문제는 교육의 지위와 수업과정의 본질과 규율, 교육활동에서 교사와 학생의 역할, 수업과정과 교육평가 등 상당히 광범위한 분야를 다룬다. 당대중국교육이론은 이러한 문제들에 대해 여러 가지 연구 결과를 내놓았다. 이를 바탕으로 하여 몇 가지 중요한 문제를 논하고자 한다.

(1) 교육의 지위와 역할

수업은 학교 활동에서 과연 어떠한 위치를 가져야 하는가? 학교수업의 중심내용은 무엇인가? 이러한 문제에 대하여 시대마다 서로 다른 인식을 갖고 있다. 중화인민공화국 건국 직후, 반혁명 세력 진압과 숙청, 토지개혁, 한국전쟁 사상개조 등 일련의 운동이 전개되었으며, 이에 따라 교사와 학생의 역할에도 많은 변화가 있었다. 1951년부터, 〈인민교육〉은 끊임없이 「결연히 학교교육 직업중의 혼란현상을 극복하자」, 「교육업무가 학교의 모든 중요 업무를 압도하다」 등의 사설을 발표하였다. 이를 통해 교사의 주요 임무는 학생들을 잘 가르치는 것이며, 학생의 주요 임무는 각 교과 과목을 열심히 공부하는 것임을 강조했다. 학교의 좋고 나쁨은 순전히 학습 성과 자체에만 두어야 한다는 것이었다. 이러한 배경 속에서 1957년까지는 학교의 교육을 중심으로 하는 방침이 일관되게 추진되었다.

1957년 6월 이후부터, 정치학습과 비판활동이 뚜렷하게 증가했다. 또 얼마 후 교육혁명이 시작되었고 생산노동시간이 확연히 늘어나 교육시간 보다 많아졌다. 심지어 교육활동을 취소하거나 중단했다. 비록 몇몇 사람이 이에 대하여 문제를 제기했다. 루딩이와 장난샹蔣南翔과 같은 학자들은 1959년 1월에 전국교육업무회의에서 '이론-생산-이론' 과 '이론-실천-이론'의 관점을 제기하였다. 이러한 추세는 훗날 「대학교육 60조」가 발표되고 나서야 조금의 변화가 생겼다.

'문화대혁명'부터 시작하여 '학교로 돌아가 혁명하자'는 운동이 일어났던 시기까지 1년 여년의 시간동안 교육사상의 기조는 혁명과 교육을 대립시켜 교육은 혁명을 억제하는 것이라고 생각했다. 수업을 재개한 이후 '학교를 위주로 하고, 아울러 다른 것도 배우는 것'에 대해 명확한 이론적 해석을 하지 못했다. 이로 인해 1972~1973년 그리고 1975년에는 '학습을 중심으로 삼는 것'을 '우파적 성격을 지닌 안건'이라 여겼다. 1976년 교육이론의 가장 큰 업적은 바로 학교가 학습을 위주로 해야 한다는 사실을 분명히 한 데 있다.

1979년 많은 학자들이 건국 30년 동안의 교육발전의 경험과 교훈에 대하여 반성하면서 또 다시 교육을 중심으로 삼아야 한다는 주장이 부각되었다. 항웨이杭葦는 다음과 같이 말했다. '30여 년의 시간을 종합해보면, 학교는 수업을 그 중심으로 삼아 지덕체를 전체적으로 발전시켜야 한다. 실천, 이것이 학교업무의 규율이며 교육의 수준을 높일 수 있는 길이다.' 그는 학교업무가 '수업을 중심'으로 해야 하는 것은 학교의 본질적 성격, 임무에 의해 결정된 것이라고 생각했다. 공장의 근본적 존재 목적이 생산이듯 학교의 근본 목적은 학습이어야 한다고 보았다. 그는 또 '강력하게 교실학습을 강화시키고 교육방법을 개선하여 수업과정의 교육성을 완성시켜야 한다.'고 언급했다. 이것이 교육 중심의 원칙을 견지하는데 있어 가장 중요한 점이라는 것이었다. 지금의 관점에서 보면 이는 너무 당연하다. 하지만 우리가 흔히 말하는 '당연한 일'이란 대부분 이렇게 우여곡절의 역사를 거친 후 확립된 것이다.

(2) 수업과정의 본질과 규율

상당히 긴 시간 동안 중국교육 이론계는 강의본질에 대해 카이로프의 정의를 근거로 삼았다. 즉 교사는 학생들의 자발적 깨달음과 자발적 참여를 유도함으로써 지식과 기능을 육성할 수 있도록 해야 한다는 것이다. 또한 기본적으로 강의를 인식과정으로 보았다. 교육의 인식과정은 인류의 다른 행동에서 보이는 인식의 대상, 속도, 방식 면에서 상당히 다르기 때문에 이는 다시 '특수한 인지의 과정'이라고 불리기도 했다.

50년대 후반기에 교육이론계에서 어떤 사람은 수업과정 또한 반드시 '실천―이론―실천'의 방식을 따라야 한다고 제기했다. 만약 체계적 교과지식 학습을 소홀히 하면 강의의 질적 저하를 야기할 것이라 보았다. 그래서 혹자는 교육본질에 대하여 깊이 있는 연구를 시작하였다. 〈인민교육〉이 1961년 8월에 발표한 유명 저술에는 이렇게 쓰여 있다. '수업과정과 사람들이 세상을 인식하는 과정은 기본적으로 일치한다. 중고등학교 학생의 학습 역시 감각으로 사물들을 알아가는 것을 시작으로, 감성에서 이성적 판단으로 점점 발달해 나간다.'

하지만 그 글에서도 수업과 사람들의 일반 인식과정에는 차이가 있다고 인정했다. 학생들의 학습은 대부분 실제 경험이 아닌 간접경험이기 때문이다. 글에서는 이렇게 주장했다. '강의를 한 이후에, 일정한 목표에 도달해야 하는데, 이는 비단 지식을 전수하는 것뿐만 아니라 학생들의 공산주의 도덕적 품성이나 혁명 사고관, 기술적 테크닉, 학생의 사고능력도 길러줘야 한다. 수업의 과정에서 교사는 주도적 역할을 한다. 교사는 수업을 진행하면서 학생들의 지식습득능력을 고려하여 강의를 해나가야 한다. 수업 과정이 인식과정과 본질적으로 유사하다고 하여 수업 과정의 특별한 부분과 간접지식, 교사의 주도적 역할을 간과해서는 안 된다. 또한 학생들이 응용하는 법을 배우고 간접지식을 자기 것으로 확실히 만들 수 있도록 반복해서 연습하고 실습해야 한다.'

수업과정의 본질을 특수한 인식 과정이라고 여기는 것은 당시나 지금이나 마찬가지이다. 하지만 80년대 초기에 이르러서야 이를 반박하는 사람이 생겼다. 푸신원蒲心文은 자신의 글에서 이러한 수업과정이론은 전체를 아우르지 못하는 지극히 형이상학적인 이론이라고 보았다. 왜냐하면 이는 단지 철학적 인식의 각도에서 교육관점을 이해해서, 수업과정중의 다른 요소들을 간과했기 때문이라는 것이었다. 특히, 심리방면의 연구를 크게 간과하였다고 보았다. 그리하여, 그는 마땅히 교육본질에 대하여 여러 계층, 여러 계급, 다양한 유형의 연구를 해야 한다고 주장했다. 예를 들어 인식론의 각도에서 바라보자면, 수업과정은 하나의 특수 과정이라 할 수 있다. 하지만 이를 심리적 관점에서 보자면, 이는 학생의 총체적 심리활동과정과 개성심리의 발전으로 한 인간으로서 전반적인 발전을 이루어가는 과정이라고 할 수 있다. 이를 다시 해부학, 생리학적 관점에서 보자면 이는 학생의 신체, 생리, 건강발육, 성숙의 과정이라고도 할 수 있다. 또, 이를 경제학적 관점에서 보자면, 교육의 인력 물리, 재산자원 생산능력의 생산과정이라 할 수 있을 것이다. 이로써 이 이론은 사람들에 의해 '다원본질론'이라 불린다.

하지만 이러한 다원본질론은 아직 이론계에서 인정을 받지 못했다. 그래서 사람들은 계속해서 이에 대하여 연구를 해 나아가고 있다. 혹자는 이렇게 제기하기도 한다. '수업과정은 교사가 주도적 역할을 하며, 교육목적에 근거해 교과서를 인식의 대상과 수단으로 삼아 학생이 주동적으로 문화를 이해하도록 하는 과정이다. 객관적인 세상을 인식할 수 있도록 하고, 심신이 모두 성숙한 인재를 육성해야 한다.' 어떤 사람은 아래와 같이 개괄하였다. '수업과정은 서로 연결된 가르치고 배우는 형식으로 문화와 지식의 전수 및 학습을 기초로 삼고 학생의 능력과 건전한 개성을 배양하는 데 목적이 있다. 학교에서 배운 정신으로 사회를 인식하고 실천하는 과정이라고도 할 수 있다.' 이 두 가지 관점은 공통점을 가지고 있다. 첫째는, 학생의 주체적 역할을 강조 한 것이며, 다른 하나는 강의 과정의 의미를 풍부하게 하였으며 사람들의 더욱 심화된 인식을 반영한 것이다.

뒤이어 다음과 같은 교육의 본질에 관한 몇 가지 의견이 더 제시되었다.

① 발전설 : 수업과정은 학생의 발전을 촉진하는 과정이다.

② 전달설 : 배움은 지식경험을 전수하는 과정이다.

③ 학습설 : 배움은 학생(교사의 지도아래)이 학습활동을 하는 과정이다.

④ 통일설 : 배움은 교사가 가르치는 것과 학생이 배우는 것이 동시에 일어나는 과정이다.

⑤ 실천설 : 배움은 일종의 특수한 실천 활동이다.

⑥ 인식−실천설 : 배움의 과정은 인식과 실천의 통일과정이다.

⑦ 교류설 : 배움과 가르침은 일종의 특수한 교류활동이다.

⑧ 가치향상설 : 철학가치론의 관점에서 보면 수업과정은 가치주체(학
생, 사회)를 대상으로 가치를 전파하는 과정이다.

비록 위의 어떠한 관점도 강의를 포괄적으로 설명하지는 못했고 각
자의 이론적 틀을 갖고 있다. 그러나 그들은 모두 한 측면에서 교육활
동의 본질을 설명하였으며 새로운 시야를 제공하였고, 또 가르침의 본
질에 접근하여 지식을 심화시켰다.

강의본질과 연관된 또 하나의 문제는 강의의 규율이다. 어떤 연구가
들은 규율을 관계로 여겨 강의 규율은 강의과정의 기본 관계를 이해하
는 것이라고 생각했다 이를테면 가르치고 배우는 관계, 간접지식과 직
접지식의 관계, 문화·과학·지식의 전수와 사상·도덕교육의 관계, 지
식 습득과 능력 배양의 관계, 기존의 지식과 미지의 지식, 오래된 지식
과 새로운 지식 간의 관계, 학문과 실용의 관계, 강의과정중의 각종 관
계와 각종 업무간의 관계 등이다. 몇 몇 연구자들은 기본이 되는 강의
규율 네 가지가 있다고 생각했다. 즉 가르침과 배움의 변증 통일 규율,
강의와 발전의 상호 촉진·변증 통일 규율, 강의의 교육성 규율, 강의에
서 교사의 주도적 역할의 규율이다.

그리고 어떤 이는 이렇게 주장하기도 했다. '교육의 수준은 자연스레
교육의 질을 결정한다. 학생의 인식과정의 규율을 무시하면 그 교육은
반드시 실패한다. 학생의 신체적 내재적 발전에는 객관적 규율이 존재
한다. 그리고 반드시 그 차이가 존재한다. 학생의 학습목적은 필연적으

로 학생들의 학교성적에 영향을 준다. 따라서 수업과정 중 가르침과 배움은 쌍방향적인 상호교류의 형식으로 이루어져야 한다. 또한 지식교육은 반드시 학생의 사고와 도덕적 함양의 발달에 영향을 주어야 한다. 그리고 모든 학교 과목은 연관성 있게 이루어져야 한다. 다시 말해 뒤의 내용은 반드시 앞의 내용의 연장선상에서 이루어져야 한다. 또 실천을 통해 학생의 자각성을 제고하여야 한다.'

(3) 수업에서 교사와 학생의 관계

교사와 학생 간의 관계 문제는 교육이론의 근본적인 문제 가운데 하나다. 듀이는 일찍이 교사 중심에서 아동 중심으로 바뀌는 것을 '교육에 있어 코페르니쿠스의 혁명'이라 하였다. 건국초기, 중국은 주로 카이로프의 교사 주도설의 영향을 많이 받았다. 1959년 초, 〈문회보〉는 일찍이 교사의 주도적 역할에 대하여 광범위한 토론을 진행하여 3월 21일 「교사의 주도적 역할에 대하여 논하다」라는 글로 총괄하였다. 이 글은 수업과정에서 교사는 지식을 전수하는 과정에서 항상 주도적 역할을 한다고 보았다. 교사가 전수하는 것이 옳고 그름을 떠나서, 교사의 주도적 작용은 늘 존재한다는 것이다. 이 글은 교사가 주도적 역할을 하지 않으면 이것은 일종의 책임 회피라고 보았다. 하지만 한편으로 교사의 주도적 역할을 너무 강조한 나머지 학생들의 자발성이 저해되어서는 안 된다고 경고했다. 1961년 제17기 「홍기」는 광야밍匡亞明의 「교사와 학생관계의 약술」이라는 글을 발표했는데 그의 관점 역시

대체로 〈문회보〉의 글과 비슷했다.

1964년에 마오쩌둥은 '춘제春節 좌암회에서의 강연'을 발표한다. 수업에서의 무조건적인 암기교육, 융통성 없는 교육, 주입식 교육의 교육 방법에 대하여 거침없는 비난을 하였다. 이후 상당한 동안 교사의 주도적 역할은 부각되지 않았다. 오히려 교사의 주도적 역할을 강조하는 것은 활발한 학습 분위기에 쉬이 영향을 줄 수 있으며, 학생의 주동성과 창의성을 억제할 수 있다고 의심을 샀다. 찬반 논란이 거듭되던 중 교사의 주도적 역할이 다시 제기된 것은 70년대 후반의 일이다. 80년대부터는 교육이론계에서 교사의 주도적 역할과 학생의 능동성을 함께 언급하기 시작했다. '수업과정은 교사와 학생의 한께 활동하는 과정이며 교사의 지도에 따라 학생이 학습하는 과정, 즉 교사의 주도적 역할과 학생의 능동성이 공존하는 과정'이라는 것이었다. 수백만 부가 발행된 『교육학』(인민교육출판사, 1982년)에 제기된 이러한 관점은 교육계를 대표하는 이론이 되었다.

교사의 주도적 역할론이 보편적으로 인식된 시기에, 이에 대한 회의적 시각도 점점 대두되기 시작하였다. 왜냐하면 교사의 주도적 역할이 객관적 필연성, 또는 주관적 능동성 면에서 모두 이론상의 결함을 지니고 있기 때문이다. 먼저 객관적 필연성에 대해 언급하자면, 교사의 주도적 역할은 실제적으로 이중성을 지니고 있다. 혹자는 이렇게 언급한다. '교사가 적극적으로 주도적 역할을 하기 위해서는 건전한 사상과 도덕적 교양을 구비하고 있을 뿐 아니라 해박한 지식 그리고 학생에 대한 깊이 있는 이해, 과학이론에 대한 소양을 갖고 있어야 한다. 그렇지 않으면 주도적 역할은 오히려 잘못된 결과를 초래할 수 있으며, 학생들의 지능 발전을 방해할 수 있다. 학생들의 지식에 대한 흥미를 말살할 수 있으며, 학생의 건전한 신체발달에 부정적 영향을 줄 수 있다.' 주관적 능동성에 대해 언급하자면, 교사의 주도적 역할이 너무 강조되면 학생에 대해 소홀해질 수도 있다. 따라서 교육을 정상적으로 발전시키고자 한다면 교수와 학생의 주도성을 통일해야 한다. 즉, 가르치는 것을 중심으로 교사는 강의를 하고 학생은 듣는 모델에서 벗어나야 한다.

1986년 이후 '교사가 주가 되고, 학생이 주체가 되는' 관점 역시 비판의 대상이 되었다. 장롄제張連捷와 같은 사람은 이와 같은 문제제기는 내재적인 모순성이 있다고 보았다. 우선, 수업과정에서 학생이 주체이며 교사 역시 주체이다. 마찬가지로 학생은 객체이며 교사 역시 객체이다. 이것은 양날의 검과 같은 모순과 같다. 모든 사물의 모순은 대부분 두 가지의 면을 포함하고 있기 때문이다. 위중슈魏中秀는 이렇게 언급하였다.

"첫째, 교사의 주도적 역할과 학생의 주체성은 동일한 범주에 속하지 않는다. 교사의 주도적 역할이란 가르침과 배움이라는 통일된 인식과정에서 교사의 역할이란 학생의 역할에 상대적인 의미이다. 학생의 주체성이란 학생이 학습하는 과정에서 외부세계에 상대되는 개념이다. 둘째, 교사와 학생 모두 인지의 주체이다. 셋째, 교사와 학생 이 두 주체는 상호 협력적 관계이다. 이러한 관점에서는 실질적으로 '두 주체'라는 결론을 얻을 수 있다."

1990년 〈교육연구〉는 위전옌於珍彦의 「수업 주체의 활발한 이동에 대하여 논하다」와 왕둥화王冬樺의 「수업의 두 주체성 문제에 대한 탐구」를 발표하였다. 이는 명확하게 수업과정의 두 주체이론에 대하여 언급한 것이다. 전자는 모든 수업활동은 교육의 목적에 따라 통제되며, 가르치는 자와 배우는 자가 서로 모순 되고, 확정성을 지닌 수업 내용이 공통의 객체가 된다고 보았다. 이에 비해 후자는 수업과정에는 두 개의 주체가 동시에 존재한다고 보았다. 즉 교육의 주체는 교사이고 학습의 주체는 학생이라는 것이다. 교육의 주체는 이중성을 갖고 있다. 즉, 교사는 가르치는 주체이고, 학생은 배움의 주체이다. 학생은 바로 학습의 주체이다. 이때 교사의 교육 객체가 된다.

개혁개방 후 20여 년 동안 수업이 학교의 중심적 위치를 확립해감에 따라, 교사와 학생의 관계 문제는 줄곧 교육의 기본적 이론 문제였으며 줄곧 관심의 초점이 되었다. 여러 가지 의견이 있었는데 종합하여 보자면 이는 대략 10가지로 정리할 수 있다. 주요 내용을 약술하자면 다음과 같다.

① 교사는 유일 주체론 : 수업과정 중 교사는 유일한 주체이며, 학생과 교과내용 등은 객체이다.

② 학생 유일 주체론 : 수업과정 중에서 주체는 오직 학생이지 교사가 아니다. 교사는 없어서는 안 될 지도자로 수업과정에서 학생의 주체적 지위를 강조한다.

③ 두 주체론 : 수업과정 중 교사와 학생은 모두 주체이다. 두 주체가 동시에 공존한다.

④ 주도주체설 : 수업과정에서 교사는 주도를 하고, 학생은 주체가 된

다. 좀 더 자세히 말해서 네 가지 의미를 내포하고 있다. 학생은 심리발전의 주체이며 교사는 외부정신역량의 범위에 속한다. 학생은 인식의 능동적 주체이며, 교사는 인식의 객체이다. 교사(가르침)는 대립관계에서 결정자의 역할이며, 학생(배움)은 결정을 당하는 쪽이다. 가르침은 활동을 인도하는 행위이고, 배움은 적극적으로 인식하는 행위이다.

⑤ 삼체론三體論 : 단순히 교사와 학생 간의 관계만 고려하는 것이 아니라, 수업과정 중의 기본요소에 대해서도 관심을 가져야 한다. 위광위안이 제기했던 수업과정 중 교육자, 교육을 받는 사람, 객관적 주위환경은 서로 영향을 주고받는다. 황지黃濟는 교사, 학생 그리고 교재의 '삼위일체'의 관계에 대하여 언급하였다.

⑥ 주객체전환설 : 수업 과정 중 주·객체가 존재한다는 사실은 인정한다. 그러나 주·객체관계는 영원한 것이 아니라, 상호 영향을 주며 서로 전환될 수 있다고 주장했다.

⑦ 복합주객체론 : 교육자와 피교육자는 교육활동의 주체를 공동으로 구성하지만 그것이 평행적인 두 주체는 아니라는 입장이다. 복합주체 안에서도 서로 주객체·조건이 되는 복잡한 관계를 구성한다. 교육자와 피교육자는 다른 교육 요소들에 비하면 주체적인 지위를 차지한다. 하지만 교육자와 피교육자의 관계에서는 각도에 따라서 주체와 객체가 바뀔 수 있다. 즉 어떤 활동에서는 교사가 주체가 되지만 다른 활동에서는 오히려 객체가 될 수 있다는 뜻이다. 이때, 교육의 내용은 교육자와 피교육자가 공동으로 이용하고, 인식하는 순수

객체가 된다.

⑧ 과정주객체설 : 교육의 이해 과정이 가르침과 배움의 상이한 활동으로 구성되는 만큼 두 과정의 주체와 객체를 분리해서 분석을 진행해야 한다는 주장이다. 이를 지지하는 사람들은 대부분 교수과정의 주체를 교사로, 그리고 객체를 학생으로 확정한다. 학습과정의 주체는 학생으로 하고 객체는 교사와 그리고 수업내용으로 한다.

⑨ 측면주객체설 : 이 주장은 측면분석의 방법을 사용하여 교육의 주객체를 분석한 것이다. 거시적인 측면으로 보면 교사와 학생은 공통으로 교육의 주체를 이루며, 이와 상반되어 교재 등 수업과정에 쓰이는 모든 물질과 환경은 객체가 된다. 하지만 미시적인 측면에서 보면 교사와 학생은 고정된 주체나 객체가 아니라 각 단계마다 주체와 객체가 서로 바뀐다. 하지만 교육의 내용은 시종일관 객체적인 지위를 유지한다.

⑩ 주객체부정설 : 각양각색의 학설에 대해 이 학설은 수업에서 교사, 학생의 지위 및 관계를 주, 객체로 해석, 서술하는 것은 부적합하다고 주장한다. 철학적으로 교육학을 분석하는 것은 필요한 일이기는 하지만 지나치게 확정적인 철학적 용어, 즉 객체 혹은 주체 등의 단어로 교육자와 피교육자의 관계를 단순화하는 것은 옳지 않다는 주장이다. 이처럼 이원화된 방식으로는 교사와 학생의 진짜 관계를 묘사할 수 없다고 말한다. 그들은 교사와 학생은 모두 주체로서 '나 = 너'의 긴밀한 관계를 가지고 있다고 주장한다.

(4) 교과과정의 이론과 실천

건국 초기부터 전면적으로 구구소련의 교과과정이론과 교재를 전면적으로 도입하고 배우기 시작하였으나, 이와 함께 중국 고유의 교과과정 이론을 형성하려는 움직임도 있었다. 하지만 본격적으로 체계적 연구가 시작된 것은 80년대부터이다. 인민교육 출판사가 교과과정 연구소를 설립한 것을 시작으로 전문학술지「교과과정·교재·교육방법」을 창간하고, 왕웨이롄王偉廉의「교과과정연구 분야의 탐색」, 중치찬鐘啓泉의「교과과정론」등이 차례로 나왔다. 그 내용은 주로 아래와 같다.

① 지식과 교과과정의 가치관에 대한 연구

오랫동안 중국의 지식과 교과과정은 계급투쟁에 치중한 면이 있었다. 그러나 근 20년 동안, 현대화건설은 지식 그리고 교과과정의 가치 선택의 기준이 되었다. 그리고 이와 직접적으로 관계가 있는 과학기술, 사회학, 정치학, 법률, 인간간의 관계학 등이 사회의 관심을 받았다.

② 교과과정의 편성 문제에 대한 연구

중국의 교육은 오랫동안 사회발전, 정세가 교과과정에 미치는 제약적 측면을 강조한 나머지 심리적 요소는 간과했다. 하지만 이후 이러한 경향은 점차 바로잡혀갔다. 마르크스주의 철학을 정확히 이해하여 사회의 발전과 개인의 발전을 균형적으로 실현하자는 것이었다. 사회학, 심리학, 교육학과 교육과정론을 충분히 이용하고, 과학적 논리에 근거하여 체계적으로 교재를 집필하며, 학생의 신체적, 심리적 특징과 요구를 충분히 고려하여 학생들이 즐겁게 공부할 수 있는 교재를 개발해야 한다고 주장했다.

③ 교내활동과 교외활동의 관계에 대한 연구

건국 초부터 1958년에 이르기까지는 이론과 실천에 있어 교내활동이 주가 되고 교외활동은 부차적인 것으로 보았다. 하지만 1958년 이후, 교외활동은 교내활동의 지위를 대처하였다. 그들은 공장과 농촌이라는 큰 교실이 학교라는 작은 교실을 대체해야 한다고 주장했다. 하지만 문화대혁명 이후에는 다시 교내활동 위주의 수업이 제기되었고 전국 대학입시제도가 부활한 후 진학률을 중시하는 풍조가 생기면서 교외활동을 소홀히 하기 시작했다. 모 연구가는 교외활동을 학생에게 돌려줘야 한다고 호소하며 '제1교실'과 '제2교실'의 개념을 제기하였다(또는 제1경로 또는 제2경로). 또한 '제2교실'을 학교의 교과과정 계획에 반영해야 한다고 주장했다. 그러나 또 혹자는 이러한 개념을 사용하는 것을 반대한다. 그 이유는 이렇다. '제2교실'은 '제1교실'의 본질적 특성을 갖고 있지 않으며, 이것을 '교실'이라고 부르는 것은 혼란을 유발할 수 있기 때문이다. 또한 이전에 교실교육외의 활동을 '대교실' 혹은 '사회교실'이라 불렀지만, 가시적인 성과는 없었다. 현재 다시 '제2교실'에 대하여 언급하는 것은 역사의 과오를 범하며 '제2교실'이 '제1교실'을 대신하도록 하는 것이다. 하지만 그럼에도 불구하고 많은 학자들이 학생들의 수업 외 활동의 다양성을 중시하였다.

④ 잠재적 교과과정hidden curriculum에 대한 연구

　잠재적 교과과정은 잠재적 교육과정, 가려져 있는 과정 또는 형체를 드러내지 않는 과정이라고도 한다. 80년대 후기 중국의 학자들은 적지 않은 수의 논문을 발표하며 이에 대한 논의를 진행하였다. 연구자들은 또 잠재적 교육은 아래와 같은 특징을 지닌다고 여겼다. 첫째, 비예측성이다. 즉 교사, 교육 관리자, 교육부서의 행정원 모두 잠재적 교과과정의 구체적인 내용 및 영향의 성격을 예측할 수 없다는 것이다. 둘째, 영향의 잠재성이다. 잠재적 교과과정은 일반적으로 명확하게 '교육'이라는 이름으로 불리지 않는 것들이 많다. 학생들은 여러 가지 활동을 통해 심리적, 제도적, 물질적으로 영향을 받으며 자연스럽게 교육과 학습이 이루어진다. 셋째, 형식의 다양성이다. 즉 학교생활이 다채로운가 아닌가에 따라 학생들이 받는 영향이 다르다는 점이다. 연구가들은 잠재교육은 학생들에게 학습방향을 제시하고 학습의 동기를 부여하는 것이라고 보고 있다. 또한 교사와 학생 간의 심리적 요소를 학습에 접목시킴으로써 학생들이 교과 내용을 더욱 잘 흡수할 수 있도록 하며 여러 방면에 영향을 줌으로써 전면적인 발전이 가능하도록 하는 것이라고 말한다.

⑤ 교과과정 개혁에 대한 연구

　건국 초기 1차 교과과정 개혁의 주요 내용과 목표는 사회주의 교과과정의 이론 과정과 실천체계를 확립하는 것이었다. 이렇게 하여 결과적으로 교과과정에 사회주의의 노선이 포함되었다. 하지만 이와 함께

지나친 통일화가 이루어졌다. 1958년 진행된 교과과정 개혁은 학제를 축소하고 학생들의 부담을 덜어주며, 이른바 '사회주의 큰 교실'의 수업을 중시했다는 면에서 큰 성과를 거두었다. 하지만 체계적인 기본이론을 간과하여 정규적인 교실 수업의 역할을 약화시켜 학생의 문화적 소양 육성에 영향을 주었다. 하지만 80년 초부터 진행된 세 번의 교과과정 개혁은 교과과정의 관념, 내용 및 기술의 현대화, 교과과정 구조의 종합화, 즉 각 단계 교육에서 각 학과 혹은 과목 간의 교과과정 연계, 그리고 교과과정의 다양화를 주장했다.

⑥ 새로운 교과과정 개혁의 기원과 발전

신 교과과정, 좀 더 정확히 말하자면 인민공화국 역사상 8차 교과과정 개혁은 1996년 7월부터 1997년 말 교육부 기초교육사는 19개 성·시 및 현·진鎭의 16,000명 초·중고등학교 학생, 2,000명의 교장, 교사와 사회 각계 인사와 함께 기초교육현황 조사를 실시했다. 이에 기초해 1998년 「기초 교과과정개혁의 지도 개요」 초안을 작성하고 수차례의 수정을 거쳐 교육부는 2001년 6월 「기초 교과과정개혁개요(시범)」를 공포하였다. 「개요」는 교과과정의 기능, 구조, 내용, 실시, 평가와 관리 등 6개 부문을 기초 교과과정개혁의 구체적 목표로 삼았다. 「개요」는 다음과 같은 내용을 골자로 한다.

• 교과과정이 지식전수에 치우치는 경향을 바꾸고 적극적이며 주동적인 학습태도의 형성을 강조한다. 그래서 기초지식과 기본기능의 습득 과정이 동시에 정확한 가치관을 배우고 형성하는 과정이 되도록

해야 한다.

- 교과과정의 구조가 너무 학문에만 치우친 것을 바로잡아야 한다. 지금은 과목은 과다하게 많으나 그것을 종합적으로 정리할 수 있는 체계가 마련되어 있지 못하다. 9년 의무 교육제의 교과과정을 통일성 있게 정비하여 여러 지역, 여러 학생의 발전 요구에 부응하도록 하고 교육과정 구조의 균형성, 종합성, 선택성을 실현한다.

- '어렵고, 복잡하고, 치우쳐있고, 낡은' 교과과정의 내용과 책 속의 지식에 치중한 경향을 바꾸고 교과내용과 학생생활 그리고 현대사회와 과학기술발전의 연계를 강조한다. 학생의 학습 흥미와 경험에 대해서도 관심을 가져야 하며 평생학습의 기초지식과 기술을 엄선한다.

- 수동적 학습, 암기 위주의 공부, 기계적 훈련에 치우쳐 있는 교과과정을 바꾸고 학생의 능동적 참여와 탐구심, 근면성, 학생의 정보 수집 및 처리 능력 배양, 새로운 지식 습득 능력, 문제 분석 및 해결 능력, 교제와 협력 능력을 제창한다.

- 지나치게 선별과 선발의 기능을 강조하는 교과과정 평가를 바꾸고 평가를 통하여 학생의 발전과 교사의 자질향상 그리고 학습실천 능력을 향상시킨다.

- 너무 중앙집권적 교과과정관리를 바꾸고 중앙정부, 지방정부, 학교 3개 층이 함께 교과과정을 주관하고 관리한다.

「개요」는 또 학생의 발전을 근본으로 삼고, 학생의 개성 발전, 학생의 조화로운 발전 축진을 핵심이념으로 삼았다. 따라서 보급성, 기초

성, 발전성, 창의적 정신, 실천능력, 자주적 탐구능력, 협동학습, 종합과
정 등의 단어가 새로운 교육과정의 유행어가 되었다.

2001년 각 과목의 교과과정기준이 연달아 공표되었다. 새로운 교과
과정의 훈련자 훈련, 일치 훈련, 학과 훈련이 국가, 성, 지방의 세 단계
로 질서정연하게 전개되었다. 베이징사범대학교, 화둥사범대학교, 둥
베이東北사범대학교 등의 교수들이 초·중고등학교로 들어가 일선 교사
들과 평등한 대화와 교류를 펼쳤다. 2001년 가을, 38개 국가급 교과과
정 시범구역에서 실험이 진행되었고 실험교사는 뜨거운 개혁열정을 실
험에 쏟았다.

당시 교과과정개혁은 세계 각국의 교과과정개혁의 선진사상과 깊이
있는 사고를 받아들여 진행되었다. 특히 바로 이전 의무교육 교과과정
개혁의 성공과 부족한 경험에 대한 전면적 반성에 기초하여 세계교육
(교과과정) 개혁과 발전의 최전선에 서서 중국 기초교육의 우수한 전통
을 계승했다. 그리고 중화민족의 전통문화를 더욱더 발전시키고 인민
정신을 강조하였다. 기초지식과 기본기능에 관심을 기울이는 동시에
강의방식, 학습방식의 변화와 계승하는 가운데 새로운 것을 창조할 것
을 제창하였다. 이것은 부정의 부정이라는 변증 발전 규율에 부합한다.
'새로운 교과과정'의 개혁과 실천은 모든 기초교육지식과 발전에 영향
을 미쳤다.

새로운 교과과정이 실시된 지 이미 2년여의 시간이 지났고 기초교육
강의의 면모가 확연히 달라졌다. 구체적으로는 다음과 같다.

① 학생이 변화하였다. 교사, 학부모 그리고 학생이 반응을 보였고 학

생은 학교를 좋아하고 공부를 즐기게 되었으며, 학생의 전체적인 수준도 높아졌다. 초등학교 저학년 학생의 글자 이해량도 명확히 증대되었고, 학생은 책으로부터 글자를 배울 뿐 아니라, 생활 속에서, 각종 학습 자료를 바탕으로 글자를 깨우쳐 나갔다. 또 능동적으로 글자를 깨우치는 습관이 양성되었다. 학생들의 정보 수집·처리 능력과 교류, 발표능력, 그리고 의문점에 창의적으로 접근하는 능력, 행동으로 실천하는 능력이 비실천반 학생들보다 현저하게 높아졌다.

② 교실교육이 변화하였다. 신 교과과정의 교실학습은 이미 전통적인 지식전달 위주 수업에서 현대화된 발전적 수업으로 변모하였다. 먼저 교실수업목표가 변화되었다. 지식과 기능, 과정과 방법 그리고 정감과 태도 및 가치관의 세 가지 방면의 유기적 통합을 중시하게 되었다. 둘째로, 교실수업활동이 활발해졌다. 신 교과과정 중 교실에서 학생은 더욱더 많은 자유와 권리를 부여받는다. 독립적 사고, 개성화된 이해, 자유발표를 진행하며 교실수업의 '과정'과 '시간과 공간'을 개방하여 전통교실에서 교사가 단순히 책만 읽고 일방적으로 강의하는 '답답한' 수업은 더 이상 존재하지 않게 되었다.

③ 교사들이 변했다. 신 교과과정으로 가장 먼저 도전에 직면한 것은 교사였다. 그러나 동시에 교사의 전문가로서의 성장을 촉진시켰다. 공부와 훈련, 실천과 반성을 통하여 많은 교사들은 이미 서서히 새로운 수업 관념을 확립하고 있다. 학생주체의 의식, 대화의 의식, 교과과정의 개발 의식 등을 예로 들 수 있다. 또 이를 바탕으로 교사의 역할도 변화되었다. 교사는 점차 교육활동의 조직자와 조력자 그리

고 협력자가 되었으며 교육, 수업의 연구자, 교과과정의 건설자, 즉 교과과정의 주체, 그리고 더 나아가 교과과정 그 자체가 되었다. 신 교과과정의 실험학교에서 교사와 학생 그리고 신 교과과정은 함께 성장했다.

물론, 신 교과과정을 실시하는 중에서도 여러 가지 문제가 존재하였다. 예를 들자면, 중국의 교육실정 및 교사의 현황과 상대적으로 보면, 관념은 선진적이며 앞서가는 것이지만 만약 교사가 그에 대한 준비가 되어 있지 않다면 막연함을 느껴 어찌해야 할 바를 모르게 될 것이다. 그리하여 '새신을 신고 시골길을 걷는' 국면을 초래할 수 있다. '상명하달'식 교육개혁 방식을 취했기 때문에 반복적 훈련을 통해 교과과정 개혁의 일선에 있는 교사들이 전문가의 교육이론을 이해하고 자신의 행동이념으로 만들도록 해야 한다. 수동적으로 상급의 개혁 지침을 수행하는 것에서 능동적으로 참여하고 적극적으로 혁신하도록 변화시켜야 한다. 그러나 실제로는 훈련의 내용, 형식, 역량, 방법이 미진한 상황이다.

동부 연안지방과, 서부 내륙 지역의 교육요건(하드웨어 그리고 소프트웨어적 요소 포함)차이가 큰데 신 교과과정은 현대문명 심지어는 앞으로 다가올 현대문명의 선진 교과과정과 교육 관념을 채택하고 있기 때문에 아직 농업문명, 기껏해야 초기 공업문명에 처해있는 서부와 내륙지방의 학교와 교사에게는 관념과 시설에 있어 장애요인이 있을 수 있다. 그 밖에, 혁명방식의 교육변혁모델을 채택하여서 너무 급진적이라는 비판도 있었다.

그럼에도 불구하고 신 교과과정개혁은 여전히 실시중이고 비교적 짧은 시간에 뚜렷한 성과를 거두었다. 성공과 실패는 혹은 미국 60년대에 실시했던 교과과정개혁이 될 수 있느냐 없느냐는 현재까지도 결론을 내릴 수 없다. 그러나 성공하든 실패하든 상관없이 중국교육 개혁사상의 중요한 한 획으로 남을 것이며, 중국교육에 깊은 영향을 끼칠 것이다. 또한 다음번 새로운 교육, 교과과정 개혁에 소중한 경험을 안겨줄 것이다. 필자는 이의 성공을 기원한다.

2. 수업개혁의 이론 연구

건국 이후, 중대한 영향력을 끼친 수업개혁이 여러 차례 진행되었다. 1951년 전후, 학제를 개혁하는 동시에 구소련의 교재를 대량 번역하여 사용하였는데, 이 역시 중대한 수업개혁이었다고 말할 수 있을 것이다. 그러나 이론적 연구는 이루어지지 않았고 그럴만한 시간적 여유도 없었다. 대규모의 번역 과정 중 형식주의와 기계적인 모방의 문제점들이 있었고, 결함들을 피할 수 없었다. 그러나 전체적으로 봤을 때 교육 질서를 회복하고 교육의 질을 향상시키는 데 어느 정도상의 의의를 지니고 있었다고 할 수 있다.

1958년, 교육사업의 대약진에 따라, 각 학교에서는 '미신을 타파하고, 사상을 해방하며, 과감하게 교육을 개혁하자.'라는 붐이 일기 시작하였다. 수업개혁의 경험 총결산과 성과 보도가 신문, 잡지에 잇따라 발표되었다. 〈인민교육〉의 단평은 수업개혁의 성과를 다음과 같이 요약하였다.

① 각 학교는 교사를 동원하여 구체적 실정에 맞게 적절한 대책을 세우자는 정신에 근거하여 원래의 교재를 편집하거나 조정하고, 간결하게 하거나 보충하였다. 특히 정치와 생산노동의 결합에 관한 내용을 보충하였고, 고전 본문을 과감하게 삭제하고 향토적 교재를 늘렸다.

② 학교와 공농업 생산부 조직이 협력하며 교사들은 지식인의 허세를 떨쳐버리고 공장과 농촌으로 들어가 노동자와 농민을 교사로 삼고 그들과 친구가 되었으며 서로 가르치고 배우는 계약을 맺었다.

③ 각 학교 학생은 교사의 지도 하에, 이론과 실제를 결합하고, 정신노동과 육체노동을 결합하여 책 속의 지식을 실제 상황에 창의적으로 응용하였다.

교육과 생산노동을 서로 결합하자는 구호 하에, 교사와 학생들이 지나치게 공장, 농촌의 생산노동에 참가하느라 지식 학습을 거의 하지 않았고, 그들의 건강 상태 역시 나빠졌다. 그리하여 수업개혁 중 교육의 질 향상과 생산노동 참가와의 관계를 다시 연구할 수밖에 없게 되었다. 당시의 장쑤성江蘇省 위원회 서기 천광陳光은 노동으로 교육을 대체하는 방법에 대해 비평하며 다음과 같이 언급하였다. '누군가는 생산노동이 바로 교육이며, 교육을 대체할 수 있다고 말한다. 이 말은 생산노동을 찬성하는 것처럼 보이나 사실은 그렇지 않다. 이러한 생각을 하는 사람은 대부분 다음 두 부류의 사람들이다. 한 부류는 교육과 노동의 내재연결과 상호 구별 인식이 뚜렷하지 않은 사람들이다. 다른 한 부류는 꿍꿍이셈이 있어 고의로 왜곡하는 사람들이다. 이런 관점에 대해서는 많은 비판이 필요하다.' 또한 그는 다음과 같이 덧붙였다. '실천은 모든 지식의 기본 근원으로 생산노동 중 지식과 과학이 나오며, 이것이 진리인 것이다. 그러나 생산노동 중 나오는 지식은 추상과 개괄을 통해야 하고, 감정이 이성으로 상승해야지만 체계적인 과학이 될 수 있는 것이다. 이 목표에 도달하기 위해 일정한 문화 지식을 숙달해야 하며, 그것을 위해서는 교육이 필요하다. 또한 이와 동시에 지식을 전수하는 데도 교육이 필요하다.'

1960년 2기 전인대 2차 회의에서 루딩이는 「교육은 개혁이 필요하다」는 발언을 하여 전일제의 초·중고교 교육에서 '연한을 적절히 단축하고 수준을 적절히 제고하며 학습시간을 적절히 통제하고 노동을 적절히 늘린다.'는 내용을 제기했다. 이로써 비교적 체계적인 수업개혁 목표가 세워졌고 양력성 원칙에 대해서도 비판을 전개했다. 이 회의에서 예성타오葉聖陶 역시 '대약진 형세에 적응하여, 초·중고교 교과서 개혁을 진행해야 한다.'의 발언에서 다음과 같이 언급하였다. '일부 교과서의 내용은 사상성이 진부하고 낙후되어 빠르게 발전하는 우리나라의 생산건설의 성과와 과학기술의 발전 수준을 충분히 반영해내지 못하며, 사회주의 건설의 수요를 따라가지 못한다. 일부 교과서의 내용은 편협하고, 학생 지력의 발전에 낙후되어 있다. 일부 교과서의 내용이 중복되며 번잡하다.'

그리하여, 교과서에 현대 내용을 증가시키고, 깊이와 난이도를 향상시키고, 중복된 내용을 삭제시키는 등 구 교과서 체계의 틀을 깨야 한다고 언급하였다. 이렇게 해야지만 전국에서 학교 제도 단축과 교육 난이도를 주요 내용으로 끌어 올리는 수업개혁운동을 1년여의 시간 안에 광범위하게 전개할 수 있다는 것이었다. 〈인민교육〉 1960년 5월호는 교육개혁의 필담란을 개설하여 「수업 업무는 약진할 수 있고 더 많이, 더 빨리, 더 좋게, 더 절약할 수 있다」, 「우리는 수업개혁의 구호를 실현할 것을 보장한다」 등의 글을 발표하였다.

1961년 말에 이르러 대약진식, 운동식의 수업개혁이 진행되어 교육 규율에 위배되고, 실천 속에서 많은 오류가 일어났기 때문에 이론상에서 새로운 연구토론을 시도하게 되었다. 〈인민교육〉 1961년 12월의 단평 「수업개혁경험총괄」이 바로 이 방면에 대한 시도이다. 글 속에서 다음과 같이 지적하였다. '수업개혁은 당의 교육방침에 근거해서 나온 것으로, 사회주의건설의 수요에 더욱 부합하기 위한 것이고, 사회주의건설에 봉사하기 위한 것이다. 이 부분에 대해서는 일반적으로 명확히 인식하고 있다. 그러나 수업개혁 중의 구체적인 문제에 대해서 특히 교과과정개혁 면에서 각기 다른 의견들이 제기되었다. 수업개혁은 복잡하고 장기적인 작업으로 다른 의견이 있는 것은 정상적이고 당연한 일인 것이다.' 또한 다음과 같이 언급하였다. '수업개혁은 교육내용을 개혁하는 데 중점을 두고 있다. 개혁의 좋고 나쁨은 주로 교육 수준을 향상시킬 수 있는지 여부와 초·중고등학생 주요과목의 기초지식의 교육과 기본기능의 훈련을 강화시킬 수 있는지 여부와 학생이 졸업 후 진학하거나 취업하는 데 있어 필요한 문화 기초를 강화시킬 수 있는지 여부로 판단하는 것이다.' 본 단평은 수업개혁의 '적절성'에 대해서도 논술하였는데, 그 내용은 다음과 같다. 생산량이 적고, 일이 느리고, 품질이 떨어지고, 원료를 낭비해서는 안 된다. 품질은 도외시한 채 양을 추구하며 속도만 강요해서도 안 된다. 적절히 행해야지만 착실하게 전진해 나갈 수 있는 것이다. 이러한 교육사상의 지도 하에, '문혁' 시기에 이르기 전 수업개혁은 장족의 발전을 이루었고, 꽤 가치 있는 교육경험들을 정리할 수 있었다.

1977년 이후 수업개혁에 대한 이론적인 탐구는 우선 교육방법에서부터 시작되었다. 대학 입학시험을 부활시킨 뒤 학생들의 부담감이 심해졌기 때문이다. 장젠張健은 건국 이후 학생의 부담이 과중되는 현상이 4차례나 발생하였다고 언급하였다. 1950년 전후, 1958년 전후, 1963년, 1964년과 입학시험이 부활한 이후이다. 이러한 현상이 발생한 근본 원인은 아직 당의 교육방침을 정확히 이해하지 못하고 교육방법이 시대에 뒤떨어져 있기 때문이었다. 또한 그는 다음과 같이 지적하였다. '당의 교육방침과 교사의 자질 향상 방법을 정확히 이해하는 기초 위에, 학교는 교육방법을 개선하고 교육 질의 향상을 일상적인 중심 업무로 삼아야 한다. 또한 정상적인 교육질서와 엄격한 교육계획을 세우기 위해서는 매 45분의 수업을 제대로 이용하여 계몽을 제창하고 시험방식을 단호히 개선해나가야 한다.' 이러한 건의는 대표성을 띄고 있다. 70년대 말기와 80년대 초기, 상하이의 위차이育才중학, 페이광培光 중학, 베이징의 징산景山중학 등과 같이 무수히 많은 학교들이 교육방법 개선에 많은 노력을 기울였으며 특색 있는 교육방법을 창조해 내었다.

1983년 초기, 수업개혁은 전체 교육개혁의 커다란 배경에서 인식되었다. 교육계의 인사들은 다음과 같은 점을 분명히 의식하고 있었다. '만약 수업개혁을 소홀히 한다면 교육의 목표는 실현될 수 없다.' 또한 수업개혁에서 우선적으로 수업 중 지식 전달과 지력 발전의 관계, 교사와 학생의 관계, 수업내용 중 현대지식과 고전지식과의 관계, 이론과 응용과의 관계 등, 수업 사상, 수업 관념에서의 변혁이 있어야 한다고 인식하였다. 만약 이러한 관념이 여전히 낡고, 일방적인 지식의 전달, 교사의 주도성, 지식의 고전성과 이론 혹은 응용의 중요성만을 강조한다면 수업방법의 개혁은 매우 어려운 것일 것이다.

총체적으로 말하자면, 11기 삼중전회 이후의 수업개혁은 당대 중국 수업개혁의 황금시기이다. 수업개혁은 전체 국가의 거시개혁의 배경 하에 광범위하고 깊이 있게 전개된 것으로, 각 개혁의 시범 실시와 성공 전형을 배출해 내었다. 그중 한 과목의 수업개혁도 있었고, 초등학교와 중고등학교를 구분한 전체 교육 수업개혁도 있었다. 여기에는 초·중고교를 연관시킨 전체 교육 수업의 개혁도 있고, 한 지역의 보통교육, 직업교육, 성인교육이 서로 결합된 전체 개혁 시범도 있었다. 수업개혁의 이론과 실천에서 큰 성과를 거두었는데 주로 다음의 방면에서 나타났다.

첫째, 수업사상의 과학화이다. 수업개혁 과정 중, 수업사상의 교정과 수업관념의 갱신을 중시하고, 현대교육 과학을 학습하여 그것으로 수업개혁을 지도하며 낡고 부패되고, 낙후되고, 단편적이고, 정체된 수업

사상을 버렸다. 특히 수업의 교육성, 발전성, 쌍방향성, 주체성규율을 중시하였고, 조사 연구를 중시하였다. 어떤 권위적인 한 마디 말을 개혁의 근거로 삼지 않았고, 실천을 모든 수업 이론과 관점이 정확한지 검증하는 유일한 기준으로 삼았다.

둘째, 수업개혁 목표의 일체화이다. 수업개혁의 총 목표는 민족 자질을 향상시켜 인재를 많이 배출하고, 좋은 인재를 배출하여 교육이 더욱 사회주의 건설을 위해 봉사하는 것이다. 학교에서 각 과목의 수업개혁 목표이든 아니면 어떤 부서이든 혹은 수업시간의 수업목표이든, 학제 교과과정의 개혁목표이든, 아니면 교과서 교육법의 개혁목표이든 모두 총 목표를 둘러싸고 그것을 위해 존재한다.

각 지역에서 직업기술교육의 내용을 증가시키고, 노동과목과 노동기술교육과목을 개설하여 향토 교재를 편집하여 쓰고 선택과목을 개설하며, 학생들이 각종 수업 외 활동과 사회 실천 활동 등에 참가할 수 있도록 하는 것 역시 총 목표 하에 전개한 것이다. 수업개혁의 목표의식을 끊임없이 증가시키고, 일체화의 목표 체계를 형성하였다.

셋째, 수업개혁 설계의 전체화이다. 수업개혁 설계의 전체화는 계통론의 관점을 사용하여 설계한 개혁방안으로, 수업개혁을 시스템 과정으로 보고 전체 계획을 전면적으로 진행하였다. 수업개혁 중 내부 각 조직 부분의 상호 연결에 주의를 기울이고, 더불어 수업과 외부 조건의 상호 연결에 주의를 기울여 수업개혁 중 여러 방면의 일을 계획적으로 살피고 각종 모순을 종합적으로 처리하여 최상의 효과와 이익을 얻었다. 초등학교 어문 수업의 전체 개혁을 예로 들자면 학생의 글자 익히기, 듣기, 말하기, 읽기, 쓰기 능력과 좋은 학습 습관을 길러주는 데 주의를 기울였고, 또한 사상 도덕 교육을 진행하여 전체적으로 훈련을 진행하였다. 언어 훈련에서 벗어나 고립적으로 글자 익히기 수업을 진행하거나 고립적으로 사상교육을 시행하는 것은 좋은 효과를 얻을 수 없다. 이렇기 때문에 이 시기의 많은 수업개혁은 모두 '전체 개혁 실험'의 구호 하에 진행되었다.

넷째, 교과과정 설치의 종합화이다. 소위 말하는 종합화는 과거 교과과정의 단일적이고 틀에 박히고, 정체되어 있는 국면을 변화시키고 학과에 결합시켜 종합적인 성격을 띤 교과과정 개설을 의미한다. 중고등학교 단계에서 사회과학과 자연과학의 종합과목을 개설하여 교과과정의 분류와 필수 과목을 감소시키면 학생들이 자유롭게 학습 시간을 분배하는 데 이롭다. 일부 학교는 컴퓨터, 인구교육, 현대과학기술, 과학일반지식, 기본생산기술, 농업생산지식, 논리학, 사유과학, 문학, 경제, 가전제품, 환경과학, 재봉, 가정 등의 선택과목과 직업교육 과정을 증설하여 수업 내용을 풍부하게 만들어 주었다.

다섯째, 수업 구조의 입체화이다. 수업개혁의 풍조 속에서 어떤 이는 입체교육의 신 개념과 신 이론을 제시하였다. 이 이론은 모든 교육 수업 활동의 구조가 다양한 요소, 다양한 방법, 다양한 단계여야 한다는 것으로 일종의 '삼차원식'의 입체 구조의 교육을 제창하였다. 입체화의 수업은 다음의 세 가지 이점이 있다.

① 수업 목표가 더욱 명확해져, 목표가 분류된 뒤 더욱 구체화되면, 수
   업 중 지력요소와 비 지력요소를 한 데 놓고 고려하여 지식의 전달,
   능력의 배양, 정감의 양성, 의지의 단련이 유기적으로 결합하게 된
   다.
② 수업 절차를 더욱 확장시켜, 다양한 방법의 수업을 수업시간 내, 수
   업시간 외, 학교 내, 학교 외의 각종 학습 활동에 결합시켜 상호 보
   충하고 상호 촉진시키고, 상호 영향을 주게 하여 학생의 시야를 넓
   히고, 학생의 생활이 활기를 띠게 한다.
③ 수업 단계가 더욱 분명해지면서 다단계의 수업이 기초지식을 전달
   하는 기초를 더욱 강조하고, 학생의 독립 학습 능력과 의식 창조를
   훈련시키고, 교사 중심론, 학생 중심론, 교재 중심론의 단편성을 배
   제시킨다.

여섯째, 지능훈련의 서열화이다. 수업개혁 중 무수히 많은 교사들이
지식학습은 일반적으로 계통화, 서열화 되어 있으나 지능훈련에는 주
관적인 것에 이끌리는 경우가 많다는 것을 발견하였다. 그래서 구체적
인 학과의 수업 목적과 임무, 수업규율, 지식의 계통성에 근거하여, 하
나의 단계 혹은 전체 단계에 대한 지능훈련의 내용과 요구를 주장하였
다. 과학적인 순서에 따라 조합과 배열을 진행하여 전체 지능훈련이 계
획적이고 순서적으로 실시될 수 있게 되었다.

일곱째, 수업형식의 다양화이다. 많은 교사와 이론작업자들은 인재
를 길러내는 수업 작업은 복잡한 계통 공정으로 일종의 형식이나 방식

을 사용하여 전체 수업 활동을 조직하는 것은 불가능하다고 여겼다. 각 학과목은 학과 특징과 학교 특징, 학생 특징에 근거하여 다양한 수업 형식을 최대한 사용하여야 한다. 견학, 방문, 사회조사, 현장수업 등 수업 외 수업활동과 같이 교사의 지도 하에 각종 팀 학습과 개별 학습 및 학생의 상호 교육 활동 등을 조직하여야 한다. 교실 수업 중의 자습, 독해, 말하기 연습, 연구 토론 등의 형식. 이러한 다양화된 형식은 기초를 잘 닦고, 능력을 배양하며, 학습 자각성과 창의성을 동원하는 데 매우 유익하다.

여덟째, 수업방법의 최적화이다. 최적화의 실질은 가장 적게 소모하여, 가장 큰 효익을 얻는 것이다. 인도발견법, 암시법, 상황법, 여섯과목형 단원수업법, 시행수업법, 문제수업법, 자습 과외 수업법, 즐거운 수업법, 종합수업법 등과 같이 최근 중국교육 관계자가 창립하거나 실행한 많은 최적화 수업방법의 기본 정신은 모두 학생이 적은 시간과 힘을 들여 가장 크고 가장 좋은 학습효과를 얻게 해주었다.

아홉 번째, 수업 수단의 현대화이다. 원시적이고 낡고 낙후된 수업 수단을 바꾸어 조금씩 수업 수단의 현대화를 이룩하는 것이 수업개혁의 내재된 요구이다. 수업개혁 과정 중, 많은 학교에서 슬라이드 영사기, 라디오, 텔레비전, 영화, 녹음, 녹화 등의 현대화 수업수단을 사용하여 주입식 교육에서 벗어나 개발식, 이미지 수업을 진행하였으며, 이와 더불어 수업 효율과 수업의 질을 향상시키는 데 긍정적인 역할을 하였다는 데 의심할 여지가 없다.

열 번째, 수업 평가의 표준화이다. 평가 중의 주관성, 단편성, 맹목성을 극복하기 위해 표준화는 수업개혁의 쟁점이 되었다. 일부 학교는 표준화 시험으로 학생의 학업 성적에 대한 평가의 효율도와 신뢰도 향상에 힘썼으며 일부 학교는 각 과목 수업의 질 분류 시험표와 수업 평가 지표 체계 등을 제정하기도 하였다. 최근 연구자들은 주로 어떻게 하면 평가의 표준이 더욱 전면적이고 정확하며, 객관적이고, 공정하게 할 수 있는지와 어떻게 하면 표준화를 더욱 간편하고 용이하게 실시할 수 있는지를 연구하고 있다.

열한 번째, 수업 실험의 다원화이다. 즉 하나의 방법만을 고수하지 않고, 수업개혁을 강제로 실행하거나 융통성 없는 수업개혁 실험을 안배하지 않으며, 많은 교사와 학교들이 원하는 대로 각종 수업개혁 활동을 실시하여 수업개혁이 다원화의 구도를 형성하도록 격려하였다. 초등학교 작문 수업의 개혁 실험에는 다음과 같은 내용이 있다. 작문을 중심으로 읽고 쓰기를 결합하고, 현행교재를 중심으로 작문 수업을 3단계로 나눠 진행하며, 1학년 때부터 읽기쓰기를 결합하고, 병음으로 글자를 익히게 하며, 읽고 쓰기와 학생 작문의 적극성과 흥미를 이끌어 올리는 데 중점을 두었다. 학생 생활을 풍부히 하는 데부터 작문효율과 작문 수업 입체화를 향상시켰다. 조직관리 부분에서 말하자면, 단계, 규격의 다양화도 나타난다.

열두 번째, 수업효과의 즐거운 수업화이다. '힘들고 어려운 수업'을 '즐거운 수업'으로 바꾸는 것은 최근 교실 수업 개혁의 주된 목표였다. 유쾌한 교육, 성공적인 교육, 즐거운 교육의 실험이 우후죽순처럼 진행되었다. 기본 정신과 지도 사상은 다음의 내용을 포함하였다. 모든 학생이 학습의 즐거움을 느끼도록 하고, 유쾌한 수업 분위기를 만들고, 사제 협력의 수업을 만들고, 지식 출발점과 교수 과목 구조를 파악하고, 학생의 인식 수요를 높이고 만족시키는 동시에 학생의 정감 수요 역시 만족시켜 준다. 즐거운 수업 방법을 중시하고, 수업법을 가르쳐 주고, 학습하는 법을 가르쳐 준다. 또한 평가의 지렛대로 사용하여 피드백 조절을 강화하고, 상대 학생에 맞는 교육을 중시한다.

3. 수업실험의 이론적 가치

문화대혁명 이전에 중국의 수업실험은 이미 여러 단계로 전개 되었고, 전국 각 성과 시에서 수업의 측면에서 여러 종류의 개혁을 시험하여 많은 성과를 얻었다. 예를 들면 헤이산현黑山縣 베이관北關초등학교의 언어 수업 개혁, 베이징 징산학교의 여러 과목의 수업개혁, 위차이 중등학교에서 수업방식을 개선하여 학생의 부담을 줄이는 시험 등이 있다. 1979년 이후, 수업실험 진행 지역과 학교는 우후죽순으로 확대되었고, 실험의 항목은 한 과목, 하나의 항목에서 여러 과목, 여러 가지 항목으로 발전되어 전체적인 종합 실험으로 이르게 되었다. 실험의 목적, 성질에 대해서 말하자면 탐구성이 있는 것, 검증성이 있는 것, 형성성이 있는 것이다. 전과는 비교할 수 없을 만큼 여러 곳에서 실험이 진행되었고 인구가의 급격히 증가했다. 비록 어떤 실험들은 아직 목표가 불명확하고, 요소가 구체적이지 못하고, 과학적이지 못한 설계 등의 흠이 있지만 총체적으로 말하자면 정상적으로 발전하고 있고, 교수실험 이론탐구의 자각성이 끊임없이 증가하여 많은 실험은 그 자체로 높은 이론 가치를 가지고 있다. 지면상 한계가 있으므로 여기서는 그중 중요한 몇 개의 교수실험과 중국교육자의 독창적인 수업방법을 간단하게 소개한다.

(1) 구링위안顧泠沅 팀의 수학의 질을 크게 제고한 교육개혁실험

1977년을 시작으로 상하이시 칭푸현靑浦縣은 구링위안을 중심으로 수학수업 연구중심팀을 세웠고 수학수업 질質 향상의 실험연구를 대규모로 시작했다. 10여 년의 노력을 거쳐 칭푸현의 수학수업의 질은 70년대 전체 시市 중 가장 낮은 수준에서 해마다 상승했고 특히 의무교육 마지막단계의 중고등학교 졸업반의 성적이 1984년부터 수년간 연속으로 높은 수준을 유지하였다. 그들 실험의 이론상의 공헌은 다음 몇 가지로 살펴볼 수 있다.

① 수업에 관한 몇 가지 기본원리를 제시하였다

하나는 정감의지의 원리이다. 즉 교사는 실제 행동으로 반 전체 학생의 성장에 관심을 보이고 그들의 생활습관, 학습 특성과 취미를 깊이 이해하여 교사와 학생 간 두터운 정감을 형성하고, 학생이 '교사를 좋아하고, 교사의 도리를 믿게 하여야 한다.' 수업 중 충분한 감정, 정신 집중, 강한 의지, 풍부한 상상, 생동감 있는 언어, 고도의 요약능력, 능숙하게 숙련된 연산기교를 노력해 달성하고, 각 방면에서 학생에게 영향을 주어 학생이 눈과 귀에 익어 자연스럽게 습득하게 하고, 학생의 수학을 잘 배워야겠다는 감정을 자극시키고, 학생이 곤란함을 극복하는 의지를 갖도록 격려해야 한다.

둘째는 조직적인 구성의 원리이다. 즉 교사는 학생이 사소한 지식이 아닌 지식의 조직적인 구성을 파악하게 하여야 하고, 교실수업의 과정, 조직과 긴장과 이완의 리듬을 중시해야 한다. 최대한 새로운 지식이 학생의 지식구조 중 기존 지식과 경험과 합리적, 실질적인 관계를 세울 수 있도록 하고, 최대한 수업과 수업 간 적절한 순서관계를 세우도록 하고, 이로써 나선형으로 견고하게 향상되도록 해야 한다.

셋째는 자주적인 활동원리이다. 즉 교사는 반드시 학생이 시도, 탐구와 교제 등 자주적인 학습활동을 통해 지도하여야 하고, 수업개혁의 기준점을 전체학생이 모두 독립적인 사고를 할 수 있게 하는 데 둠으로써 예전의 폐쇄적이고 개별적, 피동적으로 받아들이는 수업 방식을 바꾸어, 수용형 수업과 활동형 수업의 단점을 서로 보충하여 공부한 것과 배운 것이 서로 결합하게 하고, '배워서 때때로 그것을 익히면 또한 기쁘지 아니 한가(學而時習之, 不亦說好)'의 경지에 다다르게 한다.

네 번째는 피드백 조정원리이다. 즉 반드시 교사와 학생간의 정보연결과 정보 피드백을 통하여, 효과적으로 교과과정을 제어조절하고, 반 전체의 획일적인 수업과 각각의 학생의 기초, 요구, 자질차이의 충돌을 잘 해결하는 것이다.

이 네 가지 원리는 각각 정감과정과 인식과정의 통일, 지식 이해와 발전능력의 통일, 수용형과 활동형 수업의 통일, 수업 전체 기능의 규율을 제시하였다.

② 수업목표분류의 3차원 모델을 제시하였다

실험을 통하여, 그들은 수업목표분류의 세 가지 조직모형을 기초로 정하였다. 가르치고 배우는 수준(3급수준)×학습행동(3가지 행동)×학습내용(그림 5-1)이다. 위에 기술한 기억수준의 수업의 목적은 사실재료를 식별 혹은 기억하여 그것들을 재인식 혹은 재현하게 하는 것이다. 설명식 이해수준의 수업은 교사가 지식과 기능의 강의와 해석을 하여, 학생들을 이해시키고 아울러 학생이 지식, 기능을 학습해 일정 범위내의 새로운 경지 안에서 활용할 수 있게 하는 것이다. 탐구성 이해 수준의 수업은, 목적을 가지고 새로운 문제 상황의 인지 충돌을 일으켜 학생 스

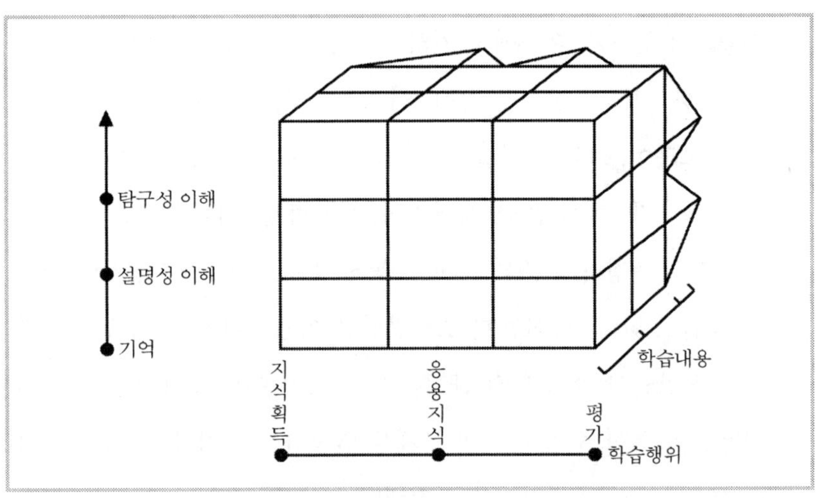

그림 5-1 수업목표분류의 3차원 모델 구조

스로 그 충돌에 휩쓸리도록 요구한다. 교사와 학생이 중심이 되어 함께 참여하여 문제를 제시, 해결하고, 함께 연구를 하고 가치를 평가한다. 그중 교사가 주도적인 역할을 하고 학생은 자주적으로 학습하는 자발성을 충분히 발휘한다. 학생들이 적당한 곤란에 직면하게 하여 지식, 기능의 탐구성 이해를 얻고 과학관점과 유효한 사고를 강화하도록 한다.

③ 선별한 수업경험의 순서와 방법을 형성하였다

그들의 실험은 다음과 같은 단계로 진행되었다.

- 조사(1977년 10월~1980년 3월) 조사의 방법 : 총괄보고듣기, 수업계획조사, 예년의 수업결과보기, 학생과제와 시험 랜덤 조사, 좌담회, 개별회담 등을 통하여 조사 자료를 얻고 수업목적, 수업요구, 내용조직, 개념수업, 능력양성, 교사와 학생의 조화, 방법 특징과 수업효과 등 8개 요소에 근거하여 종합적으로 교실수업을 고찰했다. 학생성적분포상황을 측정, 연구하고, 학습 수준이 다른 학생들을 비교하여, 그들의 학습 분화 상황과 지식, 능력의 상이한 특징을 이해했다. 예를 들면 체질측정, 사유측정, 이해력측정 등을 전문적으로 측정하고 분석, 비교를 통하여 자료를 얻는다. 기타 특수한 방법도 있다. 사회관계 조사방법을 이용하여 학생 학습토론 관계도를 만들고, 이로부터 한걸음 더 나아가 어떻게 하면 반 전체의 작용을 발휘할 수 있는가의 문제를 탐구하는 것이다. 조사를 통하여 160여 건의 주제경험을 누적했다.

- 선별검사(1980년 4월~1981년 8월) 선별의 순서는 다음과 같다. 우수한 수업의 경험을 분석하고 정리한 후 실험 대항의 현황과 요구를 결합하여 계획을 제기한다. → 예정된 계획에 따라 수업 중 이 경험을 실시한다. → 경험이 있는 교사를 수업 현장에 참석하도록 조직하고, 교육 상황에 대하여 체계적인 고찰과 평가를 진행한다. → 고찰, 평가 결과에 근거하여, 기존의 경험 혹은 성과를 도태시키거나 발전시키거나 또는 최적화한다. → 재계획, 재실시, 재평가, 재차 되풀이하여 효과적인 수업대책을 선별해 낼 때까지 계속한다. 50회 가량의 로테이션을 통하여 4종류의 비교적 효과가 있는 수업조치를 선별하였다. 학생이 절실한 요구 아래 공부하도록 하고 교실수업의 단계를 조직하며 학생 스스로 도전해 보도록 지도하고 적시에 수업효과의 정보를 제공하고 수시로 수업을 조절한다.
- 실험(1981년 9월~1984년 8월) 자연실험법을 이용하여 중고등학교에 실험조와 대조조 각각 5개의 반을 구성했다. 3년 동안 모두 4만 여 개의 원시데이터, 수십만 자의 문자자료를 누적했고, 마지막엔 비교적 긍정적인 잠정결론을 얻었다.
- 확대(1984년 9월~1987년 8월) 몇 개의 단계조직으로 나누어 보급, 활용한다.

(2) 추쉐화邱學華의 시험성공수업이론과 실험

시험성공수업이론은 시험수업법이 발전한 것이다. 장쑤성 창저우시

常州市 교육과학연구소의 추쉐화선생은 1980년을 시작으로 시험수업법의 실험연구를 진행했다. 이 실험법은 지도사상이 명확하고 기본 조작 과정이 있기 때문에 쉽게 배우고 쉽게 익힐 수 있으며 효과가 뚜렷해 전국 각지 많은 교사의 환영을 받았다. 시험수업법을 활용한 교사는 약 32만 명이 있고, 가르침을 받은 학생은 1,500여만 명에 달했다. 실험반 교사는 모두 3만 2,000여 편의 글을 썼고 1,500여 편의 글을 공개 발표했다. 구현區縣 이상의 단위는 4만 5,000여 개의 수업을 공개하였고, 그 중 2,400여 개의 수업이 상을 받았다. 시험수업이론의 공헌은 주로 아래 몇 가지 방면에서 살펴볼 수 있다.

① 중국고대수업론을 계승, 발전시켜 수업의 사회기능을 중요시하는 전통을 계승했고 학생들의 탐구정신을 양성하는 데 주안점을 두어 대폭적으로 교수의 질량을 높이는 데 주력했다

　　이 이론의 창시인은 지혜만 쌓는 좁은 둘레에서 벗어나 수업의 사회적 의의를 중시하였다. 어릴 때부터 '한 번 해보자'는 정신을 길러주고 이런 식으로 가다보면 점차적으로 과감하게 탐구하는 정신이 형성된다. 그들이 자란 후에, 알지 못하는 사물, 할 줄 모르는 일에 대해서 모두 '한 번 해보자'는 정신을 갖게 되고, 이런 정신이야말로 하나의 국가, 하나의 민족의 흥망성쇠의 중요한 자료이다. 이 평범하고 소박한 말은 교육개혁가가 비록 미시적, 국부적인 수업을 개선할 때도, 높은 기점과 넓은 시야를 지니려고 노력하는 모습을 반영한다. 시험성공수업이론은 넓게(다양한 지역 특히 농촌에 활용), 대폭적으로(여러 학생 특히

중하위권 학생들에게 활용) 수업의 질을 높이는 데 주력하였고, 아울러 큰 성공을 얻었다.

중국은 인구대국이자 농업대국이고, 농촌의 초등학교가 절대적인 부분을 차지하고 있기 때문에, 넓게 대폭적으로 수업의 질을 향상하는 관건은 우선 농촌에 있다, 현대교육가 타오싱즈, 령수밍梁漱溟 등은 일찍이 이 문제를 인식했으나 정말로 성과를 얻은 것은 시험교수법이 처음일 것이다. 사회와 시대적 요인 외에, 추쉐화는 농촌교사의 자격수준이 상대적으로 낮고, 수업시설은 상대적으로 약하고, 수업경비는 상대적으로 적고, 학생수준차이가 고르지 못하는 등의 특징이 있음을 고려하여, 시험수업방법인 '쉽게 배우고 쉽게 사용하는 방법' '교사의 현재의 수요를 고려하는 방법' '대부분의 교사가 이해할 수 있고, 모든 학생이 활용할 수 있는 방법'을 시도했다. 이것이 바로 시험성공수업이론의 생명력이다.

② 시험성공수업이론은 시험을 핵심으로 하는 수업모델을 제시했고, 시험성공에 도달하기 위한 6개 조건과 6항목의 원칙을 발표하여 비교적 완벽한 수업이론 체계를 만들었다

이 이론은 중국고대수업론을 계승하여 심문審問과 성실한 실행의 전통을 중시했고, 수업 각 부분에서 '문問(문제)'과 '행行(연습)'을 결합했다. '문'에 대해서 시험성의 '행'을 진행하고, 시험을 핵심으로 하는 수업 모델을 제시하였다. 이 모델에서는 연습이 반절을 차지하고, 준비 연습을 시작으로 학생은 하나의 문제 상황으로 들어가게 된다. 준비 연

습으로 제기된 문제는 단지 과거에 배웠던 지식에 대한 간단한 복습뿐
만 아니라, 예전의 지식과 새로운 지식의 내적 연계를 밝혀내며, 시험
성 문제로 넘어갈 수 있는 다리를 놓아준다. 이렇게 준비연습문제에서
시험연습문제까지 학생들의 사고는 문제를 풀 수 있도록 활성화되고
그리하여 그 다음 자습교재와 시험연습이 명확한 목표성을 지니게 된
다.

시험성공수업이론은 시험성공에 도달하는 6가지 조건을 제시했다.
즉 학생의 주체적인 역할, 교사의 주도적 역할, 교재의 시범작용, 예전
지식의 이동작용, 학생 간에 상호 보완 작용과 교사와 학생간의 감정의
상호작용을 발휘하는 것이다.

시험성공수업이론의 원칙에 관해서는 주로 시험, 지도, 구조, 상호보
완, 피드백, 감정 등 6가지 원칙이 포함된다. 시험원칙은 바로 학생이
우선 시험연습을 하도록 요구하는 것으로 그 특징은 먼저 연습하고 후
에 강의하는 것이다.

지도원칙은 교사의 지도와 학생의 시험을 유기적으로 결합하여 학생
의 맹목적인 시험으로 인한 실수를 줄이는 것이다.

구조원칙은 학생의 인지구조와 각 학과의 지식구조에 근거하여 예전
지식을 바탕으로 예전 지식이 이동하는 작용을 활용함으로써, 학생이
초보적으로 새로운 지식을 파악하여 하나의 새로운 지식 구조를 형성
하게 하는 것이다.

상호보완 원칙은 시험활동 중 반드시 학생 간에 서로 보충하는 작용
을 충분히 발휘하도록 하는 것이다.

피드백원칙은 시험활동 중 적시에 학생의 시험활동에 대한 피드백을 주는 것으로 만일 잘못된 점이 발견되면 곧바로 조절하여 2번째의 시험기회를 주어 시험의 성공을 보증하는 것이다.

감정 원칙은 감정 작용을 매우 중시하여 시험활동 중 교사와 학생 사이, 학생과 학생 사이의 인간관계를 조정하는 데 주의를 기울이는 것이다.

(3) 리지린李吉林의 정서수업이론

정서수업이론은 장쑤성 난퉁南通사범제2부속초등학교 특급교사 리지린이 제시한 수업사상이다. 1980년대 초부터 리지린은 이 이론을 초등학교언어교육에 활용하여 우수한 성과를 거뒀다. 리지린은 수업활동은 반드시 아동의 발전규율을 따라 그들의 지혜의 불꽃에 불을 붙이고, 감정의 새싹을 촉촉하게 해주고, 그들에게 각자의 총명한 재능과 지혜와 잠재력을 표출하도록 하여 그 안에서 앎의 즐거움, 심미의 즐거움, 창조의 즐거움, 탐구의 즐거움, 도덕향상의 즐거움을 얻게 하여야 한다고 주장한다. 정서수업은 위에 기술된 요구를 만족시킬 수 있고 단일적인 '듣고 분석하기'를 여러 측면의 감각과 지각으로 바꾸고, 재현再現식의 기억을 융통성 있게 지식으로 활용할 수 있게 하며 폐쇄적인 공부방법을 광범위하게 저장되도록 바꿀 수 있다.

정서수업이론은 주로 아래 4가지 방면의 내용을 포함한다.

① 상황으로 끌어넣어 탐구의 즐거움 속에서 지속적으로 학습의 동기를
   자극한다

정서수업이론에서는 학생이 학습활동의 주체이고, 학생이 능동적으로 몰입할 수 있을지 없는지가 수업성공실패의 관건이라고 여긴다. 수업에서 반드시 아동들 잠재되어 있는 학습능동성에 초점을 맞추어야 한다. 이 능동성은 사라지거나 변할 수 있는 심리 특징을 가지고 있다. 따라서 각종 형식으로 학생의 학습 동기를 자극하고, 혹은 문제 상황을 만들고 고민거리를 만들어 아동이 호기심으로 배우도록 하여야 한다. 화면을 그리고, 형상을 나타내어 미적 감각을 키워주고 아름다움이 좋아서 배우도록 하여야 한다. 실물을 보이고, 관찰 중에 생각하게 하여 탐구를 통해 배우도록 한다. 아동의 기존의 경험과 연결하여 친근감을 느끼도록 하여 생활에 가까운 것에 대한 관심으로 배우도록 한다. 아동의 정서영역에 접근하여 마음의 공감을 불러일으키고 감성의 추진력으로 배우도록 한다. 이렇게 탐구하고 만족하고 즐거워하고 내재적으로 발생하는 동기의 과정을 통하여, 아동이 새로운 과목을 접할 때 열정적인 정서를 가지고 적극적으로 수업활동에 임할 수 있게 된다.

② 상황을 최적화하여 심미적 즐거움 속에서 교재를 더욱 깊이 이해
   한다

정서수업이론은 아동이 미적 즐거움을 느끼는 속에서 교재를 더 깊이 이해하고 느끼도록 인도하는 것이다. '미美'를 통해 심신을 안정시킨 후, 책 속의 글자를 받아들이고, 더 나아가 내용을 깊이 이해하여,

결국에는 교육 내용의 아동의 생활 깊이 활용되도록 한다. 수업 중 형상 감화의 풍부성과 진실한 감정의 체험과 잠재적 지혜의 계발을 중시해야 하고, 끊임없이 아동의 동기를 강화하여 도덕교육, 사상교육, 심미교육이 유기적으로 하나로 통합되도록 해야 한다. 리지린은 아래의 그림을 이용해 표시한다.

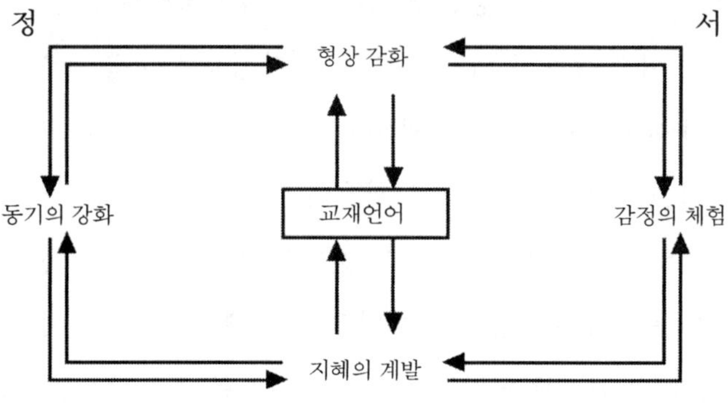

③ 상황을 근거로 창조의 즐거움 속에서 자연스럽게 대뇌 양쪽의 상호
  작용을 조화롭게 한다

정서수업에서 추구하는 바는 아름다움을 감상하는 즐거움 속에서 뜻있고 재미있게 교재를 인지하는 것 뿐 아니라 이 과정에서 학생의 창조 재능 발전에 힘쓰는 것이다. 정서수업은 그 자체적으로 형상의 진실성, 진실한 감정, 뜻의 원대함, 이치의 심오함 등의 특징이 있으며, 아동의 인지활동과 정감활동을 정교하게 결합하여, 양쪽 대뇌가 균형 있고 조

화롭게 상호작용 할 수 있도록 한다. 수업 중 교사는 상황이 드러내는 생동감 있는 이미지에 힘입어 작가와 함께 공감하는 진실 된 감정을 가지고, 온 몸과 마음으로 상황에 진입한다. 이 '상황'은 이미 단순한 '물체'와 '이미지'로 결합된 장면이나 화면이 아니라, 교사의 감성이 침투되고 교사의 감성으로 가득 채워진 것이다. 감성은 정서수업의 연결고리이다. 정서수업은 감각의 훈련, 직관의 양성, 창조의 발전을 중시하고 그 속에 이미지, 감성, 상상을 침투시켜 아동에게 무한한 즐거움과 활력을 주며 이를 통해 우뇌가 흥분하고, 활성화 되도록 촉진한다. 동시에 아동이 유기적으로 이미지와 본문언어(단어)를 결합하고 낭독, 요약하여 말하기, 하나의 시리즈로 활용하기, 수정하기, 감상하기 등의 언어활동을 통하여 교재언어를 더욱 깊이 이해할 수 있도록 한다. 아울러 교재언어를 통하여 작품에 내재된 감성을 체험하고 교재사상관점을 정리, 인식할 수 있도록 한다. 대뇌 양쪽이 흥분되고 변환함으로 아동은 끊임없이 신선함을 느끼게 되고, 흥분된 감정이 지속되며 수업에서 자연스럽게 생동감 있고 활발한 모습을 보인다.

④ 상황을 넓히고 주변세계의 즐거움을 인식하는 속에서 두 신호체계를 균형 있게 발전시킨다

　정서수업은 아동이 세계를 인식하고, 언어를 학습하는 규율을 근거로 하며 아동과 대자연의 접촉을 중시하고, 그들이 가까운 곳에서 먼 곳으로, 표면에서 안쪽으로 점차 주위세계를 인식하도록 인도한다. 리지린은 실험반에 특별히 관찰대화, 대화를 쓰는 수업과 과외활동을 마

련하여 아동이 대자연과 주위세계를 접촉함에 있어서, 2개의 신호체계가 평형을 이룰 수 있는 조건을 제공하였다. 수업 중 교사는 아이들을 데리고 나가 봄의 생기, 여름의 우거짐을 감지하고, 가을의 공헌과 겨울의 생육을 체험하도록 한다. 태양이 어떻게 인류로 하여금 암흑에서 광명으로 나아가게 하고 미묘한 움직임으로 구름 속을 지나다니는 달이 어떻게 지구상의 아이를 따라다니는가를 관찰한다. 또한 일출의 기세, 빛, 색채, 활활 타오르는 불길을 느끼고, 달 운행의 평온하고 조용함, 온유함과 신화적 상상력의 경지를 체험하게 한다. 대자연과 접촉하는 과정 중 지혜의 계발과 심미교육, 도덕교육이 유기적으로 결합되도록 주의한다.

(4) 루중헝盧仲衡의 자습지도수업이론과 실험

중국과학원심리연구소의 루중헝이 주최한 자습지도수업의 실험은 1965년부터 시작된 것으로 80년대 초에 이미 전국 25개 성·시, 200여 개의 실험반에 보급되었고 긍정적인 수업효과를 얻었다.

이른바 자습지도수업이라고 하는 것은 학생이 교사의 지도와 도움 아래 자습하고, 지식을 얻고, 능력을 발전하고, 자습습관을 형성하는 일종의 공부 방식이다. 자습지도수업의 효과를 높이기 위해 루중헝 등은 우선 자습교재 집필의 학습심리학 원칙 8가지를 명백히 논술하였다.

① 적절한 속도로 점진적으로 진행

② 그 당시 결과 도출

③ 부족함을 메우고 보충(낡은 것을 버리고 새 것을 창출하며 예전지식에서
   새로운 지식을 내놓는다.)

④ 본질적인 특징을 직접 드러내기

⑤ 전개에서 축소까지(예를 들어 처음에 새로운 연산성 문제를 풀 때, 최대
   한 전개하여 자세한 과정을 써내도록 요구하고, 익숙해지면 점차 축소로
   넘어간다. 바깥에서 안쪽으로 들어가는 내부화과정이다)

⑥ 최대한 방식을 바꾸어 복습하고, 기계적인 반복은 피하기

⑦ 순서에 따른 사유의 원칙

⑧ 역으로 연상하기

　　자습지도수업실험은 학생을 기본적으로 4유형으로 나눈다. 민첩하
고 성실(빠르고 정확하다), 민첩하나 불성실(빠르나 정확하지 않다), 민첩
하지 못하나 성실(느리나 정확하다), 그리고 민첩하지도 성실하지도 않
는(느리고 정확하지 않다) 등 4종류이다. 첫 번째 유형의 학생은 교사가
정한 내용을 빠르게 배우고, 정확하게 이해하고, 연습속도가 빠르다.
그들이 교실에서 교재 밖 참고서를 읽고, 수업 외 연습문제를 푸는 등,
심도 있게 발전하도록 지도한다.

　　두 번째 유형의 학생은 생각이 그다지 세밀하지 않고, 비록 빨리 교
재를 읽고 연습을 해내지만, 실수가 비교적 많고, 내용이해에 대해서도
심오하지 못하다. 그들에게 검사를 강화하여 '타인의 검사'(교사와 기타

사람이 자주 그들의 학습상황을 검사)와 '스스로 검사'(자신이 검토하는 좋은 습관을 기르고, 책임감을 강화한다)를 진행할 수 있다.

세 번째 유형의 학생은 때론 수업내용의 속도를 따라가지 못하여 학습 성적에 영향을 미치지만, 자습지도수업 중에서는 이런 제약을 받지 않아 반복하여 읽을 수 있고, 수업 중에 다 배우지 못했으면 수업 후에 계속 공부할 수 있다. 따라서 자습을 통해 좋은 성적을 얻고 많은 독서와 문제풀이를 통해 문제에 익숙해져서 속도를 높일 수 있다.

네 번째 유형의 학생은 자습에 있어서 큰 어려움이 있고, 자신감도 부족하다. 그러나 자습지도학습은 교실에서 진행되기 때문에 교사는 제때에 학생을 지도해 줄 수 있고, 아울러 중점적으로 그들을 지도해줄 수 있다. 이로써 학생이 점차 궤도를 찾고 자습의 자신감을 가지고 학습에 흥미를 갖도록 할 수 있다.

중고등학교 1학년부터 시작하는 자습지도학습은 대개 4개의 단계로 나눌 수 있다.

첫 번째 단계는 학생에게 읽는 방법을 가르치는 것이다. 학생이 기본적으로 교재를 읽고 단어의 뜻을 정확히 이해하도록 하며 단락의 뜻을 요약하는 법을 배우도록 한다. 이 단계는 약 1~2주가 소요된다.

두 번째 단계는 학생이 자습지도학습수업의 방식에 적응하여 점차적으로 스스로 공부하는 습관을 기르도록 하는 것이다. 이 단계는 약 2달 내외의 시간이 소요된다.

세 번째 단계는 학생이 비교적 자습지도수업 형식에 적응되고, 어느 정도 스스로 공부하는 습관이 형성된 기초에서 학습과정의 자립성을 강화하는 단계다. 이 단계는 대략 반 년~1년이 소요된다.

네 번째 단계는 학생이 완전히 자습지도형식에 적응하고 양호한 학습습관을 형성하며 자습과정 중에 학생의 자립성을 충분히 발휘하게 하는 단계다.

자습을 지도할 때, 교사는 학생의 동기를 유발하여 학습을 촉진하고, 학습방향을 잡아주는 역할을 해야 한다. 교실에서는 다음과 같은 것들이 이루어져야 한다.

① 학생이 스스로 공부하는 것을 원칙으로 한다.

② 학생이 자습할 때 교사는 최대한 그들의 생각을 끊지 않도록 한다.

③ 중간 중간 질문을 해서 학생의 학습상황을 전반적인 검사한다.

④ 토론은 학생과 교재의 특성에 따라 다양한 형식을 채택한다.

⑤ 칠판설명의 목적은 학생들이 과제를 할 때 규격화된 방식으로 필기를 하도록 하는 데 있다. 너무 많이 하는 것은 좋지 않다.

⑥ 과제 검사는 학생들이 과제를 할 때 규격화된 방식으로 필기를 하는지, 답을 꼼꼼히 맞춰보는지, 제때 숙제를 완성했는지 등을 중심으로 한다. 모든 학생을 검사할 수도 있고 몇 명을 무작위로 선별하여 검사할 수도 있다.

⑦ 테스트 후에 교사는 반드시 시험답안을 꼼꼼하게 고쳐줘야 하고 점수는 기록해 둘 필요가 없다. 단지 학생의 학습상황을 이해하는 데 사용한다.

(5) 뤼징셴呂敬先의 초등학생 전체적인 언어능력 발전 실험

뤼징셴의 이 실험은 1962년에 시작하여 1988년에 끝났다. '문학대혁명'의 10년 동안 중단된 것을 제외하면 약 16년간 진행되었다. 실험이 보편적인 의의를 갖게 하기 위해서 평범한 학교, 평범한 교사, 평범한 아동(농민자제 포함), 평범한 교재라는 조건하에서 실험하였고, 아울러 좋은 효과를 얻었다. 뤼징셴의 초등학생 전체적인 언어능력 발전 실험은 비교적 명확한 기본지도사상이 있고 다음 몇 가지 측면으로 살펴볼 수 있다.

① 아동의 사유와 언어의 공통발전을 어문수업의 중심임무로 했다. 즉 형상사유와 추상사유의 상호변화와 상호촉진발전의 규율을 충분히 활용하고, 형상사유와 추상사유능력을 발전시킨다.
② 어문수업구조의 전체적인 개혁을 즉 수업지도사상, 요구, 내용, 방법, 수업활동형식(수업유형, 수업 외 활동)과 수업 평가 요소 등의 개혁을 통하여, 언어능력의 전체적인 발전을 촉진한다. 횡적 연결 면으로는 듣고 말하고 읽고 쓰는 능력의 훈련을 전면적으로 진행하여 지력을 발전하고 종적 연결 면으로는 각 단계의 아동 언어능력이 서로 연결되어 발전할 수 있도록 한다.
③ 구어와 문어, 내부언어와 외부언어의 상호작용 및 상호촉진발전의 규율을 따르고 지력기능훈련을 핵심으로 언어자립학습능력을 육성한다.

④ 어문학과의 특징을 결합하여 도덕교육과 정서교육을 진행하고, 아
  동개성심리의 전체적 발전 규율에 근거하여 말로써 글을 촉진하고
  글로써 말을 촉진하여 글과 말이 통일되도록 한다.
⑤ 어문수업과 풍부하고 다채로운 생활을 서로 연결하여 아동의 사유
  와 언어의 영역을 확장한다. 이로써 아동이 즐겁게, 자발적으로 학
  습하고 몸과 마음이 전면적으로 발전하도록 촉진한다.

초등학교 저학년의 글자 익히기 수업을 예로 들자면, 머리를 써서 글
자를 익히는 방법을 택하여 글자의 전체적인 형태를 분석할 수 있는 지
능을 길러주었다. 글자의 획을 서로 나누고 다시 종합하는 방식으로 글
자를 이해했으며 놀이방식을 도입하여 아동들이 재미있게 한자의 모
양, 음, 뜻을 전체적으로 이해할 수 있도록 했다. 이를 통해 아동은 병
음, 기본필획, 부수, 기본자, 한자구성자의 기본규율, 필순규율 등을 정
확하게 파악하여 단순히 글자만 아는 것이 아니라 혼자 사전을 찾고 이
후 더 많은 글자를 이해할 수 있도록 기초를 닦았다. 이 밖에 읽고 쓰는
것을 통하여 배웠던 글자들을 활용하고 글자를 익히도록 했다. 이러한
방법으로 1학년 2학기 학생들은 천여 자의 글자를 익힐 수 있었다. 또
한 사전을 사용하고 글자추측, 글자 묻기 등 방법을 활용하여 혼자서
아동 잡지인『작은 친구』,『중국아동』및 그림이 실린 책을 읽게 했다.
초등학교 고학년의 작문수업을 예로 들어본다. 이 실험은 주로 관찰
지도과목, 관찰과목, 작문지도과목과 평가수정과목을 조합·편성하여
관찰과 소재선택, 구상과 표현, 스스로 평가하고 스스로 고치는 능력을

길러준다.

관찰지도수업은 주로 아동이 관찰할 요점을 정하는 것을 지도하고, 관찰내용을 선택하는 법과 관찰목적 및 중점을 확정하는 법을 가르친다. 또한 관찰 중 사고하고 상상력을 발휘하며 관찰한 내용을 몸소 느끼도록 하는 것이다. 관찰수업은 아동이 스스로 관찰하여 소재를 얻고, 교사는 제때에 아동이 소재노트와 관찰일기를 써서 소재를 쌓아나가도록 지도한다.

작문지도수업은 주로 아동의 구상능력과 표현능력을 육성하는 것으로, 이런 능력의 훈련은 우선 관찰 과정을 통해 길러져야 한다. 목적과 중점을 가지고, 순서 있게 관찰해야만 생각과 표현에 중심이 생긴다. 이러한 기초 위에서 개요를 쓰고 작문할 내용을 말해보도록 지도한 후 작문 수업을 진행한다.

평가수정과목은 학생이 스스로 평가하고 수정할 수 있는 능력을 길러주는데 주력한다. 보통 여러 단계의 작문수업을 근거로 보편적으로 존재하는 문제를 요구함으로써 평가수정의 중점을 확정한다. 중점을 중심으로 평가하고 다시 그것을 수정하여 아이들의 평가수정 능력과 표현능력을 향상시킨다. 실험반의 학생은 훈련을 통하여 일반적으로 모두 서술문, 설명문, 응용문 등 다양한 문체의 글을 쓸 수 있고, 스스로 편집하고 취재할 수 있으며 벽보, 신문, 문집 등을 직접 만들 수 있다. 이처럼 학생들의 어문 실력이 전체적으로 크게 향상되었다.

(6) 리스파黎世法의 최우수 중고등학교 수업방식실험

　1979년 10월부터 우한武漢사범대학의 리스파 교수는 일정한 조건 아래에서 교수활동이 최적의 상태에 머물도록 보장할 수 있는 중등교수방식을 탐구하기 시작했다. 이 방식을 통해 중고등학교 수업을 위한 일반적인 이론과 방법을 제공하고, 나아가 중고등학생의 자습능력을 높인다. 또한 중고등학생의 학습 부담을 줄이고 학생의 전면적인 발전이라는 목적을 달성한다. 그는 일단 우한지역 43개 중고등학교 학생 10,350명의 학습상황을 조사·연구하고 체계적으로 비교분석하여 성공적인 사례들에서 몇 가지 공통성을 찾아내었다. 아울러 이 성공적인 학습요소들의 내재적인 연결을 근거로 하나의 학습방법체계, 즉 앞뒤가 긴밀히 연결된 8개의 학습요점을 다음과 같이 정리했다. 계획정하기 → 수업 전에 스스로 예습 → 전념하여 수업듣기 → 즉시 복습하기 → 혼자 숙제하기 → 의문점 해결하기 → 체계적인 중간점검 → 수업 외 공부하기 등이다.

　이 학습방법체계의 기본정신은 최대한으로 학생의 자발적인 적극성을 발휘하여 학생들의 자습능력을 효과적으로 양성하고 발휘하며, 학생이 높은 수준으로 기초지식과 기본기능을 이해하도록 함으로써, 전면적으로 학생의 지능을 확장하고 학생이 학습의 주인이 되도록 한다. 중고등학생이 이 8가지를 활용하여 책의 지식을 공부할 때 10가지의 학습심리규율, 즉 내부요인 규율, 기초 규율, 이해 규율, 활용 규율, 틀린 것을 바로잡는 규율, 결합 규율, 본질학습 규율, 지능 규율, 뇌 효율과 근면의 규율을 반드시 준수하여야 한다.

최우수 중고등학교 수업방식은 거시적 시각으로 말하면 '8개 요점'과 '6개 수업 유형'이 긴밀히 결합된 수업활동 메커니즘이다. '6개 수업유형'은 8개의 학습요점의 6개 주요 부분에 근거한다. 즉 '수업 전에 스스로 예습 → 전념하여 수업듣기 → 즉시 복습하기 → 혼자 숙제하기 → 의문점 해결하기 → 체계적으로 중간점검하기'에 따라 각각 6개 수업유형을 대응시킨다. 6개 유형은 자습수업, 계발수업, 복습수업, 수정수업, 중간점검이다. 이렇게 학생의 기본 학습활동을 선생님의 지도 하에 진행하는 교실수업에 포함시킨다. 각 수업단원의 수업내용을 끝내면 반드시 위에 기술된 6개 수업유형에 따라 순서대로 수업을 진행하여 교실 수업방식이 수업상황의 요구에 부합하도록 한다. 학생은 수업과 별개로 '8단계' 자습을 진행하여 수업중의 6가지 유형과 맞춰나간다. 수업 중 진행하는 6개 유형의 수업은 학생이 수업 후 8단계 자습을 할 때 학습내용과 학습방법에 방향을 제시하고 촉진하는 역할을 한다. 이로써 전체적인 수업방식의 최적화를 실현한다. 이러한 과정을 통해 수업방식은 반드시 수업상황에 부합해야 한다는 수업활동의 규율을 제시했다.

미시적인 시각으로 말하면 6개 수업유형 단원의 수업과정에서 학생이 이해가 안가는 문제들을 해결하려면 '자습-계발-복습-숙제-수정-중간점검'의 6가지 요소를 거쳐야만 인식과정을 완성할 수 있다. '6가지 요소'는 학습효과를 스스로 조절할 수 있는 통제 가능한 인식계통이다. '6개 수업유형' 수업과정에서 학생의 학습 또한 자습주체원칙,

자료 활용 원칙, 장점 조화 원칙, 손과 뇌의 결합원칙, 전면발전원칙 등을 반드시 따라야 하고, 교사의 지도 또한 지능발전원칙, 맞춤교육원칙, 강의를 간결하게 하는 원칙, 수업을 통해 인재를 육성하는 원칙, 효과적인 노동원칙을 따라야 한다. 그러므로 본질적으로 말하자면 최우수 중고등학교 수업방식은 학생의 실제 학습에서 출발하여 학생의 학습모델을 기초로 한 수업이론이다.

(7) 웨이수성魏書生의 수업이론과 실천

웨이수성은 랴오닝遼寧성 판진盤錦시의 중고등학교 교사이다. 그는 탁월한 효과가 있는 교육실천과 교육이론을 성실히 탐구하여 전국 10대 뛰어난 청년, 전국우수교사, 전국 우수 학급담임, 큰 공헌을 한 전국 청년 전문가 등의 영예를 얻었다.

웨이수성은 명확한 수업사상을 가지고 있고, 미래의 건설인재를 육성하는 것을 수업의 기본 출발점으로 삼았다. 그는 이렇게 말했다. "내가 생각하는 것은 20년 후 우리 국가의 새로운 세대이다." 또한 다음과 같이 지적했다. '대학에 곧바로 진학하지 못하는 90%의 학생들은 필연적으로 21세기 국가건설의 주력군이 될 것이다. 그들이 공부하는 방법을 알게 되면 미래 세계에 출현할 새로운 지식구조를 여유롭게 대할 수 있고, 조국이 그들에게 준 임무를 완성할 수 있다.' 바로 이 때문에 웨이수성은 스스로 교육하고, 자습하는 능력을 매우 중시했고 '사람이 스스로 교육하는 능력을 갖추면 스스로 조정하는 능력이 생기고 사상이 또렷하고 분명해져 세계 만물을 모두 있어야 할 위치에 놓을 수 있다. 스스로 늘 인민의 입장에 서서 어려움을 맞으며 영원히 낙관적인 정서를 가지고 내일을 향해 나아갈 수 있으며, 위대한 정신과 힘을 인민과 조국에 바칠 수 있다.'라고 하였다.

민주와 과학의 관념도 웨이수성 수업사상의 중요한 내용이다. 그는 민주적으로 수업하는 것은 교육민주의 구체적인 표현이고 '교사는 자신이 학생들을 위해 존재한다는 사실을 제대로 인식해야 한다. 교사가 학생을 위해 존재한다면 학생을 학습의 주인으로 삼아야 한다.'고 주장했다.

수업과정 중 '교사가 민주 수업의 사상을 수립하려면 자아중심의식을 제어해야 하고, 학생에 대한 지적, 원망, 강제적 명령을 명확히 해야 한다. 교사와 학생의 마음이 멀어지면 교사와 학생이 더욱 서로 이해하지 못하고 신뢰하지 못하게 되며 수업의 효율도 떨어질 수밖에 없다.' 민주적인 수업은 학습의 과학 규율에 근거하여 교육의 질을 높이는 것이지 자신의 업무시간을 연장하거나 노동의 강도를 높이거나 업무량을 늘려 질을 향상시키는 것이 아니다. 이러한 인식에 기초하여 웨이수성은 교실수업의 과학화와 수업관리의 과학화에 힘썼다. 교실수업과학화 방면에서 그는 언어지식구조, 언어능력구조 및 배우고 가르치는 규율을 연구할 것을 주장했고 이런 규율에 따라 수업을 진행해야 함을 스스로 깨달아야 한다고 강조했다. 수업관리과학화 방면에서 그는 계획체계, 감독검사체계와 피드백체계를 구축하여 세 가지 체계가 체계적으로 진행되어야 한다고 주장했다.

수업개혁에서 웨이수성은 학생의 자습능력을 육성하는 것을 중심으로 하여 일련의 새로운 수업방법들을 만들어냈다. 6단계 수업법, 4번 8단계 독서법, 습관 육성법 등이다. 6단계 수업법은 방향 정하기(학습의 중점을 정하여 학생이 지식을 학습하고 지식체계를 귀납하도록 지도), 자습(학생이 과학적 규율과 방법에 따라 자습하게 지도), 토론(앉은 자리에 따라 4명씩 조를 나누고 자습 중 이해하지 못한 문제를 토론·해결), 문제에 답하기(기타 소그룹은 교사의 지도 아래 토론 중 아직 해결되지 않은 문제를 해결하여 대답), 스스로 시험보기(수업요구에 따라 학생 스스로 문제를 내고, 스스로 답하고, 스스로 평가하고, 스스로 학습효과를 검토)와 스스로 결론내기(수업이 끝나기 전에 학습과정과 주요 성과를 스스로 정리)이다.

학생의 학습습관을 양성하는 방법은 첫째로 '처음에는 느리게 행동하기'이다. 즉 학생의 앞으로 나아가고자 하는 마음을 이용하여 학생들의 대뇌 회전을 촉진한다. 처음에는 너무 서두르지 않는다. 시작이 반이다.

둘째는 '점차 속도내기'이다. 학생이 자신과 경쟁하도록 한다. 오늘의 자신은 어제의 자신보다 낫다는 사실을 일깨워주고 제 때 끝내지 않고 질질 끌려고 하는 마음을 싹부터 잘라야 한다.

셋째는 '체계적인 계획'이다. 학생이 자신의 실제에 근거하여 자신의 년도와 월, 일 계획을 세우게 한다. 학생 스스로가 고민하여 세운 계획은 진정한 자신만의 계획이고, 교사는 학생들을 강요하여 학습하게 하는 감독관이 아니라 학생들이 이상적인 경지로 향하도록 협조하는 뱃사공이 된다.

넷째는 '시간과 장소 제어하기'이다. 우선 스스로 제어할 것을 권유한다. 각자 정기적으로 심리차트와 학습차트를 쓰고, 병의 명칭, 발병시간, 발병원인, 치료방법 등을 상세히 밝히도록 한다. 정기적으로 좌우명을 바꾸기, 스스로 결론요약하기, 쓸데없는 말이나 쓸데없는 일, 잡념의 시간 통계내기 등도 효과적인 자기 제어방법이다. 그 다음은 '함께 제어하기'이다. 공간적인 면에서 나쁜 습관의 뿌리를 없애는 것이다.

다섯째는 '궤도진입'이다. 바람직한 학습습관을 형성하고 저항력을 돌파해 공간궤도로 진입하는 비행기와 같이 기본적으로 관성의 힘으로 나아갈 수 있다.

(8) 펑중량馮忠良의 구조 – 방향성교수이론과 실험

베이징사범대학의 펑중량 교수는 1960년대부터 베이징서부지역의 초등학교에서 실험을 진행하였고, 연이어 탐구성실험(1961~1963), 종합성실험(1973~1975), 검증수정(1980~1981), 보급응용(1986~1990) 등의 단계를 거쳐 초등학교수학, 언어, 중고등학교수학, 물리, 대학교 이공 커리큘럼, 공장기업과 기술대학의 기술 훈련 등의 방면에서 탁월한 효과를 얻었다. 구조–방향성 수업이론은 구조화수업과 방향성수업 두 부분으로 구성되어있다. 구조화수업은 학생들의 심리구조를 중심으로 수업의 관점을 세우는 것이다. 심리구조는 주체행위의 내재적 조절기제이고, 인지, 감정과 동작경험의 통일체이다. 또한 능력구조와 품성구조의 유기적인 결합이기도 하다. 방향성수업은 바로 심리구조의 형성·발전의 규율에 따라 방향을 제시하여 수업의 맹목성을 줄이고 불필요하게 이리저리 돌아가지 않도록 하여 수업의 효과를 높이는 것이다. 심리구조는 일정한 규율에 따라 형성되기 때문에 방향성을 제시하는 것이 가능하다.

수업시스템의 최적화와 수업효율의 제고를 위해 구조—방향성 수업사상은 상응되는 규율을 근거로 수업의 목표체계, 교재체계, 가르치고 공부하는 활동의 체계와 수업성과의 검사·평가체계를 개혁하여 구조화되고 방향을 제시하는 수업체제를 세울 것을 주장하였다. 수업목표와 그 실시원칙방면에서 이 이론에서는 교육방침 제약원칙(인재규격 및 인재육성 방식의 규정에 대한 교육방침), 활동분석원칙(활동의 체계를 분석·결합), 경험분류원칙(능력과 품성의 구성요소를 확정하고, 각 요소를 분류), 체계화원칙(각종 수업 목표 간의 연관성을 구현), 명확화원칙을 따라야 한다고 여긴다. 수업교재와 그 설계원칙 방면에는 일체화원칙(교재의 각 구성요소를 상이한 유형 및 단계에 따라 분리·통합하여 내재적 연결성이 있는 전체가 되도록 한다), 네트워크화원칙(수업교재의 각 요소들을 상하좌우, 종횡으로 연결하여 교류하도록 하고, 각 종 지식, 기능과 행위 규범의 종점과 연결선이 드러나도록 하여야 한다), 순서화원칙(수업교재는 반드시 단계별 심리구조 구축의 규율을 구현해야 하고 수업진행중의 구체적 요구를 규정하고 수업활동의 동태과정을 구현해야 한다), 최적화원칙(수업교재의 설계와 배열은 반드시 최상의 학습요구에 부합해야 하고 심리구조의 형성과 발전에 이로워야 한다)과, 수용가능 원칙(수업교재의 타당성, 내용, 형식과 학생의 기존

발전수준간의 차이가 적당해야 한다. '최근 발전한 지역'에 실행하도록 한다) 을 주장했다. 수업활동과 그 설계원칙방면에서는 수업공간결정성원칙 (수업설계는 학생의 기존 경험과 수업 목표 간의 차이를 고려해야 한다), 상호 작용원칙(가르침은 학습을 근거로 하고 학습은 가르침의 지도를 받는 상호제 약관계를 구현한다), 순서최적화 원칙(학습규율에 따라 수업활동의 절차, 내 용, 방식, 방법, 시간 순서 등을 확정한다), 방식방법다양화원칙(수업활동의 조직형식, 교실유형과 수업방법은 어떤 방면에 국한되어서 안 되고, 학습의 요 구와 각 종 방식방법의 특징에 근거해 융통성 있게 활용하고, 조화를 이루어 수업이 최적의 효과를 얻도록 한다)을 따라야 한다고 강조했다. 수업 검사 평가와 그 설계 원칙 방면에는 신뢰성, 적시성과 촉진성 등의 원칙을 제시하였다.

(9) 예란葉瀾의 '신기초교육' 실험

화둥華東사범대학기초교육개혁과 발전연구소 소장, 상하이시 '신기 초교육연구소'소장, 교육학원리박사생지도교수 예란이 주관한 '신기초 교육'연구는 1986년에 기본적인 이론의 틀을 형성했고, 1990년에는 소 규모의 실천성연구도 시작하였다. 1990년대 '신기초교육'실천연구는 이미 상하이, 산둥山東, 푸젠福建, 광둥廣東 등 많은 지역에 보급되었다. 1994년부터 1999년까지가 이론과 실천상의 탐구단계이고 5년의 탐구 성 실험을 통하여 1999년 하반기부터 확대성, 발전성연구단계로 진입 하였다. 이 단계에서 '신기초교육'연구는 큰 진전을 얻었고, 항목의 표현범위에서 연구에 참여하는 학교와 교사학생의 수 및 '신기초교육'연구가 중국 국내외에 끼친 영향 면에서 모두 계속적으로 확대되고 있다.

'신기초교육'연구의 '신新'은 현재 국가사회발전방향의 분석 및 사회발전이 교육에 제기한 새로운 시대요구에 대한 분석의 기초에서 수립되었고, 현재 중국 기초교육발전상태의 분석을 토대로 수립되었다. 또한 실제 학교교육현장과 상호작용 과정 중에서 확립된 것이다.

① 연구의 목적 혹은 목표에서 보자면 '신기초교육'연구는 사회 전환기에 기초 교육학교의 전환을 꾀하기 위하여 행한 것이다. 신기초 교육이론과 21세기 새로운 유형의 학교를 제시하는 것을 목표로 시작되었고 학교에서 교사와 학생의 생존방식을 바꾸는 것을 심층목표로 삼아 전개된 대규모 연구이다.

② 연구의 기본성격에 대해서 보자면 '신기초교육'연구는 종합적 · 전체적으로 전개된, 변혁이론과 변혁실천이 상호의존, 상호구성하는 매우 복잡한 발생적 연구이다. 실질적으로 다음 세 가지 판단에 근거한다. 첫째, 본 연구의 성격은 종합적이고 전체적이다. 두 번째, 이론과 실천은 연구 과정에서 서로 의존하고 서로 구성된다. 세 번째, 매우 복잡한, 발생적인 연구다.

③ 연구의 기본 경로에서 보자면 '신기초교육'은 '연구성 변혁실천'을 통하여 새로운 유형의 학교를 창건한 것이다.

④ 연구의 가치방향에서 보자면 '신기초교육'연구의 핵심가치관은 사람의 능동성과 건강한 발전을 기본으로 한다. '신기초교육'이 형성한 교수공통 가치관의 핵심이념은 현재 중국 기초교육 중 교실수업

의 가치관이 교과서 속의 지식을 전달하는 단편성에서 벗어나 현대 사회에서 능동적으로 건강하게 발전하는 새로운 세대를 육성하는 것으로 바뀌어야 한다는 것이다.

⑤ 학교교육활동의 변혁에 대한 요구측면에서 보면 '신기초교육'의 활동관은 동태적 생성을 핵심으로 한다. '생성'이라고 하는 것은 자원의 생성과 과정의 생성을 뜻한다. 이 두 개의 생성은 '신기초교육'의 확대성, 발전성 단계의 중요이론이다.

⑥ 교사에 대한 요구에서 보자면 '신기초교육'은 연구 중에 창의적 지혜가 넘치는 새로운 유형의 교장, 교사와 연구인원을 형성하고, 아울러 그들을 통하여 새로운 사람들을 양성한다. 여기서 특별히 창조적 지혜를 강조한다. 첫째로 창조적 지혜는 단지 인식능력일 뿐 아니라, 우선 일종의 생존태도이다. 창조적 지혜가 있는 사람은 용기가 있는 사람이다. 둘째 사랑하는 마음이 있어야 한다. 사랑이 없으면 교육자로서의 내재적 동력이 없는 것이다.

'신기초교육'연구의 핵심교육이념은 생명교육을 주제로 하여, 능동성과 상호작용을 중시하고, 교사와 학생 양쪽의 생명가치의 실현을 강조한다. '교실을 학생에게 돌려주어 교실을 생명활력으로 충만하게 하고 학급을 학생에게 돌려주어 학급이 성장하는 분위기로 충만하게 한다. 창조를 교사에게 돌려주어 교육이 지혜와 도전으로 충만하게 하고 정신생명발전 주동권을 교사와 학생에게 돌려주어 학교가 왕성한 생기로 가득하게 한다.

‘신기초교육’연구의 교육 가치관은 사람의 주동적이고, 건전한 발전을 기본으로 하고, 미래성, 생명성, 사회성을 강조한다.

‘신기초교육’연구의 학생관은 학생발전의 잠재성, 자발성과 차이성을 중시하는 것을 강조한다. 교사에게 교육 중에 최선을 다하여 탐색하고 학생의 적극성을 유도하도록 요구하여 학생이 점차 자기 발전의 주인이 되도록 한다.

‘신기초교육’연구의 교육목표는 시대발전의 요구를 담고 있다.

① 인지능력 : 정보를 포착, 판단, 처리하는 학습 및 창조능력을 갖추고, 자아인식과 자아 조절능력, 입체, 동태, 다원 통일적 종합사유능력과 인생과 생명의 내적 사유능력을 체득하여 깨닫는 능력을 갖춘다.

② 도덕적 면모 : 적극적으로 전진하는 인생가치관의 지도 아래, 조국과 중화민족을 사랑하는 숭고한 감정을 형성하고, 사회공중도덕, 공민 책임감, 의무감을 양성하여 이상적인 포부가 있고, 개인과 단체 관계를 잘 처리할 수 있는, 중국사회주의현대화사업을 위해 공헌하려 하는 미래의 새로운 사람을 양성한다.

③ 정신역량 : 스스로 믿고, 스스로 강하게 한다. 도전에 맞서는 충동과 용기가 있으며 좌절과 실패를 감당하고 이겨낼 수 있는 완강한 의지가 있다. 생명을 사랑하고, 외부세계를 바꾸고 개선하려는 과정에서 동시에 끊임없이 자신을 완성하고 뛰어넘으며 평생 공부하고 발전해 나간다.

‘신기초교육’의 중점은 수업에 있다. 예란 교수의 부단한 노력으로 인하여 ‘신기초교육’은 중국에서 가장 광범위한 영향을 끼쳤다.

먼저 학생이 변하였다, 학생의 자주능력, 사회교제능력, 자기교육능력이 모두 높아지고 자신감, 책임감도 두드러지게 증가하였다. 실험교사는 가끔 비실험반의 수업을 가르칠 때 그 반의 학생 상태에 적응하지 못함을 느꼈다. 그에 비해 실험반의 학생은 능동적으로 발전하려는 모습을 보였다.

둘째는 교사가 변하였다. 그들의 학생관이 변하였을 뿐 아니라, 학과 교육가치관도 변하였다. 현실에 부딪혀 문제와 맞서 싸우고, 자신과 마주하여 끊임없이 자신을 초월하는 용기와 역량이 있게 되었으며 교육현장을 꿰뚫어보고 자기능력을 업그레이드 하는 능력이 생겼다. 갈수록 교사라는 직업의 내재적 존엄성과 기쁨을 더 많이 느끼게 되었다.

셋째는 교장이 변했다. 각 종 외재적 요구에 수동적으로 응대하거나 영합하는 것에서 학교의 변혁과 발전 문제를 자발적으로, 자동적으로 사고하며 자신의 특색을 발견하고 창조한다. 교사와 교장들의 창조적 지혜는 ‘신기초교육’연구가 진행되면서 점차 혹은 가속적으로 발전하기 시작했다. 개인이 변했을 뿐 아니라, 개인과 개인 간의 관계가 변했고, 특히 교육 중 가장 기본적인 인간관계인 교사와 학생관계에서 현저한 변화가 일어났다. 교사와 학생관계는 과거의 ‘이원대립’에서 ‘이원공생’으로 변했고, 누구도 중심으로 하지 않고 추상적인 의미로 누가누구를 결정하지도 않으며 생명과 생명이 상호작용하는 가운데, 부단히 변화하고 생성되는 가운데 함께 생성하고 함께 성장했으며 서로를 동료로 여긴다.

전문가들은 '신기초교육'을 높이 평가했다. 그들은 신기초교육은 교육에 대한 반성적 시각에서 새로운 것이라 생각했고 문화적 시각에서는 교실수업과 학급을 세우는 것에 대해 깊이 연구하여 교육의 생명관을 제시하였다고 보았다. 신기초교육 연구는 이론사고와 현실 행동을 서로 결합하여, 이론과 실천이 적극적으로 상호적용하고, 같이 생성하고 같이 성장하게 하였다. 이 연구는 탐색·혁신의 정신, 성실의 정신, 공헌을 추구하는 정신을 구현했다. 이러한 정신을 통해 중국교육이론 종사자들과 교육실천자들은 자신감을 얻었고 경솔한 심리태도와 서방이론에 대한 맹목적인 빌려 쓰기에서 벗어났다. 신 기초교육연구는 중국교육의 미래발전방향에 대한 탐색이고 중국교육발전에 대해 큰 의미가 있다.

(10) '신교육실험'의 이념과 실천

'신교육실험'은 쑤저우蘇州대학박사지도교수 주영신 교수가 이십 여년 교육연구를 기초로 그 연구 성과에 대해 간결하게 요약한 후에 제기한 것이다.

2000년, 주영신 교수의 『나의 교육이상』이 난징南京사범대학출판사에서 출판되었다. 2002년에는 『신교육의 꿈』이 인민교육출판사에서 출판되었고 2002년 6월에는 '교육온라인' 홈페이지가 정식으로 개통되었다. 『나의교육이상』에서 『신교육의 꿈』까지, '나의 교육이상의 강연

에서' '교육온라인' 홈페이지 개통까지 '이상理想이라는 회오리바람'이
중국교육계에서 조용히 일어나기 시작했고, 일부 학교, 교사는 자발적
으로 이상교육실험을 전개하였다. 2002년 9월, 첫 번째 '신교육실험학
교'가 쿤산昆山 위펑玉峰 실험학교에서 정식으로 시작되었다.

 교육이론의 지도 작용을 더욱 잘 발휘하기 위해서 주영신 교수는
2002년 '신교육실험'을 주관하여 개발하였고, 쿤산시 위펑 실험학교,
우장吳江시 진자바金家壩 초등학교, 쑤저우공업단지 세탕斜塘초등학교,
우진호武進湖 탕차오塘橋 초등학교, 장인난환루江陰南環路 초등학교, 장
쑤 샹위翔宇교육그룹, 우시無錫 난양남양국제학교, 닝보寧波 국제완리萬
裏학교 등 장쑤성 내외 십여 개의 학교가 1차 실험에 참가하였다. 이 외
산둥, 광둥, 저장浙江, 푸젠, 헤이룽장黑龍江, 상하이 등 성시의 많은 교
사도 적극적으로 실험의 참여하였고, 많은 교사들이 현재 '신교육'이상
을 구체화, 체계화 하고 있다. 반년이라는 짧은 시간 동안 실험학교, 교
사는 두드러진 성과를 얻었고, 교육온라인 홈페이지(http://www/eduol.
cn)를 통하여 '신교육실험'학교, 교사, 학생의 만족할만한 성장을 볼 수
있었다. 전반기의 실험은 다음을 증명했다. '신교육'이론은 현재의 교
육을 개조, 최적화, 촉진하는 역할을 하며 '신교육'이념의 실천과 보급
을 위한 경험을 누적했고, 대규모적 실험의 기초를 닦았다.

 신교육실험의 실천과 확대 연구는 행동 연구이다. 신교육실험은 마
르크스의 인간발전학설, 촘스키B·A·Cyxomjnhcknn의 '개성전면조화발
전'의 이론, 로저스의 인본주의교육이론, 타오싱즈의 창의교육과 민주
교육이론을 토대로 삼고, 『신교육의 꿈』이라는 책에 집중적으로 드러

난 신교육이론을 이론지도로 여겼다. 구체적으로 계획하고 실시할 때에는 '캠퍼스' '커뮤니티' 건설에 주력했고 '성장' '초월'을 추구했으며 '전방위 교육' '전체과정교육'에서는 전인교육을 실현했다.

① 연구의 목적 혹은 목표에서 보자면 '신교육실험'의 목표는 이상을 추구하는 것이고, 자아를 뛰어넘는 것이다. 이상을 추구하고 자아를 뛰어넘는 것을 강조해야만 적극적인 인생태도를 육성할 수 있고 진정으로 교사, 학생과 학교가 함께 성장할 수 있는 것이다.

② 연구의 기본성질에서 보자면 '신교육실험'연구는 종합적, 전체적으로 전개·발전하고, 숭고한 이상을 행동으로 변하게 하는 발생형연구이다. '신교육실험'의 탐구방식을 통해 교육과학연구는 소박한 본래의 모습으로 돌아가는 새로운 선택을 하게 되었다.

③ 연구의 기본경로에서 보자면 '신교육실험'은 '6대 행동' '10대 영역'을 통하여 교육의 우수성을 추구하는 것으로 분명한 개성과 특색이 있다.

④ 연구 가치방향에서 보자면 '신교육실험'의 핵심가치관은 '행동하기만 하면, 바로 수확이 있다.' 과학연구를 제창하고 교육실천에 깊이 들어가며 스콜라식의 '앉아서 도를 논한다.'는 것에 반대해야 한다.

'신교육실험'의 핵심교육이론은 '모든 사람을 위해, 사람의 모두를 위하여'라는 것이다. 신교육은 학생에게 관심을 기울여야 할 뿐만 아니라 교사에게도 관심을 가져야 한다. 모든 사람에게 관심을 기울여야 하고 교장을 도와주고, 가장을 도와주고, 사회 모든 사람이 발전하도록 돕는다.

‘신교육실험’의 두 번째 기본이념은 학생과 교사의 잠재력을 무한대로 믿는 것이다. 학생과 교사의 잠재력은 항상 이미 실현한 모든 것, 이미 소유한 모든 것보다 크고, 이미 실현한 모든 것과 이미 소유한 모든 것은 항상 학생과 교사의 잠재력보다 작다.

‘신교육실험’의 세 번째 기본이념은 학생에게 일생동안 유용한 것을 주는 것이다, 교육의 관건은 학생이 진정 찬란한 내일을 갖도록 하는 것이지, 찬란한 오늘에 그치도록 하는 것이 아니다.

‘신교육실험’의 네 번째 기본이념은 정신 상태를 중시하고 성공체험을 제창하는 것이다. 교육의 중요 임무는 바로 학생이 끊임없이 성공을 느낄 수 있도록, 끊임없이 성공을 체험하고, 그래서 끊임없이 자아를 믿을 수 있고, 끊임없이 자아에 도전할 수 있도록 양성하는 것이다.

‘신교육실험’의 다섯 번째 기본이념은 개성발전을 강조하는 것이고, 특색 있는 교육을 중시하는 것이다. 모든 특색은 꼭 완전하지는 않지만 특색만 있으면 곧 탁월한 것이다. 다른 사람한테 없는 것이 나한테 있고, 사람마다 특징이 있다는 것은 사물발전의 중요한 규율이다.

‘신교육실험’의 여섯 번째 기본이념은 교사와 학생이 인류의 숭고한 정신과 대화하게 하는 것이다. 교육은 따뜻함을 기대하고, 생명은 존엄을 부른다. 인류의 숭고한 정신과 대화를 하면, 그 고결한 인도를 따라 교사와 학생이 발전해 나간다.

주체실험항목은 주로 이하 몇 개가 있다.

① 책 향기가 나는 캠퍼스 건설하기 : 신교육문고는 교사가 반드시 읽

어야 할 100권을 제공하고, 관련 독서연구토론활동을 조직한다. 계획을 가지고 학생의 독서활동을 전개하고,『중화경전송독본中華經典誦讀本』,『영문경전독본英文經典讀本』을 암송 활동을 전개한다.

② 교사와 학생이 함께 수필 쓰기 : 교사와 학생이 매일 하루의 교육, 학습생활에 입각하여 수필(일기)을 쓰는 과정 중 생활을 체험하고, 자기반성 하므로 교사와 학생의 자아 초월을 촉진한다.

③ 창밖의 세계 경청하기 : 학교보고회활동을 전개하여, 학교 밖의 교육자원을 충분히 이용하고, 학생이 사회에 관심을 갖도록 이끌며 학생이 다원화된 가치관을 형성하도록 자극하고, 그들의 창조적인 열정을 육성한다.

④ 이중 언어를 익숙하게 연습하여 응용하기 : 중국어와 영어 듣고 말하는 활동을 전개하여, 학생이 유창한 영어와 중국어를 말할 수 있도록 하고, 학생이 평생 유용하게 쓸 수 있는 회화표현능력을 가지도록 육성한다.

⑤ 디지털 커뮤니티 구축하기 : 학교 내외 인터넷 자원의 통합을 강화하고, 학습형 네트워크 커뮤니티를 구축하여, 교사와 학생이 인터넷 학습, 교류를 진행하도록 하고 그 과정에서 교사와 학생의 정보응용능력을 육성한다.

⑥ 특색 있는 캠퍼스를 건설하기 : 개성화된 교육을 제창하고 학교, 교사, 학생의 개성과 창조력을 육성, 발전한다. 학교가 특색이 있고, 교사와 학생은 자신만의 기능을 갖춘다.

연구의 주요 목표는 다음과 같다. 신교육이론을 한층 개선하고 신교육이론실천의 기초를 강화한다. 지역적으로 과학연구성과를 보급하는 새로운 메커니즘을 형성하고 내재적 특색을 지닌 책 향기가 나는 캠퍼스를 건설한다. 교사의 관념혁신을 촉진하고 기능을 제고한다는 기초에서 전문화 발전을 촉진하며 학생의 온전한 인격, 배운 만큼 성장한다는 기초에서 개성화 발전을 촉진한다.

'신교육실험'의 10대 영역은 이상적인 도덕교육, 이상적인 지식교육, 이상적인 체육, 이상적인 미술교육, 이상적인 노동기술 교육, 이상적인 학교, 이상적인 교사, 이상적인 교장, 이상적인 학생, 이상적인 가장이다.

'신교육실험'의 중점은 교사와 학생이 함께 성장하는 것이고 즐겁게 성장하는 것이다. 그러나 이 모든 것은 아직 '신교육실험'의 '신'을 실현하기에는 부족하며 실천성, 개방성 창조성이 가장 중요한 특징이라 하겠다.

무릇 이 실험항목 주최인의 교육이념을 받아들이고 '신교육이상'의 실현을 위해 행동하는 학교와 개인 모두는 자원하여 신교육실험에 참가할 수 있다. 실험학교는 각 항목의 실험업무에 적극적으로 참가해야 하고, 최소한 2개의 실험 항목을 담당한다. 개인의 경우엔 그중 한 개 항목의 실험에 적극적으로 참가하여야 한다. 과제 팀은 또한 '신교육실험'은 공익성실험활동이므로 실험학교 및 개인은 모두 실험비용을 내지 않는다.'고 규정하였다. 그러나 실험학교와 개인은 실험계획지도팀의 지도를 받아야 하고, 관련 세미나와 교류활동에 적극적으로 참여해야 한다. 이와 관련한 모든 비용은 스스로 지불한다. 검사의 방식도 매우 특별한데, 한 개의 학교에서 몇 명의 교사가 인터넷을 이용하는가가 하나의 중요한 검사지표가 된다. '신교육실험'은 쑤저우에서 기원하였지만, 오히려 장쑤, 산둥, 광둥, 저장, 푸젠, 헤이룽장, 지린吉林, 상하이 등 성·시의 10여 개의 학교에서 자발적으로 적극 참여하였고, 지원자 또한 그 수를 헤아릴 수 없다.

신교육실험은 민간의 힘을 빌려 과제를 하는 방식을 선택하였다. 과거의 이러저러한 조건을 갖춰야 하는 것과 '교육과학연구'과제에 여러 과제를 넣어야 했던 것과 분명히 다르게 과제팀은 현대화 네트워크 기술을 이용하여 '신교육실험'의 공간을 확장했다는 것이 신교육실험의 중요한 특징이다. 2002년 6월 18일 교육에 열성적인 네티즌들의 격려 하에 주영신의 교육온라인 홈페이지가 정식 개통했다. 창립자 자신도 교육온라인이 '신교육이상'을 보급하고 '신교육실험'을 진행하는 가장 좋은 매개체임을 생각하지 못했다. 여기서는 지역의 제한을 받지 않고, 등급의 제한이 없다. 모두 공통의 이상을 가지고 교육온라인의 '신교육실험' 논단에서 평등하게 교류하고, 진심으로 서로에게 영향을 주고, 교육개혁을 연구 토론하고, 수업경험을 나눈다. 불완전한 통계에 따르면 이 홈페이지에 정식으로 등록한 회원은 이미 15만 명을 초과하는데 이르렀고, 총 방문회수는 거의 100만 번 도달했다. 2003년 7월, '신교육실험' 2003년 1회 연구토론회가 장쑤 쿤산에서 열렸고 전국 28개 성 시, 지역에서 온 400여 명의 초·중고 교사가 와서 위펑 실험학교에 모여 대회에 참가하였다. 「중국교육신문」, 「중국청년신문」, 「현대교육신문」 등 매체는 장편의 보도를 썼고, 높이 평가했다.

2003년 8월 '신교육실험'은 평가심사를 통과하여 국가 중요과제로 입안 되었다.

'신교육실험'은 비록 매우 짧은 역사를 가지고 있으나 이미 주목할 만한 성적을 얻었고, 혈기왕성한 생기를 보여주었으며 21세기로 진입한 후 중국의 기초교육계3대신교육(과정)개혁과 실험의 하나가 되었다. 비록 이론체계가 아직 완전하지 못하고 교실수업의 단계가 아직 깊지 못하는 등의 몇 가지 문제가 존재하지만, '신교육실험'이 건강하고 깊이 발전함에 따라, 이런 문제는 차츰 해결될 것이다.

이외에, 미학자 자오쑹광趙宋光 교수가 설계한 종합적으로 수업의 새로운 체계를 구축하는 실험, 헤이롱장성 언어문자공작위원회 딩이청丁義成 등이 진행한 '주음부호로 글자를 익혀 읽고 쓰는 것을 앞당긴다.'는 실험, 상하이시 실험학교의 초·중등교육 전체개혁실험, 베이징시 차오양구朝陽區 싱푸촌幸福村 중신中心초등학교 마신란馬芯蘭 교사의 네 가지 특성수업법 등도 모두 비교적 영향력이 있고 이론상에서 어느 정도 실적이 있지만 지면관계상 일일이 평가기술하지 않겠다.

4. 해외 교육이론의 소개와 연구

중국 당대 교육사상의 발전은 해외 이론의 정수를 끊임없이 흡수하며 중국의 교육현장을 부단히 완비하고 구축한 과정이기도 하다.

특히 1978년 이후, 중국은 대대적으로 유명한 해외 교육이론서들을 번역해서 소개하기 시작했다. 그중 여러 새로운 사상과 관점이 교육종사자들을 깨우쳤다. 카이로프, 바반스키Юрий Констинович Бабанский, 사다로프Шаталов, А. С, 브르너, 블름, 노자노프Lozanov 등은 각각 정도는 다르지만 중국의 교육사상과 교육실천에 영향을 주었다.

(1) 카이로프의 교육사상

카이로프는 일찍이 심리학 연구에 심혈을 기울였으며, 그의『기억』,『수업 중 언어와 직관성의 상호 작용 문제에 관해 논함』등의 논저는 1950년대에 이미 중국어로 번역되었다. 1957년부터 그는 '수업론을 실험하는 실험실'을 세우고 교육과 발전에 대한 연구에 매진했다.『교육론과 생활』,『교사와의 담화』,『수업과 발전』,『초등학교 신교육체계 실험』등의 책은 당시 구소련에서 교사의 필독서로 간주되는 영예를 얻었고, 이러한 저서들은 80년대 초에 연이어서 중국어로 번역되기 시작했다.

카이로프는 전통적인 교육이론이 학생이 지식을 이해하는 것에 치중했다면, 그의 이론은 최대한 수업의 효율을 향상시켜 학생들의 일반적 발전을 촉진하는 시도라고 보았다. 다시 말해 지능 발전을 위주로 하여 감정, 의지력, 성격, 집단주의에서의 개성적 특징의 발전을 포함하는 것이라고 생각했다. 발전을 하려면 당연히 지식과 기능을 이해해야 하나, 관찰력, 사유능력, 실제 조작 능력, 특히 사유능력을 더욱 중시했다.

그는 획일화된 요구는 개성의 발전을 억제한다고 생각했고, 모든 반의 학생들, 즉 학습이 부진한 학생들까지도 노력해서 발전을 얻을 수 있기를 주장했다. 그는 아이들의 지혜는 마치 근육과 같아서, 만약에 적당한 정도의 무게로 단련을 하지 않는다면, 바로 쇠퇴하고 퇴화한다고 보았다. 그는 비고츠키Vygotsky의 심리학 이론을 도입하여 수업을 통해 '가장 발전된 지역'을 창조해야 한다고 강조했다.

그는 수업에서 진행되는 계속되는 단조로운 반복과 아동들이 이미 알고 있는 자료를 반복해서 학습하게 강요하는 것을 반대했으며, 지식의 넓은 범위로부터 지식의 깊이에 도달해야 하며(공고성), 수업이 끊임없이 전진하고, 끊임없이 풍부하고 다채로운 내용으로 아동들의 지혜를 풍부하게 해야 하며 그들이 얻은 지식을 더욱 깊이 있게 이해하게 하고 이러한 지식을 하나의 광범위한 체계에 포함시키는, 빠른 속도로 진행되는 수업을 주장했다.

그는 감성적 경험에 과다하게 의지하는 것을 반대했고, 수업의 이론 지식의 주도적인 역할을 주장했다. 학생들이 교과서 이해 수준에서 머무르는 것을 반대했고, 학생들이 어떻게 학습할 것인가를 배우는, 수업 과정의 근본을 이해해야 한다고 주장하였다.

카이로프는 학습 부진아 문제에 대한 실험 연구를 진행하며, 그들이 아래 몇 가지의 비교적 보편적인 특징이 있음을 발견했다.

첫 번째는 자기중심주의이다. 다른 사람의 요구에 불복종하고 다른 사람의 이익을 고려하지 않는다. 두 번째는 배우고자 하는 열정이 부족하고 심지어는 학습, 학교, 교사에게 반감을 가지고 있다. 세 번째는 관찰력이 떨어진다. 교사들은 종종 그들을 시간외 근무를 해야 하는 부담으로 여겼다. 카이로프는 학습 부진아들의 발전을 위해 더욱 심혈을 기울여야 하며, 그중 제일 중요한 것은 그들의 심리적 부담을 덜어주고 자신감을 길러 주는 것을 우선으로 해야 한다고 지적했다.

카이로프의 교육사상은 중국의 교육사상에 중요한 영향을 끼쳤다. 1978~1979년, 화둥사범대학의 두뎬쿤杜殿坤 교수는 처음으로 카이로프의 '초등학교 수업의 신 체계'와 '수업과 발전' 사상을 비교적 체계적으로 국내에 소개했으며, 1980년대 출판된『교사와의 담화』1판 인쇄본은 15만권을 넘어섰다. 80년대 초 중국교육 심리학계는 '능력 배양, 지능 발전'에 대해 폭 넓은 연구와 실험을 진행했기 때문에 카이로프 교육사상의 영향을 받지 않았다고 말할 수 없다. 중국은 카이로프N.A. Kaiipob식의 지식 전수 위주의 교육사상에서 지능 배양을 중시하는 교육사상으로 나아가기 시작했는데 중국의 사회 발전 자체의 요구도 있었지만 카이로프 등의 해외 교육사상이 미친 영향은 소홀히 할 수 없는 외부 요인이다.

(2) 브르너의 수업 사상

브르너는 하버드대학의 심리학자로, 구조주의 교육 학설의 대표적인 인물 중 한 명이다. 그의 중요 저서『교과과정』은 1973년 5월에 이미 중국에 출판, 발행되었으나, 당시는 문화대혁명의 혼란한 시기였기에 중시되거나 연구되지는 못했다.

1979년에 이르러서 『교육연구』, 『수업의 몇몇 원칙을 논함』(1972), 『교육 과정. 재출판의 머리말』(1977) 등이 계속 번역되었으며 『브르너의 과정론』, 『브르너의 수업론 및 그 현실 의의』, 『발견학습의 정의와 평론』 등 그의 교육사상을 연구한 저서들이 발표 되었다. 1989년에는 『수업론의 연구 토론』(1971)과 『교육의 적합성』(1973) 등 두 권의 번역본 및 인민교육출판사가 편집 출판한 『브르너 교육론 선집』이 출판되었고, 그의 교육사상은 중국의 학자에게 넓은 관심을 불러 일으켰고, '발견 학습법'의 수업도 많은 중고등학교, 초등학교 교사의 일상용어가 되었다.

브르너의 수업 사상은 네 가지의 주요한 부분으로 구성되어있다. 첫 번째는 어떠한 학과를 학습하든지, 중요한 것은 학생들로 하여금 그 학과의 기본구조를 파악하게 해야 한다. 기본구조라 함은 기본원리와 기본개념을 의미하며, 동시에 이 학과의 기본 태도 혹은 방법을 파악하고 연구해야 한다.

두 번째는 어떠한 학과의 기초 지식이든, 일종의 형식으로 모든 연령대의 학생에게 가르칠 수 있다. 예를 들면 고등학교의 수학 지식을 직관적인 방법으로 초등학교 저학년에게 가르칠 수 있다.

세 번째는 직관적 사유능력을 중시해야 한다. 발견, 발명, 문제 해결의 과정 중, 종종 직관적 사유 '추측'이 정확한 답을 제시하며, 사유를 분석함으로 그것을 검증하고, 증명해야 한다.

네 번째는 학습하고자 하는 좋은 동기로, 즉 배우고자 하는 자료 자체가 흥미를 유발해야 하며, 표창과 경쟁 등의 유형의 외적인 자극이 지나치게 중시되는 것은 적합하지 않다. 분명히 알 수 있듯이, 그의 수업 사상은 '무엇을 가르치며, 언제 가르치며, 어떻게 가르치는가.' 등의 가장 기본적인 문제를 다루었으며, 위에서 설명한 첫 번째는 무엇을 가르칠 것인가에 대한 해답이며, 두 번째는 언제 가르칠 것인가에 대한 해답이고, 세 번째, 네 번째는 어떻게 가르칠 것 인가에 대한 해답이다. 어떻게 가르칠 것인가의 문제에서 브르너는 특별히 '발견 학습법'을 따랐고, 학습자는 자기의 두뇌가 몸소 얻은 모든 지식, 모든 형식을 이용해야 한다고 주장했다. 또한 발견은 인류가 아직 알지 못하는 사물을 찾는 것에 국한 되지 않고, 정확히 말하면, 그것은 자기의 두뇌를 사용하여 몸소 얻은 지식의 모든 방법을 포함한다고 생각했다.

이러한 기초 상에서, 브르너는 네 가지 교육 원칙을 제시했다.

① 동기 부여 원칙. 즉 학습의 내적 요인을 강조하고, 주동적 학습을 중시하며, 독립적 사유를 불러일으키고, 학습의 흥미를 유도하는 것이다.

② 구조의 원칙. 즉 기본적인 지식의 학습을 강조하고, 개념 원리의 파악을 중시하고, 그것을 넓게 확대할 수 있다.

③ 과정의 원칙. 즉 지식의 서열을 강조하고, 복잡한 것을 간단하게, 어려운 것을 쉽게 해서, 지식의 난이도를 낮추고, 학습의 효율을 높인다.

④ 강화의 원칙. 즉 수업의 피드백을 중시하여 적시에 수업 방법을 조

정하고 강화하도록 한다. 교재내용의 이해와 기억을 강화할 수 있
다.

브르너의 수업 사상은 1957년 구소련이 인공위성을 발사한 것에 대
한 미국의 교육이론계의 대책, 반응이며 우주호울 회의에서 이성론이
경험론의 수업사상을 이긴 결과이다. 비록 그의 이론이 사회 실천, 학
생 생활의 경험을 벗어났고, 지식수준 등의 결함이 있고, 실행하기에
매우 어렵지만, 그러나 수업은 현대 사회의 발전에 부합되어야 하며,
학생의 지능을 발전시키고, 학생의 자발적인 적극성을 유도할 것을 강
조한 면에 있어서는 현대 교육론의 발전 경향을 잘 반영했고 중국 당대
교육사상의 발전에 지대한 영향을 미쳤다.

(3) 바반스키의 수업 이론

바반스키는 구소련의 교육과학원의 고급 연구원으로, 1960년대 초
돈 강—로스토프 지역에서 대규모 유급 현상을 극복한, 선진 수업 경험
을 창조했으며, 또한 현대 계통론의 원리와 방법연구에 수업이론을 활
용했고, 수업과정의 최적화 이론을 제기했다.

수업 과정의 최적화란, 교사가 계획성 있게, 수업과정의 가장 좋은
방안을 선택하고 설계하는 것으로, 이러한 방안은 규정된 시간 내에,
교육, 수업과 발전 임무로 하여금, 가능한 범위에서 가장 효율적으로
해결될 수 있도록 보장하는 것이다.

최적화에는 두 가지의 기준이 있다. 첫 번째는 효율의 기준으로, 즉 매 학생이 일정한 시기 내에 제기된 임무에 근거하여, 자기의 최대한의 가능성을 발휘해 달성할 수 있는, 교육, 수업과 발전에서의 수준을 말한다. 두 번째는 시간의 기준으로, 즉 학생과 교사는 반드시 학교의 보건학과 관련된 문건이 규정한 수업과 가정 학습의 정해진 시간을 준수해야 한다. 예를 들어 규정된 학습 시간을 초과하면, 학생들의 건강에 영향을 끼치게 되고, 이로 인하여 학생들의 학습 성적과 지력 발전에 영향을 주게 되며, 진정한 최적화라고 말할 수가 없다.

최적화 수업은 기본적으로 6가지가 있다. 첫 번째는 교사가 수업 과정에 체계적 연구를 진행하는 것으로, 즉 학생(연령, 성별, 학습수준 고려), 학생 집단, 수업 조건, 교사 자신의 가능성 등을 연구하는 것이다.

두 번째는 반 전체 학우들의 특징을 고려해서, 수업 내용을 구체화하는 것이다.

세 번째는 교사가 수업 방법 계획을 수립하고, 이미 분명하게 조사된 계통 특징을 고려해서, 가장 우수한 수업 형식과 방법을 선택하는 것이다.

네 번째는 교사의 수업 영향력과 학생 본래의 학습 인식 활동의 통일 과정 중에서, 교사와 학생 사이의 상호 영향을 주는 것이다.

다섯 번째는 일상적인 조사와 스스로 조사하는 방법을 취해서, 학생의 지식과 기능에 대한 파악 정도를 이해하고, 적극적으로 수업 과정의 진행을 조절하는 것이다.

여섯 번째는 교사와 학생이 수업 과정의 일정한 방법의 성과와 아직

미해결된 임무를 분명히 조사 분석해서, 다음 과정에 참고로 제공하는 것이다.

바반스키는 수업 방법의 최고의 선택은 반드시, 수업 규율과 원칙, 수업 목적과 임무, 수업 내용과 특징에 부합되어야 하며, 학생과 교사의 가능성을 고려해야 한다고 생각했다.

그는 또 최적화는 이상화라고 할 수는 없다고 지적했다. 가장 이상적인 수업 효과는 당연히 모든 학생이 우수한 성적을 얻는 것이며, 그 발전과 교양 정도가 모두 최고 수준에 이르는 것이다. 최적화는 단지 상대적인 개념으로, 일정한 조건 아래, 교사와 학생이 최고의 수준에 도달할 수 있는 것을 말한다. 예를 들면, 성적이 부진한 학생이 어떠한 수준에 이르렀다면 최적화되었다고 할 수 있고, 우수한 학생이 좋은 성적을 얻은 것은 최적화 되었다고 할 수는 없다. 조건이 나쁜 학교가 어떠한 수준에 이르렀다면 최적화 된 것이라고 할 수 있고, 조건이 좋은 학교가 같은 수준에 이른 것은, 최적화 되었다고 할 수 없다.

바반스키의 수업 최적화 이론은 중국 당대 수업 사상에 일정한 영향을 끼쳤고, 그의 주요 저서 『수업 교육과정의 최적화 문답』(교육과학출판사, 1986), 『수업 교육과정 최적화』(교육과학출판사, 1986), 『수업과정 최적화』(일반 수업론 방면)(인민출판사, 1986), 『교육학』(주편, 인민교육출판사, 1987) 등이 연이어 중국어로 번역되었다. 장딩장張定璋, 우원칸吳文侃 등의 유명한 교수도 바반스키의 교육사상을 대대적으로 선전하고 보급시켰으며, 수업의 계통 의식과 최적화 의식은, 점점 사람들에게 받아들여졌고, 많은 수업 개혁과 수업 실험이 기본적으로 최적화 사상의 지도 아래 진행되었다.

(4) 블룸의 교육사상

블룸은 미국의 교육가 브르너 다음으로 중국의 당대 교육사상에 중요한 영향을 끼친 교육가이다. 그의 주요 저서 『교육 목적 분류학』(뤄리후이羅黎輝 등 번역, 화둥사범출판사, 1986), 『블룸의 학습론 문집 파악』(왕강王鋼 등 번역, 푸젠성교육출판사, 1986), 『교육평가』(추위안邱淵 등 번역, 화둥사범대학 출판사, 1987) 등의 번역본이 중국의 교육계에 소개된 후, 널리 사회에 영향을 미쳤다. 블룸의 완전학습(marstery learning) 이론은 중국당대 수업이론의 학습사조 형성에 움을 준 것은 의심할 여지가 없다. 현재 한창 발전하고 있는 완전학습학, 학습 전략학의 연구도 큰 의미로는 상술한 사조가 진일보 발전한 것이다.

블룸은 완전학습의 의미는 다음과 같이 살펴볼 수 있다. 한 학생에 대해서 말하자면, 그가 배운 모든 학문 분야에서 높은 점수를 받는 것이며, 한 반에 대해서 말하자면, 반 전체의 학생들이 높은 점수를 받는 것을 말하며, 한 분야의 학문에 대해서 말하자면, 모든 내용에 정통하는 것이다. 이러한 상태에 이르기 위해서 그는 아래와 같은 학습 전략을 세웠다.

첫 번째는 좋은 선생님이 있어야 한다. 학생은, 전통 수업에 만족하지 않고, 수업의 질이 높은 수준에 이르기를 원하는 선생님을 선택해야 한다. 그는 정규곡선이 규정한 점수 등급에 따라 학생들의 성적을 평가하지 않고 개별적인 차이에 부합되는 학습 방법을 제공한다. 두 번째는 좋은 교재가 있어야한다. 교재는 학생의 문화 수준에 적합해야 하며 난이도가 적당해야 하며, 만약 교과서 중의 개념을 완전하게 파악할 수 없다면, 부교재나 단계별로 된 수업 단원을 사용 할 수 있다. 세 번째는 학급 단위의 집단 수업 외에, 능력대로 조를 나누고, 조별 연구와 개별 지도의 연구 방식을 채택할 수 있다. 학생의 수요가 다르다면, 다른 유형의 수업 방식을 택해야만 다양한 요구를 지닌 학생들에게 같은 수업 내용을 깨닫게 할 수 있으며, 같은 수업의 목적에 이를 수 있다. 네 번째는 매 학생에게 완전 학습을 할 수 있는 시간을 제공하고, 매 학생이 그 한 분야의 학문을 배우는 데 필요한 시간을 허락해야 하며, 더욱 충분한 시간을 얻을 수 있도록 학습 방법을 개선해야 한다. 다섯 번째는 다른 교재와 다른 재능에 근거해서, 다른 수업 방식을 채택해야 한다. 여섯 번째는 집단학습과 개별 지도를 결합하여 집단 학습의 전제 아래 여러 번의 피드백을 주고 개별적으로 교정해 주어야 한다.

블룸의 수업 사상은 교육 목적의 단계를 나누는 규정과 각 단계 목적을 달성하는 수단에 중점을 두었다. 교육 기준은 인지영역, 감성 영역, 동작 기능 영역을 포함하며, 이것이 바로 그의 교육 목적의 분류학 이론이다. 그는 감성 영역을 중요한 수업의 변수로 간주하고, 완전학습은, 학생이 학습에 대한 흥미, 또한 더 학습하기를 좋아하는 것, 자기의 능력과 가치를 인식해서, 자기 스스로의 개념을 바꾸는 것, 학생의 소질을 감화시켜서, 평생 학습하고자 하는 흥미를 형성하는 등, 감정의 세 가지 방면의 변화를 일으킨다고 생각했다. 교육 목적의 기준 규정의

영역에 도달하기 위해서는, 반드시 지식 → 깨달음 → 운용 → 분석 →
종합 → 평가 등의 부분을 거쳐야 한다.

(5) 가드너의 다중지능 이론

하워드 가드너Howard Gardner는 미국 하버드대학의 발달 심리학가로,
그가 제기한 다중지능 이론은 당시 미국교육 개혁의 이론과 실천 과정
에 광범위한 영향을 미쳤으며, 또한 이미 많은 서방 국가들에게 1990년
대까지 교육 개혁의 중요한 지도 사상으로 간주되었다.

전통적인 지능지수(IQ)이론과 피아제의 인지 발달 이론은 모두 지능
은 언어 능력과 수리−논리 능력이 핵심이며, 정합整合방식으로 존재하
는 한 종류의 능력이라고 본다. 하워드 가드너는 상술한 두 종류의 이
론의 기초를 비판하고, 인간은 다중 지능을 가지고 있으며, 또한 인간
의 다중 기능은 모두 구체적 인지 영역과 지식 범주가 긴밀하게 서로
연관되어 있으며, 독립되어 존재한다고 주장했다. 하워드 가드너는
1983년『지능의 구조』라는 책을 출판하였으며 이 책에서 지능은 어떤
사회와 문화 환경의 가치 기준 아래, 개인이 자기가 만난 정말 어려운
문제를 해결하고, 생산 및 유용한 산물을 창조하는 데 필요한 능력에
사용되는 것이라고, 새로운 지능의 정의를 제시했다. 하워드 가드너의
이 지능에 대한 정의에서, 지능은 개인의 실제 문제를 해결하고, 혹은
생산 및 사회에 필요한 산물들을 창조하는 능력임을 특별히 강조했다.
하워드 가드너는 지능의 기본 성질은 다원화이며, 한 종류의 능력이 아

니라, 한 조직의 능력이며, 그 기본 구조도 다원화이며, 각종 능력이 정합의 형식으로 존재하는 것이 아니라, 상대적으로 독립된 형식으로 존재하며, 그들은 모두 다른 발전 규율과 다른 부호 체계를 상용한다고 여겼다. 『지능의 구조』에서 하워드 가드너는 그가 말한 다원 지능의 구조 중 상대적으로 독립적으로 존재하는 7가지의 지능을 제시했으며, 이 7가지는 다음과 같다.

① 언어－언어 능력
② 음악－리듬감 지능
③ 논리－수리 지능
④ 시각－공간 기능
⑤ 신체－동작 감각 기능
⑥ 자기 성찰－자기 성찰 기능
⑦ 교제－친화 기능으로

근래 하워드 가드너는 다시 자연지능, 즉 세계를 인식하고, 세계에 적응하는 능력, 자연 세계에서의 차이를 변별하는 능력을 제기했다.

하워드 가드너는 개인의 지능의 유형이 단지 상술한 몇 종류에 제한된다고 여기지 않았고, 개인이 도대체 얼마나 많은 종류의 지능을 가지고 있는지는 검토하여 변경할 수도 있다고 여겼다. 그는 그가 제기한 8가지 지능의 관점은, 상당 부분 여전히 하나의 이론 구조와 구상일 뿐이라고 여겼다. 그는 다른 지능의 존재를 부인하지 않았을 뿐만 아니라, 또한 사람들에게 다른 지능이 존재할 것이며, 예를 들면 영감, 직감, 유머감, 요리능력, 창조능력과 다른 지능을 종합할 수 있는 능력 등이 있음을 제시했다. 하워드 가드너의 관점에 따라, 어떤 능력이 다중 지능 중의 한 종류로 볼 수 있는지 아닌지는, 그것이 충분한 증거의 지지를 얻을 수 있는지 아닌지를 봐야 하며, 만약 있다면, 바로 그것들을 다원지능의 구조에 포함시킬 수 있다. 하워드 가드너의 다중 지능 이론에 근거하여, 개체, 매 개인은 모두 상술한 상대적으로 독립된 8가지의 지능을 가지고 있으며, 우리들 매 사람은 이러한 8가지의 상대적으로 독립된 지능이, 현실 생활 가운데 뒤엉켜서, 복잡하고, 유기적인 다른 방식과 다른 순서로 함께 조합된다고 여겼다. 개인에게 있는 8가지 지능의 다른 결합은, 매 사람들의 지능이 모두 독특한 표현 방식을 가지기에 적합하게 하며, 이러한 8가지 지능은 매 개인에게 다른 방식, 다른 정도로 결합되어, 개인의 지능이 각기 특징을 가지기에 적합하게 한다. 설령 한 종류의 지능일지라도, 그 표현 형식이 다르다. 예를 들면 같은 형태의 비교적 높은 논리와 수리 능력을 가진 두 사람 중, 아마 그중 한 사람은 수학자이지만, 아마 다른 한 사람은 문맹자이다. 그러나 그는 매우 좋은 암산 능력이 있다. 이러한 개인에게서 드러난 지능의 차이성은, 우리 매 사람으로 하여금, 모든 사람과 다르게 나타나게 한다.

하워드 가드너의 다중지능 교육관은 주요하게 아래의 몇 가지 방면으로 표현된다.

① 적극적인 학생관

하워드 가드너는 매 개인은 모두 많거나 적거나 모두 8가지의 지능을 가지고 있으며, 단지 그것을 조합하고 발휘하는 정도가 다르다고 생각했다. 정상적인 조건 아래 만약 적당한 외부의 자극과 개인 자신의 노력이 있다면, 개인은 모두 발전하고, 자기의 어떤 한 종류의 지능을 강화할 수 있다. 학생마다 자기의 우수한 지능 영역이 있으며, 자기의 학습 유형과 방법이 있고, 학교에서는 열등생이 존재하지 않으며, 전체 학생 모두가 자기의 지능 특징, 학습 유형, 발전 방향을 갖춘, 양성될 수 있는 인재이다. 학생의 문제는 총명한가가 아니라, 어느 방면에 총명하며, 어떻게 총명한가 하느냐이다. 적당한 교육과 훈련은 모든 아동의 지능을 더욱 높은 수준으로 발휘할 수 있다. 그러므로 교육은 마땅히 전면적으로 개인의 대뇌 안의 각종 지능을 발전시킨다는 기초 아래 학생들이 여러 가지 방법으로 지능의 상황을 펼치며 창조할 수 있도록 매 개인이 다양한 선택으로 그 장점을 발휘하고 단점을 극복해서 매 개인의 잠재적인 지능을 불러일으키고 매 개인의 개성을 충분히 발전시켜야 한다.

② 병의 증세에 따라 처방하는 교육관

하워드 가드너의 다중 지능 이론은 다른 지능 영역에서 모두 자기의 독특한 발전 과정이 있고 또한 다른 부호 체계를 사용하기 때문에, 교사의 수업 방법과 수단도 마땅히 다른 수업 내용에 근거하여 달라야 한다고 본다. 다음은 같은 수업 내용인데, 수업 시 매 학생의 지능 특징, 학습 유형과 발전 방향이 다른 것에 착안하여, '증세에 맞게 약을 처방'하며 진행해야 한다. 학생의 지능 표현 형식의 다양성과 복잡성 때문에 어느 때를 막론하고, 혹은 아무리 우수한 교사 일지라도, 모든 학생에게 적합한 한 가지 수업 방법을 찾을 수는 없다. 그러므로 만약 교사가 학생들의 다른 특징에 근거해서, 학습 방법과 수단을 끊임없이 변화시킨다면, 학생들은 그들의 지능 성향에 적합한 방법으로 공부할 수 있는 기회가 생기게 되고, 매 학생들은 모두 전면적으로 충분한 발전을 할 수 있을 것이다.

③ 전면적인 평가관

하워드 가드너는 개인의 지능마다 모두 독특한 표현 방식이 있고, 각 종류의 지능은 또한 모두 다양한 방식이 있기 때문에 우리는 모든 사람에게 적합한, 통일된 평가 기준을 찾아서 한 사람이 총명한지 아닌지, 성공했는지 아닌지를 평가하기는 매우 어렵다고 보았다.

예를 들어 처칠, 모차르트, 아인슈타인, 피카소, 플라톤과 마이클 조던 등 누가 더 총명하고, 누가 가장 성공했는지 말할 수 없고, 우리는 단지 그들이 각자 어떠한 분야에 총명했으며, 어떠한 분야에서 성공했고, 각자 어떻게 총명했으며, 어떻게 성공했는지를 말할 수 있을 뿐이다. 그들은 개체의 지능 구조 중에서 모두 중요한 위치를 차지하고 있고, 동등하게 중요한 지위에 있으나, 다만 표현의 정도와 분야가 다를 뿐이다.

이로 인해 하워드 가드너는 교육 평가는 마땅히 다양한 루트를 통해야 하며, 다양한 형식을 취하고, 많은 다른 실제 생활과 학습 상황 아래서 진행되어야 하며, 학생들이 실제 문제를 해결할 수 있는 능력과 초보적 정신 산물과 물질 산물을 창조하는 능력을 철저히 고려해서 능력을 평가해야 한다고 주장했다. 교사는 마땅히 다양하게 학생의 장점과 약점을 관찰, 평가, 분석해야 하며, 이렇게 얻은 자료를 학생들을 위한 출발점으로 삼고, 확실한 평가를 통해, 매 학생의 지능이 충분히 발전할 수 있는 유용한 수단이 되어야 한다.

최근 중국은 교육개혁을 진행했으며, 그 근본 문제는 바로 교육 관점을 바꾸는 데 있다. 하워드 가드너의 다중 지능이론은 의심할 여지없이, 우리들에게 하나의 새로운 사조를 제공했다. 이러한 상황 속에 중국에서는 다중지능의 연구와 발전이 매우 뜨거웠다.『다중지능이론 및 그것이 우리에게 깨우친 것』(교육연구) 2000년 제9판,『다중지능 : 교육학적 관심과 이해』(전구 교육 전망) 2001년 제12판,『다중지능의 교육과정 논평』(비교 교육연구) 2001년 제4편 등 각종 다양한 글들을 간행물을 통해 계속 볼 수 있었고, 교육관, 수업 과정관 등, 각기 다른 시각으로, 다원지능론에 대한 연구를 진행하게 되었다. 최근 중국의 다원 지능 이론의 연구는 이론과 실천이라는 두 가지 측면에서 많은 성과를 이루었다. 대표성을 가지고 있는 것들로는 휘리엔霍力巖의 베이징과 선전深川 등지에서의 경험에 근거하여 저술한『실천 과정의 다중 지능이론』, 총서와『다중 지능 이론과 다중지능 교과과정 연구』,『지혜의 과정─다중 지능을 이용해 학생들의 모든 잠재력을 발굴』,『자연 지능─교정에서의 과학』 등이 있고, 멍칭마오孟慶茂 교수의 다년간의 실천을 토대로 저술한『다중지능의 가르침과 배움』, 청샤오제曾曉潔의『다중 지능

이론과 학교 교육 개혁』등이 있다.

(6) 구성주의의 수업 이론

구성주의constructivism는 구조주의로 번역되기도 하며, 이것을 최초 제기한 사람은 거슬러 올라가 보면 스위스의 피아제J. Piaget이다. 피아제는 아동들은 주위의 환경과 상호 작용을 하는 과정 중에, 점점 외부 세계에 관한 지식을 쌓고, 그리하여 자신의 인지 구조를 발전시키게 된다고 보았다. 아동과 환경의 상호 작용에 대해서는 '동화와 순응'이라는 두 가지의 기본과정을 언급했다. 동화는 외부환경과 관련된 지식을 받아 들여 아동이 이미 가지고 있는 인지구조(도식이라고도 함)에 결합하는 것으로, 즉 개체가 외부 자극이 제공한 정보를 자기가 원래 가지고 있는 인식구조에 결합하는 과정을 가리킨다. 순응은 외부의 환경이 변화를 일으켰을 때 원래 있던 인지구조로는 새로운 환경에서 제공하는 정보를 동화할 방법이 없을 때, 아동이 인지구조를 재구성하고, 개조하는 과정에 영향을 미치는 것을 가리킨다. 즉 개인의 인지구조가, 외부적 자극의 영향으로 변화를 일으키는 과정이다. 인지개체(아동)는 바로 동화와 순응이라는 이 두 형태로 주위 환경과 평형을 이룬다. 아동이 현재 있는 도식(인지구조)으로 새로운 정보에 동화될 때, 그는 평형의 인지 상태에 있게 되나, 현재 있는 도식으로 새로운 정보에 동화될 수 없을 때, 평형은 깨지고, 변화와 새 도식을 창조하는 과정(즉 순응의 과정)으로, 새로운 평형의 과정을 찾는다. 아동의 인지구조는 동화와 순응의 과정을 통하여 점점 구축되며, 또한 '평형―불평형―새로운 평형'의 순환 중에 끊임없이 풍부한 제고와 발전을 얻게 된다. 이것이 바로 피아제의 구성주의의 기본 관점이다.

구조주의 교육의 또 한 명의 중요한 인물은, 미국 하버드 대학 심리학 교수인 브르너이다. 그는 일찍이 피아제의 이론의 영향을 받아, 미국 중고등학교와 초등학교의 커리큘럼 개혁 운동을 이끌었으며, 그의 제일 중요하고, 제일 영향력 있는 교육 저서 중의 하나라고 영예를 얻은 『교과과정』을 발표했으며, 기본구조를 중시하는 수업과 발견 학습 방법을 제시하고 강조했다.

이외에도, 피아제의 이론을 기초로 한 콜버그는 인지구조의 성질과 인지구조의 발전 조건 등의 분야에서 진일보한 연구를 했으며, 스턴버그와 카츠 등도 개체의 주동성의 인지구조를 수립하는 과정 중에서의 중요한 작용을 강조했고, 또한 인지 과정 중에 개체의 주동성이 어떻게 발휘 되는지, 진지하게 탐구했다. 비고츠키는 '문화 역사 발전 이론'을 창조했으며, 인지 과정중의 학습자가 처해 있는, 모든 사회 문화 역사 배경의 작용을 강조하고, 이러한 기초위에 비고츠키를 필두로 하는 비고츠키, 루리야학파에서 '활동과 사회 교류'가 사람의 높은 심리 기능의 발전에 중요한 작용을 한다는 것을 깊이 있게 연구하였다. 이러한 모든 연구는 구성주의 이론을 더욱 풍부하게 하고, 완전하게 했으며, 실제에 응용할 수 있는, 수업 과정의 조건들을 창조했다.

① 구성주의 학습관

구성주의는 지식은 교사를 통해서 전달되는 것이 아니며, 학습자가 일정한 상황, 즉 사회 배경 아래, 다른 사람(교사와 동료 학습자를 포함)의 도움을 받고, 필요한 학습 자료를 이용하며, 의미 구축의 방식을 통해 얻어진다고 생각했다. 학습은 일정한 상황, 즉 사회 문화 배경 아래 다른 사람의 도움을 받고, 즉 사람과 사람사이의 협조 활동으로 의미 구축 과정이 실현된다. 따라서 구성주의 학습 이론은 '상황, 협조, 대화, 의미 구축'이 학습 환경 중의 4대 요소가 된다. 구성주의가 주장한 교사의 지도 아래, 학습자 중심의 학습을 해야 한다는 것은, 바로 학습자의 인지 주체 작용을 강조하고, 교사의 지도 작용을 경시하지 않는 것이며, 교사는 의미 구축을 돕는 자, 촉진하는 자이며, 지식의 전수자, 공급자가 아니다. 학생은 정보 가공의 주체이며, 의미의 주동적인 구축자이지, 외부 자극을 피동적으로 받아들이고, 공급을 받는 대상이 아니다.

② 구성주의 교육관

구성주의는 교사는 과학 지식을 전수하기 전에 학습자가 원래 갖추고 있는 지식 경험을 진지하게 고려해야 하며, 배우려는 과학 지식이 학생이 가능한 구조 범위 안에 있어야 하고 학생의 경험과 긴밀하게 결합되어야 한다고 생각했다. 교재가 제공하는 지식도 더 이상 교사가 전수할 내용에 있는 것이 아니라, 학생이 주동적으로 의미를 세 울 수 있는 대상이어야 하며, 모든 이용되는 매체도 더 이상 교사가 지식을 전달하는 수단과 방법의 보조적 도움이 되어서는 안 되고, 상황을 설정하

고, 협조 학습을 진행하고, 대화와 교류를 하는 방법으로 사용되어야
한다. 즉 학생들이 주동적으로 학습하고, 협조하며, 탐색하는 인지의
도구가 되어야한다. 교사는 수업 과정 중에, 지식의 제공자일 뿐만 아
니라, 더 나아가 협조자, 촉진자이며, 학생을 위한, 상황, 협조, 대화 등
의 학습 환경 요소를 이용해야 하며, 학생들이 주동적, 적극적, 창조정
신을 충분히 발휘하게 하여, 최종적으로, 학생들이 지금 배워야 하는
모든 지식의 의미 구조를 효과적으로 실현할 수 있는 목적에 이르도록
해야 한다.

최근 몇 년간, 구성주의 사조는 이미 우리나라의 교육이론계에 많은
관심을 일으켰다. 예를 들면, 베이징 사범대학의 천치陳琦와 장젠웨이
張建偉는 「화둥사범대학 학보」(교육과학판) 1998년 제1판에 「구성주의
학습관의 요점 분석」을 발표했고, 허커캉何克抗은 「학과교육」 1988년
제3~6판에서 「구성주의－전통수업의 혁신 이론 기초」를 발표했다. 전
자는 학습 심리의 핵심문제에 주안하여 구성주의의 학습관을 서술했
고, 후자는 교육 기술학의 각도에서 구성주의의 이론과 현대 교육기술
의 결합되어 수업의 개선에 미치는 의의와 영향에 대해 서술하였다.

이외에도, 중국 당대 교육사상에 비교적 큰 영향을 일으킨 해외 수업
이론은 불가리야의 노자노프Lozanov의 암시 교육법, 미국의 로저스Carl
R.Rogers(1902~1987)의 비지도성 수업 이론 등이다. 기타 파트너 수업
이론, 합작 수업이론, 개방 수업 이론, 중요 신호 도식 수업 이론 등도
중국의 수업 실천에 일정한 영향을 주었다. 특히 80년대 이래, 중국의
당대 수업 사상은 광범위하게 해외 수업 이론의 우수한 점을 학습하는

동시에, 선택성과 수업 사상의 주체의의가 더욱 분명해지고, 자각성을 더욱 강하게 강화했으며, 중국의 교육과학의 번영과 발전에 적극적인 공헌을 했다.

06

중국 당대 도덕교육사상

도덕교육은 종종 사상, 인성교육 또는 정치사상 교육으로 불리기도 하며, 사상교육과 정치교육 그리고 도덕교육의 총칭이다. 중국은 윤리 본위의 국가로서 예로부터 도덕을 매우 중시하였는데, 이 또한 해방지역 교육사상의 특징 중 하나이다. 1939년에 마오쩌둥은 「중국 인민 항일 군사 정치 대학 문제에 관한 중공 중앙 군사 위원회의 지시」 중 "학교의 모든 일은 모두 학생의 사상을 변화시키기 위함이다."라고 말했다. "정확한 정치적 관점이 없다는 것은 곧 영혼이 없다는 것과 같다." 「노동방법 60조(초안)」에서 그는 또 "사상노동과 정치노동은 경제노동과 기술노동 완성의 보장이며 경제 기초 서비스를 위해 존재한다. 사상과 정치는 통솔자이며 영혼이다. 사상노동과 정치노동을 약간 느슨하게 하기만 하면 경제노동과 기술노동은 반드시 나쁜 길로 가게 될 것이다."라고 하였다. 이 같은 사상지도 아래 교육중의 도덕교육 지상주의는 중국 사회의 기초특징 중 하나로 자리 잡았으며 당대 도덕교육사상을 중국사회에 명확하게 새기게 되었다.

1. 도덕교육 기본이론 탐색

　도덕교육의 기본 이론은 도덕교육의 의의와 가치, 의무와 내용, 과정과 규율, 효율과 효과, 목적과 기능 등 여러 가지 문제에 대해 언급하고 있다. 당대 중국 도덕교육이론은 이런 문제를 고르게 언급하고 있지만 지면상의 제한으로 가장 기본적인 몇 가지 문제만을 논평하였다.

(1) 도덕교육 의의와 가치에 대하여

　1949년 이래로, 중국의 교육이론계는 마르크스주의를 근거로 지도해 나갈 것과 청소년들에게 공산주의 사상을 교육할 것을 계속해서 강조했다. 이를 통해 공산주의적 사상이 투철하면서도 전문지식을 가진 패기 넘치는 젊은 인재를 육성하는 것이 중국의 당대 도덕교육사상의 기본이다.

　교육이론계는 도덕교육의 의의와 가치에 대한 인식을 마오쩌둥의 사상에 기초하였다. 문화대혁명 이전에는 도덕교육이 학교의 가장 중요한 내용 중 하나였다. 사람들은 가르치고 배우는 일의 질을 높이는 일도 중요하지만 "정치는 모든 노동의 영혼이다. 학교는 반드시 당의 교육방침을 철저히 실행하여야 한다."라고 생각했다. 가르치는 일은 반드시 정치적인 사상 함양을 기본적으로 내포해야 한다고 생각한 것이다. 학교교육은 반드시 정치에 순응하고 정치를 위해 움직여야 한다. 과연 어떤 학교를 지어야 하는 것일까? 어떠한 교육 방침을 가져야 하는가? 교육의 임무는 무엇인가? 학습이란 무엇인가? 마땅히 어떤 사람이 학생들을 가르쳐야 하는가? 어떻게 가르쳐야 하는가? 우리는 사회주의 정치에서 떠나 이 문제에 대해 답할 수 없다. 만약 교사와 학생이 정확한 정치적 방향이나 정치적 목적이 없다면, 가르치는데 정확한 정치관점이 없다면, 오히려 모든 가르침에 영혼이 없는 것과 같다. 이런 의식은 거의 교육이론계 사유의 태세가 되었으며 매우 보편화된 사상 방법이었다. 80년대까지 적지 않은 사람들이 이 관점을 지지해왔다. 어떤 사람은 "사회주의 학교 교육을 구성하는 각 부분은 각자 다른 임무가 있고, 모두 젊은 세대의 전면적인 발전 교육에 극단적으로 중요하거나 조금도 모자라서는 안 되는 부분이다. 그러나 이들 간의 상호관계에 대해 논하자면 덕육은 다른 것들에 비해 가장 중요한 위치를 차지하지 않을 수 없다."라고 말했다.

 냉정하게 말하자면, 도덕교육의 의의와 가치를 강조하는 것은 중화 교육사상의 기본 특징이 되었다. 이것이 중국인 특유의 도덕정신과 윤리적 인격을 형성하게 하였고 이런 정신과 인격을 팽창시켜 허위성 혹은 상반성을 만들어 냈다. '문혁'의 사실상을 사람들에게 알리는 것과 정신과 도덕의 작용만을 강조하는 것은 사람들로 하여금 진정한 선진적 사상관념을 형성하게 하는 데 도움이 되지 못하고 오히려 악습을 만들어 냈다. 그리하여 '문혁'이후 사람들은 보편적으로 '정신만능' '도덕만능'에 대해 의구심과 공포심을 드러냈다. 심지어 '쓸모없는 도덕교육' '무능한 정신'이라는 생각이 생겼고, 일방적으로 물질 이익만을 추구하는 경향도 생겼다. 도덕교육의 정점을 강조하는 것은 필연적으로

‘도덕교육의 경시와 포기’라는 부정적인 면을 초래한다. 이게 바로 도덕교육이론을 향해 제기한 새롭고 절실한 문제이다. 도덕교육의 작용에 대해 어떠한 시각으로 봐야할 것인가? 새로운 역사 시대에 도덕교육의 의의와 가치는 어디에서 구현될 것인가? 이것에 대하여, 루지에는 사상적 각성과 물질적 이익, 의식과 행위, 정치와 업무의 3개의 방면에서 탐구를 시도했다.

그녀는 비판적 무기가 무기적 비판을 대신할 수 없고, 사상교육이 불합리한 제도적 개혁을 대신할 수 없으며, 자신의 역량만을 의지해서 사회 전체의 의식을 바꾸는 것은 불가능하므로 결국 사람들의 정신과 사상을 결정하는 것은 물질적 필수품의 생산과 분배라며 다음과 같이 말했다. “과거 사상교육이 효과를 발휘하지 못했던 중요한 이유는 그러한 교육들이 사람들 개개인의 삶과 밀접한 이익들을 완전히 무시하고 공허한 설교에 그쳤기 때문이다.” 그러나 물질적 이익에 상응하는 사상교육이 없을 경우, 이러한 이익에 대해 직감적으로 느낄 수 있을 뿐 깊은 의의나 내적 연계를 느낄 수 없으므로 사회주의가 필요로 하는 각성을 불러일으키지 못한다. 그러므로 물질적 이익으로 형성된 직접적인 느낌을 사회주의가 필요로 하는 사상적 각성으로 전환하려면 반드시 사상교육이 중개 역할을 해야 한다. 그녀는 사상과 인성교육의 의의와 가치에 대하여 아래와 같이 개괄했다. 사상과 인성교육은 규범 행동의 기능뿐만 아니라 사상과 인성교육의 의식을 높이고 사상을 바꿀 수 있는 기능이 있다. 사람들을 객관적인 세계를 정확하게 인식할 수 있도록 인도하는 기능 외에도 주관적인 세계도 정확하게 인식할 수 있도록 하는 기능도 있다. 현존하는 관계를 조정하는 기능이 있을 뿐만 아니라 선도하는 기능도 있다.

어떤 사람은 아직도 과거의 도덕교육이 도덕교육의 유지와 생산 관계 방면에만 주목한 것에 대하여, 사회의 역사 발전과 도덕교육의 진보 간에 이율배반적 관점이라며 다른 이론을 제시하였다. 도덕은 사회의식 형태 중의 하나이며 비록 상층 범위에 속하지만 집체주의, 조직성, 법칙성으로 나타나며 도리어 생산에서 사람들의 분업 협조 관계가 그 근원이라는 것이라는 것을 지적하였다. 그는 이렇게 주장했다. "분업과 협조는 생산력을 직접적으로 반영한다. 그것은 노동자 개인의 생산이 제때에 이루어지도록 하며, 노동자 간에 협력이 이루어지도록 한다. 이렇게 하여 노동자 한 사람의 작업은 다른 이들의 노동과 결합하여 생산을 이루는 노동력으로서의 가치를 발휘한다. 이것은 도덕이 어떻게 생산력으로 발전되는지를 보여준다." 그는 사회주의 시장경제의 요구에 부흥하여 도덕교육의 내용을 알맞게 수정해야 한다고 주장했다. 예를 들면 사회주의 법제관념, 사회주의 민주관념, 사회주의 정치참여의식, 사회주의 경쟁의식, 사회주의 규율관념, 사회주의 시간관념, 사회주의 효율관념, 사회주의 정보관념 등등이 도덕교육을 통해 이루어져야 한다는 것이다.

(2) 도덕교육 임무와 내용에 관하여

도덕교육에는 크게 두 가지 임무가 주어진다. 하나는 사회의 정치 경제 발전에 필요한 양질의 인재를 육성하는 것이고, 다른 하나는 학생의 심성과 양심을 바르게 인도하는 것이다. 그러나 도덕교육 임무를 확정하는 주체는 사람이기 때문에 사람들의 인지 요소의 제약을 받는 것을 피할 수 없다. 다시 말해서, 사람들이 사회 요구와 교육 대상의 심신특징의 제약을 받는 다는 것이다. 건국 초기에, 정무원은 학교 도덕교육의 임무는 '사회주의적 정치 방향을 수립하고 변증유물주의 세계관의 기초와 공산주의 도덕을 배양하는 것이다.'라고 제의하였다. 이것과 종전의 수많은 교육학 교재의 표현법과 거의 일치한다. 그러나 소련 교육사상의 영향을 받아, 당시의 교재는 대부분 도덕교육의 임무를 공산주의 도덕의식과 도덕 감정, 도덕행위의 습관과 도덕적 의지의 품격으로 규정지었다. 1958년에는 또 계급 관점, 노동 관점, 군중 관점과 변증 유물주의적 관점을 도덕교육의 임무로 만들고, 당시 교육부는 「중학사상 정치 교육의 강화에 관한 몇 가지 문제의 통지」에서, 집체주의, 학교규율, 시사 정책 등에 대해서도 명확한 조건을 제시했다. '문화대혁명' 중, 도덕교육의 임무는 '유산계급 사상을 타파하고 무산계급 사상을 고양'이라며 더욱 단순화 시켰다.

앞에서 도덕교육 임무에 대해 서술한 것에서도 볼 수 있듯이, 과거에는 사회 요구에 대한 고려가 비교적 많았고, 사람에 대한 부분이 상대적으로 소홀히 여겨져 왔다. 그래서 반화 등은 도덕교육에 대한 학생 사상 인격의 구조적인 제약성에 주의해야 한다고 제시했고, 사회 요구의 복잡성이 도덕교육 의무의 다양성을 결정할 뿐 아니라 교육 대상 및 그 인격 구조의 복잡성이 도덕교육 임무의 다양성을 결정하기도 했다고 하였다. 반화는 "도덕교육 임무를 소홀히 하고 인격 구조의 제약을 받는 것은 잘못된 것이다. 일반적으로 학교의 도덕교육 대상은 청소년이라 하는데, 사실 더 정확히 말하자면 청소년의 사상 인격 구조이다. 이것이 바로 도덕교육이 지육, 체육과 다른 부분이다."라고 말했다. 그러므로 도덕교육의 의무는 사상, 정치, 도덕 방면의 내용을 포함할 뿐만 아니라 인격발전의 지, 정, 의, 행의 내용도 마땅히 수용해야 하며, 당시 사회 발전 요구에 부합하는 인격 수준도 갖추어야 한다. 구체적으로 말하면 인격능력이란 ① 도덕사유를 위주로 하는 각종 대인관계, 사상관계, 도덕관계를 포함한 사상 인격을 진행 관찰, 비교, 이해 능력 및 도덕 판단과 도덕 추리 능력 ② 도덕의식과 도덕 감정을 도덕행위의 사상 인격 실행능력으로 전환, ③ 자아 조절, 자아 감독, 자아 수정, 자아 학습, 자아 개조, 자아 연마 등의 자아교육의 능력 및 습관, ④ 분별능력, 배척능력과 투쟁능력. 도덕교육의 내용은 도덕교육 의무의 구체화이다.

도덕교육 내용은 도덕교육의 임무를 구체화한 것이다.

오래 전부터 일반적인 규정내용은 마르크스주의 기본이론 교육, 공산주의 이상 교육, 무산계급 애국주의 교육, 집주의 교육, 자율 교육, 법규준수 교육, 스승과 어른에 대한 공경, 우애단결 및 문명 행위 교육, 계급교육, 변증유물주의 세계관과 인생관의 교육 등을 포함한다. 앞의 몇 가지 도덕교육 내용은 대학생, 중고등학생, 초등학생 모두에게 균등히 적용되었기 때문에 적절성이 떨어졌다. 그리하여 80년대부터는 많은 연구원들이 도덕교육 내용의 단계별 세분화에 대해 탐구하기 시작했다. 화둥사범대학의 '학교사상 정치 도덕 교육 강령' 연구팀이 창안한 「초등학교, 중학교, 대학교의 사상, 정치, 도덕 강령」이 바로 단계별 세분화의 구체적인 성과이다. 도덕교육 내용의 서열화 연구 방면에 있어서 다음과 같은 세 가지 중요한 관점이 생겨났다. 첫 번째는 동시반복설로, 다양한 연령의 청소년을 대상으로 동시에 반복적으로 동일한 내용(예를 들면 '다섯 가지 사랑')의 교육을 진행하며, 다만 요구 정도와 교육방법에 대하여 차별이 있을 뿐이라는 것이다. 이 같은 방법은 비록 각종 사회적 도덕규범과의 연계성, 그리고 각 개체와 도덕 실천과의 동시성에 부합하지만 간단한 중복이나 상투적인 이야기로 쉽게 나타날 수 있다는 폐단이 있다. 두 번째는 구조 이동설로, 한 종류의 도덕교육 내용의 교육을 진행할 때 한 가지 전이작용의 내용을 찾아 순서의 발단으로 놓으면 '학습이 다른 학습에 영향을 미치는 기능'을 발휘한다는 것이다. 세 번째는 단계 형성설로, 단계를 이용해 구체적인 내용을 먼저 열거하고 배열을 한 뒤에 단계별로 분배하는 것이다. 예를 들어 유아 단계에는 도덕적 소양을 내용으로 '바른 어린이 교육'을 실시하고, 초등학생 단계에는 공부를 좋아하도록 하게 하는 것을 중심 내용으로 한 '바른 학생 교육'을 실시하며 중학생 단계에는 명확한 도덕관을 중심 내용으로 한 '바른 공민 교육'을 실시하고, 고등학생 단계에는 정치 교육을 중심으로 한 '인생관과 세계관의 교육' 등을 실시한다. 이것은 도덕교육 내용의 표면화, 성인화 현상을 극복하였고 적합성을 높였으며, 의심할 여지가 없이 이로운 탐색이다.

도덕교육 내용의 연구방면에 있어 형세교육과 기초문명 교육을 어떻게 잘 시행하는가, 그리고 사상 교육의 체계성과 단계성의 관계를 어떻게 잘 처리하는 것 또한 매우 중요한 이론적 현실적 과제이다. 오랜 기간 동안 중국의 도덕교육은 형세교육을 가장 중요한 위치에 놓았고 심지어 형세교육과 체계적인 도덕교육이 대립시켜 도덕교육 내용이 형세 변화에 따라 걷기도 하고 뛰게도 하였다. 〈인민교육〉 1957년 9월호 사설 「반드시 중고등학교에 사회주의 사상교육을 강하게 실행해야 한다」에 보면 당시 형세 교육을 중요시하지 않은 것에 대하여 이렇게 질타하고 있다. "최근 2~3년 동안 학교는 정치사상 교육을 소홀해왔거나 체계성과 완전성만을 중요시하여 현실성과 투쟁성을 경시했는데, 이것은 잘못된 것이다. 우리는 반드시 이런 잘못과 단점을 극복해야 한다." 1958년 〈인민교육〉에서 발표한 문장은 더욱 명확하게 "어떤 사람은 '정치 이론 교육은 반드시 체계적으로 진행해야 하며 정치 운동을 결합하여 사상 정치 교육을 실시하고 교사와 학생의 사상을 각성시켜 머리가 아프면 머리를 치료하고 발이 아프면 발을 치료하는 것이지, 근본적으로 문제를 해결할 수는 없다.'고 생각하는데 이것은 정치 이론 교육의 체계성을 구실로 삼는 것이며, 학교에서 교사와 학생에게 계속 노선교육을 실시하는 것을 반대하고, 정치이론 교육 중에 목표를 명확하게 하여 철저히 실행하는 것을 반대하며 이론과 실제의 상호 결합 방침을 반대하는 것이다."라고 말했다. 이러한 관점은 완전히 틀린 것이다. 그 이유는 "우리가 마르크스 레닌주의를 배우고도 입장상의 문제를 해결하지 않고 국가가 당면한 개혁과 건설 문제에 무관심하다면, 이런 정치 이론 교육이 형식상으로 얼마나 엄밀하고 체계적인지 간에 마르크스주의 교육의 근본 원칙을 위반하는 것이며 유해무익하다.”

‘문화대혁명’ 이후 이론계에서는 형식주의적인 도덕교육의 내용에 의문을 제기했다. 어떤 사람은 “도덕 교육 작업, 뒤엉킨 실마리, 극도의 복잡함, 마땅히 어디에서부터 착수해야 할까? 나는 기본적인 도덕 교육, 사회 공중도덕 교육에서부터 시작해야 한다고 생각한다. 이것은 사회 전체의 도덕 수준을 끊임없이 끌어올릴 수 있는 방법이다.” 그리고 또 어떤 사람은 지나간 도덕교육 내용의 실수를 다시 고찰하는 때에 “지나간 우리의 사상정치교육은 특정 역사 조건 아래에서 진행되었으며 몇 가지 특징을 수반한다. 첫째로, 성인과 청소년에게만 편중되어 있고 어린이와 유아는 중요시 하지 않고 둘째로, 사상 계몽과 사상 개조에만 편중되어 계획적이고 체계적인 육성은 소홀히 하였으며 셋째로, 주된 작업을 중심에 두고 운영 방식을 통과시키고 교육을 받는 사람의 연령 특성과 심리 특성을 고려하지 않고 네 번째로, 계급분쟁과 정치를 우선적으로 강조하며 도덕규범과 도덕 소양 교육을 경시했으며 다섯째로, 이상 네 가지 특징이 또 다른 한 가지 특징을 야기했는데 이는 비판과 검토를 강조하고 발전과 육성, 교화의 교육 방법을 소홀히 한다는 것이다.”라고 제시했다. 그의 비평은 핵심을 찔렀다고 할만하다. 이것은 사람들이 도덕교육 내용의 이론적 근거에 대해 한 발짝 더 나아가 생각하게 하였고 계몽적인 측면이 많았다.

(3) 도덕교육 과정과 규율에 대하여

1978년 이전에는 앞 문제에 대한 토론 전개가 매우 적었다. 1957년에 발표된 스궈야史國雅의「마르크스 레닌주의 인식론에 기초한 도덕교육 과정의 건립」뿐이다. 이 문장은 공산주의 교육 중 도덕교육 과정과 교학 과정이 마르크스 레닌주의의 인식론을 기초로 하면 지식적 행동적 문제를 모두 해결할 수 있다고 여겼다. 작자는 "마르크스 레닌주의에서 보면 도덕교육 과정 또한 하나의 인식 과정인데 이는 그것이 인식과 실제의 두 방면을 모두 포함하고 있기 때문이다. 마오 주석은 우리에게 인식의 과정이 '실천―인식―재실천―재인식'이라고 말한 바 있다. 그래서 도덕교육과정 또한 '도덕실천―도덕인식―재도덕실천―재도덕인식'이라고 할 수 있다. 이런 형식도 순환적으로 (예를 들면 나사같이) 앞을 향해 발전하고 있다. 한 사람의 도덕진행설이든 혹은 한 사회의 도덕진행설이든 그것이 정상적이라면 이 형식에 따라 끝없이 발전할 것이다." 이것이 마오쩌둥의『실천론』의 기본 공식을 원본으로 제기한 도덕 과정론 이라는 것을 알아보기는 어렵지 않다.

11기 삼중전회 이후, 도덕교육 실천의 발전에 따라, 도덕교육이론의 구조 문제는 의사일정에서 거론되었다. 왕펑셴王逢賢은 먼저「학교 도덕교육 과정 특징의 초보적 탐색」을 발표하여, 사람들이 도덕교육 과정의 특징과 규율에 대해 맹목적인 상황에 처해 있을 때 도덕교육 작업의 효과에 영향을 미치는 것은 필연적이라고 생각했다. 그는 도덕교육 과정을 교육자가 피교육자의 사상 인격으로 형성된 규율에 근거하여 피교육자의 지, 정, 의, 행 이 몇 가지 방면에 조직적 체계적으로 영향을 주어 그들이 일정한 도덕교육 임무 내용이 요구하는 사상 인격이 형성되는 과정이라고 정의하였다. 과정의 특징과 규율은 대략 다음의 몇 가지 방면으로 개괄할 수 있다. ① 도덕교육 과정 중의 여러 가지 발단, ② 각종 사상 인격이 형성한 동시성과 도덕교육 과정의 발전, ③ 도덕교육 요소의 광범위성과 도덕교육 과정의 사회성, ④ 사상 인격 형성중의 긍정적 요소와 부정적 요소, 도덕교육 과정 중의 형상화와 개조, ⑤ 도덕교육 과정은 학교교육과 자아교육의 상호 결합적 과정이다.

반화班華의 연구는 반대로 도덕교육 과정과 교학 과정, 지식 형성과 인격 형성의 다른 점을 게시하는 시도를 했다. 그는 교학 과정에 있어서 학생의 인식 규율에 의거하여 진행하는 것이 중요하며, 사상 인격 교육 과정에 있어서는 학생의 사상과 도덕적 수준에서 발전한 규율에 의거하여 진행하는 것이 보다 중요하다고 생각했다. 도덕적 수준의 형성과 지, 정, 행의 문제는 인식 발전 규율보다 훨씬 복잡하다. 그는 도덕교육 과정의 규율을 ① 활동과 교제는 교육 과정의 기초이며, ② 학생의 심리(사상) 내부의 모순은 사상 인격 발전의 동력이고, ③ 사상 인격의 형성은 장기적 축적과정이라고 표현했다.

왕톄쥔王鐵軍은 반대로 학생 사상 인격 형성과정의 구조와 각종 요소 및 관계의 분석을 토대로 사상 인격 형성과정의 주객체 요소가 상호 평형을 이루고 협조하는 과정이라고 게시했고, 사상 인격 형성의 내부 과정은 피교육자의 사상 인격 구조가 점차 형성되고 끊임없이 완벽해지는 과정이며 사상 인격 형성과정은 내부 사상 모순의 분쟁과정이라고 했다. 교육자는 피교육자의 긍정적인 내부 변화를 실현하기 위해 아래 몇 가지를 철저하게 이행해야 한다. ① 청소년들의 도덕 동기 발전의 단계성을 탐색하고, ② 감정의 '공감점'을 찾아 내부 변화의 과정 중 촉매제 역할을 하도록 해야 하며, ③ 청소년들의 도덕적 판단과 도덕적 선택 능력을 배양하고 발전시켜 내부 변화의 과정 중 방향을 잡아주는 역할을 발휘해야 한다. 도덕교육 과정에 대한 연구 중 도덕교육 연구의 중요한 발전 방향 중 하나가 점차 외재요소에서 내부요소로, 사회적 영향에서 심리적 구조로 다가가는 것임을 우리는 앞의 서술로써 알 수 있다. 도덕교육 연구의 중심은 인격 심리학의 연구 성과로 인해 갈수록 풍부해졌다.

(4) 도덕교육 방법과 시기에 대하여

중국 당대 도덕교육사상 중 도덕교육 방법의 탐구에 대해서는 '체벌'과 '주입식 교육'의 두 가지 문제가 집중적으로 중요시되었다.

1952년 중앙인민정부교육부가 《학생체벌지시에 대한 폐지》를 발행하였다. 문건에서는 '체벌(다른 형태의 체벌도 포함)'이 봉건주의, 제국주의, 파시즘의 야만적인 아동 노비화의 일환임을 지적하였다. 이후에 각지의 교육 행정부서 조직의 교사(특히 초등학교 교사)들은 학습교육부의 지시로 체벌 사건의 일부분을 처리하였으며 각급 교육 행정 지도 부서는 체벌 폐지를 중요한 임무 중의 하나로 정하였다. 그러나 어떤 교사들은 이 문제에 대하여 분명하지 못하여 「초등학교교사」 월간지에 특별란을 개설하여 토론하게 했다. 먼저 우원吳文의 「나는 체벌의 절대적인 폐지를 반대한다」가 발표되었는데, 문장은 아동에게 시행되는 무거운 체벌에 찬성하지 않으나 '학습 효과를 높이고 학생들이 효과적으로 규칙을 준수하게 하기 위해서는 상황에 따라 가벼운 체벌은 필요하다.'고 했다. 그는 수많은 자료로 아래와 같이 이유를 설명했다. ① 가벼운 체벌은 학생들이 잘못을 뉘우치게 한다. ② 가장이 엄격하게 학생들을 관리해줄 것을 요구한다. ③ 수업시간의 질서유지와 가르침을 위해 수반되어야 한다. 이어서 12월호에 또 쉬터리徐特立가 쓴 「초등학교 체벌문제」는 체벌에 대해 명확히 반대의사를 표했다. 이후에 간행물은 1,749편의 원고를 받았는데 17편이 토론 특별란에 실렸으며 그중 우원의 글에 찬성하는 글이 6편이었다. 우원 글의 이유 이외에도 다른 몇 가지가 있다. 체벌의 절대적인 폐지는 아직 시기상조라는 이유, 도시는 체벌을 폐지할 수 있지만 농촌은 그럴 수 없다는 이유, 대부분의 학생들은 체벌이 필요치 않지만 장난이 아주 심한 학생들은 반드시 체벌을 가해야 한다는 이유, 체벌은 아동에 대한 책임의 표현이라는 이유 등이 있다. 반대하는 사람들은 신중국에 노예질서를 건립할 수 없으며 주인정신과 자각정신의 배양은 체벌을 통해 실현될 수 없다고 주장했다. 간행물 편집실은 체벌의 근원에 대한 주장을 분석한 이후, 교사들에게 다음과 같은 의견을 제시하였다. ① 학생들이 자각정신을 갖도록 어떻게 할 것인지, 규율과 집단의 역량을 어떻게 잘 운용할 것인지에 대해 반드시 연구하여 학생들 하나하나가 그들의 주동성과 창의성을 발휘하도록 하고, 진취적인 마인드를 가질 수 있도록 고무시켜야 한다. ② 합리적으로 체벌을 가할 수 있을지 반드시 연구해야 하나, 벌을 주는 것과 체벌의 본질적인 차이점을 인식해야 해야 한다. 전자는 학생의 인격을 존중한다는 전제하에 규율의 위반사항에 대해서만 체벌을 가하는 것이며, 후자는 폭력을 이용하여 강제로 아이를 굴복시키기 위한 수단인 것이다. ③ 반드시 학습이론을 진지하게 탐구하여 학생들을 가르치는 지도 방법에 정통해야 한다.

루쥔盧浚은 1964년 제4기 『학술연구』에 「상과 벌에 대한 학생의 심리 분석」을 실었는데, 이론상 체벌에 대한 탐구를 시도했다. 체벌과 형태가 다른 체벌 모두 거칠고 단순한 방법으로 학생을 대하는 것이었는데 그 결과는 학생들을 잘 교육시키지 못했을 뿐 아니라 오히려 그들에게 부정적인 결과를 남겨주었다는 것이다. 그는 "체벌과 변형된 체벌은 학생들에게 신체적인 고통과 심리적 공포를 주었고 학생들을 학대하였으며 인격을 모독하였는데 일부 학생들은 분노를 느끼며 자살까지 하려 했다. 폭력으로 아동의 행위를 억제하려는 것은 그들에게 사상적으로 명확하게 그르다는 것을 인식시켜 줄 수 없으며 자각정신을 배양해 줄 수도 없을 것이다." 체벌과 다른 형태의 체벌은 오직 학생들을 비겁하게 만들고 자존심과 자신감을 상실하게 할 뿐이며, 심지어 매우 비겁한 인간으로 변할 수도 있고, 자포자기하게 만들거나 장난이 심한 행동이 더 악화되는 경우도 있다. 학생을 욕하고 때리는 것은 교사에 대한 반감과 적개심을 갖게 하며, 벌 받기가 무서워 거짓말하고, 배우기를 싫어하여 수업에 빠지게 한다. 아이들은 쉽게 암시를 받아서 교사가 학생을 욕거나 때리면 학생도 교사에게 배운 그대로 다른 사람을 존중하지 않고 폭력으로 다른 사람을 대하고 잔인하고 무정한 사람이 된다. 이것들은 모두 체벌과 변형된 체벌은 심각한 부작용을 낳고 교육활동에 커다란 장애를 가져올 수 있다. 이 글이 발표된 후에도 교육이 실천되는 중에 체벌 사건이 여전히 발생했지만 이론계에서는 이미 공통적 인식이 생겨 다른 의견이 없게 되었다.

'주입'에 관한 토론은 근래의 일이다. 토론의 근본적인 분쟁점은 레닌의 『어떻게 할까』 중 한 문장에 대한 해석이다. 그 문장은 '노동자는 본래 사회 민주주의 의식이 있을 리가 만무하다. 그런 의식은 밖에서부터 주입시키는 것이다.' 이것에 대해서 도덕교육 이론계는 장기적으로 광범위하게 받아들여 도덕교육 작업의 '주입 원리'도 제기했다. 1989년 한향전은 이 원리에 대해 '질의'를 나타내었는데, 레닌의 어떤 개별적인 논술을 보편적 진리로, 도덕교육의 이론적 근거로 여기는 것, 이 "레닌의 논술 본의를 곡해하여 개혁 지도의 일관된 사상으로 삼는 것은 적합하지 않다. 이것은 부당한 것이기 때문이다." 문장에서 레닌의 그 문장은 특정한 환경에서만 '약간 격양된' 단어를 사용하여 경제파의 '자발'논주에 반박하려는 것이지 이론 작업 중요성의 개별적이고 단편적인 논술일 뿐인 것을 레닌의 전체 사상을 대표할 수 없다고 지적하고 있다. 게다가, 레닌의 이 문장은 전문적으로 제시한 것이거나 명확하게 '주입 원리'라고 논술한 것도 아니며, 마르크스나 엥겔스도 '주입 원리'라는 것을 한 번도 사용한 적이 없다. 작가는 또 쓰기를 이 원리를 신봉하는 것은 도덕교육 실천에 폐단을 가져오는 것이다. 예를 들어 학생들을 존중하지 않고, 자아교육을 부정하고, 이성을 억압하고, 창의성을 반대하고, 민주와 과학에 위배되는 등이 그것이다.

1990년 2월에 루샤오중盧曉中도『교육연구』에 레닌의 문장 중 '주입'이라는 것을 쓴 그 본의가 선전하고 교육하기 위한 것이며 '주입식' '주입식 방법'과 '내가 때리면 너는 도망가라'의 의미가 아니라고 하였다. 도덕교육 작업의 새로운 형식과 새로운 임무에 당면한 오늘날, 주입 방법이 지나간 시대의 방법이라는 것이 아니라 그 내용의 함축적 의미를 정확히 이해하고 실천으로 옮기도록 하는 것이 관건이다. 작가는 또 '주입방법을 높이 받들어 효과 있는 시행'을 위해 '반드시 고려해야 할' 세 가지 측면과 세 가지 원칙을 제기하였다. 즉 주입시킨 사회주의 사상의 성질, 수량, 형식, 내용, 또한 교육자 내적심리체재의 적극성 주동성 수준과 주체 쌍방 간의 심리 조절 정도, 주입 과정 중 교육 실천 방법 결정의 과학성 교육성 수준과 교육 매개자의 방식, 수단, 경로, 시기 선택 등 요소들의 효과 정도이다. 또한 쌍방교류의 원칙, 주입과 완화 통일의 원칙, 주입과정 중 감별과 비판의 원칙을 고수하는 것이다. 같은 호에 발표한 장쉐둥蔣學東의「'주입'의 네 가지 금기」에서는 '강한 주입' '빈 주입' '맹목적 주입' '맹렬한 주입'에 대하여 비판했다.

비록 논쟁은 있었지만 양측의 의견은 사실 본질적인 차이를 보이지 않았다. 특히 도덕교육의 기본 방법에 대한 견해는 기본적으로 상통하는 것으로 단지 레닌의 원문에 대한 이해 차이가 있을 뿐이었다.

어떻게 하면 도덕교육 작업 최적의 시기를 잡을 수 있을까? 어떤 사람은 이에 대해 심도 있게 탐구하여, 그것은 도덕교육 과정 중 우연한 요소가 아니며 그 자신이 가지고 있는 특징과 규율이라고 했다. 또한 도덕교육 시기에는 단기성, 외관성, 돌발성, 차이성 등의 특징이 있으며 도덕교육 작업 중 학생의 사상과 행동의 흥미, 흥분, 이익, 영예와 치욕, 시기, 감정, 일탈, 의구, 변화 등을 통찰하여 도덕교육 교육을 때에 맞게 진행해야 한다.

2. 도덕교육 개혁의 이론 연구

제11차 3중전회 이후에 중국사회에 거대한 변혁이 일어났고 도덕교육에 대한 예리한 도전도 제기되었다. 도덕교육의 내용, 형식, 방법에 있어서 뿐만 아니라 전체적인 사상의 방법과 지도 관념상에도 철저한 변혁을 진행할 수밖에 없다. 마치 양셴쥔楊賢君이 말한 것과 같다. "현재 학교 도덕교육교육은 학교의 내부 관계 측면이든 외부 관계 측면이든 모두 적응하지 못한 부분이 있다." 학교 내부 관계에서의 부적응은 도덕교육과 지식교육 간의 관계에서 주로 드러나는데, 지식교육은 이미 제도상의, 요구상의, 내용상의, 시스템상의, 방법상의 비교적 안정된 환경이 형성되었으며, 교사와 학생에 대한 검사와 심사표준이 비교적 완비되었는데 반해 도덕교육은 그렇지 못하다. 외부 관계에서의 부적응은 주로 복잡다양하고 생동적인 사회의 영향을 받아 형성된 힘 있고 적극적인 피드백 능력에 직면하여 단조롭고 박약하게 나타났다. 양더광楊德廣은 이러한 도전을 '변화'와 '불변'의 모순으로 간단하게 요약했다. 소위 '변화'는 첫째로 80년대의 형세변화와 개혁, 개방, 기술 혁명이라는 세 가지의 거대한 조류 속에서 '정치를 우선하는 것'에 대한 전통에 도전을 했다. 둘째로 사상정치 임무의 변화로 다시는 계급투쟁을 강령으로 하지 않았고, 두 가지의 문명과 네 가지의 현대화를 중시하게 되었다. 셋째로 학생들의 요구는 변했고 정치적 표준을 강조하는 것에서 '세 개의 방향'에 적응하는 것으로 변하였다. 넷째로 교육대상에 변화가 일어나 지금의 학생들은 명확한 시대적 특징을 나타낸다. 하지만 우리의 전통 관념도, 교육의 방법도, 도덕교육의 내용도, 일하는 사람들도 변하지 않았다. 도덕교육에 큰 개혁을 하지 않는다면 기대했던 효과를 얻을 수 없다.

우선 사람들의 주의를 끈 것은 세계 범위 내의 신기술 혁명의 물결이다. 신기술 혁명은 사람들의 도덕관념과 가치 관념에 거대한 충격을 주었다. 도덕교육의 실천이 어려웠던 과거에는 고된 육체적 노동을 영광으로 여겼던 것이 현재는 노동의 과학성과 기술 혁명을 영광으로 여기게 되었으며, 과거에 고상하게 여기던 소박하고 꾸밈없는 가난과의 싸움이었던 생활이 현재는 오히려 아름다움과 현대화 추구의 생활로 변하였으며, 과거에는 욕망의 절제를 중시했지만 현재는 합리적인 욕구의 만족을 중시하게 되었으며, 과거에는 자족하며 본분을 지키고 사람들과의 적은 왕래를 바른 어린이의 준칙으로 삼았던 것이 현재는 일정한 교류능력을 키우는 것을 목표로 삼게 되었다. 이러한 변화들은 도덕교육에 새로운 요구를 제기했다. 루제가 말한 것과 같다. "과거에는 국가가 오랫동안 쇄국정책을 실시하여 '보호' 조치를 통해 의식 형태를 '정화'하였다. 이러한 방침은 이미 지속적으로 관철해 나갈 수 없으며 과학기술 발전으로 형성된 공간적 상태와 교류 상태가 부합하지 않을 뿐만 아니라, 동시에 과학기술발전의 수요에 따른 장기적인 개방정책에 위배된다." 이렇기 때문에 "도덕교육활동은 일종의 신조나 행동의 '핵심'을 주입시키는 것에서 학생의 도덕사유와 판단능력을 양성하는 것으로 변화해야 한다."

위안전귀는 매번 일어나는 과학기술의 큰 혁명을 통해 생산력이 크게 발전되었고, 생산방법에 커다란 변혁이 일어났을 뿐 아니라 사회유기체의 모든 사소한 것들(정치, 철학, 심리, 종교, 도덕, 교육, 사상 등)에게까지 영향을 미쳤다고 여겼다. 예를 들어 첫 번째의 기술혁명으로 수백 년 동안 축적된 수공예가 물러가고 기존의 사회관계에 커다란 변화가 생겼으며 손쉽게 소농경제의 전통의식을 없애버렸다. 두 번째의 기술 혁명으로 생산에 커다란 변화가 일어나 생산의 사회화, 국제화를 가속 시켰으며, 자본주의가 독점단계에 이르도록 하였다. 이와 상응하게 분배, 교육, 통신 등은 집단화의 경향을, 시간, 구조, 언어의 운용은 표준화의 경향을, 문화, 풍속, 습관은 상호 융합의 경향을 보였다. 그리고 지속 발전하는 신기술 혁명은 사회생활과 문화교육에 대해 더욱 깊이, 더욱 광범위하게 영향을 미쳤다. 특히 가치관 측면에서 더 격렬한 진동과 충격이 일어났다. 인간의 가치관에는 개체의 가치관과 창의성에 대한 요구가 제기되었고 정치적 가치관에는 경제건설의 정치운동을 벗어나 개인숭배를 반대하는 성향이 생겨났다. 경제 가치관에는 의를 중시하고 이익을 경시하며, 농업을 중시하고 상업을 억제하고, 실효를 중시하는 변화가 나타났으며, 과학 가치관에는 과학지식과 과학기술, 지식

분자를 중시하고 창의성, 비판성 사유를 숭상했다. 윤리 가치관에는 방면에서는 육체를 의지하고 따르는 관념과 계급의식을 철저히 벗어날 것을 요구하였으며, 심미 가치관에는 정연하고 한결같은 심미표준을 깨어 버리고 자연적 본성에 따라 미를 풍부하고 다채롭게 만들었다. 행위 가치관에는 분쟁 없이 화목하게 지내고 균등주의나 복종의 관념을 반드시 경쟁이나 많이 일해 많이 얻는 것, 또는 스스로 책임을 지려는 경향에 자리를 내주어야 한다. 분명히, 전통의 도덕교육관념과 방법은 이러한 변화에 적응하지 못한다. 그러므로 과거의 '무엇이, 어떻게'의 교육이 '왜, 어떻게 생각하나?'의 교육으로 변해야 하며, '스승과 제자'의 관계에서 '스승과 친구'의 관계로 변해야 한다. 단일화에서 다양화로, 현실에서 동떨어진 이론에서 이론과 실제가 하나가 되는 것으로 변해야 한다.

개혁개방은 도덕교육에 새로운 도전을 제기했다. 1985년 6월 교육부 중학교 담당부서의 주관으로 열린 중학생의 사상정치를 연구하는 토론회에서 타오쭈웨이陶祖偉는 「학교 도덕교육개혁의 탐구」에 대해 발언을 했다. 이 발언은 중국이 현재 도약하는 발걸음으로 개혁개방의 새로운 시대에 들어선 후 학생 사상의 새로운 변화에 대해 분석했다. ① 개방과 자주성을 요구했다. 즉 '통제, 관리, 제약'에 불만을 갖고 사회 활동 참여와 적당한 제한을 요구하고, 자신들이 원하는 일을 할 수 있게 허가해 줄 것을 요구했다. ② 새로운 생활 방식을 요구했다. '아름다움'과 '즐거움' 두 가지에 중점을 두고 생활이 다채롭고 생기가 왕성하길 희망했다. ③ 우정을 중시하고 사교성을 강조했다. ④ 새로운 지식, 많은 정보, 빠른 리듬감을 요구했을 뿐 아니라 낡은 것과 느린 것을 싫어하여 모든 것에 늘 새롭고 빠른 것을 요구했다. 이미 변화한 학생들은 아직 변화하지 않은 도덕교육에 적응하지 못했다. 첫째로 정치사상의 목표이기도한 도덕교육의 목표는 매우 낡고 뚜렷하지 않았으며 둘째로, 도덕교육의 임무는 너무 급히 이뤄져야 했으며 심지어 즉시 효과를 요구했다. 셋째로 도덕교육의 방법과 수단이 시대에 맞지 않을뿐더러 탄력도 없어 주입만을 강조했다. 넷째로 이치상으로 힘이 없었다. 그래서 도덕교육 개혁 중에 개방성, 자주성, 침투성, 과학성과 체계성을 특히 강조하고 제창했다.

소위 '개방성'이란 도덕교육 내용상은 곧 책 속의 지식뿐 아니라 실제와 관련된 것을 말하며, 모든 사람들이 국가의 상황뿐 아니라 국제상황까지도 인식하도록 하는 것이고, 학생들이 현실을 직시하고 미래를 동경하도록 해야 함과 동시에 학생들에게 야기될 수 있는 복잡한 사회현상의 정보 피드백에 주의를 하도록 해야 한다. 교육 방법상 가르침의 범위를 넘어서 사회활동에 참여하게 해야 한다. 대인관계에서는 학생들이 바른 사교활동을 전개할 수 있도록 지도해야 하며, 도덕교육의 형식에서는 의의 있고 흡인력 있는 활동을 더 강조하고 '반드시 해야 하는 것'과 '하면 안 되는 것'의 명령은 줄여야 한다. 평가 기준에서는 창조정신을 강조하고 전통 관념에 도전하는 인격을 양성하는 일에 격려를 해야 한다.

소위 '자주성'이란 도덕교육의 '네 가지 자주'를 말한다. '자각自覺'은 학생들이 시대의 사명을 깨달게 하는 것이며, '자리自理'는 학생들이 스스로 자신의 일을 관리하고 의존성을 극복하는 것이고, '자교自敎'는 일종의 자기 결점을 극복하는 능력이며, '자강自強'은 목표에 달성하지 못하면 쉬지 않는 정신을 말한다.

소위 '침투성'이란 도덕교육이 한 가지 경로로만 진행될 수 없고 반드시 지식 교육, 심미교육, 체육, 노동기술 교육 및 학교에 있는 모든 사람의 일 속에 침투해야 한다. 그래야만 도덕교육활동에 비로소 힘이 생겨 학생들이 이러한 환경 속에서 감화되고 점차 바른 인격을 형성할 수 있다.

소위 '과학성'이란 도덕교육에서 과학을 배재하여 감상과 체험만으로 이루어질 수 없다는 것을 말한다. 또한 과거처럼 몸으로 배우는 것이 언어로 배우는 것을 지나치게 넘어섰던 현상도 더 이상 통용되어서는 안 된다. '과거 쓰라린 과거를 회상하며 오늘의 행복을 생각하라'와 '계급분석'의 무기는 이미 효과를 잃었고 반드시 '과학'과 '민주'를 통해 바꿔야 하고 과학적 이치를 이용해 학생들을 설득해야 한다.

소위 '체계성'이란 체계적인 내용을 학년에 따라 단계별로 배분하는 것을 말한다. 또한 전체적인 효과를 통해 학교라는 시스템 속에 있는 각각의 요소간의 관계가 도덕교육목표를 실현하는 데 도움이 되도록 해야 한다.

13차 전국인민대표대회에서 사회주의 초기단계의 이론을 확립시킨 후 도덕교육이론 중 새로운 문제가 나타났다. 쑹바오촨宋寶權은 사회주의 초기단계가 중국 사회주의 발전의 특수한 단계이며 일종의 불완전하고 성숙치 않은 형식이라고 여겼다. 학교사상 교육은 먼저 '사社'를 성으로 하는데 이전의 '사'가 아니며, 이름은 '고高'가 아닌 '초初'이다. 도덕교육은 성 '사', 이름 '초'와 잘 어울려야 한다. 과거 학교의 도덕교육을 돌이켜보면 그러한 단계를 초월하고 규율에 위배되는 것을 어렵지 않게 볼 수 있을 뿐 아니라, 낡고 뒤처지고 현실과 뒤떨어진 개념이 재정된 생활의 상태는 지금까지도 사라지지 않고 있다. 또한 미래에 능히 할 수 있는 일들을 제멋대로 오늘날 처리하는 일들이 여전히 존재하고 있으며, 소수의 선진 지식층들의 높은 기준을 전체사회 성원들의 '일률적인' 현상으로까지 확대하고 있다. 그는 도덕교육이 '학생들로 하여금 어렸을 때부터 말을 잘 듣고 순종하고 명철보신하게 하는가? 아니면, 승벽이 강하고 재능을 뽐내고 대담하게 경쟁하게 하는가? 낡은 것을 답습하고 안목이 짧고 현재 상황에 안돈하고 자족하고 항상 즐거워하게 하는가? 아니면, 용감히 개척하고 새로운 것을 창조하고 위기의식을 갖고 진취적인 태도를 갖게 하는가? 계급관념을 따르고 사람을 의지하게 하는가? 아니면, 인격상의 독립, 자주, 평등을 추구하게 하는가? 자아를 폐쇄시키는 것에 습관이 되고 자급자족에 기쁨을 느끼게 하는가? 아니면, 사교나 다른 사람과의 공동 작업에 능하고 각종 동등한 관계의 발전을 중시하게 하는가? 학습에 늦고 공론을 숭상하게 하는가? 아니면, 시간을 소중히 여기고 효율, 실속, 실제적인 효과를 중시하게 하는가? '안전한 직업'이나 '공동업적'을 쫓게 하는가? 아니면, 개혁을 추구하고 과감히 도전을 받아들이고 용감히 일정한 위험을 무릅쓰게 하는가? 등등을 판단해 보아야 한다." 이렇게 도덕교육의 효과에 직접적으로 영향을 미치고, 만약 우리의 도덕교육이 이룩해 놓은 것이 후자가 아니고 전자라면 우리는 현대화의 과정에서 도태될 것이다.

항웨이杭葦는 이런 관점에 동의하지 않았다. 그는 사회주의 초급단계에서 '사회주의'는 일반적인 것이고, '초급단계'는 개별적인 것이라고 보았다. 초급단계에서 채택한 특정 조치나 정책은 일정한 역사적 조건을 근거로 제정된다. 그는 이렇게 말했다. "경제 부흥을 위해 잠시 채택한 정책은 본질적인 것이 아니라 단순히 표면적인 현상이다. '생산력을 높이는 것은 사회주의 현대화 건설에 유리하다.'라는 사실만이 사회주의 초급단계의 본질이다." 따라서 사회주의 국가에서는 학생들에게 공산주의 교육을 실행해야 한다는 것이 그의 생각이었다. 그는 또 이렇게 말했다. "현 단계에서 학교의 사상교육은 먼저 집체주의 교육을 실시해야 하며, 단체생활을 통해 집체주의 정신을 길러야 한다. 왜냐하면 이것이 바로 사회주의 사상의 기본이기 때문이다. 집체주의가 없이는 사회주의도 없으며 공산주의 사상도 없다. 둘째, 반드시 공산주의 사상체계를 활용하여 학생들에게 이상교육을 실행해야 한다. 이를 통해 학생들이 오늘과 내일(미래)의 관계를 인식하고 인류 역사 발전을 올바르게 이해하여 공산주의의 실현과 자신의 목표를 위해 전진할 수 있도록 해야 한다."

이 두 종류의 대립된 관점은 모두 상당한 대표성을 갖고 있다. 그래서 이 쟁론은 사람들의 광범위한 주의를 끌었다. 토론의 계속됨에 따라 사람들은 도덕관념의 온갖 종의 어긋남에 관심을 갖기 시작했고 도덕교육의 과학화 문제에 대해 자주 언급하였으며, 도덕교육을 과학이론의 지도 하에 놓고 객관적인 규율에 의해 일을 처리할 수 없나 생각했다. 어떤 사람은 과거의 도덕교육 효과를 반성하면서 사람의 뜻을 다하지 못한 원인을 지적했다. 몇 년 동안 주로 '좌'의 잘못의 영향을 받아 사상 인격 교육을 하나의 과학으로 대하지 않았기 때문이다. 업무 방침상 '유산계급을 타파하고 무산 계급을 고양시키는 것'을 강조했고 학생들의 덕, 지, 체의 전면적인 발전을 중시하지 않았다. 교육내용상 '계급 투쟁을 주요과목으로 하는 것'을 강조했고 공산주의 도덕교육과 사람됨의 '기본적인' 훈련을 중시하지 않았다. 교육방법상에서는 사회화, 성인화, 일반화 되었고, 학교 업무의 특징과 학생들의 연령별 특징과 개별차이를 중시하지 않았다는 점 등이 있다.

비록 어떤 사람들은 과학화를 1978년 이래 도덕교육이론 발전의 가장 주요한 특징으로 보지만, 그것 역시 확실히 도덕교육개혁의 기본방향이다. 그렇지만 과학화의 인식에 대해 여전히 상당한 과정을 거쳤다. 예를 들어 어떤 사람은 이렇게 생각했다. "사상정치 교육은 경제 업무와 같고, 기타과학 기술 업무와 같다. 일종의 과학이며 게다가 당성과 실천성이 매우 강한 하나의 종합성 과학이다. 그것은 그것만의 명확한 연구 영역이 있고, 그것만의 견실한 이론 기초가 있으며, 그것만의 광범위한 실천의의가 있고, 그것만의 특징 있는 객관적 규율이 있으며, 기타 과학의 여러 가지 특징과 다른 점이 있다. 우리는 마땅히 그것을 사상정치 교육학으로 삼아야 한다." 여기서 말한 과학화란 사실 도덕교육의 연구 특징, 이론기초, 실천의의와 객관규율을 과학화의 표준으로 하였다는 뜻이다. 또 어떤 사람들은 도덕교육의 과학화를 "변증유물주의와 역사유물주의의 기초 원리로 지도 삼고 심리학, 교육학, 사회학, 행위과학 및 정치 경제학 등의 과학 지식을 운용하고, 청년의 사상에 따라 생산, 변화, 발전의 객관규율로 사상정치를 개진해 나가고, 최대한으로 청년의 적극성을 동원하여 그들을 합격된 사회건설인재로 양성하는 것이다."고 이해했다. 여기서 말한 과학화는 청년학생의 적극성을 동원할 수 있는가를 표준으로 삼는 것이다. 그리고 체제적인 도덕교육내용을 형성할 수 있는가를 과학화의 표준으로 삼는 사람도 있다. "아동의 사상 인격교육의 과학성을 강화하는 관건은 하나의 비교적 완전한 공산주의 도덕규범과 사회주의 사회 생활준칙을 반영한 것을 건립하는 것에 있고, 또 아동의 연령별 특징과 사상 인격 특징의 교육내용의 과학 체계에 부합되어야 한다는 것에 있다."

다년간의 연구와 탐구에 걸쳐, 교육이론계는 비록 많은 도덕교육의 문제점에 대해 아직도 쟁론거리가 있지만 과학화 문제에 대해 이미 약간의 공통인식이 형성되었다. 1990년 11월 27일 항주에서 열린 전국 도덕교육 학술 토론회에서 많은 학자들이 도덕교육의 과학화에 대해 의견을 발표했다. 이러한 의견들은 이하의 4가지 방면으로 나눌 수 있다.

첫째, 도덕교육과학이론의 건설을 강화하는 것이다. 실질적인 도덕교육 과학화는 도덕교육이 과학이론의 지도아래 객관적 규율에 따라 처리되는 것을 말한다. 이것은 도덕교육과학 이론의 건설에 대해 새로운 요구를 제기하였는데, 특히 교육대상의 생리, 심리, 지식, 인격 상태의 연구에 대해 강화하고 도덕교육이 요구하는 것과 청소년 사상의 나아갈 길의 합류점을 찾고, 청소년 인격내화 과정의 규율을 탐색하는 것이다.

둘째, 과학적인 도덕교육 작업의 모델을 세우는 것이다. 이 모델은 도덕 주체 형성과정의 '구성설'의 기초상의 건립이다. '구성설'의 이론에 근거해서, 학교도덕교육의 모델은 반드시 '내향성' 모델에서 '외형발전형' 모델로의 전환을 실현해야 한다. 왜냐하면 '내향성' 도덕교육 모델의 특징은 피교육자가 교육자의 요구를 받아들여야 함을 강조하고, 엄격하게 교육자의 요구에 따라 언론을 발표하고 행동을 취하고, 피교육자의 자기 학습과 자아 평가를 중시하지 않으며 교육 요구의 조준성을 중시하지 않기 때문이다. 그러나 '외형발전형'의 도덕교육 모델은 사회도덕생활 주체를 양성하는 것을 목표로 삼고 도덕주체형성과정의 '건설'원리를 실천의 근거로 삼고, 사회도덕생활의 요구를 근거로 각각의 도덕적 자질을 세울 것을 주장한다. 교육자와 피교육자 간의 작용과 영향을 강조하고, 피교육자의 자아교육의 적극성을 발휘하는 것을 강조하고, 피교육자가 목적과 계획을 갖고 사회도덕 생활 실천에 참여 하는 것을 중시하고, 실천 중에 자기의 도덕형상을 완성하는 것을 강조한다. 동시에 교육의 조준성을 주의하고, 교육의 '최적기'를 중시한다. 또 어떤 사람은 반드시 중의 도덕교육작용에 '기타법률'과 교사를 주의해야 한다고 제기했다.

셋째, 과학적인 도덕교육 방법을 형성한다. 도덕교육 방법 과학화의 관건은 형식주의와 성인화成人化 경향을 없애고, 다음과 같이 하는 것이다. 피교육자의 자주성을 중시하고, 교육과 자아교육을 결합시킨다. 피교육자의 심리 소질의 발전을 중시하고, 인격교육과 심리교육을 결합한다. 인격양성을 중시하고, 인격의 규범교육과 인격양성을 결합한다. 인격적 실천을 중시하고 도리를 말하는 교육과 인격적 실천을 결합한다. 명시교육을 중시하고, 명시교육과 암시교육을 결합한다.

넷째, 과학적인 인격평가체제를 건립한다. 먼저 평가의 목적과 작용을 정확히 알아야 한다. 평가의 목적은 물론 교사로 하여금 인격 교육을 더욱 견고하고 명확한 방향으로 이끌어 나가기 위한 것이고, 더 좋은 도덕교육 방법을 선택하고 조직하는 것이며, 학생들이 장점을 발견하고 결점을 극복하는데 도움이 되는 것이다. 그러나 더욱 중요한 것은 학생들이 한 걸음 더 자신을 알고 자기를 이해하며, 자신의 개성적 특징과 인격의 발전 상태를 보고, 미래의 목적을 확정하게 하는 것이다. 다음으로 과학적인 평가표준이 있어야 하고, 그 표준은 적어도 세 가지 방면의 내용을 가지고 있다. ① 사회정치 사상의 도덕표준, ② 도덕교육의 대강과 학생행동 규범을 이용해 확정하는 계층 간의 평가기준, ③ 평가는 하나의 과정으로서 연관성과 항상성이 있어야 하며 단지 학생의 한 시기만으로 전체를 평가할 수 없다. 평가는 반드시 학생의 행동과 사회 요구 간의 관계를 반영해야 하고, 간단한 평점만으로 진행할 수 없으며, '측량화'를 채택하고 신중한 태도를 취해야 한다. 물론, 도덕교육의 과학화는 장기적인 임무이자, 이론과 실제 방면에서 모두 한 단계 더 깊이 들어갈 필요가 있다.

20세기 말, 중국에서 일어난 인터넷 붐은 매우 빠른 속도로 발전했다. 중국의 인터넷 정보 센터의 통계에 따르면 2000년 12월 31일까지 누적된 인터넷 사용자의 숫자는 이미 2,250만에 달했다. 인터넷의 출현은 인류사회로 말하자면 한 차례의 큰 혁명이었으며 필연적으로 사회의 정치, 경제, 문화, 가치관, 도덕의식 등에 충격을 주었는데 교육도 예외는 아니었다.

장쩌민은 이렇게 지적했다. "정보기술, 특히 정보 인터넷 기술의 발전은, 우리의 사상정치의 발전을 위해 현대적인 수단을 제공하고, 사상정치의 영역과 방법을 넓혀주었다. 정보 인터넷 기술을 중시하고 충분히 운용해야 하고, 사상정치업무로 하여금 시효성을 높여야 하고, 보급률을 확대해야 하고, 영향력을 강화해야 한다." 장쩌민의 말은 인터넷 시대의 도덕교육에 대해 명확한 방향을 제시하였다. 많은 학자와 교육가들이 인터넷 시대의 도덕교육 업무에 대해 연구를 진행했고, 많은 가치가 있는 교육사상을 제기했다.

대다수의 학자들은 인터넷과 인터넷도덕교육의 특징에서 출발하여 인터넷이 도덕교육에 미치는 영향에 대해 연구했다. 천홍타오陳洪濤는 인터넷은 다원성, 개방성, 허구성, 상호성과 즉각성의 5가지의 특징이 있다고 여겼다. 류서우타오劉守濤는 이렇게 생각했다. '인터넷 도덕과 기존의 도덕 교육의 가장 명확한 구별은, 그것들이 의지하는 존재의 물질 기초가 다르다는 점에 있다. 기존에 있는 도덕의 기초는 물질 공간이다. 그것은 사람들의 시비관과 사회 평가에 의해 운용되고 인터넷 도덕의 기초는 전자공간에 있고, 그것은 사람들이 행하는 물질, 감정, 정보 교류의 전자세계에 있다. 기존에 있는 도덕과 비교했을 때, 인터넷 도덕은 반드시 자주, 개방, 다원 등 일종의 특징과 경향을 나타낼 것이고, 그리하여 더욱 인성에 맞고, 더욱 사람과 사회의 자유전면 발전을 촉진할 수 있을 것이다.

인터넷은 양면성을 가지고 있다. 그것은 도덕교육에 전면적으로 좋은 기회를 가져오는 동시에 가혹한 도전도 가져왔다. 이것은 학술계에 이미 다다른 공통적인 생각이다.

인터넷은 도덕교육에 좋은 기회를 가져왔다. 리추이촨李翠泉은 인터넷은 청소년 사상 관념계통에 긍정적인 영향을 주었고, 청소년이 다원화된 관념을 형성하고, 세계의식, 효율적 관념 등을 형성하는 데 유리하다고 했다. 또한 상호성, 개성화의 인터넷은 청소년의 개성발달과 자아의식의 완성에 유리하고 인터넷이 하나의 도덕교육 수단으로써, 학생들의 자아교육 활동의 발전을 위해 조건을 만들어주었다고 여겼다. 인터넷은 일종의 소통수단으로 사제 간의 의사소통을 촉진하는 데 유리하고, 도덕교육의 실효를 높일 수 있다고 하였다. 리강黎剛은 학자들이 인터넷이 도덕교육에 좋은 기회를 가져왔다는 것에 대해 요약하여 서술했다. 그는 학자들이 다른 각도로 인터넷이 사상정치에 미친 영향을 분석했다고 말했다. 첫째, 어떤 학자들은 시각을 교육의 주체에 놓고, 인터넷 사상정치 교육 중에 교육 주체에 새로운 변화가 나타났다고 생각했고, 즉 주체화가 아니고, 교육주체와 교육 객체 지위의 평등성은, 교육 주체로 하여금, '설득력'을 제공하는 게 아니라 '영향' '선택'과 '인도'를 제공한다. 그래서 인정미, 친화력을 더 갖추고, 교육 효과를 더 얻을 수 있다는 매력을 가지고 있다. 둘째, 어떤 학자들은 교육내용에 시각을 두고, 인터넷 중 사상교육은 아래와 같은 새로운 특징을 가지고 있다고 했다. 많은 매체 기술이 생겨남으로 인해, 교육내용의 형태는 평면적인 것에서 입체적인 것으로 나아갔고, 정적인 것에서 동적인 것으로 변했고, 현실공간에서 시공을 초월하는 것으로 나아갔다. 인터넷의 많은 정보량 때문에, 교육내용은 풍부해졌고 전면적으로 바뀌었다. 게다가 가관성과 선택 가능성도 가졌다. 극히 높은 문화와 과학의 함량을 가졌고, 교육내용과 정치성 본질은 역사 문화 지식과 현대 과학 기술 정보 중에 은연중에 내포되어 있다. 셋째, 어떤 학자들은 교육방법에 시각을 두고, 도덕 교육이 컴퓨터와 많은 매체 수단의 도움을 빌려, 네티즌에게 정보를 제공하고, 네티즌이 올바른 정보를 선택하도록 돕고, 전통의 사상교육 방법을 현대화하는 것이다.

인터넷은 도덕교육에 도전을 가져왔다. 세하이광謝海光은 인터넷이 인류사회에 가져온 소극적이고 부정적인 면의 충격은 인간관계의 소외, 퇴폐적 현상의 석권, 문화충돌의 필연, 경범죄의 증가, 도박의 낙원을 이룸, 빈부격차와 지식 간격의 확대, 정보출현의 우려, 등등이 있다고 여겼다. 리강은 학자들이 인터넷이 도덕 교육에 가져온 도전에 대해 요약했다. 그가 학자들은 기본적으로 아래에 3방면에 공통의식을 가지고 있다고 말했다. 국제 이데올로기의 침투와 영향은 나날이 격화되고, 국내 여론의 발전 방향의 제어와 관리의 어려움은 더 커지고, 전통 사상정치 교육 관념과 방식이 낙오되고 있다는 점이다.

인터넷 교육의 특징을 보면, 인터넷이 도덕 교육에 좋은 기회와 도전을 가져왔고, 수많은 학자들이 인터넷시대의 도덕 교육에 대한 건의와 대책을 제기했고 도堵, 방防, 건建, 소疏, 변變, 도堵, 다섯 글자로 요약했다. 도堵는 기술 수단을 이용해 '해로운 데이터'의 침입을 막는 것이다.

방防은 건전한 준법을 세워 법률의 규범 작용을 발휘하고 인터넷에서 발생하는 문제를 방지하는 유효한 수단이다. 건建은 첫째로 인터넷상의 사상정치의 활동 장소를 건립하고, 둘째는 인터넷상에서 사상정치의 대오를 건립하는 것이다. 소疏는 인성교육을 강화하고 네티즌이 유해 정보에 대한 자각적 제압 의식과 능력을 배양하고 높이는 것이다. 변變은 사상정치 교육자가 관념과 업무 방식을 전환하여 끊임없이 새로운 것을 창조하고, 인터넷 도덕 교육을 생기와 활력으로 충만하게 해야 한다는 것이다.

차오진쑹曹勁松은 인터넷 도덕 문제에 대해 전문적인 연구를 했다. 그는 현재 인터넷의 입법이 아직 완전하지 못하고, 상응하는 법체계의 규범이 아직 제 역할을 하지 못하고 있기 때문에 인터넷 도덕규범을 세우고, 인터넷 도덕 건설을 강화하는 것이 더 긴박해 보인다. 인터넷 도덕문제의 특징은 다음과 같다. 인터넷 개방은 정보의 다원화를 가져왔고, 사이버 세계는 인격의 위선을 가져왔고, 인터넷의 겸용은 인터넷의 중독을 야기했다. 인터넷의 무질서는 인터넷의 침범을 가져왔다. 인터넷 도덕규범의 주요 내용은 진위를 명백히 밝히고, 경솔히 믿지 않는 것, 진실됨을 유지하고 거짓말을 하지 않고, 책임을 실행하고 터무니없는 말을 하지 않으며, 협의를 준수하고 월권행위를 하지 않고, 경계심을 높이고 방임하지 않는 것, 유혹은 거절하고 타락하지 않는 것이다. 현재의 인터넷 도덕 건설의 주요 일환은 인터넷 도덕의 지식수준을 높이고, 인터넷 도덕의 심리 순응을 강화하고, 인터넷 도덕의 행동 표현을 규범화하고, 인터넷 도덕의 유지 시스템을 건전하게 하는 것이다.

결론적으로, 현재 교육계는 인터넷 도덕교육에 대해 고도의 중시가 있으며, 일정한 심도 있는 연구를 진행했다. 그러나 연구 중에 중복성 연구가 비교적 많고, 사상의 심도 있는 논문은 많지 않다. 그러므로 인터넷 도덕 연구는 더욱 광활한 시야가 필요하고, 학과목을 뛰어넘는 연구를 진행해야만 비로소 새로운 돌파구를 마련할 수 있다.

3. 도덕교육 실천의 이론 창조

도덕교육 사상은 도덕교육 실천을 토대로 발전한다. 그래서 풍부하고 다채로운 도덕교육의 실천에서 벗어나게 되면, 도덕교육 사상은 뿌리 없는 나무가 되고, 수원水源이 없는 물이 되어버린다. 풍부한 경험을 갖춘 도덕교육 종사자들은 도덕교육을 실천하는 가운데 자신의 경험을 이론으로 발전시키고, 아울러 상당히 특색 있는 도덕교육 사상으로 만들었다. 이렇듯 도덕교육 실천으로부터 나온 이론 창조는 바꾸어 말하면 도덕교육 실천을 지도하면서 중국교육에 긍정적인 영향을 미쳤다고 할 수 있다. 이러한 이론 창조를 자세하게 연구하고 평론하는 것은 거의 불가능하다. 여기에서는 단지 그 중요한 것만을 선택해 소개할 뿐이어서 내용이 부족하고 누락된 것이 많겠지만, 도덕교육 이론의 전반적인 내용은 파악할 수 있을 것이다.

(1) 풍은배馮恩培와 '교육 흔적의 담화淡化'

풍은배는 80년대 초 매우 유명한 상해시 모범반 담임이었다. 일찍이 『문휘보文彙報』에서 그의 도덕교육 경험을 소개한 적이 있다. 1985년, 풍은배는 '교육 흔적의 담화淡化'라는 견해를 이렇게 제기하였다.

첫째, 교육자의 역할 흔적을 담화淡化시켜야 한다. 풍은배는 지금의 도덕교육은 '너는 교육받는 사람이고, 나는 교육하는 사람'이라는 역할을 너무 지나칠 정도로 분명하게 구분한다고 지적했다. 이로 인해 수업이나 회의할 때 교육자는 말하고, 피교육자는 무조건 들어야 한다. 그러나 사실 성공적인 교육은 역할을 잊어버리는 교육이어야 한다.

둘째, 교육의 성인화成人化 흔적을 담화淡化시켜야 한다. 풍은배는 도덕교육은 종종 가장 엄숙하고 진지한 분위기 속에서 이루어지는데, 이러한 성인화成人化된 교육 형식은 청소년의 생리生理와 심리적 특징을 무시한 것이며, 그들의 개성적인 차이를 무시한 것이라고 주장했다. 실천에서 이미 증명되었듯이, 효과적인 교육은 은연중에 이루어지는 것이다. 이른바 '교육은 즐거운 방식으로 이루어져야 한다.'는 것이 바로 이러한 이치이다.

셋째, 교육의 '동태환경動態環境'을 연구하고 개선해야 한다. 풍은배는 건평중학교建平中學校 교장이 된 후, 교육의 '동태환경動態環境'을 조성하는 데 힘썼다. 교육의 '동태환경動態環境'은 '물질' '인간관계' '심리' 이 세 가지 환경으로 이루어진다. 물질 환경이란, 교정, 가정, 놀이동산, 화원이 하나가 된 환경으로, 학교의 모든 레크리에이션, 체육교육 시설이 학생을 인재로 키우는 데 최대한의 편리를 제공해야 한다. 인간관계 환경이란, 교사와 학생의 상호존중, 상호이해, 상호인정, 상호학습, 상호양해를 말하는 것으로, "사랑을 주고받고, 믿음을 주고받는 것이다." 심리 환경이란, 물질 환경, 인간관계 환경이 더욱 내부화된 것으로, 학교 내에서 복숭아를 선물 받고 자두로 답례 하듯이 학생은 교사를 존경하고, 교사는 학생을 사랑하는 선순환을 말한다. 이러한 '교육 흔적의 담화淡化'는 더욱 쉽게 은연중의 감화 효과를 얻을 수 있어 학생들의 환영을 받는다.

(2) 리옌제李燕傑와 '청년은 나의 스승, 나는 청년의 친구'

70년대 말, 80년대 초, 도덕교육은 '기존의 방법은 쓸 수 없고, 새로운 방법은 쓸 줄 모르며, 온건한 방법은 쓸모없고, 강경한 방법은 감히 쓰지 못하는' 곤란한 상황에 직면했다. 북경사범학원北京師範學院의 이연결은 새로운 도덕교육 방법 모색을 생각하기 시작했다. 그는 청대 화가 석도石濤의 『황산도黃山圖』의 '황산은 나의 스승, 나는 황산의 친구'라는 문구에서 착안하여 '청년은 나의 스승, 나는 청년의 친구' '학생은 나의 스승, 나는 학생의 친구'라고 하여, 자기 스스로 청년의 일을 하는 좌우명을 만들었다. 또한 석도의 "기이한 봉우리를 다 찾아 밑그림을 그리다."는 문구에서 '청년들을 깊이 이해하고, 그들의 사상, 감정, 의식을 파악한다면, 반드시 그들과 공감대를 형성하고, 게다가 그들과 공통된 생각을 점차적으로 갖게 되어 의기투합하게 될 것이다.'라는 것을 깨달았다. 이러한 신념을 토대로, 리엔제는 청년들을 이해하고, 여러 가지 방법을 동원하여 청년들을 친구로 사귀었다. 대학생, 노동자, 군인, 농촌 청년, 취업준비생, 장애 청년에서 비행 청소년에 이르기까지 앞뒤로 수많은 친구를 사귀었다. 그는 이렇게 결론을 얻었다. "요즘 세대의 청년들은 비록 단점도 있고, 잘못도 있고, 선천적으로 부족한 점도 있다. 그러나 이들의 본성과 본바탕은 착하다. 우리가 이들의 본성과 본바탕을 제대로 볼 수 있다면, 이들에 대한 깊은 애정이 생겨날 것이고, 이들을 교육시켜 향상시키겠다는 책임감이 강하게 일어날 것이다." 아울러 그는 청년들을 자신의 친아들, 친딸로 생각하여 이들을 보호해주고 도와준다면 진정으로 '교사 같고 친구 같고, 교사이듯 친구이듯' 될 수 있다. 또한 서로 평등하게 대하고, 공통의 관심사를 찾아내서 서로 이해하도록 노력하여 서로 소통할 수 있는 다리를 만들어야 한다고 주장했다.

도덕교육의 방법에 있어, 리엔제는 도덕교육을 지식교육과 정서교육 가운데 포함해야 한다고 주장했다. 그는 공부를 가르치고 사람을 교육하는 것은 거문고 악사가 거문고를 다루는 것처럼, 가르치는 과정 중에서 청년의 심금을 울리고, 자극하며, 감동시키고, 위로하며, 격려하는 것이라 여겼다. 수업을 하고, 대화를 나누고, 발표를 할 때마다, 청년들이 작품성이 뛰어난 영화를 보는 것처럼 노력을 아끼지 않게 하며, 봄바람과 봄비에 젖는 것처럼 은연중에 감화되게 함으로써, 이들의 사상과 재능 모두가 향상될 수 있도록 해야 함을 주장했다. 또한 그는 도덕교육 내용에 있어서 '옛 선인들의 방법을 취하여 현재 상황에 알맞게 적용하고' '청년들에게서 방법을 취하여, 청년들에게 사용할 것'이라고 말했다. 비록 나중에 '이상과 현실의 충돌 현상'이 나타나기도 했지만, 리옌제의 '청년 학생의 도덕교육 작업에 대한 모색'과 '청년은 나의 스승, 나는 청년들의 친구'라는 이론 창조는 변함없는 가치를 지닌 도덕교육 사상이라 할 수 있다.

(3) 임소애任小艾와 사랑의 교육

60년대, 교육이론계는 '모성애교육'에 대해 비판을 제기했다. 70년대 말에는 다시 '모성애교육' 비판을 시정하기 시작했다. 이로써 역사는 마치 다시 원점으로 돌아온 듯했다. 이는 도덕교육이 그 자체에 객관적인 규율을 갖추고 있고, 사랑이 바로 도덕교육의 가장 기본적인 규율이라는 것을 설명해준다. 오직 10년 동안 교직에 종사했던 임소애만이 이러한 법칙을 인식하여 성공을 거두었다. 그녀는 이렇게 말했다. "물이 없으면 물고기가 있을 수 없고, 감정이 없고 사랑이 없으면 교육도 있을 수 없다. 만약 교사가 마음속 깊은 곳에서부터 자신의 학생을 사랑하지 않고, 부모처럼 친근함과 엄격함이 결합한 사랑을 주지 않는다면, 학생을 제대로 가르치기 힘들다." 그녀는 교사의 사랑은 지식 전수, 이상理想 계발, 학생의 전면적인 소질 배양 및 학생에 대한 세심한 관심에서 구현된다고 보았다. 교사의 사랑은 학생 모두에게 베풀어져야 하는데, 학생 한 사람 한 사람이 모두 집단의 구성원이며, 교육 그룹을 이루는 가장 작은 단위이기 때문이다. 그러므로 교사의 사랑은 반드시 모든 학생의 마음속으로 스며들어야 한다. 성적이 좋은 학생, 성적이 보통인 학생을 막론하고, 모두에게 '평등하고 열정적이며 꾸준한' 사랑을 쏟아야 한다는 것이다. 또한 풍부하고 다채로운 활동을 만들어 반 전체가 학생들의 친근한 놀이동산이 되도록 해주어야 한다고 말했다.

이 밖에도 임소애는 이렇게 주장했다. 도덕교육 중 학생에게 베푸는 '사랑'은 모든 것을 학생에게 내맡겨 버리는 원칙 없는 순종이 아니다. 또한 오직 온화하고 교양 있게 만면에 웃음을 띠면서 학생에게 끌려 다니며 타협하는 것이 아니다. 그래서 '사랑'에도 반드시 '과학'이라는 두 글자를 덧붙여서 과학적으로 학생들을 사랑하여, 치우치게 사랑하거나 지나치게 사랑에 빠져서도 안 되는 것이며, 엄숙하고 공정하며 엄격한 요구를 할 수 있는 두터운 사랑이다. 그녀는 "그들의 마음을 사랑으로 움직이고, 그들의 행동을 엄격하게 지도해야 한다."고 제기하였다. 이러한 사랑은 '관심, 이해, 지지'의 여섯 글자에서 나타난다. 특히 학생의 정신세계를 이해해야 하고, 교사에 대한 학생의 감정을 이해하고 받아들어야 한다. 그리고 학생들의 정당한 요구를 이해하고 만족하며, 학생의 학습과 생활의 각 방면에 관심을 가져야 한다. 이렇게 해야만 민주적이고 평등한 사제 관계를 형성할 수 있다.

(4) 연합체聯合體와 삼투교육滲透敎育

1990년 10월, 전국 일부 시도市道의 중점중학실험중학연구회全國部分省市重點中學實驗中學硏究會(약칭 '연합체')의 제4차 연차회의가 청두成都에서 열렸다. 이 연차회의의 주요 토론주제는 '어떻게 하면 도덕교육의 가장 중요한 지위를 실현하고, 도덕교육의 가장 중요한 지위와 교육 중심 지위의 관계를 잘 처리할 것인가.'였다. 이 연차회의에서 대표들은 교육 가운데 도덕교육을 스며들게 하는 문제에 대해 폭넓게 토론하였다. 그 결과, 의식과 무의식, 주동과 피동, 자각自覺과 비非자각의 효과가 크게 다르다는 것이 일치된 의견이었다. 교육 중에 도덕교육을 자연스럽게 스며들게 하기 위해서는 아래 몇 가지 문제를 강조해야 한다.

① 교과목의 목적 교육

② 교과내용의 사상성

③ 교과내용의 역사심화감

④ 교과내용의 사상방법론

⑤ 교과내용의 현실 부합성

⑥ 교과교육의 예민한 내용 분석

⑦ 교과내용의 정서교육

⑧ 교과내용 중의 인식미와 심미교육

⑨ 교과내용의 토론성

⑩ 교과내용에 대한 향후 전망

이들은 '연합체' 소속 학교들의 '도덕교육을 주입하는 교육 실천' 가운데 아래의 경험을 총결하였다: '교사는 도덕교육 과목을 잘 주입하려면, 기본적으로 교재의 내용을 잘 설명해야 한다. 그렇지 않으면, 도덕교육을 아무리 잘 주입시키더라도, 설득력이 없으며 심지어 아무런 효과도 거둘 수 없다. 관건은 고도의 인재양성 의식과 강렬한 훈육 욕구를 갖추는 것이다. 그렇지 않으면, 지식 전달이 아무리 잘 되어도 도덕교육의 훈육 효과 역시 한계가 있을 수밖에 없다. 그들은 도덕교육을 훈육하는 기본적인 방법을 다음 네 가지 항목으로 총결하였다.

첫째, 교재에서 교육이 내포하는 의미를 깊이 있게 발굴해 내고, 교육의 중심 부분을 진지하게 찾아낸다. 둘째, 교육 가운데의 인식 소재를 충분히 활용하고, 이에 상응하는 교육관점을 정확하게 설명한다. 셋째, 학생과 관련한 구체적 상황을 연계하도록 노력하고, 핵심을 겨냥하여 새로운 의미의 교육을 수행하도록 한다.

넷째, 새로운 의미의 교육 속에 담긴 철리哲理 요소를 다듬고, 아울러 자연스럽게 발휘하고 간결하게 개괄함으로써 주입식 도덕교육이 일정한 넓이, 깊이, 강도 및 효과에 이르도록 힘을 다해야 한다.

또 운영방법에 관해 이렇게 주장했다. "주입하는 시기는 확실해야 하며, 주입 관점은 정확해야 하며, 주입 언어는 간결하고 명확해야 하며, 주입 감정은 꾸밈이 없어야 하며, 교육의 새로운 의미는 적절해야 하고, 철리를 발휘함에 있어서는 타당해야 한다. 요컨대, 주입식 도덕교육을 성공적으로 추진할 수 있는지의 여부는 교사가 전체적으로 양호한 자질을 갖추고 있는지, 그리고 교육의 기초와 교육 능력이 완벽하게 결합되어 있는지에 달려 있다."

'연합체'는 13개 성省, 시市의 17개 학교로 구성되어 있다. 이들은 주입식 도덕교육의 이론적인 문제를 모색할 뿐만 아니라, 교육 실천에 있어서 여러 가지 실험을 진행하여『중학교의 주입식 도덕교육 교안 핵심中學滲透德育敎案精萃』과 같은 성과를 거두었다. 이 책은 어문, 수학, 외국어, 물리, 화학, 생물, 역사, 지리, 음악, 체육 등 10개 과목의 주입식 도덕교육을 진행하기 위한 필요조건, 실천 구상, 주입 과정, 조작 방법, 파악 시기 및 통제 역량 등의 문제에 대해 유익한 연구를 진행하였다.

4. 외국 도덕교육이론의 소개와 연구

중국 당대 도덕교육사상의 발전은 외국 도덕교육이론의 소개와 연구를 제외하고 이야기할 수 없으며, 또한 이 중에서 참고로 할 수 있는 내용을 흡수했다. 1949년 이후 중국의 도덕교육이론계에 연달아 수많은 인물이 소개되었는데, 초기에는 마카렌코와 크루프스카야, 칼라닌 등의 중요 대표인물이 있었고, 1978년 후 도입된 존재주의의 도덕교육사상, 과학인도주의의 도덕교육사상, 실용주의의 도덕교육사상, 신토마스주의의 도덕교육사상, 사회학습론의 도덕교육사상, 인격주의의 도덕교육사상, 교육인류학의 도덕교육사상, 가격 침전론의 도덕교육사상, 행위주의의 도덕교육사상, 인지주의의 도덕교육사상 등은 거의 글로써 소개되었다. 그중 대부분은 문화와 가치관의 차이 때문에 중국의 도덕교육 실현에 전혀 영향을 주지 못했고, 도덕교육 이론계에도 공감을 일으키지 못했다. 여기에는 부분적으로 중국 도덕교육 실험에 영향을 주었던 외국 도덕교육학설을 설명하였다.

마카렌코의 학설은 중국교육계에 광범위한 영향을 주었고, 그의 저작물은 거의 하나도 빠짐없이 번역되어 중국 독자에게 소개되었다. '각계 사범학교의 교육사와 교육학 교재 중, 마카렌코의 교육사상과 실험에 관한 전문적인 논문을 게재하고 있다. 많은 교육직업 종사자, 특히 초·중학교 교사는 예전에 그의 교육학설을 열심히 공부했었다. 특히 그의 집단관련 교육과, 규율교육과 노동교육이론, 그가 평생을 바쳐 종사한 교육사업의 두려움을 모르는 정신과, 사람을 개조하는 투쟁 중의 혁명의 굳센 의지와, 높은 정치 책임감, 무산계급의 교육에 대한 혁명사업에 높은 충성에 이르기까지, 그리고 대담한 혁신정신이 중국교육계에 비교적 큰 영향을 일으켰다.'

마카렌코의 학설은 중국교육계에 제일 큰 영향을 주었다. 즉 '집단 속에서 집단을 통해 그리고 집단을 위해 교육한다.'는 원칙이다. 마카렌코는 『나의 교육관점』에서 이렇게 지적했다. '만약 집단이 없으면, 집단교육도 없다. 그렇다면 개개의 방법을 사용한 결과는 개인주의자를 양성할 위험이 있고, 또한 이러한 결과가 있을 수밖에 없다.' '오직 한 사람이 오랫동안 합리적인 조직에 참여하고, 규율이 있으며 인내하여 마음이 흔들리지 않게 하고, 자신감 있는 그러한 집단생활을 할 때, 비로소 성격이 배양된다.' 그래서 마카렌코는 집단은 교육의 기초이며, 동시에 교육의 목적이고, 대상과 수단의 이론이라고 주장했다. 『교육의 목적』 중에서는 명확히 '평행교육의 영향'의 학설을 제안하였다.

즉, "학교집단은 바로 소비에트 아동사회의 세포이며, 그것은 당연히 먼저 교육업무의 대상이 되어야 한다. 교육이 한 사람일 때, 우리는 응당 전체 집단의 교육을 생각하게 된다. 반대로 매번 우리가 집단을 언급할 때, 동시에 집단을 조성하는 각 개인의 교육을 생각해야 한다." 마카렌코는 또 이 원칙의 구체적인 방법과 조건을 언급하였는데, 예로 "교사는 집단교육 중에서 조직·지도 작용을 하고, 집단의 여론을 형성하며, 아동의 집단에의 책임감 및 의무감과 명예감 등을 길러준다."

마카렌코는 존중과 요구가 상통하는 도덕교육 원칙을 주장하고, 또한 일찍이 중국교육계에 받아들여졌다. 그는 『나의 교육경험 중의 약간의 결론』 중에서 '나의 기본원칙(내 생각에 이것은 내 개인의 기본원칙일 뿐만 아니라, 모든 소비에트 교사들의 기본원칙이다)은 영원히 되도록 많이 한 사람을 요구하고, 되도록 한 사람을 존중해야 한다. 사실, 우리의 변증법 안에서, 이 둘은 하나이다. 우리가 존중하지 않는 사람에게, 많은 요구를 할 수는 없다. 우리가 한 사람에게 많은 요구를 할 때, 이 요구 속에는 우리의 그 사람에 대한 존중이 포함되어 있다. 바로 우리가 그에게 요구를 한 것 때문에, 바로 그가 우리의 요구를 만족시켜 주었기 때문에, 우리가 그를 존중하는 것이다.' 마카렌코가 생각하길, 이 원칙은 아동의 인격을 존중하고, 그들의 역량과 능력을 신임하고, 그들의 활동과 활동의 성과를 존중한다. 바로 그들을 지금 발전 중인 사람으로 대하고 정확히 그들의 자각성과 독립성을 예측하여, 교육과정 중 그들의 일마다 얽매이지 않고, 요구가 있으면 응답을 하고, 마음대로 하게 내버려둔다. 그들을 과도하게 감독 보호하고 덮어놓고 금지하는 것도,

독단으로 처리하고, 엄격하게 지적하는 것도 맞지 않다.

마카렌코의 도덕교육사상, 특히 앞에서 서술한 두 원칙은 50년대의 광범위한 전파를 통해 이미 소화되고 흡수되어 중국의 도덕교육이론의 유기 성분이 되었다. 중국교육학의 교과서는, 거의 예외 없이 앞의 2가지 원칙을 적고 있다. 도덕교육의 실험 중, 집단 규율을 강조하고 엄격한 요구를 강조하여 이미 당대 중국교육의 기본 특징이 되었다.

(2) 수호믈린스키의 도덕교육사상

외국교육가의 도덕교육사상의 번역·소개와 연구 방면에서, 수호믈린스키는 특출한 지위를 가지고 있었다. 70년대 말부터 그의 저작은 대량으로 번역되어 들어와, 다른 외국교육자의 논저 총수보다 많았으니 일순간 '수호믈린스키 현상'이 일어났다.

수호믈린스키는 마카렌코를 정신적 지도자라고 칭했다. 확실히 그와 마카렌코의 교육사상은 상당히 많은 공통점이 있다. 그는 마카렌코의 기초를 지지하며 아동에 대한 열애에 충만하고, 학생을 존중·신뢰하여 학생의 정신세계의 교육의 조화로운 발전을 맨 우위에 놓았다. 수호믈린스키는 전인교육은 사회발전의 객관적 수요일뿐만 아니라, 현대 사회 생활 중 아이들이 획득한 개인 행복의 토대라고 보았다. 전면 발전의 필연적 진리는 각 방면의 조화로운 발전이므로, '교육자는 모든 방면, 특징의 개선에 관심을 가지는 동시에 늘 사람의 각 방면의 특징의 조화를 소홀히 하면 안 된다. 이는 모두 어떤 주도적인, 가장 중요한 것에 의해 결정한 것이다. 전면 발전하는, 생동감 있는, 피와 살이 있는 사람의 몸에 역량, 능력, 열정과 필요한 원만함과 조화가 구현되고 교육자는 이런 조화 속에 다음과 같은 측면을 보게 되었다 예를 들어 도덕의, 사상의, 공민의, 지식능력의, 창조의, 노동의, 심미적인, 정서적인, 신체적인 완벽함 등이다. 이런 조화 속에 결정적 역할을 하며, 주도적인 요소가 바로 도덕이다.'

마카렌코가 집단교육을 특별히 중시한 반면 수호믈린스키는 보다 집단과 개체의 협조를 중시하고, 개별적인 영향, 개별적 차이와 성격발전을 강조했다. 그가 말한 전면적 발전도 전체 학생을 대상으로 한 전면적 발전이다. 수호믈린스키는 이렇게 말했다. '전면적으로 발전한 개성을 배양하는 기교, 예술은 바로 교사가 각각의 학생 앞에 있는 것에 능하고 최고로 평범한, 지력 발전에 가장 어려운 학생 앞에서도 그를 위해 정신 발전의 영역을 열고, 그에게 그 영역 안에서 최고점에 다다를 수 있도록 한 다음, 자신을 보여 주고 '나'의 존재를 알리는 것이다. 인간의 자존심의 근원에서 역량을 흡수하여, 그 자신이 결코 다른 사람보다 낮지 않으며, 정신적으로 풍부한 사람인 것을 알게 된다.' 도덕교육 중에서, 마카렌코가 외재적인 엄격한 요구를 강조한 것과는 약간 다르게 수호믈린스키는 개인 도덕심의 자각을 강조하고 도덕적 신념 및 도덕적 감정과 도덕습관을 형성·배양하는 것을 중시했다. 그는 한 사람의 도덕수양이 성숙한 경계는 '신념이 그의 생활 속에서 이미 끊임없이 그를 자극하여 새로운 도덕행위의 독립된 정신 역량을 창조하는 것'이라고 생각했다.

의심할 여지없이 수호믈린스키는 마카렌코 이후 중국 당대 도덕교육
이론과 실험에 가장 큰 영향을 준 교육자이다. 그의 도덕교육사상은 80
년대 교육개혁 중의 인문사조를 형성·장려하는데 있어서도 중요한 역
할을 했다. 도덕교육 업무 중 인간의 주체성과 자각성에 대한 강조는
서양 인본주의의 영향 이외에, 수호믈린스키의 영향을 무시할 수 없을
것이다.

(3) 콜버그의 도덕교육사상

중국의 도덕교육 연구에 비교적 큰 영향을 준 또 하나의 학자는 미국
발전심리학자와 도덕교육가인 콜버그이다. 그는 인지심리학의 연구방
법과 성과를 도덕교육연구에 사용하여 도덕 발전의 보편적인 규칙을
발견했다. 그는 사람의 도덕 발전을 다음의 몇 단계로 나누었다. 1단계
는 처벌과 복종을 지향하는 단계이다. 자신의 신체에서 발생하는 결과
에 대해 그 행동의 옳고 그름을 결정하고, 이런 결과가 사람에게 어떤
의미와 가치가 있는지는 상관하지 않는다. 2단계는 도구성의 상대주의
를 지향한다. 사람 사이의 관계를 시장의 지위와 같은 관계에 근거하여
판단하고, 충성심, 감사, 혹은 공평으로 기준을 삼지 않는다. 1, 2단계
는 '전前습관성 도덕수준'에 속한다. 3단계는 사람과 사람간의 조화·
일치 혹은 '좋은 남자아이, 여자아이'를 지향하는 단계로, 보통은 다른
사람에게 잘 보이거나 타인을 도와주어 칭찬을 받을 행동을 좋은 행위
로 본다. 4단계는 법률과 질서를 지향하는 단계로, 권위, 고정된 규칙

에 순종하고 사회 질서를 보호한다. 3, 4단계는 '습관성 도덕수준'에 속한다. 5단계는 법으로 정한 사회 계약을 지향하는 단계이다. 개인의 권리와 이미 전체 사회의 비판과 심사를 거쳐 동의를 받은 기준으로 행위를 평가한다. 6단계는 보편적인 논리원칙을 지향하는 단계로, 양심과 보편적인 공평, 호혜, 인권평등 원칙 등을 근거로 도덕 현상을 평가한다. 5, 6단계는 '후後습관성 도덕수준'에 속한다. 그는 또 아동의 도덕 발전수준의 단계에 따라 그에 맞는 도덕교육방법을 채택할 것을 주장했고 특히 아동에게 직면한 도덕발전의 단계를 이해하고 아동의 진정한 도덕충돌은 성인문제 상황에서의 의견과 다르다는 사실을 환기시켜, 아동에게 그가 소속된 단계보다 높은 도덕사유방식을 보여주어야 한다고 강조했다. 또한 그의 추종자와 함께 내용과 형식상 '도덕양난兩難토론'의 도덕교육교육방법을 창립하였다. 도덕양난제재(이야기)를 통하여 인식의 충돌과 적극적 사고를 유발하여서 학생들이 그들의 도덕세계관을 끊임없이 발전, 구축하게 하고, 동시에 도덕행동의 발전을 촉진하는 방법이다.

콜버그의 도덕교육사상의 핵심 내용은 아동의 도덕 판단능력을 향상시키는 것이다. 교육자는 도덕 발전단계의 특성에 따라서 차근차근 잘 타일러 학생의 도덕 발전을 촉진하고 학교, 사회와 가정은 바람직한 환경을 조성하여 아동의 현존수준을 약간 초과한 도덕교육 내용을 그들에게 토론하게 하여 그들의 사유모델이 빠른 속도로 높은 수준을 향해 발전하도록 촉진한다. 이 이론은 중국 도덕교육업무의 과학화를 촉진했고 도덕교육이론이 인품과 덕성 속에 내재할 규율에 대한 연구를 촉진하는 데 있어 중요한 모범이 되었다. 중국 당대 교육사상의 과학화 사조는 의심할 것 없이 콜버그의 영향을 받은 것이다.

이밖에도 중국 당대 도덕교육사상에 영향을 준 사람으로 피아제, 판도라, 에릭슨 등이 있다. 중국 전통의 도덕교육사상과 비교하면, 서양의 도덕교육이론은 총체적으로 아래의 몇 개 특징을 구체적으로 드러내고 있다.

① 주체성을 중시하고, 지식의 주입을 반대한다. 서양철학은 칸트에서 방향을 바꾸기 시작하여, 주체성의 발전과 발현에 주안점을 두었다. 도덕교육이론 또한 민주, 자유, 인격존중의 사회가치를 방향으로 제기한다. 일인독재, 독단적, 주입식, 일인독재에 반대하고, 아동에게 극대한 선택의 자유를 주도록 주장하고, 덕성의 자주적 구성을 강조하였다. ② 인본주의가 보편적으로 받아들여진다. 도덕교육이 대부분 순수한 인간성과 순수한 인간관계의 기초 위에서 전개된다. 인본주의의 큰 깃발아래 정치, 당파, 종교 세력을 초월하여 자신의 활동공간을 보존하고 활동대상을 보존하는 것을 의도한다. ③ 조작모델 연구를 중시하다. 기본원리를 제안하는 동시에, 실제 현장의 취급자가 운용하는 조작모델 공급을 제안했다. ④ 미시적 연구를 중시했다. 대부분 도덕교육문제 중 매우 구체적인 하나의 방면의 연구에 매진하고 자신의 이론을 실험 연구의 기초위에 세운다. ⑤ 파벌이 많고 각자 자기의견을 고집한다. 현재 중국 도덕교육 이론계가 외국 도덕교육 학설을 소개하고 도입하는 데 있어 점점 강한 능동성, 선택성, 비판성을 드러내고 있고 이것은 장래 중국 도덕교육이론 구축에 중요한 영향을 줄 것이다.

07

중국 당대 교육심리사상

교육심리사상은 중국 당대 교육과학의 주요 구성 성분이자 미시적
단계에서 교육현상과 규율에 대해 심도 있는 연구를 하는 교육이론이
다. 중국의 교육과학 연구에서 심리학과 교육학은 서로 협력하며 함께
발전해 나갔고, 교육심리의 제반 문제에 대해 비교적 전면적인 연구를
했다. 중국의 심리학 연구자 대다수가 사범대학 출신이거나 사범대학
에서 일하고 있어 중국교육심리학 연구에 큰 활력소가 되고 있다.

1. 지식, 지력智力, 비지력非智力 요소의 삼부곡三部曲

건국 이후, 중국은 카이로프의 교육학을 교본으로 삼았다. 카이로프
는『교육학』에서 교육은 지식을 전수할 뿐만 아니라, 학생의 지력(지적
능력)을 발전시키는 것이라고 밝히긴 했으나 전체적으로 보면 그가 기
본적으로 강조하는 것은 지식의 전수과정이다. 이후의 교육혁명 혹은
교육 개혁활동 중에서도 학생의 문제 분석 능력과 해결 능력을 배양하
도록 특히 강조하였다. 그러나 당시 능력의 배양을 실제의 공업노동과

농업노동과 결부하기 시작했고, 계급투쟁에 대한 인식 배양과 연계했다. 이로 인해 '3대 혁명'만이 능력 배양의 유일한 방법이라 여겨졌고 책 속의 지식은 오히려 헛된 공상만 불러일으켜 능력의 발전을 방해하는 것으로 생각되었다.

그러나 1978년 대학입학시험이 부활한 후, 책 속의 지식을 학습하는 것이 자연적으로 교학활동의 핵심이 되었을 뿐 아니라, 점차 책 속 지식을 확실히 이해하는 것이 교육의 중심이 되었다. 심지어는 이것이 교육의 유일한 목적으로 변질되어 지나치게 진학률만 추구하는 현상까지 발생했다. 이와 함께 국내외 정세와 교육이론의 발전이 전통지식교육에 도전을 제기했다. 신기술의 혁명, 사회의 발전 및 정보화와 대중매체의 발전은 지식이 급격하게 팽창되는 결과를 초래하였고, 이와 함께 지식의 업그레이드 주기가 현저히 단축되었다. 끊임없이 새로운 지식이 쏟아져 나오는 '지식의 폭발' 현상이 발생한 것이다. 교육계에도 수많은 교육사상이 쏟아져 나왔으며 특히 바크브Л·В·Ванков는 학생이 사유능력을 중심으로 발전하도록 하는 교육을 해야 한다고 주장했다. 그는 처음 카이로프의 이론에서 출발했으나 이후 카이로프의 이론을 바꾸거나 비판하기도 하여 구소련과 중국교육계에 커다란 영향을 미쳤다.

지식, 지능의 문제가 주의를 끈 지 얼마 되지 않았을 때 두뎬쿤杜殿坤은 이 문제를 어떻게 토론하고 연구해야 하는지에 관하여 몇 가지 의견을 제시했다. 그는 먼저 지력이니 능력이니 하는 문제에 너무 많은 정력을 낭비할 것이 아니라, 모두에게 친숙한 '독립적으로 문제를 분석하고 해결한다.'라는 말에 내포된 의미를 계속 사용해야 한다고 주장했다. 둘째, 교육은 주로 학생의 관찰능력, 사유능력, 자습능력 및 행동력을 배양할 수 있어야 한다고 주장했다. 셋째, 어떻게 지식을 습득하면서도 학생의 능력을 발전시키는가의 문제에 대하여, 그는 교재, 교수법, 교사에 대한 훈련, 시험방법을 개혁해야 한다고 말했다. 이밖에 그는 교육 실험을 통해 경험을 축적하고 외국의 선진적인 사례를 도입해야 한다고 주장했다.

류포녠劉佛年은 일찍이 강연 중에 지력 발전의 문제에 대해 명백하고 체계적으로 논술했다. 그는 학생의 지력 발전의 관건은 크게 네 가지라고 했다. 첫 번째는 체득한 기본지식과 기본기술은 지력의 발전과 함께 서로 결합해야 하며, 이런 결합이 실현되어야만 학습한 지식과 지능은 비로소 살아있는 지식, 탄력적으로 활용할 수 있는 기술이 된다고 할 수 있다. 두 번째는 '기본지식과 기본기술'을 획득하는 과정 중에서 구체적인 학과목에 근거하여 관찰력, 기억력, 사고력, 상상력이 발전되어야 한다. 세 번째는 지력과 기술이 동시에 결합하면 아주 유용한 능력이 된다. 특히 학생들의 자습능력과 독립적으로 일을 처리할 수 있는 능력 개발에 주의해야 한다. 네 번째, 학습이 떨어지는 학생들에 대해서는 그들의 지력 향상에 더욱 주의를 기울인다.

1~2년의 토론 결과, 교육 연구가들은 지식의 전수뿐 아니라 지력과 능력을 개발해 주는 것이 중요하다는 데 인식을 같이 했다. 그러나 토론이 심화됨에 따라 과연 지식의 전수가 중요한가, 아니면 지력의 배양이 더 중요한가? 라는 의견 차이가 생겼다. 이로써 곧 지식과 지능의 관

계에 대한 토론이 전개되었다.

토론에서는 두 가지 의견이 제시되었다. 한 가지 의견은 지식의 의미를 강조하며 이렇게 주장했다. '능력은 언제나 지식을 기초로 축적된다. 지식과 능력은 떼려야 뗄 수 없는 관계이다. 지식의 질이 능력의 질을 좌우한다. 소위 말하는 총명함, 지혜, 뛰어난 능력은 결코 지식을 초월한다던지 짐작할 수 없거나 신비로운 것이 아니라 사고능력에서 발전된 지식의 기초 위에 세워지는 것이다. 한 가지 능력이 발전하면 다른 능력도 그에 영향을 받아 발전한다 해도 구체적인 지식을 대체할 수는 없다. 원리원칙이 존재해도 개별적인 지식으로 보충하지 않으면 문제를 효과적으로 분석하거나 해결할 수 없다.'

하지만 지력과 능력을 중시하는 사람들은 다음과 같이 주장했다. '교육의 핵심은 반드시 능력의 육성이 되어야 한다. 교육의 근본 임무는 지식의 전수를 통해 최종적으로 학생의 능력을 배양하는 것이기 때문이다.' 『교육연구』에 1985년 처음으로 발표된 「'능력 발전'을 중점으로 하는 교수론으로 확립하다—최고급교사의 교수경험으로부터 본 교수이론의 발전」이라는 글도 이러한 논점을 지지하였다.

그러나 지식을 강조하던지 지능을 강조하던지, 이 두 가지 모두 점차적으로 융합되어가는 추세다. 지능을 강조하는 사람 역시 지식 그 자체가 가지는 지능의 의미에 관심을 가지고, 지식의 전수를 통해 지능 배양이라는 목적에 달성할 것을 강조한다. 지식을 강조하는 사람 역시 마찬가지로 어떻게 지능배양과 결합할지에 대해 관심을 가진다. 예를 들어 우캉닝吳康寧은 자신의 글에서 '교육의 목적은 학생에게 지식을 전수하는 것에서 나아가 학생의 지력을 발전시키는 것이다.'라고 말했다. 하지만 전체 글에서 중점을 두고 다룬 것은 지식의 지력적 가치였다. 그는 이렇게 말했다. '지식과 지력은 자연적인 관계이다. 옛 사람이나 현대인이나 모두 지식을 습득하기 위해서는 일정한 지력지적 노동을 치러야 한다. 이처럼 지식은 항상 인간의 지력노동의 산물이다.'라고 말하고 있지만 그 역시 지식과 지력의 가치는 완전히 같은 것이 아니라고 보았다. 이에 대해 어떤 이는, 지식의 지력가치의 유형, 지력가치의 등급 및 상대성에 대해 토론했다. 예를 들어 우광푸吳廣夫는 다음과 같이 말했다. "지식이 능력이 되기 위해서는 조건이 필요하다. 객관적 요소(지식 자체의 특수성)가 있고 또 주관적 요소(가르치는 사람과 배우는 사람의 특수성)도 있다. 이러한 사고의 맥락을 근거로 하여, 그는 교수 과정 중에 지식의 전수가 기능 제고로 이어지기 위해 어떻게 두 가지를 유기적으로 결합해야 하는지에 관한 문제를 제기했다. ① 어떤 지식이 능력이 되는데 가장 유리한가? ② 지식은 어떤 조건 하에 능력으로 전환되나? ③ 지식이 능력으로 전환되는 과정은 도대체 어떠한 과정인가? 이 과정에서 가장 중요한 역할을 하는 요소는 무엇인가? ④ 교사가 학생을 어떻게 지도하여야 지식이 능력으로 전화하는데 가장 효과적인가? ⑤ 학생이 어떻게 공부하여야 가장 효과적으로 지식을 능력으로 전환할 수 있는가?"

그리고 다음과 같이 글의 끝을 맺었다.

"지식, 지력가치, 능력은 선천적 연관성을 가진 상이한 개념이다. 단독적인 한 과목에 대한 지식 혹은 단편적인 지식은 건전한 능력을 배양해낼 수 없다. 그러나 그것들은 능력을 형성하는 지력가치를 제공해 줄 수 있다. 능력은 여러 과목에 대한 지식과 활동이 장기적으로 지력가치를 제공하면서 형성된다. 이것이 바로 우리가 교육학중 '아동개성의 전면적 발전'을 특별히 강조하는 이유이다."

옌궈차이燕國材는『지력과 학습』에서 지식과 지력의 변증법적 관계에 대해 논했는데 양자는 서로 의지하고, 서로 촉진하는 관계라고 했다. "지력은 지식을 습득하기 위한 조건 혹은 무기이며 지식은 지력 발전의 기초, 도구이다. 지력이 없이 지식을 습득한다는 것은 말도 안 되는 헛소리이다. 이와 마찬가지로 지식을 배제하고는 지력을 높일 수 없다. 따라서 교육을 실천하는 과정에서 반드시 이 둘의 내재적 결합을 기초로 해야 하며, 목적성, 계획성 있게 지력을 발전시켜야 한다. 이와 함께 지력 발전의 기본원칙을 고려하여 체계적으로 지력 발전과 지식 축적이 이루어지도록 해야 한다."

1983년 이전에, 지력과 능력에 대한 연구가 최고조에 달했고 후베이湖北인민출판사에서 1983년에 출판된『지력연구전록』에 그에 대한 적지 않은 연구 성과가 수록되었다. 이와 동시에, 교육심리학계에서 비지력 요소의 개념이 제기되면서 지식, 지력, 비지력 요소라는 세 부분이 하나의 시리즈로 자리를 잡았다.

일찍이 류포녠劉佛年은 지력 문제에 관한 강연에서 수요, 흥미, 감정, 의지가 세계를 인식하는 데 주요한 작용을 한다고 말했다. 그는 학생의 호기심, 성취욕, 학습의 흥미, 학구열을 자극하고 학생의 자신감을 높여주어야 한다고 주장했다.

우푸위안吳福元은 1982년 쿤밍昆明 심리학회에서 지력의 3가지 하부 구조에 대한 이론구상을 제기하였다. 즉 유전소질구조, 인지구조, 동력 구조가 그것이었다. 이 중 동력구조는 흥미, 동기, 감정, 의지, 성격 등을 가리킨다. 하지만 정식으로 '비지력요소' 개념을 제기하여 사회적 반향을 일으킨 것은 옌궈차이燕國材가 〈광명일보〉(1983년 2월 11일)에 발표한 「비지력 요소의 육성을 중시해야 한다」라는 글이었다. 이 글에서 그는 중국교육계가 학생의 지력 요소만을 지나치게 중시한 나머지 비지력 요소의 육성을 너무 소홀히 했다고 지적했다. 그는 지력과 비지력이 어우러진 교육만이 진정한 인재를 육성할 수 있다고 믿었다. 그는 이에 대해 '다른 조건이 모두 같은 상황에서 한 개인의 성공 = 지력요소 ＋비지력요소'라는 공식을 제시했다. 다시 말해, 지력 수준이 아주 높은 사람이 만약 비지력 요소가 결핍되었을 경우 완전한 발전을 이룰 수 없으며 큰 성공을 거둘 수도 없다는 것이다. 이와 반대로 지력 수준은 중간 정도밖에 안 되지만 만약 비지력 요소가 뛰어나다면 앞으로 더욱 발전하여 큰 성공도 거둘 수 있다는 것이다. 이후, 그는 주영신朱永新, 위안전궈袁振國와 공동 집필한 『지력 요소와 학습』(후베이교육출판사, 1987)에서 비지력 요소가 학습동기, 방향, 지도, 유지, 강화에 미치는 영향을 전면적으로 분석하였으며, 지력과 비지력 요소의 상관관계에 관한 토론을 진행했다. 그리고 흥미, 감정, 의지, 동기, 성격 등의 요소의 구성과 육성 방법을 구체적으로 연구하였다.

1985년 이후 교육심리학계는 비지력 요소에 대한 실증 연구를 하기 시작했다. 예를 들어 충리신叢立新은 베이징 시청구西城區의 제159고등학교와 얼룽루二龍路고등학교의 1984년 문과 속성반과 이과 속성반 졸업반 학생 121명을 대상으로 조사를 실시했다. 조사 결과, 지력 수준이 서로 다른 3개 그룹에서 모두 대학입시 합격선에 도달한 학생 중 비지력 요소가 우수한 학생이 비지력 요소가 떨어지는 학생보다 훨씬 많았다. 지력수준이 상, 중인 그룹의 학생들에게서는 이러한 특징이 더욱 두드러졌으며 지력이 낮은 그룹에서는 특징이 상대적으로 명확하지 않은 편이었다. 하지만 X^2 값과 '명확한'을 규정짓는 기준이 상당히 근접하여 임계값에 도달하기도 했다. 예를 들어 아이큐가 136인 두 명의 이과 수험생 중, 비지력 요소 우수자 성적은 500점에 도달하여 대학입학시험의 커트라인을 훨씬 초과하였다. 그러나 비지력 요소가 낮은 경우 355점 밖에 얻지 못하여 커트라인 수준에 미치지 못했다. 이밖에 지력은 중간 정도이나 비지력 요소가 뛰어난 경우 성적이 지력이 높은 학생과 맞먹는 것으로 나타났다. 하지만 지력은 중간 수준이나 비지력 요소가 낮은 학생들의 성적은 지력이 낮은 학생들의 수준까지 떨어졌다. 우푸위안吳福元 등 학자는 상하이 사범대학의 1985년 9월 입학한 1학년 5개 학과 238명의 학생을 대상으로 조사를 실시했다. 그 결과는 다음과 같다.

"학습이라는 것은 지력과 비지력 요인이 함께 참여하는 과정이다. 학습 성적 또한 지력과 비지력 요소가 서로 작용하여 만들어낸 산물이다. 지력 요소가 대학생들의 성적에 미치는 영향이 크기는 했으나 초·중고교 때처럼 명확하지는 않았다. 대학 재학기간이 길어질수록 비지력 요소가 학생들의 성적에 미치는 영향이 더 두드러졌다. 어떤 의미에서 보면 비지력 요소가 대학생의 성적에 미치는 영향이 지력 요소보다 더 크다고 할 수 있다." 다시 말해, 비지력 요소는 비록 학습의 지식 활동에 직접적으로 개입하지는 않지만, 그러나 그것은 개성의식에서의 학습태도를 형성한다. 적극적인 성격은 지력이 충분히 발휘되도록 촉진하며, 소극적인 성격은 정상적인 지력 활동을 방해하고 간섭한다.

비지력 요소와 지력의 발전은 학습 성적의 향상과 아주 밀접한 관계가 있고, 이것은 이미 이론과 조사 연구를 통해 확인과 검증을 얻었다. 그러나 개인에게 있어 비지력 요소를 발전시킨다는 것은 더 깊은 철학적 의미를 가지는 것이 아닐까? 그 자체가 존재론적인 의미를 지니는 것은 아닐까? 혹시 그 자체가 인간 발전의 최종적인 가치 중 하나는 아닐까? 이에 대해 위안전후이袁振輝는「교육 중 이성 요소와 비이성 요소의 상호보완 관계를 논하다」라는 글을 통해 이 문제에 대해 논하였다. 그는 글에서 이성 요소가 교육에서 중요한 역할을 하는 것을 인정하면서도 비이성적 요소를 간과하는 것은 안 좋은 결과를 가져온다고 강조하며, 오직 이성 요소만을 추구하는 교육 모델의 한계성을 기적했다. 이러한 관점에 기초하여, 위안전후이는 다양한 각도에서 교육 중 논리와 직관, 인지와 감정, 과학과 예술의 상호 작용에 대해 논술했으며, 특히 이성요소와 비이성 요소를 함께 중시하는 것이 전면적이고 완전한 인격을 이루는 데 얼마나 큰 의의가 있는지 강조했다. 그는 다음과 같이 말했다. "지력은 인격 전체의 일부분으로 존재한다. 이것은 현대 심리학과 교육학에서 제시하는 매우 중요한 논점 중 하나이다. 원래 '능력'이라는 글자는 '무엇인가를 할 수 있다.'라는 데서 유래했다. 따라서 그 자체가 실천적인 성격을 가지고 있으며, 인격과 뗄 수 없는 관계를 가지고 있다.” 따라서 완전한 인격을 형성하기 위해서는 반드시 이성에만 치중하는 전통적인 교육 모델을 개혁해야 하여 보다 전체적인 교육을 실시해야 한다고 주장했다. 이를 통해 피교육자가 덕, 지, 체, 미, 노동과 지식, 정情, 의意, 행동 면에서 모두 골고루 발전을 이루어야 한다는 것이다. 이렇게 해야 지식을 전수하는 것, 지능을 개발하는 것, 비지력 요소를 향상시키는 것에서 모두 좋은 효과를 거둘 수 있고 종국에는 하나의 결론으로 귀결될 수 있다. 바로 학생의 성격과 인격을 골고루 발전시켜 몸과 마음이 균형 있게 발전한 인재를 육성한다는 것이다.

2. 교육심리연구의 이론과 실천

앞서 언급했듯이, 교육심리연구는 교육철학영역의 한줄기 활력소로써 교육심리의 기본 이론, 도덕심리, 교학심리, 교사심리 등 수많은 문제에까지 관련된다. 그러나 교육이론계는 교육심리연구의 ‘심리’라는 단어 때문에 종종 그 존재를 소홀히 해왔다. 요 몇 년 동안 교육심리계는 갈수록 전통적인 교육이론이 규정한 영역으로까지 진출했고 게다가 전체 교육이론과 실천에 영향을 끼치는 관점·사조를 제시하면서, 앞서 언급한 비非지력요소와 인성교육도 교육계에 엄청난 반향을 일으켰다. 이로써 사람들은 교육심리의 연구를 새로운 시각으로 볼 수밖에 없었다. 어쩌면 이것이 바로 교육의 '과학심리화'의 추세인지도 모르겠다.

(1) 교육심리학의 기본이론연구

　교육심리학의 기본이론에서 가장 중요하면서도 가장 많은 논쟁이 발생하는 분야는 학생 심신의 발전 요소와 원동력 문제일 것이다.

　학생의 심신발전에 영향을 주는 기본요소문제에 관하여 중국교육계와 심리계는 유전결정론, 환경결정론, 교육만능론, 자유의지론을 비판하였고, 이를 기반으로 하여 '유전은 인간의 심신 발전의 생물학적인 전제이다.' '환경과 교육은 인간의 발전에 결정적인 역할을 한다.'라는 공통적인 인식을 형성하였다. 위 글은 거의 모든 교육학, 심리학, 교육심리학 교재에서 찾아볼 수 있다. 그러나 이들이 구체적으로 어떤 특수한 역할을 하는지에 대해 상세히 설명한 것은 거의 없다. 특히 이들 사이의 내재적인 관계에 대한 분석은 여전히 부족한 것으로 나타났다.

　이 때문에 딩위丁瑜는 이들 사이의 내재적 관계에 대한 수수께끼를 풀어보려는 시도를 했다. 딩위丁瑜는 유전, 환경, 교육의 세 가지 요소가 인간에 영향을 끼치며 그 순서는 일종의 '계단식 관계'를 보인다고 여겼다.

　이 '계단식 관계'는 아래와 같다.

① 속도가 점차 빨라진다. 즉 '유전조건의 자연적인 표출'이 '환경의 영향·작용'으로 전환될 때, '환경의 영향'이 다시 '조직적이고 목적이

있는 교육의 영향·작용'으로 전환될 때, 인간의 심신 발전(특히 심리
발전의 모든 부분)의 속도와 리듬이 급속히 빨라진다.

② 점차적인 질적 변화를 나타낸다. 즉 하부 단계에서 상부 단계의 작
용으로 전환될 때, 인간의 심신발전은 완전히 새로운 질적 변화를
얻게 된다. 유전적 자질이 심신의 발달에 미치는 촉진작용 및 그 결
과는 생물적인 의미만을 갖는다. 반면 환경요소는 사회적인 의미,
교육적 작용은 시대적인 의미를 갖는다. 또한 유전조건이 인류의 신
체에서 표출되는 일반적인 규칙성과 사회주의 환경 요소가 전례 없
는 동일성을 드러낸 점을 감안하면, 교육의 실제 작용은 더욱 중요
하고 결정적인 의미를 갖는다고 생각할 수 있다.

취안더全德는 「인간의 심신발전에 영향을 주는 요소」에서 중국의 학
자는 유전적 전제와 환경, 교육의 결정적 작용의 관점에 대하여 "실제
적으로는 환경결정론을 비판하는 깃발을 든 채 환경결정론을 선양한
다."라고 말했다. 작가는 "인간의 발전은 다방면적이고 발전의 과정은
복잡다난한 과정이기 때문에, 발전과정에서 필연적으로 수많은 요소가
영향을 끼친다. 비단 유전, 환경, 교육만이 인간의 심신발전에 영향을
끼칠 뿐 아니라 변이, 심리요소, 자연요소, 실천활동도 인간의 심신발
전에 영향을 끼친다. 또한 모든 요소는 단독으로 인간의 발전을 결정할
수 없고, 이들은 단지 인간의 심신발전에 영향을 끼치는 필요조건으로
서로 공동으로 영향을 끼치는데, 다만 서로 다른 개체에, 서로 다른 발
달 단계에서 각자 끼치는 영향의 정도가 다를 뿐이다."라고 밝혔다.

학생 심신발달의 원동력문제에 관해서는 세 가지의 기본 관점이 있다.

첫째, 화둥華東사범대학의 후치난胡寄南 교수의 관점이다. 후胡 교수는 "인간의 사회성과 생물성의 대립·통일은 심리의 내부적 갈등으로 이것이 심리발달을 일으킨다……. 생물성과 사회성의 끊임없는 갈등은 학생 심리발달의 원동력이 된다."고 여겼다.

둘째, 베이징사범대학의 주즈셴朱智賢 교수의 관점이다. 주朱 교수는 "새로운 욕구와 아동이 이미 가지고 있는 심리 수준의 내부 갈등이 아동의 심리적 발전을 촉진한다."고 했다. 그는 다음과 같이 밝혔다. "인간은 여러 형식의 욕구를 가지고 있고, 활동의 과정에서 한 가지 욕구가 만족되면, 또 다시 새로운 욕구가 생긴다. 그리하여 욕구는 종종 새로운 것, 비교적 활발하고 적극적인 이면을 대표한다. 이미 가지고 있는 심리수준은 과거 활동을 반영한 결과로 인간에게 이미 형성된 인식수준, 감정상태, 심리적 특징이 바로 인간이 이미 가지고 있는 심리수준이다. 이것은 오래되고, 비교적 안정적인 일면을 대표한다. 이 두 가지의 상호의존과 갈등·통일은 인간의 심리발달을 촉진하고 있다."

셋째, 중국과학원 심리연구소의 판수潘菽 교수의 관점이다. 판 교수는 인간의 의도활동과 인식활동의 대립·통일이 아동심리의 내부갈등을 구성하고 아동의 심리발달을 촉진한다고 여겼다. 또한 판 교수는 "인식활동은 객관적인 세계에 대한 인간의 반사활동으로, 객관적인 사물에 대한 인간의 감각, 지각, 상상, 연상, 사고 등은 모두 인식 활동이다. 의도활동은 인간이객관적인 세계에 대처하는 활동이다. 객관적인 사물에 대한 인간의 주의, 욕망, 의도, 정서, 고려, 의지 등이 모두 객관적인사물을 대하거나 처리하는 의도활동이다.”라고 말했다.

위의 관점 외에, 류판劉範은 몇 가지 내부갈등을 더 요약하였는데 예를 들어 ‘사회 환경이 아이에게 요구하고 아이를 위해 받아들여지는 요구와 필히 익혀야 할 기능 및 숙련도 사이의 갈등’ ‘새로운 임무와 이미 형성된 사고 및 행동습관·방식간의 갈등’ ‘아동의 행위 수준과 의식 수준 간의 갈등’ 등도 아동의 심리발달을 촉진하는 동기라고 하였다.

취안더는 글에서 “이상의 각종 관념은 모두 ‘단일 원동력론’이다. 사실 인간 심신의 내부갈등은 최소한 ‘주체와 주체 사이의 갈등’ ‘주체와 객체 사이의 갈등’ ‘객주체와 주체 사이의 갈등’의 3종류로 나눌 수 있다. ‘주체와 주체 사이의 갈등’이란 주체가 실천 활동에서 어떠한 욕구가 생기고 이로 인해 이러한 욕구와 기존의 심리 수준 사이에는 불균형 상태가 발생하게 되는 것이다. 주체와 객체 사이의 갈등이란 주체가 객체가 요구하는 임무를 완성하거나 혹은 객체의 요구를 만족시키기 위해 진행하는 실천 활동 중 드러내는 심리상태로써, 이 심리상태와 본래의 심리상태 사이에 불균형이 발생하는 것이다. ‘객주체와 주체’ 사이의 갈등이란 주체에 대한 객체의 요구로써, 이는 주체의 욕구를 일으키고 이러한 욕구와 주체의 본래 심리수준 사이에는 불균형 상태가 발생된다. 즉 인간의 심신은 ‘불균형 → 균형 → 불균형’의 방향을 따라 지속적으로 발전하는 것이다.”라고 밝혔다.

(2) 도덕심리 연구

1949년 이후 중국의 교육 및 심리학계는 구소련의 경험을 학습하면서 서양의 도덕연구 성과는 상대적으로 소홀히 하였다. 그러나 당시 소련의 심리학 중 도덕에 대한 연구는 아직 모색 단계에 있었기 때문에 기술적 관찰보고서와 공허한 비평이 상당히 많고 본보기로 삼을 만한 것이 적어서, 한동안 도덕심리학의 퇴보를 초래했었다. 하지만 이러한 가운데서도 도덕심리 문제를 탐색한 몇몇 학자가 있었다. 50년대, 베이징사범대학을 시작으로 전국의 사범대학에서는 '개성감정個性鑑定' 작업이 확대되었는데, 이것이 바로 그중 하나이다. '개성감정'은 모든 사범대생이 실습기간에 초·중고등학생의 성격, 능력, 문제행동 및 그 형성원인을 분석, 확인하고 교육적 건의를 제기하는 것이다. 이렇게 수집한 대량의 개별 자료는 훗날의 도덕심리 연구와 실험에 있어 상당한 참고적 가치를 지닌다.

60년대에는 허쭝딩賀宗鼎, 차쯔슈查子秀 등의 『저학년 학생의 자각규율성 형성과정의 초보적 연구』(1962), 장즈광章志光, 주원빈朱文彬의 『초등학생의 학업 책임감 형성의 실험연구』(1964), 셰첸추謝千秋의 『청소년의 도덕평가능력에 관한 연구』(1964), 녜스마오聶世茂의 『청소년의 자아평가에 대한 본보기 비교의 작용』(1966), 위안량줘源良佐와 리돤우李端吾의 『혁명영웅 이야기가 초등학생의 도덕의식형성에 끼치는 영향에 대한 초보적인 연구』 등과 같이 꽤 수준 높은 논문들이 발표되었다. 그러나 이러한 실험 연구에 몰두하던 추세는 10년의 문화대혁명으로 중단되었다.

1978년 이후 도덕심리 연구는 활기를 띠기 시작했다. 그중 '남리북장南李北章'의 연구가 비교적 대표적이다.

남쪽 지역은 상하이사범대학의 리보수李伯黍를 중심으로 아동 도덕발전 연구팀을 결성하여 4가지 방면의 연구를 전개하였다.

첫째, 피아제 모형을 검증함과 동시에 이를 수정하고 발전시켰다. 이들은 행동 책임의 도덕적 비판, 공정의식의 발전, 처벌의식의 발전 등에 대한 검증적 실험을 잇달아 진행하였다. 이들은 전체적으로는 피아제의 아동의 도덕 인지발달이론을 지지하였다. 또한 이들은 앞서 언급한 도덕발달에 있어, 중국의 아동이 미성숙 판단의 연령에서 성숙한 판단의 연령으로 전환되는 연령이 피아제의 데이터보다 보편적으로 약 1~3년 정도 앞선다는 것을 발견했다.

둘째, 중국 사회의 실제적 상황과 결합하여 중국 아동의 특수한 도덕관념의 발전을 탐색하였다. 천후이창陳會昌과 리보수는 공公·사私 관념에 관한 연구에서 '중국의 5세 아동은 공·사 관계에 대해 상당한 수준의 분별능력을 가지고 있으나 대부분은 자신의 쾌락과 고통에 초점을 두고 판단한다. 7~9세의 아동은 불명확하게 공과 사를 구분하는 수준에서 집단의식을 갖춘 수준으로 넘어간다. 11세의 아동은 이미 추상적인 집단주의 원칙에서 평가를 진행하는 수준에 이른다.'라고 밝혔다. 집단의식에 관해서는, 이들은 연구를 통해 '중국의 초등학교 1학년의 아동에서 이미 집단의식이 나타나고 연령이 높아질수록 집단을 위한 동기가 개인을 위한 동기보다 좋다는 판단도 강해진다.'라고 밝혔다.

그밖에도 7~16세 아동의 책임 의식, 우정 의식, 애국 의식, 일을 사랑하는 의식에 대한 고찰을 통해 중국 학생의 도덕 인지 규율과 특징을 발견하였다.

셋째, 중국 내 각 민족 아동의 도덕 발전에 대하여 비교문화연구를 진행하였다. 구하이건顧海根 등은 각 민족 아동의 공정관公正觀·처벌관處罰觀·공유관公有觀에 대하여 비교문화연구를 진행함으로써 의미 있는 성과를 거두었다. 도덕관념의 전반적인 경향과 소수민족과 한족漢族의 유사점 외에, 공정관公正觀에 있어 무고한 사람이 다쳤을 때 각 민족 아동들의 반응은 대체로 일치하였다. 반면 고의적인 인격모독에 대한 각 민족 아동들의 반응에는 명백한 차이가 있었다. 예를 들면 몽고족蒙古族 아동은 대체로 복종을 공정한 판단의 원칙으로 삼았고, 이족彝族 아동은 대체로 평등한 대우를 주장하였다. 한편 투가족土家族과 묘족苗族 아동은 복종과 평등이 각각 절반을 차지하였고, 위구르족維吾爾族 아동은 대체로 '정의'를 공정의 원칙으로 삼았다. 처벌관에 있어 여섯 민족에서 강제성·보복성 처벌을 주장하는 아동의 비율은 한족 아동보다 월등히 높았고, 반면 꾸지람성의 처벌을 주장하는 아동 비율은 한족 아동보다 현저히 낮았다. 한족 아동과 비교했을 때, 위구르족과 장족壯族 아동은 공유관公有觀의 발전이 비교적 빨랐으나 티베트족藏族 아동은 공유관의 발전이 비교적 느렸다. 몽고족 아동은 행위의 의도성에 근거해 행위의 좋고 나쁨을 판단하는 능력이 비교적 늦게 발전하였고, 투가족과 묘족 아동은 의도성이 변하지 않는 상황에서 개인의 물건을 훼손시키는 것을 더욱 나쁜 행위로 여기는 아동의 비율이 9~11세 집단에서 비교적 높았다. 또한 묘족 아동은 연령이 높아짐에 따라 이러한 비율도 점차 높아지는 경향을 보였다.

넷째, 아동의 도덕 발달의 간섭에 대한 연구이다. 이들은 1982년 중국 학교에서 도덕교육을 실시할 때 자주 사용되는 두 가지 방법을 고찰하였다. 즉 표양장려表揚獎勵와 표양설리表揚說理 방법이 아동의 도덕판단의 발전을 촉진하는 작용을 고찰하고, 이 두 방법과 통제라는 방법을 사용한 쪽을 서로 비교하여 어떤 방법이 더욱 효과적인가를 연구하였다. 그 결과 5세 팀과 6세 팀 아동의 대부분이 행위의 의도성에서 판단을 할 수 있었고 7세 팀의 아동은 모두 성숙한 반응을 얻었다. 또한 아동의 의도판단에 있어, '칭찬-장려(표양장려)'방법보다 '칭찬-설명(표양설리)'의 촉진작용이 더욱 컸으며 판단원칙의 변화를 촉진하는 데 있어서도 '표양설리'의 방법이 '표양장려'의 방법보다 우수했다.

한편 북쪽 지역에서는 베이징사범대학의 장즈광章志光 교수를 대표로, 교육-사회의 심리실험법을 활용하여 학생의 도덕행위 표현에 있어서의 심리구조 및 이 심리구조와 사회의 조건, 교육방식과의 관계에 대한 연구를 진행하였다. 이와 동시에 교육경험을 총정리하는 방법을 통하여 학생의 문제행동과 그것을 바로잡는 방법을 조사하였다. 이 연구의 대표적인 성과는 아래와 같다.

첫째, 장즈광 등이 진행한 학급 내 개인의 지위와 이것이 개인도덕에 영향을 끼치는 심리분석이다. 이들은 모레노Moreno의 사회성 측정법을 도입하여 초등학교 4학년의 두 반, 중학교 1학년 세 반, 고등학교 1학년 두 반의 학생 286명의 짝꿍선택을 조사하였다. 이들은 과녁도와 사회성 측정행렬표sociomeric matrix를 제작하여 학급내의 인간관계를 이해했고 인간관계에 있어 호의 혹은 혐오하는 심리적 원인을 판명하기 위하여 짝꿍선택의 이유를 분석하였다. 그런 다음, 일부 대표적인 학생을 선택하여 개별 조사를 진행함으로써 학급 내의 지위가 심리·인성에 미치는 영향을 파악했다. 마지막으로 학급 구조의 변동이 학생의 심리변화에 끼치는 영향을 고찰하기 위하여, 나란히 붙어있는 두 반에서 8명의 실험반 학생에 대한 역할의 지위를 조정하여 학급구조를 바꾸고 두 달 후 통제·실험반에서 또 한 차례의 사회성 측정을 진행한다.

연구결과는 아래와 같다.

① 40여 명의 학급 내에서 비공식적인 소집단은 보통 7~12개로, 그 규모는 2~6명이고 대부분 적극적인 성격을 띤다.

② 소집단의 형성 원인에 있어서는, 초등학생은 대부분 공간적인 조건(거주지·좌석의 가까운 정도 혹은 같은 학급에서 왔을 경우)이었다. 중학생은 개성적인 조건과 학습상의 협력과 관계가 있었고, 고등학생은 인성과 성격 등과 더 많이 관계가 있었다.

③ 각 학급에는 모두 인기형, 혐오형, 중간형의 학생이 존재하고 인기형 학생은 보통 능력이 있고, 책임감이 강하며, 공부를 잘하고, 남을 돕기 좋아하며, 인품이 좋다. 반면에 혐오형 학생은 주로 도덕성·규율이 불량하여 단체나 타인에게 폐를 끼치고, 공부에도 신경을 쓰지 않아 성적이 나쁘며 교제에 능숙하지 못하다.

④ 실험 기간에 중간형 학생 6명과 혐오형 학생 1명을 각급 간부로 인

명하여 역할지위를 높이고 인기가 없는 반장 한명을 과목 대표로 바꿔 그 역할 지위를 낮추었다. 두 달 동안의 실험을 거쳐 이들의 심리적 기질·인간관계가 모두 개선되었다. 재측정 시, 반 친구들에게 긍정적인 선택을 받은 횟수를 보면, 4명은 약간 증가하였고, 3명은 비교적 큰 폭으로 증가하였다. 그중 한 명은 과녁의 중심에 도달해 인기형 학생이 되었다.

둘째, 장지롄張吉連이 진행한 효과적인 모범교육 방법의 비교연구이다. 장지롄은 중학교 1학년(13세)의 3개 반 88명의 학생을 실험 대상으로 선택하고, 먼저 '도덕이야기 상황표'로 실험 대상의 도덕판단과 자아평가 수준을 측정·조사하였다. 그 다음 '정직테스트'(표준답안에 따라 자신의 수학 시험지에 점수를 매기는 방법)로 실험 대상의 성실 행위 실상을 조사하고, 이를 제1차 측정으로 삼았다. 그 후, 전 실험 대상에게 '잘못이 있는 사람이 스스로 뉘우치고 잘못을 고치는 것'을 주제로 하는 영화를 보여주어 형상화 도덕교육의 모범 내용으로 삼았다. 뒤이어 실험 대상을 3개의 조로 나누어 서로 다른 방식으로 후속 교육을 진행했다. 이 3개 조는 '모범－인식팀'(영화의 내용에 대한 토론, 작문, 교사의 중간 요약), '모범－얽힘팀'(앞서 언급한 방식에 모범인물과의 비교를 추가), '모범－연습팀'(얽힘팀의 방식에 매주 두 가지씩 학습모범적인 일을 하는 것 추가)이다. 실험결과, 일정 시간이 경과한 후 실험대상 세 팀의 도덕 판단과 자아평가가 교육 후에 모두 향상되었고 그 전후의 차이가 매우 뚜렷하였는데, '모범－연습'팀의 향상이 가장 큰 것으로 나타났다.

셋째, 스슈인石秀印이 진행한 정서가 아동의 인성교육에 미치는 작용에 관한 연구이다. 스슈인은 초등학교 4·5학년에 티켓이 한정되어 있어 일부 학생에게만 텔레비전을 보여주겠다는 구실로 다른 사람을 헤아리지 않고, 앞 다퉈 고자질하는 160명의 학생을 실험대상으로 선택하고, 각각 40명을 '칭찬—정서팀'(텔레비전을 보기 전에 칭찬을 한다), '질책—정서팀'(텔레비전을 보기 전에 꾸지람을 한다), '정서팀'(텔레비전만 보게 하고 가타부타 하지 않는다), '통제팀'으로 나누었다.

결과는 이전에 앞 다퉈 텔레비전을 시청하던 피실험자의 31%가 다른 친구에게 새로운 영화를 보게 하였다. 이 인원은 '칭찬—정서팀'이 가장 많았고(팀 인원의 69%), '정서팀'은 35%로 두 번째를 차지하였고, '질책—정서팀'과 '통제팀'은 각각 15.4%, 13.2%로 가장 적었다.

이것은 도덕교육이 최대한 정서 감화적 색채를 갖춤으로써 학생들이 좋은 기분을 유지하도록 하고, 시기적절하게 학생이 의로운 인물의 선행에 대해서는 긍정적인 정서평가를 내리고 올바르지 못한 행동에 대해서는 부정적인 정서평가를 내린다는 것을 설명한다.

그밖에 리랴오李遼의 '청소년의 심경변화와 사회행위에 관한 관계(리랴오, 1988)', 왕신링王新玲의 '베이징시의 한 중학교 학생의 가치체계와 도덕판단에 관한 조사연구(1987)', 커우寇의 '중학생의 직업가치관과 가치관체계에 관한 연구(1988)', 장지롄의 '초등학생의 통제해야할 부분'과 '책임행동 관계에 관한 실험연구(1988)', 진성화金盛華의 '열등생 교육의 역할 변화 방법에 관한 연구(1989)'와 중국 내 기타 학자들의 '윈난雲南 시솽반나西雙版納 태족傣族자치주의 납호족拉祜族과 합니족哈

尼族 청소년의 인성 형성에 관한 조사연구(장스푸張世富, 1984)' '도덕판
단 중 아동의 의도성 인지 특징에 관한 연구(청위안산程元善, 장허우찬張
厚粲, 1987)' 등은 모두 도덕심리의 중요한 연구 성과이다.

(3) 교학심리 연구

교학심리의 연구는 비록 도덕심리와 같이 남북의 2개 파로 나눠지지
않지만, 온갖 연구가 자유로이 발전하여 그 성과가 두드러졌다. 특히
한자 학습 심리의 실험연구, 중고등학교 수학의 자습·보충지도의 실험
연구, 영재아동의 심리발전과 교육의 연구 등의 방면에서 수많은 연구
가 이뤄졌다.

① 한자 학습 심리의 실험연구

1949년 이후, 비교적 일찍 한자 학습 심리에 실험·연구를 진행한 사
람은 중국과학원 심리연구소의 선예沈曄였다. 선예는 자형字形을 파악
하는 것이 입학아동이 한자를 학습하는데 어려운 점이라는 관점을 명
확하게 제기하고, 이후의 연구를 위해 새로운 풍조를 마련하였다.

완윈잉萬雲英 등도 1962년 '자연실험법'과 '시스템 관찰'을 도입하여
입학아동이 자형字形을 익히기 위해서는 복잡한 발전과정을 거쳐야 한
다는 것을 발견하였다. 또한 소수의 필획이 적고, 구조가 간단한 기본
글자를 비교적 빨리 이해하는 것 외에는 대부분 대략적인 윤곽을 변별
하는 것에서 점차 분화하여 마지막에 정확한 시각·청각·운동감각의

표상이 형성되고 글자의 형태, 음, 뜻 세 가지를 하나의 복합체로 연계해 파악할 수 있게 된다고 지적했다.

주쭤런朱作仁은 초등학생의 식자識字교육순서의 연구를 통하여, 아동이 글자의 뜻과 의미를 이해하는 과정에는 세 가지 서로 다른 의미연결시스템이 존재한다는 것을 발견하였다. 첫째, 일정한 언어시스템 중 주요의미, 기본의미로 구성되는 연결시스템, 둘째, 잠재적이고 교사의 계발·유도를 통해 드러나는 의미연결시스템, 셋째, 아동의 의식 중 미未분화된 의미 연결시스템이 그것이다.

반면, 선더리沈德立의 연구에서는 교재를 사용하지 않는 학습 상황에서, 자형과 음의 연결은 자형과 뜻의 연결보다 더욱 잘 기억된다고 밝혔다. 반대로 교재가 사용된 학습에서는 자형과 뜻의 연결이 자형과 음의 연결보다 더 오래 기억되는 것으로 드러났다.

글자를 익힐 때 아동이 채택하는 기억 방법에 관한 연구에서 완윈잉과 주쭤런은 모두 아동은 일반적으로 형성자의 편방偏旁의 의미에 근거하여 익히며 기본한자음의 표기·음성의 특징이 기억을 돕는데, 자형 자체가 지닌 의미가 기억을 돕거나 혹은 아동 자신의 독특한 연상작용을 기억의 주축으로 삼기도 하며, 또는 기계적으로 암기하는 등의 방법으로 글자를 익힌다는 것을 발견하였다.

식자識字교육 방법의 비교연구와 효과적인 교육전략의 연구 방면에서, 중국교육심리학자들도 고된 연구를 진행했다. 그중 비교적 영향력이 큰 것은 '집중식자集中識字'와 '분산식자分散識字'의 학술논쟁이다. 중국의 전통적인 식자교육은 대부분 '발음' '자형구별' '쓰기(필순, 구조

분석)'에서 '한자의 뜻 설명하기'까지 몇 단계의 순서로 진행되며 아동
의 심리적 특징과 한자의 특징에 따라 서로 다른 교육방법을 채택하는
경우는 매우 드물다. 전통적 식자교육은 한 자 한 자 따로따로 가르친
다고 해서 보통 '분산식자법分散識字法'이라고 불린다.

1958년 랴오닝성遼寧省 헤이산현黑山縣의 지도원인 자구이즈賈桂枝는
베이관北關초등학교에서 시험 삼아 한자의 특징에 따라 교재를 분류·
조직하고 글자를 먼저 익힌 후 책을 읽는 방법을 택해 '집중교육, 분산
연습'이라는 식자방법 실험을 진행하였다. 또한 이를 통해 과거의 분산
식자分散識字교육보다 효율이 2배나 증가했음을 증명하였다.

70년대 이후 베이징, 난징南京, 상하이, 헤이산黑山 등에서는 계속해서
두 가지 식자교학 실험을 진행하였다. 1978년 8월 5일 〈광명일보〉는 한
쪽 지면에 헤이산현의 리펑李鋒 교사의 집중식자 경험과 난징사범대학
부속초등학교의 쓰샤斯霞 교사의 분산식자교학 경험을 싣고, 이 두 가지
가 오랫동안 논쟁이 지속된 상이한 방법이라는 점을 인정했다.

얼마 후, 완윈잉은 두 가지 식자교육 방법의 장·단점을 체계적으로
총결하였고, 서로 장점은 취하고 단점은 보완한다면, 식자 효율을 높일
수 있을 것이라고 여겼다. 완윈잉은 집중식자교육의 장점을 일정량의
한자 학습에 있어 대비되는 한자와 특이한 한자의 구조원칙을 분류하
기 쉽다는 것이라고 보았다. 예를 들면, 모양이 비슷한 한자, 동음한자
의 분류와 기본자 분류는 차이점과 공통점이 분명하여 아동이 분석, 비
교, 분별, 이해하기 쉬우며, 규칙을 파악하면 더더욱 많은 것을 유추할
수 있다. 이와 동시에 아동의 계획적인 부호화, 조합, 저장, 검색하는

데 용이하다. 반면, 단점은 지나치게 집중하여 비슷한 한자를 일반화하고, 혼동하는 현상이 나타날 수 있다는 것이다. 또한 집중 횟수가 지나치게 많아지면 학생의 부담이 커져 한계를 넘어서면 더 이상 받아들이지 않으려는 경향이 생기기 쉽다. 이는 동음한자 분류에서 특히 심하다. 분산식자교육의 장점은 '글자는 단어를 벗어나지 않고, 단어는 문장을 벗어나지 않으며, 문장은 문단을 벗어나지 않는다(字不離詞, 詞不離句, 句不離篇)'는 것이다. 이는 글자를 익히는 것과 독해능력, 글자 응용을 결합한 것으로 아동의 인지 특성에 부합한다. 이와 함께 식자 과목(글자를 익히는 과목)과 독해 과목이 긴밀히 결합하여 학생들의 이해와 흥미를 도울 수 있다. 단점은 분류·대비가 어려워 한자 규칙을 응용하기 어렵고, 비교교육을 강화시키기 힘들어지면서, 식자 정보량이 늘어나 어려움이 증가한다는 것이다.

식자교육 방면에 있어, 80년대에 일찍이 '주음기호로 식자교육을 실시하고, 읽기·쓰기를 앞당겨 실시한다(注音識字, 提前讀寫)'라는 새로운 방법이 고안되어 큰 영향을 끼쳤다. 1982~1984년, 헤이룽쟝현黑龍江省의 3개 시·현의 3개 초등학교 1학년 6개 반에서 이 방법의 실험이 진행되었다. 교육방법은 먼저 4~6주의 시간을 들여 중국어의 병음을 익히고, 이러한 기초를 바탕으로 비교적 빠른 속도로 중국어 병음이 적힌 교재를 공부하고, 교재를 읽으면서 모르는 글자를 배우는데, 한 학기에 약 100여 편의 단문을 가르쳤고 500~600여 개의 새로운 단어를 익혔다. 1학년 2학기에는 계속해서 많은 교재를 읽고, 교재의 글자를 익히는 것을 기반으로 하여, 짧은 문장 쓰기를 연습했다. 이때, 아동이 익힌 단어가 많지 않은 점을 감안하여, 작문을 할 때 병음을 사용하는 것을 허락했다. 2학년 때에는 교재의 난이도를 높이고, 교재 수량을 늘려 매주 '그림보고 작문하기', 혹은 '주제에 따라 작문하기'를 연습하여, 뚜렷한 성과를 거두었다.

완원잉은 이론적으로 '주음기호 식자교육'의 장점을 총결하였다. 그는 다음과 같이 생각하였다. ① 아동의 인지심리 발전의 특징과 욕구에 적합하여 아동의 학습에 대한 적극성을 높일 수 있다. ② 아동의 한자 학습의 심리 규율에 부합하여, 한자의 형形, 음音, 의義 세 가지가 서로 보완하고 상호 촉진하도록 한다. ③ 체제론의 원칙에 부합하여 식자, 독해, 글쓰기 세 방면의 교육을 유기적으로 통일시킴으로써, 교육의 전체화, 논리화, 단계화를 구현하였다.

또한 완원잉은 '음기호 식자교육'의 한계성도 지적하였다. 예를 들어, 병음교육단계의 학생은 지나친 부담을 느낀다. 수업의 요구는 높고, 학생의 받아들이는 능력에는 차이가 있어, 양극화가 일어나기 쉽고, 우등생과 열등생의 차이가 비교적 크다. 또한 많은 양의 독해, 빈번한 작문은 교사의 부담을 가중시킨다. 그러므로 이 교육에 있어서도 더 고차원적인 실험과 향상, 개선이 필요하다.

② 영재아동의 심리발달 및 교육연구

중국과학원 심리연구소의 차즈슈를 대표로 하는 중국 영재아동연구 협력팀은, 1978년부터 전국적인 협력연구를 진행하며 영재아동·청소년 수백 명을 추적·조사하였다. 또한 이들을 보통 아동·청소년과 비교 추론·창조적 사고·관찰력·기억·개성특징의 방면에서 동태적인 비교연구를 진행하여, 각 방면 발달에서 영재아동과 보통아동의 차이점·공통점을 개괄하였다. 예를 들면, 공부하기를 좋아하는지, 호기심이 강한지, 인지적 흥미가 높은지, 향학열向學熱이 높은지, 개성이 강한지, 자신감이 있는지, 한 가지 일을 할 경우, 각종 간섭을 물리치고 그 일을 완성할 수 있는지 등이 포함된다.

협력팀은 또한 「영재아동의 인지능력 감별 테스트」를 편찬함으로써, 영재아동 감별을 위한 중국 자체적인 참고지표·방법을 제공하였다. 이 테스트는 다음과 같은 특징을 가지고 있다.

첫째, 단일항목 테스트로, 영재 아동의 다양한 인지 영역 발달 상황을 이해하는 데 편리하다.

둘째, 사유에 중점이 두어 영재 아동 감별의 주요 방면을 파악하였다.

셋째, 반응의 결과와 반응의 과정, 형식과 특징을 결합하여 고찰하였고, 질과 양의 일치를 고려함으로써 더욱 전면적이고 깊이 있게 발달의 본질을 드러낼 수 있다.

이 테스트는 영재아동을 감별·선발하는 지표가 되었을 뿐만 아니라, 여러 기관에서도 이를 응용하여 교육컨설팅의 도구로 삼았다.

영재아동의 심리발달 및 교육연구 협력팀은 전국 10여 개의 초·중고등학교와 유아원에 영재아동 실험반과 10여 개의 대학소년반을 설립하고, 적절한 시기에 영재아동·청소년에게 재능에 맞는 교육을 실시하였다. 또한 교육 관여와 영재아동의 심리발달에 대한 철저한 연구를 위한

조건을 제시하였다. 또 이들은 상당한 사회적 영향력을 갖는 『지뢰초탄
智蕾初綻』 등의 영재아동 연구 전집을 편찬하였다.

③ 아동과 청소년의 개성 심리·교육 연구

한진즈韓進之의 협력팀은 학생의 개성 심리와 교육의 체계적인 연구
에 관한 대량의 작업을 진행하였다. 이들은 1983년부터 1985년까지 초·
중등학생의 자아의식 연구를 진행하여, 만족스러운 성과를 거두었다.
이들은 먼저 취학 전 아동의 자아의식 연구를 진행하여, 중국 아동의 자
아평가, 자아체험, 자아통제 등의 요소가 연령에 따라 증가·발달한다는
것을 발견하였다.

이 들의 연구에 따르면, 자아평가의 발생 연령은 3~4세 사이, 자아체
험의 발생 연령은 4주 정도, 자아통제의 발생 연령은 4~5세 사이이다.
성별 차이에 있어서는, 자아평가는 남녀의 차이가 없었으나, 자아체험
과 자아통제의 발달 수준은 5~6세의 여자 아이가 남자 아이보다 높았
다. 초·중고등학생의 자아의식의 발달 방면에서는, 초등학교 1~3학년
의 발달 속도는 비교적 빨랐고, 3학년 이후에는 점차 느려졌다. 전체적
인 발달 과정에는 3개의 상승기(초등학교 1~3학년, 초등학교5~6학년, 중학
교 3학년~고등학교 1학년)와 3개의 평온기(초등학교 3~5학년, 초등학교 6학
년~중학교 3학년, 고등학교 1~3학년)가 있다. 초·중고등학생의 자아평가
는 학년이 높아짐에 따라 늘어나나, 중학교 3학년 이후에는 발달 속도
가 느려진다. 또한 연구를 통해 자아평가의 구체성과 추상성, 외부 평
가에서 내면의 평가로의 전환도 학년이 높아짐에 따라 발달하지만, 양

자는 서로 다르게 나타난다는 것을 발견했다. 즉 중학교 1학년 이후 추상적 평가는 계속해서 원래 속도로 발달하였으나, 내부 평가 능력의 발달 속도는 느려진다.

중국 학생의 욕구 연구에 관하여, 양리주楊麗珠는 일찍이 초·중고등학생 1,080명의 욕구를 조사하였고, 아래의 결과를 거두었다.

첫째, 중국 초·중고등학생의 욕구 구조의 발달은 다차원적, 다단계적으로 통일된 전체로, 7개 항, 28종으로 분류할 수 있다. 즉 생리적 욕구와 물질생활 욕구, 안전과 보장의 욕구, 교제와 우정의 욕구, 존중과 자아존중의 욕구, 수업 외 활동과 정신생활의 욕구, 학습과 인재로의 성장 욕구, 공헌과 창조의 욕구 등이다.

둘째, 초·중고등학생의 욕구는 끊임없이 발전하는데, 이는 그들의 심신 발달 및 환경, 학교, 사회의 요구와 밀접한 관계를 갖는다.

셋째, 초·중고등학생은 우세한 욕구를 갖는다.

예를 들면, 초등학교 2학년 학생에서 가장 강한 5가지 욕구는 다음과 같다.

① 생명 유지에 가장 기본적인 물, 공기, 햇빛 등에 대한 욕구

② 건강한 신체·정신에 대한 욕구

③ 좋은 선생님, 좋은 교재, 학습 완성에 대한 욕구

④ 부모와 교사의 사랑에 대한 욕구

⑤ 새 필통, 새 책가방을 얻기 위해 공부하려는 욕구

중학교 2학년 학생의 욕구는 다음과 같다.

① 성실하고 정직한 친구를 사귀고자 하는 욕구

② 풍부한 지식, 다방면의 능력, 우수한 품성에 대한 욕구

③ 이상적인 학교에 진학하려는 욕구

④ 생명 유지의 가장 기본적인 물, 공기, 햇빛 등에 대한 욕구

⑤ 부모와 교사의 사랑에 대한 욕구

중점 고등학교 2학년 학생의 욕구는 다음과 같다.

① 풍부한 지식, 다방면의 능력, 우수한 품성에 대한 욕구

② 성실하고 정직한 친구를 사귀고자 하는 욕구

③ 이상적인 학교 진학 혹은 좋은 직업을 가지려는 욕구

④ 존중과 자신감의 욕구

⑤ 신임과 이해의 욕구

작가는 또한 교육 종사자와 가장은 아동 욕구발달의 특징에 따라, 양호하고 객관적인 환경을 만들어주고 합당한 교육을 실시하여 차근차근 지도하고, 아동의 합리적인 욕구를 배양·만족시키되 불합리한 욕구는 자제시킴으로써 아동의 심신이 건강하게 발달하여, 건전한 개성을 형성하도록 해야 한다고 지적했다.

학습 동기에 관한 연구 중 규모가 비교적 큰 프로젝트는 1981년 주즈셴朱智賢 교수가 지도 및 조직한 '국내 10대 성省·시市의 재학 청소년의 이상, 동기, 흥미'에 관한 조사 연구이다. 이 프로젝트는 10,059명의 중학생을 연구 조사함으로써 이들의 학습동기에 4가지 기본 유형이 있다

는 것을 발견하였다.

첫째, 학습 동기는 명확하지 않다. 예를 들어, 단지 가장, 교사의 요구에 부응하기 위해서, 혹은 시간을 때우거나 그럭저럭 졸업하고 직업을 구하기 위해서 학습을 하는 경우가 14.70%를 차지하였다.

둘째, 학습은 사회적 의무를 이행하기 위해서이다. 예를 들어, 반을 위해서, 조직을 위해서, 혹은 집단의 체면을 구기지 않기 위해, 또 혹은 집단에 들어가기 위해, 질책을 받지 않기 위해서 등은 17.6%를 차지하였다.

셋째, 개인의 장래를 위해서는 23.4%를 차지하였다.

넷째, 국가와 단체의 이익을 위해서는 44.3%를 차지하였다.

연구는 또한 중학생의 학습동기와 이상理想의 상호 관계지수는 0.814로 밀접한 관계를 갖는다는 점을 발견하였다.

④ 교사심리의 연구

교사심리에 관한 연구 중, 비교적 일찍 진행된 실증조사는 류자오지劉兆吉 등의 「우수교사·모범 학급 담임 120명의 심리적 특징에 관한 초보적인 분석」이다. 이들은 허베이河北, 장수江蘇, 상하이, 쓰촨四川, 시짱西藏, 네이멍구內蒙古 등의 성, 시 및 자치구의 우수교사·모범 학급 담임 120명의 우수한 실적 자료에 대한 분석을 진행하였다. 이를 통해 이들의 전형적이고 대표적인 심리 품성 14개(표 7-1, 표 7-2 참조)를 귀납하였는데, 그중 11개는 동일하였다.

표 7-1 초·중등학교, 유아원의 우수교사 74명의 심리적 특징 통계표(%)

	우수교사의 심리적 특징	인원수	%
1	당의 교육 사업에 충성	74	100%
2	학생에 대한 깊은 정감	74	100%
3	어려움을 극복하는 강한 의지	69	93.24%
4	학생의 개성을 잘 이해하는 관찰력	60	81.08%
5	사상 정치 교육을 진행하는 능력	51	68.92%
6	조직 능력	55	74.32%
7	사생師生간의 원만한 관계와 위신	65	87.83%
8	강한 책임감	70	94.59%
9	열등생을 교육하고, 혼란한 학급을 개조하는 능력	50	67.56%
10	교재를 전체적으로 파악하고, 교재를 활용하는 능력	74	100%
11	재능에 따라 교육하는 능력	60	81.08%
12	학생의 학습 흥미와 적극성 유발능력	70	94.59%
13	학생의 사고·문제해결을 계발하는 능력	50	67.59%
14	사고의 창의성 및 독립성	60	81.08%

표 7-2 초·중등학교 모범 학급 담임 46명의 심리적 특징 통계표

	모범 학급 담임의 특징	인원수	%
1	당의 교육 사업에 충성	46	100%
2	학생에 대한 깊은 정감	46	100%
3	어려움을 극복하는 강한 의지	46	100%
4	학생의 개성을 잘 이해하는 관찰력	36	78.26%
5	사상 정치 교육을 진행하는 능력	46	100%
6	조직 능력	46	100%

	모범 학급 담임의 특징	인원수	%
7	사생師生간의 원만한 관계와 위신	46	100%
8	강한 책임감	46	100%
9	열등생을 교육하고, 혼란한 학급을 개조하는 능력	46	100%
10	담당 과목의 교재에 대한 이해와 교재 활용의 능력	46	100%
11	재능에 따라 교육하는 능력	44	95.65%
12	담임이라는 업무에 대한 애정	46	100%
13	공평무사公平無私한 성격	43	93.47%
14	가장의 업무를 잘 해내는 능력	41	89.13%

이밖에, 위창지餘强基는 교사에 대한 초·중고등학생의 태도 조사·분석을 통해, 학생들 마음속의 교사에 대한 철저하고 세밀한 연구를 진행하였다. 그 결과는 다음과 같다.

먼저 초등학생이 가장 좋아하는 교사를 살펴보면, 활동·기능 방면에서는 대다수가 수업이 재밌고 체육 활동을 좋아하는 교사를 선택했다. 성격과 태도 방면에서는 대다수가 엄격하고 인내심이 있고 공정한 교사를 선택했다. 품행·능력 방면에서는, 대다수가 지식이 풍부하고 학생을 위해 고려하는 교사를 선택했다.

둘째로 중학생이 가장 좋아하는 교사를 살펴보면, 활동·기능 방면에서는 대다수가 수업이 재밌고 체육 활동을 좋아하는 교사를 선택했다. 성격과 태도 방면에서는 대다수가 상냥하면서 엄격한 교사를 선택했다. 사상·태도 방면에서는 대다수가 공정하고 성실한 교사를 선택했다. 업무 태도 방면에서는 대다수가 학생의 학습에 책임감이 있고 학생을 위해 생각하는 교사를 선택했다. 학식·능력 방면에서는 대다수가 강의 방법이 좋고 수업 중 잘 설명하는 교사를 선택했다.

가장 좋아하는 교사에 대하여, 수업을 재미있게 하는 교사를 꼽는 초·중등학생의 수는 학년이 높아짐에 따라 증가하였고, 고등학생에 이르러서는 70%에 달하였다.

중학생 763명에 대한 위창지의 조사에 따르면, 중학생이 가장 좋아하지 않는 교사는 30가지 유형이 있다.(인원수 많은 순서대로)

1. 수업에 책임감이 없고, 무계획적이며, 오로지 강의만 진행하고 자신이 설명하는 학생이 이해하는지, 그렇지 않은지는 신경 쓰지 않는다.
2. 강의가 생동적이지 못하고 교재에 쓰인 대로 강의하여 수업이 재미없고 이해가 안 된다.
3. 폭력적이고 억지스러우며 말하는 것이 무정하고 빈정댄다.
4. 편파적이어서 일처리가 불공정하고 사소한 일을 크게 만든다.
5. 주관적으로 조사·연구도 하지 않고 결론을 내려 학생을 꾸짖는다.
6. 강의가 끝나자마자 교실을 떠나 학생들과 가까워지려 하지 않고, 학생에게 관심을 갖거나 동정하지 않는다.
7. 솔선수범하지 않고, 언행이 불일치하다.
8. 과제 검사를 불성실하게 한다.
9. 학생에게 엄하지 않고, 오로지 강의만 하며, 학급 규율을 신경 쓰지 않는다.

10. 태도가 엄격하고 상냥하지 않으며, 하루 종일 무표정으로 웃지 않
    는다.

11. 과도한 양의 숙제를 내고 숙제가 너무 어렵다.

12. 인내심이 없고 학생의 문제에 대답하기 싫어하며 학생에게 보충지
    도를 하지 않는다.

13. 수업을 자주 늦게 끝내준다.

14. 공부만 중시하고 학생의 다른 수업 이외 활동에는 관심을 갖지 않
    는다.

15. 체육활동을 좋아하지 않는다.

16. 업무에 정통하지 않고 겸손하지 않으며 자만하고 자주 허풍을 떤
    다.

17. 공부를 잘하는 학생만 좋아하고 공부를 잘 못하는 학생은 차별한
    다.

18. 지식이 부족하여 몰라도 아는 척하고, 몇몇 수업 이외 상식에 대답
    을 하지 못한다.

19. 학생을 욕하고 때리며 학생을 좋아하지 않는다.

20. 민주적이지 않다.

21. 고정된 눈빛으로 사람을 째려본다.

22. 실수를 저지른 학생이나 열등생을 돕는 데 인내심이 없다.

23. 학생들이 무엇을 생각하는지 이해하지 못한다.

24. 약속을 지키지 않아 신용이 없다.

25. 걸핏하면 부모님을 부른다.

26. 학교의 단체 활동에 적극적이지 못하다.

27. 위생적이지 않다.

28. 학생을 성실하게 대하지 않고 거짓말을 한다.

29. 일하기 싫어한다.

30. 단장하기 좋아하고 생활이 검소하지 않다.

⑤ 심리교육의 연구

심리교육은 80년대 이래로 중국의 학교교육 중 생겨난 새로운 연구 분야이다.

일찍이 1978년 세계보건기구(WHO)는 소련의 알마아타(Almaty; 현재 카자흐스탄의 알마티)에서 국제회의를 개최하고 '건강의식'과 관련된 문제를 중점적으로 토론하였다. 또한 이 회의를 통해 유명한 「알마아타 선언」을 발표하고 '2000년까지 모든 사람에게 건강을'이라는 표어를 제시하였다. 이러한 사상은 학교 교육에도 적용되었다. 또한 건강이 내포하는 의미도 변화가 있었다. 건강이란 '생리적(신체) 건강, 심리적 건강, 사회적 건강의 세 가지 측면을 포함하고 단지 질병이 없고, 결함이 없는 것이 아니라, 생리적·심리적·사회적 건강이 서로 조화를 이루는 완벽한 상태여야 한다.'는 것이다.

1980년대 이후 국제적 경쟁이 과학기술과 인재 경쟁으로 전환되면서, 사람들은 갈수록 이 경쟁은 사실상 민족의 자질 경쟁이라는 것을 인식해갔다.

그리하여 「중국교육개혁과 발전개요」는 '입시교육'에서 국민 자질

을 전면적으로 향상시키는 것으로 궤도를 전환하여, 전체 학생을 대상
으로 학생의 사상·품성, 문화·과학, 노동·기술, 심신의 심리적 자질
을 전면적으로 향상시켜 학생이 생동적이고 활발하게 발전하도록 촉진
해야 한다고 지적했다. 바로 심리교육의 문제를 명확하게 짚은 것이다.
뒤이어 중국 내의 학자들은 심리교육의 의미. 지위, 임무, 내용, 원칙
등의 문제에 대한 철저한 연구·토론을 진행하였다.

심리교육이란 무엇일까? 옌궈차이燕國材는 심리교육이란 심리적 자
질 배양과 심리 질병 예방의 유기적인 결합이라고 여겼다. 이는 적극적
인 면과 소극적인 면의 두 방면을 포함한다.

적극적인 면은 심리적 자질을 배양하여 전면적인 발전을 촉진한다.
구체적으로는 다음과 같다.

• 학생의 지력을 발달시킨다.
• 학생의 능력을 배양한다.
• 비지력 요소를 배양한다.
• 학생이 심리활동에 대한 초보적인 지식을 파악하도록 한다.
• 학생이 심리 보건에 관심을 갖고 심리적 건강을 유지하도록 한다.
• 학생이 양호한 인간관계를 맺고 유지하는 지식 및 기술을 갖추도록
  한다.
• 학생이 심리적으로 감당할 수 있도록 적응력을 높여 급격하게 변화
  하는 사회 환경에 적응하도록 한다.
• 학생이 효과적인 학습방법을 파악하고 양호한 인간관계의 지식과 기

술을 갖도록 한다.

소극적인 방면은 심리 질병을 예방하고, 심리적 건강을 유지하는 것이다. 심리 질병의 범위는 매우 넓다. 넓은 의미로 보자면 '비정상 심리─심리 장애─변태 심리─정신병'의 4가지 단계가 포함되어야 한다. 초·중고등학생의 심리질병은 대개 앞의 두 단계에 속한다. 그러므로 심리교육의 중요 임무는 바로 이 두 단계의 심리 질병을 예방하는 것이다.

교육 시스템 중의 심리교육의 지위에 관하여 옌궈차이는 혹자가 제시한 '심리교육은 전인교육의 구성 요소이다.'라는 관점에 대해 '심리교육도 물론 중요하지만 심리교육이 전인교육의 구성 요소가 되는 것은 적절치 않다고 지적했다. 심리교육은 상위 개념이고, 지식교육은 하위 개념으로, 양자를 동일시하는 것은 적절치 않기 때문이다. 또한 심리교육은 주로 지식교육·도덕교육·정서교육을 통해 진행되는 것으로 지식교육과 같은 독립성이 없다. 만일 굳이 지식교육 등과 동일시한다면 오히려 심리교육의 가치를 약화시킬 것이다. 그는 또한 심리교육은 넓은 의미에서 도덕교육의 일부분으로 심리교육과 정치교육, 심리교육과 사상교육, 심리교육과 도덕교육은 동등하면서도 밀접한 관계가 있고 상부상조한다.'고 여겼다.

가오란高嵐은 학교 교육에서 '심리교육'이 존재하지 않는 것이 아니라 '체계적이고 독립적인 심리교육'이 없는 것이며 심리교육은 대부분 도덕교육의 범주에 포함되어 있다고 생각했다. 그러나 당대 사회의 발전, 당대 교육의 발전과 당대인의 발전 측면에서 보자면, 독립적이고 분명한 체계의 심리교육이 있어야 한다. 심리교육의 내용과 목표, 심리교육의 의의와 가치는 다른 교육으로 대체할 수 없기 때문이다. 그러므로 심리교육은 학교 교육에서 중요한 지위를 차지해야 한다고 지적했다.

반화班華는 심리교육의 임무에는 세 가지 방면이 있다고 여겼다.

① 지능 품성, 감정 품성, 의지 품성 및 기타 각종 우수한 개성 품성을 포함하는 우수한 심리 품성을 배양한다. ② 심리컨설팅 혹은 심리지도는 진학지도, 직업지도, 학습방법 지도, 인간관계 컨설팅 등을 포함한다. ③ 심리적 건강을 지키는 것은 심리교육의 기본적인 임무이다.

초·중고등학생의 심리 발달 연령의 특징과 현재의 심리 건강 상태에 따라, 아래의 몇 가지 심리교육 및 지도를 강화해야 한다.

① 심리지도 학습

② 정서교육

③ 성 심리교육

④ 인간관계지도

⑤ 건전한 성격교육

⑥ 인내력교육

반면에 천자린陳家麟은 심리교육의 임무는 실천임무와 이론임무의 두 가지 방면으로 분류할 수 있다고 여겼다. 실천임무는 다시 부정적인 실천업무와 적극적인 실천업무로 나눌 수 있다. 전자는 심리질병을 예방하여 심리 건강을 증진하는 것이다. 후자는 학생의 심리적 자질을 최적화하여 전면적인 발전을 촉진하는 것이다. 이론업무 측면에서 심리교육은 전체적인 심리과학 이론의 발전을 촉진하여야 한다. 천자린은 심리교육의 내용을 아래와 같이 구체적으로 나열하였다.

① 학생이 서로 다른 연령의 단계에서 심리적 특징, 발달임무와 대응 전략의 지식을 파악하도록 해야 한다.

② 학생의 능력(자습능력, 응시능력, 심리감당능력, 창조능력 등)을 배양하고, 학생의 지력(관찰능력, 기억능력, 사고능력, 상상능력, 주의능력 등의 훈련 진행)을 발달시킨다.

③ 일정한 심리학의 원리에 의거하여 학생에게 과학적인 학습심리지도(학습방법 지도, 학습흥미 배양, 학습습관 양성, 학습피로 예방 등), 인간관계 지도, 진학 지도 등을 진행한다.

④ 학생에게 성 심리 보건을 포함한 심리보건교육을 진행하여 학생이 심리보건과 관련된 지식을 파악하여 성 심리를 포함한 심리적 건강을 유지·증진하도록 한다.

⑤ 학생에게 동기, 흥미, 정서, 의지, 성격 등의 비非 인지요소 교육을 진행하여, 학생의 정서·성격 등의 장애 교정을 돕고 이와 동시에 앞서 언급한 비 인지요소를 최적화한다.

학교의 심리교육 원칙에 관하여, 천자린은 6항목을 제시하였다. 즉, 자각계발 원칙, 업무협력 원칙, 학생주체 원칙, 평등대우 원칙, 개별과 전체의 결합 원칙, 성공 누적의 원칙이다.

심리교육의 경로에 관하여, 반화는 세 가지 방면을 개괄하였다.

① 방과 후 수업활동을 포함한 각종 교육, 수업은 중학생 심리 품성을 형성하는 기본 경로이다.

② 수업 내·외의 심리학 상식, 심리보건, 사춘기 심리 강좌 등과 전문적인 심리교육과정을 개설하여 전문적인 심리 훈련을 진행한다.

③ 환경 조성은 캠퍼스의 물질적인 환경, 정신·문화적 분위기, 인간 관계 등을 포함한다.

심리교육의 연구는 중국 심리교육 실천에 중요한 지도적 역할을 하였다. 근래에 들어 사회가 변화하는 과정에서 각종 사회 충돌이 일어나 불가피하게 학생의 심리 발달에 영향을 끼쳤고, 학교교육 자체에 존재하는 몇몇 문제('응시교육', 열등생 차별, 체벌 등)는 학생의 심리적 부담을 더욱 가중시켰다. 몇몇 조사에 따르면, 중국의 심리 장애를 갖고 있는 초·중고등학생의 비율이 상당히 높은 것으로 나타났다. 비록 일부 조사는 조사 자체에 의문이 있기도 하나, 각지의 보도 상황을 볼 때 학생 심리장애의 발생률이 높아지는 추세는 확실한 것으로 보인다. 그러므로 심리교육은 미래 교육 연구 및 실천 과정의 중요한 부분이며 영역이다.

08

중국 당대 교육개혁이론의 탐색

당대중국교육의 발전사는 본질적으로 말하면 교육의 개혁사였다고
할 수 있다.

1951년 당시의 반은 식민지, 반은 봉건적인 옛 교육을 신민주주의적
인 교육으로 고쳤으며, 1958년 교육이 생산노동을 완전히 벗어나고 정
치를 너무 등한시했던 폐단을 개혁했다. 1960년대 효율과 질이 낮았던
교육에서 효율과 질이 높은 교육으로 바뀌었으며, 1964년 시작된 개혁
은 수정주의 교육을 반대하였다. 1977년부터는 교육이 사회주의 현대
화 건설에 이바지하도록 노력했으며, 80년대 말부터 90년대 초까지는
입시교육이 인성교육으로 개혁되었다. 또, 90년대 후반에는 대학 입학
이 보편화되었으며, 1977년부터 시작된 교육 개혁은 이미 세계 교육개
혁의 흐름이 되어 세계적인 교육개혁의 중요한 구성 부분이 되었다. 이
에 발맞추어, 중국 당대 교육계의 교육개혁에 관한 이론도 점차 성숙하
여, 중국교육의 개혁 역사와 성패에 관해서만 탐구하는 것이 아니라,
교육개혁의 모델과 방침 등에 대해서도 전 방위적인 연구가 이루어져
중국만의 특색 있는 교육개혁 이론을 형성했다.

1. 교육개혁지도사상의 변화

　교육개혁은 늘 일정한 지도사상 아래 전개되었다. 총체적으로 말해서, 1977년 이전 중국교육개혁의 지도사상은 정치요소에서 나온 것이 비교적 많았고, 경제요소에서 나온 것은 적었으며, 인간 요소를 고려한 것은 가장 적었다. 또한 지도사상은 대부분 회의를 통해 결정되고, 정부 문서의 형식으로 공포되어 정책적인 특성이 강했다. 당시 교육의 임무는 해석과 선전에만 국한될 뿐, 심도 있는 연구는 이루어지지 않았다. 1977년 이후의 교육개혁은 지도사상 면에서 많은 변화가 있었다. 즉 경제적인 요소와 인간적인 요소의 비중이 점차 증가하였으며, 교육이론계의 참여도도 부단히 상승했다는 점이다.

　50년대 초, 구식학교를 관리하면서 가장 먼저 학제개혁을 진행했다. 1951년 8월, 중앙인민정부정무원은 「개혁학제에 관한 결정」을 반포했다. 〈인민일보〉 1951년 10월 3일 발표된 사설 「왜 반드시 학제를 개혁해야 하는 가」는 학제가 사회생산발전과 과학발전상황을 반영한 것이라는 입장을 밝혔다. 각 시대마다 사회의 교육 시스템이 있고 각기 다른 학제를 가지고 있다. '구舊중국의 학제는 자본주의 국가의 학제를 답습했고, 반은 식민지적이고 반은 봉건사회적인 지주관료주의적인 부르주아의 반동사상을 반영해 중국 인민의 실제수요에 위배되었다. 구 중국의 문화교육에는 노동인민의 자리도 권리도 없었다.' 신학제의 가장 뚜렷한 특징 중 하나는 초등학교 학제의 개혁에 대한 것이다. 구 학제의 6년 초등학교는 2개 급으로 나누어졌는데, 취학 아동의 90%는 완전한 초등교육을 받지 못했다. 하지만 새로운 학제는 2개의 급을 없애고, 5년제로 바꾸었다. 이것으로 도시와 농촌의 모든 노동인민의 자녀 모두 완전히 초등교육의 평등한 기회를 누릴 수 있게 되었다. 새로운 학제는 또한 각종 형식의 간부학교, 보충학습 학교와 훈련반의 역할을 확정했다. 이것은 노동자, 농민의 교육과 구 중국의 지식인 및 일반 근로자의 재교육을 모두 보장했다.

대학과 대학의 학과를 조정하는 것 또한 동일한 지도사상에서 나온 것이다. 1951년 11월, 교육부는 전국 공대 원장회의를 소집해 전국 대학과 학과를 조정하는 방안을 입안했고, 그 후 여러 종합 대학에서도 조정을 진행했다. 이러한 일련의 조정은 다음과 같은 생각을 기초로 하고 있었다. '구 중국이 우리들에게 남겨놓은 대학교는, 원래는 반은 식민지적이고 반은 봉건사회적인 산물이다. 그것은 제국주의와 반동통치 계급의 필요에만 부합할 뿐이다. 이러한 학교 가운데에서, 과거에서 남겨져 내려온 제국주의적 종속성, 일부 교사의 영미 자산계급문화에 대한 맹목적 숭배, 현실과 유리된 것, 교조주의적 악습, 자산계급 교육사상의 영향 등이 남아있다. 이러한 것들은 중국 고등교육 방침이 제대로 실행되지 못하는 걸림돌이 되고 있다.'

이와 동시에, 지식인의 사상개조가 시작되었다. 1951년 11월 30일, 중국 공산당 중앙 위원회는 「학교 안에서 사상개조와 조직정리 작업을 진행하는 것에 대한 지시」를 발표했다. 학교 교직원과 고등학교 이상 학생들에게 학습운동을 전개할 것을 요구했다. 그들에게 비평과 자아비판의 방법을 활용하도록 했고, 자아교육과 자아개조를 진행하도록 했다. 당시의 일반적인 견해는 다음과 같았다. '지식인의 주요 사상은 자산계급사상인데, 이는 개인주의, 종파주의와 같다. 이러한 사상을 만약 극복하지 못한다면, 어떠한 교육개혁도 성공할 수 없다.' 그러므로 교사의 사상개조는 당시 교육 개혁의 중요한 관건이었다.

1951년 전후 교육개혁 지도사상의 기준은 정치였으며 개혁의 참고 대상은 오직 구소련뿐이었다. 1952년 이후, 구소련의 교육을 전면적으로 학습할 것이 제시되었다. 당시 지도 체제와 교육연구 및 교육 활동, 강의개요와 교과서부터 교수방법에 이르기까지 모두 구소련의 것을 모방했다. 그리고 교육개혁의 정치적 기능을 너무 강조한 나머지 교육실천은 어느 정도의 실책이 생기는 것을 피할 수 없다. 저우언라이가 1기 전인대 4차 회의에서 「정부업무보고」를 발표하며 다음과 같이 말했다. '교육 부처가 교육개혁을 실시하는 과정에서 약간의 실책이 발생했다. 주로는 구 교육의 합리적인 이론까지 부정한 것이었으며, 해방구의 교육 경험을 체계적으로 총괄하지 못했고, 구소련의 경험을 학습하는 데 있어서도 중국의 실정을 잘 반영하지 못했다.'

1957년의 반 우파운동으로 인해 정치적 형세에 큰 변화가 생겼으며, 교육개혁은 더욱더 강렬한 정치사명을 부여받았다. 1958년 9월 9일 반포한 「중국 공산당 국무원의 교육과 관련된 지시」에서는 과거 9년제 교육의 가장 큰 문제는 교육이 실질적인 생산 노동을 벗어나고, 정치를 간과했다고 지적했다. 이러한 잘못을 바로잡기 위하여 「지시」는 교육이 무산계급의 정치를 위해 존재하도록 하며, 생산노동력과 결합하도록 해야 한다는 내용의 방침을 제정했다. 이것은 당시 교육개혁의 중요한 지도사상이 되었다.

1960년 4월 9일, 루딩이는 2기 전인대 2차 회의에서 「교육은 개혁이 필요하다」라는 제목의 연설을 하면서 다음과 같이 말했다. '교육 기간을 적절히 단축하고, 교육 시간을 적절히 통제하며, 노동 시간을 적절히 증가시켜야 한다. 이렇게 하는 목적은 중국의 사회주의 교육 사업을 더욱 촉진하기 위한 것이다. 또한 교육의 효율이 저하되는 현제의 상황을 전환하고자 하는 것이기도 하다.' 이와 같은 배경 하에서 일련의 개혁조치들이 시행되었다. 예를 들면, 초·중고교 11년 학제가 9년 혹은 10년으로 단축되었으며. 이와 함께 양은 더 많아지고 난이도도 높아진 전일제 학교를 위한 교재가 편찬 되었다. 하지만 루딩이의 연설에서 말한 '적절히'라는 개념이 어려우면서도 모호해 학생들의 부담은 오히려 점점 무거워졌다. 이로 인해 1961년 다시부터 점차 조정이 시작되었다.

'문화대혁명' 시기의 교육개혁은 교육혁명으로 변질되었으며, 그 중요한 임무는 '자산계급의 세상을 쳐부수는 것'이 되어버렸다. 자산계급 지식인들이 오랫동안 통치해온 학교를 완전히 바꾸는 것이 당시의 목표였다. 이로 인해 학교는 무산계급의 독재의 도구가 되었다. 이 시기, 교육혁명의 지도사상은 마오쩌둥의 '5·7 지시'였다. 즉 '학문이 생기면 이와 함께 노동, 농사, 군사를 배워야 하고, 자산계급을 비판할 줄 아는 능력을 갖춰야 한다. 학제는 단축되어야 하며, 교육은 개혁되어야 하고, 자산계급 지식분자들이 중국의 학교를 지배하는 현상이 철저히 개선되어야 한다. 노동자와 농민, 병사들이 학교로 들어가 교육을 함으로써 3대 혁명이 유지되어야 한다. 또한 학생들은 사상을 가장 중요한 학습 목표로 삼아야 한다. 노동자, 농민의 기술수준을 높이고, 이들 중 지식인을 육성해야 한다.'는 것이었다.

'4인방'이 타도된 이후, 교육사상계는 혼란을 수습하고 바로잡는 일을 진행했다. 최초의 '혼란'은 '문화대혁명'의 '혼란'을 가리키며, '올바름'은 바로 '문혁'전의 17년의 '올바름'을 일컫는다. 그래서 교육이론상에 17년 전의 사조가 돌아와 출현했다. 이것과 대응한 것이 17년 교육의 반성과 비평에 대한 것이다. 17년의 교육은 당시에 많은 문제가 있었고, 오직 새로운 형세 아래에서 반드시 교육개혁을 진행해야 한다고 여겼다. 모두가 무엇보다 먼저 느낀 것은 교육구조의 불합리이다. 뒤이은 것은 수업 내용, 방법의 낡음과 낙후였다. 그 뒤에 또 출현한 교육의 활기가 결핍된 것은 우리나라 교육의 두드러진 문제이다. 따라서 교육체제, 교육모식, 교육 관념의 개혁에 대해서 요구가 제기되었다. 1985년 5월 27일, 중국 공산당 중앙 위원회는 「교육체제개혁에 관한 결정」을 반포하고, '교육체제 개혁의 근본 목적은 민족본질을 높이고, 인재를 많이 배출하고, 좋은 인재를 배출하는 것이다.'라는 교육개혁지도 사상을 제기했다. 「결정」에서는 11기 삼중전회 이후에 우리나라 교육 사업은 회복을 얻었고, 왕성한 발전의 노선에 오르기 시작했다고 지적했다. 그러나 '교육을 경시하고, 지식을 경시하고, 인재를 경시하는 잘못된 사상은 여전히 존재하고, 교육방면의 '좌'적 사상영향은 아직도 완전히 극복하지 못했다. 사회주의현대화건설수요의 국면에 적응하지 못한 교육 업무는 아직 근본적인 전환이 없다. 특히 우리나라가 대외개방과 국내가 활기를 띠게 되면서 경제체제혁명은 전면적으로 전개되고 세계범위의 신기술혁명이 마침 급속히 발전하면서 우리나라 교육사업의 낙후와 교육체제의 폐단은 더욱 더 두드러진다.'고 지적했다. 「결정」은 교육상에 존재하는 문제를 분석했고, 교육체제개혁에 가담한 이후부터, 근본 상 교육현상의 구상을 바꾸었다. 주요 대책은 이렇다. 발전기 초교육의 책임을 지방에게 맡기고, 9년제 의무교육을 단계적으로 진행한다. 중등교육구성을 조정하고, 직원기술교육을 강력하게 발전시킨다. 고등학교의 신입생 모집 계획과 졸업생 분배제도를 개혁하고, 대학교 경영의 자주권을 확대한다. 영도를 강화하고, 각 방면의 적극적인 요소를 동원하고, 교육체제개혁의 순조로운 진행을 확보한다.

이 시기 교육개혁은 두 개의 직접적인 계기가 있다. 하나는 경제체제개혁, 상품경제 발전의 충격이다. 두 번째는 새로운 기술혁명과 현대화 추세이다. 어떤 사람은 글을 저술하여 경직된 모식을 없애는 것은 교육체제와 경제체제 개혁의 공동임무이다. 경제상에서 '정부와 기업의 미분리'이고, 교육상에서 정부가 학교에 대해 통제가 너무 심한 것이라고 제기했다. 경제상에서 '구역간·계통간의 분할. 부문간·업종간의 분할'이고, 교육상에서 학교가 너무 많은 각부·각 위원회와 지방정부소유에 속하는 것이다. 경제상에서 '상품생산과 가치법칙과 시장의 작용을 경시하는 것'이고, 교육상에서 인재 공급과 수요 시장의 조절기능을 소홀히 하는 것이다. 어떤 사람은 더욱 단도직입적으로 말했다. '근본적인 교육개혁에 있어서 곧 교육적응이 형성하고 있는 계획적인 상품경제로써 요구를 제출하도록 해야 하는 것이다.' 게다가 강조하기를,

경제체제개혁 가운데의 많은 경험은 '또한, 교육체재개혁의 참고대상이 될 수 있다.' 또한 어떤 사람은 다음과 같이 제기한다. 경험발전은 명령성 계획, 지도성계획과 계획 외 생산을 가지며, '교육은 이미 가진 통일된 계획과, 또 가지고 있는 융통성 있는 대책을 달성해야 하며, 수많은 순서, 많은 규격, 많은 경로, 많은 학교 경영 형식을 승낙해야 하고, 인재의 양성을 다원화 시킨다.' 또한 상품경제 가운데의 경쟁원칙, 많이 일하면 많이 얻는 원칙 등을 교육영역에 응용해냈다.

덩샤오핑은 1983년 징산학교를 위한 서문 발표 후에, 교육계의 '3개 방향'에 대해 토론을 전개했는데 이는 어느 정도 이 시기 교육개혁의 주제와 지도사상이 되었고 샤위룽夏禹龍 등이 견해를 저술했다. 교육을 현대화 하는 데 있어서 관건은 교육내용의 현대화와 교육방식의 현대화였으며 '각 영역의 국제지식 보급에 힘써야 한다. 각 외국어 수업을 중요시 한다.' '교육, 문화와 과학기술을 강화한다.'는 국제교류 등을 강조한다. 또한 어떤 사람은 현대화로 향하는데, 가장 먼저 '교육과 우리들의 경제건설관계를 홍기해야 한다.'고 제기했다. 세계로 향하는 것은, 바로 '우리들의 교육과 세계과학기술의 발전관계를 홍기해야 한다.'는 것이다. 미래로 향하는 것은, 바로 '교육과 당파의 12개 큰 확정의 두 차례 뒤집힌 목표관계를 홍기하고, 고도의 건설과 같은 사회주의 물질문명과 정신문명의 목표관계를 홍기한다.'

수많은 문장이 전자, 재료, 에너지원, 계산기, 우주과학, 해양과학, 유전자공학 등을 핵심으로 하는 신 교육개혁의 필요성에 대해 역설했다. 또한 구밍위안도 글을 지어 신기술혁명의 5대 특징을 분석했다. 과학,

기술과 생산이 날로 일체화 되는 것, 새로운 과학기술의 생산 가운데 물질화의 시간을 단축하고 과학을 직접적인 생산력이 되도록 했다. 학과 사이의 상호작용, 복잡한 문제의 종합연구의 강화, 자연과학과 사회과학의 결합, 생산 상의 응용에서 새로운 과학기술의 성과가 사회노동분업이 새로운 변화를 발생시키도록 한다. 새로운 과학기술혁명이 노동적 성질과 내용으로 변화했다. 그러므로 교육투자, 교육개념의 이해, 수업과 교육과 사회의 관계, 학생의 발전과 교사의 본질에 대한 것은 모두 새로운 객관적 요구를 제기했다.

그리고 저술은 더욱 광활한 현대화 배경 위에서부터 교육개혁의 방향을 토론했다. 예컨대 허쭝잔何宗傳은 글을 저술해 제기했다. 현대교육발전의 과정은 바로 교육의 보급화와 학습화 사회형성의 과정이고 교육 구조의 다양화의 과정이며, 교과과정의 지식성의 수업내용 현대화를 강조하는 과정이고, 직업기술교육이 중시 받는 것이고, 평생교육 사조를 흥기하는 과정이며, 학생이 스스로 학습하도록 가르쳐 알게 하고, 능력을 양성하는 것을 강조하는 과정이며, 고등교육의 발전과 개혁의 속도를 올리는 과정이다. 렌루이칭連瑞慶은 '현대화사회'의 특징을 강조하며 고찰했다. 지식화와 지능화, 정보화와 자동화, 사회구조의 다양화와 개방성. 뒤이어, 다양한 발전수준의 국가교육체제개혁의 전체 추세를 고찰했다. 기초교육을 끊임없이 강조하고, 보급의무교육의 연한과 질량을 끊임없이 제고했다. 직업기술교육이 점점 더 중시되고, 중등교육이 종합화와 사회화되어가고 있다. 1차성 학교수업에서 평생교육발전을 향한다. 교육 관리체제 상에서 집중과 분산의 결합을 채택한다. 각종 대책이 교사의 사회지위와 소질을 향상시키는 것을 채택한다.

90년대 이래에 들어, 컴퓨터와 인터넷의 급속한 보급에 따라, 전 세계적 정보화 풍조가 인류사회의 발전과정을 변화시키고 있다. 전통경제학이론은 이미 새로운 경제현상에 대해 과학해석과 예측을 할 수 없다. 지식은 경제신장과 사회발전의 작용에 대해 새로운 것을 창조해내 이미 자본과 자연자원을 추월했다. 1996년 미국 정보기술산업이 국내 생산 총액의 10%를 차지했고, 자동차, 강철, 건축 등 전통사업을 초월하고 최대산업이 되었다. 정보산업에 종사하는 마이크로소프트, IBM, 인텔 등 회사는 이미 그 해 3대자동차공장의 지위를 차지했다. 80년대 중반 전에 세계 부호 순위에서 상위 10위를 차지한 사람은 거의 전부 석유 거물이었다. 그러나 90년대 중반 이후에, 세계에서 상위 10위 부호의 절반이상이 모두 정보 하이테크놀로지산업과 관계가 있다. 인류 역사상 이런 아주 새로운 경제형태—지식경제가 이미 추상 ① 형태가 고정되기 전의 최초의 형식. ② 원래의 물건에 의해 축소한 모형이 되었다.(어떤 사람은 '후 공업경제' '정보경제' '하이테크놀로지경제'라고 일컫는다) 유럽경제합작과 발전조직은 '지식을 기초로 한 경제'라고 명확하게 정의 내렸다. 또한 지식경제가 21세기에 전면적으로 형성될 것을 예측했다. 이 사회경제 배경 하에서, 특별한 것은 동아시아에서 경제위기가 발발하는 것과 중국이 WTO에 가입한 상황에서 중국교육계 내외에서 미래교육의 개혁과 발전에 대해 열렬한 토론을 전개했다. 왜냐하면, 지식경제의 발전은 주로 새로운 발견, 발명, 연구와 혁신을 의지하기 때문이다. 그 핵심은 혁신에 달려있다. 창조는 민족 진보의 정신·마음이고, 국가의 번창과 발전이 오래 지속되는 동력이며, 창의교육은 지식경제가 지식에 대해 제기하는 시대요구이다. 이 때문에, 공산당 중앙위원회와 국무원은 '과학으로 나라를 일으킨다(과학흥국)'는 전략과 국가혁신체제 구축을 중요한 위치에 두었다. 9기 전인대 1차회의 기자접대회의에서, 주지朱基총리가 세계를 향해 공포했다. "과학흥국전략을 실시하는 것은 이번 정부의 최대 임무이고, 우리들은 과학흥국의 방침을 끝까지 관철하기로 결심했다." 그러므로 '창의교육' '평생교육' '학습화사회'는 이시기 교육개혁의 핵심 관념이 되었다.

사람들은 교육개혁의 출발점을 경제구조, 생산력발전과 연관시키고 경제건설의 요구에 부합하는 것을 교육개혁의 지도사상과 같은 시기로 삼고, 교육이론계는 더욱 깊은 한 개의 문제를 제기하기 시작했다. 교육은 그것의 사회기능(경제기능, 정치윤리기능) 이외에, 그것의 내재가치(사람 자신을 발전시키다)는 어떤 지위에 놓아야 하는가?

이미 80년대 초에, 류포녠은 글을 써서 사람의 발전의 각도에서 수업개혁문제를 연구했다. 그는 교육은 마땅히 피교육자가 각각의 방면 모두에서 발전을 얻게 해야 한다고 했다. 각 주요 방면(예를 들면 덕, 지, 체, 미, 노동)의 각종 요소는 모두 발전을 얻을 수 있어야 한다. 지식기능(양적기능 뿐만 아니라 질적 기능도 포함), 감정, 의지, 개성과 지력 모두 반드시 발전을 얻어야 한다. 하나하나의 학생의 각종 심리능력을 향상시키는 것을 목적으로 여긴다. 수업개혁은 자신감에 찬 기개를 가질 수 있고, 일시적 압력에 굴복하거나 부화뇌동하지 않는다.

위안전궈는 중국당대 교육의 개혁과정을 돌아보면서 다음과 같은 글을 썼다. '과거 30년의 교육개혁은 경제의 요구를 매우 적게 고려했을 뿐 아니라, 사람의 자신발전의 요구를 매우 적게 고려했다. 개인의 홍미와 취미, 개인의 발전수요, 개인의 성격, 개인의 가치와 권리, 개인의 독립성, 창의성이 매우 적게 중시되었다. 강조해야 할 것은 인간의 계급성과 통일성이다.' 어떤 때는 사람의 개인자유를 강조하는 듯하기도 했다. 이를테면 옛 교육이 사람을 억압하고, 박해한 것을 비난했다. 이를테면 학생이 교사의 반대가 되도록 격려했지만, 사실 그것은 다른 종류의 통일된 모델로 학생을 규범 짓는 것이었지 결코 학생의 독립적이고 자주적인 발전을 북돋운 것이 아니다. "그래서 우리들은 이제부터 교육개혁을 생각할 때에, 반드시 사람 자신이 발전을 중요한 출발지점 중의 하나로 여겨야 한다." 후커잉은 교육이론계를 분석할 때 '물건만을 보고 사람을 보지 않고, 물건만 중시하고 사람을 중시하지 않는다.' 와 '권력을 가장 높이 보고, 권력만을 중시하고 사람을 중시하지 않는다.'는 두 개 경향을 후에 지적했다. '사람은 교육의 대상이고, 사람은 교육의 출발점과 귀결점이다. 사람은 또한 교육과 자아교육의 주체이다. 재능에 따라 교육하고, 교육과 자아교육에 의지한 통일과정이 아동의 개성을 발전시킨다. 이것은 교육의 최고 가치와 위대한 역량의 장소이다.' 주영신 또한 다음과 같이 말했다. "교육 가운데에서 '대문자적 사람'을 세우는 것이지 '소문자적 사람'이 아니다, 두말할 것 없이 마땅히 우리나라교육개혁의 돌파구가 되어야 하고, 중국 신교육의 초석이 되어야 하고, 우리들은 더 이상은 사람들의 신음소리와 사람들의 외침을 중요시하지 않을 수 없다." 또한 제기했다. "진정하게 사람을 중국

교육의 기초가 되도록 해야 하고, 이것은 반드시 개성, 주체의식, 생활의 즐거움과 창조정신적인 사람을 양성하고 구비하는 것으로부터 시작해야 한다."

그러나 교육개혁 중 이러한 인본 방향의 교육 가치관은 매우 빠르게 적막해져 갔다. 90년대 초 몇 년 동안 교육계는 심지어 '말만 듣고도 무서워하는' 지경에 이르렀다. 원인은 자산계급자유화와 자산계급 추상인성론의 혐의를 받는 것을 두려워했기 때문이다. 1989년 5월, 〈중국사회과학〉편집부, 〈교육연구〉편집부, 전국교육학연구회교육기본이론학과위원회연합준비는 교육과 사람 연구를 소집했고, 1990년 8월에 교육·사회·사람학술토론회를 열고 전 단계의 '교육과 사람'의 연구를 돌아보고 비판했다. 1992년 이후 정치, 경제형세의 변화에 따라, 특히 사회주의 시장경제체제의 확립되면서 교육개혁이 실제로 관심을 가진 것은 교육과 시장경제의 관계였고 '교육과 사람'에 대한 관심과 연구는 더욱 적어졌다. 그러나 철학계에서 사람학人學에 대한 연구가 시작되었고 전체사회과학계의 사상이 해방됨에 따라 교육개혁 실천과 이론연구 가운데 사람에 대한 관심이 다시 중시되었고, 인성교육의 보급, 인문교육의 전개 등 모두 이 경향을 구체적으로 드러냈다. 다만 사람들은 교육개혁과 발전중의 이 두 가치관을 더욱더 논증적이고 이성적으로 다루었다. 샤정장夏正江은 진정한 개인주의철학과 진정한 사회주의철학이 내재적 일치성을 가진다고 여겼다. 건전한 개인주의 철학으로부터 출발한 교육목적과 완전한 사회주의철학으로부터 출발한 교육목적은 또한 결코 모순되지 않으며, 극단으로 향하는 어떠한 교육개혁지도사상 혹은 가치방향이라도 모두 잘못된 것이라는 것이었다.

위로부터 알 수 있는 것은, 중국당대 교육개혁의 지도사상은 차츰차츰 변혁의 역정을 경험했으며, 시야를 끊임없이 늘리고 있다는 것이다. 개혁의 비교대상이 끊임없이 완비되어 가고 인식은 끊임없이 심화되며 개혁의 중점은 외부의 얕은 층에서 내부의 깊은 층으로 넘어가는 것이다.

서양의 몇 경제대국의 교육개혁 과정을 들여다보고 그 경험교훈을 받아들이는 것은, 우리나라가 직면한 교육개혁과정에 있어서 다소 이익을 가져다 줄 수도 있다. 금세기 이후에, 세계교육개혁사조가 여기저기에서 일어났고 교육개혁과 관계있는 이론이 계속 일어났다. 유파가 매우 많지만, 역사에 근거하여 발전단계와 그 이론의 성질을 보면, 대체로 3대 단계와 3개 성질의 교육개혁이론으로 구분할 수 있다. 곧 철학―정치학 단계, 경제학―사회학 단계와 독립학 단계이다. 철학―정치학 단계라는 것은 주로 20세기 초에서 40년대 말에 이르기까지를 가리키고, 지도교육개혁실천의 이론은 주로 미국의 실용주의철학과 자본주의의 민주주의 이론이다. 예컨대 미국과 유럽의 '진보주의교육운동' '신교육운동' '개조주의교육운동' '교육민주화운동' 등이다. 동일 시기 구소련의 교육개혁은 바로 주로 마르크스주의학과 레닌, 스탈린의 국가주의정치학의 지도 하에서 진행되었다. 경제학―사회학 단계라는 것은 50~70년대의 교육개혁을 가리키는데, 주로 관계있는 경제학과 사회학이론 지도 하에서 진행되었다. 이 시기에 거의 모든 국가의 교육개혁은 모두 정도는 다르지만 인력자본이론의 지도와 제어를 받았다. 서양

국가는 또한 사회학 가운데의 구조기능주의, 충돌론과 해석학의 영향을 받았다. 심리학이론은 비록 교육개혁에 대해 상당히 큰 영향을 끼쳤지만 전체적으로는 교육개혁발전 방향과 규모에 영향을 미치는 지도이론이 되지는 못했다. 다만 개혁 목적과 방향의 수단이론을 달성하는 하나의 성과만을 이루었을 뿐이다. 독립학 단계라는 것은 70년대 시작부터를 가리키며, 교육개혁은 하나의 전문적 문제로 여겨졌고, 각 학과의 지식과 방법을 종합해 연구를 진행했고, 교육이론가, 기타학과의 이론가, 각국정부, 국제조직과 국제교육기구의 중시를 받았다. 국제연합과 같은 교과문결성이 공포한 「학회생존」, 「교육－자원이 그 안에 묻히다」 등 교육개혁을 전문연구 대상으로 여긴 저작이 잇달아 출판되었으며, 세계 각국의 교육개혁 실천에 대해 이론과 정책의 영향이 중대했다.

미국의 경우 19세기 후반부터 20세기 전반에 이르기까지, 교육개혁은 '전통교육'에서 '현대교육'으로의 전환을 지표로 삼고, 듀이의 실용주의교육이론을 지도삼아, 그 기본방향이 전통교육목표의 학술화와 엘리트화를 버리고, 교육목표를 생활화하고 대중화하도록 했다. 수업내용은 학술화, 계통화, 이론화와 경험화, 실용화와 실천화를 포기했다. 교육이 현실생활에 융합해 들어가는 것에 대해, 학생들에게 되도록 일찍 공민의식을 갖도록 하고, 교육으로 하여금 경제발전을 추동하도록 하고, 또한 학생 개인으로 하여금 생계기능을 습득하도록 했다. 50년대 말에서부터 70년대 중반까지, 교육개혁은 전체적으로, 학술지상(주의)부터 '기초로 돌아가다.'까지, 두 개의 단계로 나눌 수 있다. 가장 먼저 〈국방교육법〉의 공포로, '새로운 세 개의 예능'(수학, 자연과학과 외국어) 수업을 강화하고, 교육기술을 강화하고, 수업과 과학연구 경비를 보충하고, 브루너의 구성주의 과정론을 교육개혁의 지도사상으로 삼는 것으로 학과구조운동이라고 불린다. 60년대 후기에 그 전의 개혁의 폐단을 바로잡는 것으로써 '생계교육운동'이 일어난다. 형식상 취업교육과 보통교육이 결합이 일어나는 것이지만, 본질은 바로 실용주의교육의 회복이다. '개별화수업' '아동중심' '활동중심' '경험중심'과 '중고등학교부터 한다.' 등 실용주의교육과 비교하여 모자람이 없었다. 이와 같은 교육은 또한 새로운 문제를 발생시켰는데, 미국사회의 요구에 적응하기 힘들다는 것이다. 1976년에 이르러, 미국에서 기초교육운동을 회복하기 위한 대규모의 교육개혁이 시작되었다.

80년대 후에 진입하여, 국제형세의 변화로 미국의 이 시기 교육개혁은 정치적 의미가 점차 희미해져만 갔다. 사람들은 사람과 교육 그 자체의 지식에 대해 날이 갈수록 더욱 깊은 단계로 진행했고, 교육의 경제기능을 계속 강조하는 동시에, 교육의 문화기능은 강화되었고, 완전한 인격, 인성의 발양, 인성 존중, 전면적으로 두루 갖춘 인재 양성 등의 교육이념은 다시사람들의 중시를 받았다.

미국의 20세기 교육개혁의 과정 또한 반복에 반복, 부정에 부정의 과정을 경험했고, 서로 다른 시기에 교육개혁의 가치방향은 서로 다른 편향을 가졌음을 알 수 있다. 현재 사람들은 여러 차원으로 즉, 가능한 한 모든 것을 고려하여 교육을 심사하고 주시하는 쪽으로 더욱 관심을 기울이고, 교육개혁은 많은 과목의 이론지도를 찾도록 힘쓰게 만든다.

그러나 사실은, '경제인' 혹은 '정치인' 양성을 교육과 교육개혁의 목

적으로 여기는 것, 그리고 '추상인' 혹은 '순수인'을 양성하는 교육과
교육개혁은 모두 편파성을 잃는다. 교육개혁은 반드시 '인력'을 양성하
는 것과 '사람'을 양성하는 사이에서 균형을 얻어야 비로소 최적의 교
육개혁 효과를 얻을 수 있다.

2. 교육개혁 모델의 연구

'모델'이라는 단어는 일반 과학 방법론 또는 과학 철학 중에서 인용
된 것으로 영어로는 model이며 원래 의미는 '모식, 모형, 전형, 범형'
등으로 사물, 활동, 이론 등을 모조, 재현 혹은 표현해 내는 것을 뜻한
다.

교육이론계에서 교육 모델은 일반적으로 한 국가 혹은 한 지역의 교
육이 장기적으로 가지고 있는 특성을 뜻하며, 교육 개혁 모델은 바로
교육개혁을 어떠한 형식으로 전개해나가느냐를 가리킨다. 또한 어떤
사람은 그것을 '교육 개혁 실천 중 생산된 일종 설계와 조직 교육개혁
의 이론'이라고 정의하기도 했다.

비교적 일찍이 교육개혁모델에 대해 연구한 사람은 탄쑹화談松華, 쉬
하이잉徐海鷹 등이다. 그들은 「중국교육 모델개혁 초보적 탐색」이라는
문장을 통해 다음과 같이 말했다.

'중국의 경제체제 개혁은 근본적으로 경직된 경제모델이다. 이 때문
에 경제발전의 새로운 길을 시작하게 되었다.' '예전의 경제 모델과 상

514 변천과 구조

응하는 교육체제, 교육 시스템 및 구조 등은 특이한 교육 모델을 형성했다.'

글에서 두 사람은 중국 현행 교육 모델의 주요 특징을 아래 몇 가지로 분석했다.

첫째, 통일이다. 강의 계획, 강의요강, 강의내용, 학생 모집 시험 등에서 모두 전국 통일 규정이 마련되어야 한다.

둘째, 집권이다. 이것은 관리체제 상에서 강조되는 것으로, 강의는 어떻게 하는 것인가, 학교는 어떻게 운영해야 하는가의 결정권이 교육 행정 부처에게 집중되어 있어 학교 경영 실체라고 할 수 있는 학교가 자기의 운명을 결정할 수 없다는 것이다.

셋째, 폐쇄이다. 이것은 교육과 세계의 단절을 나타날 뿐 아니라, 학교 교육과 사회의 부조화를 나타내기도 한다. 전공 설계, 육성 목표, 강의 내용에서부터 강의평가, 내부 체계에 이르기까지 사회와의 교류와 조절이 결핍되어 있다.

넷째, 융통성이 없다. 이것은 교육내용과 방법상에서 뿐 아니라, 교육체계상에서도 나타난다. 학생은 단지, 초등학교 → 중고등학교 → 대학교 이렇게 정형화된 과정에 따라서 한 단계씩 올라가고, 각 교육 간의 수평적 교류가 부족하여 학생의 발전과 학생 선발의 범위가 매우 한정적이다.

이상의 특징을 가지고 있는 교육 모델은 다음과 같은 도전에 직면했다.

첫째는 교육 외부의 도전, 즉 다원화된 사회경제 모델과 단일화된 교육 모델간의 모순과 충돌, 둘째는 교육 내부의 도전, 즉 교육발전의 개별성 원칙과 교육 모델의 공통성 원칙의 모순과 충돌이다. 이는 곧 교육개혁에 대한 절박한 요구를 제기하였다.

우중쿠이吳忠魁, 장쥔홍張俊洪이 함께 저술한 「교육 개혁의 이론 모델」은 교육 개혁 모델 연구에 관한 전론이다. 이 책에서는 다음과 같이 지적하고 있다. '어떠한 사회적 실천이라도 모두 이론과 지도사상이 필요하다. 교육개혁에 있어 만약 교육 형황에 대한 정확한 이론적 분석과 판단이 없다면, 그리고 만약 교육개혁 조치에 관한 세밀한 논증이 없다면, 모든 교육개혁은 단지 비이성적이고 맹목적인 충동에 지나지 않을 것이다.' 이러한 생각을 바탕으로 저자들은 세계의 교육개혁 이론 모델을 연구하였으며, 이를 통해 중국 당대 교육개혁의 이론을 형성하는 데 참고 근거를 제공했다.

작가는 중국교육 개혁의 이론 모델이 진화론 모델, 구조기능 모델, 체계화 모델, 민주화 모델 이렇게 대략 네 가지라고 여긴다.

진화론 모델에는 전통 진화론과 신진화론이 있는데, 교육개혁과 발전의 문제에 있어서는 두 이론이 다음과 같은 일치점을 보이고 있다.

첫째, 역사의식을 강조한다. 현행의 교육개혁은 지금까지의 발전의 결과라고 여긴다. 역사에 대한 반성과 이해가 없으면, 현실에 대한 정확한 인식이 불가능한 것이다.

교육개혁의 목표, 방침, 절차를 결정할 때 단지 현실의 요구만을 고려할 수는 없다. 반드시 역사적 발전 상황을 고찰하고 현실에서 개혁을 단행했을 때 성공 가능성과 필요성을 분명히 인식하고 분석해야만 한다.

둘째, 동태적 태도로 교육개혁을 바라보고, 교육개혁을 설계해야 한다. 교육은 동태적 계통이다. 이러한 계통 내의 변혁과 외부 계통의 상호작용은 영원히 지속될 것이다. 따라서 변화는 필연적이다. 이러한 변화 속에서, 어제의 개혁은 오늘의 개혁의 기초가 되며, 오늘의 개혁은 내일의 개혁을 위한 준비과정이 된다.

셋째, 변혁은 단계성과 서열성을 가지고 있다. 서열성으로 인해 교육은 일련의 체인을 형성한다. 진화론의 모델은 '적응'과 '계승'의 개념을 중시하며, 교육과 사회발전의 상호작용과 과거 전통의 계승을 강조한다.

구조기능 모델은 교육구조를 개혁함으로써 교육의 기능을 발휘할 수 있도록 하는 것을 주요 내용으로 하는 교육개혁 이론이다. 구조기능 모델과 진화론 모델을 비교해보면, 진화론 모델이 수직 방향의 발전과 변화에 입각하여 교육개혁을 연구한 것이라면, 구조기능 모델은 수평적 관점에서 교육의 구조를 중심으로 교육개혁의 의의와 가치를 연구한 것이다. 구조기능 모델은 교육개혁을 연구할 때 방법론적인 의미를 가진다. 즉 이 모델은 교육 구조 중 통제가 가능한 가변요인과 교육구조 안팎의 기타 가변요인 간의 기능 상관성을 주장한다. 예를 들어, 사회구조와 교육기회 균등의 정도, 교육과 통치 계층 형성 등의 기능적 관계를 설명하려고 하는 것이다. 이러한 관계들은 'X와 Y의 상관관계', 혹은 'X가 변동하면 Y도 변동한다.' 등의 형식으로 개괄할 수 있다. 이러한 기능의 상호관계에 대한 분석은 한 기구의 변혁이 어떻게 다른 기구의 변혁에 영향을 주는가를 설명해준다.

교육개혁의 대상과 목적에 관한 인식 면에서, 구조기능 모델은 교육구조를 전체 사회구조의 일부분으로 보았으며, 또한 교육 자체를 독립적인 구조체로 보았다. 따라서 그들은 교육개혁의 성패가 다음 두 가지에 의해 좌우된다고 주장했다.

① 사회의 안정과 발전에 지장을 받을 때 교육을 향해 변혁의 요구를 제기해야 한다.

② 사회 기타부문에서 시너지 효과를 낼 수 있도록 해야 한다.

인력자본이론은 구조기능 모델 중 중요한 교육개혁론의 하나이다. 인력자본이론은 교육의 질은 경제발전의 중요한 요소라고 강조했으며, 교육은 커다란 경제적 효과를 창출할 수 있다고 보았다. 이 이론은 인력자본의 투자는 가장 가치 있는 투자로써, 만약 인간에 대한 투자가 없다면 경제성장 및 현대문명의 발전은 절대 이룰 수 없다고 보았다. 인력자본이론의 핵심은 교육투자를 통해 인재의 질을 향상시키는 것이다.

시스템화 모델은 교육개혁의 조직 및 실시 과정에서 개혁의 각 요소 및 상호 간의 관계를 구성해야 한다고 강조했다. 이 이론에서 교육개혁을 이루는 주요 요소라고 생각한 것에는 다음과 같은 것들이 있다.

(1) 개혁의 목표와 목적요소

전체적으로 보면 교육개혁의 목표는 단순하다. 개혁을 통해 교육을 더욱 완전하게 하고, 사회의 요구에 더욱 잘 적응할 수 있도록 하려는 것이다. 이를 통해 교육이 사회의 발전을 위해 더 많은 이바지를 할 수 있도록 하는 것이 바로 교육개혁의 목표이다.

그러나 구체적으로 볼 때, 목표는 영원한 이상세계에 속해서 진정으로 도달할 수 없으며 그저 무한하게 접근하는 것뿐이다. 따라서 교육개혁에는 언제나 전체 목표와 몇 가지 구체적인 목표가 있다. 예를 들어, 교육방침, 원칙, 교육구조와 관리체계, 교육 기능 및 각 기능간의 관계, 과정, 방법, 조직형식, 평가제도와 수단 등으로 이러한 구체적인 목표들은 전체의 목표를 위해 존재한다.

(2) 교육변혁을 고려, 설계, 진행하는 주체요소

주체요소는 보통 선생님, 학교 지방 유관부문, 국가의 교육행정 정책부문 등이다.

이중 어떠한 한 방면을 주체로 삼는 상황에서 모두 계통의 관점을 취하며 자신과 기타 방면의 상호 관계와 영향을 고려해서 좋은 상호관계를 노력하고 협조해 서로 좋은 영향을 줄 수 있게 한다.

(3) 교육개혁의 과정요소

시스템화 모델은 개혁은 개혁의 각 요소를 구성하는 동태변화 과정
이어서 어떠한 요소든 개혁과정을 거치면 모두 전체 혹은 부분적으로
질적인 변화를 일으킬 수 있으며, 그래서 시작 전의 각 요소와는 완전
히 동일한 것이 아니라고 생각했다.

하지만 각 요소간의 정상상태 관계가 깨어지고 계통의 조직기능, 정
상상태평형을 회복할 수 없을 때, 개혁은 원래 제정된 목적, 계획과 조
직을 벗어나 개혁의 과정이 질적으로 변화할 수도 있다.

(4) 교육개혁의 방법요소

일반적으로 취할 수 있는 방법은 다음과 같다. 개혁주체 스스로 제
어, 개혁과정 방법 조직, 개혁 요구제기 및 개혁 계획 제정으로부터 조
직·실시하는 방법, 피드백에 근거해 평가하는 방법이다. 이 방법들은
모두 개혁 주체 스스로 진행하는 것이다. 이밖에 업무와 과정 고문방법
은 개혁 주체외의 인원의 협조를 얻어 개혁을 진행하거나 혹은 주체외
의 비지령성 건의를 받아들이다. 여러 주체 방법은 개혁과정 중에서 몇
몇 부문이 공통으로 주체 직책을 담당한다. 국가지령성개혁방법 등이
이에 속한다.

체계화 모델의 가장 기본적인 원리는 총체성원리이다. 교육개혁을
성공의 근본요소로 교육개혁의 성공이 교육개혁의 설계자와 결정자가

개혁전면에 대한 이해를 가지고 있는지 아닌지, 다양한 방향으로 사고할 수 있는 수준을 가지고 있는지, 개혁의 실시자와 밀접한 연관이 있는지 없는지에 달려있다고 생각하고 있다. 또한 근본적으로 교육개혁의 실시자가 개혁과정의 관련요소를 조직할 수 있는 능력이 있는지 없는지에 달려있다. 체계화 모델의 전형으로서 평생교육은 이미 사람들의 폭넓은 관심을 끌고 있다.

민주화 모델은 현재 공통적인 교육개혁의 추세이다. 과거에는 누구나 교육을 받을 수 있게 하는 것이 목표였던 교육 민주화가 주요 문제였지만 현재는 교육기회의 균등이 주요 문제이다. 몇 세기의 민주화 과정 중, 의무교육이 보급되면서 점점 더 많은 사람이 예전에 권력과 직위의 상징으로 여겨졌던 학교에 들어갈 수 있게 되었다. 그리고 이것은 민주화가 가장 충실히 반영된 분야이기도 하다. 의무교육이 보급되기는 했지만 기회균등의 교육은 결코 성공 취득상의 기회 역시 균등하다는 것은 보장하지 못한다. 특히 취학 전 교육, 여성교육, 장애인 교육 및 기타사회 교육의 민주화는 여전히 모든 교육구조의 민주화가 노력을 기울여 개선해야 할 분야이다. 선진국에서는 고등교육에 있어 민주화 개혁이 날로 발전해 왔다. 예를 들어 다중교육 건립구조, 다른 계층의 고등교육으로 각 학생의 수준에 맞는 교육을 실시하고, 다양한 분야를 개방하고 여가와 통신교육의 고등학교를 설립하기도 했으며, 신입생 제도를 개혁하고, 보통종합 대학원 입학시험을 없애는 등의 일이 추진되었다. 작가는 또 민주화 모델을 운용해 우리나라에 존재하는 도시농춘 교육기회 불균등, 남여 성 교육기회의 불균등, 국내 다른 지역의 교육기회 불균등의 문제 등을 분석했으며 중국교육 개혁에 대해 한 단계 심화된 문제를 연구했다.

위안전귀은 「당대 중국교육의 이중변주」에서 중국당대 교육 개혁의 두 가지 전형모델을 분석했다. 하나는 학술 모델로 그 중심내용은 학술적인 학습을 제창하는 것으로 지식획득이 목적이다. 그러므로 비학술적인 흥미 활동과 교과 외 활동에 대해 비교적 소홀히 하고, 학교를 중심으로 하며, 일정한 방향으로의 지식추구를 모델로 삼는다. 다른 하나는 혁명 모델로 그 중심내용은 사회적 학습을 제창한 것이며 혁명을 위해 봉사하는 것을 목적으로 삼는다. 그러므로 혁명 모델은 사회생활 이행을 이탈한 것을 반대하고 사회를 중심으로 삼고 제정된 방향에 따라 행동하는 모델이다. 어떠한 국가의 교육 개혁이든 모두 이 두 가지 모델의 전환, 동요, 교체의 과정이며 이것이 바로 이른바 '이중변주'라는 것이다.

작가는 교육개혁의 모델을 전환하여 당대중국교육의 개혁 과정을 고찰하였으며 교육 모델이 상호 전환되고 변화하면서 중국당대 역사에는 4개의 회합이 있다고 보았다.(1949~1957, 1958~1960, 1961~1966, 1966~1976) 1976년 이래 한 차례의 새로운 반등은 오래 지속되었다. 작가는 사회주의의 임무는 일반적으로 두 개의 주제가 있는데. 하나는 혁명의 주제(사회주의와 공산주의의 승리획득)이고, 하나는 발전의 주제(현대화와 국가건설)라고 지적한다. 당시 혁명의 주제가 압도적으로 우세를 점하고 있을 때, 혁명 후계자 양성은 곧 교육의 첫째 임무가 되었고, 모든 교육의 모델은 곧 혁명의 특징을 나타내보였다.

당시 발전의 주제가 돋보이게 되었을 때, 문화가 있고 지식이 있는 후대의 양성은 곧 교육의 주요 임무가 되었고 모든 교육의 모델은 곧 혁명적 특징을 나타내 보였다.

혁명과 건설이 당대 중국 역사상에서 자주 대립하며 바뀌었고, 교육이 정치 경제적 제약을 받았기 때문에 교육의 발전이 좌, 우 동요적인 현상을 띠는 것도 어찌 보면 당연하다.

작가는 중국 당대 교육의 경험과 교훈을 정리하면서 특히 주관적, 임의적으로 모델 전환을 하는 것을 오늘날 교육개혁이 금기해야 할 사항이라고 밝혔다.

① 갑자기 집단적인 행동으로 뛰어들지 말 것이며 기복변화가 심하거나 군중운동이 되어서는 안 된다.

② 가지런하게 획일화 할 필요는 없고 급하게 성공을 추구해서는 안 되며 눈앞의 성공과 이익에만 급급해서도 안 된다.

③ 학교의 자주성을 증강시키고, 교육의 독립성을 유지해야 한다.

④ 교정은 반드시 선생님과 지식분자에 의지해야 한다.

⑤ 각 교육 모델 간의 필요한 자극을 유지하고, 간단하지 않으며, 전반적으로 일종의 교육 모델을 부정한다. 그래서 마땅히 세밀하고 신중하게 합리적인 요소를 받아들여야 한다.

⑥ 공산주의와 전문성 간의 상호대립적 사유 방법을 타파해야 한다.

추이샹루崔相錄는 중국 신시기 교육개혁의 실제에 의거하여 6대 기본 모델을 귀결하였다.

① 곤경-시점-확대모델

② 전형-종결-확대모델

③ 결정-관철모델

④ 법규-집행모델

⑤ 개별계획, 분류지도모델

⑥ 연동모델

이 밖에도 어떤 사람은 교육개혁의 주체와 지도 방식에 따라 중국의 교육개혁 모델을 다음과 같이 3가지로 나누었다.

첫째, 중앙집중통일 개혁모델, 둘째, 지방교육부문과 학교개혁모델, 셋째, 평행연계 개혁모델이다. 교육개혁에서 언급한 범위분석으로부터 단항개혁모델, 종합개혁모델과 정체개혁 3종 개혁 모델을 귀납할 수 있다.

당연히 교육개혁에는 고정된 모델이 있는 것은 아니다. 어떤 종류의 모델을 선택할 때 기타 모델의 장점을 종합할 수 있다면 시의 적절하게 개혁을 진행할 수 있다. 따라서 서로의 장점을 융합하고 연구 이론을 개혁의 실천에까지 응용해야 교육개혁이 성공할 수 있다.

3. 교육개혁 중점의 이론 분석

　매 시기마다 교육이 직면한 임무는 조금씩 달랐으며, 교육이 직면한 개혁과제도 각기 경중이 달랐다. 따라서 역사적 시기마다 교육개혁의 중점도 자연히 달라질 수밖에 없었고 이것은 교육 발전의 기본 특징 중 하나가 되었다.

　1977년 이전, 중국의 교육 발전은 우여곡절을 경험했으며, 교육개혁의 중점도 끊임없이 변화하였다. 한 마디로 말하면, 당시의 교육개혁은 대부분 국가가 결정을 하여 지시를 하면, 학교가 이것을 따르는 형식으로 이루어졌다. 이 시기 교육개혁은 정치 운동의 형식으로 나타났다. 이 때문에 교육개혁의 중점에 대한 이론 분석이 적었다. 1977년 이후에는 교육개혁에 대한 의식이 싹 트면서 몇 편의 글이 발표되기는 했으나, 무엇을 개혁하고, 어떻게 개혁해야 하는지가 분명하게 제시되지 못했다. 당시 가장 현실적인 문제는, 대학교의 입학시험이 부활한 이후 학생의 부담이 과중해졌다는 것과, 지나치게 진학률만을 쫓는 현상, 학교에서 배출되는 인재와 사회의 요구가 불일치한다는 것들이 있었다. 그래서 구조개혁과 교학방법개혁은 자연스럽게 중요한 부분으로 여겨졌다.

　하지만 단지 구조개혁과 수업방법 개혁을 통해 지나치게 진학률만을 추구하는 문제가 해결될 수 있을지, 사회에서 요구하는 인재를 육성할 수 있을지에 대해서는 의문이 제기되었다. 1982년을 시작으로, 교육이론계는 교육체제의 개혁문제를 미리 준비하기 시작했다.

1982년 5월, 〈교육연구〉 잡지사의 기자가 광저우廣州교육대학에서 좌담회를 열었는데, 이때 교육체제개혁은 토론의 중심의제로 여겨졌다. 사람들은 모두 교육체제의 개혁은 대세의 흐름이자 피할 수 없는 추세라고 여겼다. 옌융황嚴永晃은 교육체제는 반드시 개혁해야 한다면서 그 원인에 대해 다음과 같이 말했다. "경제체제와 정치체제의 개혁에 발맞춰 반드시 교육제도의 개혁도 진행해야 한다. 하지만 교육개혁이라고 하면 너도나도 무분별하게 직업학교를 설립하는데, 이것은 또다른 문제를 발생시킨다. 이와 같은 문제들 모두 체제에서부터 개혁이 필요하다." 한편, 양쑤잉楊素英은 이렇게 말했다. "교육제도의 개혁은 반드시 노동제도, 인사제도의 개혁과 함께 긴밀히 연계되어 진행되어야 한다." 또 쿵디화孔棣華는 이렇게 말했다. "교육의 입법은 모든 부분에서 필요하다." 이 좌담회에서는 교육체제의 개혁이 제시되었으며, 이론계의 의견은 「중국 공산당 중앙위원회의 교육체제 개혁에 관한 결정」에 많은 영향을 주었다.

「결정」이 발표된 후, 교육체제의 개혁 이론에 관한 글이 날마다 발표되었다. 〈교육연구〉는 '교육의 성회, 개혁의 강령'이라는 주제에 대해 류다오위劉道玉 등을 초대하여 필담의 형식으로 토론을 진행하기도 했다. 쉬샤오핑許曉平은 "우리는 교육의 관리를 거시적 관리와 미시적 관리로 나눌 수 있다. 중앙과 지방 교육 주관 부처의 관계와 각급의 지방 주관 부처와 학교의 관계는 거시적인 범위에 속하고, 이에 비해 학교 내부의 관리는 미시적 범위에 속한다."라고 말했다. 또 그는 "먼저 거시적인 것을 확립하지 못한다면, 미시적 개혁은 앞으로 나아가기 어렵다. 따라서 거시적 개혁을 최우선으로 삼아야 한다."라고 말했다.

그는 교육 관리체제는 거시적인 방면에서 두 개의 큰 기본관계로 구성된다고 보았다. 즉 중앙과 지방 교육 주관 부처와의 관계, 각급 교육 주관부처와 학교(줄여서 '정학')의 관계이다. 개혁을 위해서는 먼저 이 두 개의 기본관계부터 정리해야 한다. 이 두 개의 기본 관계 중에서 특히 후자는 반드시 해결해야 할 중요한 문제이다. '정학' 관계를 바로 잡는 것은 거시 교육 관리체제의 개혁을 위해서는 필수적인 요소이다. 저자는 중앙관리부처와 지방 각급 관리부처의 관계는 실질적으로는 각급 정부가 학교관리에서 가지는 책임과 권한의 분배관계라고 보았다. 따라서 가장 근본적인 것은 역시 정부주관부처와 학교와의 관계라고 할 수 있다. 과거 몇 십 년 동안, 교육개혁은 중앙과 지방 주관부처의 관계에 대해서만 관심을 가졌을 뿐, 정부 주관부처와 학교라는 더 근본적인 관계에 대해서는 등한시한 경향이 있었다. 정치와 학교가 구분되지 않고, 정부가 학교를 대신하는 것은 거시적 관리 면에서 봤을 때 근본적인 폐단이 여전히 사라지지 않았음을 뜻한다. 오늘날 교육의 폐단은 헤아릴 수 없을 정도로 많다. 이것은 모두 '정학' 관계가 적절히 확립되지 못하고, 학교의 자주권이 보장되지 못한 것과 관계가 있다.

원중쯔文仲梓는 교육체제와 경제체제의 상호관련으로부터 교육체제 개혁의 중요성을 토론했다. 그는 "지금의 교육체제는 개혁 전의 경제체제와 서로 상응한 것이다. 개혁 전의 경제체제는 사회주의 경제를 인정하지 않는 상품경제로서 가격 규율을 존중하지 않고, 계획생산과 상품생산을 대립한 것으로 보아 집중과 통일을 지나치게 강조하였다. 이로 인해 일종의 폐쇄된 혹은 반 폐쇄된 경제체제가 형성되었다. 이것은 활력이 부족하며 사회 생산력의 요구에서 부합하지 못하는 경직된 모델이었다. 당시의 교육체제 역시 이러한 모델이었기에, 구 경제체제의 많은 문제점들이 교육체제에도 그대로 반영 되었던 것이다."라고 생각했다.

① 구 교육체제는 교육이 정치를 위해 존재해야 한다고 여겨, 지나치게 계급투쟁만을 강조하여 교육이 실질 경제생활에서 벗어나게 했다. 또한 교육과 사회의 관계도 점점 멀어지게 만들었다. 정부에서 일방적으로 하달하는 교육계획은 종종 교육이 사회와 경제발전의 규율에 제대로 적응하지 못하도록 만들었다. 이는 교육과 과학연구, 교육과 생산 활동, 학교 간·학교 내 체제 간의 부조화를 야기했다. 이것은 당시 경제체제와 같은 폐쇄, 반 폐쇄의 형태였다.

② 학교는 독립적인 경제권과 학생모집 결정권을 가지지 못했다. 심지어 학교와 과학연구, 사회 생산 활동 간의 관계에 있어서도 자주권이 없었다. 국가에서는 모든 학교에 획일적이고 통일된 것을 지시했다. 이를테면, 동일한 학제, 동일한 교정, 동일한 교과, 동일한 교재, 동일한 강의, 동일한 시간표, 동일한 시험, 동일한 학생모집, 동일한 분배와 각 부분의 동일한 규칙 등등이었다. 사람들은 이 때문에 교육을 "동일한 천하"라고 불렀고, 학교와 교직원은 정치에 속박 당했으며, 교육은 전체적으로 활력을 잃었다.

③ 교육부서는 방대한 정부 기관으로 구조가 비합리적이고 인재 배출이 정체되었으며 교육 수단은 낙후되어 있었다. 이른바 '철밥통' 제

도로 인해 교사들과 학생들의 적극성과 창의성이 저하되었다. 이러한 문제에 대해 저자는 이렇게 말했다. "교육체제 개혁의 중요한 문제는, 정부·기업의 기구를 간소화하고 권한을 하부기관에 이양하는 것이다. 개방식 경제체제, 교육체제 개방요구, 다양한 형식발전과 다층적 교육 요구가 그것이다. 경제상으로 국가, 단체, 개인이 함께 행동하여, 교육이 발전할 수 있는 문을 열어야 하며, 학교를 운영하는 여러 가지 방식을 실행해야 한다."

어떤 사람은 "학교개혁은 전체적인 교육개혁 중에서 중요한 위치를 차지하고, 장차 전체 교육개혁의 중심으로 여겨질 것이다."라고 주장했다. 그 이유는 중앙이 교육 제도 개혁과 관련된 결정을 할 경우 여러 가지 폐단이 일어나게 된다고 보았기 때문이다. (교육구조의 불합리, 빈약한 기초 교육, 낮은 교육의 질, 오래된 교육사상, 내용 및 교육방법) 그중 두 개는 수업개혁과 밀접한 관련이 있다. 작가는 다음과 같이 말했다. "중앙정부의 결정에 따라 교육 체제 개혁을 착수하지만, 착수 후에는 무엇을 해야 하는가?" 사실 이것이 중요한 문제이다. 수업개혁은 장기적인 안목에서 이루어져야 한다. 가능한 한 수업개혁과 교육체제의 개혁은 결합해야 하며, 수업개혁은 국가의 중요한 일이기 때문에 학교 내부의 문제나 미시적인 문제로 보아서는 안 된다. 왜냐하면 수업의 수준과 질이 곧 국가경쟁력과 국가 미래의 운명에 영향을 주기 때문이다.

또한 그는 교육개혁의 핵심은 교육사상의 개혁이라고 보았다. 그는 「교육개혁의 중요한 부분은 교육사상이 바뀌는 것에 있다」라는 글에서 다음과 같이 말했다. "모든 개혁은 사상을 기반으로 지도되어야 하며, 교육개혁도 예외가 아니다. 교육목적론, 인재관, 학생관, 수업론은 모두 교육사상의 문제에 속하고, 이러한 교육사상들이 교육내용, 방법적 개혁을 바로 잡아야만, 순조롭게 진행 할 수 있고, 교육중의 폐단을 극복할 수 있다." 〈교육연구〉잡지사는 1986년 제4기 토론을 통해 교육사상을 바로잡는 큰 토론을 진행하였고, 40편 정도의 글을 발표했는데 이 글들에서 모두 "교육사상을 바로잡는 것은 모든 사회의 공통 임무"라고 말하고 있다. 메이커梅克는, "바르게 지도된 사상이 필요하다."라고 말했으며, 장옌징張燕鏡, "지금의 교육사상은 바르지 못한 사회 경향들의 원인이다."라고 했다. 〈교육연구〉은 1986년 순시딩의「교육에 대한 재인식」, 위안전귀, 주영신의「교육관점의 현대화」, 황쉐밍의「학습유물변정법, 새로운 교육관념」, 옌셴위안嚴先元의「역사의 반성과 교육관점의 현대화」등 많은 논문들을 개제하여 교육사상의 변혁에 많은 영향을 미쳤다.

1987년도부터, 교육개혁에 전체화의 경향이 나타났다. 먼저 교육개혁이 '미시적'에서 '거시적'으로, '하드웨어'에서 '소프트웨어'로, 교재나 교수법에서 전체적인 체제개혁으로 변화하는 추세가 나타났다. 둘째, 교육의 모든 단계에서 개혁이 진행되었다. 즉, 초등 교육에서부터 중등, 고등교육에 이르기까지 종합적인 개혁이 이루어지는 추세가 나타났다. 셋째, 다양한 형식의 교육에서 동시에 개혁이 진행되었다. 학교교육이 비제도화되면서 사회생활과 더 긴밀해졌으며, 사회교육은 정규화되어 더 많은 기능을 발휘하게 되었다. 이와 함께 교육개혁의 실험에도 새로운 추세가 나타났다. 먼저, 학제, 커리큘럼, 교재, 교수법, 시험방법, 과외 활동 등 다양한 분야에서 개혁과 실험이 진행되어 학생의 지식, 지능, 건강 등 여러 가지가 고루 발전할 수 있는 계기가 마련되었다. 또한 설령 단독적인 실험과 개혁이라고 해도 전체적인 관념적 지도사상에 기초하여 이루어졌다.

이러한 중국당대 교육개혁의 통합화 추세는, 매우 중요한 의의를 가지고 있다. 그것은 교육개혁이 건강하고, 심도 있고, 전면적인 새로운 발전단계에 들어 왔다는 것을 의미하기 때문이다. 만약 단순히 부분적으로 존재하는 폐단에 대해서만 개혁과 조정을 진행했다면, 근본적인 문제해결을 할 수가 없었을 것이다. 전체적인 개혁을 진행해야 만이 근본적인 문제해결을 할 수 있다. 따라서 통합화 추세는 교육개혁의 이론의 성숙을 의미한다.

이와 함께 교육개혁의 이론탐구에 대해 개혁 자체를 연구의 대상으로 보는 인식이 싹트기 시작했다. 이는 '개혁학' 혹은 '개혁론'이라고 불렸다. 위안전귀의 『교육개혁론』과 왕쭝민王宗敏 등의 『교육개혁론』은 90년대 초에 출판되었지만 그들의 연구는 일찍이 80년대에 진행했던 것이었고, 그중 일부 성과는 이미 80년대에 발표되었다. 이밖에, 80년대 교육이론계의 개혁 연구의 중점 방향 또한 비교적 분명했고 연구성과도 많이 발표되었다. 일부 사람들은 개혁 과정 중의 사회발전과 교육개혁, 계승과 혁신, 창조 등에 관해 심도 있게 토론했다. 또 어떤 이들은 교육개혁에서 교육의 과학적 연구의 개혁문제를 강조했다.

또 쉬하이잉徐海鷹은 교육개혁의 범위, 목표, 중점, 생각의 방향, 동력

등의 문제에 대한 해답을 제시하며 다음과 같이 말했다. "교육개혁의
전체적 목표와 구체적 목표는 그다지 명확하지 않은 것으로 나타나는
데, 특히 시대적 병폐를 정확히 지적하는 것과 본질의 개척성과 건설성
을 잡는 것이 부족하다. 예를 들어, 새로운 교육 관리제도와 원래 있던
제도의 중요한 차이점은 무엇인가? 거시적 관리의 강화가 구체적으로
포함하고 있는 의의는 무엇인가? 정부·기업의 기구를 간소화하고 권
한을 하부 기관에 이양하는 판단의 기준은 무엇인가? 이런 것들이 모두
모호하여 교육개혁을 실시하는 데 어려움이 되어왔다."

　1989년 1월 6일, 국가교육위원회 리톄잉李鐵映은 회의에서 9년 의무
교육을 중점적으로 논하면서, 개혁을 심도 있게 진행해야 하고, 기초교
육을 강화해야 하는 등의 문제를 논술했다. 그는 다음과 같이 말했다.
"기초교육은 전체교육의 기초로서, 민족의 역량을 높이는 기본이다.
또한 이것은 90년대 전체 교육사업 발전과 개혁의 중점이다. 이는 전체
교육사업의 발전에만 관련되어 있는 것이 아니라, 전체 중화민족소질
을 높이는 것과 관계가 있고, 사회주의 현대화건설의 성공과 실패와 관
련이 있다." (「중국육육보」 1990년 3월 13일) "21세기로 향하며 9년 의무
교육을 중점으로 하되, 2000년 전 중국기초교육의발전의 전체적인 목
표였던 사회주의 방향은 유지하면서 고등교육과 직업기술교육과 성인
교육을 발전시켜, 사회주의 현대화 건설의 수요에 부응하고, 중국기초
교육체계를 확립해야 한다."라고 말했다. 여기에서 말하는 교육개혁의
중점은, 이미 미래로 향하는 교육개혁, 다시 말해 전략성이 있는 교육
개혁임을 알 수 있다.

09

중국 당대 교육발전전략의 연구

교육개혁과 긴밀한 관계를 갖고 있는 또 다른 중요한 이론문제는 교육발전전략이다. 일반적으로 교육발전전략이란 국가 혹은 정부가 일정한 역사 시기 동안 해당 사회의 총 목표를 실현하기 위해 세운 교육발전과 관련 있는 전면적, 장기적인 계획을 말한다. 발전전략의 연구는 당대 중국의 80년대에 정식으로 시작되었고, 대규모의 인재가 필요하다는 예측을 계기로, 교육계획과 교육발전전략의 연구 역시 의사일정에 포함되었다. 특히 지역적 교육발전전략연구는 더욱 발전하였는데, 예를 들면 「상해교육발전전략연구의 보고」, 「주강 삼각주교육발전전략의 연구 보고」 등을 통해 사람들은 모두 만족스러운 연구 성과를 얻었다. 이것은 중국당대 교육의 발전이 한걸음씩 나아가고, 맹목성, 단기성의 행위에 벗어나 질서 있고 체계적인 방향으로 나아가게 했다.

1. 교육발전전략 역사의 반성

80년대 이전까지 중국에는 '교육발전전략'이라는 말은 없었지만 교육 발전에 있어서는 매우 중요한 시기였다. 국가의 교육정책과 교육이론계의 연구 모두 교육의 발전에 대해 장기적이고 전면적인 성과를 내놓았으며, 교육을 중요한 국가 전략으로 보았다. 건국 이후의 중국의 교육발전전략은 세 번의 중요한 선택을 내렸다.

처음은 1952년 시작한 구소련의 교육경험을 배우는 것을 특징으로 하는 시기였다. 1949년에서 1952년에 이르기 까지 3년 동안 국민경제 회복과 인민민주전제정치를 견고히 하는 단계를 거치면서 공산당 중앙위원회는 사회주의개조와 건설시기의 노선을 제기했다. 상당히 긴 기간에 거쳐 조금씩 공업화를 실현하고, 농업, 수공업, 자본주의 공상업에 대한 사회주의 개조를 실현했다. 하지만 건설경험이 부족했기 때문에 구소련에게 배우는 것을 당시의 기본 국책으로 삼았다. 당시 구소련은 사회주의 제도 면에서나 공업화 면에서 모두 앞서나가고 있었다. 구소련의 교육경험은 사상체계와 목표 설정, 전문분야 배치, 교육계획, 교육요강, 교재, 교육방법, 교육조직 등 모든 방면에 적용되었다.

두 번째는 1958년에 시작한 '교육혁명'을 특징으로 한 전략적 선택이다. 1958년에 이르러 중국의 사회주의 개조는 이미 중요한 성과를 거두었으며, 중국공산당 8차 전국대표회의 두 번째 회의에서 '사상을 해방하고 미신을 타파하며 현대공업과 현대농업 현대과학기술이 갖춰진 사회주의국가건설'의 주요 임무를 제기했다. 마오쩌둥은 『10대 관계를 논함』에서도 중국 국정에 알맞은 사회주의를 건설하고, 구소련 등 여러 외국의 경험을 배워야 한다고 주장했다. 또한 그는 교육발전상 사상을 해방하고 미신을 타파하고 구소련을 거울로 삼아 더 많이 더 빨리 더 좋게 교육 사업을 발전시킬 수 있는 전략을 채택해야 한다고 촉구했다. 그는, 교육은 반드시 무산계급을 위해 존재하며, 반드시 생산노동과 서로 결합해야 하며 교육을 받는 자가 지덕체의 모든 방면에 발전할 수 있도록 해야 한다고 말했다. 중공중앙 국무원의 『교육 일에 관한 지시』는 상술한 전략사상의 반영하고 있다.

세 번째는 1978년에 시작한 것으로 '현대화를 향해, 세계를 향해, 미래를 향해'를 특징으로 하는 전략선택이다. 중국공산당 11기 삼중전회 이후에 전방면의 개혁을 거치면서 중국 사회는 새로운 역사 발전 시기에 진입했다. 이 시기의 주요 노선은 전국의 각 민족인민을 지도하고 단결하는 것이고, 경제건설을 중심으로 4개 항목 기본원칙을 견지하고 개혁개방을 견지하며 자력갱생하는 것이었다. 또한 중국을 부강하고 민주적이고 문명이 발전한 사회주의 현대화국가로 만들기 위해서 노력해야 한다고 강조했다. 1983년 덩샤오핑은 징산학교에 격려를 보내는 글에서 교육 발전의 전략 문제를 더 명확하게 나타냈다. "교육은 현대화를 향해야 하고 세계를 향해야 하며 미래를 향해야 한다." 이렇듯 중국교육의 발전과 사회주의 현대화의 현실과 미래, 국제환경의 오늘과 내일을 긴밀히 연결시킨, 전면적이고 장기성·근본성·전망성이 갖춰진 교육발전전략의 지도사상이 형성되었다. 이 기초에, 교육계의 기본사상인 '교육 질의 향상, 학교설립의 효과와 이익을 중시, 교육기구 조정, 조화발전을 견지, 교육자금 증가, 우수한 교사단체를 선택, 구역계획을 실행, 사회참여를 강화하는' 발전전략이 형성되었다. 전략적 주요 목표는 '사회주의 현대화건설의 요구에 적합하고, 21세기 국제경제에 적합하고, 중국 특색을 갖춘 사회주의교육체계를 건립한다.'였다.

상술한 교육발전전략에 대해 정도는 다르지만 시기별로 과거를 돌아보게 되었다. 예를 들면 첫 번째 전략선택에 대해서 1956년 제1기 〈인민교육〉은 「교육사업 발전을 빠르게 하고 교육의 질을 높이기 위해 노력했다」라는 사설을 발표하며 다음과 같이 말했다. "사업 발전상 보면, 각계 교육발전의 속도는 아주 느렸다. 문맹 퇴치의 예를 들면, 1953년부터는 맹목적으로 문맹퇴치 사업을 하는 경향은 크게 감소했다. 하지만 '맹목적인'의 경계가 불분명하여 결국 대중의 적극성이 저하되었으며 간부들 중에는 지나치게 소극적으로 임하는 풍조가 생겨났다. 이러한 결과가 나타난 근본원인은 각계 교육부처 특히 교육부의 지도자 간부의 혁명에 대한 인식이 부족했기 때문이다. 또 전 국민 교육 사업에 관해 전면적인 계획이 부족했고 객관성을 지나치게 강조한 나머지 주관적인 능동성과 대중에 의지하는 역량 발휘가 저하되었다. 그 후 '먼저 문맹퇴치 운동을 크게 전개 시킨다.', 그 다음에 '초등학교 신입생 모집 임무 증가' '중등교육은 반드시 크게 발전해야 한다.'라는 구호가 생겨났다."

80년대 초에 당대 교육발전전략문제를 체계적으로 반성한 글들이 점차 늘어났다. 예를 들면 사오쭝제邵宗傑는 절강성 교육사업 발전 30년의 현지조사를 통해 교육사업의 발전과 교육발전전략의 제정은 객관적 규율을 위반해서는 안 된다고 했다. 그는 다음과 같이 생각했다. "이전의 30년 동안 보통교육은 계획성 있고 점진적인 규율이 순차적으로 이루어지지 않았고, '크게 일어나거나 크게 떨어지는' 현상이 자주 일어났다. 갑작스럽게 빠른 속도로 발전하면서 교사의 자질, 기숙사, 설비와 경비 등 각 방면에 큰 어려움을 가져왔고, 갑작스런 수량의 팽창은 학교를 세우는 요구와 조건이 심각하게 불일치하는 현상을 가져왔으며, 갑작스러운 발전은 필연적으로 교육의 질이 하락하는 결과를 가져왔다. 많은 초등학교 교사가 중학교에 파견되어 가르치니 '양쪽 모두 손해를 보는' 현상이 일어났다." 둘째, 각 급 학교는 서로 긴밀히 연계하여 알맞은 비율로 조화롭게 발전해야 하는데 그렇지 못했다. 셋째, 교육과 경제발전이 서로 맞지 않는 현상이 발생했다. "교육과 경제의 발전이 함께 이루어져야 하는데, 중국의 경우 국가 재정 중 교육 사업에 사용되는 경비에 해당하는 비중이 비교적 빠른 속도로 증가했다."

위안퉈衰駝 등은 산둥山東성 교육발전의 상황을 예로 중국당대 교육 발전전략의 '좌익' 경향의 사상을 분석했다. 그들은 1958년 이후의 산둥성 교육 사업은 '좌익' 경향의 문제가 두 가지 방면에서 뚜렷하게 나타난다고 보았다. 하나는 교육 사업을 전체국민경제건설에서 동일한 계획에 두지 않았고, 두 번째는 교육내부의 중요 대학과 중요하지 않은 초등학교, 중학교, 대학교 비율의 균형이 맞지 않고 일반학교와 직업교육 역시 심하게 불균형해졌다는 것이었다.

당대중국교육발전전략문제를 비교적 전면적으로 분석하고 반성한 사람은 바로 류이판劉一凡이다. 그는 『교육연구』 1990년 8기에 「건국 이래 몇 번의 교육발전전략선택의 사고」라는 제목의 논문을 발표했다. 이 논문은 교육발전전략연구의 각도에서 보면 건국 이래의 교육발전전략선택에 대해 반성을 했고, 다음 몇 가지의 경험적인 교훈을 제기했다.

첫 번째, 교육발전전략연구는 국제환경의 현재 상황과 발전 경향 및 그 영향을 관찰하고 분석해야 한다. 그는 중국과 국제사회는 정치투쟁, 경제투쟁, 과학과 기술의 진보, 문화발전과 변천 등 방면에서 모두 서로 영향과 제약이 존재한다고 생각했다. 이전의 전략은 비록 국제환경 요인을 고려했지만 정치요인에 편중되고 전면적이고 체계적인 것이 부족했다. 경제발전, 합작, 투쟁, 과학과 기술의 발전, 문화교육발전 등 여러 가지 요인을 고려해야만 하고, 넓은 안목으로 대세를 살펴야 하며, 다른 국가의 장점을 널리 받아들여 교육발전전략연구가 더욱 발전하도록 해야 한다.

두 번째로 교육 발전 전략 연구는 사회주의 초급단계인 중국의 국정을 고려하여야 하며, 교육을 경제와 사회발전 시스템의 일환으로 받아들여야 한다. 류원劉文은 교육은 중국 사회라는 큰 시스템에 속한 작은 시스템으로 단독으로 떨어져서 존재할 수 없다고 지적했다. 따라서 경제와 사회발전을 총체적으로 살피지 않고는 제대로 된 교육발전전략 계획도 있을 수 없다고 말했다. 이전의 교육발전전략 선택은 대부분 당과 국가가 제정한 어떤 시기의 정치, 경제와 사회발전의 총 목표에 근거한 것이었다. 이러한 경우 비록 방향은 정확했으나, 전체적인 교육발전의 수요나 국가의 교육에 대한 투자 가능성이 고려되지 않아 과학적 분석이 부족했다. 따라서 정치체제, 경제체제, 인구의 증가 및 인구 통제 정책, 과학기술의 발전과 문화의 번영 등이 교육에 미치는 영향을 조사하여 정량화된 분석을 실시할 필요가 있다.

세 번째로 교육발전전략연구는 중국의 교육발전의 역사적 경험을 총괄하고 교육의 기초와 현재 상황, 앞으로 가능한 발전 경향에 대해 분석해야 한다. 교육발전전략의 연구는 역사 경험을 객관적으로 분석하되, 모든 것을 부정하거나 모든 것을 긍정해서는 안 된다. 류원은 1차 전략이 원래 교육제도의 본질에 대해 정치적, 사상적으로 회고해 본 것은 필요한 일이었지만 비판이 너무 지나쳤다고 지적했다. 그는 이렇게 말했다. "우리는 비판이 지나친 나머지 원래 교육에 존재하던 유익한 요소를 계승하는 것마저 부정해 버렸다. 그 결과 교육에 많은 손실을 가져왔다." 그는 2차 전략에 대해서는 건국 후 교육 사업이 거둔 성과를 인정하며 이렇게 말했다: "사상 해방, 미신 타파, 노동 경험 등은 중국의 교육 체계에 매우 필요한 것들이었다. 하지만 전략을 실시하는 데 있어 기존의 기초를 바탕으로 점진적으로 추진한 것이 아니라 너무 급작스럽게 모든 것을 바꾸려고 함으로써 많은 폐단을 낳았다. 따라서 역사 경험을 총괄할 때, 교육의 기초와 현재 상황에 따른 발전 전망에 대해서 객관적인 예측과 과학적인 분석이 필요하다. 특히 교육발전수준, 교육의 구성, 교육체제와 교육시스템, 교육 투자금, 교육의 물질적 조건, 교육의 경제이익과 사회이익, 교육의 질, 교육의 내용, 방법과 교육제도 등을 두루 조사해야 한다."

네 번째, 교육의 발전 전략을 연구할 때에는 전략의 기본 내용에 대해 세심한 조사와 깊은 연구, 과학적인 논증이 이루어져야 한다. 류원은 글에서 이렇게 밝혔다. "과거 '사상과 조치'의 관계를 다룰 때 간혹 적당하면서 실행 가능성 있는 조치들이 간과되었으며, 지나치게 큰 규모와 빠른 속도만이 강조되어 많은 손실을 가져왔다. 또한 '양과 질'의 관계를 처리함에 있어서도 양의 성장에만 너무 집착한 나머지 질을 제고하는 것은 무시되었다. 그리고 '투자와 효율'의 관계에 있어서도 학교의 실질적인 상황이 무시된 채 투자가 이루어져 고등 교육의 경우 몇 번이나 학생을 지나치게 모집하는 혼란이 벌어지기도 했다. 이는 정상적인 수업 질서에 영향을 미쳤다. 따라서 교육전략을 연구할 때는 투자와 효율 및 목표 등에 관한 철저한 검증이 이루어져야 한다."

다섯 번째, 교육발전전략 연구는 중국의 실제 상황을 고려하여 해외의 유익한 경험을 받아들이고 응용해야 한다. 그는 다음과 같이 지적했다. "과거 두 차례의 전략은 모두 쇄국정책으로 세계 각국이 제정한 교육 계획의 장점을 받아들이기 어려웠다. 사실상 교육경제학, 정치학, 정책학, 과학, 사회학, 체계학, 제어론, 생태과학, 환경 과학 등 모두 교육전략연구에 대해 계발과 참고의 의의를 갖고 있다."

역사반성의 과정 중, 사람들은 교육발전전략의 개념이 내포하고 있는 함의와 구조, 연구 영역에 대해 탐구를 진행했다. 교육발전전략은 교육지역의 전체 국면성 문제의 총체적인 계획이다. 하지만 이것은 사회 전체적으로 봤을 때에는 자구목표(하위 목표)로서 반드시 사회발전의 전체 목표에 부합해야 한다. 탄쑹화談松華는 다음과 같이 말했다. "우리 국가 교육지역에 대해서 말하자면 현재 단계에서 전략의미를 가진 전체성 문제는 어떻게 교육의 사회주의 방향을 지속해 나가고, 어떻게 지덕체를 겸비한 양질의 인재를 적당량 양성하여 사회주의 건설에 필요한 인적 자원을 제공할 것인가이다." "교육발전전략연구는 거시적인 연구범위정책에 속한다." 국가 교육발전 연구 센터는『중국교육 발전의 거시적 배경, 현황 및 발전』을 편찬했다.

또한 사람들도 '발전'이라는 단어에 대해 새로운 의식을 가지게 되었다. 전통 관념에서 '발전'이라는 것은 지수 증가나 규모 확대를 뜻했으나 지금은 구조의 변화 및 질의 향상도 포함하게 되었다. 교육에 있어서는 교육의 양적, 규모의 확장 뿐 아니라, 내용의 충실도와 사회와의 조화도 포함하게 되었다.

일반적으로 교육 전략은 전략사상, 전략목표, 전략조치의 몇 가지 주요 부분을 포함한다. 교육발전전략연구의 주요 내용은 다음과 같다. '교육발전 내부와 외부 환경의 종합적 분석의 기초 위에서 전략적으로 선택하고, 전략목표를 확정하며, 효과적으로 자원을 배치하고, 서로 상응하는 대책을 제시한다.'

이 기초 위에 중국의 현실과 국제교육발전의 경험을 근거로, 경제사회발전의 개념을 참고하여 교육발전전략을 종합하면 다음과 같이 크게 6가지 방면으로 나눌 수 있다. ① 교육사업의 규모, 거주민 보급교육정도, ② 교육제도(체제포함)의 개혁, ③ 교육의 질과 교육수준의 제고, ④ 교육 구조의 조정과 최적화, ⑤ 학교설립조건의 개선(교사의 자질, 수업설비 등), ⑥ 교육사상이론의 혁신. 이 중 교육경제효과와 사회 효과의 제고는 몇 가지 방면의 기본요구를 포함한다.

21세기를 향한 중국교육발전전략의 연구는 중국 80년대 말, 90년대 초 교육발전전략 연구의 인기 과제가 되었다. 많은 연구와 토론 중에 특히 하오커밍郝克明, 탄쑹화談松華 등의 연구는 대표성을 갖추고 있다.

그들은 「21세기 우리국가 교육사업 발전 문제의 초보적 담화」라는 글에서 아래의 문제를 제기했다.

첫째, 중국 미래 교육에 있어 두 가지 변혁은 '거시'와 '미시'이다. 미래의 교육 발전은 미시교육 과정의 각 요소와 거시교육의 시스템과 각 부분이 합리적으로 결합될 수 있는가에 달려있다. 어떻게 중국의 국정에 기초하여 21세기를 향한 교육 체계를 구축하는가가 중국교육이론과 실천자들이 당면한 과제이다.

둘째, 우리나라 21세기 교육은 이중 도전에 직면해있다. 즉 과학기술혁명과 사상문화의 발전과 모순이 그것이다. 전 지구 범위 내의 과학기술혁명은 교육을 세계 경쟁의 최전방으로 몰아넣을 것이다. 아울러 글로벌화 진행과정이 더 심화되면서 사상문화교류는 교육영역에 있어 다양한 이데올로기의 갈등과 충돌을 가져오게 될 것이다. 옛 것을 계승하면서도 새로운 것을 창조하고, 중국국정을 고려하여 문을 개방하고, 다양하고, 융통성 있는 사회주의 교육체계를 건설하는 것이 앞으로 중국교육이 할 일이다.

셋째, 중국교육 발전의 제약이 되는 두 가지 요소는 경제와 인구이다. 중국은 인구가 많고, 교육규모도 확대해야 하는 과제를 안고 있지만 경제수준이 낮아 규모 확대가 제한되어 있다. 경제 성장을 위해서는 높은 수준의 교육이 필요하지만 인구가 많으면 교육 수준 향상에 제약이 따른다. 어떻게 이러한 모순을 벗어버리고, 경제, 교육, 인구의 조화로운 발전을 이룰 것인가가 21세기 교육발전전략의 기본 과제이다.

넷째, 중국의 미래교육발전 선택인 공평과 이익이다. 이것은 중국이 현재 안고 있는 아주 복잡한 문제 중 하나이다. 전체적인 질을 보장한다는 전제 하에, 공평과 이익, 보편화와 질의 향상이라는 문제를 조화롭게 실현해나가야 하는 책임을 안고 있는 것이다.

다섯째, 중국의 21세기를 향한 교육발전의 중요 특징인 적절한 규모, 우수한 조직, 다양한 형식, 개방체제이다.

80년대에 활발하게 시작된 교육발전전략연구는 중국교육 발전 전략학 형성을 이끌어 내고 각지의 교육발전과 개혁을 위해 많은 공헌을 하였다. 이는 주관적인 경험과 상급기관의 지시에만 의지하던 시대의 종결과 과학적 교육발전전략의 시작을 상징한다.

2. 교육발전 중점의 토론논쟁

교육발전전략에 관한 연구에서, 발전의 해심 문제는 폐지와 수립, 급진과 완만, 그리고 선후, 경중輕重, 발전의 다소多少, 집중과 분산 등의 문제에 관한 선택이었다. 모두 교육발전전략에 있어서 반드시 해결해야 할 문제이다. 교육자원이 제한적인 상황에서, 높은 교육투자효과와 이득을 얻기 위해 결국 어떠한 효과적인 투자 형태와 전략이 필요하다. 중국에서 1979년 이전에는 이 쟁점에 대한 연구는 많지 않았으나, 80년대 이후 여러 관점들이 생겨나 혹자는 고등교육을 힘써 발전시켜야 한다고 주장하기도 하고, 혹자는 우선 기초교육의 발전을 보장해야 한다고 주장했다. 또 다른 이는 사범교육이 우선적으로 발전해야 한다고 주장하기도 했다. 또 어떤 이는 특별히 직업교육의 발전에 중점을 두어야 한다고 주장했다.

고등교육발전이 가장 처음으로 주목을 받았다. '문화대혁명'으로 인해 고등교육은 치명타를 맞았고 신기술의 혁명이 일어나면서 다양한 분야에 있어 기술인재들의 극심한 부족 현상이 나타났다. 이런 상황에서 대부분의 사람들이 고등교육을 우선적으로 발전시켜야 한다는 데 의견을 같이 했다. 1983년 6월 9일, 난징南京대학의 명예학교장 쾅야밍匡亞明, 저장浙江대학의 명예학교장 류단劉丹, 텐진天津대학의 명예학교장 리수썬李曙森, 다롄大連공업대학의 명예원장 취보촨屈伯川 등은 '명문대학 건설에 박차를 가해야 한다.'는 공통된 의견을 내놓았다. 건의내용은 중국 고등교육 경비가 너무 적고, 지력에 관한 투자와 경제건설부문의 투자가 비례하지 않아 서로 맞지 않다고 지적했다. 대학교가 수년간 작은 건물, 열악한 조건, 교수연구 활동과 교사와 학생의 생활이 안정되지 않는 상황 속에 처해 있어서, 발전하는 데 많은 어려움에 직면해 있다고 지적했다. "예컨대 '모집생' 확대로 기숙사가 부족하고, 과학연구발전과 연구생들을 양성하는 데 필요한 서적과 기구, 그리고 현대화 설비 등이 부족하다. 하지만 일류대학을 창설하고, 21세기에 국제무대에서 경쟁할 수 있는 인재를 양성한다면 이런 인재들은 중국의 고등교육의 기초발전에 이바지하고, 더 나아가 중국 과학기술이 세계수준을 넘어, 사회주의 물질문명과 정신문명건설을 가속화하는 역량의 근간이 될 것이다. 그들이 창조하는 가치는 어떠한 경제건설의 부문의 경제적 효율에도 뒤지지 않을 것이다. 하지만 지력투자의 성과는 기간이 오래 걸리기 때문에, 그 의의는 헤아리기 어렵다.”고 호소하였다. 머지않아 교육부와 국가계획위원회는 국무원에 「고등교육의 가속화에 대한 보고서」를 건넸고, 1983~1987년까지의 고등교육의 사업발전의 계획과 구상을 제출했다.

첫째, 5년 내에 전일제 대학교의 한해 모집 인원수는 1982년 31만 명에서 1987년에는 55만 명으로 75% 증가한다. 1987년의 학교 학생 수는 176만 명으로 1982년의 115만 명보다 증가시키고, 매년 평균 12만 1,000명을 증원한다.

둘째, 기타 다른 방식을 채택하여 고등교육을 실시한다. 예를 들어 방송대학, 통신대학, 야간대학, 공장직공대학, 현농업대학, 관리간부대학, 사범대학 등을 발전시킬 수 있다. 초보적 가설에서 모집 학생 수는 1982년의 29만 명에서 1987의 110만 명으로 증가하여 2.8배 신장하고, 재학 중인 학생 수는 1982년 64만 명에서 1987년의 237만 명으로 증가하여 2.7배 신장한다.

1984년 6월, 국무원은 위에서 말한 보고에 대해 다음과 같이 지시했다. “당의 12차 대표회의는 교육을 국가 현대화 전략을 실현하는 중점의 하나로 정하였다. 이 중대한 전략적 결정이 확정되기 위해서는 반드시 강력한 조치를 취해야 하며, 되도록 빨리 교육이 국민경제와 사회발전과 불일치하는 국면을 바로 잡아야 한다. 이를 통해 고등교육의 발전을 가속화하고, 4개 건설을 위해 비교적 많은 수의 질 높은 각종 전문인재를 양성, 공급할 수 있을 것이다. 중앙위원회는 중대한 항목인 건설투자를 해결하여, 각 부문과 각 지역이 문제의 중요성과 절실함에 대해서 충분히 인식하고, 많은 재정을 사용하여 교육을 시행하길 바란다."고 지적했다.

또한 많은 사람들이 먼저 기초교육투자를 늘려 우선 기초교육을 발전시켜야 한다고 주장한다. 첸자쥐千家駒는 "4화의 실현은 과학기술과 교육의 기초가 관건이며, 특히 초등교육은 기초 중의 기초이다. 우리들은 문맹으로 가득 찬 한 국가가 현대적 국가를 건설한다는 것이 능히 충분하다는 것을 상상조차 할 수 없으며, 또한 학력이 낮고 최소한의 역사 지식조차 없는 국민이 능히 고도의 물질문명과 정신문명을 건설할 수 있다고는 감히 상상조차 할 수 없다."라고 보고 있다. 그러므로 그는 교육에 관한 비용의 증가를 강조하며 "기본적인 건설상의 주의를 조금만 기울인다면, 적은 돈을 투자하여도 학생들의 학비를 감면해줄 수 있으며, 초·중등교육의 부족한 비용을 보충하는 데 훨씬 여유로울 것이다."라고 보았다. 그는 또 지적하길, 기초교육은 인구문제와 유사해서 만약 오늘날 우리가 초·중등교육을 중시하지 않고, 교육의 질에 주의를 기울이지 않고 계속 이런 식으로 내버려둔다면, "그것은 바로 우리나라의 모든 민족문화의 과학기술의 수준에 영향을 줄 것이고, 후대에 이르면 이를수록 심각한 결과를 초래할 것이며, 그때에 이르러 우리는 소 잃고 외양간 고치는 격이 되어 이미 손도 못 쓰게 되고 말 것이다."라고 말했다.

저우베이룽周貝隆은 교육에 있어서 가장 심각한 문제는 바로 기초교육에 있다고 생각하였다. 그는 "사람들은 교육과 인재에 관하여 논할 때 고등교육과 전문 인재 양성을 주목한다. 그리고 우리나라의 기초교육의 취약과 침체를 소홀히 하는 것은 곧 국가의 미래와 민족의 흥망을 위협하는 것이다.”라고 말했다. 그는 기초교육은 노동의 질을 결정하는 한 사람이 받는 교육의 중요한 시기이며, 경제발전의 차세대인재를 양성하는 준비단계라고 생각했다. 그러나 현재 기초교육에 존재하는 교사의 자격, 학교 건물, 시설, 도서 및 교육 관념 등의 문제가 고등교육에 비해 더 심각하다고 보았다. 그래서 그는 다음과 같이 명확하게 지적했다. “어떤 이가 주장했듯이 장래에 인재를 비축하기 위하여, 고등교육은 마땅히 힘껏 발전해야 한다. 그러나 교육은 현재와 가까운 미래를 고려해야 할 뿐 아니라 보다 먼 미래까지 내다보아야 한다. 보다 먼 미래를 위해 더욱더 중요한 것은 기초교육이다. 또한, 수치상의 전문 인재가 실제와 일치하는지의 여부를 연구해 볼 가치가 있다고 본다.”

어떤 이는 해외의 연구 자료를 인용하여 다음과 같은 의견을 제시했다. “교육비가 변동하지 않는 상황에서 한 사람의 교육 기간과 투자의 비율이 기하급수적으로 상승한다. 9년의 교육을 모두 받는 데 100위안이 필요하다면, 10년의 교육을 받는 데 있어서는 110위안이 필요한 것이 아니라 아마도 150위안이 필요할 것이라고 생각한다. 그러나 한 사람이 받는 교육의 수준과 경제적 공헌은 오히려 반비례한다. 만약 한 사람이 받은 5년 교육의 경제적 효율이 100%라고 한다면 10년 교육이 가져오는 경제효율은 결코 200%가 아니다. 이런 추산에 근거하여, 그들에게 고등교육에 힘을 쏟느니 우선 기초교육의 발전을 우선해야 한다.”

기초교육이 아직 사람들의 충분한 이목을 집중시키지 못하고 있는 점 뿐만 아니라 기초교육의 비용 부족, 조건의 낙후, 수준의 정체 혹은 하락, 인구교육기초 수준의 저하, 문맹 문제가 심각하다. 기초교육은 모든 교육이라는 고층건물의 초석이다 . 기초교육을 소홀히 하여 약화된다면 고등교육은 공중누각이 될 뿐만 아니라 모든 교육체계가 혼란을 맞는 국면을 초래할 것이다. 세계경제대국들을 살펴보면, 기초교육을 중시하여 기본국책으로 삼지 않는 나라가 없으며, 교육투자를 우선적으로 보장한다. 기초교육을 강화하고 아울러 법률형식을 이용하여 기초교육을 보장하는 것은 세계 많은 국가들은 경제를 급속히 발전시키는 수단이 되었을 뿐 아니라 세계적으로 나타나는 근대교육발전 필연적인 추세이다.

국가교육위원회 재무처의 교육경비심사팀 직원은 중국교육발전의 중심점과 교육경비 집행에 있어 고등교육과 기초교육 간의 분배 비율이 기본적으로 합리적인 것이라고 생각한다. 그러나 현재 중국이 고등교육에 사용하고 있는 경비는 전체 교육 경비 가운데 약 20%를 차지하며, 초등·중등 교육에 사용하고 있는 경비는 약 80%를 차지한다. 고등교육 가운데 사범교육은 기초교육을 위한 것이므로, 만약에 사범교육 경비 5%를 공제하면, 기타 고등교육 경비 비율은 15% 이하이다. 이것은 세계 각국의 평균 수준인 22~25%보다 낮으며, 개발도상국의 22~24%의 평균 수준보다도 낮다. "중국이 격렬한 국제 경쟁 가운데서의 지위를 확보하고 향상시키기 위해서는, 4대 현대화를 실현하고 반드시 고급 전문 인력의 양성과 질적 수준을 확보해야 한다. 또한 초·중등교육이 9년제 의무교육에 직면하고 있는 수요와 모든 교육 가운데서의 기초 교육의 지위와 역할을 고려해야 한다. 당연히 고등교육과 초·중등 교육 간의 현재 교육 경비를 안배하는 비율은 기본적으로 합리적이라고 말할 수 있다." 그러나 1885년부터 1960년까지 일본 교육 경비의 내부 분배 자료와 중국의 대학생·중고등학생·초등학생의 1인당 평균 교육 경비의 수치로 본다면, 중국은 기초교육의 투자를 늘릴 수 있도록 해야 하며, 현재의 상황에서 기초교육을 우선적으로 발전시킬 수 있는 전략적 사고를 시급히 강화해야 한다.

교육발전의 중요한 문제에 있어 어떤 이는 사범교육을 우선순위에 두어야 한다고 강조한다. 구밍위안은, 교육에 있어 가장 중요한 것을 잘 처리하기 위해 당의 지도자와 각급 지도자들의 중시 외에 한 가지 중요한 조건이 있는데, 그것은 바로 이미 열성적인 교육 사업들이 있어야 하며, 또한 교육규율을 이해하는 사람이 와서 교육을 운영해야 하며, 양질의 교사들이 있어야 한다. 이와 같이 교육 간부와 교사들을 양성하는 것은 사범교육이 짊어진 중요한 임무임이 분명하다. 그래서 사범교육을 잘 이행하는 것은 교육사업 발전에의 근본적 보증인 것이다. 또 어떤 이는 다음과 같이 말했다. "사범교육사업을 우선적으로 다루어야 한다. 사범교육은 모든 교육 사업을 발전시키는 기본이다. 하지만 사범교육의 인력자원, 사범교육 현장은 교육사업 발전의 요구에 훨씬 못 미친다. 세계의 신기술 혁명이 급속히 진행되고 있는 상황에서 사범교육은 기초교육 중의 기초가 되어야 한다."

진이밍, 위안전궈는 발전중점의 문제에 신중히 대처해야 한다고 주

장하며, 우선적이고, 중점적으로 교육의 어떤 한 부분을 발전시키는 것
이 중요치 않은 방면을 발전시키지 않는다는 것이 절대 아니며, 또 중
요하지 않은 방면을 약화시켜서 중요한 방면을 발전시키는 것은 더욱
아니라고 하였다. 게다가 세계적 범주로 볼 때, "과도하게 한 부분을 강
조하는 것은 적합하지 않다." 그들의 결론은 "우리나라의 경제발전은
매우 고르지 않으며, 적절한 조치를 취하여, 가능한 빨리 초등교육을
보급하고, 또한 규모가 큰 지역에서 우선 초·중고교육을 발전시키고,
도시 지역에서는 대학교육을 촉진(직업학교포함)하는 것이 반드시 필요
하다."는 것이었다.

각각의 유형별 교육을 구체적으로 어떻게 발전시키느냐하는 문제에
서, 이론계 또한 다른 인식을 보이고, 그래서 중점중의 '중점'은 사람들
이 관심을 갖는 또 다른 영역이 되었다. 기초교육 방면에서 린리루林礪
儒는 비교적 일찍이 중등 교육 가운데의 두 가지 문제를 지적하였다.
즉 문화교육과 직업교육의 대립, 중학 분과의 문제이다. 그는 문장에서
이렇게 말했다. "중화인민공화국은 노동자 계급이 지도하고, 노동자와
농민의 연맹을 기초로 한다. 그렇다면, 지도자와 기초가 되는 노동자와
농민 계급은 반드시 문화를 충분히 알고 있어야 한다. 바꾸어 말하면,
우리 중학 교육의 임무는 신진 사회의 골간을 이룰 수 있는 새로운 형
태의 청년지식층을 잘 양성해내는 것이다. 그래서 다방면으로 발전할
수 있는 폭넓은 교육을 할 수 있어야 하고, 현대 과학의 기초지식을 이
해할 수 있고, 앞선 인생관과 세계관을 견지할 수 있어야 한다. 문화교
육은 당연히 중등교육의 기본 임무이다." 두말할 나위 없이 여기서 강

조하는 것은 문화교육인 것이다. 린리루는 그의 문장 가운데서 분과는 실제적으로 어떻게 진학을 준비하느냐의 문제라고 하였다. 중학 분과에 관하여 린리루는 그의 문장에서 분과는 사실상 어떻게 진학을 준비하는지의 문제라고 하였다. "대학 진학을 준비한다는 차원에서 중고등학교에 분과를 실시하는 것은 효과적인 일일 수 있다. 하지만 중국 고등학생의 대학 진학률은 20%가 넘지 않는다. 소수 학생들의 진학의 편리를 위하여 전체 중고등학생들의 분과학습을 실시하는 것은 이유가 불충분하다." 그래서 그는 원칙상 분과를 반대한다고 주장한다.

기초교육발전의 통일성과 다양성 또한 실제 밀접한 관계를 가지고 있는 이론 문제이다. 1952년 구소련을 롤모델로 삼겠다는 학습전략을 결정할 시에 국가에 의한 통일적인 교육운영을 제정했는데 사회주의의 고도화된 계획성과 정치성의 모델을 구현화한 것이었다. 그러나 이는 부담이 매우 커서, 오래 지나지 않아 국가가 일률적으로 더 이상 교육을 강조하지 않고, 이론상에서도 다시 새롭게 인식하기 시작하였다. 우리는 구소련의 경험을 배우고, 우선 학습제도, 교재, 교육학습계획 및 여러 종류의 교육제도 방면의 통일성을 명확히 해야 할 필요가 있다. 중국은 이러한 경험을 통해 이미 큰 성과를 거둔 바 있다. 그러나 학습 가운데에서도 결함이 발생하였는데, 이것은 곧 중국의 실제 상황을 소홀히 하고, 이전의 해방구역의 우수한 경험을 경시한다는 것이다. 반드시 통일적인 기초위에 지방성에 대해 적절히 인식해야 한다. 지방성은 이와 같은 좋은 점이 있는데. 첫 번째로 생산수요에 적절히 대응할 수 있고, 교육학과 실제의 결합을 용이하게 한다. 두 번째로 형세의 발전

수요에 적응할 수 있다. 세 번째로 쉽게 통할 수 있으며, 네 번째로 학생들의 수업에서의 단점을 보완할 수 있으며 학생들의 장점을 발전시킬 수 있다. 다섯 번째로 여러 사람들의 창의성을 더 좋게 발휘할 수 있게 한다.

1958년 중국 중앙, 국무원 「교육사업에 관한 지침」은 교육업무는 통일성과 다양성의 상호 결합, 보급과 제고의 상호 결합, 통일적 전면계획 지도와 지방분권 상호 결합의 '두 발로 길을 걷는' 방침을 반드시 채택해야 한다고 명확히 제기한다. 비록 지방성과 다양성을 함께 강조하고 있지만, 통일성은 결국 맨 앞자리에 놓이게 된다.

"통일성 보장은 교육사업의 근본 원칙이고, 다양성은 반드시 통일성이 전제되어야 한다. 통일성이 있어, 우리의 교육사업 또한 영혼을 가지는 것이다. 그래서 너무 융통성 없는 통일과 지나친 계획성 강조는 줄곧 중국교육의 폐단 중의 하나였다."

사범교육의 발전 문제는, 학술성과 사범성師範性, 정향형定向型과 비정향형非定向型의 갈래에서 비교적 두드러지게 반영되었다. 학술성과 사범성의 갈등은 이미 지난 50년대부터 나타나기 시작했다. 어떤 이는 고등사범대학교와 단과대학이 이미 고등교육기관이기 때문에 마땅히 학술수준의 높고 낮음을 고등사범교육의 질을 측정하는 중요한 지표로 삼아 학술성은 마땅히 주도적 위치에 놓여야한다고 생각했다. 동의하지 않는 주장도 있는데, 고등교육기관은 그 공통성이 있지만, 단과대학과 대학교는 더욱 특수성이 있는데, 이는 곧 '사범성'이라고 인식하는 것이다.

　각각 고등교육기관의 '학술성' 요구는 같지 않아서 만약 종합대학의 학술수준을 가지고 고등사범 대학을 요구한다면, 이는 고등사범대학의 설립에 불리하다.

　종합적 추세로 보면, 사범성과 학술성을 서로 결합시키자고 하는 의견은 사범대학이 점하고 있는 학술표준의 주도적 지위를 하락시켜서는 안된다고 생각했기 때문이다. 60년대 초 린리루는 사범대학의 특징은 마땅히 대학과 사범이 결합되어야 한다고 강조했다. 이런 논점을 확실히 보증하고자 그는 '고등사범학교의 수업기한은 일반대학보다 당연히 1년 길어야 한다.'고 제안했다. 화동사범대학의 교장 위안윈카이袁運開는 즉시 지적하길, 마땅히 편협한 사범성 관념을 깨트리고, 학술성과 사범성은 보편성과 특수성의 관계라는 것을 인식해야 한다. 학술성을 부정해서 고등사범교육이 그 존재의 전제 조건을 잃어버리게 되었다. 그래서 '사범성의 교육학과 역시 절실하고 충실한 그의 '학술성'이 필요하고, 학술성이 없거나 혹은 학술수준이 높지 않은 학과는 반드시 도태될 것이며, 학교역시 발전가능성이 없을 것이다.'

　정향형定向型과 비정향형非定向型의 논쟁은, 80년대에 제기된 이론 문제이다. '정향형'사범교육은 새 교사를 전문적으로 양성하는 것을 목표로 하는 사범대학을 가리킨다. '비정향형'사범교육은 보통의 대학 교육을 거쳐 교사를 양성하는 것을 가리킨다. 20세기 중엽 이래, 선진국의 사범 교육체제는 초급 사범은 완전히 쓸모없게 되고, 중등 사범은 대부분 중도에 그만두게 되었으며, 고등 사범 역시 보통의 대학들과 병합하는 추세에 있는 등 매우 큰 변화가 나타났다. 수많은 국가들은 본과 졸업 후 사범과정과 함께 교원 임용고사 공부를 더 하게 하는 제도를 시행하고 있다. 이러한 추세에 맞추어, 교육계 역시 현행 사범교육체제의 한계성을 타파하고, '정향형'의 단일구조에서 '비정향형'으로 확대하고, 일반 대학에도 교사 양성의 임무가 있다는 것을 명확하게 하자고 주장하는 사람들이 있다. 또한 몇몇 사람들은, 일부 선진국의 사범교육이 '정향형'에서 '비정향형'으로 전향한 것은, 교사의 기본적인 만족 하에, 보통 교육의 질과 학술 수준의 제고를 위해 비로소 시행한 것이라고 여긴다. 현재, 우리나라 초등교육의 교사는 수적으로나 질적으로 모두 현대화 건설의 요구에 적합하지 않고, '정향형'에서 '비정향형'사범교육으로 전향할 수 없기 때문에, 여전히 '정향형'사범교육을 강화해야 한다.

고등교육의 발전은 문과 · 이과의 관계, 교수와 과학연구의 관계, 그리고 고등교육 내부구조의 몇몇 문제와 관련되어 있다. 왕용촨汪永銓 등의 사람들은 일찍이 문과 · 이과 발전의 불균형 문제에 대해 연구 토론하여, 중국 당대 고등교육 사업 중에서 문과가 차지하는 비중이 지나치게 낮고 매년 하락하고 있음을 지적하였다. 대학 총 학생 수에서 문과생이 차지하는 비율은 1952년 20.6%, 1957년 9.0%, 1962년 7.8%, 1965년에는 조금 올라 10.1%에 도달했고, 이후 또 매년 하락하여 1979년에는 겨우 8%에 그쳤다. 그중 가장 많이 하락한 것은 정치학과와 법학과로, 1949년의 6.3%에서 1979년에는 0.3%까지 하락했다. 그 다음은 회계학과로, 1949년 16.6%에서 문화혁명 기간 중에는 0.3%까지 하락했고, 1979년에도 겨우 2.1% 뿐이었다. 그들은 이러한 현상을 야기한 주요 원인을 문과 교육에 대한 인식이 부족했기 때문이라고 여긴다. 또한 문과를 이해하지 못한 것은 과학이고, 문과 인재 역시 국가건설에 불가결한 인재이고, 인문과 사회과학을 이해하지 못한 것 역시 인류 정신문명의 결정이라고 말한다. 문과 고등교육이 중시되지 못하고, 게다가 긴 시간동안 문과 각 학과의 인재들 및 국가 각 사업의 관리 인재들이 주로 실천을 통해 양성되어 왔다고 여겨, 대학교육의 사상과 관련된 것을 거칠 필요가 없다고 생각한다. 그들은 1977년 유엔 국제연합 교과문 조직 통계에 근거하여, 세계에서 인구가 1,000만 이상인 50개국의 대학 중에서 총 학생 수에 비해 인문, 사회과학 학과의 재학생 비율이 50%이상인 곳은 13개국, 40~50%인 곳이 13개국, 30~40%인 곳이 13개국, 20~30%인 곳이 6개국, 18~20%인 곳 4개국이 있음을 증명했다. 이에 근거하여, 그들은 고등 문과 교육을 힘껏 발전시켜야 한다고 여기고, 문과 대학생의 비율을 15~20% 내외가 되도록 하였다.

고등교육 가운데 강의와 과학연구의 관계에 관해, 강의를 중심으로 하자는 제안은 오랫동안 제기되어 왔다. 1959년 4월 3일 자〈인민일보〉 사회면에 "강의, 노동력 생산, 과학연구의 결합에서 응당 강의를 중심으로 해야 한다."라고 명확히 제기했다. 왜 강의를 중심으로 하려 하는 것일까? "왜냐하면 학교의 주된 일은 가르치는 것이기 때문이다. 전일제의 대학은 공장·농장과 다르고, 노동자·농민의 야간학교와 다르며, 과학연구기관과도 다르다. 그러므로 반드시 가르치는 일을 자신의 주된 임무로 삼아야 한다. 학생을 잘 가르치고, 학생이 공부하도록 지도하기 위해, 전일제 대학은 강의 방면에 더 큰 임무를 맡고 있다. 반드시 강의의 질과 각 과목의 수준을 향상시켜야 하고, 전공과목 강의를 강화할 뿐만 아니라, 기본과목 이론 지식에 대한 강의도 강화가 필요하다. 이는 곧 노동력을 생산하고 과학연구를 하는 데 반드시 강의 중심이 되어야 한다는 요구, 강의의 질에 복종하자는 요구이다." 1959년 4월 3일자 〈인민일보〉사설 「강의, 노동력 생산, 과학연구를 결합하다」에 실린 글이다. 이러한 강의를 중심으로 하는 유형은 80년대까지 계속 지속되어 왔다. 사람들은 점점 과학기술이 제1의 생산력이라고 인식하기 시작했고, 과학연구를 강의와 병렬관계에 있는 중심 업무 중 하나로 간주하기 시작했다. 1984년 9월 30일 자 〈인민일보〉에 실린 간평敢峰의 「전통교육에서부터 현대교육까지의 변화」라는 글에 따르면, 조건을 갖춘 대학은 다양한 직능을 겸비하기 위해 단일한 직능으로부터 점차 변화되어야 하고, 할 수 있는 한 사회에 과학기술 서비스를 제공할 수 있어야 하고, 이공계 대학은 인재 양성 위주의 교육, 과학연구 그리고 현대화 생산 이 세 가지가 결합된 터전이 되도록 해야 한다. 그는 "대학의 교사는 마땅히 과학연구를 강화하고, 최신 과학 지식을 흡수하며, 강의의 질을 부단히 향상시켜야 한다. 대학의 학생과 대학원생은 응당 빠른 시일 내에 과학연구 영역 안으로 들어가, 실질적인 것에 대해 진행되고 있는 과학연구를 중요한 학습방법으로 삼아야 한다."라고 주장한다. 또 어떤 사람은 교수의 질은 과학연구 수준에 의해 움직이는 것이어서, 마땅히 과학연구를 중심으로 삼아 제고해야 하는데, 특히 중점대학이 더욱 이러해야 한다고 명쾌하게 제의한다. 일종의 절충적 의견을 지닌 이들은 강의와 과학연구는 관련이 있지만, 결국 차이가 있는 것이라고 여긴다. 과학연구는 강의에 도움을 주지만, 지나치게 강조해도 강의와 충돌을 일으킬 수 있고, 학교 가운데에는 강의를 위주로 하고, 과학연구를 위주로 하기도 하는 두 종류의 교사들이 구성될 수 있어서, 강의와 과학연구 둘 중 어느 하나를 소홀히 할 수 없다. 이외에, 대학기구의 연구 역시 중요한 성과를 거두었다.

교육발전의 중점에 있어 민영교육문제의 제기는 1990년대 후반과 21세기 초기에 가장 열띠게 토론된 문제이다. 민영교육의 발전을 촉진시키고, 교육체제의 다원화의 시작을 실현하는 것은, 우리나라의 교육발전의 중요한 전략적인 조정이다. '국가가 민영교육 실행을 적극적으로 격려하고 발전시키고 큰 힘을 실어주고, 올바르게 인도하며, 법에 따라 관리하겠다는 방침'에 따라 중국의 민영교육은 빠른 속도로 발전하는 쾌거를 이루었다. 중국의 민영교육의 발전은 크게 3단계 과정을 거쳤다. 이 3단계 과정이란 1978~1991년의 회복기, 1992~1996년의 쾌속성장기, 1997년부터 지금까지인 규범발전기를 말한다. 2001년 교육사업 통계에 따르면 첫해에 전국 각양각색의 민영학교(교육기구)가 이미 56,274곳에 다다른다고 했다. 이는 1996년보다 2만 7,190여 곳이 증가한 것이다. 또 학생 수도 923만 명으로 1996년도보다 무려 585만 명이 증가했다. 민영교육은 줄곧 사회 각계의 주목을 받는 집중의 대상이었고 이에 따라 민영교육문제점의 연구도 교육연구에 있어서 주목을 끄는 문제가 되었다. 학자들은 민영교육의 명칭의 범위를 결정하였고, 민영교육의 유형, 민영교육의 성질, 민영교육의 관리와 민영교육의 미래에 대한 전망 등에서 깊은 연구와 토론을 펼쳤다. 편찬된 책에서는 민영교육의 성질과 관리 그리고 전망 등의 문제에 대해 간략히 서술하였다.

민영교육의 성질에 대해서 알아보자. 중국의 「교육법」과 「사회역량 실현을 위한 여러 결정」에는 교육이 영리를 목적으로 행해져서는 안 된다고 명확하게 언급되어 있다. 따라서 우리나라의 교육이론계에는 "교육은 단순히 공익을 위한 사업이며, 어떠한 영리목적성 행위와 이익이 되는 보답을 허용하지 않으며, 사업의 주체자가 적당한 때 혹은 교육기구가 그 사업을 중지했을 때 원금만 회수해 가는 것을 허용한다."는 인식이 장기간 존재해왔다. 하지만 민영교육은 이제 하나의 사회투자 사업으로 자리 잡았다. 민영교육은 사회투자 사업으로서 반드시 일정한 보답이 필요하다. 만약 오직 공익성만을 지니고 오로지 지출만 있고 수익이 없다면 민영교육은 발전의 여지를 틀림없이 잃게 될 것이다. "영리를 목적으로 해서는 안 된다."라는 개념이 마치 민영교육의 발전을 속박하는 요소가 된 것 같은데 이에 대해서는 어떻게 이해해야 하는가?

민영교육의 '영리목적의 옳고 그름'에 관한 전형적인 설명은 이렇다. 교육이 영리를 목적으로 행해져서는 안 된다는 큰 원칙은 분명히 맞는 말이다. 하지만 만약 민영교육이 자금의 축적이 없게 된다면 반드시 민영교육의 생존과 발전에 영향을 끼치게 될 것이다. 이윤이 남는다고 해서 학교가 영리를 목적으로 존재한다고 볼 수 없고, 영리를 목적으로 하지 않는다고 해서 반드시 이윤이 안 남는 것은 아니다. 우리나라의 민영교육 발전의 특수한 상황은 사회적 재투자가 부족했다. 따라서 반드시 영리에 의존하여 투자가 이루어져야한다. 「교육산업론」에서는 교육은 일종의 특수한 산업으로 교육시장은 사회의 선택으로 인해 존재하기 때문에 교육 서비스가, 즉 교육상품이고 학교는 교육산업의 경영 실체라고 여기고 있다. 교육산업론이 나타나면서 민영교육은 영리 문제에 대해 한층 깊은 이론적 배경을 가질 수 있게 되었다. 민영교육의 영리문제에 대해 '실질적인 면'을 지지하는 태도에서 보면 민영교육의 합리적인 수익 회수는 허용된다. 이유인즉슨, 교육에 투자를 하는 것과 교육 분야에 기부를 하는 것은 다르기 때문이다. 객관적으로 봤을 때 경제적인 이익을 고려하지 않고 투자하는 사람은 절대로 없기 때문이다. 교육에 투자하는 사람은 경제적인 위험뿐만 아니라 교육을 하는 책임도 부담해야 한다. 합리적인 수익회수를 허용하는 것은 교육 실천을 위한 투자자들의 합법적인 이익을 보호해주는 것이다. 그들의 교육 실천에 대한 적극성을 독려하는 것이고, 이는 교육 사업의 발전에 이득이 된다. 이러다보니 민영교육의 영리성 문제의 논점은 새로운 국면으로 접어들었고, 나아가 영리의 가능 불가능에 대한 논점이 어떻게 하면 교육실천 투자자들에게 합리적은 보답을 갖게 해 줄 것인가로 변하게 되었다.

민영교육의 감독과 평가. 민영교육의 건전한 발전을 보장하기 위해서 반드시 필요한 것이 민영교육에 대한 감독과 평가이다. 이에 대해 이론계 역시 유익한 연구를 시작했다. 쉬광위徐廣宇는 민영교육의 감독은 반드시 근거를 따르는 방향성원칙, 실사구시의 원칙, 민주성원칙, 전문성의 원칙과, 감시와 인도 중 인도가 주가 되는 원칙이 있어야 된다고 여겼다. 감독의 방법에는 주로 분류 감독법, 분층 감독법, 활동 감독법, 집중 감독법, 자아감독 결합법 등이 있다. 민영교육자체의 특징에 대해 평가 기준을 제정하려면 사회주의 교육의 방향성과 공익성 교육수업의 질적인 측면을 중요하게 평가하는 것을 주의해야 하고 민영교육 중개조직과 학술단체가 민영학교 평가 역할을 하는 것도 주의해야 한다. 후웨이胡衛는 반드시 교육 중개 조직이 민영학교를 관리해야 한다고 생각한다. 이는 한편으로는 정부가 중개조직을 통해 교육활동의 최저선(즉 교육활동의 불不위법성)을 유지하는 동시에 학교에 최대의 자유를 주는 것이고 다른 한편으로는 중계조직을 통해 정부가 학교에 대해 거시적으로 직접 관리하는 것을 실현하는 것이다.

민영학교의 교사자원관리. 스잉루籋影錄는 중국 민영교육의 교사자원은 아래의 몇 가지 특징이 있다고 했다. 첫 번째는 노령화, 두 번째는 비전문화, 세 번째는 겸직화, 네 번째는 유동화가 그것이다. 교사자원 문제는 민영학교의 개혁과 발전을 심각하게 제약한다. 따라서 일부 학자들은 민영교육 교사자원 문제를 해결하는 해결조치방법을 제시하고 있다. 후웨이는 민영학교의 교사자원의 질을 높이기 위해서는 반드시 건전한 교사 사회보장제도가 이루어져야 한다고 주장했다. 구체적인 방법으로는 교사자격증 제도의 설립, 교사 인력시장의 창설, 건전한 민영학교의 교사 복지제도의 설립 등이 있다. 후둥팡胡東芳은 공영학교와 민영학교의 유동적인 교사자원 장벽을 타파하고 공영학교와 민영학교의 교사자원의 원활한 소통의 루트를 열기 위해서는 국가가 이에 해당하는 정책법규를 제정하고 교사 자원 시장을 설립해야 한다고 했다.

민영교육의 미래. 비록 민영교육의 전성기가 이미 도래하기는 했지만 민영교육 자체는 아직 몇 가지 문제가 남아있다. 문제는 주로 인식상의 애매함이 야기한 '군더더기론' '충격론' '영리론' '산업론' 등이 있다. 또 경쟁기초의 박약함과 사회상의 높지 않은 지위, 편중된 유형, 작은 규모, 발전정도의 차이, 지역에 따른 정부지원도의 차이 등이 있다. 만약 이러한 곤란한 점들을 탈피하지 못한다면, 민영교육발전의 미래는 사람들로 하여금 걱정을 면치 못하게 될 것이다. 주영신은 민영교육 발전의 최대의 장애물이자 민영교육의 발전에 가장 큰 악영향을 미치는 요소는 '거짓민영교육'이라고 언급했다. 소위 '거짓민영교육'이란 제대로 된 독자적인 법인과 재무가 없고, 정계와 학교의 구분이 없고, 재물 소유권이 불분명한 각종 학교를 말한다. 초·중등학교에서 중요한 것은 각종 민영에 국가가 협조하거나 혹은 공영에 민간에서 협조하는 '학교안의 학교'이며, 대학에서 중요한 것은 각종 형식의 '민영 이등급 단과대학'이다. 민영교육의 발전을 촉진시키기 위해, 당장 해야될 것은 반드시 빠른 시일 내에 모든 학교들이 '참된 학교 증명하기'가 이루어져야 한다. 공영학교든 민영학교든 모든 '거짓 민영학교'는 하루라도 빨리 공영학교의 문제점과 함께 탈피되어야한다. 민영학교의 미래는 어떨 것인가? 구밍위안은 21세기의 민영교육은 구식의 형식을 돌파하고 새로운 도약을 실현할 것이라고 보고 있다. 구체적으로 보면, 민영교육은 갈수록 독특한 자신만의 특징을 살려나갈 것이다. 갈수록 다양한 교육 형식을 출현시킬 것이고 공립학교와 사립학교간의 장벽은 장차 두꺼워지지 않고 반대로 얇게 변할 것이며 나아가 민영학교는 21

세기 국가 발전 전략에 반드시 필요한 요소가 될 것이다.

근 십년간의 우리나라 이론계가 민영학교에 대해 펼친 연구를 살펴보면 그 연구의 양과 질 모든 측면에서 이미 상당한 수준에 이르렀다고 말할 수 있다. 하지만 아직도 부족한 점이 존재한다. 주도면밀한 실험과 연구 증명이 이루어지지 않고, 학술성을 지닌 저자들이 적게 등장하는 등이 그러한 것들이다. 2002년 12월 28일 「중화인민공화국교육촉진법」이 9가 전국인민대표대회 상무위원회의 제31차 회의에서 통과하였다. 이는 민영교육의 발전이 새로운 한 페이지를 열었다는 것을 상징한다. 민영교육의 연구가 한층 더 깊어지고 한층 더 활발해질 것이라 믿는다.

3. 교육발전전략의 운영에 대한 연구

교육발전전략은 교육의 미래 지향적 청사진이다. 이는 한 번 정해진 후 변하지 않는 정적靜的인 것이 아닌 끊임없이 보완, 조정 및 개선이 필요한 과정이다. 다시 말해 교육발전전략에 대한 목표 수립, 실천, 평가 및 개선에 이르기까지의 전 과정에서 이성적으로 사고하고, 교육 발전 전략의 운영 규칙을 파악하는 것이다. 진이밍金一鳴, 위안전궈袁振國의 연구에서는 교육발전전략의 운영 단계를 일반적으로 아래의 몇 가지로 나눈다.

첫째, 교육 목표의 설정이다. 교육 목표는 교육발전전략의 출발점이

자 도착점이다. 전략을 철저히 수립했는지, 실제 상황에 부합하는지를 평가하는 것을 말한다. 교육 목표의 설정은 경제 건설과 사회 발전에 있어서의 교육의 위상, 교육의 목적, 각 교육 단계의 구체적 목표 이렇게 세 가지로 구분할 수 있다. 따라서 교육 목표를 설정할 때에는 반드시 정치적, 문화적, 전통적인 교육에 대한 규정과 교육이 당면한 어려움에 대한 연구가 뒤따라야 한다.

상하이시 교육발전전략 연구 보고서는 기존의 교육 방향 고수, 개혁 심화, 투자 증가, 교육의 질 제고, 효율 중시, 적당한 발전, 사회 참여, 쌍방의 협조 등의 총체적인 발전 전략을 규정했을 뿐 아니라 2000년 상하이교육의 구체적인 발전 전략 목표를 제시하고 있다.

① 상하이과학기술 발전 수준과 사회, 정치, 문화의 수요에 상응하는 교육 규모를 갖춘다.
② 수준 높은 학교를 세우며 고급 인재 및 노동자를 배출한다.
③ 합리적인 구조, 완벽한 기능, 융통성 있는 제도, 완벽한 관리시스템, 다원화된 사회주의 현대화 교육시스템을 구축한다.

둘째, 현재의 교육 현황을 진단하는 것이다. 교육 자원의 효과적인 이용을 위해서는 교육발전전략 수립 시 세 가지 방면에서 교육 현황을 진단해야 한다. ① 교육과 사회와의 관계 : 교육(양적, 질적, 과목, 단계에 있어)이 제때, 제대로 사회의 수요와 사회의 기대(균등한 기회 부여, 국민의 문화 소양의 전반적인 제고)를 반영할 수 있는지의 여부 ② 교육과 개인의 희망과의 관계 : 개인의 다양한 희망사항을 실현하기 위한 충분한 기회 제공 여부, 교사와 학생에게 교육과 학습의 양호한 환경 제공 여부, 교사와 학생의 교육과 학습의 부담 줄일 수 있는지의 여부 ③ 교육 내부 자원의 합리적인 이용 여부, 교육 기능의 충분한 발휘 여부, 교육 내부의 조정일치 여부 등

상하이시는 교육발전전략 수립 시 현재의 교육 현황에 대한 진단을 내린 후 아래 두 가지 문제점을 발견하였다. ① 사회의 교육에 대한 수요와 공급 사이의 불균형 : 현재 교육이 새로운 추세를 반영하지 못하고, 불완전한 교육시스템, 불합리한 교육 구조, 저효율적인 학교 운영, 운영방식의 규모방면에 있어 사회의 실제 요구와 상당 수준 동떨어져 있다. ② 사회의 공급과 교육 수요 사이의 불균형 : 교육에 대한 투자가 부족하고 교사에 대한 대우가 비교적 낮다는 점이다. 따라서 상하이시는 전체적인 발전전략이든 구체적 목표든 반드시 위에서 상술한 문제점을 고려해서 교육발전전략을 수립해야만 한다.

셋째, 실행 가능한 방안의 제정이다. 이는 교육 정책 결정의 한 과정으로서 영향력이 크고 종합적인 정책을 결정할 시에는 다양하고 융통성 있는 방안이 요구된다. 여러 가지 우발적인 요소가 산재하고 있다는 점을 감안하면 가장 최소한의 방안, 기대되는 방안, 가장 이상적인 방안 모두 필요하다.

넷째, 경중과 완급을 따져 우선 순위를 정하는 것이다. 교육에 대한 수요는 무한대로 증가하는 데 비해 공급에는 한계가 있기 마련이다. 교육 자원을 어떻게 분배하고 사용하느냐는 교육발전전략 수립에 있어

가장 심혈을 기울여야 하는 문제이면서도 가장 어려운 부분이다. 추위 안邱淵은 「교육발전전략과 기초교육」라는 논문에서 교육자원의 분배에 대해 비교적 깊이 있는 분석을 했다. 논문에 따르면 교육의 자원은 인적, 물적, 재력의 이렇게 세 가지로 나눌 수 있다고 한다. 교육발전전략 중 인적人的자원은 근로자의 소양을 높이고, 사회주의 건설을 위한 전문 인재를 양성하는 데 필요한 모든 교사와 학생을 가리킨다. 교육의 인적 자원 분배의 핵심은 국민의 소양을 높이고 기초 교육의 수준을 보장하는 것이다.

교육발전전략 중 물적物的자원은 실물實物의 분배를 말한다. 이는 교육의 제공되는 방식의 편리함에 따라 결정된다. 일반적으로 지자체나 기업 및 공사의 리더는 자신이 참석하고 주재하는 업무 교육에 대하여 비교적 잘 이해하고 있기 때문에 시기나 장소에 따라 적당히 자원을 분배할 수 있다.

교육발전전략 중 재력財力자원은 인적자원과 물적자원을 지원하는 자원으로 경제적, 재정적 외부조건을 말한다. 교육의 재력자원은 충분한 재원, 공평한 부담, 합리적인 배분, 효율적인 사용에 있어 경제와 재정의 여러 문제들과 밀접한 관계를 맺고 있다.

다섯째, 실행에 옮기는 것이다. 교육발전전략의 확정과 정책 결정이 과연 합리적인지, 실행 가능한지는 전략과 정책의 실행 후 비로소 알 수 있다. 하지만 교육은 그 효과가 늦게 나타나고 여러 가지 관련 요인이 비교적 복잡하기 때문에 교육의 합리성과 실행가능성에 대해 판단을 내리기가 쉽지 않고 긴 시간을 필요로 한다. 따라서 전문가들은 관련 방안과 정책을 일정 범위 내에서 소규모로 실험해 보고, 시범적으로 실시해 보아야 한다고 주장한다.

여섯째, 평가 및 개선이다. 미래의 계획은 일반적으로 불완전하며 언제든 변할 수 있다. 교육발전전략은 단기 계획은 구체적이지만 장기 계획은 불명확하기 마련이므로 끊임없는 구체화 작업이 요구된다. 교육발전전략은 필요할 때마다 변하고 수정되는 특징을 갖는다. 따라서 사회의 변화로 인한 교육발전전략의 방안과 정책의 변화 역시 이해할 수 있다. 또한 정책 실행 과정에서 당시 합리적이고 실행 가능하다고 여겼던 정책이 예상보다 합리적이거나 실행 가능하지 않다고 여겨질 수 있으며, 혹은 그것을 대체할 만한 더 효과적인 정책을 발견할 수도 있다. 따라서 기존의 전략에 대해 끊임없이 평가하고 개선하는 것은 전략 수립의 중요한 일환이다.

80년대부터 본격적으로 시작된 교육 발전전략에 대한 연구는 중국 고유의 교육 발전 전략학을 형성하고 각지의 교육 발전과 개혁을 추진하는 데에 있어 긍정적 영향을 미쳤다. 하지만 전략의 유사함, 연구 방향의 단일함, 예측의 과학적 사고 부족, 전략 연구와 행정규정과의 결합이 긴밀하지 않다는 문제점도 배제할 수 없었다. 1984년에 실시한 전문 인재 예측은 정확도와 신뢰도가 비교적 낮아 이를 기반으로 교육 계획을 수립하기에는 무리가 있었다. 만일 정확도가 낮은 예측 방법을 이용해 2000년 대학 입학률이 2%~5%라고 하면 2000년 전국 대학교의 재학생수가 153만~382만으로 추정된다. 최솟값과 최댓값의 차이가 무려 299만 이상으로 지금의 전문대학, 직업대학을 포함한 재학생 수보다

많은 수치이다. 이는 교육 발전 전략 연구의 가치에 영향을 미치게 된
다.

　교육발전전략에 대한 연구 중 교육 예측은 비교적 중요한 부분이다.
교육예측에 대한 연구는 통계학과 확률학의 이론에 따라 사회학의 연
구 방법과 서로 결합하여 정량화하기 쉬운 부분에 대해 연구하고 예측
하는 것을 말한다. 예측 방법은 상당히 다양하다. 딩스셴丁士賢은 '동향
추정법' '나이 추이법' 등을 통해 선양시沈陽市의 보통 교육 학생 수의
증가와 교사의 수요 등에 대해 구체적인 예측을 하였다. 닝훙寧虹은 '체
계동력학'의 방법을 통하여 중국 고등 교육의 발전 양상이 'S'자형임을
발견하였다. 그러나 종합적으로 살펴보면 현대 중국교육 발전 전략 연
구에서 사용되는 방법들은 기본적으로 아래 두 가지 원리를 따른다. 첫
째, 관성원리이다. 즉 과거와 현재의 상황이 미래에 영향을 끼친다는
것이다. 이 원리에 수반되는 기본 가설이 있는데 바로 예측 대상의 체
계적 구조가 안정적이고, 그 발전 동향 역시 안정적이라는 것이다. 이
러한 가정 하에서만이 정확한 예측이 가능하며, 그렇지 않을 경우 예측
에 있어 어려움이 따른다.

　둘째, 유추의 원리이다. 먼저 샘플을 관찰한 후 예측 대상의 각종 관
계 구조의 변화에 대해 고정된 모형을 제시한다. 다시 샘플을 응용해
전체 모형을 예측한 후 이를 관성 원리와 결합하여 최종적으로 대상의
미래에 대해 예측을 하는 것이다. 이 두 가지 원리는 모두 체계적 구조
와 체계적 구조의 안정성과 질서에 기반을 두고 있으며 그 실용성과 효
율성은 사회 변화가 큰 현대 중국교육에 큰 영향을 미쳤다.

교육발전전략에 대한 연구가 많은 문제점을 가지고 있는 것은 부인할 수 없는 사실이지만 이는 교육 정책 결정이 더 이상 주관적인 개념이나 리더의 의지에 의해 좌우되지 않음을 의미한다. 또한 현재 교육발전전략의 성패와 득실에 대한 평가를 위해서는 많은 시간과 실천 기준에 대한 실험을 필요로 한다. 하지만 교육계의 이러한 새로운 실험과 모색은 '교육의 과학화 시대'가 도래했음을 상징한다.

10

21세기
중국교육과학

21세기 중국교육의 나아가야 할 방향은 과연 무엇인가? 미래의 중국 교육과학의 연구는 어떠한 구도로 전개될까? 미래의 도전에 맞서, 중국의 교육과 교육과학은 어떻게 구축하고 발전해야 하는가? 이것은 중국의 모든 교육종사자들 앞에 놓인 공통의 과제이고, 또한 본 책 마지막 장에서 토론해야 할 문제이다.

1. 미래의 충격과 중국교육의 발전 추세

1980년대부터 세계 각국의 이목이 21세기에 집중되기 시작했다. 각국은 대부분 약속이나 한 듯이 21세기에서 교육의 위상과 가치를 인식하여 미래의 충격과 자국의 교육발전 추세를 연구하기 시작하였으며 21세기를 향한 교육개혁을 전면적으로 진행해갔다.

1983년 4월, 미국교육위원회(ACE)는 「국가가 위험에 처해있다―교육개혁은 필연적 추세」라는 보고서를 발표하여 낙관적이고 자기도취적인 미국인들에게 엄숙한 어조로 다음과 같이 경고했다. "우리들은 우리의 초·중·고·대학교가 과거 역사에서 이룬 성과와 미국 및 미국 국민의 복지에 공헌한 바에 대해 자랑스러워 할 이유가 충분하다. 그러나 현재 미국 사회의 교육적 기반은 갈수록 시대적 조류에 휩쓸려 부패되고 이로 인해 전 국가와 국민의 미래를 위협하기에 이르러, 전대에서는 상상하지 못했던 상황이 일어나기 시작했다. 바로 다른 국가들이 미국의 교육성과를 초월하고 있다는 것이다.”

미국교육위원회(ACE) 등 교육 연구팀은 한 보고서에서 더욱 명확하게 미래를 내다봤다. “앞으로 15년에서 다음 한 세기까지, 미국은 교육을 받은 국민들이 자산의 수요에 따라 모든 학습자원을 어떻게 판별하고 조직하여 사용하는지 이해해야 한다. 미국은 창조적인 국민, 정보를 종합적으로 재구성할 수 있는 국민, 다양한 각도에서 문제를 분석할 수 있는 국민의 도움이 필요하다. 미국은 가정, 사회, 국가 생활에 있어서 사람들과 지식 및 학술능력을 공유할 수 있는 사람이 필요하다.”

일본은 1985년부터 교육개혁에 착수했다. 처음에는 21세기를 지향하는 개혁을 목표로 했다. 일본임시교육심의회는 교육개혁에 대한 1차 심의보고에서 21세기의 수요를 중요한 위치에 놓았다. 보고서는 다음과 같은 점을 명확히 밝혔다. “시대는 21세기를 향해 달려가고 있다. 진정한 국제화를 향해, 정보중심의 문명사회로 변화하고 있다. 인류의 수명 또한 50세에서 80세로 늘어났다. 21세기 과학기술 문명은 우리가 인생의 의미를 새롭게 인식하고 인류사회의 문명을 회복할 것을 요구한다. 교육은 이러한 새로운 시대적 요구에 부응해야 한다.” 또한 보고서의 머리말에서 21세기 교육개혁을 성공적으로 진행하려면 전 국민의 이해와 협조가 절대적이라고 밝히고 있다.

프랑스, 영국, 알제리, 아르헨티나, 러시아, 베냉, 코스타리카, 핀란드, 독일, 인도 인도네시아, 멕시코, 파키스탄, 페루, 스페인, 스리랑카, 토고, 카메룬, 우크라이나, 유고슬라비아, 덴마크, 네덜란드, 루마니아, 시에라리온, 스웨덴 등의 국가들이 모두 과감한 개혁을 진행하였다. 미래의 교육은 미래 사회와 동떨어질 수 없고, 미래의 교육은 미래 사회의 하나의 서브시스템이다. 미래는 보이지 않고, 만질 수 없는 존재이지만 그것은 오늘의 연장이다. 미래는 예측할 수 있다. 역사는 일찍이 우리에게 누구든 미래의 맥박을 정확히 예측할 수 있으면 미래사회에서 성공할 수 있다고 명시했다. 그렇다면 미래사회의 발전은 어떤 특징을 지닐까?

(1) 미래사회의 발전 및 그 특징

① 정보화

정보화는 미래사회 발전의 기본특징 중 하나이다. 유명한 미래학자 앨빈 토플러는『미래의 충격』,『제3의 물결』의 뒤를 잇는 세 번째 명저『권력의 전이』에서 이미 이 특징을 명시했다. 그는 다음과 같이 생각했다. "현재 다가오고 있는 21세기는 지금 보기에는 매우 혼란하고 무질서해 보이나 지식의 급격한 팽창, 신속한 보급이라는 아주 뚜렷한 특징을 갖고 있다. 인쇄출판물은 전에 없었던 속도와 수량으로 물밀듯이 쏟아지고, TV방송국은 거의 매일 24시간 동안 사람들의 뇌를 폭격하며,

정보의 신속한 보급으로 대국 정상이 실각하고 정권도 교체된다. 새로운 과학이론과 기술지식은 매일 새롭게 바뀌고 어제의 SF소설 소재가 오늘 바로 현실이 된다. 공업, 상업, 금융업은 갈수록 시장정보와 기술정보에 의지해간다. 회사 간의 정보싸움은 갈수록 격렬해져 이미 흥망성쇠를 결정짓는 지경에 이르렀고, 국가 간의 싸움 또한 무력싸움에서 과학기술 경쟁으로 바뀌고 있다. 대량 지식을 장악하는 사람이 앞으로의 세기에서 승리할 수 있다. 육체노동이 정신노동으로 바뀜에 따라 지식과 전문기술이 취업경쟁의 초점이 되었다.”

토플러의 서술에서 지식은 물질적인 재산 생산과정 중의 가속기일 뿐만 아니라, 갈수록 유형 물질의 지위를 대신하고 있고, 물질생산 중 가장 중요한 요소가 되었다. 정보화 사회에서 컴퓨터로 인해 자동화됨으로써 많은 육체노동자와 정신노동자를 대신하게 되었고, 지식과 정보가 생산과정에 투입된 후 자본의 회전속도를 크게 높이게 되었으며, 원료, 노동력, 설비, 재고, 운수 등의 방면에 쓰이는 자본투입을 감소시켜 정보 그 자체가 가장 중요한 자본이 되었다. 토플러가 명명한 ‘초超기호경제super-symbolic economy’가 발전하면서 현존하는 경제 질서 또한 거대한 변혁을 겪고 있다. 주로 원료와 노동력에 의지하는 제조업의 지위를 대신해 지식집약형 산업이 신속히 발전할 것이다. 과거 공업계, 금융계의 거물들은 갈수록 심각해지는 도전에 직면하여 그들의 손에 있던 권력이 조금씩 새어나가고 있다. 아직도 대량생산을 하고 있는 대기업은 현재 복잡한 서류절차, 고소모·저효율에 시달리고 있으며 탄력적인 운영으로 높은 효율을 내는 중소기업, 가족단위 기업에 자리를 내주고 있다. 권력이 분산화하고 있는 것이다.

정보의 중요성이 나날이 증가함에 따라 정보와 지식은 이미 인기상품이 되었다. 나날이 격렬해지는 정보쟁탈전이 펼쳐진 것이다. 과거 정보와 반 정보전쟁은 국가 간의 일이었으나, 지금은 이러한 각축이 모든 분야에 침투하고 있다. 크고 작은 정보기관들이 우후죽순처럼 대량으로 생겨났고 정보를 얻는 수단 또한 매우 다양해졌다. 누구든 지식과 정보를 장악하면 다른 사람을 지배하는 권력을 장악할 수 있다고 말할 수 있다. 또한 위에서 말한 의미선상에서 정보산업은 이미 첨단기술 산업과 금융업처럼 국제시장에서 가장 중요한 산업 중의 하나가 되었다.

정보화 사회에 적응하는 것은 세계 각국의 미래 교육개혁의 중심내용 중 하나이다. 예를 들어, 일본임시교육심의회는 3차 자문보고서에서 다음과 같이 명확히 밝혔다. "신형정보사회를 위주로 열심히 교육을 전개하는 동시에 최대한도로 각종 정보수단의 잠재력을 발휘하고, 열린 학교로의 전환을 촉진하여, 각종 교육기관을 하나로 연결하는 교육 네트워크를 형성하며 끊임없이 교육의 활력을 불어넣어 주어야 한다. 이를 위해 반드시 각종 학습 요구에 부응하여 학습자의 자발성과 창의성을 높이고, 모든 정보기술을 융통성 있게 이용할 수 있는 신형교육체계, 즉 '정보화사회형 체계' 구축에 힘써야 한다. 이 방면에서, 반드시 아래의 문제를 주의 깊게 연구해야 한다. 첫 번째, 정보 이용 능력 배양에 힘쓰고 그것의 교육내용과 방법을 연구한다. 두 번째, 교육의 각 영역에 가장 적합한 정보 매체 교재의 연구·개발체제를 확립한다. 세 번째, 교사들은 적극적이고 융통성 있게 각종 정보 매체 기기 및 교재를 이용하여 아이들이 자발적으로 학습하도록 돕는다. 네 번째, 정보 기기 분야에 존재하는 폐단을 연구하는 메커니즘을 구축한다.”

② 국제화

정보화 사회는 필연적으로 국제화 사회이다. 현대 교통, 통신기술의 고도의 발전과 경제, 문화, 교육 등 교류의 확대에 따라, 지구는 급속히 축소되고 ‘지구촌’이라는 개념이 생겨났다. 2차 대전 후 미국·소련이 패권을 다투던 양극 현상은 소련의 해체에 따라 이미 종결되었고, 세계 에는 다극화가 출현하고 있다. 군사 영역에서 미국의 전쟁 억지력 또한 점점 축소되고 있다. 1990년 일본의 군수비용은 40,000억 엔에 달해 세 계 3위를 차지했고, 핵 단계를 넘어 최신식 무기를 개발할 가능성이 있 다. 제3세계 18개국이 탄도미사일을 가지고 있고, 10여 개국은 화학무 기, 핵무기와 생물무기를 생산할 능력을 가지고 있다. 경제적으로는 유 럽공동체의 대외무역액이 이미 전 세계 3분의 1을 차지했고, 해외투자 총액은 3,500억 달러로 그중 46.2%는 미국에 투자한 것이다. 일본의 대미 투자액도 600억 달러에 달하였고, 소니Sony는 34억 달러에 콜롬 비아 필름을 사들였고, 미쯔비시는 미국 록펠러Rockefeller 그룹의 자산 을 매각했다. 1989년부터 일본은 또 미국을 제치고 최대 해외지원국이 되었다. 중국 등 제3세계 국가의 경제력 또한 끊임없이 성장하고 있다. 다극화는 세계구도의 기본 방향이다.

이에 상응하여 각 국가의 연계 또한 갈수록 긴밀해졌다. 어느 국가든 국제사회에서 고립되어 장기적으로 생존, 발전할 수 없고, 경제상의 교류가 갈수록 많아지면서 국가의 경계가 깨지고 있다. 각국의 국제사회를 향한 개방은 이미 사회의 발전추세가 되었다. 이미 많은 국가의 기업은 이미 단지 자기국가만을 위해 생산하는 것이 아니라, 세계를 대상으로, 세계에 의지해 생산을 진행한다. 예를 들어 영국 ICI(Imperial Chemical Industries)의 연 매출액은 200억 달러를 넘어서며 그중 98%가 해외 매출액이며 고위급 임원의 35%가 외국인이다. 일본은 1988년 한 해 동안 해외에 등록한 기업법인이 6,647개였으며 1989년에는 유럽 주재 회사가 700개, 제조업체가 411개, 현지고용인은 75만 명에 달했다. 이와 더불어 다국적 연합체가 갈수록 많아지고 있다. 유럽공동체, 북미경제공동체, 일본을 핵심으로 하는 동아시아경제그룹(EAEG) 등이 90년대에 상당한 영향력을 지닌 3대 국제경제그룹이 되었다. 이밖에, 비동맹국가로 구성된 77개국 그룹, 인도·파키스탄·방글라데시 등으로 구성된 남아시아지역협력연합(SAARC), 아랍의 예멘·이집트 등으로 구성된 아랍협력위원회(ACC) 및 라틴경제조직(SELA), 중남미통합연합(ALADI), 안데스협정국(Pacto Andino), 중앙아메리카 공동시장(CACM), 카리브공동시장(CCM) 등 지역 경제협력이 점점 강화되고 국제화의 추세가 나타났다.

국제화 사회에서 전쟁과 평화문제, 지구환경의 문제, 문화 오해와 문화 마찰의 문제 등 많은 문제가 이미 한 국가 혹은 몇 개국의 능력만으로는 해결할 수 없고, 세계 각국의 공통적인 노력으로나 가능하게 되었다. 다시 말해 전 인류의 관점에서 출발하여 각국이 인류의 평화와 번영을 위해 적극적으로 지구상 각양각색의 문제해결에 공헌하고 우주선

'지구호'의 생태계가 정상 운행되도록 환경보호에 적극 참여하며 자연, 사람, 기계가 함께 생존하는 인류문화를 창조해 나가야 국제사회가 더욱 건강하고 안정적으로 발전해 나갈 수 있다.

따라서 국제사회에 적응하는 것은 세계 각국의 미래 교육개혁의 주요내용이다. 임시교육심의회의 보고서를 예로 들면 1986년 4월 23일에 발표한 2차 자문보고에서도 다음과 같이 강조했다. "21세기를 향한 국제화의 발전이 가져올 수 있는 가능성과 문제를 고려할 때, 차세대 일본인은 세계 각국의 문화, 역사, 정치, 경제에 이르기까지 국제사회를 과거보다 더 깊고 더 넓게 인식해야 한다. 또한 일본인은 일본문화와 이국문화의 소통을 가능케 할 수 있는 언어능력, 표현능력, 국제예절, 이국문화에 대한 이해능력 등을 충분히 갖춰야 한다. 뿐만 아니라 국제화의 발전에 따라 차세대 일본인이 세계 속에서 일본문화의 역사, 전통, 개성 등 각 문화의 모든 특수성과 잠재의 공통성, 보편성을 정확하게 인식하게 하기 위해서는 일본인으로서의 견고한 문화소양과 능력을 갖추어야 한다. 따라서 일본어교육, 언어교육, 역사교육, 예술교육, 도덕교육의 교육 모델, 교사의 능력에 대한 요구, 외국교사와 유학생의 문제, 교육과 연구의 국제교류 등 각 방면에서 과거의 사상과 문제처리 방식에 대한 새로운 인식이 요구된다."

요컨대, 미래의 국제사회는 모든 국가와 민족이 전 인류의 이익과 전 지구적 관점으로 문제를 고려하는 것부터 출발해야 할 뿐만 아니라, 교육기관(특히 대학교육기관)이 국제사회를 향해 문을 열고 교육수준을 어느 시대보다도 높이 끌어올려 국제화에 적합한 열린 인재를 육성해야 한다. 이러한 인재는 국제사회를 이해할 뿐만 아니라 이국문화에 관심을 가지고 그것을 관용적인 태도로 받아들이며, 외국어에 능숙하고 외교 능력을 갖추고 있으며, 국제 예절을 잘 알고 있고, 높은 문화 수준과 능력 갖춘 사람을 말한다.

③ 성숙화

이른바 성숙화라고 하는 것은, 선진공업국이 성장하여 성숙단계로 들어서는 것을 가리킨다. 일본임시교육심의회가 제기한 교육개혁에 관한 4차 자문보고는 비교적 전면적으로 성숙화사회의 기본특징을 논하였다.

먼저, 문화생활면에서 물질생활수준의 향상, 여가시간의 증가, 사회보장의 개선과 고학력화에 따라, 국민의 요구가 날로 다양화, 개성화, 그리고 고차원화 되었다. 동시에, 사람들의 생활관념 또한 변화가 생겨 부유한 물질생활을 추구하는 것에서 부유한 정신생활을 추구하는 것으로, 수량을 강조하는 것에서 질량을 강조하는 것으로, 하드웨어를 중시하는 것에서 '소프트웨어'를 중시는 것으로 바뀌었다. 두 번째, 산업경제부분에서, 정보화·소프트화와 3차 산업의 신속한 발전에 따라, 산업구조와 취업구조 또한 거대의 변화가 나타났다.

세 번째, 우리사회가 빠르게 고령화 사회로 변해가고 있는데, 만약 적절한 대책을 취하지 못한다면 사회 활력을 잃을 가능성이 있다. 그 밖에, 갈수록 많은 여성이 사회로 진출해 일에 참여하고, 근로자들의 의식 또한 나날이 다양화되고 있다. 또한 도시화의 발전으로 인간관계의 분산이 결핍된 개인으로 구성된 대중사회를 초래했고 이로 인해 다양화의 가치개념이 나타나 단체의식과 각종 전통사회규범의 영향력이 쇠약해졌다. 그리고 가정에서 자녀수의 감소, 핵가족이 대량으로 증가, 가정생활 방식과 부모의 취업형식의 변화, 아버지의 자녀에 대한 영향력의 약화 등 가정의 역할과 기능이 변화되었고 여러 가지 교육문제와 복잡하게 얽히게 되었다. 이 밖에, 성숙화사회의 발전으로 나아가는 과도기에 물질이 풍부해지고, 생활이 편리해지며, 여가시간이 증가하는 현상은 때때로 사람의 심신건강에 영향을 끼쳐 원기 쇠퇴, 활력 부족, 체력 쇠퇴, 자아형성의 지체 등의 문제를 야기한다. 게다가 사람들 사이의 사회연계를 감소시키고 사회책임감을 약화시키며 심지어 저속한 문화의 범람을 초래할 수도 있다.

성숙한 사회는 교육에 대해서도 더 새롭고, 더 높은 요구를 제기했다. 우선 여가시간의 증가와 정신생활에 대한 추구가 나타났고 여가시간을 향유하고 정신욕구를 만족시키는 것이 자연스럽게 교육의 피할 수 없는 책임이 되었다. 평생교육의 창시자 랑그랑Paul Lengrand(1910)은 일찍이 다음과 같이 이 특징을 설명했다. "우리 시대에는 결정적 역할을 하는 요소가 있는데 바로 여가시간의 증가이다. 대대로 소수인의 특권이었던 여가가 오늘날에는 수억의 동자가 모두 얻을 수 있는 것이 되었고, 이는 그들의 생활에 새로운 지평을 열어 주었다. 사람들은 멀지 않은 장래에, 우리사회의 구성원은 업무시간보다 훨씬 많은 시간을 휴식과 오락에 쓸 것임을 공인했다. 이로써 그들이 여가시간에 무엇을 해야 하는가, 라는 중요한 문제가 제기되었고 여가의 일부분을 교육에 쓰자는 것이 그 해답이었다. 첫 번째로 여가를 위해 교육을 진행해야 한다. 자유롭게 활용할 수 있고 의미 있게 보내기 위해서는 세심히 준비하고 훈련을 받아야 한다. 두 번째로 여가시간은 사람들에게 교육을 제공해야 한다. 사람들은 한가로운 저녁이나 주말과 몇 주 혹은 수개월에 이르는 휴가시간을 지적활동, 학습이나 연구, 지적 욕구를 불러일으키는 분야나 예술 활동에 사용할 수 있다." 비록 중국은 아직 성숙화 사회로 들어서지는 않았지만, 일부지역과 일부 사람들에게서 이미 성숙화의 모습들을 찾아볼 수 있다. 지금부터 교육은 이렇게 끊임없는 발전하는 요구에 한 걸음 한 걸음 부응해 가야 한다.

(2) 중국교육의 발전추세

지구가 갈수록 '작아지는' 오늘날, 세계의 모든 곳이 미래의 충격을 체감하고 있다. 또한 국가마다 미래 사회의 흐름에 맞춰 교육을 조정한다. 80년대를 시작으로, 중국교육은 '현대화, 세계화, 미래화'의 목표 아래 끊임없이 구축하고 조정하는 시도를 했고 건강하게 발전해 나가는 추세를 보이고 있다. 총체적으로 볼 때 중국교육의 발전은 다음과 같은 특징을 가지게 될 것이다.

① 심리적 자질 배양 위주의 교육목표

교육목표는 하나의 국가가 인재를 양성하는 총체적인 규범으로 미래 사회의 충격은 교육목표에서 우선적으로 드러난다. 예를 들면 일본의

「교육 기본법」에서는 일본의 교육은 '건전한 인격체 양성을 목표'로 한다고 규정하고 1987년 교육개혁 종결 보고에서 이 목표를 구체화 하고 조정했다. 트인 생각, 건강한 심신, 풍부한 창조력, 자유, 자율과 공공정신, 세계를 향하는 일본인을 육성한다는 것이 골자였다. 1988년 9월 미국이 발표한 「미국의 잠재력—사람」이라는 제목의 연구보고서에서도 미래를 향한 미국의 교육목표를 제기했다. '21세기를 맞아 사람의 재능을 개발한다는 것은 명확한 인생목표와 사회책임감을 지닌, 변화하는 환경에서 배운 지식과 기술을 응용해 적응하는 능력을 지닌, 창조의식을 지닌, 끊임없이 새로운 지식을 습득할 수 있는, 자신의 한계를 부단히 극복할 능력을 지닌 사람을 양성하는 것을 의미한다.'

유네스코가 1989년 중국에서 개최한 21세기 교육국제연구회에서는 미래교육의 목표에 대해 다음과 같은 공감대를 형성했다. "결론적으로 21세기에 가장 성공한 근로자는 가장 전면적으로 발전한 사람, 새로운 사상을 향한, 기회가 열려있는 사람이 될 것이다." 이런 사람에게는 높은 심리적 자질이 요구된다. 그린 폴의 말에 의하면, 미래교육이 양성하는 사람은 반드시 세 개의 '증명서'를 가지고 있어야 하는데, 하나는 학술성, 두 번째는 직업성, 세 번째는 한 사람의 사업성과 개척능력을 증명하는 것이다. 만약 세 번째 방면의 자질이 부족하다면, 학술과 직업 잠재력이 발휘될 수 없을 것이고 심지어 무의미해 질 수도 있다. 그는 또한 '세 번째 교육증명서'를 소지하고 있는 사람에 대해 다음과 같이 설명했다.

"변화에 대해 적극적이고 탄력적으로 적응하려는 태도를 갖고 변화를 정상적인 것이며 기회라고 보고 그것을 문제로 간주하지는 않는다. 변화에 이렇게 대응하며 진취성과 개척능력을 가진 사람은 자신감으로부터 나오는 안정감이 있으며 위험, 모험, 난제와 미지에 대해 의연할 수 있다. 이러한 사람은 새로운 창의적인 사상을 제기하고 이러한 사상을 발전시키며 확고하게 그것을 실행에 옮기는 능력을 가진다. 이러한 사람은 또한 능력이 있고 용감하게 책임을 지며 교류, 협상, 영향력 행사, 기획과 조직에 능하다. 소극적이지 않고 적극적이며 자신감이 있고 조삼모사하지 않으며 항상 다른 사람에게 의지하지만 않고 스스로 방법을 강구한다.”

두말할 것 없이, 위에서 말한 ‘세 번째 교육증명서’는 미래의 중국교육이 부지런히 탐구해야 하는 교육목표이기도 하다. 중국 개혁개방이 더욱 확대되고 심화됨에 따라 21세기의 중국교육은 장차 과학지식과 직업기능을 강화하는 동시에, 학생의 창업교육을 강화하고, 효과와 이익에 대한 관념, 개척의식, 경쟁정신, 국제시야에 중점을 둘 것이다. 이것이 21세기 자질교육의 주 내용이고 미래교육 목표의 핵심이다.

② 기초교육의 강화를 위주로 하는 교육구조

미래사회에서 각국의 경쟁은 더욱 격렬해질 것이고, 국제경쟁은 국가 간의 종합국력의 경쟁이 될 것이다. 종합국력은 한 국가의 자원력, 경제력, 과학기술력, 교육력, 문화력, 국방력, 외교력, 정치력 등으로 구성된 것이다. 종합국력을 결정하는 근본적인 요인은 한 국가의 국민들의 수준이고, 국민수준의 높고 낮음은 그 국가의 기초교육수준에 달려 있다. 일본은 메이지유신 이후 성공적으로 현대화를 실현했는데 중요한 것 중의 하나가 바로 교육 대중화에 힘썼다는 것이다. 일본은 기초교육을 중시하여 국민의 수준을 끌어올렸다. 근로자의 수준이 향상됨으로써 일본은 해외 선진기술을 도입하고 흡수해서 자기 것으로 소화할 수 있었고 생산, 서비스 과정에도 수준 높은 인재들이 포진하게 되어 든든한 기반을 닦았다.

기초교육이 종합국력을 세우는 데 있어 독보적인 기능을 지니기 때문에, 각 국가는 모두 그것을 교육구조조정 개혁의 관건으로 삼았다. 예를 들어, 미국의 '좋은 교육 추진위원회'는 한 연구보고서에서 다음과 같이 밝혔다. "미국교육의 기초는 새로 나타난 변변치 않은 무리에 의해 부패되고 있다. 이 무리는 모든 국가와 민족의 미래를 위협하고 있다." 「행복」잡지는 한 글에서 일본 경제가 비약적으로 발전하고 미국을 초월하는 것은 2차 '진주만 사건'이라며 다음과 같이 밝혔다. '현재 일본인이 사용하는 무기는 탱크나 대포, 군함 등 지난날의 무기가 아니라 지력이다. 국가와 국가 간의 경쟁이 나날이 지력을 겨루는 첨단기술 시대로 변해 가는데 미국학교가 배출하는 것은 대량의 문맹자(매년 30%의 중, 고등학생이 학업을 그만둔다)이며 공장은 숙련된 기술자들을 필요한 만큼 고용하지 못하고 있다. 따라서 "사력을 기울여 기초교육을 구해 교육의 질을 제고해야 한다." 미국은 이 '국가의 생존에서 비롯된' 요구를 만족시키기 위해 1985년 「2061 계획」라고 불리는 개혁방안을 공포했고 미국 초·중고교 교육체계개혁의 구상, 단계, 목표 및 근거 등을 전면적으로 연구했다.

중국에서 기초교육의 강화는 이론상 그리고 실천상의 문제를 아직 근본적으로 해결하지 못했다. 이론상으로 말하면, 중국의 기초교육의 강화의 목적 혹은 출발점은, 처음에는 '공평'의 문제를 해결하는 것이었다. 즉 최대한 많은 사람들에게 교육기회를 제공할 것을 강조했을 뿐, 근본적으로 민족의 수준을 제고하고 종합국력을 강화하는 데 초점을 둔 것은 적거나 아예 없었다. 이렇게 중국의 교육은 필연적으로 '공평'과 '효율'의 모순에 빠졌고 쉽게 헤어나지 못했다. 하오커밍郝克明 등 중국의 미래교육발전의 많은 모순을 서술했는데, 예를 들어 국제경쟁 및 중국 국가사회발전에 요구되는 수준 높은 교육과 실제 수준 사이의 모순, 날로 증가하는 교육 수요와 제한된 교육공급 간의 모순, 교육수준의 제고와 교육보급 간의 모순 등등을 제기하며 다음과 같이 밝혔다. "이러한 모순을 해결하려면 반드시 수익과 공평 간에 선택을 해야 한다."

그는 중국의 현실조건에서 이러한 선택은 쉽지 않다고 생각했다. 한편으로, 중국 사회주의제도의 성격상 교육기회의 균등과 인민문화 수준의 제고가 필요하다. 그러나 공평원칙만 강조하여 여건을 고려하지 않고 억지로 교육을 보급하여 형식적인 전면적인 교육제체를 구축하는데에만 급급했다. 따라서 실제적으로는 교육수준과 교육의 효율이 저하되었다. 다른 한편으로, 개발도상국으로서 반드시 경제 발전에 박차를 가해야 하고, 특히 과학혁명으로 점차 경제수준의 차이가 벌어지면서 이에 대한 압박도 커지고 있다. 이로 인해 고급 전문인재가 더욱 절실해지면서 단순히 효율만 따지거나 사회에서 급히 필요로 하는 고급 교육이나 영재교육만 이루어지고, 심지어는 대중의 교육 받을 권리가 희생되기도 하였다. 그러나 이것은 사회주의교육의 목적과 서로 모순될 뿐만 아니라, 또한 교육기회의 불공평으로 인해 사회계층 구조의 불평등이 심화되었으며 개발도상국이 기초교육을 소홀히 하는 우를 반복했다. 따라서 그들은 미래교육체제를 구축하기 위한 다음과 같은 구상을 제기했다. "전반적인 질을 보장한다는 전제에서 공평과 효율 중 현실에 맞는 적절한 한 가지를 선택하고 보급과 수준 제고의 관계를 제대로 다루어야 한다. 또한 이에 근거해서 교육의 규모, 속도, 구조, 형식과 구역배치를 계획하고, 21세기 국정에 부합하는 대안을 제기해야 한다."

필자는 기초교육이 노동자의 수준, 기술자의 수준, 사람들의 생산과 서비스 활동에서 표출하는 정신적인 면모와 직접적으로 관련되어 있다고 생각한다. 이것은 기회와 공평의 문제일 뿐만 아니라, 직접적으로 효율과 서로 연관된 문제이기도 하다. 기초교육의 효율 관념을 확립하는 것이 기초교육의 관건이 될 것이며 미래 중국교육의 한 흐름이 될 것이다.

이론상의 이러한 인식으로 인해 실천에 있어서도 기초교육에 대한 투자를 소홀히 하기 쉬워 기초교육이 기초적이지 못한 현상을 초래했다. 통계에 따르면 대학생 1인 평균 경비를 100위안(RMB)이라고 하면, 고등학생은 5.8위안, 중학생은 4.7위안, 초등학생은 1.8위안으로 한 대학생이 쓰는 교육경비는 50명의 초등학생들의 경비보다 더 많다. 기초교육경비의 부족과 낙후된 교육환경으로 인해 기초교육의 수준이 침체되고 저하되었고, 따라서 국민 문화수준은 아직 낮은 편으로 근본적으로 호전되지 않았다. 국민의 수준이 크게 향상되지 못한다면 현대화 건설을 후퇴시킬 것이다. 기초교육의 강화는 교육구조 조정에 있어 반드시 중점적으로 지향해야할 문제이다.

물론 미래교육구조를 조정하고 최적화하기 위해서는 반드시 중등직업기술교육과 대학교육발전에도 관심을 기울여야 하고 교육내부 및 내부와 외부의 조화로운 동적 구조를 형성하기 위해 힘써야 한다. 대학교육과 중고등교육 과정에 전문적으로 국제화, 정보화 사회에 부합하는 전공을 개설하는 것 등을 예로 들 수 있다.

③ 관심을 주요 내용으로 하는 교과과정개혁

교육내용의 개혁은 또한 미래 사회발전의 필연적인 요구이며, 그것은 직접적으로 미래교육목표가 순조롭게 실현될 수 있는지에 영향을 미친다. 세계 각국이 미래로 나아가는 교육내용개혁의 추세로 볼 때, 대개 현대화, 지방화, 종합화, 활동화 등의 기본 특징이 있지만, 또한 '관심가지는 법을 배우는 것'을 기조로 하는 특색을 나타내고 있다.

예를 들어, 1972년 유네스코가 개최한 21세기 교육 국제세미나에서 당시 교육 부지부장이었던 폴은 다음과 같이 제기했다. '평생교육이론이 제기하는 것은 경제와 과학기술 발전, 산업구조조정과 노동시장의 변동으로 개인이 직면하는 도전이다. 또한 현재와 미래 인류가 직면하는 도전은 개인의 범주를 훨씬 뛰어넘는다. 기후변화, 오존층 파괴, 산성비, 원자력 발전소 방사능 오염, 수질 오염, 경작지 감소, 동식물종의 멸종, 삼림 파괴, 세계인구 급증 등 이 모든 도전들은 인류의 생존을 위협하고 있다. 이러한 문제들을 해결하려면 '전 세계의 협력 정신'이 필요하다. 또한 젊은 세대들이 자신에게만 관심을 갖는 작은 테두리를 벗어나 자신 밖의 세계에 관심을 기울이는 법을 배우도록 교육해야 한다. 이렇게 하면 '생존하는 법을 배우는 것'에서 '관심가지는 법을 배우는 것'으로 넘어갈 수 있다. 이번 세미나의 주제는 바로 '관심가지는 법을 배우는 것'이며 이것이 21세기 교육의 기본 방향이다. 구체적인 내용은 다음과 같다.

① 자신에게 관심을 가진다. 자신의 건강에 대한 관심을 포함한다.
② 자신의 가정, 친구와 동료에게 관심을 갖는다.
③ 다른 사람에게 관심을 갖는다.
④ 사회와 국가의 사회, 경제와 생태이익에 관심을 갖는다.
⑤ 인권에 관심을 갖는다.
⑥ 다른 생물종에 관심을 갖는다.
⑦ 지구의 생활환경에 관심을 갖는다.
⑧ 진리, 지식과 학습에 관심을 갖는다.

'관심가지는 법을 배우는 것'이라는 주제 하에서 미래교육은 다음과 같은 여러 측면에서 교과과정 개혁을 진행할 수 있다.

첫째는 도덕교육 교과과정의 강화이다.

미래사회는 도덕교육에 대한 요구가 더욱 필요한 사회이다. 원탁회의

Round Table Conference의 보고서에서 서술한 것처럼, 산업화는 세계의 많은 지방 전통가정의 종결을 야기 시켰고, 갈수록 많은 사람들이 남에게 손해를 끼치고 자신의 이익을 챙기게 되었다. 사회를 위해 봉사하고 사회이익을 위해 책임감을 가지는 것에도 점점 흥미를 잃었다. 따라서 도덕교육은 각국 교육개혁의 주요 골자가 되었다. 예를 들어 어떤 국가는 국민윤리 과목을 개설하는 것 이외에도 중고등학교에 유학윤리 과목을 개설하기 시작했다. 일본은 1990년에 도덕교육 추진 지도 자료를 편집하여 학생의 도덕성 발전을 강조했으며, 맞춤형 도덕교육을 실행했는데, 예를 들어 초등학교 저학년 학생에게는 기본생활습관 교육을 집중적으로 진행하고, 중간 학년에게는 일상사회규범을 준수하는 태도를 집중적으로 교육하고, 고학년은 공공의식 교육을 진행하였다. 중국에서는 초·중고등학생에 대한 애국주의, 단체정신 및 글로벌 정신 교육이 미래 도덕교육의 주요 내용이 될 것이다.

두 번째는 전통문화 교육내용의 강화이다. 스웨덴 교육개혁의 선도자인 호삼Hossam은 자국 문화 전통의 문학, 역사 등의 기본 교과과정은 어느 때에도 약화되어서는 안 되고 더욱 강화해야 한다고 강조했다. 이러한 기초 위에 최신과학기술의 성과를 적절히 흡수하고 이 두 가지를 잘 결합시켜 나가야 한다는 것이다. 미래사회는 곧 과학기술이 고도로 발달한 국제화사회가 될 것이므로, 전통문화의 교육을 강화하여 민족의 우수한 문화를 발전시키는 것이 무엇보다 중요하다. 이러한 뿌리 강화 교육은 미래의 중국사회에서도 확고한 지위를 차지하게 될 것이다.

세 번째는 교과과정의 종합화 추세이다. 미래사회에서 과학기술의 발전은 매우 종합적인 통합화의 특징을 보이게 될 것이고, 그 결과 학제 교류적 학과, 관련학과, 교차학과가 대거 등장할 것이다. 또한 학과의 경계를 너무 세분화했던 구조를 탈피하고 대량의 종합교과과정을 개설하여 학생들이 종합적인 교과과정을 통해 창조하는 법을 배우도록 하는 방향으로 갈 것이다. 학생들의 종합능력을 배양하기 위해서 어떤 국가들은 이미 교육개혁의 방안에서 종합과정의 개설을 고려했는데, 예를 들어 일본은 1992년에 이미 과거의 '사회'와 '자연'을 '생활'로 통합하여 초등학교에 개설했다. 미국의 『2061계획』은 초·중고등학교 13년 동안 배우는 과정을 12개로 농축했는데, 즉 과학, 수학, 기술의 본질(이상 총론에 속함), 자연계 구조, 생존환경, 인체기능, 인류사회, 기술세계, 수학세계, 과학사관, 공통주제와 사유습관이 그것이다. 종합화의 추세는 중국사회에도 첫발을 내디뎌 교육 개혁 중에서 교육내용의 침투성과 종합성이 강조되었으며 이는 필연적인 추세가 될 것이다. 이 밖에, 교육내용 면에서는 과학교육, 직업기술교육, 정보기술과 컴퓨터교육을 중시하는 것이 미래교육의 발전추세가 될 것이다.

④ 평생교육을 주요 형식으로 하는 사회화, 열린 교육체계

미래사회에서 사람들의 근로시간이 감소하고 여가시간이 증가함에 따라 사람의 일생을 학교, 일, 퇴직으로 분류하는 관념이 곧 도태될 것이다. 학교는 더 이상 학생의 일생을 위해 모든 것을 준비하는 장소가 아니며 이제 교육은 전 생애에 걸쳐 진행되고 있다. 그래서 어떤 사람들은 21세기의 중국교육은 태교, 유아교육, 초등교육, 중등교육, 고등

교육, 직업교육, 성인교육, 노년교육 등 각 단계에 걸친 다양한 교육이 될 것이며, 국민을 위해 문화교육, 도덕교육, 직업교육, 예술교육, 여가교육, 전업교육, 인생교육, 보건교육 등을 내용으로 하는 평생교육체계를 제공할 것이다. 말하자면, 미래의 교육은 학습의 사회화, 사회의 학습화 교육일 것이고, 정규교육과 비정규교육이 서로 보충하는 교육일 것이며, 교육-사회 일체화의 교육일 것이며, 요람에서 무덤까지의 교육일 것이다. 사회라는 큰 체계와 교육체계의 융합이 미래교육의 흐름을 주도하고 있다.

과학기술의 급속한 발전에 따라, 세계에는 급격한 변화가 발생하고 있고, 중국의 변화는 더욱 격렬해지고 있다. 90년대 이래로, 우리 국가는 두 가지의 중대한 전환을 겪고 있다.

하나는 계획경제에서 사회주의 시장경제로의 전환이고, 다른 하나는 노동집약형 경제에서 지식집약형 경제로의 전환이다. 그러나 각 지방의 발전이 매우 불균형하고, 농업사회에서 공업사회로, 공업사회에서 포스트 공업사회로의 과도기 등 몇 가지의 상황이 병존한다. 중국이 WTO에 가입한 이후로, 국제화의 진전이 더욱 빨라졌고, 글로벌화 추세는 갈수록 뚜렷해지고 있다. 그러나 과거의 자본 글로벌화와 비교해 볼 때 현재 인류는 새로운 글로벌화 시대로 진입하고 있으며 성격, 구조, 방향성에서 중대한 전환이 나타나고, 산업의 축, 사회구조, 내재 장력, 제어방식과 사유방식이 크게 바뀌고 있다. 교육은 미래의 사업이다. 오늘날 학교에서 학습하는 학생 및 각종 교육기관에서 교육을 받는 사람들은 모두 사회로 나아가며 미래사회를 위해 일할 것이다. 미래의 교육을 어떻게 구축하고, 어떻게 미래사회에 부합하는 인재와 대중을 배양하여 미래정세의 변화에 적응할 것인지, 교육계 안팎은 이 문제를 연구하고 전망하게 위해 부단히 노력하고 있다.

주영신, 쉬야둥徐亞東이 집필한 『중국 교육가가 전망하는 21세기』는 중국교육계의 전문가들을 초청하여 21세기 사회와 교육을 전망하고 서술했다. 하오커밍郝克明편집장의 『21세기를 향한 우리의 교육관』은 사회 각계의 전문학자와 유명인을 초청해 미래교육의 이상적인 청사진을 통쾌하게 서술했다. 어떤 사람은 미래교육은 우선 시대발전에 부합하는 교육 가치관을 세워야 한다고 생각한다. 교육이 사회발전을 촉진하는 것과 사람의 발전을 촉진하는 것은 하나의 개념이며 나눠서 생각할 수 없다.

두 번째로 모든 시대와 장소에 적용 가능한 교육관을 세워야 한다. 시간상으로, 교육은 모든 사회 구성원을 위해 그들이 필요할 때 모든 학습기회를 제공해야 한다. 공간상으로, 교육은 학교교육을 가리킬 뿐만 아니라, 또한 가정교육과 사회교육 또한 포함한다. 즉 평생교육사상을 수립하고 학습화 사회를 구축해야 한다. 학교교육과 사회교육이 서로 결합하고, 직업 전 교육과 직업 후 교육이 결합하고, 학교교육을 평생교육체계에 편입해야 한다. 세 번째로 교육은 창의적 인재를 양성해야 한다. 네 번째로 교육의 국제화를 추진하여 미래의 국제교류가 빈번한 사회추세에 적응해야 한다.

어떤 사람은 8개 방면에서 교육의 미래를 전망한다. ① 교육의 목표와 가치 ② 교육의 과학성과 전망성 ③ 교육의 보급과 다양화 ④ 교육의 기초성과 전문화 ⑤ 교육의 세계화 ⑥ 교육의 평생화 ⑦ 교육사상의 현대화와 교육방법의 혁명 ⑧ 학교교육과 교육의 사회화. 어떤 사람은 미래교육이 10개의 특징을 보일 것이라고 한다. 평생을 걸쳐 진행하는 교육체계, 중앙정부 지방정부가 함께 관리하는 교육관리체제, 시장조절과 계획조절이 결합된 교육운영체제, 각급의 교육의 적절한 발전, 학교교육과 사회연계의 강화, 교육내용의 혁신, 정규교육과 비정규교육의 결합, 교사 확보와 교육경비투자 증가, 교육수단의 현대화와 교육형식의 다양화.

1997년, 공산당 15차 전국대표대회에서 중국의 미래 '신삼보주新三步走(3단계 중국경제 발전론)'의 발전전략이 제기됐다. 1차 10년(2001~2010년)에는 2000년 GDP의 두 배 성장을 달성하여 국민생활을 더욱 풍부하게 하고, 비교적 완전한 사회주의 시장경제체제를 형성한다. 다시 10년의 노력을 거쳐 창당 100년이 될 때, 국민경제를 더욱 발전시키고 각 제도를 더욱 개선한다. 21세기 중반 건국 100년이 될 때, 기본적으로 현대화를 실현하고, 부강한 민주문명의 사회주의 국가를 건설한다. 교육은 반드시 중국 사회주의 건설에 공헌해야 하는데, 교육의 현대화는 중국 현대화의 전제와 지침이 되어야 한다. 중국현대화 건설과 미래의 '삼보주' 발전전략을 둘러싸고 장젠張健, 쉬원룽徐文龍이 21세기 중국교육개혁과 발전에 대해 8대 추세를 구체적으로 설명했다.

첫째, 전통교육에서 현대 창의성교육으로 나아가고 있다. 지식경제가 전통교육을 향해 도전을 제기한다고 여기고, 21세기로 나아가는 인재는 반드시 네 가지 창의적 능력을 가져야 하는데, 그것은 관념능력,

제도능력, 학습능력, 혁신능력이다. 기초교육은 반드시 국민의 전체적인 수준의 제고를 위해 건강한 신체, 시민도덕, 노동종사, 전문인재의 자질을 배양하는 기초를 다져야 한다. 창조정신과 실천능력을 배양할 것을 중시해야 하고, 새로운 시험 평가 제도를 수립해야 한다.

두 번째, 산학연 일체화로 나아가고 있다. 인류는 상당히 긴 역사동안 지식의 발견, 전파, 변화의 3대 사회활동으로서 과학연구, 교육, 생산은 분리될 수 없다고 생각했다. 그러나 20세기 중반부터 실리콘벨리와 미국의 기술 하이웨이로 명성을 얻고 있는 보스톤의 128번가의 출현 및 그 발전 과정은 대학이 점차 경제발전의 변두리에서 경제발전의 핵심으로 나아가고 있음을 보여준다. 이로써 과학기술교육은 각 단계교육의 공통의 인식이 될 것이며, 직업기술교육은 힘차게 발전할 것이다.

세 번째, 학력형 교육에서 학습화 사회로 나아가고 있다. 산업혁명이래로 세계 각국은 점차 학교교육을 주축으로 하고, 학력 획득을 목적으로 하는 현대 국민교육체계를 형성했다. 그러나 지식경제와 정보기술시대의 도래에 따라, 이러한 교육체계는 날로 과학기술, 경제, 사회발전과 어긋나는 문제들이 두드러지기 시작했다. 예를 들어 교육대상이 청소년으로 한정되고, 현재의 사회를 답습한다거나 실제생활과 동떨어지고, 주요한 사회문제를 해결할 수 없거나 노동력 시장의 수요를 만족시킬 수 없는 문제, 고비용 저효율, 변화에 적응해야 하는 문제 등등이었다. 미래는 반드시 평생교육의 이념을 가지고 현재교육체계를 바꾸고, 학습화사회(학습화커뮤니티, 학습형도시)를 구축하여 학습에 새로운 생명을 부여해야 한다.

네 번째, 교육의 국가화에서 국제화로 나아가고 있다. 중국의 'WTO 가입'은 새로운 교육개방 붐을 일으킬 것이다. 그리고 정보기술의 발전, 인터넷의 출현은 교육개혁개방의 새로운 형세를 촉진시킬 것이다. 교육은 세계로 나아가는 국민을 양성하여 그들이 끊임없이 축소되는 지구상의 모든 사람들과 함께 생활하고 일하는 의식과 태도를 지니도록 해야 한다. 국제교육의 원칙으로 교육개혁을 촉진시켜야 한다.

다섯 번째, 폐쇄형 교육에서 교육정보화로 나아가고 있다. 멀티미디어 기술과 인터넷 기술이 교육영역에 도입되면서 교육혁명이 전면적으로 펼쳐질 것이고, 이로 인한 교육사상, 교육제도, 교육모델, 교육내용과 교과과정 더 나아가서 교육체제, 평가 시스템의 변혁은 전통교육 모델에 커다란 충격을 안겨주고 있다. 교육은 점차 정보화로 나아갈 것이고, 그 특징은 교재의 멀티미디어화, 교육자원의 글로벌화, 교실의 전자화, 학교의 사이버화, 학습의 자주화, 활동 협력화, 관리 자동화이다.

여섯 번째, 교사의 지식전승에서 창의성 지도로 나아가고 있다. 정보시대는 교사 자질에 대한 요구와 직업 포지션에 있어 큰 변화를 가져왔다. 교사직업의 전문화는 점차 인정을 받고 있고, 창조력은 교사가 한 가지의 장인 기술을 넘어서도록 하며, 교사전문화의 정도를 평가하는 핵심지표가 되었다. 창조는 교사의 내재적 존엄과 기쁨의 원동력을 불러일으키고, 교사교육체계와 교육 모델이 점차 최적화된다.

일곱 번째, 학교설립제도의 단일화에서 학교설립의 다원화로 나아가고 있다. 미래교육의 새로운 구도는 학교설립 구조의 다원화가 될 것이다. 교육체계에서 공교육과 민영교육의 우위를 상호 보완하는 추세가 나날이 뚜렷해지고 있다. 민영교육은 힘차게 발전할 것이고, 학교설립 형식이 다채로워지며 공교육의 민영화, 공립의 '체제 전환', 기업이 운영하는 학교, 주식으로 운영하는 학교, 개인이 운영하는 학교, 사업기관이 운영하는 학교 등 다양한 민영교육 모델이 나타날 것이다.

여덟 번째, 집중통일유형에서 비非균형발전유형으로 나아가고 있다. 중국 각 지역은 자연경제와 사회문화 차이가 크고 경제사회발전이 불균형하여 역사적으로 매우 불균형한 교육발전 구조, 비균형 교육발전 유형이 형성되었다. 또한 각 지역의 실정에 맞는 교육을 실시하기 위해 힘썼다. 따라서 각지의 구체적인 상황에 따라 적절한 대책이나 방법을 세우고, 유형을 분류하여 지도하며, 지역의 특색과 우위를 강화하는 등급별 정책을 실시하고 있다.

선진지역에서는 일류교육을 실행하고 주변지역으로 확대해간다. 낙후된 지역에서는 '다른 지역의 장점을 흡수하는 전략'을 실행하고 등급을 올리기 위해 힘쓴다. 그런데 필자는 균형발전은 교육발전 과정 중 하나의 단계, 하나의 부분이며 궁극적으로는 지역균형과 공동발전으로 나아가야 한다고 생각한다.

2. 중국교육 발전의 교육과학에 대한 도전

미래의 중국교육 발전은 또한 교육과학의 발전에 대해 새로운 요구

와 새로운 도전을 제시했으며 중국교육과학의 연구는 반드시 관념, 체
제 및 방법의 세 가지 측면에서 새로운 돌파와 새로운 발전이 있어야만
비로소 미래사회의 요구에 적응하고 미래 교육 발전의 요구에 부응할
수 있다.

(1) 새로운 교육과학연구의 관념 확립

미래의 중국교육 발전에 대하여, 교육과학연구 관념은 반드시 갱신
되어야 하며 적응해야 할 뿐만 아니라 어느 정도는 미래교육의 방향을
제시해야 한다. 교육과학연구는 교육실천의 국면보다 낙후해 있으며
특히 교육과학의 연구 관념이 낙후되어 있다. 그래서 새로운 교육과학
의 연구 관념을 확립하는 것은 미래의 도전에 직면하여 시급히 해결해
야 할 과제가 되었다.

① 계통관념

50년대 이후 제어론, 정보론, 계통화론은 사회 과학에 대해 매우 큰
영향을 끼쳤다. 전체적인 관념, 순차적인 관념, 피드백 관념, 기능구조
및 최적화 관념 등은 이미 교육계에서 광범위하게 받아들여지고 있다.
계통관념의 지도 하에 미래교육연구는 장차 거시적, 중간적 미시적인
3개 측면에서 진전을 이룰 것이다.

거시적 연구 방면에서는 장차 사회 각 방면이 교육에 미치는 영향을
중시하며 특정한 철학, 역사학, 윤리, 종교, 문학예술 등의 의식형태에

대한 영향을 연구하는 것뿐만 아니라 일정한 사회심리, 민족심리, 사상 형식 가치방향, 인간 관계 등과 교육의 관계에 대해 분석해야 한다. 교육 연구 시각을 광범위한 사회 환경과 문화 배경에 투영하여 이로 인해 교육과학연구의 긴장감을 제고해야 한다.

중간적인 연구 방면에서 미래의 교육과학연구는 매개학문과 종합연구를 더욱더 중요시 여길 것이다. 교육론의 연구를 예를 들면 과거에는 보통 교육론의 미시적인 분야에 대한 탐구와 연구를 중요시 했으나, 각 부분의 교육법에서 각 과목을 연계하여 추상적 수준으로 끌어올리는 중간이론이 부족했다. 이렇게 각 과목간의 성과를 연계하지 못해 각 과목의 구체적인 연구에 이론적인 방향성이 부족했다.

미래 교수학 연구에서는 철학, 교육학, 심리학의 지도적 역할을 중시함과 동시에 시너지 사회학, 공정 공학, 신문방송학, 통계학 등 학과의 역량을 합하여 교육과정의 본질 및 기술을 연구하고 교육과정의 기본 원칙을 밝혔다.

미시적인 연구방면에서 미래의 교육과학연구는 더욱더 정량분석을 중시할 것이며, 이론과 실험을 유기적으로 결합할 것이다. 과학사의 연구에서 알 수 있듯이 실험과 이론의 연구 간에 '순환가속기제'가 존재한다.

이론연구와 교육실험을 결합해야만 현재 많은 교육 실험자들이 이론연구를 간과하는 것과 교육이론 연구자들이 실험을 등한시 하는 현상을 근본적으로 개선할 수 있다. 또한 중국의 교육실험이 맹목적인 면에서 탈피하여 스스로 깨닫고 설득력을 지니도록 하며 교육이론 연구자들이 모호한 태도를 버리고 명확하고 치밀하게 연구를 진행하도록 할 수 있을 것이다.

② 실효관념

교육이론 연구의 최종 목표는 교육의 실천 활동을 이끌어 교육실천을 발전시키기 위해서이다. 이론연구는 단지 실제적인 효과를 중시 여겨야만 환영을 받을 수 있고 실천과 동떨어진 교육이론은 필연적으로 탁상공론에 지나지 않는다. 그래서 미래 중국의 교육과학의 연구가 장차 교육연구기관 및 실무부서와 분리된 구도를 개선하면 많은 교육종사자들이 이론 중에서 좋은 부분을 흡수하고 '학자형' 교사가 될 것이며, 장차 많은 교육이론연구가들이 실질적인 면으로 들어가 교육연구의 효과를 중시하게 될 것이다.

③ 학파관념

중국교육사상의 발전사에서 일찍이 여러 차례 많은 이론들이 출현했고 자유로운 논쟁이 전개되었다. 주희朱熹와 육구연陸九淵의 '아호지회鵝湖之會'가 전형적인 사례이다. 사실상 하나의 학문의 과학적인 진보는 다른 풍격, 다른 유파, 다른 관점들이 서로 논쟁하는 중에서 실현된 것이다. 각종 관점과 각 유파가 비록 편파적인 면과 오류가 있다고 하더라도 평행사변형의 합리적인 대각선은 인류가 전진해 나아가야 하는 발자국이며 바로 진리가 나아가야 할 방향이다. 때문에 미래중국교육과학의 연구는 장차 학파 관념을 격려하고 장차 각종 금지된 부분을 돌파해야 하며, 전체와 평화, 안정을 추구하는 창의성이 결여된 안정 지향적인 글은 환영을 받지 못한다. '새로운 주장으로 차별화되면서도 논리적인' 연구 전략이 활성화될 것이다. 새로운 가설, 새로운 학파를 세우고 다른 학파들과의 학술적인 논쟁을 거쳐서 더욱 자신을 완성해가는 것이야말로 장차 교육이론연구가 추구해 나아가야 할 길이다.

(2) 새로운 교육과학연구의 체제 확립

교육과학의 연구수준은 많은 부분 교육의 과학연구체제의 제약을 받는다. 바람직한 교육과학연구체제는 정책 결정, 해석, 비판, 확대 네 가지 기능에서 교육과학연구의 유효성을 나타내는 데 유리하다. 또한 연구 성과가 교육사업 발전에 영향을 끼치고 방향을 제시하는 역할을 하는 데 유리하다. 그래서 미래중국교육과학 체제는 다음과 같은 변혁을 진행해야만 미래교육의 발전에 부응할 수 있을 것이다.

① 독립적인 교육과학연구 실체의 설립

현재 중국교육과학연구기구 대부분 각 급 교육행정부분의 부속부문이며 독립된 과학연구 실체가 아니다. 현·시·성의 교육 연구실, 교육과학연구소를 기본기관으로, 대학의 관련 교사를 주요한 역량으로 삼고 있다. 과학연구경비, 인원조직, 업무의 중점 등은 일반적으로 모두 상급기관에서 결정하여 교육과학연구 부서는 자연적으로 자기가 흥미를 느끼는 교육과학의 연구문제에 자기의 역량을 쏟을 수 없다. 이러한 '관'

자가 붙은 과학연구기관은 종종 정책의 홍보와 해석이 중심 임무이고 학술연구의 독립적인 면을 상실했다. 당연히 현행교육정책에 대한 비평·보충·감독·수정 완성하는 역할을 할 수 없다. 그래서 미래사회에 장차 독립적이고 민간이 실시하는 교육연구체제가 출현할 것이며 이러한 체제는 자체적 경비로 스스로 정한 과제를 기본적인 특색으로 한다. 또한 그 독특한 우위를 발휘하는 것을 중요시 여기며 교육과학연구 중에서 소홀히 할 수 없는 중요한 역량을 형성할 것이다.

② 합리적으로 구성된 교육과학연구 인력의 점진적 형성

현재 중국의 교육과학연구 인력의 전체적인 구성은 이상적이지는 않다. 대부분의 과학연구인원은 교육행정부서에서 퇴직한 간부들이 상당수이다. 그들은 비록 풍부한 교육실천 경험이 있으나 대부분 나이가 많아 기력이 쇠하고 예민성이 떨어져서 현대화의 과학연구방법에 대해 대부분 낯설게 느낀다. 다른 일부 과학연구 인원은 대학을 졸업했으며 비록 에너지가 넘치고 어느 한 방면에서 전문적이지만 일반 교육이론의 소양이 비교적 부족하며 국내외 교육발전의 현상과 역사에 대해서 이해하지 못한다. 따라서 오랜 기간의 이론수업을 보충 받고 실질적인 단련을 거쳐야 성과를 낼 수 있다.

가장 많은 수를 차지하는 것은 교육에 실제 종사하는 사람들이다. 이들은 매일 학생들과 생활하며 가장 현실적인 면을 접촉하고 있으나 과학적인 연구의식이 희박하여 많은 번쩍이는 아이디어와 가치 있는 사상들이 사라져 버리고 많은 생동감 있는 아이디어들도 또한 머리 깊은

곳에 박혀 있어 이론으로 승화시키지 못하고 자신과 다른 사람의 교육
실천을 지도할 수 없다. 미래의 중국 사회 제일선상에 과학적인 연구인
원의 수가 가면 갈수록 적어지는 추세에 있다. 두 번째 선상의 과학연
구 인원은 성숙의 길로 접어들고 있다. 교육의 과학적 연구를 위한 질
적인 관념이 받아들여지면서 일선의 교사들이 더욱 교육이론계에 진입
하고 있다. 동시에 새로운 형식의 교사를 양성하기위한 사범대학(대학
원 수준)이 탄생할 것이다. 이러한 합리적 구조의 교육과학연구 인력이
점차적으로 형성될 것이다.

③ 교육과학연구계획의 자각성 강화

지금까지 중국의 교육과학연구는 오랜 기간 개인에게만 의지해 발전
해왔다. 비록 국가는 7차 5계년 계획부터 교육과학연구 과제를 이정표
로 삼기는 했지만 대부분은 순전히 개인적인 흥미에 근거하여 연구 과
제를 선정했으며, 이 때문에 주관적인 경향이 상당히 짙었다. 동시에
시스템 평가제도가 제 역할을 못함으로써 과학연구 성과에 대한 평가
와 과학연구인원의 직책에 대한 평가는 주로 논문과 저작의 수량에 의
해서만 평가되었다. 이로 인해 온갖 정성을 들여 연구에 임한 사람은
오히려 공정한 평가를 받지 못했다. 연구 기간을 단축해 빨리 성과를
얻고자 하는 풍조가 만연했으며, 시간이 오래 걸리고 실패할 가능성이
높은 과학연구에 참여하려는 지원자 수는 줄어들었다. 예를 들어 거시
적인 종합성실험과 학교체제와 과정개혁의 실험에 관한 연구에는 지원
자가 저조했다.

국가의 과학연구기획부서도 거시적인 조정이 부족하여 정보의 교류가 원활하지 못했으며, 이로 인해 중복적이고 효과 없는 노동이 많이 발생했다. 앞으로의 교육 연구는 사회주의 거시 조정을 통해 장기적인 안목을 가지고 우수한 과학 연구원들을 조직하여 협력하도록 해야 한다. 지방의 교육행정부서는 과학연구인원들이 교육의 과학적 연구를 통해 현지의 물질문명과 정신문명을 건설하는데 힘쓰도록 이끌어 주며, 교육의 지방특색을 연구하여 교육과학연구가 개성이 강한 지방특색을 띠도록 해야 한다.

④ 교육과학연구의 외부관계 강화

현재 교육과학연구는 폐쇄성이 비교적 강하며 외부와 연결이 약하다. 첫째, 정책 결정부서와의 연결이 충분하지 않아 교육과학 연구가 전 방위적인 지도 기능이나 비판, 수정 기능을 충분히 발휘하지 못한다. 둘째, 실제 부서 간의 연결이 충분하지 않다. 이로 인해 교육 연구 과정에서 좋은 자료를 충분히 확보할 수 없게 된다. 셋째, 학과 간의 연결이 부족하여 다른 학과로부터 영감을 얻을 수 있는 기회가 줄어들었다.

따라서 교육 연구가 더 많은 효과를 발휘하도록 하기 위해서는 외부와의 연계를 최대한 확대해야 한다. 이를 위해 사회와 밀접히 연계하고, 교육 연구 성과를 적극적으로 정책 부서에 피드백하며, 정책 결정부서의 각종 연구 위탁을 적극적으로 수용해야 한다. 이밖에 연구 성과를 적극적으로 실천으로 옮기고 사회학, 철학, 심리학, 이론학, 역사학, 경제학 등 타 학과와의 연계를 강화해야 한다. 이렇게 함으로써 교육

연구의 영향력을 넓히고 효율을 높일 수 있다.

(3) 새로운 교육과학연구방법 완비

방법은 교육에 있어서 매우 중요하다. 구소련의 생리심리학자 파블로프Pavlov, Ivan Petrovich는 "과학은 방법학 상 획득한 성과에 따라서 부단히 약진한다. 방법이 매번 새롭게 발전함에 따라 우리 역시 한 단계씩 올라서는 것 같다. 덕분에 우리의 시각도 한층 넓어져 이제까지는 볼 수 없었던 새로운 사물을 보고 있다."고 했다. 미래중국교육과학사업의 발전 또한 교육과학연구방법의 완비와 향상에 달려있다. 교육과학연구방법은 대개 네 가지로 분류할 수 있다. 즉 이론연구의 방법, 역사연구의 방법, 실험연구의 방법과 비교연구의 방법이다.

① 이론연구의 방법

이론연구의 방법은 과학교육에서 자주 사용되는 방법이다. 이 방법은 실험적인 연구, 실증적인 연구를 배제하고 이론사유의 지도에 치중하며 연구 성과의 이론적 의의를 강조한다. 이론연구는 세계 각국 교육과학연구의 기본방향 중 하나이기도 하다. 1985년 초정을 받아 중국을 방문한 미국 교육연구협회의(AERA) 회장 D.베를리네는 이러한 추세를 긍정적으로 여겼으며, 미국교육연구형식의 인지방향이 외부현상을 연구대상으로 삼는 전통을 바꾸었다고 생각했다.

몇 년 전 미국 스키너Burrhus Frederic Skinner 등의 행위주의 이론이 교육연구계를 이끌었다. 그들은 학생의 외적 표현(실험, 실습, 언어행위, 가정숙제)을 연구의 함수로 삼았다. 그렇지만 근래에 들어 피아제 학파의 영향과 컴퓨터의 응용으로 인해 연구지도의 형식에 변화가 생기기 시작했으며 피실험자의 인지과정이 연구의 주요 내용이 되었다. 그래서 양적인 것보다 성질을 연구하는 방향으로 변화했다. 연구자들은 이 두 가지 방식이 서로 상호보완적인 것이며, 단지 대상에 접근하는 방법이 다를 뿐이라고 생각했다.

이론연구방법상 미래 중국의 교육과학은 개념체제를 확립하는 데 더더욱 힘써야 한다. 모든 과학은 자기만의 개념 체계를 가지고 있다. 그것은 학문의 기본 바탕일 뿐 아니라, 또 하나의 사유 과정이 응집되어 있는 결정체이기도 하다. 관성, 질량, 힘, 만유인력 등의 개념이 없었다면 뉴턴의 역학도 탄생하지 못했을 것이다. 또한 현대 물리학은 절대시공을 비판함으로써 양자, 광전자 방출, 파동―입자의 이중성Wave Particle Duality, 상대성 원리, 4차원 공간, 불확정성 원리, 인력장 등과 같은 개념을 도출할 수 있었다. 이에 대비해 보면 교육과학은 독자적인 개념체계를 형성하지 못했다. 교육이론 연구에서 응용되는 개념 중에도 기타 사회과학개념을 차용한 것이 많으며, 심지어는 일상생활개념을 차용한 것도 있다. 또한 '학급' '커리큘럼'처럼 교육계 특유의 개념이 있다 해도 그에 대한 충분한 연구가 이루어지지 않아 재생능력, 파생능력을 지닌 핵심개념으로 발전되지 못했다. 따라서 앞으로 중국의 교육 연구는 우선 이론상의 교육개념 체계를 구축하고, 이러한 기초 위에서 체계적인 교육이론을 세워야 한다.

② 역사연구의 방법

  교육은 인류사회와 시종을 같이 하는 하나의 사회현상이다. 인류교육사상은 인류처럼 오래되었다. 역사연구의 방법은 우리를 도와 선인들의 교육지혜를 계승하며 발양한다. 게다가 이러한 기초 위에서 새로운 교육이론체계를 건립한다.

  이 방면에서 마르크스는 우리에게 좋은 모범을 보였다 그의 학설이 왜 그렇게 창의성을 가지는가? 왜 이처럼 큰 영향을 끼치는가? 왜 혁명계급과 많은 사람들의 심령을 장악하는가? 가장 중요한 원인 중의 하나는 그가 이전의 과학이 제기한 모든 지식에 대해서 정확하고 세밀하고 깊숙한 연구를 진행했기 때문이다. 그에 대해 레닌은 이렇게 평가했다. "무릇 인류사회가 창조한 모든 것에 대해서 그는 비판적으로 다시 탐구하고 어느 하나라도 소홀히 지나치지 않았다. 무릇 인류사상이 만든 모든 것을 그는 노동운동 중에 놓고 검열하였으며 새롭게 연구하고 비판을 가했다. 이리하여 비자산계급의 협의성의 한계를 도출했으며 비자산계급의 편견에 의해 속박당한 사람들이 얻을 수 없는 결론을 도출해 냈다."

  과거 계급투쟁을 강령으로 삼은 지도사상으로 말미암아 종종 역사는 교육사상을 전반적으로 부정하거나 대체로 부정했다. 기계유물론의 영향이 더해지면서 어떤 때에는 인위적으로 상표를 붙이고 고정된 격식으로 역사상의 교육사상을 분석하고 평가했다. 가장 중요한 결점은 진정으로 인류사회 문화의 배경에 의하여 역사적인물의 교육사상의 진정한 근원을 발굴하지 못하고 단지 현대교육이론의 구조에 근거하여 적절한 구절만 문장에서 베껴 풍부한 교육사상이 구체적인 시대의 추상을 벗어나도록 한 것이다.

이렇게 해서는 역사상의 선진교육사상의 가치를 정확하게 판단할 수 없으며 또한 현대사회에서 가치 있는 핵심을 계승할 수 없다. 그래서 미래사회에서 역사연구의 방법은 더욱더 다원화해야 한다. 거시적 연구를 중요시하며 사회문화의 배경으로부터 역사상 교육사조 및 교육가의 사상의 필연성을 분석해야 한다. 또한 미시적인 연구에서 교육가 본인의 생활환경과 개성, 심리 등의 각도에서 교육사상의 특질을 파악해야 한다.

③ 실험연구의 방법

실험연구는 인위적인 간섭과 통제의 조건 아래에서 조종과 제어를 통해서 사물발전의 조건에 영향을 끼치고 피실험자의 심리현상을 야기하여 그중의 규율성을 발견하는 방법이다. 교육실험연구 중에서 이론사유도 또한 소홀히 할 수 없는 역할을 한다.

첫 번째로 교육실험의 제제를 선택할 때 이론사유가 필요하다. 이론사유를 통해 교육의 과학적인 발전을 최고로 이끌 수 있으며, 전인들이 이미 제기했거나 파기되었던 명제를 새로운 과제로 삼거나 혹은 현실생활과 관련이 없는 과제를 선택하는 우를 피할 수 있다.

두 번째로 연구의 설계는 이론사유가 필요하다. 교육의 성패의 관건은 실험설계의 정밀함, 교묘함, 정확성에 달려있다. 또한 실험이 비교적 명확하고 엄밀한 지도사상을 가지고 있는지 여부에 달려있다. 특히 복잡한 교육현상을 상대적으로 간략하게 하는 조건 하에서 관찰과 실험을 해야 하며 실험을 할 때 나타날 수 있는 각종 상황에 대해서 충분히 고려하여야 한다. 이 모든 과정에서 모두 이론사유가 필요하다.

세 번째로 실험 데이터의 처리와 결과분석에 이론사유가 필요하다. 만약에 이론사유가 없다면 성공적인 연구과정 역시 성공의 결과에 이를 수 없고, 진리가 코끝에 다다랐을 때에도 놓칠 수 있다. 미래의 교육연구 중에서 실험연구 및 경험연구와 이론연구의 일체화 경향은 더욱 명확해지고 있다. 경험연구의 예를 들자면, 이론 사상과 과학실험의 방법을 떠나면 편파적인 착오를 범할 수 있으며 규율적인 인식을 얻어낼 수 없다. '전형적인 경험의 총결은 반드시 통계 분석의 기초 하에서 세워져야 하며 필요한 확률을 분석해야 한다.' 제어요소와 비제어요소의 분석을 진행해야만 의의를 보편화할 수 있다. 그렇지 않으면 주관적인 바람에 의해 선택한 전형이 될 수 있다. 심지어는 '형상화' 전형도 전체가 아닌 한 부분에서만 의의가 있게 된다.

80년대 이후 중국교육의 과학적 연구의 실험방법은 장족의 발전을 거두었다. 『교육연구』 잡지도 또한 여러 차례 '과학교육의 생명은 실험에 달려있다.'고 제창하면서 전국에 교육실험협력팀을 세웠다. 최근 교육실험 저서는 수천 종에 달하며 힘차게 발전하고 있다. 그래서 앞으로 상당한 기간 동안 교육실험의 설계수준을 향상시키는 데 중점을 두며 실험조작의 타당성을 증강하고 교육실험의 이성수준과 실험의 규범화 수준을 향상시킬 것이다. 실험의 과학평가와 실험이론의 체계화를 강화하는 한편 다원화된 연구방법이 실험연구를 보충하는 데 있어 중요한 역할을 할 것이다.

④ 비교연구의 방법

　비교교육연구는 과거에 일반적으로 외국교육연구로 일컬어졌다. 80
년대 중국교육계는 2차 대전 후의 해외 주요 선진국의 교육개혁과 발
전상황 및 경험과 추세에 대해서 연구하고 그것을 소개하는 데 힘써 우
리의 시각을 넓히고 우리들의 사유를 개척하는데 중요한 역할을 했다
또한 중국교육사업의 개혁과 발전을 위하여 많은 유용한 경험적인 교
훈과 중요한 참조 배경을 제공했다. 중국교육 실제에 더욱 적합한 가장
좋은 발전의 길을 찾도록 도움을 주는 것도 의심의 여지가 없다.

　미래사회에서는 교육의 국제화 추세가 더욱 강화되고 각국이 처한
공통문제가 가면 갈수록 많아진다. 예를 들면 국제적인 이해의 교육문
제, 지구환경보호의 교육문제, 경제 발전과 교육과의 관계문제, 인적
요소가 교육에 미치는 영향 등이다. 세계 선진 국가를 뛰어넘을 중국이
되기 위해 많은 국가가 걸어왔던 길을 모범으로 삼아야 하는 것은 분명
하다. 그래서 비교연구의 방법이 앞으로 더욱 중시될 것이다. 현재는
해외교육발전의 현상을 연구하고 소개하는데 주력하고 있지만, 미래의
비교연구는 세계 각국의 교육개혁과 발전의 특수한 원리 및 보편 원리
를 연구하며 세계교육의 발전방향을 논의하여 중국교육발전을 위하여
다차원적인 기준 틀을 제공할 것이다.

3. 21세기 중국교육과학의 세계화와 현지화

21세기, 중국의 개혁과 개방은 더욱 깊어지고 국제교류도 진일보하여 확대될 것이다. 경제교류로 말미암아 선진문화교육교류가 나날이 빈번해지고, 교육은 목표·내용·방법·수단 등 각각의 방면에 있어서 미래의 국제 요구에 부응하며, 교육과학도 더욱 국제규범의 궤도에 접어들게 되면서 그 연구 형식과 내용상에 있어서 변혁이 일어날 것이다. 이것이 21세기 중국교육과학의 세계화의 대세이다.

교육과학 분야의 서양학문이 들어오면서 중국근대교육과학이 형성되고 발전하기에 이르렀고, 중화교육사상은 복잡하고 불우한 여정을 겪었다. 역사는 우리에게 재차 충고한다. 만약 중국교육과학이 국내에만 갇혀 문을 닫아걸고 교류하지 않으며 세계 각국과의 ‘대화’ 능력을 잃으면 진정으로 건전한 발전을 얻을 수 없다는 사실을 말이다.

개발도상국인 중국은 세계 여러 선진국의 다양한 교육발전 모델을 선택하여 참고할 수 있다. 하지만 이것은 전혀 비판도 하지 않은 채 그것을 그대로 중국에 접목시켜도 된다는 뜻이 아니다. 세계화는 반드시 중국의 국정을 고려하여 이루어져야 한다.

세계화는 ‘서양화’가 아니다. 교육과학에서 세계화는 미국·일본을 칭하는 것이었고, 코메니우스·듀이를 찬미하는 것과 동일시되었다. 하지만 이것은 잘못된 것이다. 세계화는 중국교육의 특징을 버리고, 중국교육의 개성이 소멸되고, 중국교육 발전이 서양각국에 뒤처져 맹목적으로 남을 따르는 것이 아니라, ‘현지화’된 세계화를 중시하는 것이다.

미국 캘리포니아 대학의 중국계 심리학교수 쩡즈랑曾志朗은 일찍이 중국심리학의 '현지화' 문제를 논술한 적이 있는데 우리에게 시사하는 바가 있는 듯하다. 그는 글에서 다음과 같이 말했다.

"중화민국 이후 중국의 심리학자의 대다수가 직접 혹은 간접적으로 서양 심리학의 훈련을 받았고 그로 인해 우리가 진행하는 대부분의 연구는 서양 심리학에서 관심을 지니고 있는 연구 과제를 추구했다."

프로이트Freud 의식흐름은 일찍이 중국심리학 연구에 많은 영향을 끼쳤다. 60년대 중국심리학자는 행동주의를 이어받았고 심지어 스스로 왓슨Watson보다 더 행동주의적이라고 생각했다. 피아제의 영향은 더 말할 나위도 없다. 현재 중국과 대만의 교육대학이 피아제의 인지학설로 가득 차있다. 서양은 이미 신피아제Neo-Piaget에서 후피아제Post-Piaget로 넘어가는 상황에서도 중국의 교육개혁은 피아제의 환영에 집착하며 변화를 완강히 거부하고 있다.

"이러한 상황은 심리학의 각개 부문에 거의 보편적으로 존재한다, 우리들은 스탠포드비네지능검사, WISC아동(성인)지능검사법을 이용해 중국의 아동이나 성인의 지력을 측정했고 개정된 MMPI(미네소타 다면적 인성검사)로 중국인의 인격의 윤곽을 그렸다. 심지어 우리들은 BDAE(보스턴 진단용 실어증 검사와 평가서)를 이용해 중국의 '언어'상의 결함이 있는 실어증 환자를 조사했다."(『중국인, 중국의 마음』 p. 2~3, 가오상런高尚仁, 양중광楊中芳 편저)

그는 이처럼 중국이 서양학자의 눈으로 '중국의 마음'을 관찰하고, '중국인'을 만들었다고 생각했다. 그 결과는 물론 '비현실적인 허상'이었다. 이와 같은 연구방법은 종종 '무의식적으로 스스로 한계를 두고, 연구 과제가 부화뇌동의 상태에 머물도록' 했고, 그래서 늘 서양학자의 실패만을 이어받았다. 그래서 그는 중국 현지심리학의 확립을 제창했다.

중국 심리학의 현지화는 그저 서양의 심리와 연구방법을 배척해야 한다는 것이 아니라, 우리들이 맹목적으로 답습하고 목적 없이 각종 검사표를 번역하고 수정하는 것을 반대하는 것이다.

전통적인 지능검사가 인종·문화적 차이 때문에 비난을 받게 되었을 때, 우리들의 초·중고등학교는 오히려 이러한 검사표로 수많은 학생들을 테스트했다.

학자들이 몇 번이나 문화적 상황을 고려하지 않은 지능검사를 남용해서는 안 된다고 경고했을 때, 우리들의 교육기관은 오히려 몇 번이나 사용하며 이러한 테스트 기록을 학생의 분반 기준으로 삼아왔다.(『중국인, 중국의 마음』 p. 4)

이 단락에서 직접적으로 교육문제의 논의를 겨냥했고 현지화된 교육과학의 구축이 중국에 지니는 의미를 더욱 심화시켰다. 사실상 '현지화' 연구를 할수록 더욱 '세계화'에 가까워지고 더욱 세계적인 의미를 가지게 되었다. 이는 중화교육사상의 보고를 풍부하게 했고, 또한 세계 교육과학의 큰 재산이 되었다.

현재 세계 각국은 한창 21세기의 교육경쟁을 하고 있는 중이다. 중국 전 사회의 교육적 인식이 심화되고 교육개혁이 가속화됨에 따라, 우리들은 21세기에 웅장한 교육 빌딩을 세울 가능성이 있고, 교육을 통해 배출된 새로운 세대는 새로운 풍격과 면모로 21세기를 맞이할 것이다. 중국교육과학의 번영은 21세기의 필연적인 추세이다. 21세기에 중국은 세계적으로 영향력을 끼치는 교육가들을 배출해 낼 것이며 중화교육사상의 유구한 역사에 눈부시게 찬란한 지평이 활짝 열릴 것이다.

중국 주영신 교육문집 4

변천과 구조 – 중국 당대(當代) 교육사상사

초판 1쇄 발행일 ㅣ 2009년 12월 28일

저자 ㅣ 주영신
역자 ㅣ 최영준
펴낸이 ㅣ 박영희
표지 ㅣ 강지영
편집 ㅣ 이선희·강은영·한수희
교정·교열 ㅣ 이은혜
책임편집 ㅣ 강지영
펴낸곳 ㅣ 도서출판 어문학사
　　　　132-891 서울특별시 도봉구 쌍문동 525-13
　　　　전화: 02-998-0094 / 팩스: 02-998-2268
　　　　홈페이지: www.amhbook.com
　　　　e-mail: am@amhbook.com
　　　　등록: 2004년 4월 6일 제7-276호

ISBN　978-89-6184-085-9　94370
　　　　978-89-6184-081-1 (set)

정가 ㅣ 30,000원

※ 잘못 만들어진 책은 교환해 드립니다.

인 지 는
저 자 와 의
합 의 하 에
생 략 함